德清年鉴

2018

德清县地方志编纂委员会 编

当代中国出版社

2019年·北京

图书在版编目(CIP)数据

德清年鉴.2018/德清县地方志编纂委员会编.--北京:当代中国出版社,2019.5
ISBN 978-7-5154-0924-5

Ⅰ.①德…　Ⅱ.①德…　Ⅲ.①德清县－2018－年鉴　Ⅳ.①Z525.54

中国版本图书馆CIP数据核字(2019)第084354号

出 版 人	曹宏举
责任编辑	姜楷杰
特约编辑	施海萍
封面设计	钟　诚
版式设计	杭州美迪图文设计有限公司
出版发行	当代中国出版社
地　　址	北京市地安门西大街旌勇里8号
网　　址	http://www.ddzg.net　邮箱:ddzgcbs@sina.com
邮政编码	100009
编 辑 部	(010)66572264　66572154　66572132　66572180
市 场 部	(010)66572281　66572161　66572157　83221785
印　　刷	浙江海虹彩色印务有限公司
开　　本	889毫米×1194毫米　1/16
印　　张	24.75印张　680千字
版　　次	2019年5月第1版
印　　次	2019年5月第1次印刷
定　　价	198.00元

版权所有,翻版必究;如有印装质量问题,请拨打(010)66572159转出版部。

德清县地方志编纂委员会

主　　任：王琴英
副 主 任：敖煜新　　杨文华　　洪延艳　　杨永林

编委会下设办公室，高芸同志兼任办公室主任，潘宗敏同志兼任办公室副主任。

史志办公室

主　　任：高　芸
副 主 任：史建新　　潘宗敏

编　辑　部

主　　编：潘宗敏
执行主编：沈　丹
编　　辑：旷　怡　　徐永和　　徐家凡
封面题字：张功华
封面摄影：王　跃

编 辑 说 明

一、《德清年鉴》是由中共德清县委、德清县人民政府主办,县委史志办编辑的具有政府公报性质的综合性资料工具书,具备正确性、权威性,是记载德清政治、经济、文化和社会发展的史册,是德清社会主义物质、政治、精神文明建设,特别是经济建设的历史进程的客观反映。

二、《德清年鉴2018》为第16部,是一年鉴,在延续上部年鉴的基础上形成。

三、本年鉴记述时间为2017年1月1日至2017年12月31日,但部分条目为使其具有完整性,适当下延至2018年。

四、本年鉴采用的稿件均由各单位专人撰写,并经相关领导审核后提供。编辑时,在不改变原意的前提下,略有增删。

五、根据中国地方志指导小组印发的《地方综合年鉴编纂出版规定》相关要求,对年鉴卷首专题图片进行了适当调整,图片选用更注重典型性、资料性,突出反映重大事件、重要成果和热点问题。

六、鉴于使用习惯,本年鉴沿袭使用亩、公里、平方公里等单位。

七、为方便读者阅读,本年鉴行文中的"省"指浙江省,"市"指湖州市,"县"指德清县,非以上所指则标注具体的省、市、县名。

八、由于编辑部人力、编辑水平有限,难免有疏漏和差错,敬请广大读者批评指正。

《德清年鉴》编辑部
2018年12月

◆2月21日，德清县监察委员会挂牌

（县纪委/供）

◆5月26日，德清县建设发展集团有限公司、德清县文化旅游发展集团有限公司举行成立大会

（姚海翔/摄）

◆7月12日,莫干山国际旅游度假区正式成立

(姚海翔/摄)

◆5月15日,全县148个村和26个社区党组织和村(居)民委员会换届选举全部完成,共选举产生新一届村社"两委"班子成员1099人。图为禹越镇村(居)组织换届工作动员会

(县委组织部/供)

◆10月9日,中小城市经济发展委员会、中小城市发展战略研究院、中国社会科学院发展与环境研究所等单位在《人民日报》上发布"2017年中国中小城市科学发展指数研究成果",德清县在其中的2017年全国中小城市综合实力百强县市榜单上,排名37位。图为德清县俯瞰图

（县摄协/供）

◆3月22日,德清县在全省剿灭劣Ⅴ类水誓师大会上,被评为2016年度省"五水共治"工作优秀县,连续三年夺得治水"大禹鼎"。图为治理后的水域

（虞国强/摄）

◆3月31日，县委书记项乐民在全省建设平安浙江工作会议上，代表德清县上台领取平安金鼎，标志平安德清建设实现"十二连冠"。图为孩子们在水中嬉戏

（孙建华／摄）

◆3月9日，全县推进"四大行动""十大工程"誓师大会举行

（姚海翔／摄）

◆1月10~11日，全省小城镇环境综合整治工作现场会在德清县召开。会上，县委书记项乐民代表德清县作典型交流发言

（姚海翔／摄）

◆3月30~31日，2017年全国水资源管理工作座谈会在德清县召开。县委副书记、县长王琴英（左一）代表德清县在会上作经验介绍

（县水利局／供）

◆4月25～26日，统筹推进农村土地制度改革三项试点工作现场交流会在德清县召开

（县国土局／供）

◆6月9日，德清县农村土地承包经营权颁证仪式在阜溪街道郭肇村举行，正式颁出浙江省农村土地承包经营权"第一证"

（县农业局／供）

◆8月7日，德清县召开农业供给侧结构性改革集成示范试点动员会
（姚海翔／摄）

◆11月11日，德清县举行敬农节暨农业供给侧结构性改革高峰论坛。图为敬农节开幕式现场
（姚海翔／摄）

◆1月18日,浙江农信金融后台服务中心暨德清农商银行综合大楼启用仪式举行

(姚海翔/摄)

◆4月18日,浙江省长三角生物医药产业技术研究园举行开园仪式

(姚海翔/摄)

◆8月31日,浙江工业大学德清校区项目举行开工仪式

(姚海翔/摄)

◆10月31日,杭州绕城高速公路西复线湖州段工程开工仪式在阜溪街道龙山村举行

(姚海翔/摄)

◆7月2日,湖州莫干山高新区创新发展高峰论坛举行

(莫干山高新区/供)

◆9月26日,中国新一代人工智能应用县发展规划咨询会举行,会议组建德清"中国新一代人工智能应用县"专家咨询委员会,聘请潘云鹤院士(右五)为专家咨询委员会主任

(姚海翔/摄)

◆9月26日，中国新一代人工智能应用县发展规划咨询会举行，县委书记项乐民（前右）与省科技厅副厅长孟小军（前左）共同为德清智能生态城揭牌
（姚海翔／摄）

◆11月16日，联合国世界地理信息大会指导委员会秘书处第一次会议在德清县召开
（姚海翔／摄）

◆11月26日，第四届中俄工程技术论坛在德清举行。开幕式上，举行中国科协海智计划浙江湖州莫干山高新区工作基地揭牌仪式

（县科协／供）

◆12月23日，华东地区首次通用航空公共服务联动飞行演练活动在德清莫干山机场举行

（姚海翔／摄）

◆6月10～11日，首届中化群英会在德清县召开
（姚海翔／摄）

◆7月12日，2017德清投资贸易人才洽谈会暨上海活动周开幕
（姚海翔／摄）

◆12月8日,德清县第八届游子文化节暨投资贸易人才洽谈会项目签约仪式举行

(姚海翔/摄)

◆11月20日,在全县卫生与健康大会上,武康、新市两大健康保健集团授牌成立

(县卫计局/供)

◆11月22日，浙江大学医学院附属邵逸夫医院与德清县人民政府举行合作共建"健康中国示范县"签约揭牌仪式

（县卫计局／供）

◆2月16日，德清县启动城区生活垃圾分类收运处置

（姚海翔／摄）

◆5月27日,由中宣部、国家新闻出版广电总局重点扶持,浙江省委宣传部、东海电影集团、浙江广播电视集团、湖州市委市政府等单位联合出品的电视剧《青恋》开机仪式暨新闻发布会在莫干山镇举行

（莫干山镇／供）

◆9月17日,精神文明建设"德清现象"暨德清民间设奖20周年主题座谈会在新华社举行

（县委宣传部／供）

目 录

总 述

特 载

在县委十四届三次全体（扩大）会议暨
　　经济工作会议上的报告
　　　　中共德清县委书记　项乐民 ………（3）
2017年政府工作报告
　　——在德清县第十六届人民代表大会
　　第二次会议上
　　　　德清县人民政府县长　王琴英 ………（14）

大 事 记

2017年 ……………………………………（23）

德清县情总貌

基本地情 …………………………………（36）
建置沿革 …………………………………（36）
历史文化 …………………………………（37）
行政区划 …………………………………（37）
户籍人口 …………………………………（38）
　常住人口 ………………………………（38）
　流动人口 ………………………………（38）
气候评价 …………………………………（39）
　气候特点 ………………………………（39）
　气象要素分析 …………………………（39）
　重要天气分析 …………………………（40）
　2017年天气气候事件 …………………（43）
　气候影响评价 …………………………（44）
2017年德清县国民经济和社会发展
　统计公报 ………………………………（47）

　国民经济 ………………………………（47）
　环境保护 ………………………………（47）
　节能减排 ………………………………（47）
　农业 ……………………………………（47）
　工业 ……………………………………（47）
　建筑业 …………………………………（48）
　固定资产投资 …………………………（48）
　房地产 …………………………………（48）
　国内贸易 ………………………………（48）
　旅游业 …………………………………（48）
　对外经济 ………………………………（48）
　交通运输业 ……………………………（49）
　邮政电信业 ……………………………（49）
　财政收支 ………………………………（49）
　金融业 …………………………………（49）
　保险业 …………………………………（49）
　科学技术 ………………………………（49）
　教育 ……………………………………（49）
　文化（体育） …………………………（50）
　卫生 ……………………………………（50）
　生态建设 ………………………………（50）
　社会安全 ………………………………（50）
　人口 ……………………………………（50）
　民生质量 ………………………………（50）
　社会福利 ………………………………（50）

政治建设

中国共产党德清县委员会

重要会议 …………………………………（53）
　县委十四届二次全体（扩大）会议 …（53）
　县委常委会议 …………………………（53）

· 1 ·

其他重要会议 …………………………… (82)
办公室工作 ………………………………… (83)
　政策研究 ………………………………… (83)
　秘书工作 ………………………………… (83)
　信息与新闻报道工作 …………………… (84)
　史志工作 ………………………………… (84)
　信访工作 ………………………………… (85)
　督查考核 ………………………………… (86)
　法治工作 ………………………………… (87)
　保密工作 ………………………………… (88)
　接待工作 ………………………………… (89)
组织工作 …………………………………… (90)
　党员情况 ………………………………… (90)
　"两学一做"学习教育 …………………… (90)
　干部队伍建设 …………………………… (90)
　基层组织建设 …………………………… (91)
　"两新"组织建设 ………………………… (91)
　人才工作 ………………………………… (91)
　干部信访、信息调研工作 ……………… (92)
宣传工作 …………………………………… (92)
　概况 ……………………………………… (92)
　理论学习与研究 ………………………… (93)
　宣传与报道 ……………………………… (93)
　精神文明建设 …………………………… (94)
　完善文化服务体系 ……………………… (94)
　人才队伍建设 …………………………… (95)
统战工作 …………………………………… (95)
　概况 ……………………………………… (95)
　多党合作 ………………………………… (95)
　民族宗教 ………………………………… (96)
　港、澳、台侨及海外工作 ……………… (97)
　非公经济统战 …………………………… (97)
县直机关党建工作 ………………………… (97)
　概况 ……………………………………… (97)
　思想建设 ………………………………… (98)
　组织建设 ………………………………… (98)
　作风建设 ………………………………… (98)
　"4+N"主题党日 ………………………… (98)
　机关党建示范点培育 …………………… (98)
　机关文化建设 …………………………… (99)
老干部工作 ………………………………… (99)
　思想政治建设 …………………………… (99)
　党组织建设 ……………………………… (99)
　红色教育十分钟 ………………………… (99)
　服务管理 ………………………………… (100)
　老年大学25周年校庆活动 …………… (100)
　文体活动 ………………………………… (100)
　正能量活动 ……………………………… (100)
　重要活动 ………………………………… (100)
　自身建设 ………………………………… (100)
党校工作 …………………………………… (101)
　概况 ……………………………………… (101)
　干部教育 ………………………………… (101)
　科研工作 ………………………………… (101)
　社会教育 ………………………………… (101)
　后勤服务 ………………………………… (102)
档案工作 …………………………………… (102)
　档案公共服务能力 ……………………… (102)
　基层档案工作 …………………………… (102)
　千村档案工作 …………………………… (103)
　基层治理规范化建设 …………………… (103)
　档案文化建设 …………………………… (103)

德清县人民代表大会

重要会议 …………………………………… (104)
　代表会议 ………………………………… (104)
　常委会议 ………………………………… (104)
监督工作 …………………………………… (106)
　审查监督 ………………………………… (106)
　审议监督 ………………………………… (106)
　跟踪监督 ………………………………… (106)
　评议监督 ………………………………… (106)
　法律监督 ………………………………… (106)
人大代表活动 ……………………………… (106)
　各类视察调研督查检查活动 …………… (106)
　"五好一争"活动 ………………………… (107)
　开展"剿灭劣Ⅴ类水 人大代表在行动"
　　主题活动 ……………………………… (107)
　创建全国文明城市人大代表巡查活动
　　…………………………………………… (107)
省、市、县、镇人大代表换届选举 ……… (107)
人事任免 …………………………………… (107)

德清县人民政府

重要会议 …………………………………… (112)
 县政府全体会议 ………………………… (112)
 县政府常务会议 ………………………… (112)
重要施政 …………………………………… (114)
为民办实事项目实施情况 ………………… (114)
办公室工作 ………………………………… (117)
 制定政策文件工作 ……………………… (117)
 改革创新工作 …………………………… (117)
 解决重难点工作 ………………………… (117)
 综合文稿工作 …………………………… (117)
 调查研究工作 …………………………… (117)
 政务信息工作 …………………………… (117)
 领导会商工作 …………………………… (117)
 落实重要决策工作 ……………………… (117)
 政务督查工作 …………………………… (117)
 公文处理工作 …………………………… (117)
 会议管理工作 …………………………… (118)
 接待服务工作 …………………………… (118)
 政府法制工作 …………………………… (118)
 应急处置工作 …………………………… (118)
 对外交流工作 …………………………… (118)
 大数据工作 ……………………………… (118)
 建议提案办理工作 ……………………… (118)
机构编制 …………………………………… (118)
 概况 ……………………………………… (118)
 "最多跑一次"改革 ……………………… (118)
 镇(街道)"四个平台"建设 …………… (118)
 权责清单工作 …………………………… (119)
 推行"双随机"监管 ……………………… (119)
 监察体制改革 …………………………… (119)
 设立德清莫干山国际旅游度假区 …… (119)
 调整新居民管理体制 …………………… (119)
 事业单位机构编制管理 ………………… (119)
 政府机构编制管理 ……………………… (120)
行政服务 …………………………………… (120)
 概况 ……………………………………… (120)
 推进"最多跑一次"改革 ………………… (120)
 规范资源交易平台 ……………………… (121)
机关事务管理工作 ………………………… (122)
 概况 ……………………………………… (122)
 会议及活动后勤保障 …………………… (122)
 餐饮保障 ………………………………… (122)
 公共机构节能 …………………………… (123)
 行政中心运行管理 ……………………… (123)
 行政中心安保 …………………………… (123)
 公务用车保障 …………………………… (123)
 资产管理 ………………………………… (123)
安全生产 …………………………………… (123)
 概况 ……………………………………… (123)
 责任体系 ………………………………… (123)
 隐患治理 ………………………………… (124)
 行政执法 ………………………………… (124)
 社会化服务 ……………………………… (124)
 创新监管 ………………………………… (124)
 安全宣传教育 …………………………… (124)
 应急救援 ………………………………… (124)
 安监队伍 ………………………………… (124)
法治政府建设 ……………………………… (124)
 依法全面履行政府职责 ………………… (124)
 依法依规确保政府决策 ………………… (125)
 规范文明执法 …………………………… (125)
 依法规范行政权力运行 ………………… (125)
 依法化解社会矛盾纠纷 ………………… (126)
 加强法治政府建设组织保障 …………… (126)
新居民管理 ………………………………… (126)
电子政务 …………………………………… (126)
 信息工作 ………………………………… (126)
 电子政务工作 …………………………… (127)
应急管理 …………………………………… (127)
 概况 ……………………………………… (127)
 应急联动机制建设 ……………………… (127)
 应急救援队伍建设 ……………………… (127)
 应急预案编制演练 ……………………… (127)
 应急知识宣传教育 ……………………… (128)
外事工作 …………………………………… (128)
 概况 ……………………………………… (128)
 越共高级干部考察团考察德清 ………… (128)
 中共德清县委代表团访问印度 ………… (128)
 印度驻沪总领事古光明考察德清 ……… (128)

德清县政府代表团访问以色列、
　　西班牙 …………………………………（129）
德清县委代表团访问加拿大、美国 ………（129）
德清县人大代表团访问西班牙、意大利
　　 ……………………………………（129）
德清县政府代表团访问日本 ………………（129）
王琴英县长出访美国、墨西哥 ……………（129）
重要活动 ………………………………………（129）
　　"锦绣德清"系列活动 ……………………（129）
　　人才项目洽谈会 …………………………（129）
会展工作 ………………………………………（129）

政治协商会议德清县委员会

综述 ……………………………………………（130）
重要会议 ………………………………………（130）
　　政协第九届德清县委员会第一次会议
　　 ……………………………………（130）
　　常委会议 …………………………………（130）
　　主席会议 …………………………………（131）
提案工作 ………………………………………（131）
视察监督 ………………………………………（131）
　　主席视察 …………………………………（131）
　　专项民主监督 ……………………………（132）
　　省市县三级政协联动 ……………………（132）
民主协商 ………………………………………（132）
　　全会协商 …………………………………（132）
　　对口协商 …………………………………（132）
　　专题协商 …………………………………（132）
　　界别协商 …………………………………（132）
　　基层协商 …………………………………（132）
新闻宣传及文史研究工作 ……………………（132）
社情民意信息工作 ……………………………（133）

中国共产党德清县纪律检查委员会

综述 ……………………………………………（134）
政治生态建设 …………………………………（135）
　　概况 ………………………………………（135）
　　检查督促 …………………………………（135）
　　项目领办 …………………………………（135）

　　出台约谈"一把手"实施办法 ……………（135）
作风建设 ………………………………………（136）
　　概况 ………………………………………（136）
　　加强政令执行检查力度 …………………（136）
　　严督"最多跑一次" ………………………（136）
　　正风肃纪 …………………………………（136）
　　健全制度源头防控 ………………………（136）
纪检监察体制改革 ……………………………（136）
　　概况 ………………………………………（136）
　　监察体制改革 ……………………………（136）
　　县委巡察 …………………………………（137）
　　派驻机构监督工作 ………………………（137）
纪律建设 ………………………………………（137）
　　概况 ………………………………………（137）
　　规范线索处置 ……………………………（137）
　　加强执纪审查 ……………………………（137）
　　加强纪律教育 ……………………………（137）
基层党风廉政建设 ……………………………（137）
　　概况 ………………………………………（137）
　　严明村级换届纪律 ………………………（138）
　　农村基层作风交叉巡查 …………………（138）
　　扶贫领域专项督查 ………………………（138）
干部队伍建设 …………………………………（138）
　　概况 ………………………………………（138）
　　"双争"主题活动 …………………………（138）
　　教育培训 …………………………………（138）
　　日常监督 …………………………………（138）
重要会议 ………………………………………（138）
　　县纪委十四届二次全体会议 ……………（138）
　　2017年县委巡察工作动员部署会 ………（139）
　　深化落实全面从严治党主体责任
　　　推进会 …………………………………（139）

各民主党派及工商联

中国国民党革命委员会德清基层委员会
　　 ……………………………………（140）
　　组织建设 …………………………………（140）
　　参政议政 …………………………………（140）
　　社会活动 …………………………………（140）

中国民主同盟德清支部委员会 (140)
思想建设 (140)
参政议政 (140)
服务社会 (140)

中国民主建国会德清支部委员会 (140)
思想建设 (140)
组织建设 (140)
参政议政 (140)
服务社会 (141)

中国民主促进会德清基层委员会 (141)
思想建设 (141)
参政议政 (141)
社会服务 (141)

中国农工党德清基层委员会 (141)
思想建设 (141)
参政议政 (141)
社会服务 (142)

九三学社德清基层委员会 (142)
思想建设 (142)
参政议政 (142)
服务社会 (142)

德清县工商业联合会 (142)
建言献策 参政议政 (142)
完成换届工作 (142)
引领与宣传 (142)
引导企业参与各类活动 (143)
助推引商引智 (143)
与异地商会联络联谊 (143)
"最多跑一次"改革 (143)
提高干部队伍能力水平 (143)

群众团体

德清县总工会 (144)
概况 (144)
劳动竞赛 (144)
技术培训 (144)
技术服务 (144)
维权调处 (144)
帮扶互助 (144)
职工文化 (144)

基层基础 (144)

共青团德清县委员会 (145)
概况 (145)
学习宣传十九大精神 (145)
服务中心大局 (145)
助推德商回归 (145)
扶持青年创业创新 (145)
关爱青少年健康成长 (145)
维护青少年合法权益 (145)
深化共青团改革 (145)
组织志愿服务活动 (146)
推动少先队建设 (146)

德清县妇女联合会 (146)
概况 (146)
深化"德清嫂"主题活动 (147)
引领妇女转型升级 (147)
优化妇儿发展环境 (148)
保障妇女合法权益 (148)
推进妇联改革创新 (148)

德清县科学技术协会 (149)
概况 (149)
建立与高端智力合论的平台 (149)
"农民专家"评选活动 (150)
2017年科技(科普)活动周系列活动 (150)
特色科普场馆建设 (150)
科普宣传活动 (150)
第九届"星级学会"评选活动 (150)
县科协第八次代表大会换届选举 (150)

德清残疾人联合会 (151)
概况 (151)
残疾人生活保障 (151)
残疾人就业工作 (151)
残疾人康复服务工作 (151)
文化助残工作 (152)
为残疾人服务、维权工作 (152)

德清县文学艺术界联合会 (152)
概况 (152)
组织"剿劣"采风创作活动 (152)
深化品牌 服务基层 (152)
书画摄影艺术活动 (152)

文学创作精品项目成果 …… (153)	消防管理 …… (161)
音乐舞蹈戏剧民间文艺 …… (153)	危化物品管理 …… (161)
乡镇文联活动 …… (153)	护航县域经济建设 …… (161)
换届工作 …… (153)	护航美丽德清建设 …… (161)
红十字会 …… (153)	护航生态文明建设 …… (161)
概况 …… (153)	深化"最多跑一次"改革 …… (161)
组织建设 …… (153)	出入境管理 …… (162)
宣传工作 …… (153)	基层基础工作 …… (162)
社会救助 …… (154)	执法规范化建设 …… (162)
救护培训 …… (154)	对外宣传工作 …… (162)
救灾救护 …… (154)	**检察** …… (162)
两捐工作 …… (154)	概况 …… (162)
志愿服务 …… (154)	推进平安德清建设 …… (162)
红十字青少年 …… (155)	服务非公经济发展 …… (162)
德清县关心下一代工作委员会 …… (155)	依法打击各类刑事犯罪 …… (163)
组织工作 …… (155)	全面贯彻宽严相济刑事司法政策 …… (163)
德育工作 …… (155)	保障未成年人合法权益 …… (163)
帮困助学 …… (155)	推进检察各项改革 …… (163)
关爱帮教 …… (155)	构建良性互动检律关系 …… (163)
德清县慈善总会 …… (155)	**法院** …… (163)
概况 …… (155)	概况 …… (163)
"慈善一日捐" …… (156)	服务全县工作大局 …… (163)
"慈善村"创建 …… (156)	促进平安德清建设 …… (163)
项目化援助 …… (156)	维护社会经济秩序 …… (163)
义工培训 …… (156)	优化创新创业环境 …… (164)
慈善义工服务 …… (156)	服务全域旅游发展 …… (164)

法治与人民武装

	依法保障涉案民生 …… (164)
	推进矛盾多元化解 …… (164)
综述 …… (157)	"执转破"工作 …… (164)
公安 …… (158)	法治宣传工作 …… (165)
概况 …… (158)	深化司法体制改革 …… (165)
机构改革 …… (158)	加强廉洁司法建设 …… (165)
重要治安整治行动 …… (158)	**司法行政** …… (165)
各项维稳管控举措 …… (159)	概况 …… (165)
打击各类刑事犯罪 …… (159)	法律服务大局 …… (165)
缉捕逃犯 …… (160)	法律惠企便民 …… (166)
推进基层社会治理新实践 …… (160)	建言献策 当好参谋 …… (166)
社会治理智能化 …… (160)	维稳安保工作 …… (166)
新居民管理 …… (160)	普法工作更新 …… (166)
道路交通管理 …… (160)	重大平台建设 …… (166)
	改革创新公正护航 …… (167)

司法行政能力建设 …………………… (167)	水利 …………………………………………… (180)
人民武装 ……………………………………… (167)	概况 ………………………………… (180)
思想政治建设 ………………………… (167)	现代水利 …………………………… (180)
加强实战化准备 ……………………… (167)	防汛防台抗旱工作 ………………… (181)
国防动员建设 ………………………… (168)	水利工程建设 ……………………… (182)
后备力量建设 ………………………… (168)	河湖治理 …………………………… (183)
夏秋季征兵工作 ……………………… (168)	标准化管理 ………………………… (184)
双拥和涉军维权工作 ………………… (168)	水利改革 …………………………… (184)
国防教育 ……………………………… (168)	
军地共建 服务人民 ………………… (168)	## 工业经济·信息化
消防工作 ……………………………………… (169)	
概况 …………………………………… (169)	**综述** …………………………………………… (185)
防消联勤 ……………………………… (169)	**工业经济** ……………………………………… (185)
应急联动 ……………………………… (169)	转型升级 …………………………… (185)
廉政建设 ……………………………… (169)	项目双进 …………………………… (185)
监督执法 ……………………………… (170)	企业培育 …………………………… (185)
消防宣传 ……………………………… (170)	提档升级 …………………………… (186)
人民防空 ……………………………………… (171)	绿色制造 …………………………… (186)
概况 …………………………………… (171)	上市工作 …………………………… (186)
城市综合防护能力提升 ……………… (171)	**信息化** ………………………………………… (187)
人防核心能力建设 …………………… (171)	两化融合 …………………………… (187)
宣传教育 ……………………………… (171)	信息经济 …………………………… (187)
	地理信息 …………………………… (187)

经济建设

农业·林业·水利

金融业

农业 …………………………………………… (175)	**综述** …………………………………………… (188)
种植业 ………………………………… (175)	**金融监管** ……………………………………… (189)
水产业 ………………………………… (177)	中国人民银行德清县支行 …………… (189)
畜牧业 ………………………………… (178)	中国银监会德清监管办事处 ………… (191)
农业机械 ……………………………… (178)	**银行业** ………………………………………… (192)
农村产权制度改革 …………………… (178)	中国农业银行德清县支行 …………… (192)
林业 …………………………………………… (179)	中国农业发展银行德清县支行 ……… (192)
概况 …………………………………… (179)	德清农商银行 ………………………… (192)
绿化造林工作 ………………………… (179)	中国工商银行德清县支行 …………… (193)
森林资源保护 ………………………… (179)	中国建设银行股份有限公司德清支行
林业产业 ……………………………… (179)	………………………………………… (194)
集体林权制度改革 …………………… (180)	中国银行股份有限公司德清支行 …… (194)
松材线虫病防治 ……………………… (180)	湖州银行德清支行 …………………… (195)
森林消防 ……………………………… (180)	交通银行德清县支行 ………………… (195)
	中国邮政储蓄银行德清县支行 ……… (195)
	杭州银行德清支行 …………………… (196)

浦发银行德清支行	(196)
德清湖商村镇银行	(196)
中信银行德清支行	(197)
招商银行股份有限公司湖州德清小微企业专营支行	(198)
华夏银行德清支行	(198)
泰隆银行德清支行	(198)
浙商银行德清支行	(198)

保险业 ………………………………… (199)
 中国人民财产保险股份有限公司德清支公司 ………… (199)
 中国人寿保险股份有限公司德清县支公司 ………… (199)
 中华联合财产保险股份有限公司德清支公司 ………… (199)

小额贷款 ……………………………… (199)

融资担保 ……………………………… (200)
 政策性融资担保 ………………… (200)
 融资性融资担保 ………………… (200)

服 务 业

综述 …………………………………… (201)

旅游业 ………………………………… (202)
 概况 ……………………………… (202)
 创建全域旅游示范县 …………… (202)
 旅游产业项目双进 ……………… (202)
 建设旅游综合执法体制 ………… (203)
 打响德清旅游品牌 ……………… (203)
 成立德清县文化旅游发展集团有限公司 ……………………………… (204)
 公司主要项目 …………………… (207)
 旅游开发工作 …………………… (209)
 莫干山风景区 …………………… (209)
 下渚湖湿地风景区 ……………… (210)
 以"洋家乐"为代表的乡村民宿旅游新业态 …………………………… (211)
 新市古镇风景区 ………………… (212)

商贸流通 ……………………………… (213)

粮食流通 ……………………………… (213)

烟草专卖 ……………………………… (213)
 概况 ……………………………… (213)
 专卖管理 ………………………… (213)

现代物流 ……………………………… (213)
 概况 ……………………………… (213)
 县物流业发展"十三五"规划 …… (214)
 物流园区 ………………………… (214)
 单月集装箱吞吐量新纪录 ……… (214)
 集装箱吞吐量 …………………… (214)
 物流业增加值 …………………… (214)
 德清升华临杭物流园 …………… (214)

建筑业 · 房地产业

综述 …………………………………… (215)

建筑业 ………………………………… (215)
 概况 ……………………………… (215)
 建筑市场招投标管理 …………… (215)
 建筑领域信访工作 ……………… (215)
 建筑行业审批制度改革 ………… (215)
 质量安全管理和工地创建 ……… (215)

房产管理 ……………………………… (216)
 房屋登记 ………………………… (216)
 房产市场监管 …………………… (216)
 房产交易 ………………………… (216)
 房屋安全管理 …………………… (216)

住房保障工作 ………………………… (216)
 保障性住房建设 ………………… (216)
 公共租赁住房保障和住房补贴 … (216)
 农房改造救助 …………………… (216)

住房公积金管理 ……………………… (216)
 概况 ……………………………… (216)
 住房公积金业务指标 …………… (217)
 建立基层服务站 ………………… (217)
 落实惠民便民举措 ……………… (217)

国内外贸易

农村商贸服务 ………………………… (218)
 概况 ……………………………… (218)
 组织体系建设 …………………… (218)
 两大平台建设 …………………… (218)
 生产服务 ………………………… (218)
 项目建设 ………………………… (218)

电子商务 …………………………………… (218)
农资供应服务 ……………………………… (218)
日用消费品连锁经营网络建设 …………… (219)
烟花爆竹安全管理与防汛物资储备 ……… (219)
农产品现代流通 …………………………… (219)
再生资源回收 ……………………………… (219)
信用服务 …………………………………… (219)
招商引资 ……………………………………… (219)
　概况 ………………………………………… (219)
　引进"大好高"项目 ……………………… (219)
　浙商回归 …………………………………… (219)
　利用外资 …………………………………… (219)
重大商贸活动 ………………………………… (220)
　德洽会 ……………………………………… (220)
　游子文化节 ………………………………… (222)
外贸进出口 …………………………………… (222)
　概况 ………………………………………… (222)
　注重培育重点企业 ………………………… (222)
　做优一站式平台 …………………………… (222)
　积极争取省级试点 ………………………… (223)
外经、服务贸易 ……………………………… (223)
　概况 ………………………………………… (223)
出入境检验检疫 ……………………………… (223)
　概况 ………………………………………… (223)
　检验监管 …………………………………… (223)
　服务发展 …………………………………… (223)
海关 …………………………………………… (223)
　概况 ………………………………………… (223)
　"最多跑一次"改革 ……………………… (223)
　口岸发展 …………………………………… (223)
　服务地方经济 ……………………………… (224)
　维护外贸秩序 ……………………………… (224)

园区建设

国家级园区——湖州莫干山高新技术
　产业开发区 ………………………………… (225)
　概况 ………………………………………… (225)
　招商引资 …………………………………… (225)
　项目推进 …………………………………… (225)
　转型升级 …………………………………… (226)
　科技人才 …………………………………… (226)

制度创新 …………………………………… (226)
地理信息小镇 ……………………………… (226)
通航智造小镇 ……………………………… (227)
省级园区——德清工业园区 ………………… (227)
智能生态城 …………………………………… (227)
　概况 ………………………………………… (227)
　总体定位和目标 …………………………… (228)
　产业发展和规划 …………………………… (228)
　智能生态城初期建设 ……………………… (228)
镇工业功能区 ………………………………… (228)
　乾元镇工业功能区 ………………………… (228)
　钟管镇工业功能区 ………………………… (229)
　洛舍镇工业功能区 ………………………… (229)
　雷甸镇工业功能区 ………………………… (229)
　禹越镇工业功能区 ………………………… (230)
　新安镇工业功能区 ………………………… (230)

科学技术

综述 …………………………………………… (232)
自主创新 ……………………………………… (232)
科技成果转化 ………………………………… (232)
科技金融 ……………………………………… (233)
创新园区 ……………………………………… (233)
知识产权 ……………………………………… (233)
惠民工程 ……………………………………… (233)

经济管理

综述 …………………………………………… (234)
国内经济合作 ………………………………… (235)
　接沪融杭 …………………………………… (235)
　区域合作交流 ……………………………… (235)
　山海协作与对口支援 ……………………… (235)
财政工作 ……………………………………… (236)
　概况 ………………………………………… (236)
　组织财政收入 ……………………………… (236)
　服务经济发展 ……………………………… (236)
　保障民生投入 ……………………………… (236)
　推进财政改革 ……………………………… (237)
　强化财政监管 ……………………………… (237)
　组织专业培训 ……………………………… (237)

地税 …… (237)	永久基本农田划定 …… (243)
概况 …… (237)	农村土地综合整治 …… (243)
税收特点 …… (237)	建设项目用地预审 …… (243)
税收征管 …… (237)	保障重大项目建设 …… (243)
支持经济转型发展 …… (237)	土地节约集约利用 …… (243)
税收法制 …… (238)	土地公开出让 …… (243)
税务稽查 …… (238)	农村土地制度改革 …… (243)
纳税服务 …… (238)	"标准地"改革 …… (243)
税法宣传 …… (238)	"坡地村镇"工作 …… (243)
国税 …… (238)	土地二级市场试点工作 …… (243)
概况 …… (238)	不动产登记"最多跑一次"改革 …… (244)
组织收入 …… (238)	绿色矿山创建和矿山粉尘防治 …… (244)
税收征管 …… (238)	打击非法开采矿产资源 …… (244)
纳税服务 …… (239)	违法用地查处 …… (244)
国有资产监督管理 …… (240)	地质灾害防治 …… (244)
概况 …… (240)	阳光征地 …… (244)
国有企业改革重组 …… (240)	化解信访矛盾纠纷 …… (244)
国企运营监管体制 …… (240)	普法宣传教育 …… (244)
国资监管制度体系 …… (240)	**市场监督管理** …… (244)
国有企业风险防控 …… (240)	保障民生安全 …… (244)
国有企业党建工作 …… (240)	维护市场秩序 …… (245)
审计 …… (241)	服务经济发展 …… (246)
概况 …… (241)	

美丽德清建设

美丽乡村

政策跟踪审计 …… (241)	
财政审计 …… (241)	**综述** …… (249)
政府投资项目审计 …… (241)	**新农村建设** …… (249)
经济责任审计 …… (241)	美丽乡村创建 …… (249)
自然资源资产离任审计试点 …… (241)	精致小村建设 …… (249)
内部审计工作 …… (241)	精品示范村建设 …… (249)
审计信息化建设 …… (242)	提升村建设 …… (250)
统计管理 …… (242)	历史文化村落保护利用 …… (250)
经济与社会发展态势分析 …… (242)	农村生活污水治理 …… (250)
各项监测和专项调查 …… (242)	美丽乡村升级工程 …… (250)
统计数据"质检"管理 …… (242)	**农村改革发展** …… (250)
推进"随机抽查" …… (242)	农业供给侧结构性改革 …… (250)
落实统计数据监管责任 …… (242)	农村综合产权交易平台 …… (250)
价格管理 …… (242)	其他重点改革 …… (251)
企业减负 …… (242)	**农村经济发展** …… (251)
运用价格杠杆促进环境保护 …… (242)	村级集体经济 …… (251)
关注民生价格 …… (243)	
国土资源管理 …… (243)	
概况 …… (243)	

低收入农户认定 …………………… (251)
农训农指及市校合作 ………………… (251)

城乡建设·城市管理

综述 ……………………………………… (252)
城市建设 ………………………………… (252)
　概况 …………………………………… (252)
　城乡规划与管理 ……………………… (252)
　成立德清县建设发展集团有限公司
　　…………………………………… (252)
城市管理 ………………………………… (252)
　概况 …………………………………… (252)
　综合行政执法体制改革 ……………… (253)
　健全城市精细化管理 ………………… (253)
　治水治气治霾 ………………………… (254)
　城乡生活垃圾分类 …………………… (254)
　小城镇环境综合整治 ………………… (254)
　"智慧城管"建设 …………………… (255)

交通运输

综述 ……………………………………… (256)
　交通项目建设 ………………………… (256)
　交通综合服务 ………………………… (256)
　绿色交通建设 ………………………… (256)
　交通安全生产 ………………………… (257)
交通基础设施建设 ……………………… (257)
　公路工程建设 ………………………… (257)
　水运工程建设 ………………………… (257)
　客运场站建设 ………………………… (258)
交通行业管理 …………………………… (258)
　公共自行车服务系统项目 …………… (258)
　道路运输市场管理 …………………… (258)
　公交运营 ……………………………… (259)
　水运市场管理 ………………………… (259)
　洛洋游艇公司获"国家高新技术企业"
　　…………………………………… (259)
　电子船名牌安装 ……………………… (259)
铁路 ……………………………………… (259)
　杭德轨道交通项目 …………………… (259)
　德清铁路西站站房改造工程 ………… (259)

宣杭铁路德清段电气化改造 ………… (259)
铁路发展研究谋划 …………………… (260)

环境保护

综述 ……………………………………… (261)
环境管理执法 …………………………… (261)
　环境保护督查 ………………………… (261)
　生态文明创建 ………………………… (261)
　环境污染治理 ………………………… (262)
　环保执法行动 ………………………… (262)
　环保审查服务 ………………………… (263)
五水共治 ………………………………… (263)
　概况 …………………………………… (263)
　全域剿灭劣Ⅴ类水 …………………… (263)
　截污纳管扩面推进 …………………… (263)
　河湖库塘治理 ………………………… (264)
　工业污染整治 ………………………… (264)
　农业农村污染治理 …………………… (264)
　防洪排涝 ……………………………… (264)
　城乡供水节水 ………………………… (264)
　河长制 ………………………………… (264)
　全民治水 ……………………………… (265)
矿山综合治理 …………………………… (265)
　概况 …………………………………… (265)
　矿山生态复绿治理 …………………… (265)
　提升绿色矿山创建工作 ……………… (265)
　打非治违 ……………………………… (265)
　粉尘防治 ……………………………… (265)
　开采总量管控 ………………………… (265)
　涉矿工程管理 ………………………… (266)

文化建设

文化·体育·新闻

文化 ……………………………………… (269)
　概况 …………………………………… (269)
　文化设施 ……………………………… (269)
　文化惠民 ……………………………… (269)
　精品创作 ……………………………… (269)
　文化遗产保护 ………………………… (269)

市场监管 …………………………………（270）
文化产业 …………………………………（270）
公共图书馆 ………………………………（270）
文物保护 …………………………………（272）
体育 …………………………………………（272）
　概况 ………………………………………（272）
　群众体育 …………………………………（272）
　竞技体育 …………………………………（273）
　学校体育 …………………………………（273）
　体育设施 …………………………………（273）
　体育产业 …………………………………（273）
新闻 …………………………………………（274）
　概况 ………………………………………（274）
　新闻宣传 …………………………………（274）
　外宣工作 …………………………………（274）
　民生新闻 …………………………………（274）
　媒体融合 …………………………………（275）

社会建设

教　育

综述 …………………………………………（279）
基础教育 ……………………………………（280）
　学前教育 …………………………………（280）
　义务教育 …………………………………（281）
　普高教育 …………………………………（281）
　特殊教育 …………………………………（281）
职业教育 ……………………………………（282）
　基础建设 …………………………………（282）
　校企合作 …………………………………（282）
　教学质量 …………………………………（282）
成人教育 ……………………………………（282）
　教育培训 …………………………………（282）
　农科教项目 ………………………………（282）
　创建成果 …………………………………（282）
社区教育 ……………………………………（282）
　主题活动 …………………………………（282）
　学习型社会 ………………………………（282）
民办教育 ……………………………………（282）
学生素质教育 ………………………………（283）
　德育 ………………………………………（283）

体育 …………………………………………（283）
科技卫生教育 ………………………………（283）
艺术教育 ……………………………………（283）
各类考试及考点建设 ………………………（283）
　全国普通高校招生考试 …………………（283）
　普通高中学业水平考试和高考选考
　　科目考试 ………………………………（283）
　高职技能理论考试 ………………………（283）
　自学考试 …………………………………（283）
　非学历考试 ………………………………（284）
　中考 ………………………………………（284）
　全国英语等级考试 ………………………（284）
　考点建设 …………………………………（284）
教育督导 ……………………………………（284）
　督政 ………………………………………（284）
　督学 ………………………………………（284）
　监测评估 …………………………………（284）
师资队伍 ……………………………………（284）
　教师管理 …………………………………（284）
　教师培训 …………………………………（285）
　职称评审 …………………………………（285）
教研科研 ……………………………………（285）
　教学研究 …………………………………（285）
　教育科研 …………………………………（286）
办学条件 ……………………………………（286）
　教育经费 …………………………………（286）
　布局调整 …………………………………（286）
教育保障 ……………………………………（287）
　校舍改造 …………………………………（287）
　教育装备 …………………………………（287）
　招标采购 …………………………………（287）
　后勤管理 …………………………………（287）
安全工作 ……………………………………（287）
　校园安保 …………………………………（287）
　食品安全 …………………………………（287）
　交通安全 …………………………………（287）
　安全教育 …………………………………（288）
　安全检查 …………………………………（288）
廉政建设 ……………………………………（288）
　宣传教育与组织建设 ……………………（288）
　廉政建设与监督管理 ……………………（288）
　信访与县长热线电话交办工作 …………（288）

人力资源和社会保障

综述 …………………………………………（289）
人才工作 ……………………………………（289）
就业服务 ……………………………………（289）
社会保障 ……………………………………（289）
人事改革 ……………………………………（289）
劳动关系 ……………………………………（290）
公共服务 ……………………………………（290）
自身建设 ……………………………………（290）

民政事务

社会救助 ……………………………………（291）
 低保工作 ………………………………（291）
 低保边缘对象认定 ……………………（291）
 社会救助工作 …………………………（291）
 防灾减灾救灾 …………………………（291）
福利慈善事业 ………………………………（291）
 儿童福利制度建设 ……………………（291）
 构建现代慈善事业发展格局 …………（291）
双拥优抚安置 ………………………………（292）
 双拥工作 ………………………………（292）
 优抚政策 ………………………………（292）
 安置工作 ………………………………（292）
社会公共事务 ………………………………（292）
 地名工作 ………………………………（292）
 殡葬工作 ………………………………（292）
 婚姻收养工作 …………………………（293）
 老龄工作 ………………………………（293）
 移民工作 ………………………………（293）
基层政权工作 ………………………………（293）
 村（社区）组织换届选举 ……………（293）
 社区布局 ………………………………（293）
 幸福邻里中心建设 ……………………（293）
 发挥社区发展基金会 …………………（293）
 双社人才队伍建设 ……………………（294）
社会组织工作 ………………………………（294）
 登记管理体制改革 ……………………（294）
 社会组织综合监管 ……………………（294）
 社会组织培育 …………………………（294）
 社会组织服务 …………………………（294）

卫生与计划生育

综述 …………………………………………（295）
医药卫生体制改革 …………………………（295）
 县域医共体建设 ………………………（295）
 医联体建设 ……………………………（295）
 三医联动改革 …………………………（295）
 社会办医和医养结合 …………………（296）
医疗设施和人才队伍建设 …………………（296）
 基础设施 ………………………………（296）
 智慧医疗 ………………………………（296）
 医疗队伍建设 …………………………（296）
 医疗科研和教育培训 …………………（296）
医疗卫生 ……………………………………（296）
 医疗质量 ………………………………（296）
 中医中药 ………………………………（296）
 医疗纠纷调处 …………………………（296）
基层卫生和妇幼健康 ………………………（297）
 基层卫生 ………………………………（297）
 妇幼健康 ………………………………（297）
公共卫生 ……………………………………（297）
 基本公共卫生 …………………………（297）
 疾病预防控制 …………………………（297）
 卫生监督执法 …………………………（297）
爱国卫生和宣传教育 ………………………（297）
 爱国卫生 ………………………………（297）
 宣传教育 ………………………………（297）
计划生育 ……………………………………（297）
 计划生育管理 …………………………（297）
 计生协 …………………………………（298）

公共服务

供电 …………………………………………（299）
 概况 ……………………………………（299）
 安全生产 ………………………………（299）
 电网建设 ………………………………（299）
 优质服务 ………………………………（299）
 经营管理 ………………………………（300）
供水 …………………………………………（300）
 概况 ……………………………………（300）

供水一体化建设 …………………（300）
供水项目建设 ……………………（300）
降漏节水 …………………………（300）
安全生产管理 ……………………（300）
供气 …………………………………（300）
概况 ………………………………（300）
供气管道 …………………………（300）
供应及储气能力 …………………（301）
邮管 …………………………………（301）
概况 ………………………………（301）
规范快递产业管理 ………………（301）
成立行业协会 ……………………（301）
升级"智慧邮政" …………………（301）
保障寄递渠道安全 ………………（302）
宣传 教育 培训 …………………（302）
邮政 …………………………………（302）
概况 ………………………………（302）
电商批销业务 ……………………（302）
代理金融业务 ……………………（303）
快递包裹业务 ……………………（303）
拓展传统邮政业务 ………………（303）
提升网络投递服务能力 …………（303）
邮政安全 …………………………（303）
电信 …………………………………（303）
概况 ………………………………（303）
提升市场运营能力 ………………（304）
金融理财、电子支付为一体的"翼支付"
　业务 ……………………………（304）
4G建设和800M重耕 ……………（304）
网络优化提供竞争优势 …………（304）
拓展"丰收驿站"网点 ……………（304）
打造德清第一家千兆示范小区 …（304）
强基础平台建设提升"应急保障"能力
　…………………………………（304）
质量服务工作 ……………………（304）
移动 …………………………………（304）
概况 ………………………………（304）
营销业务拓展 ……………………（305）
流量精细化运营 …………………（305）
网络安全运行 ……………………（305）
联通 …………………………………（305）
概况 ………………………………（305）

公众基础业务 ……………………（305）
公众固网业务 ……………………（305）
重点项目中标成功 ………………（305）
主题沙龙活动 ……………………（306）
德清云数据平台建设 ……………（306）
签订战略合作协议 ………………（306）
气象事业 ……………………………（306）
气象灾害监测预报预警 …………（306）
气象现代化和基础设施建设 ……（306）
农业供给侧结构性改革气象服务保障
　…………………………………（306）
美丽乡村生态气象服务 …………（306）
优化气象行政许可 加强防雷安全监管
　…………………………………（307）
气象科普宣传与公共气象服务 …（307）

镇·街道

镇

乾元镇 ………………………………（311）
概况 ………………………………（311）
工业经济 …………………………（311）
项目双进 …………………………（311）
平台建设 …………………………（311）
现代农业 …………………………（311）
城乡建设 …………………………（312）
五水共治 …………………………（312）
三改一拆 …………………………（312）
社会各项事业 ……………………（312）
浙北乾龙灯会 ……………………（312）
新市镇 ………………………………（313）
概况 ………………………………（313）
小城市培育 ………………………（313）
工业经济 …………………………（313）
"三城"建设 ………………………（313）
生态文明 …………………………（313）
社会事业 …………………………（314）
蚕花庙会 …………………………（314）
羊肉黄酒节 ………………………（314）
钟管镇 ………………………………（314）
概况 ………………………………（314）

工业经济 …………………………（314）
　　科技创新 …………………………（314）
　　现代农业 …………………………（315）
　　美丽乡镇建设 ……………………（315）
　　五水共治 …………………………（315）
　　三改一拆 …………………………（315）
　　社会事业 …………………………（315）
　　平安建设 …………………………（316）
洛舍镇 ………………………………（316）
　　概况 ………………………………（316）
　　工业经济 …………………………（316）
　　现代农业 …………………………（316）
　　城乡建设 …………………………（317）
　　治水拆违 …………………………（317）
　　社会各项事业 ……………………（317）
　　社会管理 …………………………（318）
　　钢琴文化节 ………………………（318）
雷甸镇 ………………………………（318）
　　概况 ………………………………（318）
　　工业经济 …………………………（318）
　　现代农业 …………………………（319）
　　现代服务业 ………………………（319）
　　城乡建设 …………………………（319）
　　社会事业 …………………………（319）
禹越镇 ………………………………（319）
　　概况 ………………………………（319）
　　工业经济 …………………………（320）
　　现代农业 …………………………（320）
　　美丽乡镇建设 ……………………（320）
　　改革创新 …………………………（320）
　　五水共治 …………………………（320）
　　为民办实事 ………………………（320）
　　社会各项事业 ……………………（320）
新安镇 ………………………………（321）
　　概况 ………………………………（321）
　　工业经济 …………………………（321）
　　项目双进 …………………………（321）
　　平台建设 …………………………（322）
　　美丽城镇 …………………………（322）
　　美丽乡村 …………………………（322）
　　美丽交通 …………………………（322）
　　治水拆违 …………………………（322）

　　现代农业 …………………………（322）
　　土地"双保" ………………………（323）
　　社会事业 …………………………（323）
　　吴越文化节 ………………………（323）
　　为民实事项目 ……………………（323）
莫干山镇 ……………………………（324）
　　概况 ………………………………（324）
　　绿色发展 …………………………（324）
　　治水拆违 …………………………（324）
　　城乡建设 …………………………（325）
　　社会事业 …………………………（325）
　　平安稳定 …………………………（325）
　　设立莫干山国际旅游度假区 ……（325）

街　　道

武康街道 ……………………………（326）
　　概况 ………………………………（326）
　　经济发展 …………………………（326）
　　项目双进 …………………………（326）
　　农业工作 …………………………（326）
　　旧城改造 …………………………（326）
　　治水拆违 …………………………（326）
　　文明创建 …………………………（327）
　　平安建设 …………………………（327）
舞阳街道 ……………………………（327）
　　概况 ………………………………（327）
　　经济运行 …………………………（327）
　　项目引进 …………………………（327）
　　项目推进 …………………………（327）
　　产业升级 …………………………（328）
　　美丽乡村 …………………………（328）
　　剿劣提标 …………………………（328）
　　三改一拆 …………………………（328）
　　社会事业 …………………………（328）
　　拆迁征地 …………………………（328）
　　平安建设 …………………………（328）
阜溪街道 ……………………………（328）
　　概况 ………………………………（328）
　　项目双进 …………………………（329）
　　环境整治 …………………………（329）

城乡建设 …………………………（329）	德清县美丽乡村建设 ………………（337）
改革发展 …………………………（329）	德清县农村产权制度改革 …………（341）
社会事业 …………………………（330）	

下渚湖街道 …………………………（330）

人物·荣誉·成就

　　概况 ……………………………（330）
　　经济发展 …………………………（330）
　　项目双进 …………………………（330）
　　五水共治 …………………………（330）
　　三改一拆 …………………………（330）
　　美丽建设 …………………………（330）
　　惠民实事 …………………………（331）
　　社会事业 …………………………（331）
　　社会管理 …………………………（331）
　　改革创新 …………………………（331）

2017年度党政机关群众团体负责人
　名单 ……………………………（345）
2017年度湖州莫干山高新技术产业
　开发区党政机关负责人名单 ……（362）
2017年度镇（街道）领导人名单 ………（363）
2017年德清县先进个人和先进集体名单
　…………………………………（367）

专　记

附　录

成立建发、文旅集团 …………………（335）

2017年调研、督查纪事 ………………（371）
文件辑录 ………………………………（379）
索引 ……………………………………（381）

Contents

Overview

Important Notes

Speech of XIANG Lemin, the Secretary of Deqing County Committee, at the 3rd Plenary (Enlarged) Session of 14th Congress and Economic Work Conference of the Communist Party of China of Deqing County 3

Government Work Report in 2017
—Speech of WANG Qinying, County Chief at the 2nd Session of the 16th County People's Congress 14

Chronicle of Events

Chronicle of Events in 2017 23

Overview of Deqing

Basic geographical information 36
Administrative changes 36
History and culture 37
Administrative division 37
Registered population 38
Climate evaluation 39

Statistical Bulletin for National Economy and Social Development of Deqing County in 2017 47

Political Development

Deqing County Committee of the Communist Party of China

Important meetings 53
Office work 83
Human resources 90
Publicity 92
United front 95
Party construction of county-level organs 97
Work of veteran cadre 99
Party school education 101
Archival work 102

People's Congress of Deqing County

Important meetings 104
Supervisory work 106
Representatives' activities 106
General election of representatives in the province, city, county and towns 107
Personnel appointment and removal 107

People's Government of Deqing County

Important meetings ·············· 112
Important administrative measures ············ 114
Implementation of government's people-centered programs ·············· 114
Office work ·············· 117
Institutional structure ·············· 118
Administrative service ·············· 120
Management of organ affairs ·············· 122
Safe production ·············· 123
Construction of law-based government ······ 124
Management of new residents ·············· 126
E-government affairs ·············· 126
Management of emergency ·············· 127
Foreign affairs ·············· 128
Important activities ·············· 129
Exhibitions and fairs ·············· 129

CPPCC Committee of Deqing County

Summary ·············· 130
Important meetings ·············· 130
Work concerning proposals ·············· 131
Inspections and supervisions ·············· 131
Democratic consultation ·············· 132
Media reports and historical accounts ········ 132
Information about social conditions and public opinions ·············· 133

Discipline Inspection Committee of Communist Party of Deqing County

Summary ·············· 134
Construction of political ecology ·············· 135
Construction of work style ·············· 136
Reform of discipline inspection and supervision ·············· 136
Construction of discipline ·············· 137
Construction of grass-root Party conduct ·············· 137
Cadre team construction ·············· 138
Important meetings ·············· 138

Democratic Parties, Federation of Industry and Commerce

Deqing Grass-root Committee of Revolutionary Committee of the Chinese Kuomintang ·············· 140
Deqing Branch Committee of China Democratic League ·············· 140
Deqing Branch Committee of China Democratic National Construction Association ·············· 140
Deqing Grass-root Committee of China Association for Promoting Democracy ·············· 141
Deqing Grass-root Committee of Chinese Peasants' and Workers' Democratic Party ·············· 141
Deqing Grass-root Committee of Jiusan Society ·············· 142
Federation of Industry and Commerce of Deqing County ·············· 142

Mass Organizations

Federation of Trade Unions of Deqing County ·············· 144
The Communist Youth League of Deqing County ·············· 145

Women's Federation of Deqing County 146	Industrial economy 185
Science and Technology Association of Deqing County 149	Informatization 187

Financial Industry

Deqing County's Federation of the Disabled 151	Summary 188
Deqing County's Federation of Literary and Artistic Circles 152	Financial supervision 189
	Banks 192
Red Cross of Deqing County 153	Insurance 199
Deqing County's Committee of Care of the Next Generation 155	Petty loan 199
Deqing County's Charity Federation 155	Financing assurance 200

Rule of Law and National Defense

Service Industry

Summary 157	Summary 201
Public security 158	Tourism industry 202
Procuratorial work 162	Commercial trade and circulation 213
Courts 163	Grain circulation 213
Judicial administration 165	Tobacco monopolization 213
People's armed forces 167	Modern logistics 213
Fire control 169	
Civil air defence 171	

Architecture and Real Estate Industry

Economic Development

	Summary 215
	Architecture 215

Agriculture, Forestry and Water Conservancy

	Real estate management 216
	Housing security 216
Agriculture 175	Housing provident fund management 216
Forestry 179	
Water conservancy 180	

Domestic and Foreign Trade

Industrial economy and informatization

	Rural commercial and trade service 218
	Investment attraction 219
	Major commercial and trade activities 220
	Import and export 222
Summary 185	Foreign economy and service outsourcing 223

Entry and exit inspection and quarantine 223
Customs 223

Zone Development

National zone—Huzhou Mogan Mountain High and New Tech Industry Development Zone 225
Provincial zone—Deqing Industrial Park 227
Intelligent Eco-friendly City 227
Industrial functional zones in towns 228

Science and Technology

Summary 232
Independent innovation 232
Commercialization of research findings 232
Scientific and technological finance 233
Innovative zones 233
Intellectual property right 233
People-benefit projects 233

Economic Management

Summary 234
Domestic economic cooperation 235
Financial work 236
Local taxation 237
National taxation 238
Supervision and management of state-owned properties 240
Audit 241
Statistics management 242
Price control 242
Management of territorial resources 243
Market supervision and management 244

Construction of a Beautiful Deqing

Beautiful Countryside

Summary 249
New rural construction 249
Rural reforms and development 250
Rural economic development 251

Urban and rural development, urban management

Summary 252
Urban development 252
Urban management 252

Traffic

Summary 256
Infrastructure construction 257
Profession management 258
Railway 259

Environmental Protection

Summary 261
Environmental administration and law enforcement 261
"Five Water Treatment" 263
Comprehensive treatment of mines 265

Cultural Development

Culture, Sports and News

Culture 269
Sports 272
News 274

Social Development

Education

Summary	279
Basic education	280
Vocational education	282
Adult education	282
Community education	282
Non-government funded education	282
Students' quality education	283
Tests and construction of testing centers	283
Educational supervision	284
Teaching body	284
Educational and academic research	285
Schooling conditions	286
Educational guarantee	287
Security	287
Construction of integrity	288

Human Resources and Social Security

Summary	289
Work concerning talents	289
Employment service	289
Social security	289
Personnel system reform	289
Labor relations	289
Service for the public	290
Self-construction	290

Civil Administration

Social welfare and assistance	291
Welfare charities	291
Veteran benefit and placement	292
Social public affairs	292
Grass-roots political authority	293
Social organizations	294

Health Care and Family Planning

Summary	295
Medical and health system reform	295
Medical facilities and talent team building	296
Medical treatment and public health	296
Grass-roots health, maternal and child health	297
Public health	297
Patriotic health campaign, publicity and education	297
Family planning	297

Public Service

Power supply	299
Water supply	300
Gas supply	300
Postal management	301
Postal service	302
Telecom	303
Mobile	304
Unicom	305
Weather	306

Towns and Streets

Towns

Qianyuan Town	311

Xinshi Town ……………………………… 313
Zhongguan Town ………………………… 314
Luoshe Town ……………………………… 316
Leidian Town ……………………………… 318
Yuyue Town ……………………………… 319
Xin'an Town ……………………………… 321
Mogan Mountain Town …………………… 324

Streets

Wukang Street …………………………… 326
Wuyang Street …………………………… 327
Fuxi Street ………………………………… 328
Xiazhu Lake Street ……………………… 330

Special Materials

Establishment of Construction and
　　Development Corporation, Culture
　　and Tourism Corporation ………… 335
Beautiful Countryside construction in
　　Deqing County ……………………… 337
Rural equity system reform in Deqing
　　County ………………………………… 341

Figures, Honors and Achievements

List of leaders of County's Party,
　　government organs and mass
　　organizations in 2017 ……………… 345
List of leaders of Party and government
　　organs in Huzhou Mogan Mountain
　　High and New Tech Industry
　　Development Zone ………………… 362
List of leaders of towns (streets) of the
　　County in 2017 ……………………… 363
List of Advanced Individuals and Collectives
　　of Deqing County in 2017 ………… 367

Appendices

Records of research and supervision
　　in 2017 ………………………………… 371
Complied documents …………………… 379
Index ……………………………………… 381

总述

特 载

在县委十四届三次全体(扩大)会议暨经济工作会议上的报告

(2018年1月8日)

中共德清县委书记 项乐民

这次会议的主要任务是,以习近平新时代中国特色社会主义思想为指导,全面贯彻落实党的十九大和中央经济工作会议精神,按照省市党代会、省市委全会和经济工作会议部署,认真总结过去一年工作,研究部署今年任务,审议通过《中共德清县委关于高举习近平新时代中国特色社会主义思想伟大旗帜,率先建成全面小康标杆县,奋力谱写中国特色社会主义德清新篇章的决定》(审议稿)。

下面,我代表县委常委会向全会作报告。

一、深入开展"四大行动""十大工程",成功打赢率先建成全面小康标杆县开局仗

过去的2017年,是喜迎十九大召开之年,是县镇村新一届班子履新之年,也是率先建成全面小康标杆县的开局之年。县委常委会团结带领全县广大干部群众,坚决贯彻上级决策部署,坚定信心促发展,撸起袖子加油干,扑下身子抓落实,经济持续平稳较快增长,社会总体保持和谐稳定,顺利实现"全年红"。2017年,财政总收入增长15%,地方财政收入增长15.5%。预计2017年,地区生产总值增长8.4%左右;固定资产投资增长15%左右;外贸进出口总额增长16%;社会消费品零售总额增长11%;城镇、农村居民人均可支配收入分别增长8.6%和9.6%以上。我们紧紧围绕学习宣传贯彻十九大精神、推动落实省市县党代会决策部署的工作主线,集中精力聚焦3个牵动全局的重点:聚焦学习宣传贯彻十九大精神,召开之前,开展"喜迎十九大、全力保平安"暨"十大工程"再攻坚再推进活动,营造良好的经济社会发展环境。召开之后,第一时间通过全县领导干部会议和县委常委会传达学习,要求全县各级党组织和广大党员、干部认真研读十九大报告,准确领会习近平新时代中国特色社会主义思想的精髓和核心要义,牢固树立"四个意识",原原本本、原汁原味学习好十九大精神。组织开展各类学习培训、主题教育、新闻宣传活动,举办县管干部集中轮训班,部署开展"进百村走千企入万户"大宣讲大走访大调研活动,切实以十九大精神鼓舞士气、指导实践、推动工作。聚焦深入开展"四新"主题实践,我们把贯彻落实省市县党代会精神摆在突出位置,对照市委加快赶超、实现"两高"的奋斗目标,以"四新"主题实践为引领,紧密结合德清实际,开展"聚焦'四新'再出发,抓实'六重'促赶超"大实践大比拼活动,推进项目双进、创新引领、美丽德清、担当作为"四大行动""十大工程"落实，切实以对标看齐的实际行动，当好推动市委决策部署落地生根的排头兵。聚焦打好莫干山、高新区、改革、临杭、和谐"五张牌"，我们坚持把势能转化为动能，把实干转化为实效，"五张牌"越打越有力度、越打越有成效。省级莫干山国际旅游度假区正式成立，洋家乐成为全国首个服务类生态原产地保护品牌；首届世界地理信息大会定于今年在我县召开，工业强县排名跻身全省20强，高新技术产业增加值占全县规上工业增加值半壁江山，高新区贡献率不断提高并提前跻身全国百强；全省唯一的农业供给侧结构性改革集成示范试点全面推进，在全省率先开展"标准地"和企业投资项目发改委"一窗服务"试点，在全省全面深化改革大会上作交流发言，农村土地制度改革、农村集体产权制度改革等改革经验在全国复制推广；浙工大德清校区、杭州绕城高速西复线德清段等重大项目正式开工；"平安德清"建设实现"十二连冠"、夺"金鼎"，十九大维稳安保任务圆满完成。

回顾这一年的工作，县委常委会主要抓了六个方面：

（一）我们坚定不移攻坚项目双进。坚持"项目为王"，深入开展项目引进"双百双六"工程和项目推进"1555"工程，进一步突出国家级高新区的主平台、主引擎作用，赶超发展后劲不断增强。

一是项目引进更加精准。建立完善"7+1"重点产业精准招商体系，紧盯杭州、上海、北京等重点区域，健全驻点招商管理机制，发挥异地商会作用，成功举办德洽会暨上海活动周、游子文化节暨投资贸易人才洽谈会，百亿级天士力大健康产业德清基地项目顺利落户，正大青春宝总部搬迁项目成功签约。预计全年引进"大好高"项目80个；浙商回归到位省外资金135亿元，增长121.9%；实到外资1.8亿美元，增长171.7%。

二是项目推进不断加快。以5亿元以上重大项目建设为重点，完善县领导联系重大项目制度，每周开展问题协调交办，每月进行项目推进竞赛，每季度组织项目集中开竣工，鼎力机械、开元森泊等一批重大项目开工建设，中天建筑、苕溪清水入湖等一批重大项目竣工投产投用。全年县"重大项目百亿工程"完成投资152亿元，增长18.2%。探索开展投融资体制创新，实施PPP前期项目3个。

三是平台能级持续提升。加快建设国际化莫干山高新区，扎实开展首届世界地理信息大会筹备工作，高标准推动联合国全球地理信息管理德清论坛会址、凤栖湖景观绿化带等32个基础设施和公共建筑项目建设，完成拓展面积2080亩，中创科技园、地理信息创新园等3个项目顺利竣工。智能生态城正式揭牌并启动建设，编制发布新一代人工智能应用县发展规划，成功举办人工智能"莫干山会议"。全县平台投入12.1亿元，新拓展面积2035亩，新建成面积2130亩。开展乡镇工业功能区建成平台提档升级，累计盘活提升土地2475.6亩。

（二）我们持之以恒推动产业转型。坚持"发展是第一要务"，统筹协调推进一二三产发展，加快新旧动能转换，推动产业结构稳中向好、稳中趋优。

一是工业经济稳扎稳打。制定实施中国制造2025德清行动计划和传统制造业改造提升方案，"三百一重"专项行动深入开展，成功入选离散型智能制造、两化深度融合等四个省级试点示范，累计争取省级以上补助资金1.1亿元，泰普森、华莹电子和鼎力机械入围国家级智能制造项目。完成落后产能和"厂中厂""低小散"企业整治949家，腾出用能空间8万吨标煤。实施新一轮"双金""双银""小巨人"企业梯度培育，落实中小企业"专精特新"发展政策，新增上市企业3家，获评全省小微企业三年成长计划工作先进县。持续推动企业降本减负，累计为企业减负30亿元。入选全省深化"三名"培育县和商标品牌示范县，入围全国质量强县示范县创建名单，德华兔宝宝、升华云峰作为全市仅有的两家企业入围省首批企业标准"领跑者"名单。

二是现代服务业做大做强。实施服务业新政18条，重点强化省级服务业集聚区示范效应，预计服务业增加值增长9.5%以上。地理信息小镇进入全省优秀特色小镇行列，小镇税收连续四年同比翻番，全国首颗以县域冠名的商业遥感卫星"德清一号"即将发射升空。通航智造小镇入围省第三批特色小镇创建名单，成功组织华东地区首次通用航空飞行演练。入围首批省全域旅游示范县创建名单，新市古镇、下渚湖街道入选第二批省级旅游风情小镇创建名单。加快推进金融引领绿色经济发展试验区建设，金融业税收占全县税收收入超10%,新增全社会融资总量超230亿元,银行不良贷款率继续保持全市最低。入选省批发零售业改造提升试点,临杭物流园区成为全市首个国家级优秀物流园区。

三是美丽农业增绿增效。精品渔业、蚕乡古镇等示范带和10个重点现代农业园区加快建设,农业生产管理用房整治全部完成。在全国率先开展渔业养殖尾水全域治理,相关做法获省委书记车俊批示肯定。淡水珍珠传统养殖与利用系统入选中国重要农业文化遗产,莫干黄芽获国家农产品地理标志登记保护。农业现代化发展水平综合评价连续三年位居全省第一。

(三)我们攻坚破难深化改革创新。坚持把改革创新作为第一动力,把人才作为第一资源,深入推进重大改革试点突破工程和科技成果转化"亿千百十"工程,县域发展活力明显增强。

一是重点改革有效突破。"最多跑一次"改革不断深化、彰显特色,成功出让全省首宗"标准地",全省企业投资项目"最多跑一次"改革现场会在我县召开,实现"最多跑一次"事项658项,覆盖率达96.3%,其中"零上门"事项402项,覆盖率达58.9%。农业供给侧结构性改革集成示范试点深入推进、形成声势,国土资源部统筹推进农村土地制度改革三项试点工作现场交流会在我县召开,省级农村综合性改革试点试验成功落户,敬农节暨农业供给侧结构性改革高峰论坛成功举办,农村综合产权流转交易平台获第四届浙江省公共管理创新案例十佳创新奖,"三位一体"农民合作组织成效初显,户籍制度改革成果获多家国家级新闻媒体报道。国家新型城镇化试点、国家级一二三产融合发展示范县建设有序推进。国资国企改革稳步推进,建发、文旅两大集团成功组建、有效运营。

二是创新能力不断提高。深化拓展创新平台,莫干山高新区被列为省专利导航产业发展实验区,地理信息小镇获评省首批高新技术特色小镇,雷甸科技园揭牌启用,新晋国家级众创空间1家。加快运用创新成果,获评全省首批国家科技成果转移转化示范县,实施科技成果转化企业125家,实现技术交易额4.4亿元,每万人有效发明专利数量列全省县域第一。培育壮大创新主体,新增国家高新技术企业29家、省级科技型企业84家,省创新型领军企业、首批省级重点农业企业研究院、国家知识产权示范企业各1家。中科院遥感所设立德清分院,微波目标特性测量与遥感实验室列为省级重点实验室。获评全市唯一的党政领导科技进步目标责任制省考核优秀县。预计高新技术产业增加值110亿元以上,增长11%。

三是高端人才更加集聚。深入实施"5151"人才工程,全面落实"人才新政11条",新引进高层次人才302名、增长168%,新入选"国千""省千"各5名,自主培育"国千"数突破历年累计总量;入选"南太湖精英计划"项目37个。入选省"海外工程师"3名,引进海外院士2名,全市首个院士领衔创业项目落户,三项工作均实现"零突破"。不断放大省级"千人计划"产业园引领示范效应,中航通飞研究院浙江分院落户高新区,华莹电子院士专家工作站被评为全国示范院士专家工作站,成功创建全国首个县域"海智计划"工作基地,成功签约全国唯一的县域联合体"地理信息产业(德清)创新助力学会企业联合体"。

(四)我们统筹协调推进全域美丽。坚持县域大景区理念,统筹推进水气土共治提升工程、美丽城镇先行工程、美丽乡村升级工程和全国文明城市创建工程,全域美丽加快实现。

一是环境治理纵深推进。重中之重抓好中央环保督察问题整改,办结信访交办件71件,对河口水库清淤保源工作办理获中央环保督察组通报表扬。剿灭劣V类水攻坚战全面打响,完成339处挂号问题小微水体治理并通过省市验收,16个县控以上断面全部达到Ⅲ类水以上,以最高分获全省水利最高奖"大禹杯"金杯奖。接受省"无违建"考核验收,城中村改造和建设项目遗留问题清零行动深入开展,全年"三改"2581万平方米,"拆违"287万平方米,分别完成市下达任务的1290.9%、287%,拆后利用率达95.9%;治理改造城镇危旧房471幢,提前完成三年任务;新增停车场80个,增加停车位4334个;城中村拆迁改造完成签约5646户,解决建设项目遗留问题87个。"守青山、护绿水"专项行动深入开展,打击处理污染环境违法犯罪嫌疑人138名。治气治霾有效推进,矿山生态持续改善,全年PM2.5平均浓度41微克/立方米,空气质量指数位于全市前列。

二是城镇更新步伐加快。以县域总体规划为统领,高质量推进各类城市设计、控制性详细规划和专项规划的编制工作。联动提升城东城中、康乾新区、城西等区块品质,"三纵三横七连接"道路改造提升工程启动实施,104国道改造、09省道改造等重点项目加快建设,舞阳街东延、长虹街东延等重点工程有序推进,私营城排查整治扎实开展,市民活动中心顺利竣工。深入推进小城镇环境综合整治,道乱占、车乱开、线乱拉等一批专项整治行动扎实开展,全省小城镇环境综合整治现场会、全国特色小镇培训会在我县召开,钟管镇干山集镇、莫干山镇、下渚湖街道成为省首批环境整治达标小城镇,乾元镇旧城有机更新项目获中国人居环境范例奖。

三是美丽乡村塑造品质。对照"万村景区化"的要求,以"扩、提、融"推进新一轮美丽乡村建设,历史人文和钢琴音画等10条景观线建设加快推进,7个省级美丽宜居示范村建设持续深化,10个精致小村286个项目全面铺开,21个精品示范村383个项目加快推进,其中12个精品示范村完成创建验收,30个提升村完成创建,五四村、劳岭村等5个村成功创建国家3A级旅游景区,二都村获评住建部改善农村人居环境美丽乡村示范村、省级美丽宜居示范村优秀村庄。同步推进美丽公路、美丽庭院、美丽菜园等工程,农村生活垃圾分类和资源化利用行政村覆盖率达100%,入选全国首批百个农村生活垃圾分类示范县、省级餐厨垃圾资源化利用和无害化处置试点城市,获评全省农村生活污水治理设施运维管理优秀县。

(五)我们持续发力增进民生福祉。坚持把人民利益摆在至高无上的地位,让改革发展成果更多更公平惠及全县人民,群众获得感、幸福感、安全感不断提升。

一是社会事业再提质。认真办好十大民生实事,33项城乡差异政策全面并轨。加强就业创业服务体系建设,城镇登记失业率控制在2.46%的较低水平。电大德清学院等29个项目进展顺利,春晖小学等3所学校建成投用,成为全省首批5个教育现代化发展水平监测试点地区之一,获评全省首批示范学习型城市。综合医改启动实施,县域医共体建设深入开展,武康、新市两大健保集团正式成立,县人民医院成为邵逸夫医院德清院区。公办养老机构公建民营改革加快推进,爱暮佳颐养中心投入运行,19家幸福邻里中心完成建设。顺利承办第四届全国非遗论坛,德清民间设奖20周年主题座谈会在北京召开,获评国家体育产业示范基地,群众体育工作先进集体和个人代表获习近平总书记接见。

二是社会保障再扩面。实施全民参保登记动态管理,户籍法定人员养老保险和医疗保险参保率达92.01%和99.37%,继续保持全市领先水平。深化医保支付方式改革,率先在全市开通特殊病种门诊异地刷卡结算,成为全市唯一城乡居民医疗保险普通门诊按人头付费改革省级试点。住房保障切实加强,交付使用保障性住房5420套,保障住房困难家庭1549户。重度残疾人"两项补贴"政策全面实施。

三是平安建设再深化。运用和转化平安护航G20峰会维稳安保工作成果,统筹抓好社会治安、公共安全、安全生产、信访维稳、消防安全、食品药品安全等工作,各类生产安全事故起数和死亡人数分别下降29.8%、26.8%,圆满完成十九大、第四届世界互联网大会、各级两会、省市党代会等重要维稳安保任务。基层社会治理不断创新,在全市率先全面建成"一室四平台"并实体化运作,矛盾纠纷调处成功率达99.87%。

(六)我们始终不渝强化担当作为。坚持把抓好党建作为最大政绩,深入推进"双勇"铁军建设工程和作风建设提升工程,切实推动全面从严治党向纵深发展。

一是意识形态牢牢把握。坚持党管意识形态,落实党委意识形态工作责任制,牢牢掌握领导权、主导权、话语权,切实巩固人民群众团结奋斗的共同思想基础。在十九大及省市党代会期间主动发声,推动党员干部忠诚核心、拥护核心、维护核心。深入推进"两学一做"学习教育常态化制度化,教育引导广大党员学思践悟、知行合一。坚持守牢意识形态阵地,内宣与外宣并进,聚焦特色亮点,中央级主流媒体刊播报道500余篇,新华社展示"两山"理念德清实践的微视频获中央领导批示肯定;在中央新闻联播播出报道24条,列全省县级台第一位。网络综治体系加快建设,营造清朗网络空间。

二是铁军队伍担当实干。坚持严管和厚爱结合、激励和约束并重,制定出台干部正向激励办法,树牢"为担当者担当"的鲜明导向,建立容错免责相关做法获习近平总书记批示肯定。牢固树立好干部标准,圆满完成县镇村三级换届工作。创新开展"三看三问三谈"活动,做到在一线考实干部、一线推动落实。持续深化领导干部实绩纪实和公示公议制度,年轻干部"三重一线"实践锻炼机制不断完善,630名县管领导干部公开领办亮晒重点项目1600余项,279名优秀年轻干部赴一线助推工作。

三是基层基础持续筑牢。深化"整乡推进、整县提升",高标准落实农村基层党建"浙江二十条",建成"蠡山—干山—沈家墩"等5条党建示范带。壮大村级集体经济,整转软弱落后党组织8个。加强基层骨干队伍建设,全面推行村社干部集中办公,健全村社后备干部"421"培养机制。优化基层组织设置,全方位部署开展基层党建提升工作,打造"马路上的组织生活会""五零五心"等党建品牌。抓实两新党建作用发挥,地理信息小镇、莫干山镇成为全省特色小镇党建现场会考察点,"四融"党建模式在全省推广。

四是作风建设深入推进。深化落实"两个责任",在全市率先探索开展主体责任项目领办工作,进一步完善主体责任报告、"一岗双责"专项抽查、全程纪实等工作机制。严格按照省市要求,稳步推进监察体制改革试点工作。驰而不息纠正"四风",查处违反中央八项规定精神问题16人,处分7人。扎实推进县委巡察、农村基层作风交叉巡查和扶贫领域专项督查等工作,整治一批违纪违规的突出问题,推动党风政风民风持续好转。强化纪律审查、突出"一案双查",充分运用好监督执纪"四种形态",始终保持反腐败高压态势。全年给予党纪政务处分109人,其中科级干部6人。

一年来,县委常委会高度重视加强自身建设。我们坚持"打铁必须自身硬",制定实施《县委关于进一步加强自身建设的意见》和《县委工作规则》,作出做好"六个表率"的庄严承诺。坚持把思想政治建设摆在首位,牢固树立"四个意识""四个自信",严格遵守政治纪律和政治规矩,坚决维护习近平总书记核心地位和党中央集中统一领导。坚持加强和规范党内政治生活,严格执行民主集中制,共同维护坚守党性原则基础上的团结。坚持干字当头、人民至上,全力破解发展难题,倾情造福人民群众,努力把实绩写在人民心中。坚持严守党纪国法和规章制度,自觉接受各方面监督,维护了风清气正的政治生态。支持人大、政协亲力亲为在一线、上火线,"案件评审、代表问政、评议票决"监督模式有效推行,镇(街道)代表联络站建设提档升级;跨届提案跟踪追办创新开展,首批政协委员工作室正式成立。巩固发展最广泛的爱国统一战线,莫干山历史文化学术研讨会成功举行,基层统战实现规范化建设全覆盖,新社会阶层人士统战工作走在全省前列。深入推进群团改革,促进工会、共青团、妇联等群团组织建功立业;重视发挥老干部的优势和作用,更好凝聚改革发展稳定强大合力。加强党管武装,国防动员、后备力量建设、双拥等工作取得新进展。

2017年各项工作取得的良好成绩,标志着我们成功打赢了率先建成全面小康标杆县开局仗。这些成绩的取得,离不开中央和省委、市委的坚强领导,离不开全县各级党组织、广大共产党员、民主党派、人民团体、各界人士、老同志,驻德部队、武警官兵和全县人民的团结奋斗,离不开各位企业家坚守实业、做强主业,有力地推动了全县经济赶超发展。在此,我谨代表中共德清县委,向所有为德清的改革发展稳定作出贡献的同志们,向所有关心、支持德清发展的朋友们,表示衷心的感谢,并致以崇高的敬意!

在肯定成绩的同时,我们也必须认真审视经济社会发展中存在的矛盾和问题。主要体现在:发展的协调性较好,但指标的标杆性还不够强;招引项目的意识增强,但招引实效特别是重大产业项目引进实效还不够好;美丽德清建设的力度加大,但文明城市创建、整治拆违的成效还不够好;改革的知名度、美誉度不断提高,但红利释放还不够多;平安建设成功夺鼎,但平安基础还不够扎实;干部的精气神显著提振,但创新担当的勇气还不够。常委会将高度重视这些问题,坚决担起责任,切实加以解决。希望同志们多提意见和建议,帮助我们把工作做得更好。

二、紧紧围绕推动高质量发展主题,奋力开启率先建成全面小康标杆县的新征程

2018年是贯彻党的十九大精神的开局之年,是改革开放40周年,是决胜全面建成小康社会、实施"十三五"规划承上启下的关键一年。最近召开的中央、省委经济工作会议和市委八届三次全会暨经济工作会议明确提出了今年工作的总体要求、政策导向和重点任务,特别强调经济已由高速增长阶段转向高质量发展阶段。推动高质量发展,这是我们当前和今后一个时期谋思路、定举措、抓落实的根本要求。从大局大势看,新时代开启了高质量发展新征程。中国特色社会主义进入了新时代,我国经济发展也进入了新时代,站在新的历史方位,人民对美好生活的向往呼唤高质量发展,实现"两个一百年"奋斗目标基础在高质量发展。习近平总书记指出,高质量发展,就是能够很好满足人民日益增长的美好生活需要的发展,是体现新发展理念的发展,是创新成为第一动力、协调成为内生特点、绿色成为普遍形态、开放成为必由之路、共享成为根本目的的发展。推动高质量发展,是适应社会主要矛盾变化、解决不平衡不充分问题的根本路径,是遵循经济发展规律、抓重点补短板强弱项的必然要求,我们必须内化于心、外化于行。从省市发展看,已进入高质量发展的关键阶段。近年来,省委深入实施"八八战略",按照"四个强省"工作导向和建设"六个浙江"具体任务,转型升级组合拳打出声势、打出成效;市委坚持生态立市优先战略,让生态文明走在前列,奋力当好践行"两山"理念样板地、模范生。这些都表明省委、市委从"速度领跑"向"质量领先"蝶变的坚定信心,都是践行高质量发展的具体行动,都有力推动了全省、全市发展迈向增长中高速、质量中高端的轨道,我们必须深刻领会、对标看齐。从我县实际看,我们具有率先实现高质量发展的基础和机遇。这几年,我们主动适应经济新常态、贯彻新发展理念,各项指标更加匹配,创新驱动更加强劲,生态环境更加优美,区域发展更加协调,县域发展稳的基础越来越巩固、进的态势越来越明显,竞争优势的叠加效应正在持续累积。今年,我们将迎来举办世界地理信息大会、新改革试点落地、大湾区大花园大通道大都市区"四大"建设等重要机遇,都为我们进一步打好"五张牌"创造了条件;我们还将加快建设县域现代化经济体系、落实乡村振兴战略、深化接沪融杭等重点工作,都对我们进一步厚植优势、全速领跑提出了更高的要求,我们必须拉高标杆、担当作为。

总之,新的一年,我们要以新理念引领新发展,以大变革促进大提高,全面抓好高质量发展各项要求的落实,走出一条具有德清特色的高质量发展之路。

(一)明确高质量发展的总体要求。今年工作的指导思想是:高举习近平新时代中国特色社会主义思想伟大旗帜,全面贯彻落实党的十九大和中央经济工作会议精神,按照省市党代会、省市委全会和经济工作会议部署,坚定不移沿着"八八战略"指引的路子走下去,坚持稳中求进总基调,坚持新发展理念,紧紧围绕推动高质量发展主题,大力弘扬红船精神、浙江精神,持续深化"四新"主题实践,深入实施"改革创新、接沪融杭"战略,持之以恒推进项目双进、质量提升、乡村振兴、改革深化、担当有为"五大行动",奋力当好践行"两山"理念的样板地、模范生,加快率先建成全面小康标杆县,全面开启谱写中国特色社会主义德清篇章的新征程。

今年工作的预期目标是:地区生产总值增长8%以上;规上工业增加值增长8%;财政总收入和地方财政收入均增长8.5%;研究与试验发展(R&D)经费支出占GDP的比重达2.82%;社会消费品零售总额增长10%以上;城镇、农村居民人均可支配收入分别增长9%、10%;单位生产总值综合能耗、化学需氧量排放量、氨氮排放量、氮氧化物排放量、二氧化硫排放量等约束性指标完成上级下达任务。

围绕以上指导思想和目标安排,做好今年工作,必须始终突出高质量发展主题,做到转变理念、拉高标杆、统筹协调、真抓实干。

——转变理念。这是推动高质量发展的首要前提。就是要牢牢把握以人民为中心的发展思想,牢牢把握新发展理念以及供给侧结构性改革的重大决策,牢牢把握社会主要矛盾变化的重大判断,牢牢把握建设县域现代化经济体系这个着力点,既要关心"快不快",更要关心"好不好",更加关注速度背后的质量效益,更加关注增长背后的生态环境,切实推动质量变革、效率变革、动力变革。

——拉高标杆。这是推动高质量发展的根本定位。就是要紧扣"率先建成全面小康标杆县"的奋斗目标毫不动摇,在高质量发展上树牢标杆的标准,展现标杆的作为,争创标杆的业绩,敢于和更强者"比",善于向更高处"学",加快形成与我县标杆定位相符合的标准体系、绩效评价、政绩考核、发展环境。

——统筹协调。这是推动高质量发展的重要方法。就是要坚持"十个指头弹钢琴",分清任务的轻重缓急,讲究工作的先行后续、找准节奏、把握重点,特别是要正确处理好稳和进、破和立、实体和虚拟、即期和长期、发展和惠民五对关系,联动打好莫干山、高新区、改革、临杭、和谐"五张牌",坚决打赢防范化解重大风险、低收入百姓增收、污染防治三场攻坚战。

——真抓实干。这是推动高质量发展的关键所在。就是要聚焦"实"字做文章,既要找实抓手,把高质量发展的要求落实到项目双进、质量提升、乡村振兴、改革深化、担当有为"五大行动"上,细化举措、落实责任、精准发力;又要抓实工作,坚持说实话、谋实事、出实招、求实效,以钉钉子精神做实做细做好各项工作,切实推动干部更加担当、更加务实、更加有为。

(二)落实高质量发展的重点任务。根据以上总体要求,今年要抓好十个方面重点任务:

1. 增强项目双进带动力。更加牢固树立"抓项目就是抓发展,服务项目就是服务发展"的理念,充分发挥有效投资对提高供给体系质量的关键性作用。重点抓好两个方面:一要不断提升选商引资实效性。坚持以产业招商为统领,深化完善"7+1"产业招商体系,注重加强对在谈项目的前期策划和论证,推动更多技术型、产品型、配套型项目落户。力争引进投资过百亿项目或世界五百强企业直接投资项目1个、"大好高"项目60个以上。结合我县实际,突出"一把手"作用,部署开展县(镇)长项目工程,明确县领导和镇(街道)、有关部门主要负责人具体招商任务。同步全力争取省市长项目落户。深化节会招商,激发异地商会、海外游子服务家乡热情,以世界地理信息大会、德洽会、游子文化节为载体,精心做好宣传推介,引导浙商回归、外资流入,力争全年浙商回归到位省外资金增长10%以上,实到外资完成1.8亿美元以上。特别是抓住世界地理信息大会契机,突出科技招商,力争招引地理信息及相关产业龙头、品牌企业10家以上。二要进一步提升项目推进加速度。大力实施项目推进"5118"工程,狠抓机制完善,紧盯重大实施、重大前期、重大储备,统筹投资方、施工方、中介方、管理方,落实领导跟办、全程代办、问题会办、现场督办、失职查办,推动项目早开工早竣工早投产。狠抓结构优化,重视提高投资质量和效益,突出交通投资、重大产业项目投资、高新技术产业投资、生态环境和公共设施投资等关键领域,力争分别增长15%。特别是围绕促进民间投资合理增长,继续放开民间投资准入,谋划实施一批PPP项目,力争民间投资增长15%。狠抓要素保障,立足存量,创新用地理念,改变用地方式,开展"五未"土地处置、土地全域整治、低效建设用地清退等专项行动,增强用地基础性作用。加快做大做强建发、文旅等国企,联动推进投融资体制改革,着力破解融资难题。

2. 提升县域产业竞争力。坚持质量第一、效益优先,强化"亩均论英雄"导向,加快建设实体经济、科技创新、现代金融、人力资源协同发展的现代化产业体系。重点抓好四个方面:一要把实体经济作为主攻方向。以"绿色+智能"为重点,加快传统产业改造提升,编制智能工业发展五年规划,启动实施智能制造"十百千"工程。推进"机器人+",谋划实施一批重点技改项目。深化"互联网+""大数据+",做长做强地理信息产业链,加快推进智能生态城建设,抢占全省数字经济发展制高点。加快壮大通用航空、休闲旅游、健康产业等重点新兴产业,谋划发展平台经济、分享经济、体验经济、创意经济,全力打造支撑德清未来发展的新增长极。深入推进"双金""双银""双星""小巨人"企业培育,谋划实施新一轮小微企业三年成长计划,推动市场主体转型升级。大力推进"质量+""标准化+""品牌+""设计+",支持企业专注深耕、打造品牌,努力培育更多隐形冠军、单打冠军。落实新一轮减轻企业负担"31条",降低实体经济成本。大力弘扬新时代企业家和劳模精神,保护激发创业创新活力,加快构建亲清新型政商关系。二要把科技创新作为第一动力。深化与浙江工业大学的全面战略合作,依托国家科技成果转移转化示范县建设,加速"双高"企业培育,完善"1+N"创新平台体系,推进产业创新服务综合体建设,加快打造"产学研用金、才政介美云"十联动的创业创新生态系统。三要把金融服务实体质效作为有力支撑。以全省实施"凤凰行动"计划为契机,持续推动企业股份制改造,挂牌上市和并购重组,关注企业"两链"问题,积极防控金融风险。四要把人才引育作为智力保障。坚持引资引智并举,出台人才强县实施意见,以"南太湖精英计划"为龙头,以创新型科技人才、企业家和工匠为重点,积极推动高层次人才服务中心和人力资源服务产业园建设，做大做强省级千人计划产业园平台，大力推进人才体制机制改革创新。

3.增强产业平台承载力。坚持树立"一盘棋"思想，联动推进各类平台建设。重点抓好三个方面：一要集聚优势资源建设高新区。对标G20杭州峰会、乌镇世界互联网大会，举全县之力办好首届世界地理信息大会。充分发挥大会牵引带动效应，加快地信小镇、通航小镇、城北高新区园区建设，力争地信和通航小镇财政收入同比翻番，新增国家级众创空间1个，争创地信产业国家火炬特色产业基地、国家测绘地理信息科技与产业示范区。二要不断深化工业建成平台提档升级。持续加大平台基础设施建设投入力度，不断优化县域用地空间布局。力争全年盘活存量和提升低效利用土地2000亩以上。三要积极做好新平台拓展。抓紧谋划新的大平台，为重大项目落地做好准备。同步抓好莫干山国际旅游度假区、长三角金融后台基地等服务业平台建设，莫干山国际旅游度假区要谋划并启动争创国家级。

4.打造乡村振兴先行区。紧扣乡村振兴"三步走"战略安排，按照"产业兴旺、生态宜居、乡风文明、治理有效、生活富裕"的总要求，以农业供给侧结构性改革集成示范试点为统领，加快打造乡村振兴先行区。重点抓好四个方面：一要在绿色农业发展上先行一步。把增加绿色优质农产品供给放在突出位置，全面完成渔业养殖尾水治理任务，加强尾水治理长效管理，加快推进现代渔业绿色生态养殖，发展提升早园笋、茶果蔬、蚕桑等特色产业，切实构建现代生态循环农业体系。二要在三次产业融合上先行一步。以推进国家农村产业融合发展试点示范县建设为契机，大力发展乡村旅游、养生养老、农事体验等新业态，加快推进新港省级现代农业（渔业）园区、产村融合发展综合体等建设。三要在农村综合改革上先行一步。以省级农村综合性改革试点试验为引领，深入推进农村土地制度和产权制度改革，健全完善资源要素城乡双向流动的体制机制，发挥"三位一体"农民合作经济组织作用，推动农业社会化服务升级和农民合作社壮大，探索推行自然资源资产作价入股，推广"公司＋村股份经济合作社＋农户"的合作模式，深入实施村集体经济发展"五年强村计划"。四要在美丽乡村景区化上先行一步。坚持以农村全域景区化为导向，全力创建省全域旅游示范县，全速推进景观线、精致小村、精品示范村和提升村建设，做精做细美丽庭院、美丽菜园、美丽公路等细胞工程，实施珍贵树种造林，推进森林景观彩化美化，力争新增3A级景区村庄10个。健全完善自治、法治、德治相结合的乡村治理模式。

5.实现深化改革新突破。以"最多跑一次"改革为牛鼻子，撬动各领域各方面改革。重点抓好三个方面：一要在深化"最多跑一次"改革上取得更大突破。加快打破信息孤岛，实现数据共享，推进"一窗受理"平台纵向、横向全面贯通，将政务服务向镇（街道）、村（社区）延伸；围绕企业投资项目审批的难点堵点，扩大承诺制改革实施范围，加快推进"标准地"和企业投资项目发改委"一窗服务"试点。二要在推进重要改革试点落地见效上取得更大突破。突出抓好农村土地制度改革三项试点、土地二级市场、"多规合一"、新型城镇化综合试点、要素市场化配置改革等关键性改革落到实处、取得实效。建立改革试点动态管理、常态督查、多方宣传等机制，探索设立改革联系点。三要在形成更多德清样本上取得更大突破。以办好纪念改革开放40周年系列活动为载体，大力宣传德清全面深化改革成效，复制推广改革试点经验。

6.构筑开放合作新格局。积极参与"一带一路"、长江经济带等建设，抢抓省市新一轮战略机遇，不断深化接沪融杭，进一步拓展对外开放的范围和层次。重点抓好三个方面：一是谋划的层次要更深。紧扣德清实际、出台德清方案，坚持把比较优势贯穿融入大湾区大花园大通道大都市区建设全过程，确保融入点选得准，产业转移接得住，实现错位补位发展。深入推进商合杭高铁、德杭市域轨道交通等项目前期，积极谋划"大运河文化带"建设，争取更多项目列入省重点建设项目名单。二是融入的进程要更快。坚持交通先行，加快推进杭州绕城高速西复线德清段、S304对河口至矮部里段等交通路网项目建设。密切跟踪上海自贸区、沪嘉杭G60科创大走廊、宁杭生态经济带等建设，全力承接产业转移和高端要素溢出。加强教育、医疗、文化等公共服务资源共建共享，加快教育合作战略全面落地，深化与沪杭合作办医，加速实现同城化。三是开放的步子要更大。完善一站式外贸综合服务平台、跨境电商等新兴贸易模式,努力提高出口产品的附加值。加快推进省海外营运中心建设试点,大力支持龙头骨干企业开展对外投资、跨国并购,形成"总部在德清、基地在海内外、营销在全球"的发展经营格局。争取成功创建省级莫干山国家级海峡两岸交流基地。

7.打造美丽城镇样板地。坚持以品质主导建设,统筹建好美丽县城与美丽城镇。重点抓好两个方面:一要提升美丽县城品质内涵。不断拉大城市框架,重点推进舞阳街东延、长虹街东延、环狮子山道路等项目建设,加速康乾一体、景城相融进程。加快城区有机更新,推进"三纵三横七连接"道路提升改造,开展私营城整治拆违工作,启动城西旧城改造五期征迁,推进浙工大德清校区、城东邻里中心等功能性项目建设,不断增强城市综合承载能力。大力推进全国文明城市创建,做好国家卫生县城复评迎检工作,强化中心城区精细化、精准化、智能化管理,实现市民素质与城市品质"双提升"。二要放大小城镇环境综合整治先行优势。按照"数量上占优势、标准上作示范"要求,坚持一手抓改造建设、一手抓环境秩序,全面完成小城镇环境综合整治任务,确保乾元镇、新市镇等6个第二批整治对象全部通过省考核验收。要提速项目建设,统筹推进形象提升、市政道路改造、基础功能完善等各项工作,加快打造更多有文化、有产业、有个性的建设样板。要提升整治成效,开展道乱占、车乱开、线乱拉等专项整治行动,推广"街(路)长制"等长效管理机制,全面提升小城镇环境面貌。

8.打好污染防治攻坚战。以"只有恢复绿水青山,才能使绿水青山变成金山银山"理念为指引,持续改善生态环境,依法严厉打击污染环境违法犯罪行为,不断提升生态文明发展水平。重点抓好五个方面:一要抓好中央环保督察组反馈意见的整改落实。以重点行业、重点区域、重点企业为切入点,集中精力和力量持续攻坚落后产能和"低小散"企业,力争处置僵尸企业10家。二要打赢蓝天保卫战。开展工业废烟、扬尘、尾气、工程车辆等规范整治提升,突出挥发性有机物治理,实施工业企业绿色制造体系改造升级和清洁化排放改造,推进矿山复绿治理,确保空气质量持续有效改善。三要巩固提升水环境质量。深化落实河长制、湖长制,开展"污水零直排区""美丽河湖"两大创建,推进砂洗、农副食品行业整治,全力以赴再夺鼎。四要持续深化"无违建县"创建。继续下大力气开展城中村改造和建设项目遗留问题清零行动,集中攻坚剩余存量,严防严控新增违建。坚持把拆后土地优先用于公共服务,着力提高拆后土地利用效率。五要健全完善生态文明建设体制机制。建立健全生态产品价值实现机制,深入推进领导干部自然资源资产离任审计试点,完善市场化、多元化的生态补偿机制,深化网格化环境监管体系建设。

9.不断提升人民群众获得感。尽力而为、量力而行,扎实做好各项民生实事,不断满足人民对美好生活的需求。重点抓好四个方面工作:一要实现更高质量就业增收。重点解决好高校毕业生、城镇困难人员等群体就业问题,全面落实促进大学生就业创业政策措施,确保新引进9000名大学生及各类人才就业创业。二要稳步提高社会保障水平。深入推进全民参保计划,健全城乡基本养老保险制度,完善低保动态管理,落实失业保险城乡统筹。坚持"房子是用来住的、不是用来炒的"定位,完善发展住房租赁市场,落实促进房地产平稳健康发展的长效机制。三要提升公共服务水平。落实教育优先发展战略,实施教育质量提升行动计划,加快新高中、求是高中等重点工程项目建设,争创全国首批义务教育优质均衡发展县。深入推进综合医改,加快建设人民医院二期、中医院迁建等重点项目,确保德清医院迁建工程竣工,推动居家养老服务照料中心社会化运营。进一步打响县域"德文化"品牌,办好首届"德文化节"和莫干山乡村国际运动休闲大会。四要扎实办好"关键小事"。抓好生活垃圾分类处理、厕所革命、城市治堵、社区物业管理和解决停车难等民生热点问题,着力提升百姓生活品质。

10.打赢维护社会稳定主动仗。深入开展"平安创星再出发"各项工作,建设基础更牢固、社会更稳定的平安德清。重点抓好三个方面工作:一要高标准抓好关键环节。扎实做好反恐防暴、社会治安、食品药品安全、信访维稳等工作,突出抓好安全生产,开展重点领域、重点环节安全隐患排查整治,防范和遏制重特大事故发生,严打各类违法犯罪,完善防范处置企业欠薪长效机制,确保圆满完成全国"两会"、世界地理信息大会、第五届世界互联网大会等重要会议维稳安保任务。二要不断创新社会治理。加快打造社会治安防控体系升级版,深化"雪亮工程"建设,严格落实企事业单位"主体责任"等三个责任,发挥基层治理"一室四平台"作用,积极化解社会矛盾,从严管控社会风险。加强信用体系建设,营造社会诚信环境。三要持续推进民主法治。发挥党委总揽全局、协调各方的领导核心作用,支持人大依法行使监督权、决定权、任免权。大力发展协商民主,着力增进共识、促进团结。深化法治德清建设,深入建设法治政府,巩固和扩大司法体制改革成果。加强和改进群团工作,不断增强群团组织的政治性、先进性、群众性。牢牢把握大团结大联合主题,大力支持各民主党派、工商联、无党派人士等发挥作用,扎实做好民族宗教、新社会阶层、海外统战工作,以最大公约数画出最大同心圆。

(三)强化高质量发展的党建保障。党的领导是推动高质量发展的政治前提和根本保证。必须坚定不移落实新时代党的建设新要求,坚持党对一切工作的领导,推进全面从严治党,为高质量发展提供坚强保证。

一是旗帜鲜明讲政治。要把政治建设放在首位,扎实推进"两学一做"学习教育常态化制度化,高标准开展"不忘初心、牢记使命"主题教育,引导全县党员干部牢固树立"四个意识"、坚定"四个自信",坚决执行党的政治路线,严格遵守政治纪律和政治规矩。全面学习领会习近平新时代中国特色社会主义思想,认认真真学,扎扎实实做。严格执行新形势下党内政治生活若干准则,强化党员干部特别是领导干部党性锻炼。加强党对意识形态工作的领导,壮大主流舆论阵地,精心做好贯彻十九大精神、改革开放40周年、世界地理信息大会等重大主题外宣,强化网络舆情规范管理,唱响主旋律,提振精气神,激发正能量。

二是强化担当铸铁军。要坚持党管干部原则,认真落实好干部标准,打好干部工作"上下管育爱"组合拳,切实加强好班长好班子好梯队建设。突出政治标准,提拔重用牢固树立"四个意识"和"四个自信"、坚决维护党中央权威、全面贯彻执行党的理论和路线方针政策、忠诚干净担当的干部。深化完善"三重一线"实践锻炼机制,选派150名后备干部和年轻干部到基层和急难工作一线墩苗成长。研究加强中层干部特别是边远镇中层干部队伍建设,加大培养选拔力度。强化干部日常管理监督,用好干部正向激励系列举措,完善容错免责机制,营造为担当者担当的浓厚氛围。

三是大抓基层强基础。深化"整乡推进、整县提升",实施党组织书记先锋领雁行动计划,分领域制定支部规范化建设指导意见,开展村级组织"回头看"。全面落实村社组织日常运转专项经费制度,完善基层组织党员干部队伍关心关爱激励机制,加大优秀村社党组织书记选拔力度。实施"党建+乡村振兴"计划,加快消除年经营性收入30万以下相对薄弱村。推进区域党建综合体建设,建立特色小镇党建地方标准,开展县镇企三级联动的"红色信仰线"建设,不断提升两新组织党建工作整体水平。

四是驰而不息转作风。加快出台关于建设清廉德清的实施方案,压实压紧全面从严治党主体责任和监督责任,完善主体责任项目领办制度,进一步强化压力传导。以反腐败永远在路上的坚韧和执着,坚持重遏制、强高压、长震慑,综合运用监督执纪"四种形态",深化监察体制改革试点,组织开展新一轮巡察(查)。认真贯彻落实中央八项规定实施细则精神,紧盯"四风"新表现特别是形式主义、官僚主义等突出问题,加大对不担当、不负责、不作为、不落实问题的专项整治,切实以良好作风抓落实抓发展。

五是提升能力强本领。要加强党员干部教育培训和实践历练,培养专业能力,弘扬专业精神,提高适应新时代、实现新目标、落实新部署的能力,增强推动高质量发展的本领。善于学习新知识,重点掌握信息经济、智能制造、生态文明、社会治理等领域的专业知识。善于登高望远、放到大局中去思考去谋划,大兴调查研究之风,研究把握好上级新部署新举措新政策。善于做细致的群众工作,讲究工作方式方法。善于未雨绸缪,保持清醒头脑,坚持底线思维,提高工作预见性,有效应对各种风险挑战。

三、关于《决定》稿的说明

为更好地贯彻落实党的十九大精神,县委常委会提议本次全会作出《中共德清县委关于高举习近平新时代中国特色社会主义思想伟大旗帜,率先建成全面小康标杆县,奋力谱写中国特色社会主义德清新篇章的决定》。《决定》起草是在县委常委会的直接领导下进行的。县委对《决定》起草工作高度重视,组织力量深入调研,县委常委会专门研究《决定》稿,广泛征求高新区、镇(街道)、部门和部分"两代表一委员"、老同志的意见。

在《决定》起草过程中,把握了"三个注重":一是注重以习近平新时代中国特色社会主义思想为指引。习近平新时代中国特色社会主义思想是党的十九大的灵魂,是十九大最重大的理论成果,是新时代中国特色社会主义的理论纲领和行动指南。《决定》稿以"高举习近平新时代中国特色社会主义思想伟大旗帜"为主题,通篇以这一新思想为根本遵循。二是注重把握新时代我国社会主要矛盾转换。十九大明确提出,我国社会主要矛盾已经转化为人民日益增长的美好生活需要和不平衡不充分的发展之间的矛盾。《决定》稿紧密结合德清实际,把握社会主要矛盾变化,紧扣满足人民日益增长的美好生活的需要,把破解发展不平衡不充分的问题作为谋划今后发展的着力点。三是注重与贯彻省市县党代会精神有机结合。省第十四次党代会提出"两个高水平"建设,市第八次党代会提出加快赶超、实现"两高"的奋斗目标,县第十四次党代会作出率先建成全面小康标杆县的决策部署,这与十九大精神是高度契合的。《决定》稿将贯彻落实十九大精神,与深入贯彻落实省市党代会、省市全会精神结合起来,与贯彻落实县第十四次党代会精神结合起来,努力体现德清实际、德清元素、德清特色。

《决定》稿的主要特点是"四个突出":一是突出使命担当。十九大作出了决胜全面建成小康社会和分两步走在本世纪中叶建成富强民主文明和谐美丽的社会主义现代化强国的战略安排,省、市分别提出了"两个高水平"建设、当好践行"两山"理念样板地模范生的决策部署,我县立足标杆县的高标准,必须准确把握历史方位,奋力扛起历史责任,以生动丰富的实践推动习近平新时代中国特色社会主义思想在德清落地生根。为此,《决定》稿对从现在到本世纪中叶,作出战略安排,即:到2020年,率先建成全面小康标杆县;到2035年,全面建成"六个德清",高水平完成基本实现社会主义现代化的目标;到本世纪中叶,全面提升"五个文明"水平,建成富强民主文明和谐美丽的社会主义现代化强县,在我省高水平全面建设社会主义现代化新征程中继续走在前列、勇立潮头。二是突出高质量发展。十九大作出了"我国经济已由高速增长阶段转向高质量发展阶段"的历史性论断,我们必须全面贯彻新发展理念,引领和推动德清发展高质量、加速度、均衡性、可持续。为此,《决定》稿提出要以习近平新时代中国特色社会主义思想为指导,全面贯彻落实高质量发展要求,坚持以供给侧结构性改革为主线,坚定不移打好转型升级系列组合拳,在推动高质量发展上走在前列。三是突出人民至上。十九大旗帜鲜明地强调,带领人民创造美好生活,是我们党始终不渝的奋斗目标。《决定》稿聚焦人民群众最关心、最直接、最现实的利益问题,提出了一系列富民惠民安民的重要举措。坚持以人民为中心的发展思想,强调要坚决打好污染防治攻坚战,加快打造县域"大花园",实施低收入农户、低收入产业工人收入倍增计划,加快城中村、老旧小区改造,治理交通拥堵,实施教育质量提升行动计划,建设健康共同体,全面实施食品药品安全战略,高标准建设"个性化"的农村文化礼堂、城市文化公园等公共文化设施,积极回应人民群众的热切期盼。四是突出党的建设。十九大提出新时代党的建设总要求,并对推动全面从严治党向纵深发展作出了新部署。为此,《决定》稿在突出抓好党的政治建设,用习近平新时代中国特色社会主义思想武装头脑,建设高素质专业化干部队伍,加强基层组织建设,坚持不懈正风肃纪、反腐惩恶,建立健全监督体系,全面增强执政本领等方面逐一作了强调,并提出了具体贯彻要求。

同志们,让我们紧密团结在以习近平同志为核心的党中央周围,在省委、市委的坚强领导下,团结带领全县人民,锐意进取,埋头苦干,攻坚克难,为率先建成全面小康标杆县,奋力谱写中国特色社会主义德清新篇章而努力奋斗!

(县委办)

2017年政府工作报告

——在德清县第十六届人民代表大会第二次会议上

(2018年2月6日)

德清县人民政府县长　王琴英

各位代表：

现在，我代表县人民政府向大会作工作报告，请予审议，并请县政协委员和其他列席人员提出意见。

一、2017年工作回顾

过去一年是率先建成全面小康标杆县的开局之年。面对错综复杂的发展环境，我们在县委的坚强领导下，在县人大、县政协的监督支持下，紧紧依靠全县人民，以迎接党的十九大胜利召开、学习贯彻党的十九大精神为动力，扎实推进"四大行动""十大工程"，圆满完成县第十六届人大一次会议确定的目标任务。全县实现地区生产总值470.2亿元，增长8.5%；财政总收入83.7亿元，增长15%，其中地方财政收入48.7亿元，增长15.5%；城镇、农村居民人均可支配收入分别提高到50450元和29842元，分别增长8.6%和10%。

这一年，我们在事关德清发展的大事要事难事上取得了一系列重大突破：工业强县排名全省20强，高新区跻身全国百强，省级莫干山国际旅游度假区成立；全省唯一的农业供给侧结构性改革集成示范试点全面推进，在全省率先开展"标准地"和企业投资项目发改委"一窗服务"试点；首届世界地理信息大会定于今年在我县召开，获批国家科技成果转移转化示范县，智能生态城启动建设，新一代人工智能应用县建设获科技部、中国工程院支持；浙工大德清校区、杭州绕城西复线德清段等重大项目正式开工；"五水共治"三夺大禹鼎，获评省基本"无违建"县；城乡收入比降至1.69:1，平安德清建设实现"十二连冠"、夺得"金鼎"。

回顾总结一年来的工作，主要有以下几方面的特点：

（一）实体经济稳中向好。产业结构持续优化。三次产业比由5.0:52.7:42.3优化为4.7:51.9:43.4。工业经济提质增效，规模工业产值、增加值分别达到1247亿元和225亿元，装备制造、生物医药、绿色家居等主导产业产值占规模工业比重达70.2%，战略性新兴产业、高新技术产业增加值占规模工业比重分别达38.9%和50.2%。服务业强县建设深入推进，实施服务业新政18条，服务业增加值增长9.6%。地理信息企业增至159家，"德清一号"成为全国首颗以县域冠名的商业遥感卫星。入围省首批全域旅游示范县创建名单，洋家乐成为全国首个服务类生态原产地保护产品，全县共接待国内外游客1998万人次，实现旅游总收入215亿元，分别增长21.5%和21.2%。金融对实体经济发展支持能力持续增强，存贷款余额超1200亿元，新增全社会融资超230亿元，金融业税收占全县税收收入超10%，不良贷款率继续保持全市最低。德清港集装箱吞吐量达7万多标箱。消费保持较快增长，入选省批发零售业改造提升试点，实现社会消费品零售总额168.4亿元，增长11.3%。现代农业稳步发展，组建莫干黄芽等4个特色产业农合联，精品渔业、蚕乡古镇等示范带加快建设，农业生产管理用房整治全部完成，淡水珍珠传统养殖与利用系统入选中国重要农业文化遗产，省农业现代化发展水平综合评价实现"三连冠"。企业转型持续推进。制定实施"中国制造2025"德清行动计划，集中开展工业平台提档升级、"厂中厂""低小散"企业整治和"五未"土地处置专项行动,盘活存量和低效用地2475.6亩,处置僵尸企业15家,整治提升企业1014家,腾出用能空间8万吨标煤;新增工业机器人210台,成功入选离散型智能制造、两化深度融合等四个省级试点示范,泰普森、华莹电子等入围国家级智能制造项目,新增国家级工业设计中心1家、国家两化深度融合管理体系贯标示范试点企业2家,新上云企业破千家;电商零售额突破50亿元,增长35.2%。入选省级深化"三名"培育县和商标品牌示范县,新增"浙江制造"标准3项、省名牌产品7个,参与制订国际标准5项、国家标准15项,德华兔宝宝、升华云峰入围省首批企业标准"领跑者"名单。构建"双金""双银""双星""小巨人"企业培育新模式,落实中小企业"专精特新"发展政策,减轻企业负担32亿元,新增上市公司3家,上市公司并购重组金额达43.4亿元,获评省小微企业三年成长计划工作先进县。创新活力持续迸发。预计研究与试验发展经费支出占地区生产总值比重达2.8%,高新技术产业增加值113.2亿元,增长10.5%,实现技术交易额4.4亿元。新认定高新技术企业29家、省级科技型企业84家、省级企业研究院3家,中航通飞研究院浙江分院、中科院遥感所德清研究院、浙大人工智能研究所德清分所成功落户,中科院微波目标特性测量与遥感实验室成为省级重点实验室。每万人有效发明专利列全省县域第一,高新区被列为省专利导航产业发展实验区,首个镇级科技园雷甸科技园开园运营,新晋国家级众创空间1家。深入实施"5151"人才工程,新入选"国千"人才5名、超历年总和,入选"南太湖精英计划"项目37个、创历史新高;入选省"海外工程师"3名,引进海外院士2名,全市首个院士领衔创业项目落户,三项工作均实现"零突破";成功创建全国首个县域"海智计划"工作基地。项目双进持续发力。建立"7+1"重点产业精准招商体系,引进"大好高"项目84个,正大青春宝总部搬迁、天士力大健康产业德清基地等项目落户;浙商回归到位省外资金133亿元,实到外资1.8亿美元,分别增长141.8%和171.7%。每周开展问题协调交办,每月进行项目推进竞赛,每季度组织项目集中开竣工,完成固定资产投资324.8亿元,增长13.5%,其中工业投资160.1亿元,增长13.2%,县"重大项目百亿工程"完成投资152亿元,增长18.2%,鼎力机械、中天建筑等重大项目实现开竣工。获得各类用地指标4216亩,新拓展平台面积2035亩,向上争取各类支持补助资金9.2亿元。

(二)改革开放纵深推进。重点改革加快落地。以"最多跑一次"改革为牵引,建立"六办"审批服务模式,制订全省首个县级地方政务办事服务标准,公布县级部门"最多跑一次"事项658项,覆盖率达96.3%,"零上门"事项达58.9%;在全省率先成立县级大数据管理发展中心,首发县级政务数据资源共享目录;成功出让全省首宗"标准地",首个承诺制改革项目开工,率先启用企业投资项目在线审批监管平台2.0版,实现"平台应用、系统打通、网上申报、网上审批"四个100%。农业供给侧结构性改革集成示范试点深入推进,获批省级农村综合性改革试点试验,敬农节暨农业供给侧结构性改革高峰论坛成功举办,东衡村入选首批国家农村产业融合发展示范园,农村土地制度改革、集体资产股份权能改革等经验在全国推广,全国农村土地制度改革现场会在我县召开。户籍制度33项城乡差异政策全面并轨,改革红利惠及8.1万新居民。国资国企改革扎实推进,坚持市场化改革方向,组建建发、文旅、高新国企集团,构建多层次国企监管体系。对外合作稳步推进。外贸形势持续好转,完成进出口总额163.3亿元,其中出口139.5亿元,分别增长16%和14.7%,推动重点企业开辟"一带一路"沿线国家市场,成功争取省级境外外经贸综合服务体系建设试点。接沪融杭工作取得新进展,举办德清投资贸易人才洽谈会暨上海活动周,成立邵逸夫医院德清院区,成功申办2022年杭州亚运会部分赛事。高端平台加速提升。高新区主平台作用进一步发挥,世界地理信息大会筹备工作扎实开展,中创科技园、地理信息创新园竣工,地理信息小镇获评省级优秀小镇并入围省首批高新技术特色小镇,地理信息产业创新服务综合体入围省首批产业创新服务综合体创建名单,通航智造小镇列入省级特色小镇创建名单,举办华东地区首次通用航空公共服务联动飞行演练。智能生态城正式揭牌,成功举办新一代人工智能"莫干山会议",成立由9名中国工程院院士组成的专家咨询委,编制发布《新一代人工智能应用县发展规划》，全国首个新一代人工智能应用县启动建设。

（三）全域美丽持续彰显。生态环境不断优化。积极稳妥抓好中央环保督察问题整改，办结信访交办件71件，对河口水库清淤保源工作办理获中央环保督察组通报表扬。全面打响剿劣攻坚战，在全国率先开展渔业养殖尾水全域治理，完成治理面积15.1万亩，339处挂号问题小微水体整治通过省市验收，河湖清淤335万方，新建污水收集管网55公里，改造雨污分流管网53公里，16个县控以上断面水质稳定在Ⅲ类水以上。完成"三改一拆"2868万平方米，深入推进41个城中村改造项目，解决87个建设项目遗留问题。PM2.5年均浓度下降4.65%，空气优良率增幅和臭氧浓度降幅均列全省第一。节能减排完成上级下达任务。美丽城乡提标提档。以县域总体规划为统领，高质量推进城市国际化、西部地区保护与开发等各类城市设计和规划编制工作。联动提升康乾新区等区块品质，私营城整治拆违工作扎实开展，3个老旧小区治理改造顺利实施，完成城镇危旧房治理改造471幢。统筹推进全国文明城市创建，道乱占、车乱开、线乱拉等专项整治行动扎实推进，精细化管理水平不断提升，钟管镇干山集镇、莫干山镇、下渚湖街道成为省首批整治达标小城镇，新市镇、禹越镇等7个创建对象顺利通过省级验收，乾元镇旧城有机更新项目获中国人居环境范例奖，全国、全省小城镇环境综合整治会议在我县召开。10条美丽乡村景观线、10个精致小村和7个省级美丽宜居示范村建设扎实推进，完成12个精品示范村、30个提升村创建，4个村入选首批省级传统村落，4个村成功创建3A级景区。同步推进美丽公路、美丽庭院、美丽菜园建设，率先实现省级森林城镇全覆盖、农村生活垃圾分类处理行政村全覆盖，入选全国首批农村生活垃圾分类示范县、省级餐厨垃圾资源化利用和无害化处置试点城市，农村环境卫生长效管理工作连续五年全市第一。治理毁林（竹）专项行动扎实开展，11家关闭矿山治理项目完成。基础设施不断完善。长虹街东延等53个项目扎实推进，104国道、09省道等重点项目加快建设。完成3条城市道路改建和3个拥堵点整治，新增停车位1181个，主城区绿色出行率达73.5%，成为首批省美丽经济交通走廊示范县。省现代水利示范区开工建设，扩大杭嘉湖南排、苕溪清水入湖等工程基本完成，智慧水利建设做法入选全国基层治水十大经验，以最高分获省水利"大禹杯"金杯奖。

（四）民生供给不断改善。财政用于民生支出38.5亿元，十件民生实事较好完成，其中发展公共交通项目部分内容顺延至2018年继续实施。就业和社会保障不断加强。新增城镇就业人员2.1万人，失业人员再就业6906人，城镇登记失业率控制在2.46%的较低水平。残疾人两项补贴实现全覆盖，重残补助对象转入低保救助，在全市率先开通特殊病种门诊异地刷卡结算，成为省城乡居民医疗保险普通门诊按人头付费改革试点，保障住房困难家庭1549户，20家"幸福邻里"中心完成建设，公办养老机构公建民营改革加快推进。社会事业协调发展。优先发展教育，实施新高中等29个项目，春晖小学等3所学校投入使用，建立全市首个幼教集团。深入实施综合医改，入选省首批县域医疗服务共同体建设试点，创新推进健康共同体建设，组建武康、新市两大健保集团。市民活动中心竣工，顺利承办第四届全国非遗论坛，新编越剧《游子吟》首演，开拍电视剧《青恋》献礼十九大。成功创建国家体育产业示范基地，群众体育工作先进集体和个人代表受习近平总书记接见。对外影响进一步扩大，中央主流媒体报道500余篇，《新闻联播》播出24条，列全省县级台第一，新华社展示"两山"理念德清实践微视频获中央相关领导肯定。社会治理取得实效。统筹抓好社会治安、公共安全、信访维稳、消防安全、食品药品安全、应急管理等工作，构建"1+X"安全生产运转体系，完成148个村、26个社区统一换届，加快实施撤村建居，实现县镇村三级法律公共服务平台全覆盖，在全市率先全面建成基层治理体系"四个平台"并实体化运作，矛盾纠纷调处成功率达99.87%。人民武装、国防动员、人防、双拥、民族、宗教、港澳侨台、外事、统计、邮政管理、通信、新闻出版、气象、老干部、关心下一代、慈善、红十字、老年体协、档案、史志等工作取得新进展。

（五）政府治理能力有效提升。深入推进"两学一做"学习教育常态化制度化。严格执行中央八项规定精神，坚持领导干部带头，改进调查研究，规范党政机关办公用房使用，"三公"经费支出下降21.4%，进一步规范编外用工制度，工作作风不断改进。制定实施《重大行政决策程序规定》，主动接受县人大问政、评议，持续高标准抓好人大评议票决基本满意的民生实事项目，开展倾听政协委员之声活动，办结县人大代表建议144件、县政协提案164件，满意和基本满意率达100%。深化府院联席机制，建立法制、检察、监察行政执法监督协作机制，组建行政复议局，办理行政复议案件44件，综合行政执法体制改革和"双随机一公开"抽查监管深入推进，依法履职能力显著增强。确定全年重点工作清单和24件需要抓紧落实的重大事项，精细化抓推进；促进行政服务事项下沉，实现"就近能办、同城通办、异地可办"，行政效能显著提升。充分发挥监察、审计等职能作用，加强对重点领域的监督管理，制度约束力不断增强。

各位代表！过去一年的成绩来之不易，这是县委科学决策、正确领导的结果，是县人大、县政协加强监督、大力支持的结果，更是全县人民团结一心、拼搏奉献的结果。在此，我代表县人民政府，向全县人民，向人大代表、政协委员、社会各界人士，向所有关心和支持德清发展的同志们、朋友们，表示衷心的感谢并致以崇高的敬意！

我们也清醒看到，我县经济社会发展中还存在不少矛盾和问题。主要是：发展的协调性较好，但指标的标杆性还不够；招引项目的意识增强，但招引实效特别是重点产业项目引进落地实效还不明显；美丽德清建设的力度加大，但文明城市创建、环境整治的成效还不够；改革的知名度、美誉度不断提高，但红利释放还不够；平安建设成功夺鼎，但夯实平安基础还不够；干部的精气神显著提振，但创新担当的勇气还不够。我们一定高度重视这些问题，采取更加有力措施加以解决。

二、2018年主要工作

2018年是贯彻党的十九大精神的开局之年，是改革开放40周年，是决胜率先建成全面小康标杆县、实施"十三五"规划承上启下的关键一年。根据县委十四届三次全会部署，2018年政府工作的总体要求是：高举习近平新时代中国特色社会主义思想伟大旗帜，全面贯彻落实党的十九大和中央经济工作会议精神，按照省市党代会、省市委全会和经济工作会议部署，坚定不移沿着"八八战略"指引的路子走下去，坚持稳中求进总基调，坚持新发展理念，紧紧围绕推动高质量发展主题，大力弘扬红船精神、浙江精神，持续深化"四新"主题实践，深入实施"改革创新、接沪融杭"战略，持之以恒推进项目双进、质量提升、乡村振兴、改革深化、担当有为"五大行动"，奋力当好践行"两山"理念的样板地、模范生，加快率先建成全面小康标杆县，全面开启谱写中国特色社会主义德清篇章的新征程。

2018年经济社会发展的主要预期目标是：地区生产总值增长8%以上；规上工业增加值增长8%；财政总收入和地方财政收入均增长8.5%以上；研究与试验发展经费支出占地区生产总值比重达2.82%；社会消费品零售总额增长10%；城镇、农村居民人均可支配收入分别增长8.5%、9%；节能减排降碳等约束性指标完成上级下达任务，争取更高质量、更高效益、更好结果。

为实现上述目标，要着力做好以下五方面工作：

（一）聚焦实体经济质效，开启构建现代化经济体系新征程。坚持高质量发展，以供给侧结构性改革为主线，以实体经济为主攻方向，加快改造旧动能，大力发展新经济，进一步做大经济总量，推动质量变革、效率变革、动力变革。

大力提升产业层次。加快构建现代化产业体系，实现产业结构、规模、效益新提升。改造提升传统制造业。坚持工业强县不动摇，持续打好"中国制造2025"德清行动系列组合拳，推进工业平台提档升级和"厂中厂""低小散"企业整治，盘活闲置和低效利用土地2000亩以上，处置僵尸企业10家，完成整治企业和作坊500家以上。实施智能工业发展五年规划，开展智能制造"十百千"工程，着手培育智能工厂项目7个、智能车间项目36个，争创省级智能制造标杆企业2家，新增工业机器人200台。发展以数字经济为核心的新兴产业。全力做好"地理信息+"文章，集聚地信企业200家以上，推动与空间位置服务相关联的全产业链发展；启用莫干山机场，推进通航智造核心产业项目落地；实施《新一代人工智能应用县建设三年行动计划》，促进人工智能与制造业、现代农业、教育医疗、交通旅游等深度融合。扎实推进服务业强县"1466"工程，力争服务业占生产总值比重比上年提高1个百分点以上。促进生产性服务业向专业化和价值链高端提升、生活性服务业向便利化精细化品质化提升，大力发展平台经济、分享经济、体验经济、创意经济，加快培育服务经济新动能。积极创建国家级全域旅游示范县、国家级生态原产地产品保护示范区,全力推动国家级旅游度假区、5A级景区创建,下渚湖街道创建省级旅游风情小镇,新市古镇创建国家4A级景区。加快传统商贸转型发展,提升电子商务发展水平,网络零售额增长20%以上。

支持实体企业做强做优。综合运用奖励补助、信贷支持、降本减负等手段,助推企业梯度培育。做强龙头企业,支持企业坚守主业、做强实业,培育一批具有创新能力的排头兵企业,力争实现年销售收入超200亿元企业1家、超百亿元企业2家、"金象金牛"企业6家、"双星"企业20家,三年培育"银象银牛"企业18家、"小巨人"企业35家。做精成长型企业,引导企业向"专精特新"方向发展,新增行业"隐形冠军"企业2家、"小升规"企业50家以上。结合"凤凰行动"计划,推动企业股改上市和并购重组,力争新增上市企业2家、挂牌企业20家以上。谋划实施新一轮小微企业三年成长计划,优化科技型中小微企业金融支持。加快"质量+、标准+、品牌+、设计+"升级,新增制订国家、行业标准20项,"浙江制造"标准3项,省级名牌产品3个,启动创建全国质量强县示范县。落实降低要素成本、物流成本、税费成本等举措,清理规范中介服务,力争全年为企业减负30亿元以上。推进军民融合产业深度发展,谋划建设军民融合产业园。激发和保护企业家精神,支持企业家专心创业创新。

全力扩大有效投资。充分发挥有效投资对提高供给体系质量的关键性作用,全力优化投资结构,提高投资效益。大力实施项目引进"五百"工程,完善"7+1"重点产业精准招商机制,健全产业精准招商目录,发挥异地商会作用,抓好节会招商,实施重大平台项目准入新标准,开展县镇长项目工程,谋划盯引28个重大产业项目,推动8个总投资10亿元以上"大好高"项目开工建设,争取省市长项目落户。力争引进投资超百亿元项目1个、世界五百强企业直接投资项目1个、"大好高"项目100个,实到外资1.8亿美元。大力实施项目推进"5118"工程,狠抓机制完善,扎实推进正大青春宝、开元森泊、天士力等重大项目建设,确保开竣工项目超50个,完成投资180亿元,确保民间投资、交通投资、重大产业投资、高新技术产业投资、生态环境和公共设施投资均增长13%。

(二)增强创新驱动能力,开启全面改革创新新征程。坚持创新是引领发展的第一动力,以更大勇气更大力度全面深化改革,以超常规力度推进制度创新、科技创新、载体创新,全面释放改革红利,切实将创新能力转化为区域竞争力。

深化制度创新。坚持以"最多跑一次"改革撬动各领域制度创新,更加注重改革的系统性整体性协调性,增创市场有效政府有为企业有利的体制机制新优势。全面打破"信息孤岛",加快公共数据和信息系统整合共享,实现群众和企业到政府办事"一窗受理""一证通办""一次办结","最多跑一次"改革事项全面覆盖。深入推行企业对标竞价的"标准地"制度和企业投资项目发改委"一窗服务"制度,加快制定操作细则、联合奖惩等配套性制度,积极探索县域信用体系建设,有效叠加"多规合一"、区域评价、承诺制、土地二级市场等改革试点,创新实施"标准规划+标准用地+标准服务",形成企业投资项目全闭环改革链条,实现企业投资项目审批"最多跑一次"。积极稳妥推进要素市场化配置改革,坚持"亩均论英雄",加快"标准地"试点与亩产效益评价体系相衔接,全面开展"五未"土地处置专项行动,力争工业亩均税收、单位建设用地生产总值均提高10%;加快建设工业企业大数据平台,实施企业分类综合评价和产业、区域综合评价,建立以资源要素差别化配置为重点的激励机制和以大数据为支撑的预测决策机制,健全资本、技术、土地、能耗、环境等要素配置规则,促进生产要素向优质高效领域流动。深化金融改革,全力建设金融引领绿色经济发展试验区,提高直接融资比重,确保全社会融资规模新增200亿元以上。深化投融资体制改革,支持建发、文旅、高新等国企集团做强做优,提升国有资本、国有资产统筹运营能力,积极推动资产证券化,力争各国企集团资产、利税均实现两位数增长,推动交投集团投融资体制改革。积极谋划改革开放40周年系列活动,凝聚全面深化改革动力。

推进科技创新。高水平建设国家科技成果转移转化示范县和省全面创新改革联系点,打造"产学研用金、才政介美云"创业创新生态系统。新建科技创新综合服务平台,建立地理信息、人工智能等专业技术市场,强化知识产权创造保护运用,力争每万人发明专利拥有量33.5件以上。深入开展地校合作,与浙工大实施全面战略合作。建立"飞地+基地"模式,招引孵化实施一批技术创新重大产业化项目和高新技术产业投资项目。激发企业自主创新内生动力,深入实施省科技型企业"双倍增"行动计划,新认定高新技术企业20家、"双高"企业20家、省级以上研发中心和企业研究院8家。推进金融与产品创新、技术创新深度融合,加快设立产业基金,推动科技成果资本化、产业化。实行更加积极开放有效的人才政策,引进高层次创新创业人才100名以上,新增"千人计划""万人计划""南太湖精英计划"人才30名、人工智能相关专业硕博士100名,培育高技能人才2500名,引进9000名大学生及各类人才就业创业。加大海外引才力度,力争在国家"千人计划"青年项目上有新突破。

强化平台创新。打造全面践行新发展理念的高端平台,围绕"年进五位、五年千亿"目标,推动莫干山高新区构建生物医药、地理信息、通用航空、人工智能等新兴产业发展格局,确保规模工业产值超600亿元,工业"大好高"项目、工业投资、新增认定高新技术企业占全县一半以上,高新技术产业增加值、财政收入占比分别超60%和30%,地信小镇、通航小镇财政收入翻番。实施特色小镇平台优化工程,推动地理信息、通航智造、莫干山特色小镇"三镇联动"。推进智能生态城先导区建设,启用小镇客厅,全力打造智慧社区样板,推动一批应用项目和有影响力的活动落地。加快德清工业园升格为省级经济开发区,整合提升镇(街道)工业功能区,盘活闲置低效用地建设小微企业园和科技孵化园,引导占地规模小、产出效益好、科技含量高的中小微企业入园集聚发展,争创省级中小微科技型企业园。强化众创空间服务功能和创新主体联动,融合产业链、资金链、价值链,为创业者提供低成本、全方位、专业化的服务,力争新增各类众创空间4家,着力将各类创新平台打造成为价值创新园区。

(三)加快国际化发展步伐,开启扩大开放融合新征程。抢抓"一带一路"、长江经济带和长三角一体化等重大战略机遇,举全县之力办好世界地理信息大会,加快城市国际化进程,积极拓展对外开放广度和深度。

全力筹办世界地理信息大会。高质量完成场馆和配套设施建设布展。完成论坛会址、凤栖湖景观绿化、小镇市民广场等33个基础设施项目和环境美化工程,建成小镇展览馆、地信科技馆,启动联合国2030可持续发展议程德清样本建设,做好世界一流地理信息技术应用的展览展示。高品质推进城市建设和管理提升。实施美丽县城提升工程,以"三纵三横七连接"为重点,全面完成道路、绿化节点、房屋立面、国际化标识等改造提升,提高城市生态智能化水平,建设全省首条智能驾驶示范线路,建成66个物联网智慧安防小区。加速康乾一体、景城相融进程,完成私营城整治工作,启动城西旧城改造五期征迁,加快环狮子山道路、城东邻里中心等项目建设,启用新客运中心。开展新一轮全国文明城市创建和国家卫生县城复评迎检,推动市民素质与城市品质双提升,营造全民支持和服务大会的浓厚氛围。放大大会综合效应,承办好中国地理信息产业大会等综合性会议,谋划一批开放合作平台,集聚一批地理信息及相关产业龙头、品牌企业和创新要素,深化国际产业合作,精心组织礼宾接待,安排技术参观线路和旅游线路,向世界展示德清整体形象和国际化水平。

主动融入沪杭发展新战略。深入对接大湾区大花园大通道大都市区和沪杭G60科创走廊等规划建设,主动承接优质资源,密切与沪杭产业合作,推动基础设施、科技创新和公共服务融通共享。加快杭州绕城高速西复线德清段、杭宁高速德清段拓宽工程建设和商合杭高铁、杭德轨道交通项目前期,启动新304省道建设。聚焦在沪高校科研院所,着力引进优质科技、人才项目,推进沪杭知名高校学生实习、科研基地建设。积极融入大运河(浙江)文化带建设,深化与沪杭合作办学办医,大力引进品牌国际学校,加快浙工大德清校区、莫干山世界外国语中学等工程建设。办好第四届杭州都市圈市县(区)长论坛。继续做好对口支援、山海协作以及外事等工作。

加快发展对外贸易。优化外贸结构,加快形成以技术、品牌、质量、服务为核心的外贸竞争新优势,确保外贸出口占省市份额持续提升。加强外贸企业培育升级,积极推进省海外"营运中心"建设试点,加快一站式外贸综合服务平台建设,持续推进通关一体化改革,力争在保税物流上有新突破。支持龙头骨干企业开展对外投资、跨国并购。

（四）落实乡村振兴战略，开启美丽德清建设新征程。深入践行"两山"理念，按照"产业兴旺、生态宜居、乡风文明、治理有效、生活富裕"的总要求，打造乡村振兴标杆县，建设美丽德清新样板。

发展绿色美丽农业。加快构建现代农业产业体系、生产体系、经营体系，推进国家农村产业融合发展示范园、省级农村综合改革试点、新港省级现代农业（渔业）园区建设，完善渔业养殖尾水治理运行机制，启动省级渔业转型发展先行区建设，推进化肥农药减量增效，实施智能农业三年行动计划。强化粮食安全责任制，增加绿色优质农产品供给，实现农产品品牌化发展。强化农合联作用，提升农业社会化服务。新增农业龙头企业5家、县级以上示范性家庭农场10家，建设诚信农产品示范基地（企业）8个以上。新增新农村领军人才100人，培训新型职业农民315人、农村"两创"实用人才1000人。

持续改善生态环境质量。打好污染防治攻坚战，坚决抓好中央环保督察组反馈意见的整改落实，依法严厉打击污染环境违法犯罪。深入推进领导干部自然资源资产离任审计，完善市场化、多元化的生态补偿机制，深化网格化环境监管体系建设。启动国土绿化行动，促进全域绿化、彩化、美化提升，全力创建国家森林城市。扎实推进节能减排，建设绿色工厂、绿色园区，加强主要污染物排污权有偿使用和交易管理。严格落实河（湖）长制，深入推进集镇、工业园区、城区涉水行业、居民小区等雨污分流改造，创建"污水零直排区"，实现河湖库塘清淤全覆盖，争创省级"美丽河道"，打造"河美德清"，全力以赴再夺鼎。加快推进东苕溪湘溪片中小流域综合治理、十字港水系综合治理、第九批中央财政小型农田水利项目等工程建设，基本完成水梦苕溪、中心城区水生态修复工程，完成现代水利示范区建设。继续开展城中村改造和管理提升，大力整治存量违建，严防严控新增违建，提高拆后利用水平，增强"无违建"创建实效。启动实施3个老旧小区改造工作，全面完成小城镇环境综合整治任务，确保6个整治对象通过省考核验收。打赢蓝天保卫战，狠抓治气治霾，全面完成空气自动监测县域全覆盖工程，建成投用13座空气自动监测站、1座清新空气（负氧离子）自动监测站，确保PM2.5年均浓度和空气优良率继续保持全市前列。扎实推进土壤污染综合治理。持续抓好矿山整治，推进矿山复绿治理，力争完成18个重点废弃矿山治理项目。

坚定不移深化农村改革。深入推进农业供给侧结构性改革集成示范试点，抓好省级农村综合性改革试点试验、国家农村产业融合发展试点示范县等重点项目，联动推进农村土地制度、农村产权制度等改革试点，加快形成资源要素城乡双向流动的体制机制。以新一轮土地利用总体规划编制试点为契机，编制实施村土地利用规划，大力开展农村土地全域整治，强化耕地保护，优化用地布局，为农村居民转化为市民、新型农民创造制度条件。

推动美丽乡村提质升级。深化"建管营"并举，全面完成10条景观线、10个精致小村和10个精品示范村建设，新启动10个提升村建设，做精做细美丽公路、美丽庭院、美丽菜园等细胞工程。实施村庄景区化改造、产业景区化提升、设施旅游化配置和服务综合化配套，筹备首届中国田园博览会，新增3A级景区村庄10个，实现莫干山镇A级景区村庄全覆盖，试点开展镇域大花园示范建设。探索建立村域环境管理集成体系，长效管控美丽乡村建设成果。深入实施村集体经济发展"五年强村计划"，探索推行自然资源资产作价入股机制，大力培育乡村旅游、养生养老、农事体验等新业态，积极探索村＋旅游公司、村＋工商资本、村＋创客团队等村庄经营新模式。统筹推进农村文化建设和乡村治理，新建农村文化礼堂11家，深化乡贤参事会品牌建设，完善自治、法治、德治相结合的乡村治理体系。让农业成为有奔头的产业、农民成为有吸引力的职业、农村成为安居乐业的美丽家园。

（五）坚持富民惠民安民，开启创造美好生活新征程。聚焦普惠性、基础性、兜底性民生工程，关注群众操心事、烦心事，尽力而为、量力而行，在发展中保障和改善民生，不断满足人民日益增长的美好生活需要。

持续优化公共服务。打好低收入百姓增收攻坚战，切实做好就业创业服务，增强重点人群就业保障能力，确保新增就业1.3万人，城镇登记失业率控制在3%以内，抓好城乡低保规范化管理。深入实施全民参保计划，落实失业保险城乡统筹，推进多元复合式医保支付方式改革，实现一卡多用、一卡通用。推行重度残疾人(肢体)精准康复服务,加快居家养老服务中心社会化运行,支持鼓励社会力量发展养老产业。合理引导市场预期和购房行为,维护住房公积金缴存职工购房贷款权益,切实保障住房需求。做优教育事业,启用电大德清学院等一批学校,推进新高中、求是高中等项目建设,开展智能校园建设;实施教育质量提升行动计划,强化集团化办学,开展教师"县管校聘",全力打造优质学前教育,争创全国首批义务教育优质均衡发展县,加大品牌高中建设力度,实现高考一段生和双一流高校录取数双提升。做实卫计事业,加快推进县人民医院二期建设,启动县中医院异地迁建,确保德清医院迁建工程竣工;深化综合医改,全面运行两大健保集团,构建高水平医联体,完善分级诊疗、家庭医生签约服务;积极实施全面两孩政策,开展万人生命健康安全教育公益培训。做强文化软实力,发展文化事业和文化产业。举办"瓷之源"十周年活动、首届"德文化节",丰富文艺精品创作,推进好家风建设、诚信文化建设和志愿服务制度化;加快影视演艺、数字内容、文化创意设计等新兴文化业态发展,加快欧诗漫珍珠文化产业园、钢琴产业园等平台建设;深化文体惠民,实施文体公益培训,开展"百(戏)千(电影)万(书)送文化下乡"活动。办好省运会部分赛事和莫干山乡村国际运动休闲大会,争创首批省级体育现代化县。创建莫干山海峡两岸交流基地,开展宗教活动场所标准化管理创建行动。继续做好民族、统计、邮政管理、通信、新闻传媒、气象、老干部、关心下一代、慈善、档案、史志、机关事务等工作。

着力办好群众关心的关键实事。围绕人民群众普遍关心的新老问题,按照"群众提、代表定、政府办、人大评"的理念,在广泛征询意见建议基础上,梳理形成12件民生实事候选项目,提请大会票决选出其中10件。我们将以高度负责的态度,扎实有力的举措,抓好项目落实,确保群众真正得实惠。

(1)加快推进县城区生活垃圾分类,实现中心城区生活垃圾分类全覆盖,提升农村生活垃圾分类水平。

(2)全面推进"厕所革命",创建城乡"美丽公厕"20座,新建改建旅游标准厕所15座,实现3A级景区村庄旅游标准厕所全覆盖。

(3)高水平建设"四好农村路",实施农村公路再造100公里,提升改造20公里。

(4)实施教育资源扩容工程,新建、改扩建中小学幼儿园5所,建成启用校园4所,新建创新实验室5个。

(5)深入实施城市治堵,优化公共交通服务,开展13条城市道路改建,整治交通拥堵点7个,新增专用停车位1000个。

(6)加强城乡社区"幸福邻里"中心建设,提升管理水平,新增10家"幸福邻里"中心。

(7)实施重点人群医疗保健免费项目,60岁以上重点易感人群流感疫苗免费接种,慢性病(糖尿病、高血压)部分基础药物免费使用。

(8)实施城乡危旧房治理改造,将318幢城镇危旧住宅房屋纳入动态监测范围,实现动态监测全覆盖,农村危房治理改造150户,基本完成全县治理改造任务。

(9)实现一般工业固废资源化、无害化处置,启动新垃圾填埋场建设。

(10)实施西部水源保护区域污水管网建设工程,建设管网31公里,覆盖6个行政村。

维护社会和谐稳定。打好防范化解重大风险攻坚战,坚决防范和化解政府性债务风险、社会保险基金收支平衡风险,打击违法违规金融活动,深入推进安全生产领域改革发展和安全生产治理三年行动计划,压实各领域安全生产监管责任,坚决遏制重特大安全事故发生。加强农贸市场标准化管理,创建省级食品安全县,加强除险安居和地质灾害防治,扎实做好交通、消防安全,全力防范公共安全事件发生。发挥"基层治理四平台"作用,完善大调解体系,优化信访生态,扎实推进"无欠薪"县创建,深化"雪亮工程"建设,加快打造社会治安防控体系升级版,依法打击和惩治黄赌毒黑拐骗等违法犯罪活动,建立世界地理信息大会维稳安保平战结合工作机制,确保实现平安德清"十三连冠"、争创"十四连冠"。深化"互联网+"社会治理,吸纳社会力量破解社会治理难题。加强和完善城乡社区治理,优化社区布局规划,加快推进撤村建居,有效落实社区办公用房,促进社会组织健康有序发展,加强社会工作人才队伍建设,完善城乡社区协商机制。抓实"七五"普法工作,加强重点领域、重点人群普法。完善国防动员体系、兵役征集、民兵组织建设,深入抓好国防教育、人防等工作,争创全省双拥模范县"五连冠"。

三、全面加强政府自身建设

全面完成今年工作任务，必须进一步加强政府自身建设，用习近平新时代中国特色社会主义思想武装头脑，以"两强三提高"为导向，加快推进政府治理体系和治理能力现代化，努力建设人民满意的服务型政府。

（一）不忘初心牢记使命，着力打造为民政府。高标准开展"不忘初心、牢记使命"主题教育。深入学习贯彻党的十九大精神和习近平治国理政新理念、新思想，牢固树立政治意识、大局意识、核心意识、看齐意识，坚决同以习近平同志为核心的党中央保持高度一致，不折不扣贯彻落实县委重大决策部署。把强谋划、强执行作为政府工作的生命线，加快形成推动高质量发展的指标体系、政策体系、标准体系，优化政府工作考核评价机制，确保各项任务落细落实。切实提高行政质量，务实开展调查研究，履行公共服务、市场监管、社会管理等职责；切实提高行政效率，将"最多跑一次"改革贯穿到政府运行各环节，依托"人工智能＋互联网＋政府服务"新模式推进政府数字化转型，以改革发展的实际成效取信于民、造福于民。

（二）依法行政公开履职，着力打造法治政府。增强宪法观念，推动政府依法行政。健全行政决策机制，自觉接受人大依法监督、政协民主监督，500万元以上政府投资项目提交县人大常委会审议，探索开展重大行政决策目录化管理和决策执行情况第三方评估，提高政府法律顾问在行政决策中的参与度。严格公正文明执法，大力推进行政执法规范化、信息化，深入实施行政复议体制改革。支持检察机关依法提起公益诉讼。切实提高政府公信力，深化政务信息公开，实行公开公共服务事项动态调整，加大重点领域信息公开力度，完善新闻发布制度，主动回应社会关切，带动全社会讲诚信守信用。

（三）严于律己勤勉治政，着力打造清廉政府。切实履行全面从严治党主体责任，认真贯彻落实中央八项规定实施细则精神和省市县有关办法，在反对形式主义、官僚主义上下更大功夫，坚决杜绝"四风"问题隐形变异、反弹回潮。全面深化政府系统廉政建设，加强廉政风险防控，将绩效理念和方法融入预算编制、执行和监督全过程，提升财政资金使用效益，强化重点领域、重点单位、重点岗位的全程管控和审计监督，支持纪检监察机关履好职，保证干部清正、政府清廉、政治清明。

各位代表！新时代孕育新希望，新征程激发新作为。让我们紧密团结在以习近平同志为核心的党中央周围，在省市和县委的正确领导下，凝聚全县人民的智慧和力量，脚踏实地，勇于创新，为率先建成全面小康标杆县、奋力谱写新时代中国特色社会主义德清新篇章而努力奋斗！

政府工作报告有关内容解读

一、"六办"审批服务模式：通过"网上简办""限时即办""承诺免办""就地快办""全程代办""上门约办"六种审批办事模式，使群众、企业办事从物理大厅向网上虚拟大厅拓展，推动办事窗口前移。

二、"标准地"：建设用地带着建设规划、能耗、环境、投资强度、亩产税收等标准，按照"事先做评价、事前定标准、事中做承诺、事后强监管"的要求进行出让，建成投产后按照法定条件和既定标准进行验收，并根据竣工验收、达产复核情况，办理不动产变更登记，按约定予以奖惩。

三、企业投资项目发改委"一窗服务"：针对企业投资项目审批，建立"一窗简办、专业代办、在线通办、中介快办"工作机制，具体由行政服务中心一窗受理，相关部门由发改部门代跑，环评能评等审批中间环节由职能部门代办，让企业省心、省时、省钱。

四、智能制造"十百千"工程：五年打造十家智能工厂、百个智能车间、完成千亿智能工业投资。

五、县镇长项目工程：县政府和高新区管委会有关领导各负责谋划推进1个总投资20亿元或10亿元以上产业项目，各镇、有关经济部门主要负责人各负责谋划推进1个5亿～10亿元产业项目。

六、"五百"工程：力争引进投资超百亿项目1个、世界五百强企业直接投资项目1个、"大好高"项目100个，引育高层次创新创业人才和科技人才项目100个，招商干部在外招商100个工作日以上。

七、"5118"工程：突出五大领域（民间投资、交通投资、重大产业项目投资、高新技术产业投资、生态环境和公共设施投资），实施重大项目100个，投资达到180亿元。

八、"五未"土地处置专项行动：对批而未供、供而未用、用而未尽、建而未投、投而未达标的建设用地进行专项处置。

九、"产学研用金、才政介美云"创业创新生态系统：构建企业、高校、科研机构、转化应用、金融、人才、政府、中介、美丽环境、大数据"十联动"的创业创新生态系统。

十、价值创新园区：是产学研资融为一体，生产生活生态融为一体，产业链创新链价值链融为一体，以创新创造价值的高水平产业园区。

十一、"两强三提高"：强谋划、强执行，提高行政质量、行政效率和政府公信力。

（县政府办）

大 事 记

2017年

1月

4日 县委书记项乐民在企业家座谈会上强调，要切实增强做好2017年经济工作的信心，政企合力、同心同德，共建全面小康标杆县。

9日 县委经济工作会议召开。县委书记项乐民在会上强调，全县上下要把思想统一到上级的决策部署和德清的实际上来，把牢稳中求进总基调，把重点聚焦到目标任务的推进和突破上来，坚定不移打好转型升级组合拳，切实把党对经济工作的领导落实到发展的实绩和实效上来，全力夺取"开门红"，为率先建成全面小康标杆县开好局、起好步。

△ 县委书记项乐民主持召开十四届县委第一次常委会议。

10日 全县召开安全生产会议，分析安全生产形势，对当前和今后一个时期安全生产工作进行再动员、再部署。

10~11日 全省小城镇环境综合整治工作现场会在德清县召开。会上，德清县作典型交流发言。省委副书记袁家军在会上讲话。

13日 县工商联（总商会）第八次会员代表大会召开。孙占民代表德清县工商联（总商会）第七届执委会作工作报告。会议听取并审议县工商业联合会（总商会）第七届执行委员会工作报告，选举产生县工商业联合会（总商会）第八届执行委员会。在县工商联（总商会）第八届执行委员会第一次会议上，孙占民当选为县工商联（总商会）第八届执行委员会主席。

△ 全县党管武装工作会议召开。县委书记、县人武部党委第一书记项乐民讲话。

△ 城西片旧城改造三期的首批500余户征迁户完成结算，拿到征迁补偿的"房票"和存单。

18日 浙江农信金融后台服务中心暨德清农商银行综合大楼启用仪式举行。

△ 县委副书记、县长王琴英主持召开县政府第八十次常务会议。

20日 县委书记项乐民主持召开县委第二次常委会议。

△ 县委召开2016年度镇（街道）党（工）委书记抓基层党建工作述职评议会。

23日 德清县举行2017年新春团拜会，县四套班子领导和社会各界代表参加。

24日 县委书记项乐民主持召开县委第三次常委会议。

△ 五四村成为国家级3A旅游景区。8月，德清县后坞（村）景区、劳岭（村）景区、蠡山（村）景区、二都（村）景区、地理信息小镇景区被颁发"国家AAA级旅游景区"标志牌。

△ 中国水利报主办的中国水利记忆·2016水利十大新闻、有影响力十大水利工程和基层治水十大经验公布评选结果，德清县创新建立的小型水利工程产权抵押融资机制的做法，列为中国水利记忆·2016基层治水十大经验榜首。

△ 新市镇被省民政厅列入浙江省首批千年古镇（古村落）地名文化遗产名单。

△ 下渚湖街道被浙江省农业厅、浙江省旅游局认定为全省26个浙江省休闲农业与乡村旅游示范乡镇之一，蚕乐谷被认定为浙江省休闲农业与乡村旅游示范点之一。莫干山镇被浙江省旅游局列为浙江首批21个旅游风情小镇创建单位。

△ 新安镇卫生院被国家卫计委评为全国2015~2016年度群众满意乡镇卫生院。

△ 德清县政府获中国林业产业突出贡献奖。

2月

4日 全县领导干部大会召

开。会上,县委副书记敖煜新宣读对2016年度德清县功勋企业、镇(街道)综合考评结果、全县经济工作先进集体和先进个人、县政府质量奖获奖企业及"五水共治"、"无违建"创建、美丽城镇建设工作先进集体和先进个人的表彰决定。

6日 德清县在六大现场同时举行一季度重大项目集中开竣工活动,总投资143.41亿元,2017年计划投资12.30亿元。

8日 湖州莫干山高新区2017年经济工作会议召开。

9日 县纪委十四届二次全体会议举行。会上,县委书记项乐民与各镇(街道)党委(党工委)书记签订2017年度党建工作责任书和党风廉政建设责任书,县委副书记、县长王琴英与各镇(街道)镇长(主任)签订2017年度党风廉政建设责任书。县委常委、县纪委书记谈斌代表县纪委常委会作工作报告,并宣读对2016年度纪检工作先进单位的表彰决定。

△ 县委书记项乐民在全省农村工作会议上作交流发言。

10日 全县镇(街道)、平台一把手工作例会召开。会议强调要进一步拉高标杆、比学赶超、担当有为,抓紧重点工作,精准补齐短板,确保实现"开门红""全年红",为率先建成全面小康标杆县开好局。

14日 杭州常裕金融控股集团有限公司与湖州莫干山国家高新区举行签约仪式。

15日 县委书记项乐民主持召开县委第四次常委会议。

16日 德清县启动城区生活垃圾分类收运处置。

17日 政协第九届德清县委员会第一次会议在县会展中心开幕。20日,会议圆满完成各项议程,在县会展中心闭幕。会议选举产生中国人民政治协商会议第九届德清县委员会主席、副主席、秘书长、常务委员。张林华当选第九届德清县委员会主席。

18日 德清县第十六届人民代表大会第一次会议在县会展中心开幕。20日,会议圆满完成既定的各项议程,在县会展中心闭幕。大会通过县人民政府工作报告决议,通过县人民代表大会常务委员会工作报告决议,通过县人民法院工作报告决议,通过县人民检察院工作报告决议,通过德清县2016年国民经济和社会发展计划执行情况与2017年国民经济和社会发展计划决议,通过德清县2016年财政预算执行情况和2017年财政预算决议。大会通报关于审议代表议案、建议、批评和意见的决定。

19日 县十六届人大一次会议举行第二次大会。会议通过关于设立县人大有关专门委员会的决定,通过大会选举办法,通过县人大有关专门委员会组成人员人选通过办法,通过2017年政府民生实事项目票决办法。

21日 德清县监察委员会转隶组建工作会议召开。

23日 全县美丽乡村建设暨农业供给侧结构性改革工作会议召开。

△ 全县党建工作会议召开,总结2016年纪检监察、组织建设、宣传思想、统一战线等工作,研究部署2017年任务。

△ 德清县新生代非公经济代表人士座谈会召开。

△ 县委副书记、县长王琴英主持召开县第十六届人民政府第一次常务会议,贯彻县"两会"精神,研究抓好十六届人大一次会议审议通过的政府工作报告各项工作任务的落实。

27日 县委书记项乐民就老年活动中心和妇儿中心及文化馆工程、依山路道路工程、华盛达学校新校区项目、浙江广播电视大学德清学院迁建项目、舞阳街东延工程、环狮子山路工程、长虹街东延工程、莫舞路工程和浙工大德清校区建设工程项目建设情况进行调研。

△ 全县召开消劣提标工作部署会议,贯彻落实全省剿灭劣Ⅴ类水工作会议精神。

2月 在2016年度市对县区综合考核中,德清县以总分96.7排名第一,成功实现"三连冠"目标。

△ 德清县被浙江省水利厅评为"2015年度全省农田水利标准化建设考核优秀县",连续第五年获得此项荣誉。同时,获得"十二五"期间农田水利标准化建设工作先进县荣誉称号。

△ 莫干山高新区被确定为国家知识产权试点园区,试点工作周期为2017年1月至2019年12月。

△ 德清县在市对县党政领导科技进步目标责任制考核中成绩排名全市第一,连续第四年获"优秀单位"称号。

3月

6日 县委书记项乐民主持召开县委第五次常委会议。

△ 浙江三星新材股份有限公司(603578)股票正式挂牌上市。

9日 全县推进"四大行动"

"十大工程"誓师大会举行。

△ 德清县全国文明城市创建工程动员大会召开。

15日 县委书记项乐民主持召开会议，专题听取各街道项目再攻坚工作情况汇报。

△ 德清县成功申报浙江省第九批小型农田水利项目县。

16日 全县美丽乡村升级工程现场推进会召开。

20日 县委书记项乐民主持召开县委第六次常委会议。

△ 全县村（社区）组织换届工作会议召开，部署村和社区组织换届工作。5月15日，全县148个村和26个社区党组织和村（居）民委员会换届选举全部完成，共选举产生新一届村社"两委"班子成员1099人。

△ 县委副书记、县长王琴英主持召开县政府第二次常务会议。

22日 德清县在全省剿灭劣V类水誓师大会上，被评为2016年度省"五水共治"工作优秀县，连续第三年夺得治水"大禹鼎"。

23日 全国特色小镇培训班在德清县举办。县委副书记、县长王琴英参加培训并作经验介绍。

28日 德清县召开项目推进"1555"工程现场推进会。

30～31日 2017年全国水资源管理工作座谈会在德清县召开。水利部副部长陆桂华、总规划师张志彤出席并讲话，副省长孙景淼致辞，县委副书记、县长王琴英代表德清县在会上作经验介绍。

31日 县委书记项乐民在浙江省建设平安浙江工作会议上，上台领取平安金鼎，标志德清县平安建设实现"十二连冠"。

△ 德清县首笔排污权抵押贷款发放。

3月 国土资源部印发《关于完善建设用地使用权转让、出租、抵押二级市场的试点方案》，德清县成为6个入选地区之一。

△ 德清县中小河流治理重点县项目中设计的预制砼底板，获得实用新型专利。

4月

1日 全县镇（街道）、平台一把手工作例会召开。会议强调，要强化责任担当、持续发力攻坚，不断将"四大行动""十大工程"推向纵深。

△ 县委书记项乐民主持召开县委第八次常委会议。

2日 2017第十九届新市蚕花庙会举行。此次庙会以"丝路启未来，古镇展新韵"为主题，包括蚕娘巡游送蚕花、轧蚕花、蚕事才艺赛、秧歌舞龙、古镇听社戏等多项民俗活动。

6日 中航通飞研究院浙江分院科研团队首批十余人，正式入驻高新区地信小镇中渔一号楼办公，填补了德清县通航产业在研发制造领域的空白。

10日 县委全面深化改革领导小组会议召开。会议审议通过《县委全面深化改革领导小组2017年工作要点》《关于调整县委全面深化改革领导小组及各专项小组成员名单的通知》，审议《农业供给侧结构性改革集成示范试点方案》，听取关于德清县深化农村集体资产股份权能改革工作"八项"制度创新、土地二级市场和征收制度改革的有关情况汇报。

11日 德清县作为唯一县级单位，在全国群众体育工作电视电话会议上交流发言。

△ "剿灭劣V类水人大代表在行动"主题活动启动仪式在下渚湖街道二都村举行。

14日 镇（街道）"一室四平台"建设专项行动推进会召开。

15日 全县"六重"工作暨"最多跑一次"改革推进会召开。

18日 浙江省长三角生物医药产业技术研究园举行开园仪式。开园仪式上，有6个项目举行签约仪式。

19日 全县平安德清总结表彰暨"平安创星再出发"大会召开。县委书记项乐民向各镇（街道）下发2017年综治、公共安全目标管理责任书。会议表彰2016年度社会治安综合治理、公共安全工作、信访和12345政府阳光热线工作、安全生产目标管理责任制考核先进集体和先进个人。县委副书记、政法委书记敖煜新为镇（街道）、部门、基层站所、村（社区）、平安志愿者等5支"平安创星再出发"代表队伍授旗。

△ 县委书记项乐民主持召开县委第九次常委会议。

△ 全市深化户籍制度改革全面推进新型居住证制度工作现场会在德清县召开。

△ 全国文明城市创建工作督查推进会召开，就下一步德清县创建全国文明城市工作作具体部署。

23日 德清县第一个异地人才联络服务站——北京德清人才联络服务站成立暨授牌仪式在北京中关村举行。

25～26日 统筹推进农村土地制度改革三项试点（农村土地征收制度改革、农村集体经营性建设用地入市、农村宅基地制度改革）工作现场交流会在德清县召开。国土资源部党组成员、副部长、国家土地副总督察张德霖出席并讲话。德清县在会上作交流发言。

27日 全县国资国企改革动员大会召开。5月26日，德清县建设发展集团有限公司、德清县文化旅游发展集团有限公司举行成立大会。

△ 县委副书记、县长王琴英主持召开县政府第三次常务会议。

△ 第五批诚信农产品示范基地（企业）和第五届志刚诚信农产品生产奖颁奖会议暨食用农产品合格证管理工作部署会议在县行政中心召开。

28日 县委常委（扩大）会暨一季度经济和社会稳定形势分析会召开。

△ 庆"五一"表彰大会暨职工文艺演出举行。会议表彰了2016年度德清县"工人先锋号"、最美班组、最美工人、技术能手和"女职工五一巾帼标兵岗"。

△ 全县家禽定点屠宰杀白上市工作进入试运行阶段。

4月 兔宝宝成为德清县首家获得"浙江制造"证书的企业。

△ 浙江省长三角生物医药产业技术研究园完成建设。

△ 全国唯一一个县域创新助力学会企业联合体——地理信息产业（德清）创新助力学会企业联合体完成签约。

5月

3日 县委副书记、县长王琴英出席"倾听委员之声"座谈会，就中心城区水系水质改善工作，与政协委员们面对面交流，听取委员们的意见、建议。

4日 共青团德清县第十八次代表大会召开。团县委书记沈钧晶代表共青团德清县第十七届委员会作工作报告。5日，大会圆满完成各项日程，在县会展中心胜利闭幕。大会通过第十八届委员会《工作报告决议》并选举产生新一届委员会，沈钧晶当选为新一届团县委书记。

△ 全县水利工作会议暨三大攻坚战专项行动推进会召开。

△ 全县金融工作暨企业多层次资本市场挂牌上市工作推进会召开。

5日 县委书记项乐民主持召开县委第十次常委会议。

11日 县委副书记、县长王琴英主持召开县政府第四次常务会议。

12日 高新区杭州内燃机缸垫有限公司、上海卫元机械有限公司、杭州汇捷食品配料有限公司3个项目集中签约，总投资7亿元。

14日 市、县领导钱三雄、高屹、项乐民、陈健会见香格里拉酒店创始人、嘉里集团董事长郭鹤年一行，双方就投资意向、有关项目和产业发展进行洽谈。

16日 全县首个"医养结合"且规模最大的养老、康复医疗机构——德清爱慕佳医院与颐养中心正式开业。

△ 德清县在两美浙江高峰论坛暨"两美浙江特色体验地"命名仪式上，被授予2016年度全省"两美浙江特色体验地"。

18日 2017年县委人才工作领导小组第一次会议召开。会议审议《关于县委人才工作领导小组及办公室成员名单》《2017年有关成员单位人才工作目标责任制考核办法》等事项。

△ 法国雅高集团投资建设的德清诺富特酒店举行开工仪式。

19日 全县创建海智工作基地及创新驱动示范县工作推进会召开，就海智工作基地的前期筹备情况进行介绍，部署各成员单位有关创建工作的具体职责。"海智计划"即海外智力为国服务行动计划。

20日 全县家庭屋顶光伏工程建设现场推进会在新安镇召开。

21日 德清县与天士力控股集团签订天士力大健康产业德清基地战略合作协议，项目总投资约100亿元。

22日 县委理论学习中心组（扩大）报告会召开。会议邀请中国科学院院士、中国空间技术研究院研究员叶培建作关于"中国的空间技术"专题辅导报告。

23日 县委书记项乐民主持召开县委第十一次常委会议。

△ 德清县农田水利设施产权制度改革和创新运行管护机制国家试点县工作以98.6的高分顺利通过省水利厅验收，成为全国首个通过省级验收的试点县。

25日 全县镇（街道）、平台"一把手"工作例会召开，对剿灭劣Ⅴ类水工作进行再研究、再部署、再推进。

△ 全县"两学一做"学习教育常态化制度化工作座谈会召开，全面部署全县"两学一做"学习教育常态化制度化工作。

△ 县委副书记、县长王琴英主持召开座谈会，就项目推进"1555"工程征地拆迁推进情况进行专题调研。

26日 2017年全县村（社区）主职干部培训班开班。县委书记项乐民在开班仪式上对当选的新一届村社"两委"干部提出要求：要旗帜鲜明讲政治，扑下身子肯吃苦，担当有为能干事，不断提高群众获得感和满意率。

△ 德清县召开全县工业建成平台提档升级专项行动动员会。

△ 全县美丽乡村景观线建设推进会召开。会上，水利局、林业局、建设局、交通运输局、高新区等5个责任部门和12个镇、街道代表先后介绍10条美丽乡村景观线建设项目的进展情况，县农办明确项目要求和相关任务。

27日 中宣部、国家新闻出版广电总局重点扶持，浙江省委宣传部、东海电影集团、浙江广播电视集团、湖州市委市政府等单位联合出品的电视剧《青恋》开机仪式暨新闻发布会在莫干山镇举行。省委常委、宣传部部长葛慧君参加开机仪式。

5月 《德清县新能源汽车推广应用地方配套补助办法》正式出台。

△ 德清县《农村产权交易示范平台建设》案例成功获评第四届浙江省公共管理创新案例十佳创新奖，是全市唯一获奖案例。

△ 德清县规模生产的农产品包装上出现"食用农产品合格证"，彻底改变上市农产品无牌无证、来源不明现状。

△ 德清县发布《城乡基本公共教育一体化建设与管理规范》，是湖州市首个教育领域地方标准规范。

△ 德清县试点VOCs（挥发性有机物）排污收费以来首次向德冠金属、深汇印业、康乐精细化工等6家企业开征。

△ 德清籍中国科学院院士杨学明领军的创业团队正式入驻高新区千人计划产业园，这是德清县第一个由中科院院士领军的创业团队。

△ 全县首家创投学院——德清&嗨创学院在高新区成立，正式进入招生阶段。

△ 浙江省确定全省12个教育管办评分离综合改革试点项目及承担试点任务的单位。其中，德清县承担完善学校章程执行机制建设和培育第三方教育评估机构两个项目的试点工作。

△ 全县首个车间图书流动站在浙江奥捷实业公司笔头车间启用。

6月

1日 "集智创新——航天信息改变人类生活"专题报告会在德清县召开。会议邀请科技部原副部长曹健林作重要讲话，长光卫星技术有限公司董事长、总经理宣明作专题报告。

△ 德清县印发《中国制造2025德清行动计划》。7月28日，召开中国制造2025德清行动暨质量强县工作推进会议。

2日 县委书记项乐民主持召开县委第13次常委会议。

△ 德清县召开镇（街道）综合执法平台建设推进会暨镇（街道）综合行政执法中队授牌仪式。县综合执法局向全县8个镇4个街道派驻12个综合执法中队，同时挂综合行政执法所牌子，两块牌子合署办公。

△ 全县小微水体剿劣推进会召开，会议总结前阶段小微水体剿劣推进情况，部署下阶段工作。

5日 第四届中国非物质文化遗产保护论坛在德清县开幕，本次论坛以"传统文化与精神家园"为主题。

9日 全县农村土地承包经营权颁证仪式在阜溪街道郭肇村举行，会上正式颁出全省农村土地承包经营权"第一证"。

△ 德清县社会组织代表人士联谊会成立。

△ 全县就业创业工作联席会议召开，会议审议通过《德清县创业担保贷款管理办法》。

△ 中国—坦桑尼亚地理信息联合研究中心，在地信小镇内的浙江中测新图地理信息科技有限公司揭牌成立。这是小镇内企业首次与国外大学开展合作。

10日 海外高层次人才项目对接洽谈会举行。美国、法国、英国、俄罗斯等20多个国家的60多位外国专家代表参加。

10~11日 首届中化群英会在德清县召开。中国工程院院士钱旭红、中化集团副总裁李彬、市委副书记陈浩出席并讲话。会上，中化国际创新中心与高新区就共建成果转化中心、产业基金投放以及项目推介签订战略合作协议。

12日 台胞陈泰隆与县教育局签订协议，为县人民教育基金注资10万元人民币，用于资助德清县贫困学生完成学业。

14日 2017年县委第一轮巡察动员部署会召开。

15日 县委副书记、县长王琴英主持召开县政府第五次常务会议。

16日 "国家千人"莫干山峰会在高新区千人计划产业园举行。会上正式发布《湖州莫干山高新技术产业开发区关于进一步加大高层次人才引进培育力度的实施意见(试行)》。

18日 德清县举办首次高校招生咨询会。

19日 县委召开常委(扩大)会议,传达贯彻省第十四次党代会精神,动员全县上下切实把思想和行动统一到省党代会精神上来,坚定不移地沿着"八八战略"指引的路子走下去,打好莫干山、高新区、改革、临杭、和谐"五张牌",以钉钉子的精神抓好各项工作任务落实,全力以赴为省市发展大局作出新的更大贡献。

△ 县委书记项乐民主持召开县委第十四次常委会议。

20日 县不动产登记中心向宁杭铁路有限公司颁发宁杭高铁德清段不动产权证书。这是浙江省首宗高铁项目颁发不动产权证,也是宁杭高铁全线首宗颁发不动产权证。

22日 全县美丽乡村升级工程二季度现场推进会在禹越镇召开。

23日 德清县举行法学会成立大会暨第一届会员大会。

24日 县委、县政府召开城中村改造攻坚和建设项目遗留问题清零专项行动动员大会。

24~25日 浙江省体育局、上海市体育局、江苏省体育局和安徽省体育局联合主办的2017年第四届长三角运动休闲季第八站活动在德清县举行。

28日 纪念中国共产党成立96周年座谈会召开。县委书记项乐民在会上强调,要充分发挥党组织和党员在服务"四新"主题实践、助推全县"四大行动"中的核心作用,在坚定信念中展现政治担当,在固本强基中发挥主体作用,在狠抓落实中展现更大作为,推进全县基层党建"全面进步、全面过硬"。

6月 浙江欧诗漫集团为主起草的全省首个日化行业"浙江制造"标准《珍珠润肤膏霜》通过评审。至此,德清县企业为主起草"浙江制造"标准达4个。

△ 湖州市测绘院、德清县城乡测绘所在德清县测绘所新大楼签署战略合作协议,并举行湖州市测绘院德清分院揭牌仪式。

△ 公交313线正式开通。德清县实现行政村100%通客车。

△ 省水利厅正式批复德清县建设"浙江省现代水利示范区(德清洛舍)"。这是全省首个现代水利示范区。

△ 德清县入选住建部公布的第一批100个农村生活垃圾分类和资源化利用示范县(区、市)名单。

△ 德清县中电科技德清华莹电子有限公司的"面向4G/5G移动通信的微声材料与器件智能工厂建设"、浙江泰普森休闲用品有限公司的"基于大规模个性化定制的高端户外产品协同智能制造系统"两个项目入围2017年国家智能制造综合标准化与新模式应用项目。

△ 《德清县创建省农业领域"机器换人"示范县的实施意见》出台,计划用两年时间,创建省级农业领域"机器换人"示范县。

7月

1日 县委副书记、县长王琴英主持召开县政府第六次常务会议。

△ 即日起,浙北干线航道通行费全面取消。

2日 湖州莫干山高新区创新发展高峰论坛举行。科技部火炬中心副主任安道昌出席并讲话。当日举行的产业发展规划研讨会,首次发布《湖州莫干山高新技术产业开发区产业发展规划研究报告》。

3日 县委书记项乐民主持召开县委第十五次常委会议。

△ 县委副书记、县长王琴英召集相关部门、镇(街道),专题会商全国文明城市创建工作。

5日 县委副书记敖煜新在县信访局接待来访群众。

△ 德清县举办第六届乡村排舞大赛。

6日 县委书记项乐民在县信访局主持县委书记大接访活动。

△ 全县基层社会治理创新工作现场会在洛舍镇召开。

6~7日 德清(北京)人才联络服务站举行医药领域人才专项引进项目对接会。大塚制药公司全球药物研发数据总监王广良等受邀考察德清。

7日 全省党政领导干部依法执政专题研讨班结班式以视频会议形式举行。县委副书记、县长王琴英代表德清县作交流发言。

8日 首届环莫干山山地自行车邀请赛暨久祺国际骑行营开幕赛在莫干山镇久祺国际骑行营正式开赛。比赛后,该项目一期正式对外营业。

12日 "德清莫干山·上海后花园"——2017德清投资贸易人才洽谈会暨上海活动周开幕。此次德洽会有开幕式暨项目签约仪式、重大项目集中开竣工、"活力莫干山·创业高新区"合作推介、莫干山国际旅游度假区揭幕、

"德清秀"、"山与海"主题宣传等系列活动。

△ "活力莫干山·创业高新区"2017长三角高新技术产业发展与区域经济合作推介会在上海中国金融信息中心举行。现场完成中科卫星应用德清研究院、武汉大学测绘学院德清培训基地、航天科工大型飞艇研发中心战略合作项目、长光卫星技术有限公司战略合作项目、北京航空航天大学通航产业研究中心战略合作项目等5个项目的签约。

△ 莫干山国际旅游度假区正式成立。成立发布仪式在上海中国金融信息中心上海厅举行。省旅游局副局长钟新章、县委副书记敖煜新等参加。会上，完成"The North Face 100 环莫干山越野赛"、莫干山"一带一路"国际公共艺术行动计划、莫干山全域旅游战略合作、"换个高度看莫干山"通航旅游观光等项目的签约。

17日 高新区总工会成立大会暨第一次代表大会召开。会议选举产生高新区总工会第一届委员会和经费审查委员会。会议共推选出正式代表99名，代表高新区245个工会组织和2.20万余名工会会员。其中，基层一线代表比例为82.47%，非公企业代表占91.75%。

19日 德清县召开全县社会组织清理整顿和规范管理暨行业协会商会脱钩工作会议。

20日 全县小城镇环境综合整治工作半年度例会召开。

21日 委副书记、县长王琴英到浙工大地块、舞阳街道、武康街道，了解项目推进、征地拆迁进展情况。

△ 德清县环境行政执法与刑事司法联动机制全面启动。启动仪式上，县法院与县环保局环境执法与司法协调联动办公室、县检察院驻县环保局检察官办公室正式揭牌成立。

25日 县委书记项乐民主持召开县委第十六次常委会议。

27日 县委副书记、县长王琴英主持召开县政府第七次常务会议。

28日 德清县召开省食品安全县创建工作推进会。

28～30日 浙江省体育局主办，县体育局、德清裸心体育发展有限公司承办的2017年浙江省青少年摔跤锦标赛在县体育中心举行。

7月 农业部公布第四批29个中国重要农业文化遗产名单，德清县的淡水珍珠传统养殖与利用系统成为浙江省唯一入选的项目。

△ 2016年度浙江省农业现代化发展水平综合评价报告发布，德清县农业现代化发展水平综合评价以91.74的高分连续第三年夺得全省第一。

△ 湖州市爱国拥军模范、县社会化拥军协会副会长、女企业家鲍红女获2016"中国双拥"年度人物入围奖，是湖州市唯一一名获奖人选，全国共有46人获此荣誉。该奖项由民政部优抚安置局、中国爱国拥军促进会组织评选。

△ 县"欧诗漫珍珠产业省级重点农业企业研究院"被认定为浙江省首批重点农业企业研究院。

△ 德清县2015年度中央小型农田水利重点县建设项目通过市级验收。

8月

1日 位于春晖公园西北区块的县法治文化基地开园。

2日 德清通航智造小镇入选浙江省第三批特色小镇。

3日 县委十四届二次全体（扩大）会议召开。

△ 《德清县农业供给侧结构性改革集成示范试点方案》获省政府批复。根据批复文件，共有15项重点突破的专项改革试点项目，其中包括建设现代农业园区、推动中央一号文件政策集成示范落地、推进国家级"多规合一"改革试点、创建国家级现代林业经济示范区和国家级森林城市、打造国家级全域旅游示范县、打造美丽公路示范县、国家级现代水利示范区、积极创建省级渔业转型发展先行区等。除个别项目在2016及2017两年完成外，其余大部分项目工作内容都计划于2019年完成。

4日 德清县召开现代农业产学研联盟工作推进会。

7日 德清县召开农业供给侧结构性改革集成示范试点动员会。副省长孙景淼到会作重要讲话。

11日 县委书记项乐民主持召开县委第十七次常委会议。

15日 德清县召开农业供给侧结构性改革集成示范试点座谈会，落实试点动员会精神，进一步明确任务、细化责任，确保各项改革任务扎实有序推进。

16日 县委副书记、县长王琴英主持召开县政府第八次常务会议。

△ 德清县召开项目推进协调会。会上，相关镇（街道）、责任

单位分别汇报全县48个"重大项目百亿工程"的推进情况以及在推进过程中存在的问题,并就重点难点问题进行沟通交流,现场协调解决问题的办法与措施。

17日 县委副书记、县长王琴英在县信访局参加县委书记大接访活动。

18日 县人大常委会工作评议动员会召开,部署对县政府工作部门及垂直管理部门的评议票决工作和公检法机关案件的评审工作。

△ 德清县召开创建省全域旅游示范县推进大会。

△ 全市水利工程标准化管理暨病险水库山塘"清零"推进会在德清县召开。

△ 全县机关事业单位编外用工清理规范工作会议召开。

19日 全省推进科技成果转移转化工作电视电话会议在杭州召开。县委副书记、县长王琴英代表德清县在主会场交流发言,签订省首批国家科技成果转移转化示范县(区)任务书。

23日 德清县召开企业投资项目审批两项试点工作推进会。会议就德清县企业投资项目发改委"一窗受理"实施方案和"标准地"出让暂行办法进行讨论和研究。

30日 德清县召开"标准地"出让工作座谈会。

31日 全县镇(街道)、平台一把手工作例会召开。会议肯定美丽德清建设前期工作成效,要求各镇(街道)、平台要继续结合自身实际,谋划好"三改一拆"、"五水共治"、美丽乡村建设和小城镇环境综合整治各项工作,并就项目引进、美丽德清建设工作提出要求,就下阶段美丽乡村建设工作作具体部署。

△ 浙江工业大学德清校区项目举行开工仪式。湖州市委副书记、市长钱三雄宣布项目开工。浙工大党委书记蔡袁强,湖州市人大常委会副主任、县委书记项乐民致辞。浙工大校长李小年、湖州市副市长闵云出席。县委副书记、县长王琴英主持。

△ 德清县春晖小学、千秋幼儿园、新安勾里幼儿园启用。

8月 德清县被浙江省教育厅认定为全省首批19个示范学习型城市之一。

△ 德清地理信息小镇在全省特色小镇规划建设工作现场推进会上,作为省级首批特色小镇创建对象获评优秀小镇。

△ 省文改办公布入选2016～2017年度浙江省文化产业重点县(市、区)和浙江省重点文化企业名单,德清县被评为"浙江省文化产业重点县"。浙江泰普森休闲用品有限公司、浙江欧诗漫集团有限公司获"浙江省重点文化企业"称号。

△ 阿里研究院发布2016年"电商百佳县"排行榜,德清县位列43位。

△ 德清县委副书记、县长王琴英在第十三届全国运动会上,获全国群众体育工作先进个人荣誉称号,德清县体育局获全国体育系统先进集体荣誉称号。

△ 浙江省我武生物变应原研究院入选省级企业研究院,成为高新区第八家省级企业研究院。

9月

1日 县委书记项乐民主持召开县委第十八次常委会议。

△ 全县第十三个"慈善一日捐"捐赠仪式举行,德清县2017年"慈善一日捐"活动正式拉开帷幕。

5日 杭州市教育局与县人民政府全面合作签约仪式举行。此外,杭州第二中学和德清县高级中学、杭州学军中学和德清县第一中学签署合作协议。

6日 德清文旅集团和杭州赛石集团正式签订合作协议,共同合作开发中国田园博览园项目。

9日 全县教育工作暨庆祝第三十三个教师节会议召开。会议对县2017年"十佳优秀教师"和"十大农村教师奉献奖"荣誉获得者、人民教育基金会先进集体及先进个人等进行表彰。

11日 全县"喜迎十九大、全力保平安"暨"十大工程"再攻坚再推进活动动员会召开。

△ 县委书记项乐民主持召开县委第十九次常委会议。

△ 县政府党组书记、县长王琴英主持召开县政府党组专题学习会,县府办党支部集中党课同时进行,专题学习习近平总书记在省部级主要领导干部专题研讨班上的重要讲话精神("7·26"重要讲话精神)。

△ 高新区通航产业推介会暨项目签约活动举行,现场签约惠州同人航空工业有限公司的AG－1旋翼机生产制造及航空器销售、培训项目,以及北京商绽商业管理有限公司的动力三角翼生产制造及"环球低空"通航项目。

△ 全国稻田综合种养现场会在德清县召开。

12日 德清县召开落实中央环保督查问题整改暨"厂中厂""低小散"企业专项治理、重大安全生产事故隐患集中整治工作推进会。

△ 湖州市农民学院第一个农家乐（民宿）教学基地——湖州农民学院农家乐（民宿）教学基地在莫干山镇紫岭村挂牌成立。

15～17日 "新莫干山会议·2017"召开。本次会议的主题为"科技创新与社会变革"。

16日 全县国土资源管理工作会议暨三大"百日攻坚"专项行动推进会召开。

17日 新华每日电讯主办、县委县政府承办的精神文明建设"德清现象"暨德清民间设奖20周年主题座谈会在北京新华社举行。湖州市人大常委会副主任、德清县委书记项乐民作主题发言，新华每日电讯总编辑方立新致辞，军科院原院长、上将刘精松，中国记协书记处书记张百新，学习杂志社社长、中宣部宣教局原副局长董俊山等中央部委领导，陈亦平、杨明连、王秀琴等县领导，以及来自清华大学、中国人民大学、国家行政学院等高校院所致力于精神文明建设方面的专家学者参加座谈，共同探讨精神文明建设"德清现象"。

19日 县委副书记、县长王琴英就全县项目推进召开交办会。

20日 县政协召开2017年"界别活动周"动员会，并举办"德清政协·莫干山讲堂"活动。县委书记项乐民作经济社会发展形势报告，县政协主席张林华作动员讲话。

△ 德清县2017年小微企业三年成长计划工作暨服务小微企业成长、民企"双对接"活动月推进会召开。会上，首届小微企业"十佳成长之星""十佳商标品牌"和服务小微企业"十佳优秀项目"的获奖单位接受授牌表彰。

△ 全市小城镇环境综合整治年中考核验收总结分析会在德清县召开。莫干山镇、下渚湖街道、钟管镇、德清县整治办作经验交流。

△ 湖州市第八届中国统计开放日活动暨湖州市民宿调查统计论坛在莫干山镇后坞村举行。

21日 2017中国重要农业文化遗产"浙江德清淡水珍珠传统养殖与利用系统"保护暨申请全球重要农业文化遗产启动仪式在德清县举行。

22日 县第四次归侨侨眷代表大会召开，一百余名归侨侨眷参加。

23日 新市古镇复兴工程启动会暨新市古镇文旅发展研讨会召开。

25日 "中国人工智能2.0发展战略研究"项目研究成果报告会在莫干山举行。中国工程院院长、院士周济，中国工程院原常务副院长、院士潘云鹤，浙江大学院士谭建荣等来自全国重点高校、科研院所的近百名院士专家，及部分市、县领导和高新区领导参加。会上，"基于大数据的人工智能""基于互联网的群体智能的理论、方法与技术""跨媒体推理""人机协同的混合智能""自主式高级无人系统""人工智能2.0的创新性应用——智能制造"等六个人工智能项目研究成果进行展示汇报，百度、阿里巴巴两大企业代表先后进行人工智能企业应用研究成果汇报。

26日 中国新一代人工智能应用县发展规划咨询会举行，会议组建德清"中国新一代人工智能应用县"专家咨询委员会，德清智能生态城揭牌。人工智能国际创新中心、浙江大学人工智能研究所德清研究院、智能城市清扫设备、高精度室内导航机器人研发及产业化项目等19个项目现场签约。全国政协常委、外事委员会主任，中国工程院原常务副院长、院士潘云鹤，科技部副部长李萌出席。

27日 德清县召开首届联合国世界地理信息大会德清县筹备工作领导小组第一次会议。

28日 2017年县委第二轮巡察工作动员部署会召开，回顾总结第一轮巡察工作中的亮点和不足，并对第二轮巡察工作进行巡察授权、任务分配和业务辅导。

△ 县委副书记、县长王琴英主持召开县政府第九次常务会议。

△ 第二十一届新市羊肉黄酒节正式开幕。

29日 德清县召开党的十九大维稳安保暨预防重特大火灾工作专题会议。

30日 德清县召开改革满意度评估工作部署推进会。

△ 全国唯一一个县域创新助力学会企业联合体——地理信息产业（德清）创新助力学会企业联合体在德清县召开成立大会。

9月 新市镇、下渚湖街道入选浙江省第二批旅游风情小镇培育创建名单。

△ 德清县被省政府确定为全省首批11个县域医共体试点县（市、县）之一，是湖州市唯一获得此荣誉的单位。

△ 德清县入选全省首批科技成果转移转化示范县，全省仅6个县区获评。

△ 省关注森林执行委员会到洛舍镇进行省森林城镇创建工作验收,通过现场走访,验收组一致通过洛舍镇"省森林城镇创建"工作。

△ 德清工业园区被列入第五批省级循环化改造示范试点园区。

△ 德清临杭物流园区获评"2017年全国优秀物流园区",全省共7个物流园区获此荣誉。

10月

9日 县委书记项乐民主持召开县委第二十次常委会议。

△ 中小城市经济发展委员会、中小城市发展战略研究院、中国社会科学院发展与环境研究所等单位在《人民日报》上发布"2017年中国中小城市科学发展指数研究成果",德清县在其中的2017年全国中小城市综合实力百强县市榜单上,排名37位,较上年上升2位。

10日 全县镇(街道)、平台一把手工作例会召开。会议强调,要坚持一手抓平安,一手抓发展,圆满完成"平安护航十九大"的同时,强化"项目为王"理念,确保"两手抓、两不误、两促进"。

△ 德清县第二届现代医学英溪论坛暨2017年医学学术月活动开幕式举行。

11日 县委书记项乐民在信访局主持召开平安工作会商,要求做好当前平安稳定工作,为党的十九大胜利召开营造良好环境。

△ 企业投资项目发改委"一窗受理"试点工作座谈会召开。

△ 德清县第十七期中青年干部培训班开班。

12日 县委副书记、县长王琴英在县信访局召开维稳安保会商会议。

13日 德清县召开美丽乡村升级工程再攻坚再推进现场会。

14日 县委书记项乐民赴新市镇开展平安护航十九大工作督导。

16日 县委理论学习中心组召开学哲学用哲学专题学习会,重温《实践论》《矛盾论》的主要内容。

△ 县委书记项乐民主持召开县委第二十一次常委会议。

18日 县委书记项乐民,县委副书记、县长王琴英等县级领导,县级机关各部门、镇(街道)、高新区及全县各企业分别组织集中观看中共十九大开幕直播。

19日 县委副书记、县长王琴英主持召开县政府第十次常务会议。

25日 县委常委(扩大)会暨三季度经济和社会稳定形势分析会召开。

26日 省青春健康教育工作经验交流会在德清县举行,全省各地100多名代表出席会议。

27日 县委召开全县领导干部会议,传达贯彻党的十九大精神和省市领导干部会议精神。

△ 德清县召开深化落实全面从严治党主体责任推进会,对贯彻落实全面从严治党主体责任进行再动员、再部署和再督促。

△ 德清县召开秋冬季节大气污染防治攻坚行动部署会,贯彻落实省市秋冬季节大气污染防治会议精神,安排部署全县秋冬季大气污染防治工作。

28日 舞阳街道第二届舞阳侯会开幕。

30日 县委书记项乐民主持召开县委第二十二次常委会议。

△ 由基层党员群众自发建立的莫干山镇后坞村"十九大精神主题学习教育馆"正式开馆。

31日 杭州绕城高速公路西复线湖州段工程开工仪式在阜溪街道龙山村举行。

10月 德清县以综合评价最高分获第二十一届全省水利"大禹杯"竞赛活动金杯奖。

△ 下渚湖街道二都村成为德清县继五四村、蠹山村和沿河村后的第四个省级美丽宜居示范村。

△ 乾元镇旧城有机更新项目被住房城乡建设部评为2017年中国人居环境奖范例奖,全省仅6个项目获奖。

11月

3日 湖州市"1+3"旅游综合执法推进现场会在德清县召开。

3~4日 2017绿色制药莫干山国际峰会在德清县举行。德清县成为绿色制药学科创新引智基地分基地。

4日 县委副书记、县长王琴英组织召开项目引进工作例会,听取各招商组的工作汇报。

△ 2017年中国山地自行车公开赛(德清久祺莫干山站)在莫干山镇开赛。

6日 2017德清·国际工业级无人机暨北斗卫星应用产业发展高峰论坛举行。

7日 县人大常委会组织举行德清县首次人大代表问政会,与会县人大代表围绕经济发展、垃圾治理、公共交通三项重点工作,通过"代表提问、部门回答"的形式，与县政府部门负责人面对面交流互动。

8日 AOGEOSS海洋遥感专题研讨会在高新区召开，中澳两国十多名科学家参加会议。这是中科卫星应用德清研究所落户高新区后首次举办的国际性学术研讨会。亚洲大洋洲综合地球观测系统（AOGEOSS）是首个由我国主导并纳入地球观测组织（Group on Earth Observations, GEO）2017～2019年工作项目计划的启动项目，并由中科院遥感所牵头。

△ 德清县首家商会人民调解委员会——安徽商会人民调解委员会举行成立仪式。

9日 全市现代渔业绿色发展现场推进会在德清县钟管镇召开。

10日 县委书记项乐民主持召开县委第二十三次常委会议。

11日 德清县举行敬农节暨农业供给侧结构性改革高峰论坛。

△ 首届莫干山国际诗歌节开幕式暨名诗人朗诵会在莫干山郡安里大草坪举行。王家新、多多、尼古拉·马兹洛夫、乔治·欧康纳尔等中外100余名诗人、翻译家参加。

12日 德清县召开项目推进交办会，相关部门和镇（街道）汇报前阶段项目交办落实情况，并就存在推进问题的项目进行现场协调沟通，明确办理的时间节点。

14日 德清县召开全县餐厨垃圾集中收运处置工作会议暨新闻发布会，正式启动餐厨垃圾集中收运处置工作。

△ 高新区地信小镇被省科技厅、省特色小镇规划建设工作联席会议办公室评为首批建设类高新技术特色小镇。

15日 "德清一号"卫星预发射发布仪式在高新区举行。2018年1月19日，全国首个以县域命名的商业遥感卫星"德清一号"在酒泉卫星发射基地发射。"德清一号"卫星主要围绕测绘、交通、水利、环保、农业、统计等多个行业提供遥感应用服务，为用户提供最新的遥感影像、最丰富的遥感应用、最及时的遥感信息服务。

△ 2017年府院联席会议暨政府法律顾问聘任仪式举行。会议宣读政府法律顾问聘任文件并为相关律师颁发聘书，授牌成立行政争议调解中心，县法制办和县法院通报2016年以来全县行政复议和行政诉讼案件情况。

16日 联合国世界地理信息大会指导委员会秘书处第一次会议在德清县召开。国家测绘地理信息局副局长、大会指导委员会副主任李朋德，省测绘与地理信息局局长盛乐山出席。

△ 全县小城镇环境综合整治工作现场推进会召开。

△ 中国浦东干部学院德清现场教学基地在阜溪街道农耕博物园正式揭牌。

17日 德清县国家科技成果转移转化示范县建设动员会召开。会上，举行首批国家科技成果转移转化示范县授牌仪式，启动人工智能专业技术市场，5个批次9个项目进行集中签约。

△ 浙江佐力药业股份有限公司在全国精神文明建设表彰大会上，被授予第五届"全国文明单位"荣誉称号。

18日 县委副书记、县长王琴英主持召开县政府第十一次常务会议。

△ 全省首条民国风情旅游专线——德清莫干山民国风情旅游专线正式开通。

△ 中国卫星导航定位协会主办、地理信息产业（德清）创新助力学会企业联合体协办的北斗卫星亚米级定位技术推广应用研讨会在德清县召开。

20日 全县卫生与健康大会暨综合医改动员会召开，并为武康健康保健集团、新市健康保健集团授牌。新组建的武康健保集团由县人民医院、县中医院，以及乾元镇、洛舍镇、雷甸镇、莫干山镇、武康街道、舞阳街道、阜溪街道、下渚湖街道的8家卫生院组成，新市健保集团由德清医院、新市镇、钟管镇、禹越镇、新安镇的4家卫生院组成。

△ 德清县召开全县工业平台提档升级暨"厂中厂""低小散"企业整治推进会。

21日 全省群测群防整体提升试点工作现场会在德清县召开。

22日 浙江大学医学院附属邵逸夫医院与德清县人民政府合作共建"健康中国示范县"签约揭牌仪式举行。

24日 县委书记项乐民主持召开县委第二十四次常委会议。

25日 县政府党组书记、县长王琴英召集分管部门负责人，召开落实全面从严治党主体责任座谈会。

25～26日 中国科协、俄罗斯科学工程学会联合会主办，中国宇航学会、浙江省科协承办的第四届中俄工程技术论坛暨中俄航天工程技术大会在德清县召开。本届论坛主题为"促进航天技术发展，服务经济社会进步"。

27日 莫干山历史文化学术

研讨会召开。中国侨联副主席、浙江省政协副主席、民革浙江省委会主委、省侨联主席吴晶致辞。新华社原国内部主任、中宣部政策研究室研究员、《中国政策》总编辑魏光朗，副市长、民革市委会主委闵云出席会议。

29日 县工会第十五次代表大会召开。大会审议通过县总工会第十四届委员会工作报告、财务工作报告、经费审查报告，选举产生县总工会新一届领导机构，李贤富当选为县总工会主席。

△ 县委书记项乐民出席"倾听委员之声"座谈会，与政协委员们面对面交流，听取大家的意见建议。

30日 全县镇（街道）、平台一把手工作例会召开。会议要求，要以十九大精神为指引，紧扣目标抓冲刺，突出重点抓攻坚，守牢底线抓稳定，理清思路抓谋划，把贯彻落实十九大精神的成效展示在实现"全年红"上，为率先建成全面小康标杆县奠定扎实基础。

11月 新市镇在第三届浙江全民阅读节上，被评为全省"书香城镇"。

△ 雷甸镇双溪村被中国生态文化协会评为2017年"全国生态文化村"，全国共116个村入选，全省有6个村入选。

△ 莫干山高新区被科技部火炬中心评为2016年度火炬统计工作先进单位。

△ 德清县在第五届全国林业信息化工作会议上，被评为全国林业信息化示范县。

△ 德清县农工党德清基层委在中国农工民主党开展坚持和发展中国特色社会主义学习实践活动总结表彰大会上，获全国优秀基层组织称号。

△ 浙江泰普森休闲用品有限公司入选2017年浙江省创新型领军企业名单。

12月

1日 德清作为浙江省唯一一个试点县应邀参加全国农村集体资产股份权能改革试点工作总结交流会，并作交流发言。

△ 上海市第一人民医院和县人民医院远程医疗平台运行揭牌仪式在县人民医院远程会诊中心举行。

2日 2017地理信息人才德清论坛及招聘会暨Esri高校开发竞赛总决赛在高新区地信小镇举行。

2～3日 2017 The North Face 100莫干山国际越野挑战赛在莫干山镇举行，来自世界各地的1800名选手参加。

5日 县残疾人联合会第七次代表大会召开。大会审议通过县残联第六届主席团工作报告，选举产生县残联第七届主席团和执行理事会，杨会荣当选为县残联新一届执行理事会理事长。大会聘请县人大常委会主任罗国建、县政协主席张林华、县委副书记敖煜新为县残联第七届主席团名誉主席。

6日 省人大常委会副主任袁荣祥在德清县主持召开苕溪流域河长制调研座谈会，听取相关工作汇报。

△ 中国·莫干山首届生命健康&智能经济创业大赛正式启动。

7日 德清县在全省水利工作暨冬春农田水利基本建设现场会上获浙江省第二十一届水利"大禹杯"金杯奖，全省仅两家。

△ 德清县举行2017中国（德清）新能源汽车电子高峰论坛。

△ 德清县举办"新时代新产业新技术"人工智能产业发展研讨会暨浙江省人工智能产业发展推进联盟筹备会。

8日 第八届游子文化节暨投资贸易人才洽谈会开幕。本届游子文化节暨投资贸易人才洽谈会共有31个"大好高"项目、浙商回归重大产业项目和人才项目达成合作协议，其中开幕式上共有26个"大好高"项目进行现场签约，总投资260.7亿元。

△ "桑梓邀友相约德清"座谈会召开。

△ 德清县首个镇街级科技园——雷甸科技园正式启动。

11日 县委书记项乐民主持召开县委第二十五次常委会议。

△ 县委全面深化改革领导小组会议召开。传达全国农村集体资产股份权能改革试点工作总结交流会和国土资源部深化统筹推进农村土地制度改革三项试点工作会议精神，听取农业供给侧结构性改革集成示范、"最多跑一次"、农村土地制度和土地二级市场等改革试点情况的汇报，讨论通过《企业投资项目发改委"一窗服务"试点德清县实施方案》《"标准地"试点德清县实施方案》。

△ 德清县召开省"无违建县"创建验收后续问题处置推进会，就省"无违建县"创建验收后续问题处置作了具体部署。

11～12日 全省妇女乡村旅游创业就业工作推进会在德清县召开。

12日 首届联合国世界地理

信息大会筹备工作领导小组会议召开。

13日 莫干山高新区与武汉大学技术转移中心共建成果转化基地签约仪式举行。

14日 县委副书记、县长王琴英主持召开县政府第十二次常务会议。

15日 县委常委（扩大）会议召开。县委书记项乐民在会上强调，要坚持把贯彻落实十九大精神与德清实际相结合，科学谋划2018年思路，统筹推进各项工作，努力实现高质量发展。

△ 县中医院和省肿瘤医院协作医院签约暨专家工作站成立揭牌仪式举行。

18日 首期县管干部学习贯彻党的十九大精神集中轮训班开班。

19日 县第十七次妇女代表大会召开。大会审议通过关于县妇联第十六届执行委员会工作报告的决议，选举产生县妇联新一届领导机构，吴敏瑾当选为新一届县妇联主席。

20日 德清县科学技术协会第八次代表大会开幕。21日，大会闭幕。大会审议通过县科协工作报告决议，选举产生县科协第八届委员会，汪孔祥当选为新一届科协主席。

21日 德清县召开土地制度改革工作推进会，国家土地督察上海局副局长张先余到会指导。

△ 全省企业投资项目"最多跑一次"改革现场会在德清县召开。

22日 2017中国通用航空发展（莫干山）会议在德清县召开，来自全国各地的政府、军民航、行业协会、院校与科研机构、通航企业代表、行业知名专家学者参加会议。

23日 华东地区首次通用航空公共服务联动飞行演练活动在德清莫干山机场举行。

24日 2017德清莫干山国际竹海马拉松举行。

25日 县委副书记敖煜新主持召开座谈会，邀请来自镇（街道）、部门、县人大、县政协等不同层面的代表，就《中共德清县委关于高举习近平新时代中国特色社会主义思想伟大旗帜率先建成全面小康标杆县奋力谱写中国特色社会主义德清新篇章的决定》征求意见建议。

27日 县委书记项乐民主持召开县委第二十六次常委会议。

28日 县委副书记、县长王琴英主持召开县政府第十三次常务会议。

29日 县特色产业农合联集中启动仪式暨"乡村振兴与合作经济"主题讲座举行。

12月 中国科协办公厅正式复函同意在莫干山高新区设立中国科协"海智计划"浙江工作基地。

△ 县工商联获评2017年全国"五好"（领导班子好、会员发展好、商会建设好、作用发挥好、工作保障好）县级工商联。

△ 中电科技德清华莹电子有限公司院士专家工作站获评2017年"全国示范院士专家工作站"。

△ 德清县被省商标品牌示范工作评价委员会评为2017年"浙江省商标品牌示范县"。

△ 德清县被农业部评为"全国第二批率先基本实现主要农作物生产全程机械化示范县（市、区）"。

△ 县科技局被评为"全国科技管理系统先进集体"。

△ 全国首个城乡发展一体化县级地方标准规范——《城乡发展一体化建设指南》正式发布并实施。《指南》以"创新、协调、绿色、开放、共享"五大发展理念为基本原则，以"五个一体化（城乡规划建设、城乡经济发展、城乡基本公共服务、城乡社会治理、城乡生态环境保护）"和"一个长效机制"为总体框架，明确了城乡发展一体化建设的基本原则、规划建设、经济发展、基本公共服务、社会治理、生态环境保护和长效机制等方面的要求。

△ 高新区科创园入选第三批省级创业孵化示范基地名单。

（史志办）

德清县情总貌

基本地情

德清县位于浙江北部，东望上海、南接杭州、北连太湖、西枕天目山麓，处长三角腹地。县域处于北纬30°26′~30°42′、东经119°45′~120°21′之间，东西长54.75公里，南北宽29.75公里，总面积937.92平方公里。地势西高东低，坡度自西向东逐渐变缓变平。按总体地貌分，西部为低山区；中部为丘陵平原区，是山区向平原过渡延伸地带；东部为平原水乡，位于东苕溪之东。

德清区位优势十分突出，是杭州都市区的重要组成部分。杭宁高速公路、申嘉湖（杭）高速公路、104国道、304省道、宣杭铁路、京杭运河、杭湖锡线航道穿境而过，杭州K588公交车直通县城武康。武康距杭州市中心仅半小时车程，距长三角核心城市上海、宁波、南京均在2小时车程以内，距杭州萧山国际机场40分钟车程。

德清历史悠久，有着良渚文化的遗迹和古代防风文化的传说，有"鱼米之乡""丝绸之府""名山之胜""竹茶之地""文化之邦"之美誉。境内有中国四大避暑胜地之一的国家级风景名胜区莫干山、"中国最美湿地"下渚湖和素有"千年古运河、百年小上海"之誉的新市古镇。

建置沿革

立县之前，今德清县县境，防风氏国汪芒氏之守，周初隶吴，春秋属越，越灭属楚。秦始皇二十五年（前222）设会稽郡，领乌程、余杭等26个县，德清是乌程县南疆，武康为余杭县北境。西汉高祖元年（前206）县境属荆国，十二年（前195）改属吴国。景帝三年（前154）复属会稽郡。东汉永建四年（129），会稽郡以浙西为吴郡，县境属吴郡。

三国时，归东吴版图。吴黄武元年（222）吴郡析乌程、余杭，置永安县，这是武康建县之始，县治设永安山（银山）南麓。宝鼎元年（266）吴郡改吴兴郡，领永安、乌程等9县。

晋太康元年（280），改永安为永康县。三年（282），改永康为武康县，县治迁前溪北，隶吴兴郡。南朝时，历宋、齐、梁、陈四代未变。

隋开皇九年（589），废吴兴郡，武康并入余杭县，改隶杭州。仁寿二年（602），复武康县，属湖州。隋大业二年（606），废湖州，武康改隶余杭郡，县治迁余英溪南，大业十二年（616），改隶吴兴郡。

唐武德三年（620），改武康为安州，次年改为武州，隶属湖州。七年（624），废武州，复武康县，仍隶湖州。天授二年（691），武康县分出东境17乡另置武源县，县治设下兰山南，为德清建县之始。景云二年（711），武源改为临溪。天宝元年（742），定名德清，县治迁百寮山（百凉山）南。此后，湖州改吴兴郡，吴兴郡再改湖州，德清、武康均属之。广德二年（764），武康县治迁余英溪北。

五代吴越天宝三年（910），武康隶杭州，德清隶湖州。

北宋太平兴国三年（978），武康复隶湖州。南宋宝庆元年（1225），改湖州为安吉州，武康、德清同属安吉州。

元至元十三年（1276），改安吉州为湖州路。至正十六年（1356），改湖州路为吴兴郡。

明代改吴兴郡为湖州府，两县同为府属。

清沿明制，隶属如故。

民国元年（1912），废湖州府，武康、德清县直隶于省。三年（1914），省下废府州而设道，两县同属钱塘道。十六年（1927）废道制，由省直辖。二十四年（1935）九月，浙江省设9个行政督察区，德清、武康同属第一区，二十七年（1938）十月改属第二区。三十七年（1948）四月，全省设6个区，两县复属第一区;七月,全省改设9个区,德清仍属第一区(吴兴专区),武康改属第九区(临安专区)。

中华人民共和国成立后,德清县属嘉兴专区,武康县属临安专区。1950年5月,德清县大麻乡划归崇德(今属桐乡市),塘栖水北划归杭县(今属余杭区)。1953年,临安专区撤销,武康县改属嘉兴专区。1958年6月,武康、德清两县合并,称德清县,属嘉兴专区(1970年嘉兴专区改为嘉兴地区)。1963年8月,吴兴县南路公社划入县境。1983年7月,撤销嘉兴地区,实行市管县体制,设湖州市,德清县隶属湖州市。

历史文化

德清历史悠久,远在新石器时代已有先民在此繁衍生息。上柏大庙山遗址发现的大量陶器和残片,展现的是长江下游地区新石器时代的马家浜文化。三合羊尾巴山、雷甸杨墩木鱼桥、雷甸下高桥等地出土的玉琮、玉管、玉镯、玉璜等大量玉器,说明德清是良渚文化的重要分布地。

德清属太湖流域,地势卑下,洪水泛滥。大禹治水,防风氏跟随大禹,开山导流,以身殉职,人们筑祠祭祀他的治水伟绩,习俗延续数千年,至今香火不绝。

春秋时,吴越争霸,吴越交界之地的德清,留下众多遗迹。干将莫邪为吴王铸雌雄剑,范蠡西施隐居在蠡山,吴憾山、勾里是吴越两军屯兵之所。

六朝时,德清窑是浙江四大名窑之一。小马山遗址、龙山亭子桥遗址,足以证明德清窑在2000多年的时间里,一直兴盛不衰,而黑瓷鸡首壶则代表了德清除烧制青瓷外,还具有烧制黑瓷的精湛技艺。

东晋沈充作《前溪曲》,创前溪舞,柔美曼妙的歌舞名扬天下。前溪成习乐之所,武康成歌舞之乡,"江南歌伎大半出自前溪",赫赫有名的前溪歌舞在中国舞蹈史上写下了浓重的一笔,其撰写的《宋史》,入二十四史。

沈充后裔沈约是南朝齐梁时期的文坛领袖人物,首创"声律说",倡导"永明体",深刻影响了唐宋及以后格律诗的发展轨迹。

姚思廉在其父姚察旧稿的基础上,撰写的二十四史中的《梁书》《陈书》,青史留名。

唐代武康诗人孟郊,一曲《游子吟》,感动天下游子,妇孺皆知,一直传唱至今。

两宋至明清,德清一直以来都是富庶繁荣的地区,是杭、湖、苏江南金三角中发展程度最高的"内核"县之一。誉之为"丝绸之府、鱼米之乡",繁荣富庶的经济条件,令德清文运昌盛、人才辈出。管道昇、胡渭、俞樾、俞平伯、赵紫宸……如璀璨的明珠,点缀了中华民族的文明史册。

地下的文物,地上的史迹,反映了德清人民在7000多年历史长河中延续着的社会生产、生活、习俗、文化、制度,勾勒出7000多年历史发展的基本轮廓。

(史志办)

行政区划

2017年,德清县辖8个镇4个街道(8镇4街),共有148个行政村、26个社区居委会、9个居委会。

表1　　　　德清县镇(街道)、社区、行政村情况一览表

乡镇	社区(居委会)		行政村	
	数量	名称	数量	名称
武康街道	11	居仁　吉祥　永兴　振兴　祥和　群安　春晖　英溪　丰桥　五龙　新丰	3	对河口　城西　千秋
舞阳街道	3	舞阳　塔山　上柏	11	宋村　塔山　上柏　山民　城山　双燕　长春　龙凤　下柏　太平　灯塔
阜溪街道	1	三桥	11	五四　三桥　民进　龙山　龙胜　王母山　狮山　秋北　秋山　兴山　郭肇

续表

乡镇	社区(居委会)		行政村	
	数量	名称	数量	名称
下渚湖街道	1	封禺	14	新琪 二都 宝塔山 塘泾 八字桥 双桥 康介山 上杨 下杨 朱家 四都 唐家琪 和睦 沿河
乾元镇	5	**东郊** **溪街** **西郊** **北郊** **直街**	10	明星 金火 卫星 联合 金鹅山 城北 恒星 齐星 联星 幸福
新市镇	5	**东升** **南昌** **西安** **仙潭** **士林**	24	句城 梅林 加元 厚皋 栎林 韶村 城东 蔡界 城西 乐安 石泉 谷门 勇兴 丰年 孟溪 东安 士林 白彪 宋市 子思桥 舍渭 水北 新塘 王公郎
钟管镇	1	**南湖**	19	钟管 沈家墩 三墩 北代舍 东舍墩 审塘 青墩 戈亭 下塘 曲溪 新联 干山 蠡山 茅山 东千 睦头 东坝斗 干村 葛山
洛舍镇	1	洛舍	6	洛舍 雁塘 东衡 三家 张陆湾 砂村
雷甸镇	1	**中兴**	11	雷甸 双溪 杨墩 塘北 下高桥 东新 光辉 和平 新利 解放 水产
禹越镇	1	兴隆	10	东港 栖湖 木桥头 杨家坝 钱塘 西港 高桥 天皇殿 三林 夏东
新安镇	2	勾里 下舍	11	勾里 西庙桥 百富兜 城头 孙家桥 下舍 舍东 舍南 舍西 舍北 新桥
莫干山镇	3	庚村 莫干山 筏头	18	燎原 劳岭 何村 紫岭 高峰 南路 四合 仙潭 筏头 勤劳 上皋坞 大造坞 东沈 兰树坑 佛堂 后坞 瑶坞 庙前
合 计	35	其中社区居委会26个(加粗字者),居委会9个	148	2015年3月,县政府(德政函〔2015〕28号)同意雷甸镇撤销漾(洋)北村,雷甸镇居委会建制组建中兴社区居委会。2016年1月,县政府(德政发〔2016〕4号)关于部分行政区划调整的通知,撤销莫干山镇、筏头乡,设立新的莫干山镇;撤销武康镇、三合乡,增设武康、舞阳、阜溪、下渚湖街道。2017年3月,德政函〔2017〕33号德清县人民政府同意武康街道部分行政村撤村建居,撤丰桥、五龙村;建丰桥、五龙、新丰社区;调整英溪社区

(章丽芬)

户籍人口

【常住人口】 2017年,全县常住人口134135户;总人口441394人。按城乡分,城镇人口74688人,乡村人口266706人;按性别分,男性217318人,女性224076人;按年龄分,0~17岁59887人,18~34岁91710人,35~59岁178761人,60岁及以上111036人。2017年,全县出生4829人,其中男性2533人,女性2296人。全县死亡3499人,其中男性1961人,女性1538人。全县迁入3126人,其中省内迁入989人,省外迁入2137人;全县共迁出1818人,其中迁往省内1403人,迁往省外415人。

【流动人口】 2017年,全县临时

居住人口 201013 人，其中男性 125082 人，女性 75931 人。居住时间半年以下 61252 人，半年至五年 131779 人，五年以上 7982 人。流动人口来自省内 25412 人，来自省外 175601 人。

（单无畏）

气候评价

【气候特点】 2017 年平均气温比常年显著偏高，年降水量、雨日、日照时间总体接近常年。年内受拉尼娜事件影响，冰冻、倒春寒、连阴雨、高温干旱、台风、强对流等灾害性天气和极端天气气候事件频发。据不完全统计，全年气象灾害直接经济损失约 0.8 亿元，气象年景总体一般。

【气象要素分析】 气温 2017 年德清县平均气温为 17.6℃，比常年显著偏高 1.2℃，与上年相同，是有气象记录以来年平均气温第二高的年份。年内极端最高气温为 40.9℃，出现在 7 月 23 日；极端最低气温为 -4.4℃，出现在 1 月 21 日。时间分布：年内仅 6 月、10 月、12 月接近常年，其余月份均比常年偏高。其中 1 月、4 月、7 月、8 月平均气温分别比常年异常偏高 2.6℃、2.4℃、2.6℃、1.7℃。空间分布：西部山区年平均气温为 14~16℃，冷中心集中在莫干山高海拔地区；中东部地区普遍在 17℃以上，最高禹越达 18.2℃。

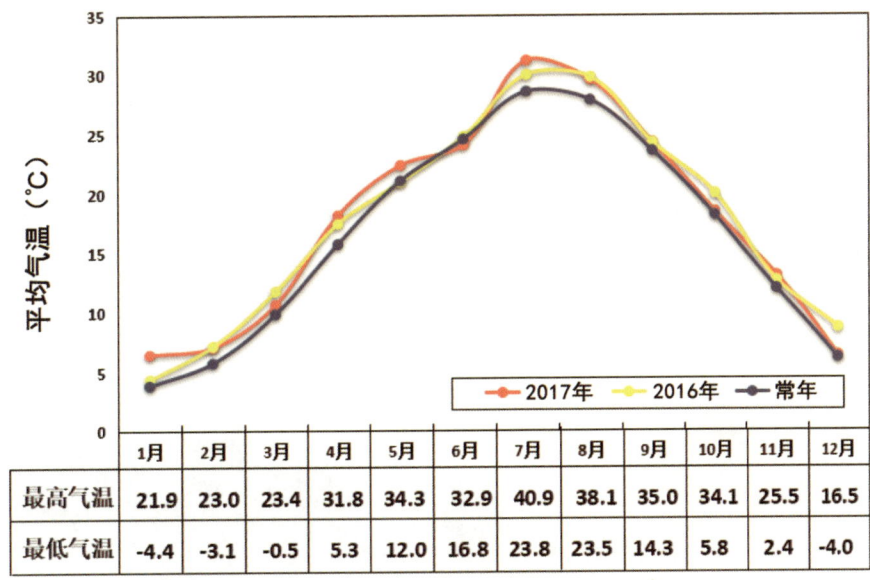

2017 年德清县逐月气温变化图

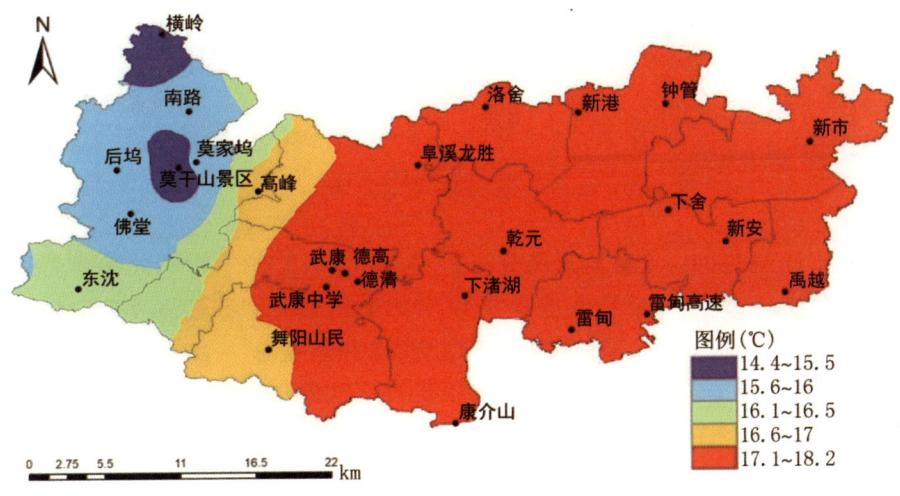

2017 年德清县平均气温空间分布图

降水　2017年总降水量1508.6毫米,比常年偏多124.5毫米,属于正常范围,比上年偏少638.3毫米;雨日为157天,比常年偏多9天,比上年偏少18天。时间分布:年内1月、4月、5月、8月、12月与常年相当,2月和7月比常年偏少,其中2月显著偏少73.2%,其余月份均比常年偏多。5～9月主汛期降水量为862.3毫米,与常年同期相当。空间分布:全县降水量总体与常年相当,西部山区年降水量多在1500毫米以上,降水高值中心集中在横岭和东沈,其中横岭年降水量达1835.9毫米;钟管年降水量相对偏少,在1300毫米以下。

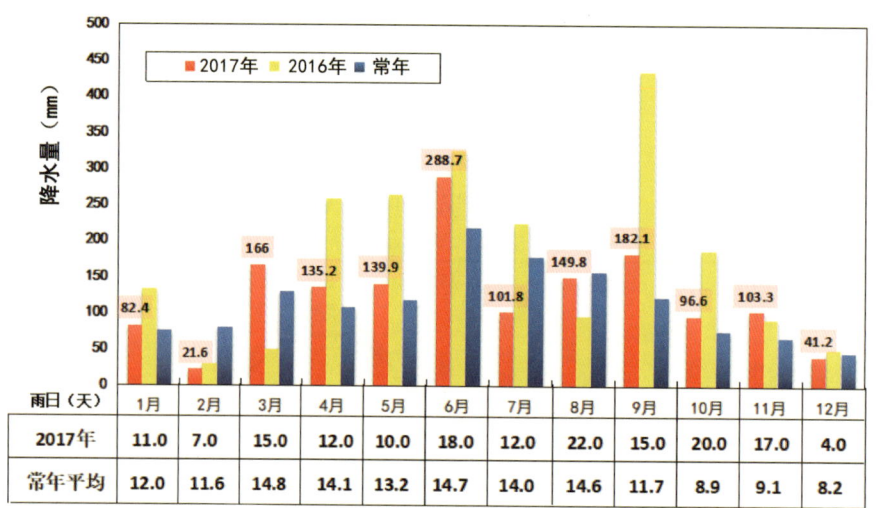

2017年德清县逐月降水变化图

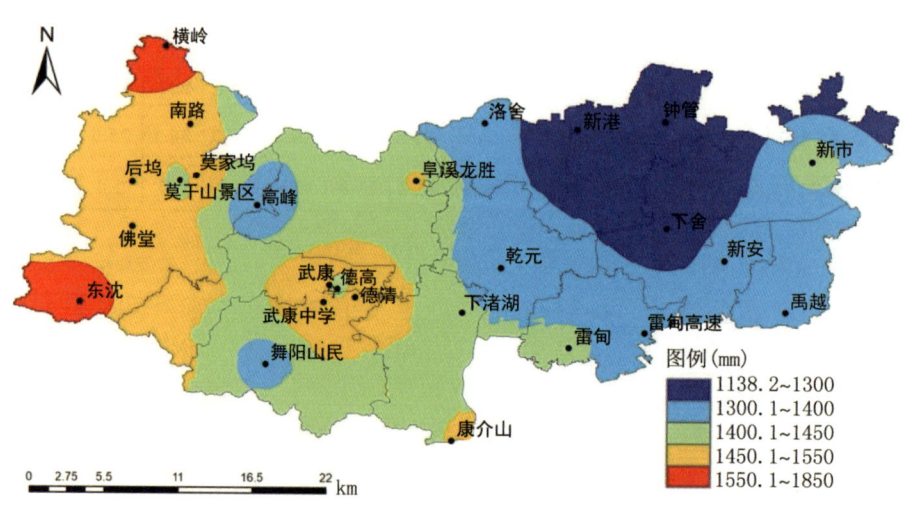

2017年德清县年降水量空间分布图

日照　2017年总日照时间1657.2小时,比常年偏少68.4小时,比上年偏多137.6小时。2017年逐月日照时间趋势如下,其中2月、4月比常年偏多,6月、9月、10月比常年偏少,其余月份均接近常年。

【重要天气分析】暴雨　2017年全县各地暴雨频次如下图所示,全县全年暴雨发生频次和强度总体接近常年,武康出现2次暴雨。西部山区暴雨发生频次和强度总体大于东部地区,横岭、下渚湖年暴雨次数达5次,东部乡镇年暴雨次数在3次以内。24小时降水量超过100毫米的特大暴雨主要出现在莫干山区、武康城区和洛舍。年内暴雨主要出现在台风影响期间和夏季局地强对流过程发生期间。梅汛期间,6月24日下渚湖出现114.8毫米的大暴雨,7

月5日,莫干山和筏头分别出现104.4毫米和107.6毫米的大暴雨;8月26日,受强对流影响出现雷雨大风天气,洛舍出现117.0毫米的大暴雨。

大风 2017年德清县以偏北风为主,年平均风速为2.2米/秒,风速≥8级的天数普遍比常年偏少,各测站大风日数如图所示,武康未出现大风天气,德清站4天,横岭出现次数最多,达24天,其余监测站点0~2天。2017年大风主要为夏季强对流天气发生时的雷雨大风和冬季冷空气大风。

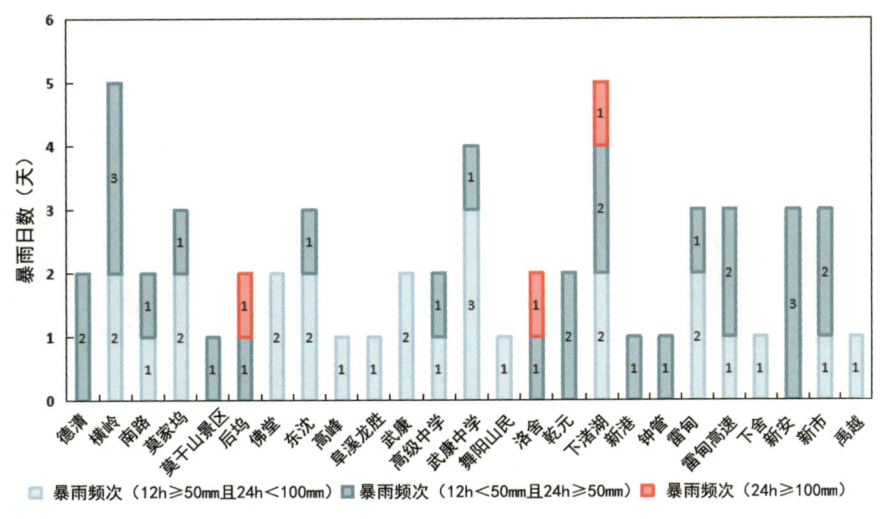

2017年德清县各监测站点暴雨频次图

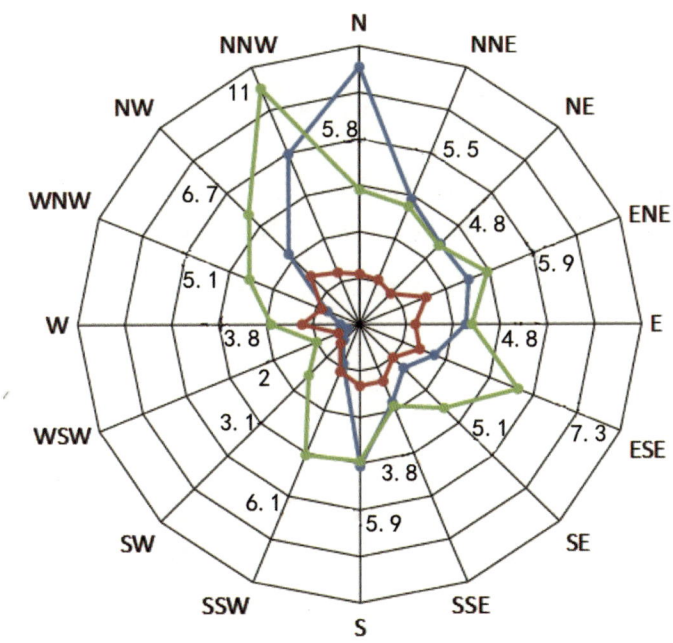

观测站点	大风日数	观测站点	大风日数
武康	0	横岭茶园	24
德清	4	雷甸	1
筏头	1	雷甸高速	1
高峰	2	莫干山	2
钟管	1	下渚湖	2

2017年德清县风玫瑰图

高温热浪 2017年武康城市气象观测站测得高温日数38天,主要出现在7月中下旬至8月。年内极端最高气温,武康达40.9℃,莫干山景区、横岭等西部高海拔山区极端最高气温在35℃左右,东部地区极端最高气温均超40℃,最高舞阳山民达41.8℃。全县除莫干山景区、横岭、莫家坞、后坞外,高温日数均超30天,中东部地区高温日数普遍在35天以上,其中舞阳山民高温日数达51天。

低温冰冻 2017年武康城市气象观测站测得低温冰冻日20天,总体接近常年。2017年低温冰冻主要集中在12月,低温冰冻日数达10天,占全年的50%。各监测站点极端最低气温分布如图所示,主要出现在1、2月和12月强寒潮影响期间,武康最低为－4.4℃,西部山区普遍在－6℃以下,最低佛堂为－8.4℃。

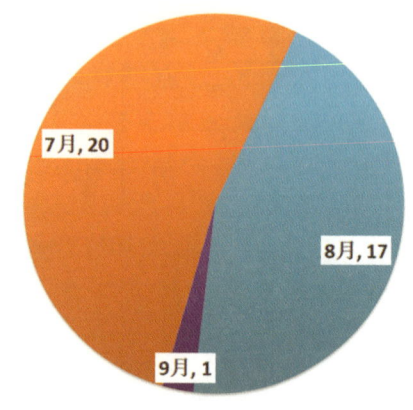

2017年德清县逐月高温日数分布图

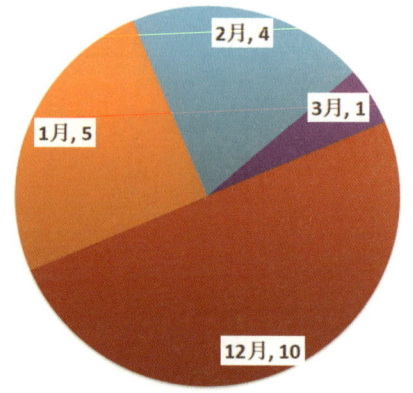

2017年德清县逐月低温冰冻日数分布图

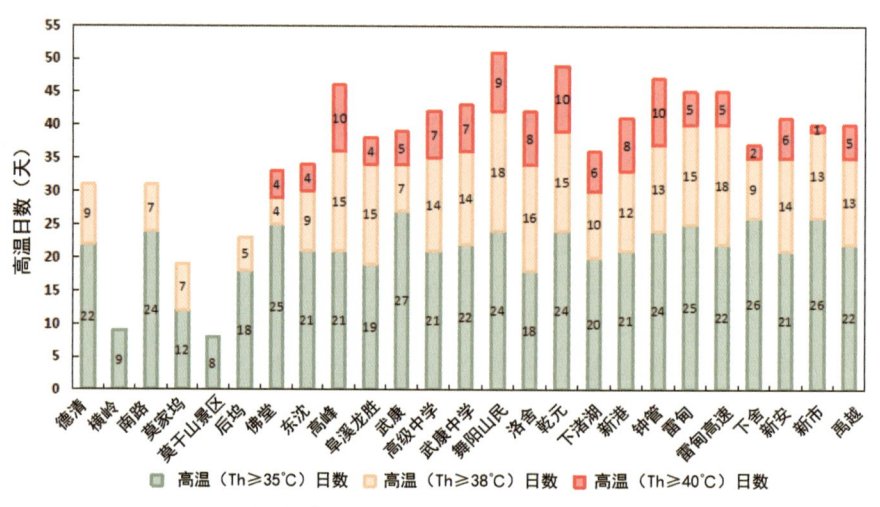

2017年德清县各监测站点高温日数分布图

2017年德清县极端最低气温空间分布图(℃)

能见度 2017年德清大雾和霾天气发生频率比往年有所缓和。如下图所示,霾天气主要发生在冬季和初春,夏季相对较少,6月、7月、8月未发生霾天气;大雾天气发生时段主要在春季和秋季,且多发生在降水量和降水日数较多的月份,该时段内空气湿度长期保持在较高水平,易形成雨雾、平流雾,影响空气能见度。

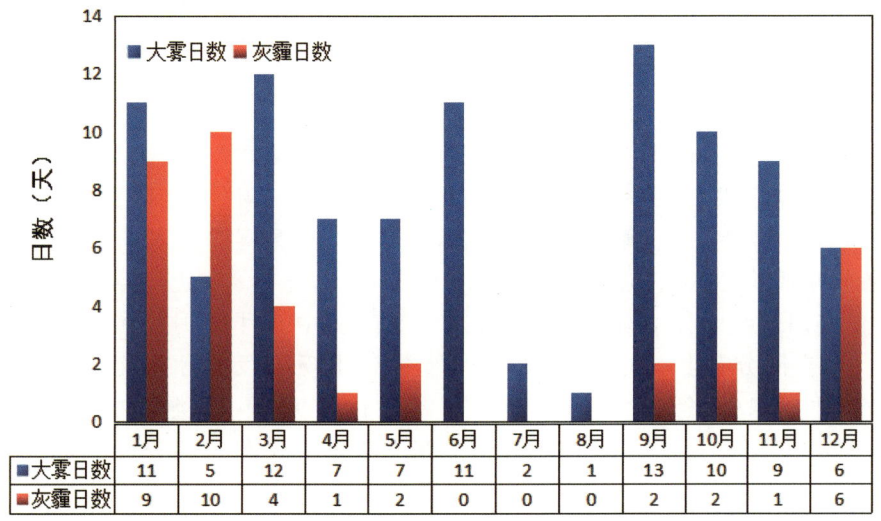

2017年德清县逐月大雾和灰霾日数

【2017年天气气候事件】 **2017年平均气温高,史上第二暖年** 2017年德清县年平均气温为17.6℃,比常年偏高1.2℃,位居有气象记录以来第二位,与2016年持平。年内有9个月的月平均气温较常年偏高,其中1月、4月、7月、8月较常年异常偏高,2月、5月、11月显著偏高;仅6月较常年偏低,其余月份较常年持平。全年冰冻日(最低气温≤0℃)少,仅20天,是近十年来最低值。

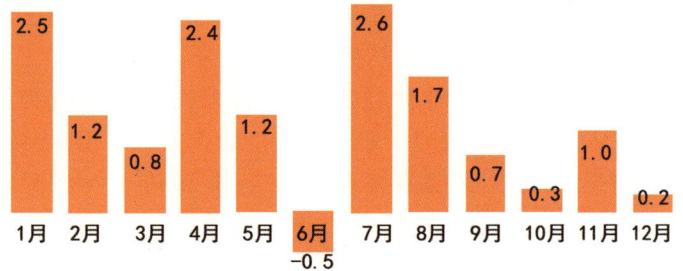

2017年德清县月平均气温距平值

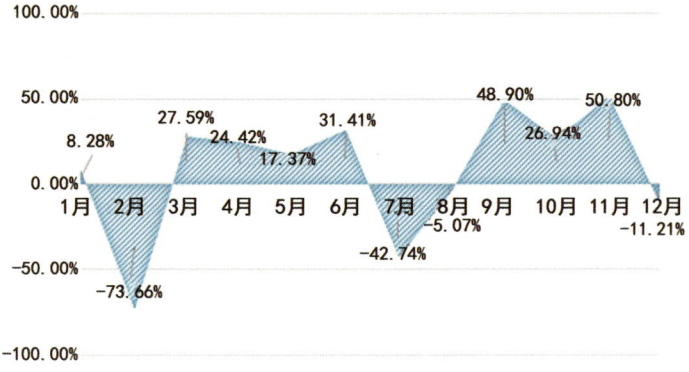

2017年德清县月降水量距平百分率

全年旱涝急转多,降水时空分布不均 2017年德清县年降雨量为1508.6毫米,比常年偏多124.5毫米,属于正常范围。但年内降雨变化剧烈,时空分布不均。从时间分布来看,1月、2月多连晴少雨天气;3月起多次受冷暖空气共同影响,降水增多;6月正值梅汛期,多过程性暴雨;梅汛期结束后7月立即进入高温盛夏,伏旱显露;9月起受连阴雨影响,降水量连续3个月偏多;12月又出现连晴少雨天气。从空间分布上看,西部山区较东部平原偏多,全年多局地性降水。

梅雨季节暴雨频发,雨量比常年多两成 2017年德清县6月9日入梅,7月5日出梅,入梅、出梅时间均比常年偏早;梅雨期26天,比常年略长;梅雨期内强对流及暴雨频繁,全县平均梅雨量293.6毫米,其中武康城区316.9毫米,比常年平均梅雨量(267毫米)偏多近两成。本次梅雨期降雨天气阶段性明显,前期强降雨集中,后期强对流天气多发。

夏季短时强降雨,房屋、河道护岸被冲毁 2017年梅汛期间强对流天气频繁。7月1日、4~5日出现强雷电、短时暴雨、雷雨大风和局地性冰雹等强对流天气。其中,7月5日,18~20时出现全县范围内短历时强降雨,雨量最大站点为碧坞116.5毫米,暴雨造成4处滑坡冲毁房屋、4处河道护岸冲毁。

7、8月高温预警连发,气象旱情显露 2017年夏季出现罕见高温干旱,伏旱之强、高温之高,仅次于2013年夏季,历史排名第二。期间,高温日数达38天,其中7月12~31日连续高温少雨,武康地区连续4天最高气温在40℃以上。晴热高温天气导致地面蒸发快,西部山区山塘蓄水水位持续下跌,山洪沟自然径流极小,山区非集中供水区域个别自然村用水紧张,部分花卉苗木及新种树干枯死亡。

秋季再逢连阴雨,农业生产受影响 继2016年11月出现阴雨寡照天气后,2017年秋季再度遭遇连阴雨。9~11月降水量、降水日数比常年偏多。其中9月中下旬至10月上中旬出现阶段性连续阴雨,气温起伏较大,不利于单季晚稻灌浆和果蔬生长发育,稻田稻飞虱发生情况局部偏重;11月中下旬频繁出现连阴雨、降温和大风天气,不利于各类作物生长发育,且影响秋收冬种进度。

霾天气继续减少,霾日近十年最低 2017年德清县空气质量总体较往年有所提升。全年霾日37天,比2016年减少20天,为近十年来最低值;PM2.5的年平均浓度为40.7微克/立方米,较2016年略有上升;年内霾天气以轻微霾为主,未出现重度以上霾。霾多发期主要集中在冬季和初春,6月、7月、8月未发生霾。北方冷空气前锋南下时输入的较高浓度大气细颗粒物仍是典型霾天气发生的主要原因,年内拉响霾预警信号2次。

【**气候影响评价**】 气候与农业2017年1月上旬多阴雨天气,气温异常偏高、降水异常偏多、日照显著偏少,不利于油菜、小麦和蔬菜瓜果等生长;中旬晴雨相间、温高光足,对各类作物生长均有利;下旬晴到多云为主,气温偏高起伏较大,有利于开展农事活动,对春花作物越冬造成一定不利影响,21~24日出现了阶段性低温冰冻天气,有利于杀死越冬虫卵。2月晴多雨少,气温逐渐回升,虽出现了冷空气大风、降雪、低温冰冻等不利天气,但对作物生长未造成明显影响。3月两头晴中间阴雨,气温起伏变化较大,冷空气大风、连阴雨等不利天气对作物生长有一定不利影响,气温过高也导致农作物病虫害的滋生。4月晴多雨少,气温异常偏高,光温水匹配较好,总体气象条件对各类作物生长发育有利,但连阴雨、冷空气、强对流等灾害性天气对此有不利影响。5月晴多雨少,气温偏高,光照充足,光温水匹配较好,总体气象条件对各类作物生长发育有利。6月上旬晴雨相间,9日入梅后阴雨天气增多,月内光温水匹配一般,气象条件总体有利于夏收夏种和作物生长,较适宜夏季果蔬成熟采摘。7月1~4日处于梅雨期,多阵雨或雷雨天气;5日出梅至月末,以晴热高温天气为主,11~29日持续晴热高温,导致土壤墒情下降,部分地区旱象显露,对各类作物生长发育造成不同程度的影响;月末受台风"纳沙"外围环流影响,全县普遍出现阵雨天气,风力增大,高温有所缓解。8月多高温天气和雷阵雨天气,但高温强度不强,且未出现严重的暴雨、大风、雷电等灾害性天气,光温水配置较好,总体农业气象条件有利于各类作物生长发育和农事活动开展。9月上旬前晴后雨、中旬晴多雨少,气温总体变化平稳,有利于各类作物生长发育和农事活动开展;下旬连续阴雨,气温起伏较大,多雨寡照天气不利于单季晚稻灌浆和果蔬生长发育。10月直播单季晚稻处于灌浆成熟期，上中旬，极少数早熟品种开始收割；下旬单季晚稻全面开镰收割；另受连阴雨、局地大风和暴雨等灾害性天气影响，部分晚稻出现倒伏现象。10月下旬至11月上旬基本为晴好天气，空气持续干燥，有利于单季稻收割和冬种作物播种与栽植；中旬连阴雨天气对秋收冬种不利；下旬晴雨相间，对秋收冬种较有利。12月多晴少雨，气象条件总体有利于作物生长和农事管理；月内冷空气活跃，气温起伏变化较大，对蔬菜等作物生长发育有一定的不利影响。

晚稻：2017年晚稻全生育期内（6月上旬至11月下旬）平均气温较常年显著偏高，雨量、雨日和日照时数都与常年相当。全生育期平均气温23.4℃，比常年偏高1.0℃，≥10℃有效积温2467.3℃；雨量756.9毫米，比常年偏少64.9毫米；雨日83天，比常年偏多7天；日照811.9小时，比常年偏少140.5小时。6月单季晚稻播种出苗期天气前好后差，出现了暴雨、连阴雨、强对流等灾害性天气，对播种出苗有一定不利影响。7月分蘖拔节期前期持续高温少雨天气，后期雷阵雨天气增多，高温有所缓和，气象条件总体有利于单季晚稻分蘖拔节。8月拔节抽穗期间，月初受前期高温干旱影响，纹枯病发生较轻，发生程度中偏重至大发生；六（4）代褐飞虱总体达中等发生五（3）代稻纵卷叶螟8月2日前后出现第二个蛾峰。9月前期孕穗抽穗期晴雨相间，温高光足，气象条件有利于单季晚稻孕穗抽穗；9月下旬至10月前期灌浆成熟期前期阴雨天气为主，对单季晚稻灌浆十分不利，五代稻飞虱以褐飞虱为主，总体达中等发生，局部田块发生偏重。10～11月多晴好天气，昼夜温差大，有利于单季晚稻成熟，提高稻米品质。10月上中旬极少数早熟品种开始收割；下旬单季晚稻全面开镰收割；11月中旬受连阴雨等灾害性天气影响，部分晚稻出现倒伏现象，影响单季稻收割进度；11月下旬至12月多晴少雨，12月中旬全县秋收冬种工作已全部完成，比上年提前了10～15天。整个单季晚稻生育期间天气较平稳，但有阶段性灾害天气发生，光温水气象条件配置一般，气象年景属于中等，产量和往年相当略偏低。全年粮食播种面积20.19万亩，总产量9.47万吨，同比分别下降3.4%和4.1%。

蚕桑：2017年春桑生育期内（2月中旬至5月中旬）平均气温显著偏高，雨量正常，日照正常略偏多。平均气温14.3℃，比常年高1.2℃，为历史同期第五高值；期间最高气温33.8℃（5月11日），最低气温-1.0℃（2月11日）。雨量389.0毫米，比常年多11.9毫米；雨日38天，比常年少8天。日照496.8小时，比常年多64.9小时。2月中旬～3月春桑脱苞燕口期，总体晴多雨少，平均气温异常偏高，雨量比常年同期偏少四成多，日照时数比常年同期偏多近三成，有利于春桑萌发和叶片生长，尤其是2月中旬晴好天气为主，气温逐渐回升，有利于春桑萌芽。3～4月晴多雨少，气温异常偏高，光温水匹配较好，对春桑叶生长发育十分有利，平均叶重叶面积都比往年偏大，但虫害也较往年偏多。4～5月叶成熟夏伐期晴雨相间，平均气温异常偏高，雨量、日照时数均比常年同期偏多，气象条件总体对春桑叶生长发育有利。总的来看，2017年春桑生育期间未出现明显的灾害性天气，光温水配置良好，春桑叶产量较高，为春蚕饲养提供了良好保障。2017年共饲养蚕种2.9万张，总产茧1531吨，茧款收入6908万元，产值同比减少9.5%。

茶叶：2017年春茶生产期间气温先低后高（2～3月低于常年，4月高于常年），降水量少于常年。2～3月上旬多晴好天气，春茶处于萌芽，3月上旬春茶大面积萌发，部分早生品种开采；4月晴多雨少，气温异常偏高，光温水匹配较好，其中4月12～22日平均气温16.7℃，比2016年高1℃，降水量154.1毫米，比2016年多28.8毫米，春茶处于采摘高峰期，清明后各主要茶场春茶进入大面积采摘，莫干黄芽大规模上市。2016年冬季气温较高，基地茶树冻害轻，2017年春茶发芽较早，茶病虫害发生不多。4月23日调查，已有5个品种萌展值超过5.0，"横岭种""望海茶一号"已出现一芽五叶。4月23日至5月12日，平均气温18.6℃，比2016年高2.5℃，降水量126.1毫米，比2016年同期少26.6毫米。据5月13日调查，"望海茶一号"已出现一芽八叶，摘掉占26.5%，萌展值7.375。"横岭种""I-8-16""TRI-21"都出现一芽七叶，"横岭种"萌展值6.871；"金黄芽"摘掉占52%，萌展值6.545。其他品种都有一芽六叶或对夹六叶，萌展值都在6.2～6.9之间。5、6月平均气温19.3℃（比2016

年高1.8℃)、20.6℃(比2016年低0.8℃),合计降水量412.8毫米(比2016年少一半),夏茶生长中等,多数品种展叶五至六叶,"望海茶一号""浙农90-1""浙农90-2""TRI-21"七叶。茶园总面积3.05万亩,新增6.5%,茶叶总产量1395吨,与上年基本持平,产值1.79亿元,同比增长56.2%,其中莫干黄芽茶产量491吨,产值1.57亿元,同比增长49.5%。

气候与旅游 2017年1、2月总体天气条件有利出游,元旦小长假期间多云到晴为主。3~5月逐渐回暖,总体气象条件有利出游。清明五一假日期间,天气总体晴暖。6月、8月的暴雨、强对流天气,对出游造成不利影响。但乡村游以及杨梅、桃子等各类采摘活动仍吸引了不少游客。7月、8月正值暑假期间,高温酷暑、日照强烈对出游造成不利影响。但西部山区森林覆盖率高、山清水秀的避暑胜地莫干山仍吸引了大批游客。

2017年,德清县共接待国内旅游者1978.12万人次,同比增长21.35%,入境旅游者19.8万人次,同比增长42.35%,旅游总收入215亿元,同比增长21.23%,旅游门票收入1.74亿元,同比增长23.55%。乡村旅游接待游客658.3万人次,同比增长17.9%,实现直接营业收入22.7亿元,同比增长36.7%。

气候与交通 2017年1月13日至2月21日天气晴好为主,有利于春运。全县共运送旅客132万人次,未发生道路运输事故,客流整体平稳。春季总体气象条件对公路及航运交通较有利。连阴雨、冷空气、强降雨以及大风等天气对航运及公路交通稍有影响。6月多降雨天气,造成交通事故增多,全县水库河网水位普遍上涨,给道路交通及船舶通行带来一定影响。受连续降雨影响,湖州航区水位持续上涨,水流湍急,6月25~26日,长湖申线主航道及支流航道发生多起船舶搁浅事故。7月初强对流天气造成部分路段路面积水、交通拥堵、树木倒伏、个别居民楼进水,莫干山镇南路、后坞等村出现山体塌方,造成多处路段道路阻塞,部分农户家里受到影响;月底受台风外围环流影响,风力增大,太湖航线实施全面封航;月内高温天气对交通有一定不利影响,持续高温,路面温度过高,导致抛锚、爆胎以及由疲劳驾驶等引发的交通事故事故增多。8月持续高温天气易引发驾驶员疲劳驾驶、车胎爆胎等事故。另外,局地强对流天气对交通运输有一定不利的影响。9月短时强降雨、雷雨大风、连阴雨、大雾天气对交通不利,造成交通事故增多。10月除了上中旬的降雨天气对交通有所影响外,总体天气条件对交通较为有利。11月上旬及下旬总体多晴好天气,对交通较为有利;但连续阴雨、雾、霾天气造成路面湿滑、能见度较差,容易引发交通事故,对交通运输造成一定影响。

气候与健康 2017年1、2月冷空气活动频繁,气温变幅大,早晚冷,易诱发感冒、中风和心脑血管疾病,容易引起咽喉炎、支气管哮喘、气管炎、肺炎等呼吸系统疾病。3~5月春暖花开,像花粉、柳絮、法国梧桐上飘落的毛絮等过敏源增多,再加上气温变幅大,造成呼吸道黏膜防御功能下降,咽炎、感冒、支气管炎、肺炎等呼吸系统疾病多发。气温变幅大,容易引起感冒、哮喘等呼吸系统疾病。6、7月份梅雨期里潮湿闷热的天气给市民的健康带来一定的影响,呼吸道疾病、胃肠道疾病、皮肤真菌病等病人明显增多,还常常伴有精神萎靡、嗜睡、身体乏力等现象。持续高温天气导致中暑病例急剧增加,并出现了多名热射病患者,且易诱发心脑血管疾病。另外,由于长期待在空调间,减少了户外活动,支气管炎、肺气肿、哮喘、鼻窦炎、咽炎等呼吸道疾病也有所增多。秋季天气渐凉,昼夜温差加大,且多冷空气影响,气温起伏大,易诱发呼吸系统疾病。9月下旬至10月中旬遭遇连阴雨天气,气温多变湿度增大,风湿性关节炎、类风湿性关节炎病情易加重,易诱发心肌梗死、脑中风等心脑血管病。10月下旬至11月上旬出现了长时间连晴天气,降水稀少,空气比较干燥,对慢性阻塞性肺疾病、支气管哮喘、支气管扩张、过敏性鼻炎等病人有一定的影响。

气候与能源 2017年1、2月虽平均气温异常偏高,但冷空气活动较频繁,气温起伏大,有阶段性低温冰冻天气出现,使得空调、取暖器等增温设备使用率增加,居民用电量也有所增多。3月部分地区仍有低温出现,且中旬起多雨造成电力负荷波动,连阴雨天气对电力检修工作也有一定影响。4~5月总体多晴好天气,气温回升,有利于室外电力设施检修,对电力行业总体影响不大。6月、8月强降雨及雷暴大风天气造成跳闸等电力故障增多。7月受持续高温影响,居民家用空调等制冷设备大量开启,使得电网负荷节节攀升,德清全社会用电负荷屡创新高。此外,市民用水用气量迅速增加,供水总量不断攀升。9月天气渐凉,用电负荷明显下降,但下旬连阴雨对电力检修不利。10月秋高气爽、气温适宜,民用电无特殊需求,特别是下旬天气条件对电力线路检修非常有利。11月冷空气活动较频繁,气温起伏大,冷空气影响气温下降取暖用电负荷逐渐增多,连阴雨天气对电力线路检修有一定影响。

(气象局)

2017年德清县国民经济和社会发展统计公报

【国民经济】 2017年,全县实现地区生产总值(GDP)470.2亿元,按可比价计算,比上年增长8.5%。其中,第一产业增加值22.0亿元,比上年增长2.0%;第二产业增加值244.1亿元,比上年增长8.3%;第三产业增加值204.1亿元,比上年增长9.6%。三次产业增加值比例为4.7∶51.9∶43.4,三产比重比上年提高1.1个百分点。人均生产总值为106839元(户籍人口计算),按可比价计算,比上年增长7.9%,按年平均汇率(1∶6.75)计算,合15824美元。

【环境保护】 继续落实"三改一拆""四边三化""五水共治"工作。完成"三改"2581万平方米、"拆违"287万平方米,完成问题点位整治827个,蓝色屋面整治点位81处、37121平方米,完成农业设施用房整治4135处,并积极打造省级精品示范道路,下仁公路和最美高速入城口(长深高速德清入口)。

【节能减排】 2017年,全县规模以上工业企业综合能耗141.3万吨标准煤,比上年增长3.5%,单位工业增加值能耗降低率为4.9%。加快落后产能淘汰,关停淘汰企业37家,腾出用能空间7.4万吨标煤,全年完成551辆新能源汽车推广应用工作。

【农业】 2017年,全县实现农林牧渔业总产值40.1亿元,比上年下降1.6%。其中,种植业7.6亿元,比上年增长3.7%;林业5.2亿元,比上年增长2.6%;牧业6.2亿元,比上年下降34.7%;渔业17.6亿元,比上年增长15.8%。全年农作物播种面积29.4万亩,比上年下降3.2%。其中,粮食播种面积20.1万亩,比上年下降3.6%;粮食总产量9.5万吨,比上年下降4.3%。油料播种面积0.8万亩,比上年下降25.8%;油料总产量0.1万吨,比上年下降27.1%。蔬菜播种面积5.4万亩,比上年增长2.3%;蔬菜总产量7.7万吨,比上年增长2.3%。生猪年末存栏数3.6万头,比上年下降49.9%;生猪年内出栏数11.6万头,比上年下降68.1%。家禽年末存栏数108.7万只,比上年下降44.8%;家禽年内出栏数307.1万只,比上年下降21.8%。

2017年,全县加快"三品一标"品牌建设,新增无公害农产品42个和绿色食品5个,国家农产品地理标志登记保护1个。新港省级现代农业(渔业)园区完成投资5.95亿元。创建美丽生态牧场5家,累计建成11家,新建标准化水禽场4家。

表2　　　　　　　　　　　2017年德清县主要农业产品产量

产品名称	单 位	产 量	增长(%)	产品名称	单 位	产 量	增长(%)
粮 食	万吨	9.5	-4.3	肉 类	万吨	1.6	-51.3
油菜籽	吨	1329.6	-24.8	蚕 茧	吨	1521.8	-14.4
茶 叶	吨	1364.9	5.7	水产品	万吨	14.1	21.4
甘 蔗	吨	898.0	-25.1	蔬 菜	万吨	7.7	2.3

【工业】 2017年,全县705家规模以上工业企业实现工业总产值1246.8亿元,比上年增长16.3%;实现规模以上工业增加值225.4亿元,比上年增长8.8%。按所有制结构分类,国有企业工业产值

27.0亿元，比上年增长8.5%；股份合作制企业产值0.2亿元，比上年下降61.5%；有限责任公司企业产值257.9亿元，比上年增长19.5%；股份制企业产值90.4亿元，比上年增长18.4%；港澳台投资企业产值328.9亿元，比上年增长14.9%；外商投资企业产值111.6亿元，比上年增长16.0%；私营企业产值430.0亿元，比上年增长15.8%。

规模以上工业中，铁路、船舶、航空和其他运输设备业产值8.4亿元，比上年增长11.9%；计算机、通讯和其他电子设备制造业26.9亿元，比上年增长41.3%；医药制造业产值23.1亿元，比上年增长20.2%；通用设备制造业产值88.2亿元，比上年增长15.3%；汽车制造业产值29.6亿元，比上年增长20.0%。

规模以上工业企业中，战略性新兴产业、高新技术产业、装备制造业分别实现增加值87.7亿元、113.2亿元和46.8亿元，分别比上年分别增长9.8%、10.5%和12.2%。新产品产值率为33.7%，比去年同期提高1.8个百分点。企业科技活动经费支出同比增长42.8%。

规模以上工业企业实现利税总额113.3亿元，比上年增长14.1%，其中利润总额76.7亿元，比上年同期增长14.8%。企业提质增效成果显著，规模以上工业企业每百元营业收入中成本85.5元，比上年减少了0.8元。

【建筑业】 2017年，全县建筑企业共完成产值78.4亿元，比上年增长22.5%；竣工产值73.1亿元，比上年增长44.8%。建筑业企业房屋建筑施工面积577.3万平方米，比上年增长13.0%；房屋建筑竣工面积181.9万平方米，比上年下降30.7%，其中住宅竣工面积50.6万平方米，比上年下降54.2%。加快推动建筑业转型发展，实施《浙江省绿色建筑条例》，共实施绿色建筑60项、200万平方米，新增节能建筑41.1万平方米。

【固定资产投资】 2017年，全县实现固定资产投资324.8亿元，比上年增长13.5%。其中，工业投资160.1亿元，比上年增长13.2%；基础设施投资91.8亿元，比上年增长38.1%。投资结构不断优化，第一产业投资2.5亿元，比上年增长6.1%；第二产业投资161.4亿元，比上年增长13.9%；第三产业投资160.8亿元，比上年增长13.2%。三次产业投资结构由上年的1.1∶50.2∶48.7调整为0.8∶49.7∶49.5。

【房地产】 2017年，全县商品房施工面积279.7万平方米，比上年下降14.9%。商品房销售面积119.8万平方米，比上年增长1.6%，其中住宅销售面积93.3万平方米，比上年下降10.6%。商品房待售面积11.5万平方米，比上年下降49.8%。商品房销售额105.0亿元，比上年增长37.8%。全面加强住房保障，全县共开工建设城市棚户区改造用房1900套，基本建成保障性住房2088套，竣工保障性住房2569套，交付使用保障性住房5420套，保障住房困难家庭1549户。

【国内贸易】 2017年，全县限额以上批发和零售业实现销售额355.0亿元，比上年增长53.8%；其中批发业销售额341.2亿元，比上年增长57.5%；零售业销售额13.8亿元，比上年下降2.4%。限额以上住宿和餐饮业实现营业额6.1亿元，比上年增长27.7%；其中住宿业营业额4.2亿元，比上年增长26.3%；餐饮业营业额1.9亿元，比上年增长31.2%。全县实现社会消费品零售总额168.4亿元，比上年增长11.3%；其中限额以上零售额16.7亿元，比上年增长13.3%。网络零售成为新的消费热点，全县共实现网络零售额50.2亿元，同比增长35.0%。持续加快"电商换市"，累计445家规上工业企业、350余家小微企业应用电商，设立阿里巴巴农村淘宝服务站点109个、丰收驿站128家、"村邮乐购"235个，欧诗漫再次入选"国家电子商务示范企业"。

【旅游业】 2017年，全县实现旅游总收入215.8亿元，比上年增长21.2%。接待国内游客1978.1万人次，比上年增长21.4%；接待入境游客19.8万人次，比上年增长42.4%。实现旅游外汇收入8421万美元，比上年增长43.9%。"万村景区化"全面铺开，30个村成功创建A级景区村庄，其中5个村成功创建3A级景区村庄。打造独具莫干山特色的旅游风情小镇，发展"旅游+"业态融合，指导新田农庄申报果蔬采摘旅游基地和欧诗漫申报创建省工业旅游示范基地。

【对外经济】 2017年，全县实现

进出口总额163.3亿元,比上年增长16.0%。其中出口139.5亿元,比上年增长14.7%;进口23.7亿元,比上年增长24.1%。分行业看,主要出口商品中,机械电子、休闲文化、医药化工、竹木制品分别实现出口额37.2亿元、34.6亿元、15.3亿元、8.8亿元,分别比上年增长25.2%、15.7%、11.6%、17.4%。"一带一路"沿线国家出口快速增长,实现出口额38.8亿元,比上年增长19.0%,占出口总额的28.0%。对出口大国美国,共实现出口额39.0亿元,比上年增长21.4%,占出口总额的28.2%。德清中非经贸港出口额达到5.5亿元,增长189.9%,成为全县外贸出口新增长点。

2017年,合同利用外资4.2亿美元,比上年增长237.2%。实际利用外资1.8亿美元,比上年增长171.7%。引进"大好高"项目84个,市认定"大好高"项目45个。全年新批"一带一路"沿线投资项目5个,投资总额3430万美元,占全县总量的56.8%。

【交通运输业】 2017年,全县完成旅客运输量1012.6万人,比上年增长4.7%;货物运输量1573.4万吨,比上年增长18.7%。旅客周转量2.4亿人公里,比上年下降2.1%;货物运输周转量14.4亿吨公里,比上年增长19.0%。年末全县公路里程1247公里(含村道),其中高速公路里程44公里。规模以上内河港口货物吞吐量2412万吨。内河航道里程222公里。年末民用汽车拥有量12.0万辆,比上年增加1.4万辆,增长13.6%;其中私人汽车拥有量10.9万辆,比上年增加1.3万辆,增长13.7%;私人汽车中轿车拥有量10.8万辆,比上年增加4.0万辆,比上年增长58.6%。年末摩托车拥有量4.6万辆,比上年增长11.6%。

【邮政电信业】 全年邮政电信业务收入5.0亿元,比上年增长6.3%。年末固定电话用户11.4万户,比上年末减少0.6万户。年末移动电话用户70.3万户,比上年末增加4.0万户。年末互联网用户25.1万户,新增6.4万户。

【财政收支】 2017年,全县实现财政总收入83.7亿元,比上年增长15.0%。其中,一般公共预算财政收入48.7亿元,比上年增长15.5%。一般公共预算财政收入四大主要税种中,增值税18.5亿元,比上年增长14.2%;企业所得税5.9亿元,比上年增长16.6%;个人所得税4.9亿元,比上年增长12.4%。2017年公共预算财政支出51.1亿元,比上年增长11.0%。

【金融业】 年末全县金融机构各项人民币存款余额651.3亿元,比上年增长13.4%,比年初增加77.1亿元。其中住户存款318.0亿元,比上年增长9.4%,比年初增加27.3亿元;非金融企业存款204.9亿元,比上年增长11.2%,比年初增加24.8亿元。年末金融机构人民币贷款余额576.2亿元,比上年增长18.4%,比年初增加89.4亿元。其中,住户贷款218.2亿元,比上年增长31.3%,比年初增加52.0亿元;非金融企业贷款356.4亿元,比上年增长11.2%,比年初增加35.9亿元。

【保险业】 2017年,全县保费收入12.0亿元,比上年增长14.6%。其中,财产险收入5.5亿元,比上年增长8.5%;人身险收入6.5亿元,比上年增长20.4%。赔付额4.3亿元,比上年下降4.3%,其中,财产险赔付3.0亿元,比上年下降3.3%。

【科学技术】 2017年,全县专利申请量6596件,其中发明专利2491件。全年专利授权量2142件,其中发明专利486件。实施科技型企业梯队培育行动计划,新增国家高新技术企业29家(总数达到129家)、省级科技型企业84家,培育"双高"优势企业25家,省级企业研究院3家。推进特色小镇、科技园区建设,全县首个乡镇科技园雷甸镇科技园开园运营,智能生态城正式揭牌,全国首个新一代人工智能应用县启动建设。

【教育】 至2017年末,全县拥有普通中学26所,在校学生1.8万人,专职教师1764人;职业中学1所,在校学生3524人,专职教师243人;小学17所,在校学生2.5万人,专职教师1449人;特殊学校1所,在校学生76人,专职教师22人。学龄前儿童入学率达100%,初中毕业生升学率为99.11%,高中教育阶段完成率97.4%。教育均衡发展水平稳步提高,小学生均教育经费支出1.8万元,比上年提高20.0%;初中生均教育经费支出2.5万元,比上年提高4.2%。

【文化（体育）】 年末全县拥有文化馆1个，博物馆7个，文物保护单位86个（其中国家级6个，省级7个），公共图书馆1个，图书藏书量49.7万册，乡镇街道文化站11个。文艺精品创作成果显著，《捉放鸟》《老马不傻》《租个妈》《排戏》4个小品登上央视舞台。文化惠民进一步增强，新建农村文化礼堂10家、笼式足球场7个、多功能运动场2个和全民健身示范点10个，新增莫干山镇、新市镇、舞阳街道、下渚湖街道4个镇（街道）为国民体质监测点。

【卫生】 至2017年末，全县共有各类卫生机构257个，其中医院、卫生院27个，社区卫生服务站82个（含社区服务中心），村卫生室52家，卫生所（医务室）90个。各类卫生机构拥有病床2011张，其中医院、卫生院病床1559张。共有卫生技术人员3335人，其中执业医师、执业助理医师1231人，注册护士1193人。全年孕产妇分娩比例为100%，5岁以下婴儿死亡率2.89‰。农村卫生厕所普及率99.02%。

【生态建设】 2017年，全县空气优良率（AQI）为89.9%；PM2.5平均浓度为41微克/立方米，比上年下降4.7%。深入开展"低小散""厂中厂"大整治，共排查出858家，关停472家，整合11家。深化治水攻坚战，对24个在雨污管网方面存在问题的集中区域开展截污纳管工作；对高新区、钟管工业区、新市工业园区等片区427家企业实施工业企业雨污分流整治。加大饮用水源保护，关停饮用水源二级保护区内涉水企业33家，推进黄婆漾断面水质提升工作，达到了Ⅲ类水标准。

【社会安全】 2017年，全县共发生各类生产安全事故40起，死亡30人，比上年分别下降29.8%和26.8%。其中工矿企业发生生产安全死亡事故8起、死亡10人，比上年分别下降52.9%和41.2%。

【人口】 至2017年末，全县总户数13.4万户，户籍人口44.1万人，其中城镇人口17.5万人。按性别分，男性21.7万人，女性22.4万人，分别占总人口的49.2%和50.8%。按年龄段分，18岁以下6.0万人，18～35岁9.2万人，35～60岁17.9万人，60岁以上11.1万人。人口出生率10.9‰，人口死亡率7.9‰，人口自然增长率3.0‰。

【民生质量】 2017年，全县全体常住居民人均可支配收入40951元，比上年增长9.4%。其中城镇常住居民人均可支配收入50450元，比上年增长8.6%。城镇常住居民人均消费性支出31058元，比上年增长4.6%，其中食品支出占人均生活消费支出的比重为28.3%。农村常住居民人均可支配收入达29842元，比上年增长10.0%。农村常住居民人均生活消费性支出20297元，比上年增长6.6%，其中食品支出占人均生活消费支出的比重为25.7%。城镇居民人均住房建筑面积为49平方米，农村居民人均住房面积为66平方米。

【社会福利】 2017年，全县拥有各类福利机构27个，床位4319张。全县困难群众社会保障水平得到提高，全年为3235户低保家庭的6176人，发放低保补助金3569万元。县级临时救助915户共计2678人，共支出273万元。医疗救助支出1298万元。

注：

（1）本公报使用的数据为快报数。

（2）地区生产总值、规模以上工业增加值及其分类项目增长速度按可比价计算，为实际增长速度；其他指标除特殊说明外，按现价计算，为名义增长速度。

（统计局）

政治建设

德清年鉴 2018

中国共产党德清县委员会

重要会议

【县委十四届二次全体(扩大)会议】 8月3日,在县会展中心召开中共德清县委十四届二次全体(扩大)会议。县委书记项乐民主持并代表县委常委会向全会作报告,在全会结束时作会议小结。县委常委会主持会议。全会全面贯彻党的十八大和十八届三中、四中、五中、六中全会精神,深入贯彻习近平总书记系列重要讲话精神,紧紧围绕省市党代会作出的决策部署,扎实推进"新标杆新业绩新形象新征程"主题实践,报告县委常委会上半年工作,研究部署下半年工作。县委副书记、县长王琴英传达市委八届二次全体(扩大)会议精神和《中共湖州市委关于深入贯彻省第十四次党代会精神扎实推进"新标杆新业绩新形象新征程"主题实践的决定》,并对做好相关工作提出了具体要求。

县委常委、委员、候补委员出席会议。县纪委委员;县处级党员领导干部;原担任副县级以上领导职务或确定为副县级待遇的在职党员干部;高新区各办局(中心)主要负责人,各镇(街道)党(工)委书记、镇长(办事处主任)、人大主席(人大工委主任);县级机关各部门党政主要负责人,县纪委监委派驻正科级纪检监察组长,县人大专门委员会主任委员、县人大常委会工作委员会主任、县政协专门委员会主任,正科级组织员;享受地(师)级待遇的党员离休干部,原担任副县级以上领导职务的党员离、退休干部,原享受副县级待遇的党员离、退休干部;部分县党代表;高层次人才代表;全县税利3500万元以上行业龙头骨干企业董事长或总经理等参加会议。党外县处级领导干部;县各民主党派主要负责人等应邀出席。

【县委常委会议】 2017年,第十四届中共德清县委共召开26次常委会议。

第十四届县委第一次常委会议 1月9日,县委书记项乐民主持。

会议主要内容:学习讨论习近平总书记和刘云山同志在全国高校思想政治工作会议上的重要讲话精神,听取2017年全县主要经济社会指标安排建议情况汇报,传达中央、省委、市委经济工作会议精神,讨论县委经济工作会议讲话提纲,听取关于综合行政执法改革工作及有关机构编制事项汇报,讨论《德清县"除隐患、保安全、促转型"治危拆违攻坚战行动方案》,听取关于县"两会"有关事项汇报,听取县委常委会民主生活会有关情况汇报,听取关于第二轮"美丽乡村建设优秀带头人"推选情况汇报,听取出席党的十九大和省第十四次党代会代表推荐人选情况汇报,讨论干部人事工作,讨论中共德清县委常委分工方案。

关于主要经济社会指标安排建议。会议听取了县发改委关于2017年全县主要经济社会指标安排建议情况的汇报。会议指出,2017年是实施"十三五"规划的重要一年,研究制定好符合经济社会发展规律的目标任务,对贯彻落实中央和省市重大决策部署,实现十四届县委良好开局,推动德清率先建成全面小康标杆县具有十分重要的意义。会议强调,要把握稳中求进总基调,重点稳住经济运行、市场预期、社会大局,做到稳中求新、稳中求进、稳中突破;要对照标杆县的高标准,强化"跳起来摘桃子"的观念,在指标设置和任务设定上体现积极可行、争先进位;要不折不扣地抓好落实,进一步谋划工作载体、抓好工作推进,攻坚克难,锐意进取,确保各项指标圆满或超额完成,努力交出一份满意的答卷。

关于县委经济工作会议。会议传达学习了中央、省委、市委经济工作会议精神,听取了县委政研室关于县委经济工作会议讲话提纲的汇报。会议强调,要深刻领会上级精神，切实把思想和行动统一到中央部署和省市委要求上来，做到第一时间传达、第一时间贯彻、第一时间落实，以思想上的高度一致保证行动上的高度自觉。会议要求，要真正学深悟透，在新形势下把准稳中求进的主基调和供给侧结构性改革这一主线，坚决守住金融风险、社会民生、生态环境等底线，持续增强"赶"和"超"的意识，全力抓好项目双进、产业转型、实体经济发展等工作，努力在全市和全省发展中争先进位；要全力抓好落实，各镇（街道）、各部门要本着对事业高度负责的态度，敢为人先、敢于担当，切实谋划做好经济工作这篇大文章，确保如期顺利交好经济社会发展的成绩单。

关于治危拆违攻坚。会议听取了县建设局关于《德清县"除隐患、保安全、促转型"治危拆违攻坚战行动方案》（讨论稿）的汇报。会议强调，打好治危拆违攻坚战是维护群众利益的必然要求，也是加快转型升级的重要推力，更是干部担当有为的职责所在，必须充分认识做好这项工作的重要意义，把思想迅速统一到省委、市委具体要求上来，真抓实干、精准发力，坚决打赢治危拆违攻坚战。会议明确，原则同意建设局提交的《方案》（讨论稿），修改完善后下发实施。会议要求，一要高度重视、深化认识。深刻汲取鹿城民房倒塌事件教训，举一反三，切实增强责任意识，以对人民群众高度负责的态度，迅速开展行动，切实抓好落实，确保打出声势、取得实效。二要抓住重点、加快推进。城乡危旧房治理要以严格执行"四个一律"为重点，对排查出的危旧房做好腾空、拆除、维修及监控工作；城中村改造要以"拔钉清障"和房屋拆除为重点，坚持"签、拆、征、建"结合，攻坚克难，全力推进；违法建筑拆除要以拆旧控新为重点，对存量违建应拆尽拆，对新增违建即查即拆。尤其对私营城等重点区块，县政府要专题研究，抓紧拿出改造方案。三要注重结合、统筹推进。注重与转型升级、民生改善、小城镇环境综合整治、美丽德清建设等有机结合、统筹推进，确保效率更高、成效更好。四要落实责任、形成合力，各镇（街道）要结合自身实际制定落实方案，各有关部门要勇于担责、主动配合，切实形成齐抓共管良好局面。

关于县"两会"。会议听取了县人大常委会办公室和县政协办公室关于县"两会"有关事项的汇报。会议明确：1.原则同意提交的会议方案，认真做好各项筹备工作；2.成立以县委副书记为组长的县"两会"筹备工作领导小组，统筹协调相关事项；3.县人大、县政协要加强对与会代表、委员的培训，切实提高履职能力。

关于县委常委民主生活会。会议听取了县委组织部关于县委常委会民主生活会有关情况的汇报。会议指出，民主生活会制度是我们党在长期的革命和建设实践中形成的优良作风，是增强党的生机与活力的一大法宝。开好县委常委会民主生活会尤其是开好新班子的第一次民主生活会，对于加强领导班子的思想作风建设，增强党内团结，保证党的路线、方针、政策和决议的正确贯彻执行有着重要意义。会议强调，要高度重视、精心准备，确保民主生活会开出质量、开出成效。一是要突出会议主题。重点对照《关于新形势下党内政治生活的若干准则》和《中国共产党党内监督条例》，结合思想和工作实际，聚焦政治合格、执行纪律合格、品德合格、发挥作用合格等四个方面要求，开展党性分析，查找突出问题，严肃开展批评和自我批评，切实抓好整改落实，不断增强领导班子和领导干部发现和解决自身问题的能力。二是要做好会议准备。各位常委要加强理论学习，通过学习提高认识，吃透精神；要找准找实问题，在广泛征求下级党组织、分管领域、服务对象、党代表等意见建议的基础上，把领导班子、自身及成员存在的突出问题找准找实找具体；要开展谈心谈话，严格落实"四必谈"要求，做到班子问题、本人问题、对方问题、拟在会上提出的批评意见谈通谈透；要写好对照检查材料，并针对查摆出来的问题，深入剖析根源，提出整改措施。三是要开展批评和自我批评，做到坦诚相见、开门见山，不以工作建议代替批评建议，不以班子问题代替个人问题。四是要抓好问题整改。县委常委会要带头做好榜样，树立标杆；其他县级领导班子、高新区、各镇（街道）、县级机关部门党委（党组）要精心组织、主动作为，党委（党组）书记要切实履行第一责任人责任，带头落实各项任务要求，开出高质量的民主生活会。会议明确，县委常委和党员副县长至少一次参加指导各镇（街道）或部分县级机关部门的民主生活会，具体由县纪委和县委组织部统筹安排。

会议还传达学习了习近平总书记和刘云山同志在全国高校思

想政治工作会议上的重要讲话精神，讨论了干部人事，讨论通过了综合行政执法改革工作及有关机构编制事项、第二轮市级"美丽乡村建设优秀带头人"推荐人选名单、出席党的十九大和省第十四次党代会代表推荐人选名单以及中共德清县委常委分工方案。

第十四届县委第二次常委会议　1月20日，县委书记项乐民主持。

会议主要内容：党纪教育一刻钟——学习传达习近平总书记重要讲话、十八届中央纪委七次全会和省纪委十三届六次全会精神，传达全国安全生产电视电话会议精神，听取当前和2017年度安全生产工作安排情况汇报，讨论《全县一季度开门红方案》，讨论《进一步完善提升镇（街道）工业功能区建设水平的实施意见（试行）》，听取2016年全县扩大有效投资完成情况和2017年投资计划安排情况汇报，听取群团工作汇报，讨论县"两会"有关人事安排和名单，听取监察体制改革试点有关情况汇报。

关于党纪教育一刻钟。会议学习传达了习近平总书记重要讲话、十八届中央纪委七次全会和省纪委十三届六次全会精神。会议强调，要把学习全会精神作为当前的一项重要政治任务抓实抓好，扎实推进全面从严治党，努力营造风清气正的政治生态。会议要求，要保持战略定力、坚持严字当头，进一步严明政治纪律和政治规矩，持之以恒落实中央八项规定精神，严格规范党内政治生活，以"零容忍"的态度坚决惩治腐败，不断把全面从严治党向纵深推进；要强化责任担当，坚定不移从严管党治党，认真、严肃地履行全面从严治党主体责任和"一岗双责"，强化党内监督、责任追究，推动主体责任和监督责任向基层延伸。

关于安全生产。会议传达了全国安全生产电视电话会议精神，听取了县安监局关于当前和2017年度安全生产工作安排情况的汇报。会议强调，过去的一年，我县安全生产形势总体平稳，要以翻篇归零的心态，充分认识当前安全生产工作的严峻性，清醒看到存在的问题，精准查补短板，强化工作举措，不折不扣做好今年安全生产工作。会议要求，一是思想之弦要绷紧。要牢固树立"安全生产怎么抓都不为过"的理念，坚决克服麻痹侥幸心理，切实守住安全生产的红线和底线。二是工作举措要更实。要持续开展专项整治，继续加大执法力度，切实加强基层安监队伍建设，坚决消除各类安全生产隐患，确保人民群众生命财产安全。三是责任落实要更严。要严格落实政府的监管责任和企业的主体责任，确保安全投入到位、安全培训到位、基础管理到位、应急救援到位。四是教育宣传要更广。要加大警示曝光、教育培训、氛围营造力度，切实增强群众、企业职工的安全防范意识。会议明确：1.由县政府分管副县长牵头研究解决安全生产执法用车保障问题；2.由县委县政府督查办牵头会同纪委开展一次安监人员配备落实情况督查；3.春节期间，高新区和各镇（街道）要实行领导带班的值班制度，强化对烟花爆竹、室内用炭、森林防火等管理，确保不发生重特大安全生产事故。

关于一季度开门红。会议听取了县发改委关于《全县一季度开门红方案》（讨论稿）的汇报。会议强调，要把思想和行动迅速统一到冲刺"开门红"上来，以更务实的作风、更有力的举措扎实做好各项工作，确保圆满完成一季度各项指标任务。会议要求，一要专题研究。高新区和各镇（街道）、各有关部门要进一步确定自身目标，细化工作举措，敲实责任人员，做到到点、到人、到时、到位。二要突出重点。全力抓好项目双进，关注企业运行，确保项目推进速度和企业发展质量并重。三要统筹兼顾，全面推进"创新引领""美丽德清""担当有为"行动中的各项任务，抓好岁末年初的安全生产和社会稳定工作，为确保实现"开门红"提供保障。

关于镇（街道）工业功能区建设。会议听取了县经信委关于《进一步完善提升镇（街道）工业功能区建设水平的实施意见（试行）》（讨论稿）的汇报。会议指出，当前，我县镇（街道）部分功能区面临着规划不完善、产业不聚焦、空间几乎归零等现实问题，急需我们进一步完善提升镇（街道）工业功能区建设水平，全力构筑功能定位清晰、资源要素互补的镇（街道）工业功能区发展新格局。会议强调，要统一思想，坚持"工业强县"不动摇，推动我县各工业功能区向规模化、专业化、高端化方向发展；要科学提升，以淘汰落后产能、推进供给侧改革为重点完善提升既有平台，科学谋划新平台，精准定位产业，完善运作模式，不断提高经济发展的质量和效益；要搞好结合，注重与小城镇综合整治、"三改一拆"、"五水共治"有机结合、统筹推进,确保效率更高、成效更好;要落实责任,领导小组办公室要发挥统筹协调作用,各镇(街道)要结合自身实际抓好落实,相关部门要主动配合、创新服务,切实形成齐抓共管的良好局面。会议明确,原则同意提交的《实施意见》(讨论稿)内容,修改完善后下发实施。

关于扩大有效投资。会议听取了县发改委关于2016年全县扩大有效投资完成情况和2017年投资计划安排情况的汇报。会议指出,扩大有效投资作为转型升级组合拳的重要一招,对稳增长调结构惠民生发挥着关键作用。会议强调,要坚持扩大有效投资不动摇,将其作为做好今年经济工作的切入点和重要抓手,加快推动投资由注重总量向注重结构和效益转变;要千方百计提高入库率、开工率、竣工率、达产率"四个率",推动有效投资持续较快增长;要不断深化投融资体制改革,大力推广PPP模式,充分调动民间投资积极性。会议明确,要确保2017年投资计划落地落实:在量上确保实现全部固定资产投资342亿元以上,增幅12%以上,力争14%;在质上确保重大基础设施项目投资、重大产业项目投资、高新技术产业投资和生态环保投资四个领域"增长20%以上"。

关于群团工作。会议书面听取了各群团部门的工作情况汇报。会议强调,群团工作要始终把牢正确方向,坚定不移坚持党的领导,不断增强"四种"意识,在思想上政治上行动上同以习近平同志为核心的党中央保持高度一致;要始终服务全县大局,找准工作的结合点和着力点,组织动员广大人民群众在改革发展稳定第一线建功立业,真正做到有为、有位;要始终践行群众路线,坚持从群众需求出发开展工作,建立健全联系服务群众的长效机制,做群众的知心人、贴心人;要始终坚持改革创新,以群团改革精神为指引,按照政治性、先进性、群众性的目标,推进党的群团工作和群团组织改革创新,推动新形势下我县群团事业实现大转变、大创新、大提升;要始终加强自身建设,把握新形势下群团工作规律,不断提高群团工作科学化水平,努力打造一支勇于担当、勇立潮头的群团干部队伍,为率先建成全面小康标杆县作出更大贡献。

会议还讨论了县"两会"有关人事安排,听取了监察体制改革试点有关工作情况汇报。

第十四届县委第三次常委会议 1月24日,县委书记项乐民主持。

会议主要内容:传达贯彻市纪委七届六次全会精神,讨论《县委、县政府2017年工作要点》,讨论《政府工作报告》,听取《德清县人民代表大会常务委员会工作报告》和德清县第十六届人民代表大会第一次会议日程汇报,听取《政协德清县委员会常务委员会工作报告》和政协第九届德清县委员会第一次会议日程汇报,讨论《德清县2016年财政预算执行情况和2017年财政预算(草案)的报告》《德清县2016年国民经济和社会发展计划执行情况与2017年国民经济和社会发展计划(草案)的报告》,讨论《德清县人民法院工作报告》《德清县人民检察院工作报告》,听取2016年度镇(街道)、部门及领导干部综合考核结果的汇报,听取全县领导干部大会有关情况汇报,讨论《2017年度"工作亮相,考核亮牌,问责亮剑"方案》,传达全省宣传思想文化工作会议精神,讨论干部人事。

关于传达贯彻市纪委七届六次全会精神。会议学习传达了市纪委七届六次全会精神。会议强调,要把学习领会各级纪委全会精神,作为当前的一项重要政治任务抓实抓好,把思想和行动统一到中央和省委、市委的决策部署上,扎实推进全面从严治党,努力营造风清气正的政治生态。会议要求,要保持战略定力、坚持严字当头,在思想上行动上坚定不移同以习近平同志为核心的党中央保持高度一致,进一步严明政治纪律和政治规矩,不断把全面从严治党向纵深推进;要进一步强化责任担当,认真、严肃地履行全面从严治党主体责任和"一岗双责",坚定不移从严管党治党,推动主体责任和监督责任向基层延伸。会议明确,要抓紧筹备县纪委十四届二次全会,春节上班后及时召开。

关于县委、县政府2017年工作要点。会议听取了县委政研室关于《县委、县政府2017年工作要点》(讨论稿)的汇报。会议强调,《要点》(讨论稿)要充分体现省委、省政府和市委、市政府的决策要求,明确目标节点,细化工作举措,强化责任落实,将各项目标任务分解到高新区、各镇(街道)、相关部门;同时,要建立健全相关机制,动态监测工作进展情况,确保抓实抓到位。会议明确,原则同意提交的《要点》(讨论稿),待省市要点下发后作进一步修改完善。

关于县"两会"。会议听取了

县人大办关于《德清县人民代表大会常务委员会工作报告》（讨论稿）、德清县第十六届人民代表大会第一次会议日程和县政协办关于《政协德清县委员会常务委员会工作报告》（讨论稿）、政协第九届德清县委员会第一次会议日程的汇报。会议指出，过去五年，县人大常委会始终坚持党的领导，围绕中心、服务大局，依法履职、担当有为，为全县经济社会发展做了大量卓有成效的工作；县政协紧紧围绕县委县政府重大决策部署，积极参政议政，为全县改革发展稳定贡献了各方智慧、凝聚了各方力量。会议强调，今后五年，县人大常委要做到三个"始终"：一是始终坚持党的领导，把党的领导、人民当家作主和依法治国有机统一起来，自觉维护县委总揽全局、协调各方的核心领导地位，贯彻落实县委重大决策，确保思想同心、目标同向、责任同担、行动同步；二是始终服务中心大局，紧紧围绕党代会提出的奋斗目标，抓好重点工作的监督落实；认真践行群众路线，从群众最关注的教育卫生、食品安全、就业保障等问题入手强化民生改善；三是始终抓好自身建设，提升代表的履职能力，提高人大履职的法治化水平，不断推动人大工作再上新台阶。县政协下一个五年的工作要围绕三个"聚焦"：一是聚焦中心推动履职更有为，充分利用团结面广、联系面宽、包容性强的特点，紧扣重点工作开展调查研究、调研视察、咨询论证等活动，为县委县政府决策提供重要依据；二是聚焦落实促进监督更有力，坚持敢监督、善监督、勤监督，不断拓宽监督领域，完善监督程序，提升监督力度，切实推动县委、县政府的各项决策部署落到实处；三是聚焦创新实现协商更有方，充分发挥协商机构、咨政机构、民意机构、统战机构和群众工作机构的职能作用，创新民主协商渠道，增强协商民主的参与性、积极性和实效性。会议明确，原则同意提交的两个《工作报告》（讨论稿）和"两会"日程安排。会议要求，要进一步组织好代表、委员的学习、调研和培训，切实提高代表、委员的责任意识和履职水平；要千方百计提高议案、提案的质量，进一步聚焦民生，为推动全面小康标杆县建设建言献策；要严格执行中央"九严禁"换届纪律，认真遵守中央八项规定精神和省市县委各项规定，严守会场纪律，营造风清气正的良好环境。

关于财政预算以及国民经济和社会发展计划。会议听取了县财政局关于《德清县2016年财政预算执行情况和2017年财政预算（草案）的报告》（讨论稿）和县发改委关于《德清县2016年国民经济和社会发展计划执行情况与2017年国民经济和社会发展计划（草案）的报告》（讨论稿）的汇报。会议强调，国民经济和社会发展计划制定要强化以人民为中心的发展理念，以增强群众获得感为重要目标，坚持自加压力、稳中奋进，确保开好局、起好步。财政预算工作要强化预算管理，切实加强日常跟踪监管；要严肃财经纪律，高标准落实中央八项规定精神和厉行节约的要求，持之以恒推进作风建设；要提高财政实效，优化支出结构，努力盘活财政资金。会议明确，原则同意两个《报告》（讨论稿），修改完善后提交县十六届人民代表大会第一次会议审议。

关于法院工作。会议听取了县人民法院关于《德清县人民法院工作报告》（讨论稿）的汇报。会议指出，过去五年，人民法院坚持公正司法、司法为民，忠实履行宪法和法律赋予的职责，认真做好各项工作，为德清经济社会发展提供了强有力的司法保障。会议明确，原则同意《报告》（讨论稿），修改完善后提交县十六届人民代表大会第一次会议审议。会议要求，做好今后特别是今年法院的各项工作，着重要抓好五个方面：一是更好地保障经济社会发展。紧紧围绕县委重大决策部署，妥善处理重要工作、重点项目推进中的涉案纠纷和行政争议，做到严格司法审查与服务大局的有机统一。二是更好地体现司法公正。坚持以司法责任制改革为中心，强化审判监督，加大阳光司法力度，着力维护公平正义。三是有效解决执行难题。大力推进信用监督、警示和惩戒机制建设，完善执行联动机制，努力破解执行难问题，不断健全社会诚信体系。四是加强法制宣传。积极参与"七五"普法规范实施，以案说法，提升法制宣传效应。五是强化法院自身建设。积极稳妥推进司法体制改革，进一步提升法院队伍综合素质，努力打造法院"双勇"铁军。

关于检察院工作。会议听取了县人民检察院关于《德清县人民检察院工作报告》。会议指出，五年来，县人民检察院紧紧围绕全县大局，充分发挥检察职能作用，忠实履行职责使命，以法治思维和法治方式开创了检察工作新局面。会议明确，原则同意《报告》（讨论稿），修改完善后提交县十六届人民代表大会第一次会议审议。会议要求,今后的工作中,县检察院要按照"党委中心工作推进到哪里,检察工作就服务保障到哪里"的要求,加强司法能动性,确保在服务率先建成全面小康标杆县中有更大作为。一是要强化履职担当,充分履行批捕、起诉等职能,从严从实从细做好全县各项保安全护稳定工作,扎实全面推进平安德清、法治德清建设,提升群众安全感。二是要强化改革担当,按照中央和省市要求,扎实推进司法体制改革和监察体制改革,确保工作不断、思想不乱、队伍不散。三是要强化发展担当,在相关职能转隶监察委员会后,更加突出宪法定位的法律监督职能,研究部署完善检察监督体系,全方位加大监督力度,切实维护社会公平正义。

关于"三亮"工作。会议听取了县委县政府督查办关于《2017年度"工作亮相,考核亮牌,问责亮剑"方案》(讨论稿)的汇报。会议指出,"三亮"工作有利于亮明导向、督促推进、传导压力,新的一年,要与时俱进调整完善,促进"三亮"工作更加科学、合理、有效。会议要求,要坚持正确导向,做到客观、公正、公平,充分发挥考核指挥棒作用;要全面查补短板,及时研究解决工作推进中的困难和问题,促使各项工作按照时序进度要求完成目标任务;要体现考核实效,亮蓝牌的要再接再厉做好工作,亮黄牌或红牌的要化压力为动力,争取迎头赶上,努力形成比学赶超、争先进位的良好氛围。

关于宣传思想文化工作。会议书面传达了全省宣传思想文化工作会议精神。会议强调,全县宣传思想文化战线的同志们要以翻篇归零的心态再出发,继续唱响"好声音"、传播"正能量",不断提高宣传思想文化工作的水平。会议要求,做好宣传思想文化工作,一是要把牢正确方向,把体现党的主张和反映人民心声统一起来,做到让党放心、让人民满意;二是要注重落实责任,牢牢掌握意识形态工作领导权和主动权,切实增强各级党委(党组)落实意识形态工作的责任意识;三是要注重健全机制,完善镇(街道)、部门工作目标责任考核等奖惩机制,切实提升全县宣传思想文化工作整体水平。

会议还通过了2016年度镇(街道)、部门及领导干部综合考核结果、全县领导干部大会有关方案,讨论了干部人事。

第十四届县委第四次常委会议 2月15日,县委书记项乐民主持。

会议主要内容:听取关于《德清县综合交通运输发展"十三五"规划》情况汇报,学习传达中央、省委农村工作会议精神,听取全县美丽乡村建设暨农业供给侧结构性改革工作会议方案及2017年农业农村工作要点汇报,学习传达中央、省委、市委政法工作会议精神,听取县委政法工作会议方案及2017年政法工作要点汇报,听取全县党建工作会议方案及2017年全县党建工作要点汇报,听取组织部、宣传部、统战部、机关工委、党校工作汇报,听取2017年全县干部教育培训工作思路和主体班次安排情况汇报,听取关于县"两会"期间建立临时党组织情况汇报,听取2017年县委理论学习中心组学习计划情况汇报,讨论干部人事。

关于综合交通运输发展"十三五"规划。会议听取了县交通局关于《德清县综合交通运输发展"十三五"规划》的汇报。会议指出,制定好《德清县综合交通运输发展"十三五"规划》对补齐交通基础设施短板、深化"接沪融杭"战略、支撑县域经济向都市区经济转型有着重大意义。会议强调,要明确总体目标,深入实施"3130"工程,高水平打造综合交通基础设施网络、构建综合交通运输服务体系、提升综合交通行业治理能力;要力争尽快落地,交通运输等部门要担当作为、真抓实干,做深做细前期项目,加快推进在建工程,创新推进旅游交通、绿色交通等重点任务,不断提高交通服务供给质量;要强化齐抓共管,各镇(街道)、各部门要主动配合、团结协作,形成各方共同支持配合交通建设的合力。会议明确,原则同意《规划》内容,组织相关力量进一步研究完善后下发实施。

关于农业农村工作。会议学习传达了中央和省委农村工作会议精神,听取了县政府办公室关于全县美丽乡村建设暨农业供给侧结构性改革工作会议方案及2017年农业农村工作要点的汇报。会议强调,要全面贯彻上级会议精神,进一步加大"三农"工作力度,围绕率先建成全面小康标杆县的目标,创新举措、精准发力,推动我县农业农村工作再上新台阶。会议明确,原则同意会议方案,《2017年全县农业农村工作要点》在修改完善后行文下发。会议要求,要尽快启动农业供给侧结构性改革集成试点工作,围绕绿色、美丽、"三权",集成各项改革已有成果,优化农业结构,提高农产品质量和附加值，打造美丽乡村升级版，推动"三产"融合发展，增加农村集体和农民收入，不断增强群众的获得感；要突出抓好美丽乡村、美丽田园、美丽农业，确保早出形象、早见成效。

关于政法工作。会议学习传达了中央、省委和市委政法工作会议精神，听取了县委政法委关于县委政法工作会议方案及2017年政法工作要点的汇报。会议明确，原则同意会议方案，《2017年全县政法工作要点》在进一步修改完善后下发实施。会议要求，一是要进一步围绕中心、服务大局，全力为社会和谐稳定保驾护航；二是要进一步落细落小落实，抓住工作重点，细化工作举措，找准着力点，分解落实责任，确保目标、任务、责任明确；三是要进一步加强队伍建设，努力打造一支绝对忠诚、敢于担当、能征善战、清正廉洁的政法铁军。

关于党建工作。会议听取了全县党建工作会议方案、2017年全县党建工作要点以及组织部、宣传部、统战部、机关工委、党校工作汇报。会议指出，过去一年，党建工作取得了新成效，组织、宣传、统战、机关工委和党校各司其职，创新举措，担当有为，为全县经济社会又好又快发展、实现更高水平新崛起提供了有力保障。会议强调，各部门要按照全面从严治党的要求和上级有关决策部署，结合德清实际，在传承的基础上，勇于创新、强化担当，进一步落实全面从严治党责任，掌握意识形态工作的领导权、主动权，提升向心力、凝聚力，从严管党治党，深化作风建设，夯实基层基础，打造"双勇"铁军，为率先建成全面小康标杆县提供坚强的党建保障。会议明确，原则同意会议方案，《2017年全县党建工作要点》在修改完善后行文下发。会议要求，组织工作要深化"两学一做"学习教育，全力打造"双勇"铁军，全面夯实基层组织，强化人才队伍建设，切实提供坚强的组织保证和人才支撑；宣传工作要落实好意识形态工作责任制，对内唱响主旋律，对外唱出好声音，加强"德文化"建设，大力发展文化产业，不断提高宣传思想文化工作的水平；统战工作要广泛凝聚共识，引导统一战线成员服务经济发展，正确处理民宗、对台、侨务等关系，全力促进社会和谐；机关工委工作要突出思想建设，深化组织建设，加强效能建设，切实强化机关党员的政治素质、理论素养及先进性；党校工作要做强教育培训，做深科研资政，注重改革创新，加强自身建设，确保继续走在全省县级党校前列。

关于干部教育培训。会议听取了县委组织部关于2017年全县干部教育培训工作思路和主体班次安排情况的汇报。会议明确，原则同意提交的建议方案，进一步修改完善后实施。会议要求，全县干部教育培训工作要注重突出重点，在抓好理想信念和党性教育的同时，围绕"四大行动"，抓好专业化知识培训，提高干部推动工作的能力；要体现统筹兼顾，统筹抓好各类干部、各类企业家、科技创新人才等对象的培训；要落实从严管理，加强学风建设，严肃有关纪律，确保培训工作取得实效。

会议还书面听取了关于县"两会"期间建立临时党组织情况以及2017年县委理论学习中心组学习计划情况的汇报，讨论了干部人事。

第十四届县委第五次常委会议 3月6日，县委书记项乐民主持。

会议主要内容：学习传达市第八次党代会精神，听取关于投资乐视汽车有关情况汇报，听取关于全国文明城市创建工作有关情况汇报。

关于学习传达市第八次党代会精神。会议学习传达了市第八次党代会精神。会议指出，市第八次党代会是湖州在赶超发展新起点上召开的一次重要会议，既客观全面地总结了过去五年来全市经济社会发展和党的建设取得的成效，又精准把握了湖州当前所处的历史方位，清晰描绘了今后五年的发展蓝图，开启了高质量建设现代化生态型滨湖大城市、高水平全面建成小康社会的新征程。会议要求，全县上下要统一思想、迅速行动，学习好、宣讲好市党代会精神，结合德清实际，贯彻落实好市党代会提出的各项要求。一是要吃透精神抓落实，坚决把思想和行动统一到市党代会精神上来，深入、广泛、全面地组织开展专题学习，确保到点到位、入脑入心；二是要树立标杆抓落实，按照厚植优势、全速领跑的要求和率先建成全面小康标杆县的奋斗目标，打好莫干山、高新区、改革、临杭、和谐"五张牌"，继续当好全市发展的"排头兵"；三是要只争朝夕抓落实，以"十大工程"的快速启动和推进积极响应市委号召，充分发挥各指挥长和联系县领导的作用，坚持在一线、上火线，以自己的实干、苦干带领全县上下全力实现"开门红""全年红"。

关于全国文明城市创建。会议听取了县文明办关于全国文明城市创建工作有关情况的汇报。会议指出，创建全国文明城市有利于深入推进我县精神文明建设，有利于提高公民文明素质，有利于提升知名度和美誉度，有利于增强城市软实力，要充分认识其重大意义，统一思想，担当有为，全力推进，力争创建成功。会议明确，同意成立创建工作领导小组，同时，在人员和资金上给予必要的支持和保障。会议要求，要厚植优势，补齐短板，打好"文化牌""美丽牌"，统筹推进美丽德清建设和"三四五"攻坚战，进一步完善县城基础设施、加强城市管理，不断改善人居环境；要各方参与，形成合力，领导小组发挥牵头抓总作用，各镇（街道）、各部门各司其职，广泛动员全民参与，确保各项目标任务全面完成。

会议还研究了其他工作。

第十四届县委第六次常委会议　3月20日，县委书记项乐民主持。

会议主要内容：学习传达全国"两会"精神，听取关于做好全县村和社区组织换届工作情况汇报，听取关于国资国企改革总体方案汇报，听取关于高新区、镇（街道）财政体制调整情况汇报，听取关于机构编制有关事项汇报。

关于学习传达全国"两会"精神。会议学习传达了全国"两会"精神。会议指出，十二届全国人大五次会议和全国政协十二届五次会议，是在喜迎党的十九大胜利召开、加快全面建成小康社会的关键时刻召开的一次盛会，集中展现了全国各族人民在以习近平同志为核心的党中央坚强领导下，同心同德开创新业绩、昂首阔步开启新征程的豪情壮志。会议强调，学习贯彻全国"两会"精神，就是要维护核心，更加自觉地提高政治觉悟和政治站位，始终牢固树立政治意识、大局意识、核心意识、看齐意识，坚决维护以习近平同志为核心的党中央权威，确保中央、省委、市委决策部署在德清落地生根；要打造标杆，以学习贯彻全国"两会"精神为动力，坚决对标市委"四新"主题实践活动，按照"厚植优势、全速领跑"的要求，全力打好莫干山、高新区、改革、临杭、和谐"五张牌"，继续当好全市发展的"排头兵"；要"干"字当头，在"四新"的引领下，强势推进"四大行动"和"十大工程"，坚决打好"拆、治、归"等转型升级组合拳，切实聚焦"最多跑一次"改革等重点，从严从紧落实管党治党政治责任，不断提升百姓获得感和满意度，全力夺取"开门红""全年红"。

关于村和社区组织换届。会议听取了县委组织部关于做好全县村和社区组织换届工作的情况汇报。会议要求，一是要加强党的领导。从巩固执政基础的高度出发，把村和社区组织换届作为当前各级党组织一项重中之重的任务来抓。要切实强化镇（街道）党（工）委职权，党（工）委书记要履行好第一责任人职责，牢牢把握换届工作主动权；要充分发挥村（社区）党组织的领导核心作用；相关部门、单位要认真参与，积极履职，确保整个换届选举工作规范、平稳、有序。二是要着力选优配强。突出政治导向，严格选人标准，真正把干部选好，把班子配强，锻造出一支过得硬、打得胜仗、能带富、会服务、善治理的基层"双勇"铁军。三是要严肃选风选纪。坚持教育在先、警示在先、预防在先，严密操作程序，严守换届纪律，切实营造风清气正的换届环境。对拉票贿选等违法违纪行为，坚持有报必查、露头就打。四是要注重统筹兼顾。坚持换届工作与"三改一拆"、"五水共治"、美丽乡村建设等中心工作统筹推进，做到两不误、两促进。

关于国资国企改革。会议听取了县财政局关于我县国资国企改革总体方案（草案）的汇报。会议指出，我县的国资国企改革，要以提高国有资本配置效率、防止国有资产流失、确保国有资产保值增值、增强国有企业活力为核心，进一步完善国有资产监管体制，转换国有企业经营机制，优化国有经济结构布局，使国有企业成为我县城市升级、产业转型、改革创新的重要引擎。会议强调，要坚持"政府主导、统一监管""市场导向、优化配置""系统谋划、稳妥推进"三大基本原则，合理把握推进力度，确保改革顺利平稳实施。会议明确：(1)原则同意提交的总体方案，修改完善后行文下发；(2)同意成立以县委、县政府主要领导为组长、相关县领导为副组长的县国资国企改革领导小组，统一领导、协调相关工作，分管国资的副县长承担领导小组常务工作；(3)改革过程中要严肃组织、人事和财经纪律。

会议还讨论通过了高新区、镇（街道）财政体制调整方案和机构编制有关事项。

第十四届县委第八次常委会议　4月1日，县委书记项乐民主持。

会议主要内容：党纪教育一刻钟——学习贯彻《浙江省贯彻〈中国共产党问责条例〉实施办法》，学习传达关于领导干部报告个人有关事项两项法规精神，听取我县贯彻落实建议的汇报，学习传达中央、全省对台工作会议精神，讨论《关于加强社会组织统战工作实施意见》，学习传达全省建设平安浙江工作会议精神，听取平安综治考核情况、全县平安德清总结表彰暨"平安创星再出发"大会方案的汇报，听取全县信访工作汇报，听取关于全县五水共治剿劣提标工作情况汇报，听取关于"三改一拆"工作情况汇报，听取关于召开县十八次团代会有关情况汇报。

关于党纪教育一刻钟。会议集中学习了《浙江省贯彻〈中国共产党问责条例〉实施办法》。会议强调，要深入学习，进一步理清权力与责任、权利与义务的关系，不断增强"四个意识"，确保中央和省委的决策部署在德清一个声音、一贯到底；要抓住重点，紧紧围绕"问谁责、谁来问、问什么、怎么问"等关键环节，将问责重点聚焦到管党治党和中心工作推进中存在的问题上来；要落实责任，各级党组织要扛起党要管党、从严治党的政治责任，把严和实的要求贯穿始终，层层传到，层层落实，推动问责全覆盖和常态化。

关于领导干部个人事项报告。会议学习传达了《领导干部报告个人有关事项规定》和《领导干部个人有关事项报告查核结果处理办法》两项法规的主要精神，听取了县委组织部关于我县贯彻落实建议的汇报。会议要求，一是要及时组织学习，确保各级领导干部把两项法规的精神吃准吃透；二是要仔细规范填报，严格按照有关要求如实规范填报，确保做到不漏报、不瞒报；三是要认真开展核查，做到"凡提必查"和"适度抽查"相结合，对发现存在漏报或者瞒报情况的领导干部严格按规定处理。

关于社会组织统战工作。会议听取了县委统战部《关于加强社会组织统战工作的实施意见》（讨论稿）的汇报。会议明确，原则同意提交的《实施意见》（讨论稿）内容，修改完善后下发实施。会议强调，要高度重视，充分认识做好社会组织统战工作的重要意义，将其纳入党建工作的总体布局，摆上重要议事日程，保障必要的人力、物力，加快推进，确保取得实效；要找准抓手，抓住社会组织中的党组织和"新阶层人士"这两个关键，不断创新工作手段和方法，以成立组织、开展活动、业务指导等方式，逐步实现工作和组织"双覆盖"；要扩大效应，进一步拓展工作渠道，通过网络、媒体、报纸等途径表彰宣传社会组织及代表人士的先进事迹和优秀成果，不断汇聚正能量，切实形成关心、关注社会组织统战工作的良好氛围。

关于平安建设。会议学习传达了全省建设平安浙江工作会议精神，听取了县委政法委关于平安综治考核情况、全县平安德清总结表彰暨"平安创星再出发"大会方案的汇报。会议指出，过去一年，在全县上下的共同努力下，平安德清建设取得了明显成效，我县被评为G20杭州峰会维稳安保优秀县，实现平安德清"十二连冠"、夺得"平安金鼎"，并荣获了2016年度平安考核全省排名并列第一、总分第二的佳绩，值得充分肯定。会议要求，要认真学习领会全省建设平安浙江工作会议精神，全面总结、运用我县夺得平安"金鼎"的管用经验和良好机制，再接再厉，全力抓好今年平安建设各项工作任务的落实。一是要绷紧平安稳定这根弦，翻篇归零再出发，以高度的政治责任感、社会责任感、岗位责任感和"平安建设永远在路上"的坚持，全力维护全县大局持续稳定，为党的十九大胜利召开作出应有贡献；二是要打好平安创星主动仗，牢固树立问题导向，认真开展政法维稳战线"五大行动"，切实强化矛盾纠纷排查化解，扎实做好安全生产、公共安全、消防安全、危旧房治理等工作，真正补齐短板；三是要形成齐抓共管的良好局面，县委政法委要牵头负责、敢于担当、高效履职，各镇（街道）、成员部门、有关企事业单位要强化平安意识，守好"责任田"，切实汇聚起平安建设的强大合力。会议明确，原则同意提交的大会方案，抓紧做好各项筹备工作。

关于信访工作。会议听取了县信访局关于全县信访工作的汇报。会议指出，过去的一年，我县以打造法治信访、阳光信访、责任信访为抓手，坚持统筹推进、综合施策，搭建平台、提速增效，有效解决了群众合理合法诉求，确保了全县信访形势平稳向好，实现了"G20峰会万无一失、零非访、全市考核第一"三大目标，并获得了"浙江省G20杭州峰会信访工作先进单位"，成绩值得充分肯定。会议要求，今年要以"党的十九大以及省市重大会议期间万无一失、全市考核保持第一"为目标，以高更标准、更严要求、更实举措推动信访工作再上新台阶。一是要不断增强责任意识。进一步加强对信访工作的领导，特别是党政"一把手"要认真对照责任状，主动履行信访工作"第一责任"，切实把最重最难的担子挑起来。二是要千方百计守住底线。进一步深化领导干部接访接听、县信访联席会议周会制度，完善信访矛盾纠纷大排查大化解制度，做到及时发现问题、及时解决问题，确保最大限度地方便群众反映诉求，把信访渠道畅通好；最大限度地化解信访积案，提高初信初访办结率，把信访矛盾解决好；最大限度地减少和控制进京非访、去省到市来县集体访，把信访秩序维护好。三是要形成强大工作合力。信访局要认真履职，加强督查、指导工作；各镇（街道）、各部门要坚持"属地管理、分级负责"和"谁主管，谁负责"的原则，看好自己的门、管好自己的人、办好自己的事，形成全县上下共同参与、互相配合的良好局面。

关于"五水共治"。会议听取了县治水办关于全县"五水共治"剿劣提标工作情况的汇报。会议强调，今年以来，全省深入推进"五水共治"工作，全面开展劣Ⅴ类水体剿灭行动，任务艰巨、挑战严峻，我们要把思想和行动迅速统一到省委、省政府和市委、市政府的决策部署上来，按照"决不把污泥浊水带入全面小康"的总要求，扎实开展"五水共治"剿劣提标工作。会议要求，要明确目标，按照"夺鼎、提标、剿彻底、防反弹"工作思路，以"截、清、治、修"四字诀和"拆、治、归"三字经为引领，以河长制为主抓手，全力打赢剿劣提标攻坚战；要抓住重点，扎实推进截污纳管扩面、清淤治污深化、重点河道水质提升等九大治水工程，确保"四夺大禹鼎"；要形成合力，县领导要以上率下、当好河长，治水办要牵头抓总、加强指导，成员单位要主动参与、积极有为，各镇（街道）要明确任务、落实责任，村（社区）要弄清底数、包干负责，确保上下同欲全民治水。

关于"三改一拆"。会议听取了县建设局关于全县"三改一拆"工作情况的汇报。会议强调，"三改一拆"是省委、省政府转型升级组合拳的重要一招，也是我县加快转型升级，着力改善民生的有效抓手，更是率先建成全面小康标杆县的重要途径，全县上下要统一思想、攻坚克难、强势推进，决不把违法建筑带入全面小康。会议要求，一要咬定目标坚决拆，牢牢锁定"无违建县"创建目标，以咬定青山不放松的韧劲，纵深推进"三改一拆"，确保打出声势、取得实效；二要突出重点精准拆，切实做好危旧房的腾空、拆除、维修及监控工作，加快城中村改造进度，坚决解决历史遗留问题，严格落实控新举措，不断加强长效管理；三要落实责任合力拆，"三改一拆"办要勇于担责、加强指导，相关部门要积极参与、全力配合，各镇（街道）要量化目标、细化举措，真正形成"三改一拆"势不可挡的强大声势。

会议还讨论通过了县十八次团代会有关内容，并研究了其他工作。

第十四届县委第九次常委会议　4月19日，县委书记项乐民主持。

会议主要内容：讨论干部人事，通报市纪委对德清县委履行党风廉政建设主体责任情况报告的评议意见，讨论《德清县委履行党风廉政建设主体责任情况反馈问题整改方案》，传达全省组织部长会议和两新工委书记会议精神，听取了我县贯彻落实建议汇报，讨论《2017年度镇（街道）、部门及领导干部综合考核办法》。

关于党风廉政建设主体责任。会议听取了县委办公室关于市纪委对县委履行党风廉政建设主体责任情况报告评议意见的通报，讨论通过了《德清县委履行党风廉政建设主体责任情况反馈问题整改方案》。会议指出，落实市纪委反馈问题的整改工作不仅是今年落实党风廉政建设主体责任的重点工作，更是一项严肃的政治任务，县委常委会要带头树立"不抓党风廉政建设就是严重失职"的意识，不断完善主抓直管机制，确保主体责任落实到位。会议强调，要坚持问题导向，认真对照市纪委反馈意见，查摆问题、举一反三，做到有则改之无则加勉；要把纪律和规矩挺在前面，把握运用好"四种形态"，加强管理教育，强化制约监督，坚决纠正损害群众利益行为；要强化监督检查，定期研究、随时跟踪，推进监督检查考核常态化，确保整改工作出成果见实效；要注重巩固提升，坚持一手抓整改落实，一手抓建章立制，着力构建整改落实长效机制，坚决防止"四风"反弹。

关于组织工作。会议传达了全省组织部长会议和两新工委书记会议精神，听取了县委组织部关于我县贯彻落实建议的汇报。会议强调，要紧扣夏宝龙书记"三个必须"要求,围绕市委"四新"主题实践和县委"四大行动""十大工程"部署,进一步聚焦主责主业,强化担当作为,努力打造敢担当、善落实、有作为的干部队伍。要加强政治思想教育,严格党内政治生活,认真落实各项制度,推动"两学一做"学习教育常态化制度化;要打造"双勇"干部铁军,持续深化各项激励制度,加强干部日常监督管理,不断提升干部担当尽责能力;要全面夯实基层组织,不断抓实基层党建责任,高质量完成村社组织换届,真正选好班长、配好班子;要深化人才引进机制,坚持连人才与连事业并重、硬环境与软环境并重,全力推进人才发展体制机制改革,构建更完善、更便捷的人才发展环境;要发挥"两新"组织党组织实质作用,积极探索新领域新业态的党建工作,不断助推经济社会发展。

关于综合考核。会议听取了县督查办所做的《2017年度镇(街道)、部门及领导干部综合考核办法》(讨论稿)的汇报。会议明确,原则同意提交的《考核办法》(讨论稿)内容,修改完善后下发实施。会议强调,考核是评价工作成效的方式,是选人用人的重要依据。要多渠道宣传,提高知晓率,真正发挥考核工作风向标和指挥棒作用;要创新考核办法,不断提高考核的科学性、针对性和实效性,倒逼各项工作有效落实;要体现实事求是,严明考核纪律、严守考核规矩,确保考得准、考得实。

会议还讨论了干部人事。

第十四届县委第十次常委会议 5月5日,县委书记项乐民主持。

会议主要内容:讨论《聚焦"四新"再出发 抓实"六重"促赶超大实践大比拼活动实施方案》,听取关于德清县"六重"工作2017年度推进计划的汇报,听取"最多跑一次"改革工作推进情况的汇报,听取关于进一步加快"景城相融发展"有关建议的汇报,听取关于德清县2017年商品房住房价格调控的汇报,听取关于浙工大德清校区EPC发包有关情况的汇报,听取关于规范机关事业单位编外用工管理工作的汇报,听取2017年度信访积案领导包案情况的汇报,书面汇报《2017年党风廉政建设和反腐败工作组织领导与责任分工》,书面汇报关于德清县国家新型城镇化综合试点2017年推进计划。

关于大实践大比拼。会议听取了县委办公室关于《"聚焦'四新'再出发 抓实'六重'促赶超大实践大比拼活动实施方案》(讨论稿)的汇报。会议明确,原则同意提交的《实施方案》(讨论稿)内容,修改完善后下发实施。会议对大实践大比拼活动进行动员部署,指出开展"聚焦'四新'再出发 抓实'六重'促赶超"大实践大比拼活动是贯彻落实市委"四新"主题实践的需要,是深入推进"四大行动""十大工程"的需要,对于我县进一步厚植优势、全速领跑具有重要意义。会议强调,全县上下要把思想和行动统一到市委和县委的决策部署上来,聚焦"四新",聚力"六重",迅速掀起赶超发展、争当标杆新高潮。要紧紧围绕"四大行动""十大工程"的任务要求,做到思想再重视、工作求突破、精力再聚焦,在推进中发现问题、解决问题,切实营造大实践大比拼的浓厚氛围;要明确责任,担当有为,指挥长要扛起责任,联系领导要亲临一线,镇(街道)、部门要精心组织、强化指导,督查考核要跟进到位,确保各项工作真正落到实处。

关于"六重"工作。会议听取了发改委关于德清县"六重"工作2017年度推进计划的汇报。会议指出,要深化认识,充分认识到"六重"是经济工作的重要抓手,是加快赶超、实现"两高"新征程的重要举措,是打造全面小康标杆县的具体路径,切实以全局的站位,统一思想、形成自觉;要明确任务,准确把握"六重"工作内涵,系统把握目标方向、总体要求和工作重点,目标任务要充分体现赶超和标杆,任务分解要具体到事、到人、到点;要压实责任,发改委要主动担起牵头抓总的职责,各责任部门要主动作为、加快推进,其他单位要密切配合、协调推进。同时,要强化督查考核,经常性开展重点督查,推动各项工作落地见效。

关于"最多跑一次"。会议听取了行政服务中心关于"最多跑一次"改革工作推进情况的汇报。会议指出,"最多跑一次"改革是激发市场经济活力、推进政府职能转变的有效抓手。会议强调,思想上要高度重视,强化公仆观念,加快推进"最多跑一次"改革,切实推动我县政府职能转变、提高机关效能;"一把手"要亲力亲为,对已公布事项再检查,对可攻破事项再研究,亲自体验办理流程,切实推动改革落地;推进中要做好加减法,在已公布的行政事项、零上门事项、数据共享、窗口人员和代办人员等方面做好加法,在权限、材料、环节、时间、收费上做好减法,着力打造"最多跑一次"改革新标杆;督查上要敢于亮剑,真正抓好问题的整改落实;宣传上要面向群众,让群众知晓具体办事流程和资料,切实以"最多跑一次"增强群众获得感。

关于"景城相融发展"。会议听取了建设局关于进一步加快"景城相融发展"有关建议的汇报。会议指出,加快"景城相融发展"是践行"两山"重要思想和建设国际化山水田园城市的具体行动。会议强调,要深入研究规划,统筹周边区块的发展现状和优势,注重产、城、景的充分融合,全力打造城中湖、城中山;要坚持交通先行,抓紧研究和解决道路延伸问题,打通断头路,建设畅通路,确保县城区与风景区的互联互通;要谋划景观建设,以塔山二期建设的推进,进一步展现"景城相融"的魅力。

关于信访工作。会议听取了信访局2017年度信访积案领导包案情况的汇报。会议指出,当前我县社会稳定形势依然复杂严峻,特别是有关重点群体的维稳任务很重,压力很大。会议强调,要树牢以人民为中心的思想,积极开展信访积案排查化解专项行动,全力破解信访难题;要履行好领导干部信访积案包案的职责,认真了解各自承包的积案情况,深入钻研政策法规,采取多种手段,整合各方资源,在化解上下真功夫,确保积案"减法"越做越好,越做越快。

关于编外用工。会议听取了编委办关于规范机关事业单位编外用工管理工作的汇报。会议明确,原则同意《加强和规范编外用工管理工作的建议》(讨论稿),做进一步研究完善后,及时发文实施。会议强调,要进一步统一思想,按照中央、省、市关于清理和规范编外用工的要求,树立规范用人的理念和意识,认清形势,狠抓落实;要围绕规范做文章,通过规范使用岗位,规范招聘程序,规范经费管理,规范工资福利待遇等措施,进一步严肃人事纪律,减轻财政负担。要充分尊重历史,体现以人为本,注重维护好编外人员合法权益,确保工作稳步有序推进。

关于党风廉政建设和反腐败工作。会议听取了《2017年党风廉政建设和反腐败工作组织领导与责任分工》的汇报。会议明确,原则同意《2017年党风廉政建设和反腐败工作组织领导与责任分工》(讨论稿),修改完善后及时发文。会议强调,要坚持以党的十八大和十八届三中、四中、五中、六中全会和十八届中央纪委七次全会精神为指导,进一步增强"四种意识",全面夯实"两个责任",深入推进党风廉政建设和反腐败工作;要加大纪律审查力度,突出纪律审查重点,正确运用"四种形态",严把干部选拔任用政治关、廉洁关;要巩固和深化作风建设成果,严防"四风"反弹回潮;要用铁的纪律打造过硬队伍,切实践行忠诚、干净、担当的要求,在全面从严治党向纵深发展的进程中,不断取得新的更大成效。

关于新型城镇化综合试点工作。会议听取了关于德清县国家新型城镇化综合试点2017年推进计划的汇报。会议指出,我县作为第二批被列入国家新型城镇化综合试点县区,前期工作开展扎实,以城乡统筹融合发展为特色的新型城镇化进程全面加快。会议强调,今年是试点推进的关键之年,要在前阶段取得成绩的基础上,进一步提高认识、拉高标杆,突出德清特色,发挥叠加效应,确保在全国形成可复制、可推广的经验做法。

会议还研究讨论了商品房住房价格调控工作、浙工大德清校区建设工作。

第十四届县委第十一次常委会议 5月23日,县委书记项乐民主持。

会议主要内容:听取关于省市"两学一做"学习教育常态化制度化工作座谈会精神及我县贯彻安排建议的汇报,听取全市"四新"主题实践专项督查工作会议精神及我县贯彻落实建议的汇报,讨论《"811"美丽德清建设行动方案》,讨论《进一步强化企业主体责任夯实安全生产基层基础的实施意见》,讨论《中国制造2025德清行动计划》,讨论《德清县工业建成平台提档升级工作实施意见(实行)》,讨论《关于扶持"金象金牛"大企业培育(2017~2019年)的政策意见》,听取《德清县关于深化制造业与互联网融合发展的实施意见》的汇报,听取《德清县深化质量标准品牌升级行动推动供需结构改革的实施意见(2017~2019年)》,学习传达全省社会治安治理创新工作会议精神,听取县委防范办工作汇报,讨论干部人事。

关于"两学一做"学习教育。会议学习传达了省市"两学一做"学习教育常态化制度化工作座谈会精神,听取了县委组织部关于《推进"两学一做"学习教育常态化制度化的实施方案(讨论稿)》

和全县工作座谈会工作安排的汇报。会议明确,原则同意提交的《实施方案》(讨论稿)内容,修改完善后下发实施。会议指出,推进"两学一做"学习教育常态化制度化,是习近平同志为核心的党中央作出的重大决策,是我们党推动全面从严治党向纵深发展的又一战略部署。会议强调,认识要提高,必须在思想认识上再聚焦、再提升,要从讲政治的高度来推进和落实常态化制度化,把全面从严治党向基层延伸、向纵深发展;实做是关键,要继续突出强调"学"是基础,"做"是关键,做好"结合"文章,按照市委"四新"实践部署,在"四大行动""十大工程"上再发力、再突破,把学习教育的动力转换为赶超发展的实际成效;支部是重点,要牢牢扭住党支部这个重点,充分发挥党支部主体作用,把支部建成为团结群众的核心、教育党员的学校、攻坚克难的堡垒;领导要担当,要突出领导机关、领导干部这个"关键少数",把讲政治贯穿于日常工作和生活,当好"两学一做"的参与者、践行者、示范者。

关于"四新"主题实践。会议学习传达了全市"四新"主题实践专项督查工作会议精神,听取了县督查办关于贯彻落实建议的工作汇报。会议指出,开展"四新"主题实践是市委、市政府作出的重大决策,开展专项督查是推动"四新"主题实践落到实处、取得实效的有效载体。会议强调,要主动配合,高度重视专项督查,强化对接联系,真正在思想上、行动上形成自觉;要抓实工作,"十大工程"指挥长坚持在一线、上火线,牵头部门牵头抓总、扛起责任,配合部门提早谋划部署、及时查补短板,确保工作落到实处;要用好成果,聚焦督查发现的问题,坚持精准发力,倒逼各项工作落实,确保实现"半年红""全年红"。

关于"811"美丽德清建设。会议听取了县环保局《"811"美丽德清建设行动方案》(讨论稿)的汇报。会议明确,原则同意提交的《行动方案》(讨论稿)内容,修改完善后下发实施。会议强调,要统一思想、深化认识,充分认识建设美丽德清的重大意义,更加自觉地投身到美丽德清建设的实践中;要突出重点、狠抓落实,按照行动方案确定的8项目标,扎实开展节能减排、"五水共治"、"三改一拆"等11项专项行动,着力在抓好环境治理、推进转型升级、改善城乡面貌、构建生态文明制度体系等重点工作上取得突破;要彰显特色、形成亮点,坚持着眼全域、协调发展,用好自然禀赋、挖掘地域文化,努力打响美丽品牌;要落实责任、形成合力,县美丽办抓好督查考核、总结宣传工作,牵头单位制定年度工作计划、打造工作亮点,各成员单位精准切入、担当履职,形成"人人建设美丽德清,人人共享美好生活"的良好氛围。

关于安全生产工作。会议听取了县安监局《进一步强化企业主体责任夯实安全生产基层基础的实施意见》(讨论稿)的汇报。会议明确,原则同意提交的《实施意见》(讨论稿)内容,修改完善后下发实施。会议强调,要强化主体意识,督促企业落实安全生产主体责任,设置安全管理机构,配齐安全管理人员,完善安全管理制度,筑牢安全生产防线;要夯实基层基础,严格配备标准、配备要求,全面提升安全生产基层基础工作水平;要严格督查考核,对企业主体责任落实、人员配备等方面开展重点督查,确保企业加快落实各项安全责任措施。

关于"中国制造2025"德清行动。会议听取了县经信委《中国制造2025德清行动计划》(讨论稿)的汇报。会议明确,原则同意提交的《行动计划》(讨论稿)内容,修改完善后下发实施。会议强调,要认清形势,高度重视制造业在实体经济中的重要地位,坚持"工业强县"不动摇,不断加快新旧动能转换和传统产能修复,为湖州"中国制造2025"试点示范城市建设作出德清贡献;要抓好落实,以"两山""两鸟"重要思想为引领,以"中国制造2025"试点示范为契机,以绿色制造、智能制造为方向,围绕创新能力提升、产业结构优化等六大行动、二十项工程,大力推进供给侧结构性改革,着力健全淘汰落后的倒逼激励机制,全面推动产业发展不断由量变到质变、由质变到蝶变,实现经济发展加速度、高质量、均衡性、可持续;要营造氛围,发挥市场主导作用,充分调动企业的积极性,引导更多的企业坚守实体经济、坚定转型升级,加快由"制造"向"智造"转变。同时,加强总结宣传,努力释放更大红利。

关于工业建成平台提档升级工作。会议听取了县经信委《德清县工业建成平台提档升级工作实施意见(试行)》(讨论稿)的汇报。会议明确,原则同意提交的《实施意见》(讨论稿)内容,修改完善后下发实施。会议强调,要高度重视,强势推进工业建成平台的提档升级工作,优化资源配置,盘活存量土地,全力提升我县产业层次;要攻坚克难,下定决心,态度鲜明,拿出有效有力的措施,做好加减法,真正盘活闲置和低效利用土地,推动产业升级;要形成合力,发挥好领导小组指挥协调作用,落实高新区、镇(街道)和部门的各自责任,步调一致、担当作为、共同推进,形成布局合理、产业集聚、特色鲜明、功能配套的工业平台新格局。

关于扶持大企业培育发展。会议听取了经信委《关于扶持"金象金牛"大企业培育发展(2017~2019)的政策意见》(讨论稿)。会议明确,原则同意提交的《实施意见》(讨论稿)内容,修改完善后下发实施。会议指出,我县前一轮"金象金牛"大企业培育取得了积极成效,大企业示范带动作用明显。出台新一轮"金象金牛"扶持政策十分必要。会议强调,要注重原则,坚持从实际出发,按照适度、合规、有效的原则,精准把握扶持政策,充分激发大企业发展的热情和激情,继续鼓励企业继续做大做强;要服务到位,主动做好政策宣传解读,加大要素资源、绿色通道等方面支持力度,及时兑现和落实相关政策,进一步坚定重点企业加快发展、做大做强的信心。

会议还书面听取了制造业与互联网融合发展、质量标准品牌升级、社会综合治理创新、反邪教等工作汇报,讨论干部人事工作。

第十四届县委第十三次常委会议 6月2日,县委书记项乐民主持。

会议主要内容:听取2017年主要经济指标实现"半年红"情况汇报,讨论《"德清莫干山·上海后花园"——2017德清投资贸易人才洽谈会暨上海活动周总体方案》,听取关于我县巡察工作的情况汇报,讨论《中共德清县委2017~2021年巡察工作规划》《2017年德清县委巡察工作实施方案》,听取编写《中国共产党德清历史》(第三卷)有关情况汇报。

关于"半年红"。会议听取了发改委关于2017年主要经济指标实现"半年红"情况的汇报。会议指出,实现"半年红"是对我县贯彻落实市委"四新"主题实践活动的一次集中展示,是对"四大行动""十大工程"半年成效的一次集中检验。会议强调,要把思想和行动迅速统一到冲刺"半年红"上,进一步理清思路、查找短板、精准施策、加压奋进,确保实现"半年红""全年红"。要进一步抓实工作,坚持以上率下,逐一分析、解决工作中存在的问题,切实形成以钉钉子精神抓好工作落实的浓厚氛围;要进一步补齐短板,工业经济要抓好产值挖潜、增量培育,项目双进要盯住"大好高"项目、掀起新高潮,财政增收要实现"公平税赋、应收尽收";要进一步统筹兼顾,坚持经济、改革、民生、平安、生态、党建"六张报表"一起抓,做到安全生产更可靠、治水拆违更彻底、深化改革更效率、"双勇"铁军更担当,确保交出漂亮的成绩单;要进一步落实责任,各镇(街道)、各部门要以对德清发展高度负责的担当精神,全力抓好各项工作落实。

关于德洽会。会议听取了县政府办关于《"德清莫干山·上海后花园"——2017德清投资贸易人才洽谈会暨上海活动周总体方案》(讨论稿)的工作汇报。会议明确,原则同意提交《总体方案》(讨论稿)的内容,修改完善后组织实施。会议强调,要高度重视、凝心聚力,高质量、高标准地办好德洽会。要围绕实效抓筹备,把时间精力聚焦到项目双进上,确保项目引得进,推得进,同时,大力展示美丽德清形象,让更多客商了解德清、走进德清;要作为抓手促工作,以德洽会为抓手,着力掀起项目双进热潮,加强跟踪服务,强化要素保障,推动签约项目加快落地、开工项目加快建设;要细化任务明责任,组委会办公室牵头抓总,相关责任部门积极配合,高新区、各镇(街道)把好集中开竣工项目质量关,合力确保德洽会各类活动精益求精。

关于巡察工作。会议听取了县纪委关于我县巡察工作情况的汇报,讨论了《中共德清县委2017~2021年巡察工作规划》(讨论稿)、《2017年德清县委巡察工作实施方案》(讨论稿)。会议明确,同意调整县委巡察工作领导小组人员建议名单,原则同意提交的《工作规划》(讨论稿)和《实施方案》(讨论稿)内容,修改完善后下发实施。会议强调,要把握工作定位,强化政治巡察,用党章党规和系列重要讲话精神武装头脑,围绕坚持党的领导、聚焦全面从严治党,从政治上对党组织进行全面体检,对各级党组织和党员干部遵守政治纪律、政治规矩情况进行重点巡察;要坚持聚焦核心,善于发现问题,着力推动全面从严治党主体责任向基层深化,把发现问题、处置问题,作为巡察工作的生命力,以强有力的巡察为各项事业发展提供纪律保障;要突出整改落实,用好巡察成果,坚持边巡察、边整改,不断深化和巩固巡察成果,把巡察成果体现在具体问题的解决上、体现在具体案件的查办上,运用到被巡察单位落实"两个责任"上,推动形成长期效果;要加强组织领导,筑牢巡察保障,县委巡察工作领导小组和巡察办要抓好统筹协调,巡察组组长要履行好第一责任人职责,相关部门要加强协调配合,切实形成整体合力。

会议还书面听取了编写《中国共产党德清历史》(第三卷)有关情况的汇报。

第十四届县委第十四次常委(扩大)会议 6月19日,县委书记项乐民主持。

会议主要内容:第一阶段,学习传达省第十四次党代会精神;第二阶段,听取关于省市委法治建设工作领导小组会议精神及我县贯彻建议的汇报,听取关于中央环保督察迎检准备工作的情况汇报,听取关于全国文明城市创建工作的情况汇报,讨论《德清县"7+1"重点产业精准招商工作机制实施意见》,听取关于促进下渚湖发展的情况汇报,讨论《德清县工会改革实施方案》,书面汇报《关于进一步完善县委常委与党外代表人士联谊交友制度的意见》《关于加强政党协商的实施意见》《德清县新的社会阶层人士统战工作联席会议制度》。

学习传达省第十四次党代会精神。会议学习传达了省第十四次党代会精神。会议指出,省第十四次党代会是浙江处在大有可为战略机遇期、干事创业发展黄金期、不进则退转型关键期召开的一次十分重要的会议,意义重大、影响深远。学习贯彻省党代会精神,是当前和今后一个时期的首要政治任务,一定要从全局和战略的高度,充分认识省第十四次党代会的重大意义,加强领导、周密部署、精心组织,不断掀起学习、宣传、贯彻党代会精神的热潮。会议强调,要坚决响应省委号召,坚定不移沿着"八八战略"指引的路子走下去,秉持浙江精神,干在实处、走在前列、勇立潮头,持续深入打好"五张牌",为率先建成全面小康标杆县而努力奋斗。要打好莫干山牌,增创生态环境优势,让生态经济成为我县经济社会发展的新动能;要打好高新区牌,增创发展动能新优势,推动我县战略性新兴产业培育发展和传统产业的改造提升;要打好改革牌,增创体制机制新优势,不断释放改革红利,切实提高人民群众获得感;要打好临杭牌,增创开放合作新优势,带动全县社会经济更好更快发展;要打好和谐牌,增创社会治理新优势,切实增强人民群众安全感和幸福感。要紧紧盯住"半年红"目标,各镇(街道)、部门要按照既定工作部署,坚持以上率下,逐一分析,以钉钉子的精神抓好各项工作落实,以实际行动贯彻落实省第十四次党代会精神,确保实现"半年红""全年红"。

关于法治工作。会议听取了县委法治办关于省市委法治建设工作领导小组会议精神及我县贯彻建议的汇报。会议指出,近年来,全县法治战线一以贯之、一贯到底地落实省市委法治建设重要部署,统筹谋划、创新实践,护航经济社会发展有力,助力全面深化改革有效,党内法规建设不断完善,成绩值得充分肯定。会议强调,要深化思想认识,以"四个全面"战略布局的高度深刻认识法治建设重要性,置身于率先建成全面小康标杆县大局中谋划法治建设各项工作,真正在"四新"主题实践活动中来检验法治建设新成果;要聚焦重点任务,强化依法行政意识,提高依法行政能力,加强党内法规建设,确保率先基本建成法治政府;要聚焦责任落实,党政主要负责人当好法治建设第一责任人,领导小组办公室和各成员单位强化分工负责,积极引导社会各方参与,推动法治建设各项任务落地生根;要聚焦营造氛围,加强对法治建设重大意义、工作成果、先进典型等方面的宣传,真正唱响法治德清好声音。

关于环保督察。会议听取了县环保局关于中央环保督察迎检准备工作的情况汇报。会议明确,同意成立县中央环保督察迎检工作领导小组。会议指出,此次中央环保督察作为中央巡视组在环保领域的复制,是督促落实生态文明建设,推动环保监管机制改革的一项重要举措,必须高度重视、精心准备,确保督察工作顺利开展。会议强调,思想要高度统一,要清醒认识环保工作的长期性、艰巨性,防止侥幸心理,下决心把环保工作做扎实,把生态环境建设好;责任要严格落实,领导干部要严格落实"党政同责、一岗双责"要求,以此次迎检为契机,认真梳理,补齐短板,全力抓好落实;举措要扎实有力,结合自身职责和督察要点,切实加大自查、督察和执法检查力度,推动问题整改真正落到实处。

关于文明创建。会议听取了县创建办关于全国文明城市创建工作的情况汇报。会议指出，当前文明创建已经进入冲刺关键阶段，要进一步动员全县上下，坚定信心，齐心协力，全力以赴打赢全国文明城市创建工作攻坚战。会议强调，决心要毫不动摇，要切实把思想和行动统一到创建工作上来，鼓足干劲，奋勇争先，进一步掀起文明创建的高潮；攻坚要毫不松劲，要组织开展专项整治行动，敢于直面问题、解决问题，真正让县城更美、市民素质更高、老百姓获得感更强；督查要毫不手软，对文明创建工作中推诿扯皮、不认真履职的行为，坚决予以查处，限时整改，不断提高创建成效。

关于招商工作。会议听取了县商务局关于《德清县"7＋1"重点产业精准招商工作机制实施意见》（讨论稿）的汇报。会议明确，原则同意提交《实施意见》（讨论稿）的内容，修改完善后行文下发。会议强调，要坚定不移地抓好产业招商工作，主动出击、攻坚克难，努力实现战略性新兴产业引育和传统产业改造提升双轮驱动；要持续深化产业招商机制，深入研究经济形势和产业发展趋势，明确定位精准招商，整合资源合力招商，确保重点产业招商工作取得更大突破；要以产业招商的实际成效作示范，引导各镇街道根据自身优势，科学制定招商规划，推动产业有效集聚、集群发展。

关于下渚湖发展。会议听取了下渚湖街道（下渚湖风景区）关于促进下渚湖发展的情况汇报。会议指出，随着县城东扩、景城融合，下渚湖的区位优势将日益凸显，推动下渚湖加快发展十分必要。会议强调，要科学规划，立足全局，做好产城融合文章，将下渚湖总体规划全面纳入城市统一规划；要完善体制，明确各自职责，结合实际，进一步理顺和完善管理考核机制；要加快建设，加大基础设施建设投入，加快提速转型，提升景区形象；要强化协调，统筹盘活资源，合力破解发展制约难题。

关于工会改革。会议听取了县总工会关于《德清县工会改革实施方案》（讨论稿）的汇报。会议明确，原则同意提交《实施方案》（讨论稿）的内容，修改完善后下发实施。会议强调，要明确主要任务，改革组织体系，建设职责明晰、运转高效的工会组织；要健全运行机制，形成面向基层、贴近职工的工作特色；要创新工作方式，建立适应时代发展、适合职工需求的工作模式；要优化人员配备，打造德才兼备、精干高效的工会队伍；要强化综合保障，增强党委坚强领导、各方有力支持的工作合力；要加强组织领导，统一思想认识，积极稳妥实施，确保改革取得实效。

会议还书面听取了《关于进一步完善县委常委与党外代表人士联谊交友制度的意见》（讨论稿）、《关于加强政党协商的实施意见》（讨论稿）、《德清县新的社会阶层人士统战工作联席会议制度》（讨论稿）有关情况的汇报。

第十四届县委第十五次常委会议 7月3日，县委书记项乐民主持。

会议主要内容：专题研讨党政领导干部依法执政，听取莫干山国际旅游度假区工作情况汇报，听取关于教育布局有关情况汇报，讨论干部人事。

关于依法执政。会议学习传达了车俊书记在全省党政领导干部依法执政专题研讨班上讲话精神并开展了专题研讨。会议指出，要充分认识到依法执政是全面依法治国的关键所在、是"八八战略"的具体实践、是法治德清建设的实际需要，切实增强责任感、紧迫感和推进依法执政的思想自觉、行动自觉，按照依法执政的要求狠抓落实、找准问题、补齐短板，为率先建成全面小康标杆县提供强有力的法治保障，为推动法治浙江建设作出德清应有的贡献。会议强调，要准确把握深化依法行政实践中的关键问题，坚持党对法治工作的领导，进一步强化"四个意识"，确保党的主张贯彻落实到法治建设全过程和各方面；坚持与从严治党统筹推进，严格按照各项党内法规要求，不断加大党内法规制度执行力度，坚决捍卫党规党纪的严肃性和权威性；坚持与深化改革双轮驱动，以改革为动力，进一步规范和推进依法执政，确保全面深化改革与全面依法执政同步推进。要持续加强依法执政的法治素养、法治能力，领导干部要带头学法，把学法懂法作为履职尽责的基本要求、必备条件，切实打牢依法办事的理论基础和知识基础；要带头守法，树立基本法治观念，带头遵守法律、执行法律，推动形成办事依法、遇事找法、解决问题用法、化解矛盾靠法的良好法治氛围；要带头用法，做到谋划工作运用法治思维，处理问题运用法治方式，锤炼提高依法办事能力。

关于莫干山国际旅游度假区。会议听取了莫干山镇关于莫干山国际旅游度假区工作情况汇报。会议强调，要充分利用莫干山的宝贵资源和知名度，推动莫干山国际旅游度假区成为将来德清发展新的增长极。要进一步明确度假区管委会的职责、机构、编制,确保管委会尽快投入正常运行;要抓紧修订规划,明晰发展思路,引导基础设施和优质产业项目向度假区集中发展,注重融入高端元素,提升产业层次,努力打造一流的旅游度假目的地;要全力支持度假区的发展,有关部门要在规划空间、土地保障、养老保险等方面给予关注和支持,创新拓展融资渠道,支持度假区项目加快推进,确保早出形象、早见成效。

关于教育布局。会议听取了县教育局关于教育布局有关情况的汇报。会议明确,原则同意有关优化我县教育布局的建议,进一步深化完善,广泛凝聚共识,积极稳妥推进。会议强调,要高起点规划,围绕建设国际化山水田园城市,从杭州市民花园、康乾一体、景城相融的定位和加快推进新型城镇化的要求,系统规划城区教育;要多途径投入,进一步加大政府投入,充分体现教育优先发展的理念,支持和规范社会力量办学,积极引进民营教育机构;要高水平办学,围绕优学在德清的目标,进一步加强师资队伍建设,提高教育管理水平,增强人民群众获得感,提高人民群众对教育的满意度。

会议还讨论了干部人事工作。

第十四届县委第十六次常委会议 7月25日,县委书记项乐民主持。

会议主要内容:党纪教育一刻钟——学习中央纪委关于监督执纪"四种形态"有关论述,听取关于德清县2017年上半年经济运行情况和下一步对策建议的汇报,讨论《县委十四届二次全体(扩大)会议报告》、会议方案,听取上半年度安全生产工作情况汇报,听取德清县中央环境保护督察迎检工作汇报,讨论《德清县创建省全域旅游示范县暨推进湖州市国家级旅游业改革创新先行区试点实施方案》,听取关于公安局领导职数调整的汇报。

关于党纪教育一刻钟。会议学习传达了中央纪委关于监督执纪"四种形态"有关论述。会议强调,监督执纪"四种形态"是管党治党的制度利器,要担起党委主体责任,强化日常监督管理,严肃党内政治生活,严在日常,抓在经常,真正筑牢从苗头性问题到违纪违法问题的每一道防线。

关于经济运行。会议听取了县发改委关于上半年经济运行情况和下一步对策建议的汇报。会议指出,今年以来,全县上下认真贯彻落实中央和省、市委各项决策部署,紧紧围绕"四新"主题实践和"赶超发展"要求,以"六重"工作为重要抓手,深入推进"四大行动""十大工程",各项工作全面顺利推进,经济运行呈现高开稳走、稳中有进、稳中向好态势,顺利实现"半年红"。会议强调,要咬定年初确定的目标任务不放松,紧紧围绕省市党代会作出的决策部署,统筹抓好经济、改革、民生、平安、生态、党建"六张报表",要以问题为导向补齐短板,干字当头、奋力拼搏,确保在担当攻坚中实现"全年红"。

关于县委全会。会议听取了县委办公室(政研室)关于《县委十四届二次全体(扩大)会议报告》(讨论稿)、会议方案的汇报。会议指出,《县委十四届二次全体(扩大)会议报告》(讨论稿)主题突出、重点明确、任务具体,充分体现了中央、省委和市委决策部署,充分体现了省、市党代会精神,是一个聚焦赶超、凝聚人心、鼓舞士气的好报告。会议强调,要继续吸收各方意见建议,进一步修改完善,使报告更符合实际,更科学合理;要继续高标准严要求抓好会议筹备,精心组织、周密部署,确保十四届二次全体(扩大)会议顺利召开。

关于安全生产。会议听取了县安监局关于上半年安全生产工作情况的汇报。会议指出,今年以来,我县安全生产形势严峻、压力大、责任重,要时刻绷紧安全生产这根弦,以更强的责任心、更实的举措、更高的站位狠抓安全生产工作,坚决遏制安全事故高发态势。会议强调,要强化企业主体责任和镇(街道)、部门、平台的监管责任,深刻剖析安全事故案例,严格落实各项规章制度,高标准、严要求做好安全生产检查,持续推进各项安全专项整治活动,确保下半年我县安全生产形势稳定好转,切实为经济社会发展营造和谐稳定环境。

关于环保督察。会议听取了县环保局关于中央环保督察迎检工作的情况汇报。会议强调,思想认识要进一步到位,充分认识生态文明建设的重要性和严肃性,以高度的政治自觉,全力做好迎检工作;排查整改要进一步到位,镇、街道和部门要主动排查,不留盲区、不留死角,突出重点抓整改,确保不遗漏、防反弹;准备工作要进一步到位,要精心准备、严格审核、精准对接、全面保障,切实形成工作合力。

关于全域旅游创建。会议听取了县旅委关于《德清县创建省全域旅游示范县暨推进湖州市国家级旅游业改革创新先行区试点实施方案》(讨论稿)情况的汇报。会议明确,原则同意提交的《实施方案》(讨论稿)内容,修改完善后下发实施。会议指出,创建省全域旅游示范县是我县贯彻落实省委、市委部署的具体举措,也是我县经济社会发展的现实需要。会议强调,要对照任务抓创建,紧紧围绕创建要求,找准问题所在,加大工作力度,全力补齐短板,确保按时完成全域旅游示范县创建的各项任务目标;要注重实效抓创建,以创建为契机改善我县旅游基础设施、丰富旅游业态、提升服务质量,推动我县旅游经济更好更快发展;要落实责任抓创建,各镇(街道)、部门积极主动参与创建工作,县旅委发挥好牵头、协调、对接作用,确保省全域旅游示范县创建工作有序扎实开展。

会议还讨论了县公安局领导职数调整工作。

第十四届县委第十七次常委会议 8月11日,县委书记项乐民主持。

会议主要内容:党性教育一刻钟——学习贯彻习近平总书记在7月26日省部级主要领导干部专题研讨班上的重要讲话,听取关于"三改一拆"、小城镇环境综合整治、美丽县城提升工程有关情况的汇报,听取美丽乡村升级工程情况汇报,讨论《关于全面深化落实河长制进一步加强治水工作的实施意见》,听取关于湖州市国家绿色金融改革创新试验区建设动员大会精神及我县贯彻落实建议的汇报,书面汇报全市基层党建工作重点任务现场推进会精神及我县贯彻落实安排的建议。

党性教育一刻钟。会议学习贯彻了习近平总书记在7月26日省部级主要领导干部专题研讨班上的重要讲话精神。会议指出,习近平总书记"7·26"重要讲话,深刻回答了我们党在新的历史条件下的一系列重大问题,是我们党在新的历史起点上不忘初心、继续前进的行动纲领,具有很强的思想性、战略性、前瞻性、指导性。会议强调,要坚决维护好习近平总书记的领导核心地位,全体党员干部带头坚决维护核心、服从核心、爱戴核心、向核心看齐,自觉在思想上政治上行动上同以习近平同志为核心的党中央保持高度一致;要深刻领会习近平总书记重要讲话精神内涵,切实把思想和行动统一到讲话精神上来,自觉将总书记系列重要讲话精神和治国理政新理念新思想新战略作为我们的理论武装和思想引领;要抓好总书记重要讲话精神的学习宣传贯彻,紧紧围绕迎接党的十九大,结合推进"两学一做"学习教育常态化制度化,推动学习宣传贯彻工作有序开展、取得实效;要以总书记重要讲话精神为指引做好当前工作,以学促用、以学促做,坚定不移地沿着"八八战略"指引的路子走下去,确保中央、省委、市委重大决策部署在德清落地生根。

关于美丽德清。会议听取了县建设局关于"三改一拆"、小城镇环境综合整治、美丽县城提升工程有关情况的汇报。会议指出,"三改一拆"、小城镇环境综合整治、美丽县城是今年"美丽德清"行动的重要内容,是我县补齐环境短板、加快经济转型升级的有力举措,也是提升城乡发展质量、增强人民群众获得感和幸福感的重要工程。会议强调,要坚决咬定目标,紧盯"无违建县"创建,纵深推进"三改一拆"、小城镇环境综合整治和美丽县城提升工程,确保打出声势、取得实效;要抓住工作重点,"三改一拆"要统筹做好城中村改造和建设项目遗留问题清零行动、拆旧控新等工作,小城镇环境综合整理要加快项目建设和专项整治,美丽县城要重视规划、注重品质、彰显文化、完善功能;要加强长效管理,创新方式方法,深化落实举措,建立体制机制,确保各项工程平稳有序推进。

关于美丽乡村。会议听取了县农办关于美丽乡村升级工程情况汇报。会议强调,要按照建设"大花园"的要求,对照规划图、任务书和时间表,一项一项抓落实,努力打造美丽乡村建设的"德清速度""德清样板",实现全域美丽、富民增收。要注重品质提升,围绕"安全、宜居、富裕、文化、和谐"等要素,立足"全域美丽、全民受益"目标,持续做好"扩、提、融"三篇文章,匠心打造细胞工程,精准彰显村庄个性禀赋,确保把每个村都建设成景区村庄;要立足富民增收,以农业供给侧结构性改革集成示范试点推进为契机,牢固树立经营村庄理念,顺应乡村旅游发展趋势,积极谋划打造村集体增收、农民致富新路径;要完善管理体系,持续深化管理制度,积极创新管理办法,探索长效运维机制,真正将建设成果转化为发展成果。

关于河长制。会议听取了县

五水共治办（河长办）关于《关于全面深化河长制进一步加强治水工作的实施意见》（讨论稿）。会议明确，原则同意提交的《实施意见》（讨论稿）内容，及时行文下发。会议指出，河长制作为"五水共治"的一项基础性、关键性保障制度，是积极贯彻习近平总书记"两山"重要思想和省委"决不把脏乱差、污泥浊水、违章建筑带入全面小康"工作要求的具体举措，要以更高标准、更实举措、更大力度推动河长制工作再上新台阶。会议强调，要坚决防反弹，密切关注小微水体，加大农业尾水治理，持之以恒抓治水，切实巩固治水成果；要深化河长制，充实优化河长队伍，形成和健全务实管用的责任机制，使河长制有效运作、落地生根、常态长效；要抓住重点，凝聚合力，强化保障，全力以赴再夺"大禹鼎"。

关于绿色金融。会议听取了县金融办关于湖州市国家绿色金融改革创新实验区建设动员大会精神及我县贯彻落实建议的汇报。会议指出，实施绿色金融改革创新、促进绿色发展，是践行习近平总书记"两山"理论、贯彻绿色发展理念的重要举措，对地方经济发展和新动能培育起着重要作用。会议强调，要积极推进我县绿色金融改革，坚决贯彻落实市委、市政府的决策部署，结合我县实际，以金融服务实体经济为出发点和落脚点，以金融引领绿色发展为根本导向，探索绿色金融发展的有效途径，推进各项创新改革，确保绿色金融改革走在全市前列；要汇聚各方力量强化工作保障，成立试验区建设领导小组，制定试验区建设方案，出台配套扶持政策，确保试验区建设顺利推进。

会议还书面听取了全市基层党建工作重点任务现场推进会精神及我县贯彻落实安排的建议，研究了其他工作。

第十四届县委第十八次常委会议　9月1日，县委书记项乐民主持。

会议主要内容：传达学习省委理论学习中心组专题学习会精神，听取关于省市政法维稳有关会议精神和我县护航十九大维稳安保工作情况的汇报，听取中央环保督察近期工作情况汇报，听取世界地理信息大会前期筹备情况汇报，讨论《关于进一步发挥干部正向激励作用的实施办法》，听取关于调整县行政服务中心领导职数的汇报，书面汇报《德清县创建莫干山海峡两岸交流基地实施方案》。

传达学习省委专题学习会精神。会议传达学习了省委理论学习中心组专题学习会精神。会议指出，党的十八大以来，我们党和国家事业取得了举世瞩目的历史性变革和历史性成就，之所以能够取得这样的历史性成就、历史性变革，最根本的是有以习近平同志为核心的党中央的正确领导，有习近平总书记这个全党核心、人民领袖、全军统帅的掌舵和指引。我们必须牢固树立"四个意识"，把忠诚核心、拥戴核心、捍卫核心扎根在思想中，体现在行动中，落实在工作中，在任何时候任何情况下都坚决维护以习近平同志为核心的党中央权威和集中统一领导。会议强调，要坚持用习近平总书记系列重要讲话精神和治国理政新理念新思想新战略指导实践，切实把思想和行动统一到讲话精神上来，自觉将总书记系列重要讲话精神和治国理政新理念新思想新战略作为我们的理论武装和思想引领，坚定不移地沿着"八八战略"指引的路子走下去，续写好"八八战略"这篇大文章，按照习近平总书记"要牢固树立绿水青山就是金山银山的强烈意识，努力走向社会主义生态文明新时代"的指示要求，坚实朝着率先建成全面小康标杆县的奋斗目标砥砺前进，以"四新"主题实践为引领，坚定不移打好莫干山、高新区、改革、临杭、和谐"五张牌"，不断厚植优势、全速领跑，在新一轮发展中抢占制高点、赢得主动权；要坚守以人民为中心的执政理念和执政情怀，全力抓好民生保障，全力确保社会稳定，全力维护公平正义，推动改革发展成果更好地惠及全县人民；要进一步严明党的纪律，加强基层党组织和党风廉政建设，打造过硬铁军队伍，努力建设清廉德清，推动全面从严治党向纵深发展。

关于维稳安保。会议听取了县委政法委、县信访局、县安监局关于省委政法维稳有关会议精神和我县护航十九大维稳安保工作情况的汇报。会议明确，同意于9月中旬召开全县"喜迎十九大、全力保平安"动员大会。会议强调，要以更加坚定的政治自觉肩负起护航十九大的德清责任，将护航十九大作为当前首要的政治任务，以"四个意识"的政治站位，认真贯彻习总书记"7·26"重要讲话精神，围绕省、市政法维稳会议精神和决策部署，用足用好平安德清"十二连冠"经验，按照护航G20标准要求，全力以赴保稳定、护平安、促和谐；要以更高的标准和更加扎实的行动把各项重点工作落到实处，坚持问题导向、目标导向、效果导向，抓好重点领域整治、矛盾纠纷化解、重点人员稳控、安全生产监管、网络舆情净化、情报信息收集等方面工作，以舍我其谁的担当坚决捍卫平安维稳底线；要以更严明的纪律扎实推进护航十九大责任落实，严肃工作纪律，强化督导检查，层层传递压力，以考核问责倒逼责任落实，确保守土有责、守土尽责，坚决打赢十九大维稳安保这场硬仗。

关于环保督察。会议听取了县环保局关于中央环保督察近期的情况汇报。会议强调，思想上不能放松，要集中精力，以高度责任感、自觉性，落实好部门、属地各自责任；整改要坚决彻底，坚持更高标准，采取强有力措施，以更加坚定的信心和决心，确保立行立改、整改到位；稳控上要精准，深入细致地分析问题和原因，及时回应合理诉求，严格落实管控责任，确保化解及时稳控有效；问责上要动真格，按照实事求是原则，主动查摆原因，对监管不力、处置不当的依法依规严肃问责；长效机制要建立，要以此次环保督察为契机，边整改边总结，着力落实好长效管理，坚决防止问题反弹回潮，全面提升德清环保水平。

关于地信大会筹备。会议听取了高新区地信局关于世界地理信息大会前期筹备情况的汇报。会议指出，承办世界地理信息大会将大幅提升我县在全球范围内的知名度，将极大地提高地信小镇对地理信息企业的吸引力，将全面提升我县城市建设管理水平。会议强调，要充分认识举办这次大会的重要意义，咬定目标、主动作为、迅速推进，确保大会如期顺利召开；要抓紧抓牢当前重点，紧紧围绕以主会场为核心的基础设施、以凤栖湖为重点的环境设施、以"三纵三横七连"为关键的城市基础设施、以精品酒店为主的后勤保障设施、以地信产业展示为主题的布展设施等工作，加大政策处理力度，加快土地供给，确保抢出时间、抢出速度、抢出环境实效；要建立健全推进机制，进一步建立完善工程推进、向上对接、协调配合等工作机制，切实担起责任，积极主动作为，倒排时间节点，明确责任到人，确保圆满完成会址建设和会议筹备任务。

关于干部正向激励。会议听取了县委组织部关于《关于进一步发挥干部正向激励作用的实施办法》（讨论稿）情况汇报。会议明确，原则同意提交的《实施办法》（讨论稿）内容，及时行文下发。会议强调，从严治党既要坚持严格管理，又要体现关心关爱，要充分认识到正向激励在疏导干部畏难情绪、激发干部干事激情、促进干部积极进取等方面的重要意义，用好政策、创新理念，让干部愿担当、敢担当，愿到一线、敢上火线，确保真正做到干与不干、干多干少、干好干坏不一样。同时，要善于挖掘干部队伍中的先进典型和先进事迹，宣传正能量，营造好氛围。

会议还讨论了县行政中心领导职数调整工作，书面听取了《德清县创建莫干山海峡两岸交流基地实施方案》（讨论稿）有关情况的汇报。

第十四届县委第十九次常委会议 9月11日，县委书记项乐民主持。

会议主要内容：讨论《"喜迎十九大决胜全年红""十大工程"再攻坚再推进活动实施方案》，听取全县项目引进工作情况汇报，讨论《第八届游子文化节暨投资贸易人才洽谈会总体方案》，听取县第四次归侨侨眷代表大会有关情况汇报，听取群团改革有关情况汇报，听取了县级"美丽乡村建设优秀带头人"评选工作的情况汇报，讨论干部人事，书面汇报我县中小学校党建工作体制调整情况，书面汇报中共德清县农村信用合作联社委员会更名及调整党组设置情况。

关于决胜"全年红"。会议听取了县委办关于《"喜迎十九大决胜全年红""十大工程"再攻坚再推进活动实施方案》（讨论稿）的情况汇报。会议明确，原则同意提交的《实施方案》（讨论稿）内容，及时行文下发。会议强调，目标要进一步拔高，要按照标杆县的高要求，进一步拉高标准、明确责任、细化举措、加压奋进，切实以优异的成绩迎接党的十九大胜利召开；重点要进一步聚焦，要坚持问题导向、效果导向，集中精力聚焦项目双进等重点工作，确保方向准、举措实、效果好；合力要进一步形成，"十大工程"指挥长要细化举措、敲实责任，牵头部门要精心组织、统筹协调，其他各部门要积极主动、密切配合，齐心协力攻出更大成效。

关于项目引进。会议听取了县商务局关于全县项目引进工作的情况汇报。会议强调，要牢固树立"抓项目才是抓发展，服务项目就是服务发展"理念，集中精力聚焦项目，齐心协力狠抓项目，不断提高对全县发展大局贡献度。要坚持"项目为王"不动摇,始终把牢项目发展"生命线",切实营造思项目、谋项目、抓项目的浓厚氛围;要坚持"精准出击"引项目,盯牢重点产业和区域,创新方法和载体,精准挖掘项目线索,切实强化项目引进工作实效;要坚持领导带头抓项目,县领导要亲力亲为跑项目、抓项目,协调解决问题和困难,各产业招商组组长要深入研究、精准谋划,全力推动项目引进工作迈上新台阶。

关于游子文化节。会议听取了县委宣传部关于《第八届游子文化节暨投资贸易人才洽谈会总体方案》(讨论稿)的情况汇报。会议指出,游子文化节是"文化搭台,经济唱戏"的好形式,对项目引进和推进有着积极意义,要以节庆活动为抓手凝聚人心、振奋精神,推动实现全年各项目标任务圆满完成。会议强调,要按照"实效、节俭、安全"的原则办好游子文化节,注重锤炼干部队伍,带动相关工作,全面展示德清形象;要重点聚焦签约和开竣工"两个集中",确保签约项目有量有质、在谈项目早日落地、在建项目早日竣工;要把筹备过程变成推进项目双进的过程,推动项目双进形成新氛围、掀起新高潮。

关于归侨侨眷代表大会。会议听取了县委统战部关于德清县第四次归侨侨眷代表大会有关情况汇报。会议明确,原则同意9月召开县第四次归侨侨眷代表大会。会议强调,要严把质量关,选好选优代表,坚决拥护党的领导和路线方针政策,充分体现政治性、广泛性;要注重发挥作用,强化引导,充分发挥表率和桥梁纽带作用,助推德清的经济社会发展;要规范大会流程,依法依规、有序推选,统筹兼顾做好代表大会各项工作。

关于群团改革。会议听取了县委办关于群团改革有关情况的汇报。会议明确,原则同意提交的《德清县群团改革总体方案》《德清县妇联改革实施方案》《德清县共青团改革实施方案》《德清县科协系统深化改革实施方案》和《关于加强群团组织网上建设的实施方案》(讨论稿)内容,及时行文下发。会议强调,要把准改革方向,认真学习中央和省委、市委对群团改革的要求,深入研究和思考我县群团改革的思路和举措,推动群团组织更有效地服务发展大局、服务工作对象;要聚焦改革重点,着眼于提高工作实效、提高整体战斗力和夯实基层基础,明确定位、创新举措、完善机制,确保更好地发挥应有作用;要凝聚改革合力,改革办牵头抓总,群团组织发挥主体作用,相关部门密切配合,共同努力开创全县群团工作新局面。

关于美丽乡村优秀带头人。会议听取了县委组织部关于县级"美丽乡村建设优秀带头人"评选工作的情况汇报。会议指出,做好县级"美丽乡村建设优秀带头人"评选工作,对于进一步发挥好优秀村书记示范引领作用,增强基础党组织的凝聚力、战斗力,加快打造美丽乡村升级版,具有十分重要的意义。会议强调,要提高思想认识,充分认识到"美丽乡村建设优秀带头人"称号是一种荣誉,更是一种责任,带头人要以更高标准做好自身工作,当好标杆、再接再厉;要营造良好氛围,宣传优秀典型,通过先进典型事迹树立,来引导广大基层村社干部进一步对标看齐,切实打造德清基层铁军。

会议还讨论了干部人事,书面听取了我县中小学党建工作体制调整情况、中共德清县农村信用合作联社委员会更名及调整党组织设置有关情况的汇报。

第十四届县委第二十次常委会议 10月9日,县委书记项乐民主持。

会议主要内容:党纪教育一刻钟——学习中共中央关于巡视巡察有关内容,听取全省深化平安浙江建设暨党的十九大维稳安保工作会议精神及贯彻落实建议的汇报,听取关于开展"喜迎十九大 全力保平安"县级领导集中督导工作方案的汇报,听取关于完善"三亮"方案和综合考核办法的有关情况汇报,听取关于创新实施德清医药卫生体制综合改革的汇报,听取我县落实全面从严治党主体责任情况汇报,讨论《关于推进民生实事项目人大代表票决制工作的实施意见》。

党纪教育一刻钟。会议学习传达中共中央关于巡视巡察有关内容。会议指出,新修订的《巡视工作条例》和新印发的《关于市县党委建立巡察制度的意见》是推进全面从严治党向纵深发展的制度利器,是推动我县巡察工作规范健康发展的纲领性文件,必须认真学习领会,抓好贯彻落实。会议强调,要增强行动自觉,充分发挥巡察的利剑作用,着力打造我县政治生态上的绿水青山;要把准政治定位,督促党委(党组)强化政治担当,推动全面从严治党向基层延伸,把管党治党政治责任落实到基层,厚植党执政的政治基础;要推进巡察"全覆盖",积极创新巡察工作方式方法,以解决重点问题推动管党治党严起来,加大巡察整改问责力度,切实发挥巡察的标本兼治作用。

关于维稳安保和集中督导。会议听取了县政法委、县督查办关于全省深化平安浙江建设暨党的十九大维稳安保工作会议精神及贯彻落实建议情况和《开展"喜迎十九大全力保平安"县领导集中督导工作方案》(讨论稿)的情况汇报。会议明确,原则同意提交的《工作方案》(讨论稿)内容,及时行文下发。会议强调,思想认识要到位,确保党的十九大顺利召开是当前重于一切、高于一切、压倒一切的首要政治任务和政治责任,全县上下要把主要精力都集中到这项工作上来,以最高标准、最严要求、最强举措,坚决打赢十九大维稳安保这场硬仗,作出德清应有的贡献;排查摸底要全面,围绕重点要素、重点领域,集中精力、集中力量开展地毯式排查,确保不放过任何一个矛盾问题、不漏掉任何一个风险隐患。县领导及镇(街道)部门一把手,要深入一线,认真督查,带头发现、解决问题,做好榜样示范作用;问题整改要彻底,一手抓排查,一手抓整改,通过查末端、查源头,举一反三,对发现的问题隐患第一时间落实、第一时间解决,以"钉钉子"精神整改到位;责任落实要严明,全县各级各部门,要按照省委省政府要求进入社会面防控一级响应,聚焦力量、聚焦问题,严格执行值班备勤、领导带班、定期会商等各项制度,以高度的责任心、高度的执行力,确保各项目标任务落到实处。

关于综合考核。会议听取了县督查办关于完善"三亮"方案和综合考核办法的有关情况的汇报。会议明确,原则同意提交的完善意见,及时行文下发。会议强调,要提高思想认识,正确认识考核的重要性,围绕目标要求,强化沟通协调,确保各项工作顺利推进;要体现科学公正,注重在实践中发现问题,根据新形势新情况新任务,提前谋划,及时完善;要发挥考核激励作用,紧紧围绕县委县政府各项决策部署,用好考核"指挥棒",充分调动积极性,更好地推动工作、促进发展。

关于医药卫生体制改革。会议听取了县卫计局关于创新实施德清县医药卫生体制综合改革的情况汇报。会议明确,原则同意提交的《关于创新实施德清县医药卫生体制综合改革的若干意见》(讨论稿)和《德清县健康共同体建设实施方案》(讨论稿)内容,及时行文下发。会议强调,要统一思想,坚持以人民为中心,从供方和需方两端发力,着力抓好结构性改革,继续打好医改攻坚战,努力打造中国的德清样本和综合医改德清示范;要聚焦重点,进一步强化体制机制创新,正确处理好医疗、医药、医保之间及政府与市场之间的关系,确保健康共同体建设稳妥有序推进;要合力推进,做到组织到位、协调到位、落实到位,真正让老百姓得到更优质的健康保障。

关于从严治党主体责任。会议听取了县委办、县纪委关于我县落实全面从严治党主体责任情况的汇报。会议强调,要在提高认识中担起责任,牢牢把握党委主体责任在党风廉政建设体系中的牵头管总作用,党组织"一把手"要认真履行"第一责任人"职责,真正当好全面从严治党工作的领导者、执行者和推动者;要在解决问题中落实责任,认真分析研究存在问题,明确工作要求,提出实在有效的解决对策,加强监督、防范,将主体责任落到实处;要在推进试点中强化责任,进一步细化工作方案,落实相关责任,确保试点工作有创新、有突破、有实招、有实效。

关于民生实事票决制。会议听取了县人大代表工委关于《关于推进民生实事项目人大代表票决制工作的实施意见》(讨论稿)的情况汇报。会议明确,原则同意提交的《实施意见》(讨论稿)内容,及时行文下发。会议强调,要牢牢把握民生实事项目人大代表票决制工作原则,坚持党的领导、充分尊重民意、严格依法办事、突出效果导向;要科学谋划候选项目,充分发扬民主,广泛深入调研,体现必要性、针对性和现实性,保证项目落实见效;要强化能力素质提升,通过培养票决意识、扩大民意基础,真正发挥代表主体作用,提高代表参政议政能力,促进票决制度的健康发展;要强化分类指导,切实发挥县人大指导监督作用,结合实际情况,精准指导各镇(街道)工作,及时总结经验,提炼推广做法,全面推进我县民生实事项目代表票决制工作。

第十四届县委第二十一次常委会议 10月16日,县委书记项乐民主持。

会议主要内容:学哲学用哲学专题学习,讨论《德清县绿色金融引领绿色经济发展试验区建设实施方案》,讨论《关于深入推进农业供给侧结构性改革促进绿色美丽农业发展的若干意见》,听取《扶持"银象银牛"大企业培育发展(2017~2019年)的意见》及《德清县加快企业培大育强实施方案(2017~2019年)》,听取关于德清县残疾人联合会换届工作的汇报,听取关于十三届全国人大代表、省人大代表候选人初步人员推荐工作情况的汇报,研究十九大维稳安保工作,讨论干部人事,书面汇报《关于规范党员干部网络行为的意见》精神及我县贯彻落实建议。

关于学哲学用哲学专题学习。会议开展了学哲学用哲学专题学习,重温了《实践论》《矛盾论》的主要内容。会议指出,开展学哲学用哲学专题学习,是为了学习贯彻习近平总书记重要指示精神,落实好中央和省委、市委的要求,进一步提高领导干部学哲学用哲学的自觉性积极性,以更好的理论准备、思想准备,迎接党的十九大胜利召开。

会议强调,要深刻领会马克思主义哲学的真理力量,切实增强不忘初心、继续前进的强大动力。要把握好历史、现实和未来三个维度,深刻认识我们党是用马克思主义武装起来的政党,学哲学用哲学是我们党的优良传统,习近平总书记系列重要讲话精神和党中央治国理政新理念新思想新战略贯穿了马克思主义立场观点方法,展示了马克思主义中国化新境界,中国化的马克思主义是我们立党立国的根本指导思想,必须长期坚持、站稳立场,将建设中国特色社会主义的伟大事业继续推向前进。

会议强调,要以重温《实践论》《矛盾论》为契机,不断提高改造主观世界和客观世界的能力。要学习掌握"物质决定意识、一切从实际出发"的观点,对照率先建成全面小康标杆县的要求,把准历史方位,全力打好"五张牌",写好发展"大文章",进一步在综合实力上争先进位、做大做强;要学习掌握"从群众中来、到群众中去"的观点,始终坚持以人民为中心的发展思想和工作导向,扎扎实实地推进环境治理、城乡建设、教育医疗等各项民生实事,确保把每项民生工程都办成经得起检验的良心工程;要学习掌握"矛盾对立统一、辩证转化"的观点,既要补上在县委十三届十次全会上梳理出来的项目双进、科技创新、交通基础设施等八块短板,更要让补短板的过程,成为培育新优势、树起新标杆的过程,切实在补齐短板中加快赶超;要学习掌握"事物普遍联系、矛盾发展不平衡"的观点,当前把迎接党的十九大胜利召开作为头等大事,努力营造良好的政治环境、社会环境和发展环境,同时,用好统筹兼顾的工作方法,谋好全局、弹好钢琴,通过接下来两个多月的冲刺攻坚,顺利实现"全年红""满堂红"。

会议强调,要牢牢抓住领导干部这个"关键少数",争当学哲学用哲学的示范和表率。要着眼思想实际,解决理想信念问题,坚持读原著、学原文、悟原理,把学哲学用哲学作为强化理论武装的经常性工作,作为"两学一做"学习教育常态化制度化重要内容,不断强化"四个意识",坚定"四个自信",始终把牢理想信念"总开关";要着眼能力实际,解决本领恐慌问题,始终保持危机感、紧迫感,争做学习型干部,带出学习型队伍,切实增强工作的科学性和创造性;要着眼工作实际,解决执行能力问题,大力弘扬理论联系实际的优良学风,不断提高运用辩证唯物主义、历史唯物主义指导实践的能力,做到把握规律、知行合一、学以致用,更加科学有效地推动德清赶超发展、打造标杆。

关于绿色金融。会议听取了县金融办关于《德清县金融引领绿色经济发展试验区建设实施方案》(讨论稿)的情况汇报。会议明确,原则同意提交的《实施方案》(讨论稿)内容,及时行文下发。会议指出,实施绿色金融改革创新、促进绿色发展,是践行习近平总书记"两山"理论、贯彻绿色发展理念在金融领域的具体实践。会议强调,要充分认识重要意义,以绿色金融为引领,推动我县在调结构、转方式等方面的积极作用,不断探索具有德清特色的绿色金融发展模式;要聚焦重点扎实推进,以金融服务实体经济为出发点和落脚点,扎实推进各项重点任务,确保改革取得预期成效;要有大局意识,全县各部门要主动配合、全力支持绿色金融改革创新这项系统工程,切实形成推动改革的强大合力。

关于美丽农业。会议听取了县农业局关于《关于深入推进农业供给侧结构性改革促进绿色美丽农业发展的若干政策意见》(讨论稿)的情况汇报。会议明确,原则同意提交的《若干政策意见》(讨论稿)内容,及时行文下发。会议指出,发展美丽农业是深入推进农业供给侧结构性改革,加快培育农业农村发展新动能的重要举措。会议强调,要充分发挥政策的指挥棒作用,不断提高针对性、科学性、公平性,开展全方位宣传、多角度解读,让政策真正走进企业、深入人心;要严格保证政策落实的阳光透明,强化奖补资金项目申报、公示、验收、审计等各环节的操作和管理,保障各项惠农富农强农政策落到实处,持续增进农民群众的获得感和幸福指数。

关于企业培育。会议听取了县经信委关于《扶持"银象银牛"大企业培育发展(2017～2019年)的意见》(讨论稿)及《德清县加快企业培大育强实施方案(2017～2019年)》(讨论稿)的情况汇报。会议明确,原则同意提交的《意见》(讨论稿)及《实施方案》(讨论稿)的内容,及时行文下发。会议指出,企业是我们创造社会财富的主体之一,是解决百姓就业问题的主力军,是推动经济平稳快速发展,促进社会和谐不可或缺的重要力量,要进一步助推企业做大做强。会议强调,要统一思想,充分认识出台政策意见的必要性,加快培育和发展一批具有较强实力的企业,为"金象金牛"大企业发展储备力量;要积极引导,在税收贡献奖励、要素资源支持等方面加大政策扶持,鼓励企业再投入、再发展、再壮大;要营造氛围,领导干部带头联系企业,积极上门做好服务工作,让相关企业真正得到激励,努力提高核心竞争力。

关于残联换届。会议听取了县残联关于德清县残疾人联合会换届工作的汇报。会议明确,原则同意残联换届的相关内容,认真做好筹备工作,确保顺利召开。会议强调,要把牢政治方向,充分体现中央、省、市关于群团改革的精神和要求,把党的领导贯彻到换届工作的全过程,以高度的政治责任感和使命感,精心组织,周密部署,认真实施;要严肃换届纪律,严格执行换届工作和干部选拔任用的工作规定,坚决维护换届工作的严肃性,保证换届风清气正;要营造良好环境,大力弘扬人道主义精神和现代文明社会的残疾人观,激励残疾人自强自立精神,激发残疾人工作者热情,营造关心支持残疾人事业发展的浓厚氛围。

关于维稳安保。会议学习传达了市委信访维稳工作会议精神和工作要求。会议指出,党的十九大维稳安保工作,已经到了决战决胜的关键阶段,全县上下一定要从讲政治、讲党性、讲大局的高度,全力以赴抓好当前维稳安保各项工作。会议强调,思想神经要再绷紧,防止松劲懈怠、消极厌战、麻痹大意,切实打起十二分精神,百倍努力,百倍付出,坚决把德清这块阵地守好、守住、守牢;防范措施再严密,进一步实时动态排查,严密加强稳控,保持信息畅通,做到心中有底、心中有数,把重点人牢牢吸附在属地;应急准备要再充分,做深做细应急预案,强化合成作战,及时处置突发情况,确保问题隐患预警在前期、处置在外围;稳控责任要再落实,紧紧抓住责任制,严格落实责任单位和责任人,按照"属地管理,分级负责""谁主管、谁负责"的原则,各镇(街道)、各部门要坚决守好各自阵地,在关键时期,因稳控不力造成后果的,一律对相关领导和责任人追责问责,倒逼各项工作落到实处。

会议还听取了关于十三届全国人大代表、省人大代表候选人初步人选推荐工作情况的汇报,书面听取了《关于规范党员干部网络行为的意见》精神及我县贯彻落实建议,讨论了干部人事。

第十四届县委第二十二次常委会议 10月30日,县委书记项乐民主持。

会议主要内容:学习党的十九大精神,传达全省、全市领导干部会议精神,研究部署我县宣传贯彻工作。

关于学习党的十九大精神。会议专题学习了党的十九大精神,传达了省、市领导干部会议精神,听取了县委办关于《德清县学习宣传贯彻党的十九大精神主要安排建议》(讨论稿)的情况汇报。会议明确,原则同意提交的《安排建议》(讨论稿)内容,进一步修改完善后,及时行文下发。

会议指出,党的十九大,是我们党在全面建成小康社会决胜阶段、中国特色社会主义进入新时代的关键时期召开的一次十分重要的大会。通过这次大会,我们党在政治上、理论上、实践上取得一系列重大成果,阐明了新时代坚持和发展中国特色社会主义的一系列重大理论和实践问题,制定了推进党和国家各方面工作的战略部署,是我们党在新时代开启新征程、续写新篇章的政治宣言和行动纲领。习近平总书记所作的报告,以重大判断给出历史方位,以新的思想体系提供强大武器,以党的初心和使命贯穿报告始终,充分体现了全党意志、人民心声,是"中国之治"的时代宣言、马克思主义的理论飞跃、亿万人民的幸福指南。

会议强调,学习宣传贯彻党的十九大精神,使党的十九大精神成为率先建成全面小康标杆县的强大思想武器,是我们当前和今后一个时期的首要政治任务。要准确领会十九大精神的核心精髓,在全面系统的基础上突出重点、抓住关键;要全面开展十九大精神的宣传培训,在党员领导干部带头学习、带头解读、带头宣讲、带头贯彻十九大精神的基础上,组织形式多样的宣讲活动,真正做到横向到边、纵向到底,家喻户晓、人人皆知,在全县上下掀起学习贯彻热潮;要充分展现十九大精神的学习成效,将报告提出的新目标、新方略、新举措,逐项研究,逐条细化,把学习贯彻与抓好当前各项工作结合起来,与谋划明年及今后一个时期的工作思路结合起来,持续深入打好莫干山、高新区、改革、临杭、和谐"五张牌",真正把学习成效体现在"全年红"的圆满实现上、体现在"标杆县"的率先建成上、体现在"新征程"的全面开启上、体现在"新作为"的充分展现上。

第十四届县委第二十三次常委会议 11月10日,县委书记项乐民主持。

会议主要内容:传达省委十四届二次全体(扩大)会议精神,讨论《德清县生态保护红线划定》,听取关于县国资国企改革有关情况汇报,听取关于2017年全县基层统战情况汇报,听取关于县文联、总工会、妇联、科协换届工作的汇报,听取关于机构编制有关事项的汇报,书面汇报首届湖商发展大会德清筹备情况。

关于学习传达省委全会精神。会议学习传达了车俊书记在省委十四届二次全体(扩大)会议上的讲话精神并开展专题研讨。会议指出,要以习近平新时代中国特色社会主义思想为指引,大力弘扬红船精神,把学习贯彻十九大和此次省委全会精神,与推动德清具体实践相结合,把握时间节点,找准工作坐标,确保落实到位。会议强调,要把省委全会精神落实到"新热潮"的全面掀起上,确保十九大精神在德清一个声音、一贯到底;要落实到当前各项年末收尾工作中,进一步形成赶超发展氛围,自加压力、对标对表、补齐短板、奋力赶超,确保实现"全年红";要落实到"新征程"的奋力开启上,在县党代会提出的各项目标基础上,对照新要求,进一步提高站位、拉高标杆,开启新征程;要落实到"新作为"的充分展现上,拿出德清"双勇"铁军作风,进一步增强落实主体责任的紧迫感和责任感,时刻绷紧主体责任之弦,真正推动管党治党全面从严。

关于生态保护。会议听取了县环保局关于《德清县生态保护红线划定》(讨论稿)的情况汇报。会议明确,原则同意提交的《红线划定》(讨论稿)的内容,按照时间要求,报县人大常委会审议。会议强调,要牢固树立"两山"理念,结合"多规合一"试点工作,优化原有生态保护红线,制定严格的管控措施,不断推进我县生态文明建设迈向新台阶;要坚决守牢生态保护红线,全面保护和改善德清生态环境,切实维护县域生态安全,为率先建成全面小康标杆县提供强有力的生态环境保障;要充分体现绿色发展成效,在守牢红线的基础上,正确处理好生态保护与经济发展的辩证统一,不断提高经济质量和可持续发展水平,切实将我县生态优势转化为发展优势。

关于国资国企改革。会议听取了县财政局关于《关于扶持建发集团和文旅集团改革发展的若干意见》(讨论稿)、《关于建立县属国有企业监事会制度的意见》(讨论稿)、《德清县企业国有资产监督管理办法》(讨论稿)及国资国企改革有关情况的汇报。会议明确,原则同意提交的《若干意见》(讨论稿)、《监事会制度的意见》(讨论稿)、《管理办法》(讨论稿)的内容,及时行文下发。会议强调,要进一步统一思想,各部门要增强大局意识,凝聚合力,深入推进,将更多的优质资源注入两大集团,助推德清经济社会加速发展;要不断提高企业自主创新能力和核心竞争力,完善法人治理结构和投融资运营机制,建立健全现代企业制度,确立企业市场主体地位,切实增强企业内在活力和市场竞争力;两大集团要加强自身建设,在优化企业增长模式、调整动力结构、完善治理制度、推进改革创新、提升业务能力、加强队伍建设等方面下功夫,真正把两大集团打造成全县经济发展的新引擎。

关于基层统战。会议听取了县委统战部关于2017年全县基层统战工作情况汇报。会议强调,要进一步提升思想认识,破解存在问题,不断增强基层统战工作的政治性、群众性、艺术性;要进一步完善工作机制,充分发挥统一战线的独特优势,完善机制,创新方法,努力健全统战工作的组织网络,切实让基层统战工作实现有序、有位、有为、有力；要进一步彰显工作成果，真正使基层统战工作成为党与广大统一战线成员密切联系的重要纽带，成为落实统战方针政策的重要基础，成为了解党外人士意见建议、反映社情民意的重要渠道，成为培养统一战线各方面代表人物的重要源头。

关于群团组织换届。会议听取了县文联、总工会、妇联、科协换届工作的汇报。会议明确，原则同意有关县文联、总工会、妇联、科协换届工作安排，抓紧启动筹备工作，确保高质量地完成换届工作。会议强调，要起草一个好报告，以十九大精神为指引，高举习近平新时代中国特色社会主义思想的伟大旗帜，落实中央关于群团改革的意见，广泛听取意见，充分发扬民主，总结好本届工作，谋划好新一届的工作目标、举措、任务；要选出一批好代表，严格按照章程和选举办法的有关规定，切实把好代表人选资格条件关，确保选出一批政治合格、工作积极、作风正派的好代表；要选配一个好班子，坚持党管干部原则，坚持德才兼备、以德为先的用人标准，树立正确的用人导向，注重领导班子的整体功能，真正选好干部，配强班子；要开好一次代表大会，加强组织领导，严肃换届纪律，注重会纪会风，充分讨论报告，进一步统一思想，把正能量和报告精神传递到群众中去，切实形成广泛的共识。

会议还研究了有关机构编制事项，书面听取了首届湖商发展大会德清筹备情况的汇报。

第十四届县委第二十四次常委会议 11月24日，县委书记项乐民主持。

会议主要内容：学习传达省委十四届省委第二轮巡视工作动员部署会精神，讨论《关于开展"进百村走千企入万户"大宣讲大走访大调研活动方案》，听取关于美丽县城提升工程进展情况汇报，讨论《德清西部地区保护与开发控制规划》，讨论《德清县深化行政复议体制改革实施工作方案》，讨论干部人事。

学习传达省委巡视工作会议精神。会议学习传达十四届省委第二轮巡视工作动员部署会精神。会议强调，要全面落实管党治党要求，深入理解和把握十九大关于全面从严治党的新要求，全面贯彻车俊书记提出的"三个聚焦"和"三个三看"的要求，严格执行新形势下党内政治生活准则，全面加强作风建设，真正把中央和省委、市委关于全面从严管党治党的各项要求落细落实；要坚决贯彻上级决策部署，牢固树立"四个意识"，切实增强政治敏锐性和鉴别力，坚决把思想和行动统一到中央和省委关于巡视巡察工作的决策部署上来；要不断提升巡察工作水平，坚持把巡视巡察工作的新精神新要求体现在县委巡察的各项工作中，加强巡察队伍建设，真正发挥巡察的震慑和"利剑"作用。

关于开展大宣讲大走访大调研活动。会议听取了县委办关于《关于开展"进百村走千企入万户"大宣讲大走访大调研活动方案》（讨论稿）的情况汇报。会议明确，原则同意提交的《活动方案》（讨论稿）的内容，及时行文下发。会议指出，开展"进百村走千企入万户"大宣讲大走访大调研活动，是我县围绕省委、市委决策部署，进一步推动十九大精神在德清落地生根的具体行动。会议强调，思想要高度统一，领导干部要带头宣讲、带头走访、带头调研、带头贯彻十九大精神，充分发挥示范表率作用，在全县上下进一步掀起学习贯彻十九大精神的热潮，真正使十九大精神成为率先建成全面小康标杆县的思想武器和行动指南；重点要充分聚焦，着重研究党的十九大精神贯彻落实中的重大问题，率先建成全面小康标杆县进程中的紧迫问题，基层群众反映强烈的突出问题，充分展现十九大精神的学习贯彻成效；责任要全面落实，领导干部要主动下沉、直面矛盾、走进难题，宣传部门要加强组织指导，县"四新"办要加强统筹协调，切实推动十九大精神在德清落地生根。

关于美丽县城。会议听取了县建发集团关于美丽县城提升工程进展情况的汇报。会议指出，美丽县城提升工程有利于完善城市功能、提升城市品质、强化城市管理，此项工程的推进将进一步满足人民群众对美好生活的需要，为首届世界地信大会召开做好城市形象准备，为创建全国文明城市打下扎实基础。会议强调，要科学施工，注重国际化、智能化、人文化，做好公共基础设施和城市绿化的"加法"，加强工程管理，合理安排工期，确保早见成效、早出形象；要形成合力，筹备组、相关部门、街道要强化大局意识，主动补位、体现担当，齐心协力推进美丽县城提升各项工作；要加强宣传，为美丽县城提升工程提供强有力的舆论支持，形成全社会支持参与的良好局面。

关于西部地区控制规划。会议听取了县建设局关于《德清西部地区保护与开发控制规划》(讨论稿)的情况汇报。会议明确,原则同意提交的《控制规划》(讨论稿)的内容,修改完善后,报县人大常委会审议。会议指出,十九大明确提出了要完成生态保护红线、永久基本农田、城镇开发边界三条控制线划定工作的要求,结合我县西部生态容量压力大的实际,制定西部地区的保护与开发控制规划显得十分必要。会议强调,要牢固树立"两山"理念,始终毫不动摇地坚持"两山"理念在我县的持续践行,衔接落实好发展与管控要求;要正确处理好保护与开发的关系,以满足生态环境保护要求为前提,实现开发容量能大则大、空间能用则用、业态能高则高;要严格执行控制规划,有针对性地保护、优化、改善西部地区生态环境和发展空间,为率先建成小康标杆县提供强有力的生态环境保障。

关于行政复议体制改革。会议听取了县法制办关于《德清县深化行政复议体制改革实施工作方案》(讨论稿)的情况汇报。会议明确,原则同意提交的《工作方案》(讨论稿)的内容,及时行文下发。会议指出,深化行政复议体制改革是全面贯彻落实党的十九大精神,全面深化改革和全面推进依法治国的重要部署,是我省法治浙江建设走在全国前列和率先基本建成法治政府的有力举措。会议强调,要充分认识重要意义,切实增强改革的责任感和使命感,高度重视行政复议工作,抓好体制改革措施的贯彻落实,确保改革顺利推进;要切实加强工作保障,注重统筹、形成合力,协同推进,密切配合复议改革的各项要求和工作措施;要务求改革取得实效,坚持将调解的理念贯穿于行政复议办案全过程,真正从源头上减少行政争议的发生。

会议还讨论了干部人事工作。

第十四届县委第二十五次常委会议 12月11日,县委书记项乐民主持。

会议主要内容:传达贯彻习近平总书记关于进一步纠正"四风"、加强作风建设的重要指示精神,学习传达《习近平谈治国理政》第二卷出版座谈会精神,听取"突出关键点,护航十九大"大会战工作小结和平安德清建设工作汇报,听取"无违建县"省考核验收情况汇报。

传达贯彻习近平总书记关于作风建设重要指示精神。会议传达贯彻了习近平总书记关于进一步纠正"四风"、加强作风建设的重要指示精神。会议指出,习近平总书记近日就新华社《形式主义、官僚主义新表现值得警惕》一文作出重要批示,充分表明了以习近平同志为核心的党中央坚定不移全面从严治党、持之以恒正风肃纪的鲜明态度和坚定决心,充分体现了习近平总书记求真务实、冷静清醒、执着信念的领袖风范。我们要结合深入学习贯彻党的十九大精神和习近平新时代中国特色社会主义思想,结合深入学习《关于加强和维护党中央集中统一领导的若干规定》和《贯彻落实中央八项规定的实施细则》,牢固树立"四个意识",提高政治站位,切实把思想和行动统一到习近平总书记的重要指示上来,统一到中央加强作风建设的部署要求上来。

会议强调,党的十八大以来,全县纠正"四风"取得重大成效,但形式主义、官僚主义仍然不同程度存在。我们要对照形式主义、官僚主义"十种表现",把自己摆进去,全面查摆问题,坚决加以整改。之后召开的各级民主生活会和组织生活会,要把贯彻落实中央八项规定精神、转作风改作风情况作为对照检查的重要内容,查摆问题不留死角、不留余地,剖析原因触及思想、触及灵魂,整改举措实打实、硬碰硬,确保开出高质量。

会议强调,"四风"问题具有顽固性和反复性,稍有松懈就会卷土重来。纠正"四风"不能止步,作风建设永远在路上。要从讲政治的高度充分认识到反对"四风"问题的重要意义,充分认识到驰而不息纠正"四风"的重要性和长期性。继续紧盯一个一个节点、狠抓一件一件小事,推动中央八项规定精神落实落细、成风化俗。各级领导干部要身体力行、带头执行,以上率下、层层带动,形成改作风、正作风的"头雁效应",以踏石留印、抓铁有痕的劲头把落实中央八项规定精神一抓到底,严厉查处各种顶风违纪违规问题,以良好的作风有力推动全县各项工作。

学习传达《习近平谈治国理政》第二卷出版座谈会精神。会议学习传达了《习近平谈治国理政》第二卷出版座谈会和省委、市委常委会议精神。会议指出,《习近平谈治国理政》第二卷生动记录了以习近平同志为核心的党中央，团结带领全党全国各族人民，在新时代坚持和发展中国特色社会主义的伟大实践，集中反映了习近平新时代中国特色社会主义思想形成发展的轨迹和成果，是我们学习领会十九大精神、习近平新时代中国特色社会主义思想的权威读本。学习贯彻落实传达《习近平谈治国理政》第二卷出版座谈会精神，要在学懂、弄通、做实上下功夫，进一步深刻理解把握习近平新时代中国特色社会主义思想的时代背景、精神实质、实践要求，更加坚定自觉地维护以习近平同志为核心的党中央权威和集中统一领导。会议强调，要迅速组织学，县委常委会和县人大常委会、县政府、县政协党组要带头学习、带头宣传、带头贯彻；高新区、各镇（街道）、各部门党委（党组）要发挥示范表率作用，在加强自身学习的同时，认真抓好本单位学习，切实掀起全县学习热潮。要丰富载体学，把《习近平谈治国理政》第二卷纳入党委（党组）理论学习中心组以及各党支部重要学习内容，纳入广大党员日常学习内容；党校、行政学院要将这部著作作为干部培训的必备教材，做到专题讲授、全员研修；要积极组织社会各界、民营企业、广大群众学习，不断把学习引向深入，推动习近平新时代中国特色社会主义思想在全县上下内化于心、外化于行。要结合实际学，按照学以致用、用以促学的要求，坚持学习宣传研究相结合，引导广大干部群众把学习《习近平谈治国理政》第二卷与学习第一卷紧密结合起来，与学习贯彻十九大精神和省、市、县党代会精神紧密结合起来，与深入推进"四新"主题实践、"四大行动"、"十大工程"再攻坚再推进紧密结合起来，切实用习近平新时代中国特色社会主义思想武装头脑、指导实践、推动工作。

关于平安创建。会议听取了县委政法委关于"突出关键点、护航十九大"大会战工作小结和平安德清建设工作的情况汇报。会议指出，今年以来，面对维护社会大局和谐稳定的新形势新任务，全县上下坚决贯彻落实中央和省委、市委各项决策部署，以护航十九大为总牵引，扎实推进平安护航各项工作，思想认识到位、组织领导到位、责任落实到位、防控措施到位，圆满完成十九大安保、世界互联网大会安保等一系列维稳安保硬任务，顺利实现"德清不出事，德清的人不进京赴省惹事"的目标，成绩值得充分肯定。会议强调，平安底线要时刻守牢，始终绷紧平安稳定这个弦，集中精力抓好安全生产、公共安全、危旧房治理等各项监督管理工作，善于发现问题、及时整改问题、消除安全隐患，确保岁末年初社会大局持续和谐稳定；"平安创星"要全力争取，牢固树立问题导向，进一步深化平安形势分析和问题整改，认真梳理考核各项内容，加强与省市部门对接沟通，加大平安宣传力度，切实提高"平安三率"，坚决防止一票否决事项的发生；平安责任要牢牢扛起，县委政法委要发挥好牵头抓总的作用，相关责任部门要真抓实干，既管业务也管安全，镇街道要守土有责、守土负责、守土尽责，形成各负其责、齐抓共管的良好局面。

关于无违建县创建。会议听取了县建设局关于无违建县省考核验收情况的汇报。会议强调，要坚定创建信心，以无违建县省考核验收为契机，一鼓作气，乘势而上，全面落实无违建县创建各项目标任务；要加快补齐短板，彻底排查梳理，找准问题根源，明确整改要求和举措，杜绝增量、减少存量，确保整改到位；要全面落实责任，树立大局意识，对照问题清单，层层压实责任，防止反弹回潮，形成常态长效；要切实加强对接，善于抓对接，持续抓对接，全程跟踪工作进展，争取省市对我县创建工作更多的支持，确保无违建县创建成功。

第十四届县委第二十六次常委会议 12月27日，县委书记项乐民主持。

会议主要内容：传达中央、省委经济工作会议精神，传达贯彻习近平总书记关于寻乌扶贫调研报告重要指示精神，学习贯彻浙江省《贯彻落实中央八项规定实施细则的办法》，听取关于德清县"五未"土地处置专项行动的情况汇报，传达全省生活垃圾分类处理工作动员会精神，听取我县贯彻建议的汇报，听取关于深化我县公共资源交易监管体制机制改革的情况汇报，听取关于德清县国有企业负责人薪酬制度的情况汇报，听取德清县监察体制改革试点工作情况汇报，听取县"两会"有关事项的汇报，讨论干部党政纪处分问题，书面汇报第二轮第二批2017年度市级"美丽乡村建设优秀带头人"推选情况。

传达中央、省委经济工作会议精神。会议传达了中央、省委经济工作会议精神。会议指出，此次中央经济工作会议着眼党和国家事业发展全局，科学总结党的十八大以来我国经济发展历程,深入阐述我国经济已由高速增长阶段转向高质量发展阶段的重大意义,深刻分析当前经济形势,对做好明年经济工作提出了总体要求和政策导向,作出了改革发展重点任务的战略部署,是做好当前和今后一个时期我国经济工作、引领中国经济向高质量发展阶段迈进的根本遵循。省委经济工作会议对明年经济工作的部署目标明确、任务清晰、要求具体,指导性、操作性都很强,为全县今后工作指明了方向。会议强调,要以习近平新时代中国特色社会主义经济思想为引领,全力做好明年经济工作,推动德清高质量发展。要深入践行"两山"理念,努力扛起更大责任、确立更高标准、赋予更新内涵、探索更多实践,推动形成绿色发展新格局;要加快推动质量提升,以供给侧结构性改革为主线,以"六重"工作为抓手,推动发展的高质量、加速度、均衡性、可持续;要持续深化改革开放,以"最多跑一次"改革撬动各领域改革,切实激发各类市场主体活力;要大力推动乡村振兴,以农业供给侧结构性改革为抓手,加快农业农村发展和农民增收致富,切实打造乡村振兴先行区;要着力富民惠民安民,持续办好民生实事项目,优化医疗、教育等资源均衡配置,加强和创新社会治理,不断改善民生福祉;要加强党对经济工作的领导,切实增强执政本领,确保中央和省委决策部署在德清落到实处、取得实效。

传达贯彻习近平总书记关于调查研究工作指示精神。会议传达贯彻了习近平总书记关于寻乌扶贫调研报告的重要指示精神。会议指出,习近平总书记多次对大兴调查研究之风作出重要指示,充分体现了以习近平同志为核心的党中央对调查研究的高度重视,对于全党深入学习贯彻党的十九大精神、坚持实事求是作风、大力开展调查研究,具有重要的指导意义。会议强调,要大兴调查研究之风,坚持领导带头,以身作则、率先垂范;要坚持问题导向,把调查研究与中心工作紧密结合,结合"进百村走千企入万户"大宣讲大走访大调研活动,深入实际、深入基层、深入群众,确保问题在一线掌握,矛盾在一线破解。

学习贯彻浙江省《贯彻落实中央八项规定实施细则的办法》。会议学习传达了浙江省《贯彻落实中央八项规定实施细则的办法》。会议强调,要按照中央、省委、市委要求,严格贯彻落实中央八项规定实施细则和我省具体实施办法,驰而不息正风肃纪。特别是要把贯彻落实中央八项规定精神、转作风改作风情况,作为召开民主生活会和组织生活会对照检查的重要内容,认真查找"四风"突出问题特别是形式主义、官僚主义的新表现,采取过硬措施,坚决加以整改。以脚踏实地的态度埋头苦干、推进工作、抓好落实,确保各项工作取得新的进展。

关于"五未"土地处置。会议听取了县国土局关于德清县"五未"土地处置专项行动的情况汇报。会议明确,原则同意提交的《德清县"五未"土地处置专项行动实施方案》(讨论稿)的内容,及时行文下发。会议指出,"五未"土地处置专项行动是促进经济转型、破解要素制约、拓展发展空间、推进项目建设、实现高质量发展的一项重要举措。会议强调,要提高认识,各镇(街道)和相关部门要牢固树立"有限空间、无限发展"理念,切实加快"五未"土地处置,不断提高土地利用率、产出率,不断优化土地要素市场化配置;要坚决执行,对"五类"低效用地进行全面核实、全面排查,加强处置过程中的督查考核,确保专项行动取得实效;要形成合力,各部门要围绕各自工作职责抓紧对接,共同研究采取有力有效措施,形成推进工作的强大合力。

关于垃圾分类处理。会议听取了县综合执法局关于全省生活垃圾分类处理工作动员会议精神和我县贯彻建议的情况汇报。会议强调,要高度重视,紧盯垃圾治理这个民生领域的"关键小事",围绕全省生活垃圾分类处理工作动员会部署要求,进一步明确目标,压实责任,扎实工作,确保打赢垃圾治理攻坚战;要加快推进,进一步加快处理设施建设,完善体制机制,加大宣传普及力度,切实增强群众垃圾分类意识;要积极探索,优化"一把扫帚扫到底"模式,提出现阶段的新体制、新模式,加大市场化运作,引入政府购买服务、PPP等第三方治理模式。

关于公共资源监管。会议听取了县行政服务中心关于深化我县公共资源交易监管体制机制改革的情况汇报。会议明确,原则同意提交的《德清县深化公共资源交易监管体制机制改革实施方案》(讨论稿)的内容,及时行文下发。会议指出,深化公共资源监管体制机制改革是贯彻落实"放管服"改革精神,创新和加强公共资源交易监管效能的重要举措。会议强调,要充分认识改革意义,围绕上级部署要求,进一步领会改革精神,抓住改革重点,以发现问题、解决问题为导向,确保改革落到实处;要加强协调联动机制,各相关单位积极沟通解决改革过程中出现的问题,确保此项改革有效落地。

关于监察体制改革。会议听取了县纪委、县监委关于德清县监察体制改革试点工作的情况汇报。会议指出,监察体制改革是事关全局的重大政治体制改革,是推进国家治理体系和治理能力现代化的重要举措。会议强调,要进一步提高政治站位,深刻认识改革重大意义,担起先行先试责任,发挥先行先试优势,不断深化改革试点,推动我县改革试点工作走在前列;要进一步发挥改革作用,从体制机制上实现对所有行使公权力的公职人员监察全覆盖,确保存在的问题及时发现、发现的问题及时处置;要进一步强化自身监督,健全内部管理制度,完善内部巡察机制,构建严密的自我监督体系,树立严格自律的标杆。

会议还听取了关于县"两会"有关事项、德清县国企负责人薪酬制度的情况汇报,讨论了有关干部党政纪处分问题,书面听取了第二轮第二批2017年度市级"美丽乡村带头人"推选情况。

【其他重要会议】 全县镇(街道)、平台一把手工作例会 2月10日例会,会议强调要进一步拉高标杆、比学赶超、担当有为,抓紧重点工作,精准补齐短板,确保实现"开门红""全年红",为率先建成全面小康标杆县开好局。

4月1日例会,会议强调,要强化责任担当、持续发力攻坚,不断将"四大行动""十大工程"推向纵深。

5月25日例会,对剿灭劣Ⅴ类水工作进行再研究、再部署、再推进。

8月31日例会,会议肯定美丽德清建设前期工作成效,要求各镇(街道)、平台要继续结合自身实际,谋划好"三改一拆"、"五水共治"、美丽乡村建设和小城镇环境综合整治各项工作,并就项目引进、美丽德清建设工作提出要求,就下阶段美丽乡村建设工作作具体部署。

10月10日例会,会议强调,要坚持一手抓平安,一手抓发展,圆满完成"平安护航十九大"的同时,强化"项目为王"理念,确保"两手抓、两不误、两促进"。

11月30日例会,会议要求,要以十九大精神为指引,紧扣目标抓冲刺,突出重点抓攻坚,守牢底线抓稳定,理清思路抓谋划,把贯彻落实十九大精神的成效展示在实现"全年红"上,为率先建成全面小康标杆县奠定扎实基础。

经济工作相关会议 1月9日,县委经济工作会议召开。县委书记项乐民在会上强调,全县上下要把思想统一到上级的决策部署和德清的实际上来,把牢稳中求进总基调,把重点聚焦到目标任务的推进和突破上来,坚定不移打好转型升级组合拳,切实把党对经济工作的领导落实到发展的实绩和实效上来,全力夺取"开门红",为率先建成全面小康标杆县开好局、起好步。

4月28日,县委常委(扩大)会暨一季度经济和社会稳定形势分析会召开。会议传达了省委书记车俊在安吉余村调研座谈时的重要讲话精神,通报了一季度主要经济指标排名情况,强调要强化责任担当,尽快补齐短板,在加压奋进中提速赶超,全力夺取经济社会发展"半年红""全年红"。

5月4日,全县金融工作暨企业多层次资本市场挂牌上市工作推进会召开。

10月25日,县委常委(扩大)会暨三季度经济和社会稳定形势分析会召开。会议强调,要在贯彻落实十九大精神中树起新标杆,在认清形势中增强紧迫感,在持续攻坚中决胜"全年红"。

改革工作相关会议 2月23日,全县美丽乡村建设暨农业供给侧结构性改革工作会议召开。

4月10日,县委全面深化改革领导小组会议召开。会议审议通过《县委全面深化改革领导小组2017年工作要点》《关于调整县委全面深化改革领导小组及各专项小组成员名单的通知》,审议《农业供给侧结构性改革集成示范试点方案》,听取关于德清县深化农村集体资产股份权能改革工作八项制度创新、土地二级市场和征收制度改革的有关情况汇报。

8月7日,德清县召开农业供给侧结构性改革集成示范试点动员会。

8月15日,德清县召开农业供给侧结构性改革集成示范试点座谈会,落实试点动员会精神,进一步明确任务、细化责任,确保各项改革任务扎实有序推进。

11月20日,全县卫生与健康大会暨综合医改动员会召开,并为武康健康保健集团、新市健康保健集团授牌。新组建的武康健保集团由县人民医院、县中医院，以及乾元镇、洛舍镇、雷甸镇、莫干山镇、武康街道、舞阳街道、阜溪街道、下渚湖街道的8家卫生院组成，新市健保集团由德清医院和新市镇、钟管镇、禹越镇、新安镇的4家卫生院组成。

12月11日，县委全面深化改革领导小组会议召开。传达全国农村集体资产股份权能改革试点工作总结交流会和国土资源部深化统筹推进农村土地制度改革三项试点工作会议精神，听取农业供给侧结构性改革集成示范、"最多跑一次"、农村土地制度和土地二级市场等改革试点情况的汇报，讨论通过《企业投资项目发改委"一窗服务"试点德清县实施方案》《"标准地"试点德清县实施方案》。

12月21日，德清县召开土地制度改革工作推进会，国家土地督察上海局副局长张先余到会指导。

其他会议 2月4日，全县领导干部大会召开。会上，县委副书记敖煜新宣读对2016年度德清县功勋企业、镇（街道）综合考评结果、全县经济工作先进集体和先进个人、县政府质量奖获奖企业及"五水共治"、"无违建"创建、美丽城镇建设工作先进集体和先进个人的表彰决定。

2月23日，全县党建工作会议召开，总结2016年纪检监察、组织建设、宣传思想、统一战线等工作，研究部署2017年任务。

5月22日，县委理论学习中心组（扩大）报告会召开。会议邀请中国科学院院士、中国空间技术研究院研究员叶培建作关于"中国的空间技术"专题辅导报告。

10月13日，德清县召开美丽乡村升级工程再攻坚再推进现场会。

10月27日，县委召开全县领导干部会议，传达贯彻党的十九大精神和省市领导干部会议精神。

（县委办）

办公室工作

【政策研究】 围绕实现打造全面小康标杆县的总体目标，根据县委、县政府的部署，按照发挥党委核心智库的要求，就事关德清经济社会发展的重点、难点热点问题深入调查研究，供县委、县政府领导决策参考。完成2017年县委、县政府重点调研课题工作，征集《深入推进农业供给侧结构性改革集成示范试点的路径研究和举措对策》《以"最多跑一次"深化政府自身改革的思路和举措研究》等县领导重点课题调研文章16篇，全文刊发在《德清政研》上。开展全县党政系统优秀调研成果评审活动，对各单位上报的调研文章由评审委员会进行评审，《借力"中国制造2025"助推德清"制造"向"质造""智造"发展》《加强制度供给，推动转型发展——县域全面深化改革的路径选择》等调研报告被评为2017年度德清县党政系统优秀调研成果，评选出一、二、三等奖和优秀奖进行奖励。健全调研工作联动机制，调动镇（街道）和部门工作积极性，全面提高调查研究工作水平，相关部门单独或联合完成《关于强化德清与杭州协调发展机制的对策建议》《关于德清县教育工作的调研报告》等一批重要调研成果。

起草完成《在县委十四届二次全体（扩大）会议上的报告》《县委经济工作会议》《在农业供给侧结构性集成示范试点动员会上的讲话》等各类文稿210余篇。完成省委书记车俊、省长袁家军、时任市委书记陈伟俊、市长钱三雄等省、市领导到德清调研等重要汇报材料30余篇。起草撰写《开展"三看三问三谈"一线考实干部一线推动落实活动》等一系列重要文件和方案。

上报省委、市委政研室信息稿20余篇，《湖州市以全国农村土地制度改革试点为抓手下好农业供给侧结构性改革"先手棋"》《关于开展"标准地"改革试点的建议》《从"引进供给"向"创造供给"转变——德清县成功创建国家科技成果转移转化试点区域》《关于城乡一体化改革相关法律问题的调研报告》《关于构建人才项目产业化服务体系的实践与思考》等多篇信息被《浙江政务信息》《湖州改革》等上级刊物录用。《把以人民为中心的发展思想落到实处》《对标看齐 加快赶超 全面打赢率先建成全面小康标杆县开局仗》等多篇文章在新华社、《浙江日报》、《政策瞭望》、《湖州通讯》等中央、省、市重要媒体上刊登。

（潘文哲）

【秘书工作】 2017年，通过科学安排、周密谋划，确保各类重要会议、活动、接待工作圆满完成，不断创新形式、规范管理，文风会风得到持续改善，统筹安排有效协调各方形成合力，保障县委工作高效有序运转。

按照"减数量、控规格、提质量"的原则,严格规范文件管理,对可发可不发的坚决不发,杜绝随意提高发文规格。不断完善上级文件传阅和管理机制,尤其是涉密文件管理,做好文件领取、清退工作,全年未发生一起失泄密事件。领导批示的转办上做到立收立办,件件有落实。全年共发文226件,收发传阅文件411件,转发处理领导批示350件,转办上访信件116件。

抓好会前、会中、会后三个环节,不断创新会议形式,坚持变大会为小会、变长会为短会、变虚会为实会,确保各类会议严谨高效,达到预期目的。以现场考察、会议总结的形式,形成"互比互学"的以会促落实机制,持续深化每月镇(街道)、平台"一把手"工作例会,形成比、学、赶、超的浓厚氛围,有效推动各项工作的落实。全年召开规模性会议15个、常委会26次、省市视频会议13个,参与在德清县举办的国家、省级现场会以及德洽会、游子文化节等大型活动。

充分发挥"总枢纽"职能,合理配置各方资源,调动各方力量,及时与县人大办、县政府办和县政协办沟通联系,向领导请示报告,梳理制定每周安排、每月安排、每季安排,做好元旦、春节前后重点工作安排,制定常委会计划安排,确保县委活动安排井然有序。谋划重点助推项目,印发"进百村走千企入万户"大宣讲大走访大调研、"聚焦'四新'再出发,抓实'六重'促赶超"大实践大比拼、"三看三问三谈"、"十大工程"再攻坚再推进等活动方案和推进机制,切实担起推动各项决策部署落地生效的重大责任。

（袁　悦）

【信息与新闻报道工作】 2017年,全县党委信息系统紧紧围绕省市县中心工作,调动各类资源优势,加大联动开发力度,发挥党委信息主渠道作用,提升信息服务水平和服务效率,在年度全市党委信息工作考核中,位列三县两区第一,连续两年位居全市第一。

2017年,以《德清信息》等三个县本级刊物为载体,刊发信息200余期,得到县委县政府主要领导批示76次。累计上报信息1200余篇,被中办、省、市采用信息190余篇,《德清县突出"三高"深度接轨上海 谋划赶超发展"四新"篇章》等12篇信息获省、市主要领导批示肯定;《基层反映破解法院"执行难"面临瓶颈制约》《加工贸易传统竞争优势弱化亟待转型升级》等11条社情民意信息被中办采用。

分镇(街道)、县级机关部门序列对信息报送单位进行分类考核,建立目标奖惩机制,下达信息报送数量和考核指标分等硬性任务。每两个月对各单位信息录用数量、考核分值及分类考核排名通报一次,并直接送各参评单位主要领导和分管领导。对迟报、漏报、错报、瞒报单位依规扣分,对情况严重的进行通报批评。

建立一支稳固的信息员队伍,并强化镇(街道)、部门信息员轮训制。督促各单位建立完善信息员负责联系制度,确保各单位有专(兼)职信息员负责信息报送。至2017年底,已建立起一支87人的党委信息员队伍。由各单位选派信息员到信息科进行为期3个月的脱产挂职,提升信息员业务能力。每年定期组织全县党委信息工作业务培训,对信息员进行系统培训。

（牛　奔）

【史志工作】 推动党史三卷编写工作。进一步做好党史资料的征集整理工作。2017年共查档上千卷,复印资料100万字左右。6月2日,十四届县委第13次常委会议听取了关于编写《中国共产党德清历史》(第三卷)的汇报。9月,县委办公室转发史志办《关于〈中国共产党德清历史〉第三卷(1978.12～2003.2)编纂方案》的通知。截至12月,已完成党史三卷初稿的50%。

加快推进《〈浙江日报〉德清史料》汇编工作。下载《浙江日报》1979～2002年有关德清报道270万字,删减至105万字左右,下载整理图片350余张。内容涉及1979～2002年德清县经济、政治、文化、社会等各方面情况。截至12月,完成《〈浙江日报〉德清史料(1979～2002)》定稿工作,目前已进入印刷阶段。同时已下载《浙江日报》2003～2017年有关德清史料430万字,为《〈浙江日报〉德清史料(2003～2017)》汇编工作打好基础。

完成《德清年鉴2017》编纂工作。3月,以两办名义下发关于《德清年鉴2017》编纂工作的实施方案,要求各部门各单位做好《德清年鉴2017》的供稿工作,落实专门人员负责资料征集和组稿编写工作。稿件征集后，经过反复修改，形成约67万字的定稿，交出版社出版。

做好旧志点校工作。根据《全国地方志事业发展规划纲要（2015~2020年）》要求，在完成二轮修志的情况下，不断在丰富地方志编修成果下功夫。通过与浙江大学古籍研究所教授合作，积极开展旧志点校工作，《（康熙）德清县志》《（嘉庆）德清县志》两本旧志完成整理、点校工作，于8月由中华书局正式出版，约34.50万字。11月23日，召开旧志发行会暨史志工作座谈会。

发挥资政服务职能。年初完成1.40万字的《引领发展新常态，谱写崛起新篇章——2012~2016年县委、县政府科学决策、推进发展纪事》。4月，印刷成册，送县主要领导参阅。完成2017年大事记，共达4万字，分期在《德清史志》上刊登。同时初步整理2017年执政纪事达1.20万字。同时，充分配合省市下达任务。向省、市方志办提供《中国国家人文地理》湖州卷德清县相关内容、德清县史志办参与文化礼堂建设内容、2017年度全国地方志系统统计德清相关内容以及中国历史文化名镇保护性发展评估有关新市镇的内容。同时，向省市积极上报德清史志工作开展信息，被省、市史志网站、期刊录用信息3条。

加强史志宣传。办好德清史志网。为遵循"为经济社会全面发展服务，为史志工作服务"的宗旨，落实专人对网站进行管理和更新，在内容上设置"德清史志""德清人文""学术交流"等栏目，全方位、多层面地展示德清地情。办好《德清史志》期刊。该期刊为半年刊，2017年上半年出版一期，约5万字。下半年，为贯彻中指组《关于加强全国地方志史志期刊工作的意见》和全省地方史志期刊工作座谈会精神，县史志办开始着力对《德清史志》期刊进行改版，通过不断向广大读者征求意见和请教上级部门、兄弟县市史志部门，现已形成初步的改版方案。

（旷 怡）

【信访工作】 2017年，全县信访总量83563件·人次。其中，来访521批2417人次，同比分别下降18.2%和上升3.6%；来信373件，同比下降10.3%；网上信访448件，同比上升58.9%；12345政府阳光热线共受理来电80299个；收到复查申请26件。圆满完成十九大、各级"两会"、"一带一路"国际峰会合作论坛、省第十四次党代会、省十二届人代会第六次会议、中央环保督察、世界互联网大会等信访维稳安保任务47次。2017年信访工作考核列全市第一，同时获得县级十九大维稳安保工作先进集体荣誉称号。

高站位谋划全年工作 年初召开全县平安德清会议，县、镇、村三级层层签订《信访工作目标管理责任书》，分解信访工作任务，压实信访工作责任，制定《德清县信访工作责任制实施细则》，夯实信访工作责任链条，构建"有权必有责、权责相一致、有责要担当、失职必追究"的信访工作责任体系。坚持"属地管理、分级负责"和"谁主管、谁负责"的原则，完善信访工作目标管理考核办法，建立"重大信访事项向县委常委会报告制度"，全年约谈2人，处理1人。修改完善《2017年"12345政府阳光热线"网络承办单位工作目标责任制考核办法》和《2017年德清县"阳光德清服务指数"测评实施办法》，明确考核标准，细化考核指标，完善考核体系。以三色预警机制对各镇（街道）的越级访情况进行通报，全年发布黄色预警29次，红色预警7次；制定信访三亮考核细则，每季度对各镇（街道）进行蓝、黄、红亮牌公示，逐一点评，全年共亮蓝牌12张，黄牌1张；坚持"日、周、月"通报机制，每日短信通报来访情况和12345受理交办情况，每周联席会议研判突出不稳定因素，每月通报越级访、阳光德清服务指数、信访件规范办理等情况。

高标准维护社会稳定 树立全县一盘棋思想，健全完善情报信息报送、定期会商研判、合成作战等工作机制。在党的十九大期间，制定《党的十九大期间德清县信访工作应急处置预案》，成立6个工作小组，全面运行定点值守，守牢三道防线，着力提高接访劝返工作水平。在重要时间段建立高效畅通的信访信息网络，全面收集、有效掌控、及时研判、迅速处置各类情报信息。信访与政法、公安等部门协调配合、通力合作，设立卡点与分流点，建立快速核查甄别、有序转送移交、安全劝返接离工作机制。通过和各镇（街道）信访办的共同努力，圆满完成党的十九大、"一带一路"峰会等信访维稳安保任务47次。在特殊时间节点上，保障利益诉求群体的平稳，确保全县社会的平稳发展。在中央保护督察期间连续37天实行24小时值班制度，同时热线中心实施24小时接听派单制，联合环保局组织开展为期半月的领导接听活动，接听热线483个。

高效率优化平台建设　按照"应整尽整"原则，严格遵照省、市关于政务咨询投诉举报平台有关要求，"12345政府阳光热线中心"于3月底全面完成12333人力社保政务咨询投诉举报热线的整合；5月，夜间受理和回访统一纳入市热线中心；11月，按照省统一政务咨询投诉举报平台建设要求和业务调整需要，将12345热线业务切换至省统一平台操作，并对热线中心的工作人员和各网络承办单位进行全面系统培训，做好夜间接听和回访工作。完成将统一政务咨询投诉举报平台触角向基层延伸，与基层"综治、监管、执法、便民"四大平台互联互通，与110社会应急联动平台衔接联动，以"数据多跑、干部多跑"换来"最多跑一次"。同时，为高效处理群众各类投诉来电，热线中心新增邮政管理局等13个网络承办单位。探索实践"以满意度评价倒逼责任落实"的改革项目，强化跟踪回访制度，加强不满意信访件督查督办。"12345政府阳光热线中心"积极助力"最多跑一次"改革，提高话务员的现场答复率，及时更新知识库，努力实现"最多问一次"的目标。

高质量推进"事要解决"　大力提升初信初访工作，配优配强信访干部队伍，提高信访文化建设水平，开展多层面、多渠道、多形式的教育培训工作，在接访过程中宣讲信访文化，注重接访方式，抓住"越级访、集体访、重复访"三类上访重点，用好"宣传、教育、劝告、训诫"四种方式。按照《浙江省信访条例》及省市有关考核要求，对群众初次信访，做到应交尽交，并全部录入信访系统，时时跟踪办理情况，对答复不规范件全部予以通报。同时，根据省市关于开展信访督查"百千万"专项行动要求，以开展信访积案"清零"行动为抓手，每月滚动排查，以"清仓见底""翻箱倒柜"的劲头深入开展信访积案排查梳理工作，逐月滚动上报。建立每周跟踪督查、每月办结销号、领导包案、疑难资金等制度，对全部积案落实好"四个一"措施，做到"五个清楚"。全年共排查梳理县级积案100件，其中事实息访36件，程序性息访34件，稳控到位30件；梳理出市级积案36件，化解率100%，实现积案清零。此外，依托每周信访联席会议、领导包案、领导接听接访、疑难重大信访事项化解专项资金、专家会审、第三方参与等信访制度，分析研判信访疑难案件70余件，使用信访救助专项资金对30多名困难信访人实施救助。与仲裁、复议、诉讼有机衔接，确保涉法涉诉案件的移交处理做到有理有据、依法依规。与律师建立长期合作关系，每周一和每周五驻点坐班，接受群众法律咨询，引导群众依法信访。

高层次提升干部水平　围绕《浙江省信访条例》、统一政务咨询投诉举报平台操作应用和信访事项提速规范办理等重点，依托县委党校，邀请省市专家，以信访签约部门信访干部、镇（街道）分管领导以及信访专干为重点对象，全面系统组织分层分类全员培训。全年共组织信访系统培训9次。建立健全年轻干部挂职锻炼机制，加大交流轮岗力度，实现动态循环、多岗位锻炼，形成干部队伍良性循环机制。局班子先后3次专题研究部署党风廉政建设和作风建设，层层签订县信访局党风廉政建设责任书，并结合组织观看廉政警示教育片、纪录片等多种方式组织好全局机关干部集中学习中央文件。

利用政治业务学习时间和党支部"主题党日"活动组织好学习讨论活动，通过"三会一课"、学习辅导会、交流会等多种形式，坚持集中学习与分散学习相结合，重点学习党的十九大报告，进一步打造信访铁军。

（马妍蕾）

【督查考核】　2017年，共开展实地督查300余批次，编发督查通报（专报）83期、中央环保督察快报30期，得到县领导批示28件，占总编发数的24.8%，办理领导批示件354件，电话回访40余件。2017年，在市对县区年度综合考核中，德清县以总分96.77排名第一，实现"四连冠"。

督查工作　2017年度的督查工作计划，根据县党代会、人代会目标任务和县委、县政府年度重点工作安排，将24项工作列为年度督查重点。先后对县政府为民办实事项目、"十大工程"、"六重"工作、县政府重点工作清单、中央环保信访件整改、重大项目百亿工程存在问题办理情况、世界地理信息大会前期筹备工作项目推进、扬尘治理等进行督查。通过整合督查资源，健全督查机制，深入一线了解情况、查找问题,督促整改落实。采取借力督查、媒体督查、跟踪督查、座谈访谈、协调服务等多种督查形式,开展"重点督查个性化监督""督查问题线索查找移交"等活动,加强督查过程监管,提升督查工作实效。借助"三看三问三谈"一线考实干部活动,赴高新区、各镇(街道)进行督查考核反馈和意见征求;结合县领导集中督导活动,督促各单位对标对表、查漏补缺。在《德清新闻》报纸开设"落实'四新'大督考"宣传栏目,进行指标亮晒、排名通报、典型选树和问题曝光,在全县着力营造比学赶超、奋勇争先的良好氛围。宣传栏共刊发13期,对9项主要经济指标、7项重点工作、10余个先进或问题单位(个人)进行登报通报。

健全批示件办理机制。在办公平台上开设批示件专栏,专人接收、专人管理。对批示件上报格式作统一规范,按照批示件轻重缓急情况,采用传真送达、短信告知等方式方法,提升批示件办理时效和实效,并对领导批示件实行定期传阅制度。以"适时回访、定期核查"的要求,就重要批示件的办理效率、办结质量等情况进行督查,以专报形式每月进行反馈。承担县"四新"活动办、"四大行动"活动办职能,做好向上对接、横向联络、统筹协调等工作。为做好市委"四新"主题实践专项督查组4次到德清县实地督查和"进百村走千企入万户"大宣讲、大走访、大调研活动信息收集整理等,共编发"四大行动"简报10期。对雷甸杨墩村设施农用地违建厂房集聚、新安镇8家企业在京杭运河边私搭乱建、莫干山镇一民宿排放污水影响环境等省《今日聚焦》的2件曝光事件和市《联播调查》的6件曝光事项,做好整改落实督查工作。

考核工作 结合市对县区综合考核办法和县委、县政府年度工作目标,优化县综合考核办法,以"六张报表"(经济、改革、民生、平安、生态、党建)为镇(街道)考核指标体系,与市对县区综合考核指标体系保持一致。实行镇(街道)分类考核,因地制宜、分类施策,定制差异化考核指标,加强考核工作针对性。对生态型镇(街道)取消工业类考核,突出环境保护、生态产业发展考核导向;对街道加大"城建""民政""文化体育""教育"和"文明城市创建"等指标考核权重,突出街道职能。建立健全"月晒、季亮、半年考"等工作机制,加强过程考核。每月根据财政总收入、固定资产投资、工业投资等9项主要经济指标的完成情况,从完成率、完成数、增幅、全县占比等方面,对高新区、各镇(街道)进行媒体晾晒和排名通报。每季度根据"项目双进""五水共治"等6项省市重点工作完成情况进行考核亮牌,共亮出蓝牌193张,黄牌7张,红牌10张;同时,每季度召开全县综合评价会,将评价结果纳入年度综合考核,以此倒逼工作推进。在半年度,创新开展年中"模拟考",对各镇(街道)、县级机关部门主要工作开展情况进行全面摸底、"把脉问诊",共对全县12个镇(街道)、22个部门提出预警和建议680余条,并进行"一对一"情况反馈,帮助各单位找准问题、补齐短板。在此基础上,征求完善考核办法、"三亮"方案相关建议30余条,对年度综合考核办法、"三亮"方案进行修改完善,确保综合考核体系公正、客观和科学。

(马燕忠)

【法治工作】 2017年,全县法治工作坚持以习近平新时代中国特色社会主义思想为指导,认真贯彻党的十九大精神特别是关于法治建设的新部署新要求,围绕县委县政府工作大局,把法治工作放在重要位置来抓,聚焦重点、持续发力、狠抓落实,推动法治工作建设。德清县连续五年保持省创建法治县工作示范单位称号。

依法执政,有序发展民主政治 县委常委会专题听取法治建设工作汇报,领导小组召开会议对年度法治工作进行部署;严格落实党内规范性文件前置审核、备案审查制度,共向市委报备县委规范性文件29件,审查合法合规率达100%;共审查县委部门、镇(街道)党(工)委规范性文件43件,要求自行纠正1件,提出建议9件。县人大以推进依法行政和公正司法为重点,综合运用视察调研、执法检查、听审报告、跟踪督查等形式,加强和改进监督工作,维护法律权威;县政协持续深入开展"县委书记倾听委员之声"暨一号提案办理协商座谈会,聚力聚智地信大会;群团组织联系各自群体,发挥优势,参与社会治理和公共服务,发挥联系群众桥梁纽带作用。

依法行政,不断提升治理能力 积极贯彻《关于深入推进依法行政加快建设法治政府的实施意见》,围绕中心、突出重点,扎实推进法治政府建设各项工作。

加快推进"最多跑一次"改

革，取消行政审批事项。加快投资项目在线审批监管平台建设，建立德清县投资项目在线审批监管平台。

认真落实《党政主要负责人履行推进法治建设第一责任人职责规定》，将建设法治政府摆在全县工作的重要位置。出台《德清县人民政府向县人大常委会提请审议和报告"三重一大"事项的实施办法》，规范县政府行政决策程序。

加快推进行政复议体制改革，建立特邀行政执法监督员制度。加强外部监督，严格履行政府信息公开职责，扩大政府信息主动公开范围。强化监督，确保法治政府建设落到实处。

严格公正司法，增强政府公信力 持续助推全县"三位一体"执法机制建设，推动办案单位执法办案、案件管理和物证管理场所的改造升级。以司法为民、公正司法为主线，着力推进"大立案、大服务、大调解"三大机制。共受理各类案件12453件，办结11261件，同比分别上升13.51%和13.72%，法官人均结案252.21件，是同期全国法官人均结案的两倍以上。落实国家监察体制改革试点任务，完成职务犯罪侦查和预防职能、人员转隶，做好转隶前后案件办理、线索移送、涉案财务处理、行贿犯罪档案查询等工作。

持续深化基层自治 健全基层党组织领导的村（居）民自治机制，进一步推广"乡贤参事会"，成功争取省级财政扶持村级集体经济发展试点，获得省级专项补助资金2800万元，开展"异地联建物业、异地调整入市、抱团集中脱贫"等发展模式，全县实现村级集体经济收入2.32亿元，村均收入153.5万元，村均经营性收入突破40万元。推行"阳光村务指数"评价工作，深化和谐社区、民主法治村（社区）建设，开展基层党建"百日攻坚"专项行动，雷甸镇被评为市党建整乡推进示范镇，10个行政村被评为市先锋示范村。

加强法治宣传 创新普法方式和载体，运用广场活动、网站、微博、微信公众号等各种媒介，着力构建全媒体普法格局。推进社会力量参与普法，与阳光里程社工组织合作开展"12·4"全国宪法日系列普法宣传，推出"崇尚国学、共书法韵""亲子携手、共绘法卷""研习经典、共诵法言"等八大主题普法活动，参与群众达1300余人次，"晨读宪法"活动阅读量破40万。每月推出一期"法治文化大讲堂"，为老百姓解读身边的法律法规、分析生活中案例。同时，将司法行政宣传与普法教育宣传相融合，先后推出"德清县法律服务地图""公证服务不动产登记'一次也不跑'""小普法宣传员喜迎国庆"等主题宣传策划，形成集聚效应。

推进民主法制改革 制定民主法制领域改革2017年工作计划，确定13项改革项目，采用"挂图作战"模式，进一步细化分解任务，强化监督指导，完善综合考核，不断突破改革重点和难点，提升改革实效。

（高　康）

【保密工作】 2017年，根据领导干部变动频繁，保密委及时调整保密工作领导小组，重新明确县保密委成员，进一步强化责任，确保保密工作无缝对接。同时，及时更新全县各镇（街道）、各部门的保密工作分管领导及专职保密工作干部人员信息，进一步更新保密人员数据库，筑牢保密组织架构，确保工作落实。

市保密委与县区保密委签订县区保密责任书后，德清县同步开展保密责任书的签订工作，层层落实保密责任。保密委主任与各镇（街道）、各部门保密工作分管领导签订《2017年度德清县乡镇部门保密工作目标管理责任书》；各镇（街道）、部门严把进入门槛，继续开展涉密人员的保密承诺书签订工作，进一步明确和落实涉密人员的保密责任，涉密人员可靠、可信、可用。

在县保密委会议及协作组会议上，深入学习《保密法》《保密法实施办法》等制度，健全保密规章制度。继续推进"五个规范"制度建设，并结合自身工作实际，制定完善各项工作制度。年内，结合实际工作完善《德清县计算机信息系统保密管理规定》，进一步严格涉密计算机、内网工作计算机的管理，按照要求进行分类监控，确保明密分开，保障国家秘密的安全。

"全覆盖"抓教育培训，11月，自行组织全县保密知识业务培训班，全县县级机关各部门、镇（街道）共90余家单位的135人参加培训。

每个月开展保密专项检查，对被检查发现问题的单位均要求事后整改，发整改通知书17份，并进行"回访"。

切实发挥保密工作检查组"流动宣传站"的功能，购买发放保密宣传图书1000余本，购买保密宣传片《胜利之盾》20套,在全县机关单位学习会上播放学习。

全年共召开协作组组长会议3次,协作组组内会议14次;并在县内政法系统、电力系统及部分协作组开展保密工作技术学习交流。

全县各镇(街道)、部门完成涉密计算机配备,网络检查工具使用正常,2017年,互联网出口平台安装上线,白机建设完成前期准备工作。各单位加大保密检查工具的配备,开展自查自纠工作。

(王芸晶)

【接待工作】 围绕"规范接待工作、提高接待水平"的目标,坚持积极沟通、提前谋划、反复踏勘、多次踩点,"因地制宜"制定有特色、有亮点、有个性的"一对一"接待方案,确保各类接待任务主题明确、行程紧凑、成效明显、来宾满意。同时,严格遵守中央八项规定精神和省市县办法等有关规定,通过控制接待规模、陪同人员数量、接待餐饮标准等方式,确保接待工作有温度不失风度、有热度不违反规定。全年接待重要来宾116批次2904人次,其中副部以上40批次699人次。

表3　　　　　　　　　　　2017年德清县接待部分副部级以上领导情况

序号	时间	领导	调研、考察点
1	1月10日	省委副书记袁家军、副省长熊建平、市委书记裘东耀等	全省小城镇环境综合整治现场会参观乾元、莫干
2	1月22日	副省长高兴夫一行	轨道交通(科技新城点)、杭州二绕"阜溪互通"(原三桥收费站)、杭州二绕"莫干山互通"(沈中坞佐力生态园处)
3	2月3日	省政协副主席姚克一行	乾元、泰普森、地理信息小镇
4	2月16日	省人大常委会副主任程渭山一行	德清水文化馆;德清大闸(防洪水工程);下渚湖二都集镇环境综合整治
5	2月22日	省政协副主席吴晶一行	生态文化馆、五四村
6	3月9日	副省长梁黎明	走访安泰、佐力、鼎力企业
7	3月30日	省委常委、组织部长任振鹤	德清地理信息小镇、五四村
8	4月10日	农业部部长韩长赋一行	五四村、陌野民宿、裸心谷、石颐茶场、莫干民国风情小镇
9	4月10日	省人大常委会党组书记、副主任王辉忠	新田农庄、二都小镇、下渚湖、佐力公司、佐力生态园
10	5月4日	全国政协副主席、九三学社中央主席	地理信息小镇、地信梦工场
11	5月5日	全国政协经济委调研组	劳岭、燎原、仙潭
12	5月7日	全国政协副主席王家瑞	二都、下渚湖湿地、地理信息小镇
13	5月14日	海南省副省长种润之一行	长效运维中心、五四、燎原、劳岭
14	5月27日	省委常委、宣传部长葛慧君	在裸心谷参加《青恋》开机仪式
15	6月5日	省委副书记、代省长袁家军	德清大闸
16	6月22日	省政协副主席张鸿铭一行	新田农庄、二都小镇、泰普森、地理信息小镇、生态文化馆、劳岭村、裸心谷、燎原村
17	7月5日	全国妇联书记处书记杨柳	燎原村、云起琚、裸心谷
18	7月11日	副省长孙景淼	二都小镇
19	10月19日	重庆市政府考察团	裸心谷
20	10月26日	上海市副市长陈群一行	裸心谷、法国山居、民国风情小镇、佐力、地信小镇、欧诗漫

续表

序号	时间	领导	调研、考察点
21	11月24日	国家档案局副局长付华一行	乾元镇、对河口村档案室
22	11月28日	国土资源部党组成员、国家土地副总督察严之尧一行	莫干山会议旧址、裸心堡、醉清风
23	12月7日	中央文明办二局局长吴向东一行	佐力
24	12月20日	上海市副市长彭沉雷一行	法国山居、劳岭、裸心堡
25	12月25日	国土资源部部长姜大明一行	地理信息产业园、论坛会址

（贾　峰）

组织工作

【党员情况】 2017年，新发展党员415名，其中生产、工作一线191人，占46%；女性164人，占39.52%。同时，确定发展对象226人，入党积极分子917人。至年底，全县共有党员28356人。

【"两学一做"学习教育】 把推进"两学一做"学习教育常态化制度化作为落实全面从严治党的关键举措和学习贯彻党的十九大精神重要抓手。全面推行主题党日，制定"十个一"规范流程，建立生态文明干部学院莫干山分院和中国浦东干部学院现场教学基地，组建"流动党校"讲师团，各基层党组织累计开展主题党日活动13000余次，20余万人次参与。

组织开展"党员争先锋、喜迎十九大"活动，全面实施"千个支部大会战"，发动基层党组织集中推进治水拆违、文明城市创建、"最多跑一次"改革等工作。

动员全县党员全力打赢剿灭劣V类水攻坚战，县镇村三级党员领导干部认真履行"河长"职责，村（社区）1000多名基层党员干部主动担任辖区"池塘长""沟渠长"。

创新推行远教VR"三融"模式，开发制作VR电影、AR明信片等红色教育课件，开设本土党建栏目《红韵德清》，丰富学教内容、完善教学阵地，提升教学实效。全面推行"三张清单一张表"，深化书记领办党建项目，强化镇（街道）党（工）委抓党建工作龙头作用。

【干部队伍建设】 全面完成县级机关部门集中人事调整，深化领导干部实绩纪实和公示公议制度，630名县管领导干部公开领办亮晒重点项目1600余项，通过季度星级评定、年度综合考评等方式，压实工作责任。

创新开展"三看三问三谈"一线考实干部一线推动落实活动，县委书记亲自带队，通过看班子执行力，问群众满意度，谈干部思想动态，及时跟进换届后领导班子和领导干部队伍建设。

5月25日，中共德清县委召开全县"两学一做"学习教育常态化制度化工作座谈会　　　　　　（县委组织部　提供）

加强年轻干部锻炼培养,深化"三重一线"实践锻炼机制,选派279名优秀年轻干部到武康城西拆迁等一线助推工作。创新"中心工作历练＋集中培训"新模式,组织中青班65名学员赴私营城集中整治、信访维稳和招才引智一线实践锻炼,实现年轻干部培养和推进中心工作双赢。树立重视基层一线的用人导向,开展中层干部跨单位竞岗交流活动,探索"人岗双向选择"的竞争上岗办法,16名年轻干部从部门交流到镇(街道)。

坚持从严管理和关心厚爱有机结合,制定出台《关于进一步发挥干部正向激励作用的实施办法》,建立健全干部疗休养、带薪年休假、定期体检、考核奖励等9条制度举措。关注干部心理健康,在党校主体班次中开设心理辅导课程。探索一般干部、中层干部、领导干部待遇差别化管理,设置重大项目、重点工作推进奖,打破吃"大锅饭"问题,切实激发干部干事创业积极性。完善干部"病例台账"预警机制,健全不宜担任现职干部退出机制,综合运用干部调整动议"反向提名"、德的反向测评等手段,进一步推进干部能上能下,全年提醒、函询和诫勉干部25人,降职免职18人。

启动领导干部档案数字化工作,全面完成县管领导干部档案数字化建设,提升干部档案信息服务质量和干部工作信息化水平。

【基层组织建设】 坚持把实干实绩作为评判村社干部履职表现的重要标准,深化"3＋X"竞职演说,探索典型引路、业绩亮晒、能人回请、下派挂职、压担培养、绩效联考六法,让能者留位、促庸者让位、招乡贤归位、选干部入位、助"村官"上位、推后备进位,圆满完成村社组织换届,打造"过得硬、敢担当、能带富、会服务、善治理"的基层"双勇"铁军。开展第一批县级美丽乡村建设优秀带头人评选,4名优秀村书记受到表彰。

大力发展壮大村集体经济,成功争取省级财政扶持村级集体经济发展试点,获得省级专项补助资金2800万元。开展"异地联建物业、异地调整入市、抱团集中脱贫"等发展模式,全县实现村级集体经济收入2.32亿元,村均收入153.50万元,村均经营性收入突破40万元。

扎实推进"整乡推进、整县提升"工作,开展基层党建"百日攻坚"专项行动,雷甸镇被评为市党建整乡推进示范镇,10个行政村被评为市先锋示范村。

【"两新"组织建设】 推进"红色动力工程",培育党建工作典型做法和示范点17个,建成"党员专家工作室"27家。将特色小镇党建作为激发红色动力的重要抓手,列入县委书记抓基层党建领办项目,成功探索"四融"党建模式,培育地信、莫干、二都、干山4个小镇党建示范样本,引领提升县域"两新"组织党建工作水平。

【人才工作】 加大引才力度,分领域开展"莫干山峰会""外专国家德清行"等系列人才活动,借力德洽会、游子文化节等活动打响德清引才名片。与赛伯乐、海业必达等中介签订战略引才协议,建立北京、上海人才工作联络站。深化"双招双引"机制,建立"7＋1"产业精准招商引智体系,组建招才引智组,全年入选"南太湖精英计划"项目37个,入选省"海外工程师"3名、引进海外院士2名、全市首个院士领衔创业A＋项目落户,三项工作均实现零突破。

扩容人才平台,启动"千人计划"产业园科技孵化大楼二期,与

11月30日,湖州市委常委、组织部长干武东(右三)调研德清县"两新"党建工作　　　　　　(县委组织部　提供)

华夏幸福共建雷甸科技园,新集聚"千人计划"专家领衔项目19个。加强与高校院所合作共建,推动中航通飞研究院浙江分院、中科院遥感所德清研究院落户,成功创建全国首个县域"创新助力学会企业联合体""国家海智工作基地"。在浙江大学紫金众创小镇筹建异地孵化器,引导地信梦工场与杭州杉湖资本在梦想小镇共建异地孵化器,实现"县外孵化、县内转化"。

优化人才环境,在县"人才新政11条"基础上,出台高新区"人才新政10条"。率先建立全市首家"人才服务银行",为人才提供融资、理财和财务等专业金融服务。在"千人计划"产业园设立"千人"服务专窗,提供全程代理、法律、物业等服务。实行镇(街道)和成员单位人才工作量化差异化考核,建立镇(街道)一把手列席领导小组会议制度,推行镇(街道)人才工作站标准化建设,实施"人才科技镇长工程",夯实基层工作力量。

【干部信访、信息调研工作】2017年,受理来电来信来访20件次,立案20件次,结案20件,办结率达100%。着力加强组工信息宣传,全面唱响组织工作好声音,2017年在中央级简报录用信息2篇,省级32篇和市级28篇,得到中央和省市领导批示14条次;国家级媒体报道53条次。

(沈 良)

宣传工作

【概况】2017年,全县宣传思想文化工作主要呈现七大亮点:

荧屏献礼十九大,德清形象受关注 新华社微视频《习近平在这里提出"绿水青山就是金山银山"》展示"两山"理念的德清实践,微博微信、门户网站阅读量累计超2亿人次,产生"现象级"传播效应,受到中央领导批示肯定。新华社微视频《中国故事 感受治国理政·朱鹮归来》被选送至十九大新闻中心展播,英文版本通过推特、脸谱等社交平台向海外推送,引发海内外关注。新华社国内动态清样《部分地区探索建立全面从严治党容错激励机制》《白血病患儿救命药短缺敲响药品保障体系警钟》获中央领导批示。全年,中央、省级和境外主流媒体刊播各类稿件1500余篇(条)。其中,央视《新闻联播》24条,《人民日报》头版5篇(头条3篇),《新华每日电讯》头版5篇(头条1篇),《光明日报》头版5篇(头条1篇),《经济日报》头版4篇(头条2篇),中央人民广播电台《全国新闻联播》和《新闻报纸摘要》5条,《浙江日报》头版11篇(头条1篇)。

爱心冰箱暖全城,民间设奖成风尚 以"爱心冰箱"网络热点事件为契机,联合佐力、华美、乐源等企业布点推广爱心雨伞、爱心午餐、爱心冰箱等城市"爱心地图",深入推进"讲道德 更有爱"工程。举办"民间设奖20周年"系列活动,通过专家研讨、课题调研、媒体宣传、文艺巡演、美术创作、微电影展播等方式,打造县域"德文化"品牌。

抓实干促长效,文明创建再起航 动员各方力量参与创建督查工作,形成县领导每月督查、创建办每日督查、代表委员包干督查等十项长效督查机制。开展小区环境卫生、农贸市场秩序、餐饮秩序、交通违法行为、主次干道背街小巷市容环境、网吧秩序等六大整治行动,集中攻坚"僵尸车""牛皮癣""蜘蛛网"等城市顽疾。4月27日,《精神文明报》头版头条刊登《浙江德清全力打造全国县级文明城市新标杆》,制定《德清县创建全国文明城市三年行动计划》,已进入下一轮全国文明城市提名城市名单。

媒体融合更深入,中央厨房显成效 重塑报纸、广播、电视和新媒体四大平台,搭建囊括总编室、采访部、编辑部、政务部、新媒体部、广播部的"一室五部"架构,打造全媒体人才队伍,打出新闻宣传报道"组合拳"。4月19日,"德清关注"微信公众号首发《德清街头放了台冰箱,谁都可以免费拿食物,结果……》一文,28小时内单条阅读量破"10万+",人民日报官方微博和杭州日报官方微博阅读量均破千万。11月29日,"德清发布"微信公众号头条推送《5分45秒!今天,德清向全球发出邀请!》一文,5小时内阅读量破"10万+",累计阅读量破"16万+",开创了"德清发布"历史上的最高阅读量纪录。

网络空间更清朗,网军建设初探索 组织开展"我为家乡读首诗"、网络媒体服务"剿灭劣Ⅴ类水"等主题网络活动10余场,成功打造"爱上德清的N个理由"网络品牌栏目。开设《洽好·德清》《"郊"傲德清》《我在德清读"新语"》等网络专题,主动服务中心大局。重点打造"微聚德行"省级网评特种战队,为全省第14个县级层面建立的省级网评战队,全年组织十九大、乌镇互联网大会等重大网络评论引导500余次,跟评、点赞量总计2万余条次。

文艺创作出精品,文化产业秀全市 "两山"主题电视剧《青恋》作为十九大献礼剧于10月18日在央视一套黄金档首播。长篇报告文学《一百年的暗与光》和歌曲《绿水青山》入选省"五个一工程"奖。电影《德清嫂》和越剧《游子吟》入选省文化精品扶持工程。新华社《浙江领导专供》刊发《浙江德清打好"文化+"牌 以文"富"民 化物效果突显》获得省委领导批示肯定。德清县入选2016~2017年度"省重点文化产业县",是湖州市唯一入选的县区。泰普森和欧诗漫入选2016~2017年度"省重点文化企业"30强,文化产业占GDP比例达到8.93%,列全市第一。举办"锦绣德清 琴系濠江"德清钢琴走进世界文化遗产澳门岗顶剧院大型公益活动,迈出文化产业"走出去"的重要一步。

理论社科引人才,借智借力助发展 启动"星期天智囊团"社科引智计划,吸引沪杭社科人才到德清县开展学术交流和理论研讨活动,为县域发展提供资政服务和智力支持。与中国社科院、中国浦东干部学院、浙江大学、浙江工商大学等科研院所就美丽乡村建设、全面深化改革、"德文化"等领域开展社科课题合作。《新型城镇化推进中的小城镇华丽嬗变——以德清县美丽城镇建设为例》入选省级社科规划课题,为全省唯一入选的县级层面社科规划课题。县社科联工作经验入选《浙江省群团改革典型经验汇编》,为全省唯一入选的县级社科联。

【理论学习与研究】 围绕党的十九大精神、省市县党代会精神和"两学一做"学习重点,开展十九大精神等各类宣讲1200余场。邀请中科院院士等专家领导来德清授课,举办县委理论中心组专题学习研讨14场。开展"四个全面"和"八八战略"理论征文,进一步强化领导干部思想理论素养。强化镇街、部门理论中心组学习督查,推进学习型党组织建设。发放《习近平的七年知青岁月》《党的十九大报告辅导读本》等书籍共计1.5万册。

两名选手参加全市微党课大赛并分获一等奖、三等奖,一名选手代表湖州参加全省比赛,获全省三等奖。开展"我最喜爱的习总书记的一句话"、剿灭劣V类水、文明城市创建等主题宣讲,获市"一句话"宣讲竞赛一、二等奖。实施百姓宣讲"名嘴工程",培育百姓宣讲名嘴3名、百姓"名嘴工作室"3家。深化基层党校"六有"规范化建设,建成示范基层党校2家、新建基层党校6家,其中乾元镇党校获评全省工作成绩明显基层党校。

完善政校合作机制,建立中国浦东干部学院德清现场教学基地,先后承接"城市文化改革与发展"专题研讨班和青海中青班现场教学。与浙江工商大学建立深度合作关系,初步完成《中国百村经济社会调查报告》德清子课题。鼓励扶持"研读德清"社科创新团队,开展研讨活动6次,撰写《社科要报》3期。规划社科普及基地建设,获评省级基地1个、市级基地2个。开展社科课题研究,入选省级社科规划课题1例、省级出版资助1项、市级课题2项,规划县级课题36项。县社科联被评为2017年度全省市县社科联测评优秀单位(全省16个,全市唯一)。

【宣传与报道】 紧扣"四新"主题实践、"四大行动"、"十大工程"、剿劣提标等中心工作推出《聚焦"四新"抓实"六重"》《四大行动

8月15日,德清县在澳门岗顶剧院举办"锦绣德清 琴系濠江"德清钢琴走进澳门活动　　　　　　(县委宣传部　提供)

十大工程》《剿劣提标进行时》等专栏,累计刊播相关报道970多篇。策划"打好五张牌"系列报道,开辟《供给侧改革在身边》《创业乐业在德清》等经济专栏,推出"情暖回乡路""那年我高考"等20余个民生系列报道,全媒体声屏视网聚焦德洽会、乾龙灯会、蚕花庙会等重大节庆活动。

建立新闻外宣专题策划机制,聚焦"最多跑一次"改革、农业供给侧改革等重大外宣主题。结合元宵、清明等传统节日,策划"乾龙灯会""蚕花庙会"等节庆外宣,形成中央级主流媒体假日期间的"德清时间"。邀请"香港记者团湖州行""长三角知名媒体德清行""杭州都市圈联合采访"聚焦德清五年来的发展成就。举办新闻(网络)发言人培训班,提升新闻发布和舆论引导水平。

制定《德清县重要网络舆情快速处置办法》,累计编发《外宣网宣动态》274期,书面发出舆情抄告单220次,成功化解450余个重大网络舆情风险点。以县网络文化协会为抓手,联合体制外网络媒体力量举办《妈妈咪呀》德清赛区海选,制作《家在哪里,年就在哪里》《莫干山外传》等10余部短视频,录制《德清》《我喜欢的城》等原创歌曲3首,举办"德清发布"平台三周年粉丝见面会,以优质的网络文化产品营造风清气正的网络舆论环境。

【**精神文明建设**】 做好先进典型推选,1人入围"中国好人榜",6人入选"浙江好人"。深化"讲道德"系列工程,推出"讲道德·更友爱"爱心地图、开展"讲道德·更文明"小城镇文明行动。完成省宣重点调研课题《互联网+时代下"德文化"培育的实践与思考》,3篇论文入选省"礼仪与文明"论坛,并在省精神文明建设理论研讨会和省政研会网络会议上做交流发言。上线"志愿汇"手机APP,对全县3.70万名志愿者实行动态管理,所获公益积分能在线下跨县域享受商家折扣和道德信贷优惠。

入选全国文明村1个、全国文明单位2个;入选省级文明镇1个,省级文明村4个,省级文明单位2个。累计创建县级企业文化车间39家,其中14家被评为市级文化车间,并在省政研会上作交流发言。建立家风培育和乡风评议机制,承办全市小城镇文明行动暨农村移风易俗工作现场会,打造乾元镇、莫干山镇等一批"文明小城镇"省级样本。

完成舞阳学校等5所首批"文化校园"创建,新增新市中心学校为国家级乡村学校少年宫。评选县级"美德少年"10人,丰富"春泥计划"系列活动。开展以"爱国·生态·道德"为主题的"开学第一课"活动和以"文明宣传·文明体检·文明实践"为内容的"毕业加一课"活动,拓展"两课工程"内涵。开展《文明德清十八礼》传唱,记录身边"美丽一瞬间"等"六个一"活动,推动文明细胞代际传承。

9月17日,由新华每日电讯主办、县委、县政府承办的精神文明建设"德清现象"暨德清民间设奖20周年主题座谈会在北京新华社举行。市人大常委会副主任、县委书记项乐民作主题发言,新华每日电讯总编辑方立新致辞,军科院原院长、上将刘精松、中国记协书记处书记张百新,学习杂志社社长、中宣部宣教局原副局长董俊山等中央部委领导,陈亦平、杨明连、王秀琴等县领导,以及来自清华大学、中国人民大学、国家行政学院等高校院所致力于精神文明建设方面的专家学者参加座谈,共同探讨精神文明建设"德清现象"。《人民日报》、新华社、《光明日报》、中央电视台、中央人民广播电台、中新网等50多家新闻媒体参与聚焦此次座谈会。

【**完善文化服务体系**】 承办全省文化礼堂务虚会,2次在省级文化礼堂培训班上作交流发言。建立"四文共建"资源共享联动机制,丰富文化产品供给主体和渠道。累计建成农村文化礼堂101家,覆盖全县2/3以上的行政村。实施特色文化礼堂、星级文化礼堂评选,累计开展礼仪传习等各类活动800余场。成功举办第八届游子文化节,指导各镇街开展乾龙灯会、蚕花庙会、赏花节等"一镇(街)一节一品"活动20余场。

长篇报告文学《一百年的暗与光》、歌曲《绿水青山》入选省"五个一工程"奖,为湖州地区入围作品最多的县区;电影《守》等三部作品入选市"五个一工程"奖,德清县获组织奖"十一连冠";打造德清小品进央视模式,《排戏》《捉放鸟》《老马不傻》在央视三套播出;越剧《游子吟》、舞剧《江南赋——西施复国》分别完成首演,电影《拿磨一等》完成拍摄,《德清文丛》成功举办首发仪式。

莫干山国际休闲文化创意街区入选省级文化创意街区。列入市、县"六重"工作的钢琴产业园项目提前完成全年投资任务,莫干山影视文创小镇、古婚俗文化街等文产项目完成投资11.06亿元。组织四家文化创意企业参展义乌文交会,组织重点文化茶企参展深圳文博会。与浙江音乐学院实现政校战略合作,通过人才培养、节庆赛事等活动推动钢琴音乐小镇建设。

【人才队伍建设】 落实落细意识形态工作 全年县委常委会专题研究意识形态工作12次,每季度形成意识形态与社会舆情分析报告,每半年度向市委作意识形态工作专题汇报,党委重视程度不断提高。开展全县理论社科工作培训班、全县新闻(网络)发言人培训班等主体班次,实行重大突发事件和紧急敏感情况报告制度、重要网络舆情快速处置办法等系列制度,工作机制不断完善。把意识形态工作纳入基层党建述职报告、民主生活会内容、述职述廉述法报告等,推动镇街、部门落实意识形态工作。

提质扩面人才队伍建设 制定《德清县宣传文化优秀创新团队引育计划》,"大乐之野"创新团队入选市级创新团队,"德视融媒体工作室"入选市级"领军人才工作室"。第二、三批共计4个市级创新团队全部通过年度考核,下拨扶持资金共计42万元。制定《德清县"文化创意领军人才培育计划"实施办法(试行)》,为全市首创,评选出县级文化创意领军人才2人,县级文化创意工作室1个。

规范干部管理培训 严格执行干部选拔任用条例、"四张清单"、宣传文化系统干部管理办法等文件有关规定。根据三定方案,及时对县新闻中心干部管理权限进行调整。制定年度宣传文化干部人才培训计划,举办各类培训班4期,受训人员约240人次;系统内举办各类培训班70期,受训人员8459人次;实现新任宣传委员、宣传干事、基层宣传文化员初任培训全覆盖。

(高玲玲)

统战工作

【概况】 2017年,中共德清县委统战部制定实施德清统战"新标杆、新业绩、新形象、新征程"的主题实践活动方案,着力打造一支"善谋""善为""善战"的德清"双勇"铁军统战方阵。深化基层统战工作,建立部领导联系高新区、镇(街道)制度,开展"八一强基"工程,召开全县基层统战工作规范化和示范点建设现场会。创建统战宣传信息平台。在德清统战微信公众号共发布信息378篇,点击量近18万次,被分享转发1.30万次。上报的信息被省级领导批示2条,市级领导批示1条,《中国统一战线》录用1条,省委统战部录用17条,市委统战部录用88条,获全省统战信息宣传工作三等奖、市一等奖。2017年,县工商联获全国"五好"县级工商联;农工党德清基层委获农工党全国优秀地市(县)级组织、省社会服务工作先进集体;烟霞观被评为全国和谐寺观教堂;民革德清基层委主委沈建忠获民革全国社会服务工作先进个人;县侨办获全省侨务系统先进集体;民主党派民主监督"1+3+X"模式被评为全省统战工作实践创新案例,予以全省推介;统战宣传信息工作获全省三等奖;九三学社德清基层委获省级先进基层组织;2013~2017年度全省坚持和发展中国特色社会主义学习实践活动先进集体;德清县新的社会阶层人士统战工作、"莫干山历史文化研讨会"活动受到省领导批示肯定;防风祠被公布为第一批省重点民间信仰场所。

【多党合作】 通过多种学习形式,凝聚政治共识。召开统一战线读书会、学习会、报告会等,学习十九大、党代会、习总书记系列讲话精神和统一战线重要理论。成立由县委副书记任组长的统战工作领导小组。出台《中共德清县委办公室关于加强社会组织统战工作的实施意见》《中共德清县委办公室 中共德清县府办公室关于成立新的社会阶层人士联席会议的通知》《关于加强政党协商的实施意见》《民主党派"三学四比五提升"活动实施方案》,吸纳党外优秀人士18人。

民主协商,推进多党合作制度建设,深入实施"金点子献良策、金苹果做贡献"活动。利用"两会"平台建言献策,共提交集体提案17件,个人提案61件,其中5件被列为重点提案、15件获评优秀提案,11篇"金点子"被市、县委统战部、政协采纳。

围绕治水剿劣、"最多跑一次"改革和全国文明城市创建三项内容,开展民主监督。

开展多种形式的社会服务活动,民革德清基层委开展关爱抗战老兵志愿服务活动;民盟在六一节前夕前往三合幼儿园、乾元幼儿园、三桥幼儿园开展烛光行动,赠送图书、户外大型玩具、慰问食品等共计9.50万元,民建德清支部每年举办为莫干山老年乐园提供爱心年夜饭活动;民进德清基层委开展儿童安全"五防"课程送进乾元镇中心小学(曲园分部)、舞阳学校活动;农工党开展义诊下乡社会服务活动;九三学社到莫干山镇紫岭村、洛舍镇砂村村开展"迎新春送春联"活动等等。联合民革省委会开展"莫干山历史文化"学术研讨会。

2017年,政协委员、民建、农工党换届工作顺利完成。为推进新的社会阶层人士统战工作,成立德清县党外知识分子联谊会、德清县网络界人士联谊会、德清县社会组织代表人士联谊会,制定《2017年度民主协商计划》,搭建新阶层人士知政知情平台。组织新阶层人士开展书画下乡、公益慈善、金融咨询等活动。推荐51名新阶层人士任代表、委员,派16名新的社会阶层人士到政府部门和司法机关担任人民陪审员、特约监督员。出台《加强和改进党外知识分子联谊会建设的实施意见》,完善各项规章制度。成立交通运输系统、建设系统知联会,调整阜溪街道、舞阳街道等4个基层知联会,并组织县知联会、基层知联会开展十九大精神学习座谈、美丽乡村创建、重阳节敬老等社会服务活动。

【民族宗教】 开展民族团结进步创建宣传月活动,推进"六进"活动。举办第三届彝族火把节、"民族一家亲,共护一江水"等活动11次。落实少数民族学生中考加分、高考优先录取政策,为全县108名少数民族考生开具民族成分证明。落实民族村结对帮扶资金25万元,提前完成安吉县章村镇郎村村和遂昌县石练镇迎新村结对帮扶工作。

推进宗教工作"两化"(中国化、法治化)。在推进中国化方面,深化开展"寻梦中国·正言正行""爱国爱教爱乡"主题教育实践系列和社会主义核心价值观进场所活动,构筑抵御渗透"防范网"。

在推进法治化方面,深入开展"宗教政策法规宣传月"、法治宣传日活动。会同县司法局举办条例法规宣传进场所、知识竞赛,发放《宪法》等法律法规知识手册300余本,宗教场所发放率达80%。推进宗教场所标准化管理工作,开发设计全市首个宗教管理APP。深化和谐寺观教堂创建、美丽宗教场所和民间信仰场所创建工作。推进宗教"三个"专项工作,完成宗教场所统一社会信用代码赋码和登记证换发工作。

提升宗教界人士队伍素质。学习贯彻《宗教事务条例》;指导烟霞观完成浙江省首届道教正一派传度法会,并承办第十六期"湖州佛教文化大讲坛"活动。举办全县宗教界代表人士培训班,指导县基督教三自爱国会举办两期传道人和义工培训班;建立宗教活动场所负责人聘任制、定期约谈等制度。宗教界人士积极响应参与"剿劣提标·统一战线在行动"等主题实践活动,全年开展腊八节免费施粥、义诊、免费理发等为民服务活动6次,累计捐款6万余元。

加强民宗领域维稳工作。开展"民宗和谐·保平安行动",集中开展宗教和民间信仰场所安全隐患大排查、大整治行动2次,会同各镇(街道)对全县59个宗教场所和124个民间信仰场所进行地毯式的安全隐患摸排走访,整治各类安全隐患包括借力"市场"解决场所用电安全问题134个,新增场所视频监控探头119个。同时,深入推进"同心同行,共建

6月9日,德清县成立社会组织代表人士联谊会

(县委统战部 提供)

和谐""文明敬香"等相关活动,明确属地管理的职责要求,及时妥善化解民宗领域矛盾纠纷,维护社会和谐稳定。2017年共接待来信来访35批83人次,承办县信访局交办件2件。

【港、澳、台侨及海外工作】 召开德清县第四次归侨侨眷代表大会,完成县侨联换届工作。邀请在外德清籍企业家及海内外精英人士来德投资和参观考察,助推浙(德)商回归。协助举办海外高层次人才项目对接洽谈会、"国家千人"莫干山峰会、北京医药领域人才专项引进项目推介会。邀请客商来德清考察300余人次,牵线提供各类项目信息15个,推荐高层次人才项目信息6条。接待台湾南投县妇联会集集镇支会参访团、台湾南投县鱼池乡警友会参访团等12批次近600名台湾同胞到德清县参访交流考察。

出台《莫干山海峡两岸交流基地创建工作实施方案》,成立创建工作领导小组。广泛开展联络联谊活动。1月及9月,专程赴台举办旅台同乡会2017新春团拜会和金秋大团圆活动,并参加全省统一组织"纪念香港回归20周年"庆典活动。组织"台湾湖州同乡会青年台胞德清寻根逐梦""2017两地青少年暑期夏令营""台湾'创二代'企业家参访团德清行"等活动。

【非公经济统战】 2017年,邀请异地商会企业家来德考察14批300余人次。围绕企业投资项目前置审批达到"最多跑一次"的目标,发挥县社会中介服务中心资源优势,会同县行政服务中心,开展中介组织助力"最多跑一次"改革活动,通过开展"前置培训""网上申办""上门辅办""全程代办"四种模式,提升服务效能。

承接政府职能转移。2017年,核准入驻"平台"的服务机构已有227家,其中实体入驻服务机构48家,挂牌入驻服务机构179家,涵盖工程项目服务、企业管理服务、金融服务三大类37个行业。截至12月底,共受理业务4704件次,平均服务时间减少35%以上,收费比原先下降10%~30%不等,"平台"被省经信委连续4年评为全省优秀服务平台。

构建"商汇创客工坊"新型创业服务平台,大力培育新技术、新产品和新服务。截至12月底,16家科技型小微企业入驻创客工坊,"商汇创客工坊"被县科技局认定为县级众创空间。

召开新生代企业家第二次会员大会、新生代非公经济代表人士座谈会。组织新生代企业家赴云南开展"学党史 访名企"活动,与当地湖州商会、云南浙江商会开展考察、交流和教育活动并考察金洲集团投资项目。

(章 俊)

县直机关党建工作

【概况】 至2017年底,县直机关工委下辖机关党委、党总支部、直属党支部共65个。其中机关党委2个,党总支部23个,直属党支部40个;2017党员年报总数3911名。党委委员6名,其中专职委员4名,兼职委员2名。党委下设县级机关工会、县级机关团委和县级机关妇委会,分别受县直机关工委和上级主管部门的双重领导。2017年,德清县直机关工委在湖州市三县两区机关党建工作年终考评中获一等奖;县直机关工委获全省机关党建信息工作二等奖,施维鑫被评为2017年度全省机关党建信息工作先进个人。

9月22日,德清县召开第四次归侨侨眷代表大会

(县委统战部 提供)

【思想建设】 围绕"双勇"铁军建设工程,制定深化学习型党组织建设和学习宣传贯彻党的十九大精神实施方案。通过"三书三讲三比"三大举措,推进"两学一做"学习教育常态化制度化。

开展荐书、读书、评书"三书"活动。推荐红色经典书目,每季度组织学习论坛,层层发动党员干部学习宣传贯彻十九大精神和省市县党代会精神。全年共征集机关党建重点课题研究论文58篇,有4篇文章在市级评比中获奖。机关工委获全市机关党建理论研究先进团体会员单位。

开展专家讲理论、领导讲县情、党员干部讲党课"三讲"活动。举办"党员争先锋 喜迎十九大"红色经典导读活动和"不忘初心 牢记使命"党务干部学习十九大精神专题培训班。

开展比写、比说、比做"三比"活动,搭建微信公众号、党组织书记和党务工作者微信群、机关党讯等比拼台。推出十期学习十九大精神"熟读报告 牢记党章"网络知识竞赛活动,共有1788人次参与。年底,评选学习型党组织6个。

【组织建设】 制定出台《2017年度德清县机关党组织星级评定考核办法》,重点突出"三会一课"、主题党日和党员志愿服务的规范要求。建立健全党内监督制、党支部书记负责制、联系群众等制度,要求党总支以上党组织设专职副书记。推行机关党组织的党务公开制度,严格执行领导干部述职述廉、诫勉谈话制度,完善机关党的工作会议制度和经验交流制度。

【作风建设】 继续开展机关优质服务品牌创建活动。以"一支部一品牌"建设为抓手,组建党员专业服务团队,精心设计服务活动载体,叫响机关优质服务品牌。

6月9日,德清县机关工委举办"党员争先锋 喜迎十九大"红色经典导读活动　　　　　　　　　　（县机关工委　提供）

全年共有43个党组织进行创建申报,19个党组织进行复评申报。最终评定优质服务品牌示范单位6个、复评成功单位13个、创建成功单位6个。

继续开展"三走进三服务"活动。发动机关党员走进社区、走进企业、走进农村,广泛开展服务发展、服务基层、服务群众活动,密切党群关系。全年组织开展"学雷锋 助推'四大行动'"、"机关党员进社区"志愿服务和困难党员群众结对帮扶等系列活动。

按照"三政审三公示三票决"程序规范发展党员。考察入党对象25名,预备党员按期转正57名。组建预备党员和入党积极分子"机关爱心服务队"。建立"红管家""幸福邻里""保护水源"志愿服务驿站,53名队员全年开展爱心服务共689次1723小时。

【"4＋N"主题党日】 倡导在完成"红色经典导读、学习党章党规、开展志愿服务、缴纳党费"4个规定动作基础上,围绕服务中心工作自选创新动作,开展"4＋N"主题党日活动。各党支部开展"我最喜爱的习总书记的一句话"、学习贯彻省党代会精神、过集体"政治生日""百名党员干部入户大宣讲""千名机关党员结对送学"和"读报告、学精神、谈体会"等系列主题党日活动。组织开展"最佳主题党日"评比,评选出一、二、三等奖若干名。

【机关党建示范点培育】 按照"发挥优势、培育精品、服务大局"的理念和一套台账、一条线路、一项展示、一部宣传片、一个品牌的"五个一"思路,制定出台《关于打造省一流党建示范点培育工作的方案》。统筹推进县综合行政执法局、县行政服务中心、县住房公积金和县气象局等4个示范点的培育,成功打造"马路上的组织生活会""五零五心""四零服务""气象为民"等机关党建品牌。县综合行政执法局和县行政服务中心两位党组织书记获市机关"铁军模范好支书"荣誉称号。

【机关文化建设】 联合县文明办开展文明创建划片包干活动。联合县公安局开展"双禁"宣传活动。在元旦春节、中秋国庆等重要节点发送廉政短信。举办"喜迎十九大 扬运动风采 铸机关铁军"第十一届机关运动会、机关干部英语口语培训班和组织3批次职工疗休养活动。

(施维鑫)

老干部工作

【思想政治建设】 制定印发《关于推进离退休干部党员"两学一做"学习教育常态化制度化的指导意见》,围绕"畅谈十八大以来变化、展望十九大胜利召开"主题深化正能量活动,先后开展专题座谈会、县处级老领导理论读书会、"走看促"等活动10余次,发放调查问卷198份,上门走访老干部112人次,收集建言条数387条。开展"建言十九大、省市县党代会金点子"活动,收集意见建议65条。在《德清老干部》报开辟"我看神州变化、我看德清发展"专栏,让老同志畅谈德清发展变化和美好生活。开展"学习十九大,书记争先锋"十九大知识竞赛和"网下我点赞,网上晒风采"支部亮星活动。

召开全县经济社会发展情况老干部通报会,由县委书记向老干部通报全县经济社会发展情况。每季度召开一次离休干部理论学习会,在武康、乾元、新市分片组织离休干部集中学习,及时传达学习习近平总书记系列重要讲话精神和各级党委、政府重大会议精神。

【党组织建设】 5月,在县老年大学、老干部活动中心成立临时党总支,下辖老年大学艺术类支部、综合类支部、乾元分校支部、老年书画研究会支部、老年摄影研究会支部、老干部棋牌协会支部等6个支部共177名党员。离退休干部党支部拓展至40个,开展"银领党建"品牌创建活动。将全县离退休干部党支部书记培训纳入县级机关部门专题培训班计划,严格实行离退休干部党支部书记季度例会制度。

【红色教育十分钟】 县老年大学组织实施"红色教育十分钟"活动,编写必修教材《红心闪闪》,该教材共分领袖语录、党章党规、时政热点、先进典型、红色记忆、自选模块等6个章节。以县委老干部局编写出版的《我们一起走过——德清县离休干部集体回忆录》《德清1945》《红色典藏——抗战胜利70周年纪念册》等作为选修教材。"红色教育十分钟"为课前教育,纳入老年大学教学常规,规定每学期每月的第二周和第四周为"红色教育十分钟"学习周。红色教育活动以编好一套教材为基础,依托线上线下两个学习平台,注重内容、形式、机制三个方面深化,引导老同志发挥好政治、经验、智慧、威望四大优势,激发广大老年学员的精神活力,营造健康向上的政治环境、团结和谐的校园环境、自我管理的民主环境和文明整洁的学习环境。

5月19日,德清县老年大学(老干部活动中心)临时党总支成立

(县老干部局 提供)

【服务管理】 成立"两项待遇"督查组，先后对26个有离休干部的单位开展离休干部生活待遇落实情况全面督查，对发现存在的问题及时予以纠正。做好日常走访工作，全年走访慰问离休干部456人次，看望住院离休干部37人次，走访异地居住、易地安置老干部15人次，协助处理14名老干部的丧事。重阳节期间，为90周岁的离休干部送去鲜花蛋糕。坚持上门送学制度，全年上门送学送课152人次。协调利用社区资源，开展"四就近"服务，做好社区医生结对老干部服务，实现离休干部服务全覆盖。推进政府购买服务，整合12349服务热线资源，继续委托社工组织为空巢离休干部提供个性化服务。组织县处级老领导和离休干部开展健康体检。

【老年大学25周年校庆活动】 以"不忘初心 牢记使命"为主题，开展"六个一"县老年大学校庆系列活动，即举办一次文学艺术作品征选活动、制作一张老年大学宣传片、编印一本校庆特刊、公开一组老年教育课堂、举办一次师生作品展示活动、举行一个校庆仪式(含一场文艺演出)。

【文体活动】 2017年，县老年大学共开设20门学科、40个教学班，招收学员899名、1325人次，创历史新高。创新开展第二课堂活动，将老年课堂搬到"幸福邻里"、老年活动室、公园广场等地。开通县老年大学微信公众号，充分展示学员风采和学习成果。老干部活动中心每月开展丢沙包、飞镖、套圈等趣味赛事活动一项，全年组织大型老干部趣味运动会两次，参与老同志近600人次。

【正能量活动】 成功创建离休干部欧阳习庸"老干部治水工作室"和老教师"少儿进步奖"工作室等2个市级"最美老干部工作室"，使德清县市级"最美老干部工作室"达到5个。县老年摄影协会志愿者举办"剿灭劣Ⅴ类水"和文明创建主题摄影比赛和展览，展出各类作品600多幅。老干部文艺志愿者开展文化下乡演出10场，每场都以有奖知识问答的形式，大力宣传"五水共治"和文明创建知识。老干部书画志愿者书画下乡活动5次，无偿赠送群众优秀作品400多幅。县关工委讲师团深入全县中小学开展青少年思想道德教育、革命传统教育、德清历史文化、文明创建知识等主题讲座53场次，参与师生12178人次。全县老干部志愿者以书画、戏曲、摄影、义工、讲师、调解员、治水督导员、文明劝导员等各种方式开展各类银领志愿服务221次，参与老同志1988人次。组建老干部网宣队，开展网上正能量传播活动。退休干部章永康参加全省老干部正能量论坛。

【重要活动】 承办浙江省直单位百名离退休干部党支部书记、湖州地市级老领导到德清县开展"走基层、看变化、促发展"活动，全市离退休干部"百千万"志愿服务推进季首站活动，全市关工委基层组织建设工作例会等活动。省委老干部局对此专程发来感谢信。和浙江大学开展校地合作，被市委老干部局评为老干部特色工作。

【自身建设】 组织老干部党务工作者先后赴安吉、嘉兴南湖等地考察学习老干部党建工作。局机关实行月度工作例会制度，不断加强老干部工作者思想政治建设，提升老干部工作业务水平。参与全县中心工作，全局有5名

5月20日，德清老年摄影银领志愿者在武康开展"剿灭劣Ⅴ类水"专题摄影活动
（县老干部局　提供）

同志分别以派驻的方式参与文明创建、五水共治、私营城整治、城西片拆迁等工作。加强信息宣传工作,每月出版一期《德清老干部》报,全年省委老干部局及省关工委杂志、网站等媒体录用信息90多篇。推进离退休干部党建工作的做法在《浙江老干部工作》得到介绍,并获得县领导批示肯定。老年大学员工张舒婷一起参演的以治水故事改编的小品《排戏》登上央视舞台,在中央三套"国庆七天乐"节目中播出。

(王建平)

党校工作

【概况】 2017年,县委党校与德清行政学校、浙江生态文明干部学院莫干山分院、德清县社会主义学校实行"四块牌子,一套工作班子"的管理体制。学校下设办公室、行政科、教务科(现场教学基地管理部)、县情研究中心、生态文明教研室、对外培训中心(对外交流合作部)等6个职能科室,有在编教职工16人(其中专职教师9人,兼职教师2人,高级讲师3人),后勤服务人员13人。校园占地总面积33553平方米,总建筑面积16650多平方米。

【干部教育】 全年完成主体班次18个,共22期,培训学员2365人次。本年度课程设置着力突出工作实务指导,服务县"项目双进"、"美丽乡村"建设、"剿灭劣五类水"等中心工作。第十七期中青班以实践锻炼开局,开班第三天就组织学员到私营城综合整治、高新区、信访维稳等中心工作、重点工作一线进行为期2个月的脱产锻炼。成立浙江生态文明干部学院莫干山分院,坚定不移践行"绿水青山就是金山银山"重要思想。成立德清县社会主义学校,扩大干部教育培训辐射面。组织学员到改革发展前沿观摩学习,汲取周边县市的先进经验。组织新提任科级领导干部培训班赴乌镇学习"互联网+"模式,赴杭州玉皇山基金小镇学习新兴产业发展;组织全县村(社区)主职干部培训班赴海宁、诸暨学习"美丽乡村"建设、基层党建等经验。此外,对主体班上的学员发言稿、学习体会进行汇编,刊发《党校信息》报送县领导和相关部门。

【科研工作】 组织教师针对"美丽城镇"建设、"最多跑一次"等热点、难点问题开展调查研究,并以《党校信息》形式呈送《决策参阅》5篇。全年完成各级各类课题结题19个,其中省委党校重点课题1个;各级各类课题立项24个,其中省委党校课题立项9个,市委党校课题立项5个,县社联课题立项7个,县社联课题立项率达到100%;教师获省理论研讨会二等奖1篇、入围1篇,省委党校优秀决策咨询成果三等奖3篇,全省党校行院系统教学改革专题研讨会优秀论文1篇,省精神文明建设理论研讨会优秀论文2篇,"浙江法学论坛"优秀论文1篇,环太湖理论研讨会优秀论文1篇,入围1篇,获县党建理论调研文章一等奖1篇,县党政系统优秀调研成果优秀奖1篇。

【社会教育】 依托美丽乡村建设优势,突出"特色兴校",进一步拓展社会教育。全年完成专题班60期,培训7250人次。主要包括企业经营管理人员培训班、基层司法行政骨干培训班等。依托"美丽乡村"现场教学点建设,接待县外培训班来德清现场教学13期,共780人次。组织教师主动"送课上门""送教下乡",使全县党员干部群众深刻领会、全面把握十

11月24日,在县党校举行浙江生态文明干部学院莫干山分院揭牌仪式 (县党校 提供)

八届五中、六中全会精神、习近平总书记系列重要讲话精神及其丰富内涵。本年度共开展宣讲活动70场次,受训人员2024人次。根据当前中央关于作风建设的有关要求和反腐新形势,及时更新完善县反腐倡廉教育基地部分内容。

【后勤服务】 继续按照"工作方法项目化、工作任务考核化、工作管理精细化"要求,不断强化管理职责、提高服务水平,更好地为学员服务。全面安全防范检查,对全校的消防、监控设备进行检查和维修,对室外消防栓及宿舍楼、综合楼的灭火器进行全面更换并按公安部门的要求建立学校治安台本,加强学校治安巡查,杜绝事故隐患。根据省、市委党校要求,顺应"互联网+"时代发展,推进红色学府网平台建设,打造没有围墙的党校。组织全体教师参加红色学府网操作培训,并根据职责分工,各科室通力协作支持红色学府网的建设和发展,实现共建共享。持续加强对行政后勤人员的监管和考核,确立"学员至上""服务至上"理念,同时做好食堂管理、校园维护、环境卫生、物品采购等工作。

(陈董骄)

档案工作

【档案公共服务能力】 完成档案文献数据中心建设。利用档案馆馆藏数字化资源,依托互联网在局档案信息网上建成档案文献数据中心,以swf文件格式上传地方志、古籍、老契约、老报纸等档案资料,进一步方便群众利用档案资源,提高档案文献的利用率,发挥档案资源的价值。

完成档案电子目录汇集中心建设。依托政务网,建立馆室藏档案电子目录汇集中心,上传各类档案电子目录10.32万条,联通政务网的基层档案室均可查阅各个机关部门室藏档案目录。

完成档案管理和查阅服务事项纳入便民服务中心建设。根据"最多跑一次"改革要求,完成档案权力事项和公共服务事项进驻县行政服务中心综合受理窗口,形成"一窗受理、集成服务"审批服务机制。同时,将档案管理和查阅服务延伸至村级便民服务中心,形成村民可在村里申请查档工作机制,做到让数据多跑路、群众少跑腿。

【基层档案工作】 乾元镇档案馆建成并规范运营。乾元镇档案馆全面建成,独幢建筑面积近500平米,库房面积200多平方米,安装密集架约200立方米,查阅、展览等功能区一应俱全。2017年,已建立33个全宗,接收2198卷9668件村级档案,全文数字化页数达39万页,村内档案系统和馆内档案系统可正常利用数字化成果。

村级档案收集不断细化,案卷质量提效明显。深化全县村(社区)档案收集工作,村务管理、党群团组织活动、"五水共治"、"三改一拆"、美丽乡村建设等各方面形成的文件材料均细化收集,共整理归档2016年度档案4450卷19331件,比上年分别增长22.6%、36.8%;平均每个村组卷达到29.80卷,每个社区623.60件;收集整理归档照片档案5436张,比上年增长102.2%;共形成文件级电子目录126794条,比上年增长18.4%。平均每个村(社区)电子目录数731条。

2017年,县档案局将档案库房管理纳入村级巡查考核,并实行一票否决制,推动村级档案室库房固化工作。在2016年完成16个村安装档案密集架基础上,2017年又完成57个行政村的安装,占全县村(社区)档案库房数

乾元镇档案馆　　　　　　　　　　(县档案局 提供)

中国共产党德清县委员会

的41%,计划到"十三五"末,全县村(社区)可全部配备密集架,使基层档案集中长久保存场所得到固化。

【千村档案工作】 在2016年全面完成省局下达的10个重点村的建档工作后,2017年将"千村档案建设"的工作模式延伸到普通村。首先升级村(社区)档案管理平台,使之与"千村档案"软件平稳衔接。然后按《建设框架》要求切块实施,分三年完成,使全县所有村落有关历史文化方面的档案资料得到充分挖掘、收集和整理。全县各类村落档案资源建设已实现全面覆盖,148个行政村共收集、整理《建设框架》A、H两类村落历史文化信息资源记录数6657条,附件数15793条。

【基层治理规范化建设】 在承担省档案局档案工作基层治理规范化建设试点工作后,全力抓好"基层档案发展环境、工作标准、工作监管方式、基层档案供给侧建设和工作安全体系"五个方面规范,在实践中促规范,在规范中求发展,边实践边完善,完成相关制度文件的制定与发布工作,优化基层档案发展环境,完善基层档案业务标准,强化基层档案监管能力,确保基层档案安全,提升基层档案服务能力,取得试点工作要求的效果,为全省推进档案工作基层治理工作提供模板,打下基础。

【档案文化建设】 2017年,结合新农村文化礼堂建设工作,继续推进乡村记忆示范基地建设工作,有6个行政村通过2017年的乡村记忆示范基地验收。完成《记忆德清·2016》《德清档案志》《馆藏宗谱辑要》编研工作,其中《德清档案志》正式出版发行,获省"档案局百项编研精品"。积极开展家庭档案建设推广和示范户建立工作,与电视台合作,完成6集家庭档案故事的专题纪录片《走进德清档案——档案与家的故事》,并分期在德清电视台文化生活频道播出。

(郑 盈)

晨辉映古塔

(姚文佳/摄)

德清县人民代表大会

重要会议

【代表会议】 德清县第十六届人民代表大会第一次会议 德清县第十六届人民代表大会第一次会议于2月18日在武康召开。出席会议的代表216名，列席人员227名。

会议听取和审查县人民政府代县长王琴英代表县人民政府所作《德清县人民政府工作报告》，审查、批准《德清县2016年国民经济和社会发展计划执行情况报告与2017年国民经济和社会发展计划》，审查、批准《德清县2016年财政预算执行情况报告和2017年财政预算》，听取和审查县十六届人大常委会主任罗国建《德清县人民代表大会常务委员会工作报告》，听取和审查县人民法院院长何晓红《德清县人民法院工作报告》，听取和审查县人民检察院检察长吴志新《德清县人民检察院工作报告》。并作出相应决议。

会议选举县人民政府县长1名，设立德清县人民代表大会财政经济委员会、法制（内务司法）委员会。

德清县第十六届人民代表大会第一次会议期间，大会秘书处共收到建议、批评和意见144件。经议案审查委员会审查，提请大会主席团审议，9件议案改作代表建议、批评和意见处理。为此，本次大会代表提出的建议、批评和意见共153件。会后按照《德清县人民代表大会代表建议、批评和意见办理的规定》要求，交由县人民政府及有关部门负责办理，并及时答复代表。

【常委会议】 2017年，德清县第十六届人大常委会共召开会议8次。

德清县第十六届人大常委会第一次会议 2月20日在武康召开。

会议听取、审议通过《德清县人民代表大会常务委员会关于县监察委员会副主任、委员任免办法的决定》。

会议进行有关人事任免事项。会议以无记名投票表决的方式任命沈保梁、许炜同志为德清县监察委员会副主任，任命朱伯荣、赵志明、沈雅萍、孙椒清同志为德清县监察委员会委员。

德清县第十六届人大常委会第二次会议 3月28日在武康召开。

会议听取、审议和原则通过《关于对全县科技创新工作情况报告》。会议听取、审议和通过《德清县2017年政府重大投资项目计划（草案）》《水利重点工程建设情况》《关于检查〈中华人民共和国特种设备安全法〉贯彻实施情况报告》《关于批准浙江工业大学德清校区建设工程资本金及购买服务资金列入年度财政预算的决议》。

会议听取、审议和通过《关于加强县人大常委会自身建设的意见》《德清县第十六届人民代表大会常务委员会组成人员守则》《德清县第十六届人民代表大会常务委员会议事规则》。

会议书面审议县人大常委会关于德清县2017年政府重大投资项目计划情况的调查报告、关于全县科技创新工作情况的调查报告、关于水利重点工程建设情况的调查报告、关于加强德清县人大常委会自身建设的意见、德清县第十六届人大代表大会常务委员会组成人员守则、德清县第十六届人大代表大会常务委员会议事规则。

德清县第十六届人大常委会第三次会议 3月29日在武康召开。

会议进行有关人事任免事项，新任命人员向宪法宣誓仪式，受任人员代表作供职发言。

德清县第十六届人大常委会第四次会议 5月27日在武康召开。

会议听取、审议和原则通过《关于德清县高端装备制造产业发展情况报告》《关于对德清县交通重点工程建设情况报告》《关于对德清县未成年人刑事检察工作报告》。

会议听取、审议和通过《德清县人大常委会关于在县人大代表中开展"五好一争"活动决定》。

会议听取和审议《关于提请审议〈德清县人民代表大会常务委员会工作评议票决办法〉等有关制度的议案》，会议通过《德清县人民代表大会常务委员会工作评议票决办法》《德清县人民代表大会代表议案处理规定》《德清县人民代表大会代表建议、批评和意见办理的规定》《德清县人民代表大会代表活动制度》《德清县人民代表大会常务委员会关于任免国家机关工作人员的规定》《德清县人民代表大会常务委员会监督司法机关工作办法》《德清县人民代表大会常务委员会规范性文件备案审查办法》《德清县人民代表大会常务委员会关于处理人民群众来信来访的办法》。

会议听取、审议和通过《德清县人大常委会关于设立县十六届人大常委会代表资格审查委员会的决定》。

会议进行有关人事任免事项，新任命人员向宪法宣誓仪式，受任人员作供职发言。

德清县第十六届人大常委会第五次会议　7月26日在武康召开。

会议听取、审议和原则通过《关于全县剿灭劣Ⅴ类水工作情况报告》，听取、审议和通过《2016年财政决算的决议》，听取、审议和原则通过《关于2016年度德清县本级预算执行和其他财政收支审计工作报告》。

会议进行有关人事任免事项。

表决2017年政府工作部门和垂直管理部门全面工作评议票决对象。

会议举行新任命人员向宪法宣誓仪式，受任人员作供职发言。

德清县第十六届人大常委会第六次会议　9月22日在武康召开。

会议听取、审议和原则通过《德清县2017年上半年国民经济和社会发展计划执行情况的报告》《关于德清县2017年上半年财政预算执行情况的报告》《关于贯彻实施〈循环经济促进法〉推进生态循环农业发展情况的执法检查报告》。

会议听取和审议《县公安局关于取保候审案件自查工作报告》《县人民法院关于缓刑案件处理自查情况的报告》《县人民检察院关于不起诉案件自查情况的报告》《关于公检法机关案件评审工作情况的报告》。会议原则通过德清县人民法院、德清县人民检察院《案件办理情况的评审意见》。

会议进行有关人事任免事项。

德清县第十六届人大常委会第七次会议　11月24日在武康召开。

会议听取、审议和通过《德清县2017年财政预算调整及地方政府债务限额方案》《德清县十六届人大一次会议议案和代表建议、批评和意见办理情况报告》。

会议听取、审议原则《关于全县职业教育工作情况的报告》《德清县2017年度环境状况和环境保护目标完成情况的报告》。

会议听取、审议和通过《德清县生态保护红线划定》《关于规范市民文明行为加快文明城市建设的决定》。

会议听取、审议和原则通过《德清县人民法院研究落实〈县人大常委会关于进一步推动人民法院执行工作的意见〉情况报告》。

会议进行有关人事任免事项。

德清县第十六届人大常委会第八次会议　12月14日在武康召开。

会议听取《组织实施2017年10件政府民生实事项目的情况报告》和《关于对组织实施2017年10件政府民生实事项目实施情况的调查报告》，《县教育局2017年工作情况报告》和《关于对县教育局2017年工作情况的调查报告》，《县人力社保局2017年工作情况报告》和《关于对县人力社保局2017年工作情况的调查报告》，《县国土资源局2017年工作情况报告》和《关于对县国土资源局2017年工作情况的调查报告》，《县交通运输局2017年工作情况报告》和《关于对县交通运输局2017年工作情况的调查报告》，《县农业局2017年工作情况报告》和《关于对县农业局2017年工作情况的调查报告》，《县综合行政执法局2017年工作情况报告》和《关于对县综合行政执法局2017年工作情况的调查报告》，《县环保局2017年工作情况报告》和《关于对县环保局2017年工作情况的调查报告》，《县消防大队2017年工作情况报告》和《关于对县消防大队2017年工作情况的调查报告》，《县供电公司2017年工作情况报告》和

《关于对县供电公司2017年工作情况报告的调查报告》,《县住建局研究处理并落实〈县人大常委会关于对我县小城镇建设情况报告的审议意见〉情况报告》和《关于对县住建局研究处理并落实〈县人大常委会关于对我县小城镇建设情况报告的审议意见〉情况的调查报告》,《县发改委2017年工作情况报告》和《关于对县发改委2017年工作情况报告的调查报告》,《县商务局贯彻执行〈县人大加快工业强县建设的决定〉推进选商引资工作情况报告》和《关于对县商务局贯彻执行〈县人大加快工业强县建设的决定〉、推进选商引资工作情况报告的调查报告》,《县审计局推动审计查明问题整改落实情况的情况报告》和《关于对县审计局推动审计查明问题整改落实情况的调查报告》。

会议按照"满意、基本满意、不满意"三个档次对县发改委等13个政府工作部门和垂直管理部门的全面工作、专项工作以及2017年10件政府民生实事22个项目实施情况进行满意度票决,13个被评部门中8个评为满意,5个基本满意,22个政府民生实事项目中17个被评为满意,5个基本满意。

监督工作

【审查监督】 加强对2017年政府重大投资项目计划的审查监督,对全县6个1亿元以上新建项目的资金筹措、经济社会效益、项目可行性等方面开展调研、询问和审议。对预决算的审查监督,组织专家组对全口径预算草案及39个上会部门预算进行初审。开展对财政决算、财政预算及部门预算执行、财政收支审计、工业财政资金绩效、政府性债务和审计查明问题整改落实等情况的审查监督提出要保障收入稳步增长、深化财政管理改革、加大审计监督力度等审查意见。

【审议监督】 加强对2017年经济发展计划执行情况的审议监督。针对德清县高端装备制造产业、科技创新工作、高新区项目双进、平台建设情况的审议监督。组织开展环莫干山休闲旅游度假产业发展审议意见研究落实情况的跟踪检查。

【跟踪监督】 组织8个督查组,对发展公共交通、推进垃圾分类处理、深化污水处理等10件政府民生实事22个项目实施情况进行全程跟踪督查。组织开展对交通和水利重点工程建设情况的审议监督,提出要加快项目推进速度、提升工程建设质量等审议意见。加强对职业教育、环境状况和环境保护目标完成、剿灭劣Ⅴ类水、农村生活污水治理、大气污染防治、城市交通拥堵治理、西部山区林间道路、消防安全等民生议题的监督检查及审议意见研究处理情况跟踪督查。

【评议监督】 组织开展对县发改委等13个政府工作部门和垂直管理部门的全面工作、专项工作以及2017年10件政府民生实事22个项目实施情况的评议和满意度票决。13个被评部门中8个评为满意,5个基本满意,10件政府民生实事22个项目中17个被评为满意,5个基本满意,取得较好的评议效果,推动被评单位改进工作、提升效能。

【法律监督】 组织开展对《特种设备安全法》《循环经济促进法》贯彻实施情况的执法检查。配合省、市人大开展浙江省慈善法实施办法、学前教育条例、湖州市禁止销售燃放烟花爆竹规定等立法调研和食品安全法、建筑法、动物防疫法等执法检查。同时,对涉及支持大众创业促进就业、农村宅基地管理等方面的25件规范性文件进行备案审查。

人大代表活动

【各类视察调研督查检查活动】 德清县人大常委会邀请代表参与对科技创新、水利重点工程建设、高端装备制造产业、交通重点工程建设、剿灭劣Ⅴ类水工作、公检法案件评审工作、职业教育、美丽城镇、美丽乡村、水气土治理、全国文明城市创建、私营城专项整治、未成年人刑事检察工作的监督检查,开展《循环经济促进法》推进生态循环农业发展情况的执法检查以及对10个政府部门和垂直管理部门的全面工作,3个政府部门的专项工作,年初人代会通过的10件政府民生实事22个项目的实施情况进行评议和满意度票决。高端装备制造产业发展情况报告审议意见和交通重点工程建设情况报告审议意见落实情况、法院执行工作跟踪检查。邀请代表对国民经济和社会发展计划执行、财政决算、财政预算及部门预算执行、财政收支审计及全

5月25日，县人大常委会党组书记、主任罗国建（左三）调研重点交通项目建设　　　　　　　　　　（县人大办　提供）

口径预算、政府性债务等情况进行监督，并组织人大代表开展十六届人大一次会议会前视察。

【"五好一争"活动】　根据县人大常委会的决定，出台《德清县人大代表"五好一争"活动履职百分考评办法》，采取履职纪实与量化评价相结合的方法，实行市县镇三级代表"一人一档"，建立人大代表履职清单，完善人大代表履职登记制度，严格人大代表百分履职考核，鼓励广大代表积极投身"五好一争"活动中，提高代表履职能力。

【开展"剿灭劣Ⅴ类水　人大代表在行动"主题活动】　深化代表主题活动，组织全县各级人大代表开展"剿灭劣Ⅴ类水　人大代表在行动"主题活动，有692名在德代表参与活动，参与率达到90.2%。常委会成立7个检查组，组织代表对河长制落实、污水处理、农业面源污染治理、小微水体治理等7个方面开展检查督查。主题活动共查找问题180个，提出意见建议229条，至年底，得到有效落实209条。

【创建全国文明城市人大代表巡查活动】　组建创建全国文明城市人大代表巡查队，在3个街道组织50名县人大代表，分9个巡查小组，开展创建督查，提高创建成效。针对文明创建过程中垃圾分类处理、城市交通堵塞、乱摆摊等存在的突出问题进行专项督查，共查找问题32个，提出意见建议20条。

省、市、县、镇人大代表换届选举

始终坚持党的领导，充分发扬民主，严格依法办事，认真贯彻落实选举法，依法有序推进换届选举各项工作。2017年2月换届以来，经直接选举和间接选举产生县各级人大代表共计821名，其中省十六届代表2名；市八届代表61名；县十六届代表222名；镇代表536名（除兼下一级代表，实际代表766名）。

人事任免

表4　　2017年德清县第十六届人大常委会人事任免

时间	会议	任免	姓名	职务
2月20日	第一次会议	任命	沈保梁	德清县监察委员会副主任
2月20日	第一次会议	任命	许炜	德清县监察委员会副主任
2月20日	第一次会议	任命	朱伯荣	德清县监察委员会委员
2月20日	第一次会议	任命	赵志明	德清县监察委员会委员
2月20日	第一次会议	任命	沈雅萍	德清县监察委员会委员
2月20日	第一次会议	任命	孙椒清	德清县监察委员会委员

续表

时间	会议	任免	姓名	职务
3月29日	第三次会议	任命	沈忠平	县人民政府副县长
3月29日	第三次会议	任命	蔡惠江	县公安局局长
3月29日	第三次会议	任命	嵇金星	县财政局局长
3月29日	第三次会议	任命	成兴军	县政府办公室(县政府法制办公室、县政府外事办公室)主任
3月29日	第三次会议	任命	章洪春	县发展和改革委员会主任
3月29日	第三次会议	任命	郭坤华	县经济和信息化委员会主任
3月29日	第三次会议	任命	姚文忠	县教育局局长
3月29日	第三次会议	任命	姚国丽	县科学技术局局长
3月29日	第三次会议	任命	仲伯华	县政府侨务办公室主任
3月29日	第三次会议	任命	沈海明	县民族宗教事务局局长
3月29日	第三次会议	任命	吕海清	县民政局局长
3月29日	第三次会议	任命	沈鑫钰	县司法局局长
3月29日	第三次会议	任命	方凯	县住房和城乡建设局(县规划局)局长(县人民防空办公室主任)
3月29日	第三次会议	任命	杨剑炜	县交通运输局局长
3月29日	第三次会议	任命	曹汉祥	县水利局局长
3月29日	第三次会议	任命	唐炜	县农业局局长
3月29日	第三次会议	任命	林立群	县林业局局长
3月29日	第三次会议	任命	宣坚锋	县商务局局长
3月29日	第三次会议	任命	姚明星	县文化广电新闻出版局(县体育局)局长
3月29日	第三次会议	任命	马建根	县卫生和计划生育局局长
3月29日	第三次会议	任命	张铧	县环境保护局局长
3月29日	第三次会议	任命	章仁	县统计局局长
3月29日	第三次会议	任命	姚新乔	县安全生产监督管理局局长
3月29日	第三次会议	任命	许建驰	县综合行政执法局(县城市管理局)局长
3月29日	第三次会议	任命	杨力平	县旅游委员会主任
3月29日	第三次会议	任命	吴胜	县市场监督管理局局长
3月29日	第三次会议	任命	陈金初	县人大常委会办公室(研究室)主任
3月29日	第三次会议	任命	潘剑民	县人大常委会办公室副主任
3月29日	第三次会议	任命	俞长松	县人大常委会教育科技文化卫生工作委员会主任
3月29日	第三次会议	任命	林炳才	县人大常委会农业与农村工作委员会主任
3月29日	第三次会议	任命	章永田	县人大常委会城乡建设与环境资源保护工作委员会主任
3月29日	第三次会议	任命	赵叙坤	县人大常委会代表与选举任免工作委员会主任
3月29日	第三次会议	免去	陈永明	县经济和信息化委员会主任
3月29日	第三次会议	免去	沈亦红	县卫生和计划生育局局长
3月29日	第三次会议	免去	姚欣	县政府办公室(县政府法制办公室、县政府外事办公室)主任
3月29日	第三次会议	免去	姚海根	县民政局局长

续表

时间	会议	任免	姓名	职务
3月29日	第三次会议	免去	任桂荣	县教育局局长
3月29日	第三次会议	免去	徐 羚	县科技局局长
3月29日	第三次会议	免去	许冬生	县司法局局长
3月29日	第三次会议	免去	费根法	县人力资源和社会保障局局长
3月29日	第三次会议	免去	俞新明	县林业局局长
3月29日	第三次会议	免去	方文华	县安全生产监督管理局局长
3月29日	第三次会议	免去	钟 伟	县市场监督管理局局长
3月29日	第三次会议	免去	郭坤华	县环境保护局局长
3月29日	第三次会议	免去	吕海清	县商务局局长
3月29日	第三次会议	免去	吴 胜	县农业局局长
3月29日	第三次会议	免去	潘剑民	县人大常委会代表与选举任免工作委员会主任
3月29日	第三次会议	免去	赵叙坤	县人大常委会教育科技文化卫生工作委员会主任
5月27日	第四次会议	辞去	曹根荣	县十六届人大常委会委员
5月27日	第四次会议	辞去	潘云祥	县十六届人大常委会委员
5月27日	第四次会议	任命	蒋 斌	县人力资源和社会保障局局长
5月27日	第四次会议	任命	沈松泉	县审计局局长
5月27日	第四次会议	任命	沈琛杰	县人大常委会研究室副主任
5月27日	第四次会议	任命	沈王英	县人大常委会农业与农村工作委员会副主任
5月27日	第四次会议	任命	汪庆新	县人民法院副院长、审判委员会委员、审判员
5月27日	第四次会议	任命	吴玉峰	县人民法院副院长
5月27日	第四次会议	任命	叶剑荣	县人民法院执行局局长
5月27日	第四次会议	任命	姚 俭	县人民法院乾元人民法庭庭长
5月27日	第四次会议	任命	杨 军	县人民法院审判委员会委员、审判监督庭庭长
5月27日	第四次会议	任命	王国青	县人民法院民事审判第一庭庭长
5月27日	第四次会议	任命	徐 辉	县人民法院立案庭副庭长
5月27日	第四次会议	任命	沈筱婕	县人民法院民事审判第一庭副庭长
5月27日	第四次会议	任命	叶国栋	县人民法院民事审判第三庭副庭长兼民事审判第四庭副庭长
5月27日	第四次会议	任命	沈 健	县人民检察院副检察长、检察委员会委员、检察员
5月27日	第四次会议	任命	姚丽洁	县人民检察院检察员
5月27日	第四次会议	免去	蒋 斌	县审计局局长
5月27日	第四次会议	免去	缪晓林	县人大常委会农业与农村工作委员会副主任
5月27日	第四次会议	免去	沈王英	县人大常委会办公室副主任
5月27日	第四次会议	免去	沈 健	县人民法院副院长、审判委员会委员、审判员
5月27日	第四次会议	免去	吴玉峰	县人民法院执行局局长、执行庭庭长
5月27日	第四次会议	免去	叶剑荣	县人民法院民事审判第一庭庭长
5月27日	第四次会议	免去	杨 军	县人民法院乾元人民法庭庭长

续表

时间	会议	任免	姓名	职务
5月27日	第四次会议	免去	姚俭	县人民法院民事审判第二庭庭长
5月27日	第四次会议	免去	王国青	县人民法院立案庭庭长
5月27日	第四次会议	免去	徐辉	县人民法院执行庭副庭长
5月27日	第四次会议	免去	沈筱婕	县人民法院民事审判第四庭副庭长
5月27日	第四次会议	免去	叶国栋	德清县人民法院乾元人民法庭副庭长
5月27日	第四次会议	免去	何建海	县人民法院审判监督庭庭长
5月27日	第四次会议	免去	宣艳	县人民法院民事审判第二庭副庭长、审判员
5月27日	第四次会议	免去	许继敏	县人民法院审判员
5月27日	第四次会议	免去	吴青立	县人民法院审判员
5月27日	第四次会议	免去	严正凯	县人民法院审判员
5月27日	第四次会议	免去	曹艳芳	县人民法院审判员
5月27日	第四次会议	免去	何秀荣	县人民法院审判员
5月27日	第四次会议	免去	沈雅萍	县人民陪审员
5月27日	第四次会议	免去	陈芳	县人民陪审员
5月27日	第四次会议	免去	韩炳华	县人民陪审员
5月27日	第四次会议	免去	汪庆新	县人民检察院副检察长、检察委员会委员、检察员
7月26日	第五次会议	任命	齐宁	县人民政府副县长
7月26日	第五次会议	免去	马娅鸣	德清县人民陪审员
7月26日	第五次会议	免去	朱奕轶	德清县人民陪审员
7月26日	第五次会议	任命	吴升	德清县人民陪审员
7月26日	第五次会议	任命	嵇钟英	德清县人民陪审员
7月26日	第五次会议	任命	王书凡	德清县人民陪审员
7月26日	第五次会议	任命	王贞	德清县人民陪审员
7月26日	第五次会议	任命	王烈颖	德清县人民陪审员
7月26日	第五次会议	任命	王琴	德清县人民陪审员
7月26日	第五次会议	任命	白月芬	德清县人民陪审员
7月26日	第五次会议	任命	沈云飞	德清县人民陪审员
7月26日	第五次会议	任命	陈立江	德清县人民陪审员
7月26日	第五次会议	任命	汪佳佳	德清县人民陪审员
7月26日	第五次会议	任命	沈玲敏	德清县人民陪审员
7月26日	第五次会议	任命	沈璐京	德清县人民陪审员
7月26日	第五次会议	任命	范炜炜	德清县人民陪审员
7月26日	第五次会议	任命	郑秋红	德清县人民陪审员
7月26日	第五次会议	任命	施鎏辉	德清县人民陪审员
7月26日	第五次会议	任命	姚驰	德清县人民陪审员
7月26日	第五次会议	任命	倪丽艳	德清县人民陪审员

续表

时　间	会　议	任免	姓　名	职　　务
7月26日	第五次会议	任命	钱凯英	德清县人民陪审员
7月26日	第五次会议	任命	徐燕燕	德清县人民陪审员
7月26日	第五次会议	任命	谭雅芯	德清县人民陪审员
9月22日	第六次会议	任命	陈晓晓	德清县人民陪审员
9月22日	第六次会议	任命	郑　瑶	德清县人民陪审员
9月22日	第六次会议	任命	顾美玉	德清县人民陪审员
11月24日	第七次会议	免去	柯菊清	县人民法院民事审判第一庭副庭长
11月24日	第七次会议	免去	翁璐娴	县人民法院民事审判第一庭副庭长
11月24日	第七次会议	免去	田　芳	县人民法院执行庭副庭长
11月24日	第七次会议	免去	沈怡赟	县人民法院新市人民法庭副庭长
11月24日	第七次会议	免去	叶国栋	县人民法院民事审判第四庭副庭长
11月24日	第七次会议	免去	杨　静	县人民法院环境资源审判庭副庭长
11月24日	第七次会议	免去	王昆明	县人民法院武康人民法庭副庭长
11月24日	第七次会议	任命	姚舟德	县人民法院审判委员会委员
11月24日	第七次会议	任命	贝海滨	县人民法院审判委员会委员
11月24日	第七次会议	任命	王国青	县人民法院审判委员会委员
11月24日	第七次会议	任命	章　溯	县人民法院审判委员会委员
11月24日	第七次会议	任命	田　芳	县人民法院执行庭庭长
11月24日	第七次会议	任命	沈怡赟	县人民法院立案庭庭长
11月24日	第七次会议	任命	何建海	县人民法院民事审判第二庭庭长
11月24日	第七次会议	任命	叶国栋	县人民法院民事审判第四庭庭长
11月24日	第七次会议	任命	杨　静	县人民法院民事审判第一庭副庭长
11月24日	第七次会议	任命	王昆明	县人民法院环境资源审判庭副庭长兼行政审判庭副庭长
11月24日	第七次会议	任命	徐　辉	县人民法院武康人民法庭副庭长（兼）
11月24日	第七次会议	任命	王　丹	县人民法院刑事审判庭副庭长、审判员
11月24日	第七次会议	任命	顾敏芳	县人民法院乾元人民法庭副庭长、审判员
11月24日	第七次会议	任命	谈晓丽	县人民法院新市人民法庭副庭长、审判员
11月24日	第七次会议	任命	王勇荣	县人民法院莫干山人民法庭副庭长、审判员

（顾秋成）

德清县人民政府

重要会议

【县政府全体会议】 2017年2月27日,县长王琴英部署召开县政府全体会议。王琴英强调,要认清德清发展的形势与趋势,围绕聚力创新、聚焦赶超、奋力引领,从德清发展有什么、要什么、靠什么三个方面考虑来抓好今年工作落实。德清发展有什么,从优势上讲,德清空间布局已融入大格局,平台布局已挤入国家队,改革创新和生态文明已进入排头兵,上下各方已成同欲之势;德清发展要什么,要有好的经济结构,要有源源不断的创新,要有好的发展环境;德清发展靠什么,靠夙夜勤勉踏实干,靠清廉团结合力干。

【县政府常务会议】 第十五届人民政府第八十次常务会议 1月18日,县长王琴英主持召开第十五届人民政府第八十次常务会议。会议听取方文华关于全县安全生产工作的汇报;听取章洪春关于全县一季度"开门红"方案的汇报;听取应聿央关于《政府工作报告》起草情况的汇报;听取嵇金星关于《德清县2016年财政预算执行情况和2017年财政预算(草案)报告》的汇报;听取章洪春关于《德清县2016年国民经济和社会发展计划执行情况与2017年国民经济和社会发展计划(草案)报告》的汇报;听取许建驰关于德清县建筑垃圾分类收运处置工作方案的汇报;听取县发改委关于2016年全县扩大有效投资完成情况和2017年投资计划安排的汇报;听取县政府办公室、县经信委关于全县领导干部大会会议方案及奖励方案的汇报。会议还听取县政府质量奖评审委员会关于2016年德清县政府质量奖评审情况的汇报。

第十六届人民政府第一次常务会议 2月23日,县长王琴英主持召开第十六届人民政府第一次常务会议。会议听取姚欣关于县政府领导分工方案的汇报;听取应聿央关于县政府全体会议方案和县政府工作任务分解情况的汇报;听取沈保梁关于行政审批服务"最多跑一次"改革工作推进情况的汇报;听取陈伟东关于德清县深化医药卫生体制改革综合试点实施方案的汇报。会议还听取德清县劳动模范评选委员会办公室关于推荐评选2017年湖州市劳动模范和模范集体情况的汇报。

第十六届人民政府第二次常务会议 2017年3月20日,县长王琴英主持召开第十六届人民政府第二次常务会议。会议听取姚欣关于县政府重大决策程序规定的汇报;听取沈保梁关于《加快推进"最多跑一次"改革工作实施方案》和《德清县行政服务中心"一窗受理、集成服务"改革实施细则》的汇报;听取嵇金星关于高新区和镇(街道)财政体制调整方案(草案)和国资国企改革总体方案(草案)的汇报;听取吴胜关于德清县深化农村集体资产股份权能改革工作八项制度创新的情况汇报;听取张敏杰关于"五水共治"剿劣提标工作情况的汇报;听取方凯关于"三改一拆"工作情况的汇报;听取郭志伟关于完善建设用地使用权转让、出租、抵押二级市场试点工作情况的汇报。会议还听取县民政局关于武康街道办事处部分行政村撤村建居工作的汇报。

第十六届人民政府第三次常务会议 4月27日,县长王琴英主持召开第十六届人民政府第三次常务会议。会议听取章洪春关于德清县"六重"工作2017年度推进计划和德清县国家新型城镇化综合试点2017年推进计划的汇报;听取姚国丽关于浙江省国家科技成果转移转化示范区示范工程申报方案的汇报;听取杨杏山关于开展全县机关事业单位编外用工规范管理工作的汇报;听取潘建宏关于浙工大德清校区项目招投标相关工作的汇报;听取县发改委关于推进德清县光伏发电工程建设实施意见和2017年度家庭屋顶光伏工程建设方案的汇报。会议还听取县经信委关于德清县新能源汽车推广应用地方配套补助办法的汇报。

第十六届人民政府第四次常务会议　5月11日，县长王琴英主持召开第十六届人民政府第四次常务会议。会议听取嵇金星关于加强政府性债务管理工作的汇报；听取郭坤华关于中国制造2025德清行动计划、德清县工业建成平台提档升级工作实施意见、扶持"金象金牛"大企业培育发展工作情况的汇报；听取吴胜关于深化质量标准品牌升级行动推动供需结构改革实施意见的汇报；听取姚新乔关于进一步强化企业主体责任夯实安全生产基层基础实施意见的汇报；听取张铧关于德清县水污染防治行动计划的汇报；听取县经信委关于德清县深化制造业与互联网融合发展实施意见的汇报。会议还听取县环保局关于"811"美丽德清建设行动方案的汇报。

第十六届人民政府第五次常务会议　6月15日，县长王琴英主持召开第十六届人民政府第五次常务会议。会议听取宣坚锋关于"7+1"重点产业精准招商工作机制实施意见的汇报；听取杨力平关于德清县民宿管理办法修订情况的汇报；听取张铧关于中央环保督察迎检准备工作情况的汇报；听取高新区建设局关于联合国全球地理信息管理德清论坛会址项目增加大剧院功能重大工程变更情况的汇报；听取县国土资源局关于德清县矿产资源规划（2016~2020年）的汇报。会议还听取县国土资源局关于近期经营性建设用地出让情况的汇报。

第十六届人民政府第六次常务会议　7月1日，县长王琴英主持召开第十六届人民政府第六次常务会议。会议听取方凯关于德清县城中村改造攻坚和建设项目遗留问题清零专项行动方案的汇报；听取姚文忠关于教育工作有关情况的汇报；听取章洪春关于加快推进新市镇小城市第三轮培育试点工作若干意见的汇报；听取杨力平关于德清县争创省全域旅游示范县暨推进湖州市国家级旅游业改革创新先行区试点实施方案的汇报；听取县政府办公室关于智能生态城建设情况的汇报。会议还听取县经信委关于德清县盐业体制改革实施方案有关情况的汇报。

第十六届人民政府第七次常务会议　7月27日，县长王琴英主持召开第十六届人民政府第七次常务会议。会议听取许建驰关于进一步加强农村生活垃圾分类和资源化利用实施方案的汇报；听取陈国松关于全面深化河长制进一步加强治水工作实施意见及德清县全面深化河长制工作方案情况汇报；听取林立群关于德清县综合治理毁林（竹）专项行动实施方案的汇报；听取方凯关于德清县美丽县城提升工程实施方案的汇报；听取张芳根关于进一步推动支持企业利用资本市场加快发展若干意见的汇报。会议还听取县财政局关于进一步加强地方政府性债务管理实施意见的汇报。

第十六届人民政府第八次常务会议　8月16日，县长王琴英主持召开第十六届人民政府第八次常务会议。会议听取瞿建关于中央环保督察有关情况的汇报；听取陈珏关于德清县土壤污染防治工作方案的汇报；听取李朝辉关于加快推进快递行业健康发展实施意见的汇报；听取郭志伟关于开展消化批而未供土地、农村土地综合整治、矿山复绿与绿色矿山创建"百日攻坚"专项行动和建设用地复垦农用地工作的汇报；听取汤献国关于德清县政府投资信息化项目管理办法的汇报；听取县国土资源局关于调整土地整治项目资金政策的情况汇报。会议还听取了县文广新闻局（体育局）关于德清县体育竞赛奖励标准及办法的情况汇报。

第十六届人民政府第九次常务会议　9月28日，县长王琴英主持召开第十六届人民政府第九次常务会议。会议听取张铧关于中央环保督察有关工作情况汇报；听取唐炜关于深入推进农业供给侧结构性改革促进美丽农业发展的若干政策意见的汇报；听取张芳根关于德清县金融引领绿色经济发展试验区建设实施方案的汇报；听取郭坤华关于推进政策性融资担保体系建设的实施意见和关于扶持"银象银牛"大企业培育发展（2017~2019年）的意见及德清县加快企业培大育强实施方案（2017~2019年）的汇报；听取马建根关于创新实施德清县医药卫生体制改革的汇报。

第十六届人民政府第十次常务会议　10月19日，县长王琴英主持召开第十六届人民政府第十次常务会议。会议听取姚文忠关于德清县教育质量提升行动计划情况的汇报；听取张铧关于德清县生态保护红线划定编制情况的汇报；听取曹汉祥、张铧关于对河口水库水源保护工作情况汇报；

听取熊卓越关于建设新一代人工智能应用县重点工作分解方案的情况汇报;听取郭坤华关于深化开展工业企业分类综合评价工作意见的汇报;听取钱伟国关于县国资国企改革有关情况汇报;听取县林业局关于建议将全县划定为禁猎区及全面禁猎的情况汇报。会议还听取县人力社保局关于开展公立医院薪酬制度改革试点工作实施方案的情况汇报。

第十六届人民政府第十一次常务会议 11月18日,县长王琴英主持召开第十六届人民政府第十一次常务会议。会议听取唐炜关于首届中国田园博览会情况汇报;听取方凯、罗湘璟关于德清西部地区保护与开发控制规划编制成果的汇报;听取黄宇关于德清县深化行政复议体制改革实施工作方案的汇报;听取熊卓越关于新一代人工智能应用县发展规划的情况汇报。会议还听取县政府办公室关于县十六届人大一次会议代表建议、县政协九届一次会议提案办理情况的汇报。

第十六届人民政府第十二次常务会议 12月14日,县长王琴英主持召开第十六届人民政府第十二次常务会议。会议听取俞新明关于加强公共资源交易监督管理有关工作情况汇报;听取郭志伟关于全县"五未"土地处置专项行动实施方案汇报;听取邱连荣关于贯彻实施《湖州市禁止销售燃放烟花爆竹规定》工作方案汇报;听取李贤富关于加强县工会阵地建设的情况汇报。会议还听取县人力社保局关于国有企业负责人薪酬制度暂行办法的汇报。

第十六届人民政府第十三次常务会议 12月28日,县长王琴英主持召开第十六届人民政府第十三次常务会议。会议听取王国树关于进一步发展壮大村级集体经济若干意见情况汇报;听取章洪春关于2017年主要指标预计完成情况和2018年主要指标初步安排汇报;听取张铧关于余英溪源头水集护区水环境功能区和余杭苕溪61号、62号水环境功能区调整情况汇报。会议还听取进一步加快服务业发展、打造服务业强县的若干意见有关条款的汇报;听取高新区财政局关于成立湖州莫干山高新区发展集团有限公司(暂名)情况的汇报。

重要施政

为加快实现新旧动能转换,实施中国制造2025德清行动计划,联动推进工业平台提档升级、"厂中厂""低小散"企业整治和"五未"土地处置专项行动,构建"双金""双银""双星""小巨人"企业培育新模式,结合"凤凰行动"计划推动企业上市和并购重组。

为深化"最多跑一次"改革,建立"六办"审批服务新模式,制订全省首个县级地方政务办事服务标准,公布县级部门"最多跑一次"事项658项;在全省率先开展"标准地"和企业投资项目发改委"一窗服务"试点,在全省率先成立县级大数据管理发展中心,首发县区级政务数据资源共享目录。

为推进科技、人才工作,全面落实"科技新政18条",大力实施科技成果转化"亿千百十"工程,着力构建科技成果转化和科技大平台、大产业、大生态、大主体为重点的"一转四大"县域科技创新格局;深入实施"人才新政11条"和"5151"人才工程,强化招才引智与选商引资有机融合,大力招引海内外各类科技人才和高水平研发机构落户。谋划建设智能生态城,举办人工智能"莫干山会议",编制《新一代人工智能应用县发展规划》和三年行动计划,努力打造全国首个新一代人工智能应用县。

为民办实事项目实施情况

表5　　　　2017年德清县政府为民办实事项目实施情况

序号	项　目　名　称		责任部门	项目推进情况
1	推行垃圾分类处理	实现农村生活垃圾分类处理全覆盖	综合执法局	建成垃圾资源化利用站12座,垃圾日处理量达24.60吨,实现全县行政村生活垃圾分类全覆盖

续表

序号	项目名称		责任部门	项目推进情况
1	推行垃圾分类处理	实施餐厨垃圾集中收运处理	综合执法局	通过招标确定餐厨垃圾集中收运处置特许经营权实施主体,由该主体负责建设餐厨垃圾集中收运处置项目,项目建成前,餐厨垃圾由其负责集中收运至南浔区和孚镇餐厨垃圾处置中心处理
		启动建筑垃圾资源化利用	综合执法局	全面启动建筑垃圾资源化利用扩面工作,招标确定两家第三方处理实施主体,加快各镇(街道)建筑垃圾收集点建设,持续强化日常收运管理
		推动一般工业固废资源化、无害化处置	环保局	完成德清永祥建材有限公司污泥综合利用项目建设并投入试生产,完成旺能垃圾焚烧厂改扩建项目,新增一台400吨/天循环流化床垃圾焚烧炉,垃圾日处理能力从400吨提升至800吨
2	加强住房安全保障	实现城乡危旧房排查、鉴定、建档全覆盖,完成老旧小区改造3个,城镇危旧房治理改造134幢,农村危旧房治理改造120户,切实消除房屋安全隐患	建设局	扎实推进城乡危旧房治理改造工作,完成营盘小区、城北一期、士林集镇远景小区3个老旧小区主体改造,全面完成134幢城镇危旧房和626户农村危旧房治理改造,切实消除房屋安全隐患
3	深化水污染治理	实施53条"黑河、臭河、垃圾河"治理成果巩固提升工程	五水共治办	对全县53条"黑河、臭河、垃圾河"治理成果进行巩固提升,并将"清三河"巩固提升工程推进情况纳入县对镇(街道)"五水共治"考核
		完成河湖库塘清淤320万立方米	水利局	全力推进河湖库塘清淤工程,完成清淤335万方
		推进丰桥港与余英溪水系贯通和丰桥港两岸区块雨污混排治理	建设局	全面完成丰桥港与余英溪水系贯通、泰源商贸城周边道路雨水管网改造及排入丰桥港雨水管网疏通清淤
		开展渔业养殖尾水专项治理,建成生态循环养殖面积1万亩,培育生态养殖示范场20家	农业局	在全国率先开展渔业养殖尾水全域治理,完成生态循环养殖面积1.77万亩,培育生态养殖企业主体42家,超额完成年初确定的目标任务
4	发展公共交通	改建城市主要道路3条,治理拥堵点10个,改扩建公共停车场所10处,新增停车位1000个	治堵办	完成新改建城市主要道路3条,治理拥堵点3个,改扩建公用停车场所8个,剩余7个拥堵点治理及2个公共停车场所改扩建项目纳入2018年"美丽县城"提升工程进行统一布局和改造
		新增新能源公交车20辆,改建城区港湾式停靠站10个,投放公共自行车200辆	交通运输局	新增新能源公交车20辆,改建城区港湾式停靠站24个,投放公共自行车220辆

续表

序号	项目名称		责任部门	项目推进情况
4	发展公共交通	完成农村公路再造100公里,建设美丽公路50公里	交通运输局	完成农村公路再造工程100.70公里,建设美丽公路64公里,完成年度绿化节点建设,显著优化群众交通出行环境
5	改善空气质量	完成20家重点工业企业挥发性有机废气治理、4家热电企业锅炉清洁化排放改造,环境空气优良率达78%以上	环保局	完成20家重点工业企业挥发性有机废气治理、4家热电企业锅炉清洁化排放改造,2017年空气优良率达89.9%,超额完成空气优良率78%以上的目标,空气优良率增幅和臭氧浓度降幅均列全省第一
		创建绿色施工工地15家	环保局	着力开展建筑工地评优,创建绿色工地36个
		全面禁止秸秆露天焚烧,秸秆综合利用率达95%以上	环保局	全面禁止秸秆露天焚烧,部署开展秸秆禁烧专项整治,强化秸秆还田,秸秆综合利用率达95.4%
6	完善社区管理服务	积极推进镇(街道)、村(社区)、小区三级"幸福邻里"中心建设,新增"幸福邻里"中心10家	民政局	推进镇(街道)、村(社区)、小区三级"幸福邻里"中心建设,完成五龙小区、春晖社区等10家"幸福邻里"中心建设任务并实现社会化运营
		提高物业管理水平,创建物业服务示范小区4个、优秀服务中心10个	建设局	不断加强小区物业管理,创建英溪桃源、保利原乡等4个县物业服务示范住宅小区以及阳光田园、美都御府等10个物业管理优秀服务中心
7	强化食品安全保障	在县城区设立"放心早餐"供应点30个以上,实行定点、定时、定位管理	市场监管局(食品药品监管局、食安办)	在县城区设立30个"放心早餐"供应点,实行定点、定时、定位管理
		创建"最干净餐饮店"100家、"美丽食堂"30家	市场监管局(食品药品监管局、食安办)	全面完成100家"最干净餐饮店"和30家"美丽食堂"创建,建立健全长效管理机制
		完成30家规模生产主体省级食用农产品合格证管理试点	农业局	推进规模生产主体省级食用农产品合格证管理试点建设,年初计划完成30家试点建设,经省专家审定后调整为23家,已全部完成并正常运行,全县食用农产品安全管理得到进一步规范提升
8	提升就医便利化	居民责任医生规范签约服务率达30%以上,其中慢性病患者、老年人、残疾人等重点人群达60%以上	卫计局	实施居民责任医生规范签约服务,全年责任医生签约率达35.6%,其中慢性病患者、老年人、残疾人等重点人群签约率达76.7%
		启用"健康德清"公众服务平台,实现网上预约挂号、就诊查询	卫计局	启用"健康德清"公众服务平台,实现网上预约挂号、就诊查询,显著提升群众就医便利水平
9	强化养老助残服务	实现全县90岁以上高龄老人政府购买助老服务全覆盖	民政局	推进全县90岁以上高龄老人政府购买助老服务工作,招募助老员262名,新增享受服务对象5500余人

续表

序号	项目名称		责任部门	项目推进情况
9	强化养老助残服务	实现困难残疾人生活补贴和重度残疾人护理补贴发放全覆盖	残联	全县享受困难残疾人生活补贴2168人,享受重度残疾人护理补贴3848人,实现补贴发放全覆盖
10	建设"美丽校园"	完善13所学校(幼儿园)的教育设施,建成10个美丽村幼教点,实现公办普通高中创新实验室全覆盖	教育局	推进美丽校园建设,完善提升德清一中等7所学校校园环境以及二都小学等6所学校教育设施,完成钟管镇中心幼儿园东舍墩村等10个美丽村幼教点建设并投入使用,完成德清高级中学、德清一中2个创新实验室验收,实现公办普通高中创新实验室全覆盖

办公室工作

【制定政策文件工作】 根据省市要求,结合德清县实际情况,出台《中国制造2025德清行动计划》《"最多跑一次"改革工作实施方案》《新一代人工智能应用县发展规划》《教育质量提升行动计划方案》等政策性文件263个,推动德清县经济社会发展与社会进步。

【改革创新工作】 办公室干部大胆创新、敢于担当、攻坚克难,在企业投资项目"一窗受理"、农业供给侧结构性改革、"标准地"、医药卫生体制综合改革等方面先行先试凸显成效,德清县成为全国2800多个县中承担国家级改革试点任务最多的县之一。

【解决重难点工作】 发挥办公室"沟通上下、协调左右、联络各方"的枢纽作用,主动研究、解决部门、镇(街道)工作中遇到的实际困难和问题,特别在中央环保督察、私营城整治、社保审计等专项工作中,促进各项重点工作顺利开展。全年共协助县政府领导专题研究、协调重点难点工作121件。

【综合文稿工作】 适应领导新要求,把"求精、求实"贯穿于文稿起草全过程,坚持重大文稿会商制度,集全办之智确保综合文稿质量。据不完全统计,有关业务科室为服务领导起草、撰写各类文字材料3700余篇。

【调查研究工作】 紧扣县政府领导关心的重点问题和基层群众反映的热点难点问题,科学安排调研路线,对"最多跑一次"改革、创新驱动发展等重点工作积极建言献策,全年共安排县政府领导调研基层700余批次。

【政务信息工作】 紧扣"快、准、效"原则,编辑报送高质量、有价值的政务信息。刊发《德清政务信息(动态)》52期、《德清政务信息(专报)》20期;被省、市政府录用信息230条,获省、市政府领导批示42条,列全市第1名。

【领导会商工作】 协助县政府领导召开县长沟通会12次,定期对阶段性重点工作完成情况进行研究分析,交流县政府各分管口前阶段工作完成情况及下阶段工作计划,推动具体工作有效落实,印发《月度重点工作完成情况》11期。

【落实重要决策工作】 会同县督查办开展实地督查300余次,编发督查通报(专报)79期,重点对《政府工作报告》目标任务、"大好高"项目、"六重"工作、为民办实事项目、市对县综合考核指标等情况进行专项督查。

【政务督查工作】 改进县政府领导指示批示事项办理机制,全面提高政务督查工作规范化、制度化和科学化水平。全年共办理县政府领导批示件1290件,其中督办件136件。

【公文处理工作】 办公室共登记办理各级来文3937件,实行公文办理文不过夜制度,非涉密县政府领导批示意见实行网络传输,切实提升公文流转速度。按照严谨细致、精益求精要求,抓好公文核稿、规范性审核、"第一读者"等环节,严格执行发文审签制度。

【会议管理工作】 严格执行会议管理规定,有效控制会议数量和会议规模,切实改进会风,提高会议质量和效率,全年以县政府及县政府办公室名义召开全县性会议66次。

【接待服务工作】 累计接待副厅级以上领导502余批次,参与组织人工智能2.0报告会、农村土地制度改革三项试点交流会、德洽会等一系列重要会议和活动。

【政府法制工作】 制定出台《德清县人民政府重大行政决策程序规定》,把公众参与、专家论证、风险评估、合法性审查、集体讨论决定作为重大行政决策的必要程序,并对政府常务会议材料、各分管口的437个文件(其中规范性文件25件)进行审查,及时为政府决策提供合法、合理的建议。

【应急处置工作】 进一步完善应急联动单位信息,深化"1+7+X"应急联动先期处置机制,严格实行"1+4"24小时应急值守制度,全年接收联动指令信息170条,牵头妥善处置突发公共事件16起,维护人民群众生命财产安全。同时,强化应急准备,开展县级专项应急预案演练12次,督促完成大面积停电、突发旅游公共事件等应急预案修编。

【对外交流工作】 严格执行各级文件精神,严把因公出国(境)审核审批关,切实抓好年度计划、经费预算、护照收缴、回国反馈等相关工作,共派遣自组团组8批40人次,双跨团组12批14人次。此外,成功接待印度驻沪总领事、越共高级干部等团组来德清县实地考察。

【大数据工作】 积极探索大数据应用,结合"最多跑一次"中心工作,完成德清县证照信息验证共享平台建设,根据省市要求完成基层"四个平台"的建设工作,并对电子政务外网、党政办公自动化系统和门户网站进行改版。

【建议提案办理工作】 144件人大代表建议、164件政协提案绝大多数得到及时办理,解决率均在76%以上,满意或基本满意率达100%;首批交办的10件县政协跨届重点提案办理也取得新进展、新成效。

(陈　驰)

机构编制

【概况】 2017年,设置县委工作部门8个,县政府工作部门25个,市政府派出机构1个,县政府派出机构4个,人大、政协、法院、检察院机关共4个,群众团体组织9个,其他组织2个。有8个镇,4个街道办事处。核定县各级各类行政编制2144名,事业编制8270名。

【"最多跑一次"改革】 全面梳理群众和企业到政府办事事项,分批分类确定在资料齐全、正确,符合法定条件的情况下,形成群众和企业到政府办事"最多跑一次"事项清单。县级部门在浙江政务服务网公布"最多跑一次"事项660项,最多跑一次事项覆盖率为97.3%,零上门事项比例为56.2%。结合基层治理体系"四个平台"建设,推进"最多跑一次"改革向基层延伸,在全省首创设立"企业投资项目服务中心",推动企业投资项目发改委一窗受理改革试点工作,相关工作获得袁家军省长批示。

【镇(街道)"四个平台"建设】 将基层治理体系"四个平台"建设作为实现基层治理模式深层次变革的关键抓手,从统筹条块力量、优化资源配置、增强管理效益出发,围绕综合指挥、全科网格、属地管理、运行机制四大基石,全市首创建立县级综合指挥中心。明确机构设置和人员编制,落实近500平方米工作场地,设置227平方米的指挥大厅,安装26平方米的视频显示屏,接入平安浙江建设信息系统、综治视联网系统、视频监控系统等三大操作系统,整合12345阳光热线、公安、司法、安监、民政等14个涉及社会治理职能较多的部门进驻中心。按照统一指挥室场地、统一配备拼接大屏、统一操作台和办公室、统一标志流程、统一操作软件等"五统一"标准,规范设立各镇(街道)综合信息指挥室。

优化全科网格设置,整合部门下沉在基层的各类网格和网格员,形成一网统管的全科网格体系。整合后,全县共有网格973个。每个网格按"1+1+1+N"的模式,配备网格长、网格指导员、专职网格员和若干名兼职网格员。同时,整合原部门网格经费,实行财政集中统一划拨,镇(街道)统筹发放,确保基层治理网格作用有效发挥。

将司法、综合执法、国土、环保、市场监管等县级部门派驻镇(街道)机构人员在基层的日常管理和执法纳入镇(街道)"四个平台",推动职权、人员力量重心下移,共下沉170人。县级部门派驻镇(街道)"四个平台"工作人员津补贴提高20%部分和镇(街道)工作补贴执行派驻地镇(街道)标准,并由镇(街道)考核发放。

【权责清单工作】 梳理职责分工已经发生变化的部门职责边界事项,并对政务服务网部门责任清单进行调整完善。对商业预付卡、民办培训机构监管、县级部门盐业管理、社区矫正工作等事项职责分工进行了发文明确。

完成对第二批党群部门职责清单编制工作,梳理部门主要职责190项、具体工作事项815项、与相关部门(机构)的职责边界事项42项、管理服务职权事项155项、行政职权事项59项、重大制度规范37项、公共服务事项75项。

【推行"双随机"监管】 组织全县27个行政主管部门开展"双随机一公开"抽查监管业务培训,完成抽查监管部门工作计划制定,完善双随机"一单两库一细则"。初步建成全县27个部门执法人员库和被检查对象库,做到两库建设全覆盖。全县"双随机"抽查监管对象共58813家(其中必查对象共7717家),年度抽查对象共5822家;公布"双随机"抽查监管事项共276项、年内完成抽查事项共276项、抽查事项覆盖率为100%;"双随机"执法检查人员共1336人,全年参加抽查执法检查共1447人次。

【监察体制改革】 根据国家开展国家监察体制改革试点工作的决定,2月20日,县监察委员会由县十六届人大一次会议产生。2月23日,县编委同意撤销德清县监察局,相关职能整合至德清县监察委员会。10月17日,经省委、省编委主要领导同意并报中央编办批准,市县检察院反贪污贿赂、反渎职侵权和职务犯罪预防等机构人员"转隶"后,德清县使用的16名政法专项编制调整为纪委(监委)机关行政编制。

【设立德清莫干山国际旅游度假区】 4月27日,经市编委同意设立德清莫干山国际旅游度假区管理委员会,为县政府派出机构,与莫干山镇人民政府合署办公。8月22日,县人民政府印发《德清莫干山国际旅游度假区管理委员会主要职责内设机构和人员编制规定》。

【调整新居民管理体制】 3月17日,市编委办、市公安局同意撤销德清县新居民事务局,按程序报市编委审批,其职责全部划转给县公安局。5月22日,市编委同意撤销德清县新居民事务局。6月15日,县编委同意撤销县新居民事务局。同时撤销新居民管理科、新居民指导科等2个内设机构。县公安局增设人口管理大队,为行政内设机构。

【事业单位机构编制管理】 为进一步明确镇(街道)公共安全监管中心岗位设置和人员配备,确保公共安全监管中心人员到位稳定。4月1日,县编委同意将原镇(街道)"一中心六站"调整为"一中心五站",结合"四个平台"建设,充实调整市场监管、环境保护等派驻机构力量,实现一乡一所

2月14日,县编委办召开全县梳理和公开公共服务事项业务培训会 （县编委办 提供）

机构设置。

为进一步理顺和规范县教育局机关事业单位编制和人事关系,7月10日,县编委同意设立德清县教育管理服务中心及调整县教育局下属部分事业单位事业编制,并拟定教育系统超编化解5年控制方案。

为进一步整合政府信息资源,组建德清县大数据管理发展机构,9月6日,市编委办同意对德清县大数据管理发展中心的机构规格相当于副科级予以备案,撤销副科级事业单位德清县党政信息中心。9月14日,县编委会印发《德清县大数据管理发展中心主要职责内设机构和人员编制规定》。

【政府机构编制管理】 4月1日,根据市编委有关批复,设立湖州市人民政府驻上海联络处德清工作部,为湖州市人民政府驻上海联络处内设机构,机构规格为正科级,挂靠县政府办公室,由县政府办公室负责日常管理。

7月10日,根据省市部署,县政府、县编委确定县经信委是县政府盐业主管机构,主管全县盐业工作,并明确县经信委、县市场监督管理局、县卫生和计划生育局、县农业局、县物价局、县环保局、县公安局和县盐业公司的职责分工。

11月15日,为提高管理效率,推动"三医"联动改革,县编委同意在原非常设机构县医改领导小组办公室(县医改办)的基础上增挂县医疗保障办公室牌子(简称县医保办),县医保办负责医保日常工作的统筹协调,实体化运作。

围绕财政供养人员只减不增总要求,继续实行机关事业单位年度用编计划申报和核准制度,强化机构编制刚性约束。开展机构编制违规违纪问题梳理,根据分类处理办法做好违规违纪问题整改。

规范机关事业单位编外用工管理。印发《德清县机关事业编外用工管理的意见》和《德清县机关事业单位编外用工管理暂行办法》,成立编外用工清理规范工作领导小组。完成第一阶段各单位编外用工使用情况自查工作,核发全县71个未核定编外用工控制数部门的控制数,编外人员全部纳入实名制系统动态管理。

完成股级领导职数使用核定工作。出台《关于规范机关事业单位股级领导职数使用管理的意见》文件,对全县未确定股级领导职数的349个机关事业单位,以文件通知形式核定机关事业单位股级领导职数共计1528名。

(李志刚)

行政服务

【概况】 2017年,县行政服务中心共办理各类审批办证事项137485件,平均每个工作日办结552.20件,提前办结率88.43%;完成各类公共资源交易项目2482项,涉及交易金额118.23亿元,节约增收资金30.80亿元;完成限额以下交易项目备案和信息发布1943个,涉及交易金额3.76亿元。政府投资项目服务中心共完成代理项目13项,涉及金额23.03亿元,节约资金4.82亿元,节约代理费用357.34万元。

【推进"最多跑一次"改革】 紧紧围绕"最多跑一次"改革目标,坚持问题导向、需求导向与效果导向,不断拓展审批新模式,狠抓推进、狠抓落实、狠抓成效,切实提升改革加速度,努力提高群众获得感。

抓好"一窗受理、集成服务"改革,3月份,在行政服务中心设

8月18日,德清县政府召开全县机关事业单位编外用工清理规范工作会议　　　　　　　　(县编委办　提供)

立不动产登记、商事登记、投资项目审批、公安服务、非常驻部门审批、水电气等综合受理窗口,对原本分散在不同部门窗口业务进行整合,优化审批流程,调整人员岗位,实现"前台综合受理、后台综合审批、统一窗口出件"一条龙服务。设立快递收发窗口,对各事项的办结证照提供快递寄送服务,实现行政服务中心快递寄送全覆盖。推进综合受理平台建设,制定《德清县"一窗受理"平台建设方案》,加快"一窗受理"平台系统的部署建设工作,先后完成窗口管理、事项配置、统一受理等功能的开发,有序行政审批管理平台和部分省垂管系统与"一窗受理"平台对接,截至年底,共有31个部门的610个事项纳入"一窗受理"平台,包括500个受办分离模式和110个数据接收模式。打造"智慧服务"大厅,完善实体大厅端、PC端、自助端、移动端四端政务服务功能,切实推进线上与线下的有机融合。

推进"网上申报不出村 手机申报不出户"工作,推进行政权力事项的一站式网上运行,依托政务服务网公布行政许可事项706项,其中开通在线办理486项,占比达到68.84%;有效实现全县12个镇(街道)、173个村(社区)权力事项库和网上服务站建设全覆盖。对进驻县行政服务中心办事事项全面梳理,共梳理出群众和企业到政府办事权力事项656项(子项),其中实现"最多跑一次"事项为639项,"零上门"事项为284项。同时,统一、规范政务服务网公布事项办事指南、窗口服务告知单等标准化程度,提升政务网信息公开透明度和窗口工作人员业务办理水平,进一步缩短群众办事时效等,切实提升群众办事满意度。

推进企业投资项目承诺制改革。在"多规合一""区域环评""区域能评"多项改革形成集成效应的基础上,通过前置事项承诺办理,再造办事流程,探索以标准替代审批、"先建后验"和"容缺受理"的企业投资项目政府管理模式,明确以"政府定标准、企业作承诺、过程强监管、失信有惩戒"为核心的企业投资项目承诺制改革。根据政府产业准入要求和建设标准形成项目准入清单;根据项目建设中涉及的技术标准,相关部门分别制定承诺书,形成承诺清单,企业承诺后可自主依法依规开展设计、施工;各部门梳理在项目实施中涉及的监管事项后,形成事中事后监管清单。同时,试点区块内的区域性环评、水保、压覆矿、地质灾害等涉审中介服务事项统一由高新区统一委托中介机构编制,以区域性评估取代单个项目评估。现有8个项目正式进入系统运行。推进企业投资项目"一窗受理"改革试点。按照省委、省政府关于在德清县开展企业投资项目发改委"一窗受理"试点工作要求,已完成受理窗口整合、审批服务事项梳理、2.0在线监管平台互联互通、审批系统改造等工作。按照一窗受理、一网运行、一口管理的运行方式,对企业投资项目全流程实施一窗收文、一窗受理、一窗出件。

【规范资源交易平台】 以规范为标准,以监管为手段,不断完善交易管理制度,强化交易监管力度,规范交易运作流程,实现公共资源交易主体的平等、交易过程的透明、交易行为的规范以及交易效率的高效。

按照深入推进全市公共资源交易监管体制一体化改革的要求,在充分调研的基础上,结合全县实际情况,对县公共资源交易管理体制进行改革,制定《德清县

9月28日,浙江省委党校"最多跑一次"主题班次调研德清县"最多跑一次"改革　　　　　　(县行政服务中心　提供)

深化公共资源交易监督管理体制机制改革实施方案》。完善交易监管制度,制订《德清县镇(街道)公共资源交易管理办法》,再造镇(街道)项目交易流程,推行项目备案审核、发布公告电子化,进一步提高镇(街道)公共资源交易的规范化程度。探索将监管工作延伸到标前,提前介入一部分县内重点项目,提前预留时间,为提速提效创造条件,并提升招投标质量。制订《德清县行政服务中心开展廉政风险防控项目化管理实施方案》、工程招投标项目化管理流程图以及《廉政风险防控招投标项目化监管细化表》,并运用到项目实际监管工作中,实现对工程建设项目招投标廉政风险全过程防控、立体化监管。

有序推进交易电子化平台建设,按照湖州市平台整合要求,制订《德清县公共资源电子交易平台整合暨考核任务推进计划》,加快公共资源交易平台系统的建设和应用。交易平台已完成交易信息、信用信息、监管信息三类接口数据贯通,实现上传数据全覆盖。坚持技术创新,主要通过整合规范交易当事人行为和各个工作环节,打造完成包含内网审批、外网发布、网上报名、在线投标、辅助评标的工程全流程招投标电子交易平台,实现所有交易过程环节、评标过程均在统一规则下进行,最大程度地减少人为的参与性,保证交易所有过程的公平公正。到年底,已完成电子全流程招投标工程建设项目118个,涉及金额达14.30亿元。推进"政采云"试点工作,通过与阿里云公司紧密沟通,把采购公告的发布、注册供应商的入库等工作从省政府采购网转移到政采云平台。定点酒店、定点维修和定点保险模块已在政采云平台正式启用。政采云平台建设的试点工作是政府深化"最多跑一次"改革的重要举措,能让服务对象少跑腿甚至不跑腿。

围绕打造县域协调发展先行示范区的要求,制定《德清县要素交易综合平台实施方案》,根据"多元经营、市场规范、集中监管"的原则,主要通过整合土地、产权、排污权、用能指标总量等各要素,挂牌成立德清县综合要素交易中心,并建设完成要素交易市场网上统一发布平台,及通用系统的开发上线工作,及时准确地将各类要素交易数据同步至省市平台。要素交易中心挂牌成立后,在逐步完善土地、排污权、用能权、集体产权等要素交易一级市场基础上,探索土地、排污权、用能、集体产权交易等二级市场交易,实现企业与企业间结余资源的交易,推进资源要素的市场化自由交易。

(孙丽佳)

机关事务管理工作

【概况】 2017年,德清县机关事务管理局在县委县政府的领导下,认真贯彻《事业单位登记管理暂行条例》和《事业单位登记管理暂行条例实施细则》及有关法律、法规、政策,按照核准登记的宗旨和业务范围开展活动。

【会议及活动后勤保障】 正确履行服务保障职能,严格遵守中央八项规定,不铺张浪费,厉行节约。完成全省小城镇环境综合整治工作现场会、县"两会"等10余场次重大会议活动的后勤保障工作。保障其他各类会议1008场次。确保全县各类活动及会议的顺利进行。

【餐饮保障】 严格实行《德清县机关食堂考核标准及考核办法》,

11月3日,浙江省政府审批制度改革领导小组办公室调研德清县行政审批中介服务市场化改革和"中介超市"

(县行政服务中心 提供)

抓好食品安全监管工作,深入推进五常法管理;做好价格审核和公示工作;创建"健康食堂",提高健康食品意识;安装视频监控系统,完成"阳光食堂"建设;全年共保障约40万人次的安全就餐。

【公共机构节能】 全县公共机构与2016年同期相比,综合能耗下降4.73%,人均综合能耗下降4.47%,单位面积综合能耗下降2.84%,用水总量下降3.94%,完成市局下达的节能目标任务。实施节能技改;完成行政中心的LED节能改造工作。

【行政中心运行管理】 抓好消防安全,每季度对大楼各类通道及安全隐患位置进行摸排检查,邀请消防大队对大楼消防安全工作及人员进行多次指导培训,消控设备零星维修30余次。抓好设备安全,及时跟踪检查设施设备维护保养落实情况,确保各重点设备运行正常。做好各类基建及设备维修工作,完成C/D/B楼电梯主钢索更换、UPS电池更换、15~16楼连廊钢结构检测等安全隐患项目,全年完成各类维修3500余次。

【行政中心安保】 改进服务质量,落实保安巡查制度,组织人员对行政中心周边进行巡查,引导车辆有序进出,规范停车秩序,检查安保隐患,及时发现并纠正各类安保问题,维护行政中心安全秩序。全年接待来客登记65960人次。截留15名犯罪嫌疑人移交公安机关处理。维护机关部门的正常工作秩序。

【公务用车保障】 完善制度建设,编制县公务用车服务中心管理手册和公务用车服务中心岗位职责,细化管理和工作要求,实行制度化管人、管事、管物。加强智能化平台建设。完成GPS卫星定位系统及网上约车系统建设,实时监控车辆行驶情况,部门车辆预约更加方便快捷。厉行节约,控制用车范围和用车经费。全年安全行车无事故,为各类公务活动提供优质的服务保障。

【资产管理】 加强资产网络化管理建设,完成本局固定资产网络系统的开发和运用,规范固定资产登记统计。合理调剂闲置资产,对各部门的闲置资产进行排摸统计,办理相关移交手续。同时,对闲置资产进行再利用,调剂给有需要的单位,有效提升闲置资产的利用率。

(姚建良)

安全生产

【概况】 2017年,全县共有各类工商登记企业1.20万多家(其中规模以上企业673家),个体工商户32000多户。其中矿山企业家10家;危险化学品取证生产企业28家,取证使用企业1家,其他使用企业39家,危险化学品经营企业295家(储存类75家,票据类2家,加油站43家,农药油漆类175家);烟花爆竹批发企业1家,零售经营户66家;综合类生产企业3000余家。工矿商贸企业从业人员27万多人。

2017年,全县共发生各类生产安全事故40起,死亡30人(占市下达控制指标35人的85.7%)。

【责任体系】 2017年,建立以县安委会为主导的安全生产"1+7"责任体系,下设工业企业、特种设备、旅游、商贸、农林、水利、环保7个专委会;各镇(街道)均建立安委会"1+X"责任体系,并设立相应专业委员会;递增"党政同责、一岗双责、失责追责"的安全责任传导压力,将安全生产一票否决制纳入镇(街道)绩效考核,权重

1月25日,县安监局执法人员查处非法储存的烟花爆竹

(县安监局 提供)

从1分增至2分，凸显"重心下移、关口前移、齐抓共管"格局。

【隐患治理】 2017年，开展以化工、医药、矿山、冶金、有色、建材、轻工、纺织、机械等行业领域为重点的安全生产大检查，以及十九大安保维稳、第四届世界互联网大会安全保障工作。全县共检查单位(场所)12316家次，发现隐患13266处，整改13187处。整改完成省、市、县挂牌督办的重大事故隐患21处(省级1处、市级10处、县级10处)。

【行政执法】 按照"曝光一批、惩治一批、通报一批、取缔一批、关闭一批"的原则，综合运用停电、查封、扣押等强制手段，加大事前查处力度。全年责令停产停业企业76家/次(比上年增长81%)；立案处罚120起，罚款917.19万元(比上年增长101.7%)，罚款数额位居全市第一；移交公安机关行政拘留41人，移送司法机关追究刑事责任7人，对8家被列入黑名单企业实行联合惩戒机制，使其在融资贷款、项目审批、评先评优、用电等方面受限。

【社会化服务】 着力推进安全生产标准化和诚信管理，全县二级标准化企业19家，三级标准化企业779家，小微规范化企业338家，诚信等级A级59家，B级1095家；通过政府购买服务投入237.76万元，引导鼓励企业借助社会力量强化隐患治理，全县安装智慧式用电安全管理系统3776套(新增2974套)，904家企业接受"安全管家"服务(新增427家)，919家企业制定隐患排查治理标准。

【创新监管】 推进、完善隐患排查、监管信息化，安全生产"E监管"系统覆盖安监、建设、人力社保、水利等行业监管企业。全县登记建档企业3635家，企业通过E监管系统上报安全会议和演练记录17171条，上报自查隐患23271条，已完成隐患整改22398条。

【安全宣传教育】 多渠道、多形式开展安全生产宣传、培训、演练、知识竞赛、全员排查隐患等一系列活动，营造安全生产声势，全年共悬挂横幅标语500余条，黑板报964期，张贴宣传画8601张，举办知识竞赛106场，开展各类宣传咨询活动34次，应急救援演练28场，参观图片展览6.80万人次，发放宣传资料12.60万余份。依托县委党校、省内高校、社会中介等教育资源，多层次开展安全生产教育培训，提升领导干部和企业员工安全意识和防范能力，全县共培训7386人次，其中党员领导干部559人次、有限空间(指封闭或者部分封闭，与外界相对隔离，出入口较为狭窄，作业人员不能长时间在内工作，自然通风不良，易造成有毒有害、易燃易爆物质积聚或者氧含量不足的空间)作业人员300人次、应急培训235人次，企业三类人员6292人次(比上年增长11.3%)。

【应急救援】 强化应急救援能力建设，在矿山、危化、金属冶炼等40家重点企业推广应急处置卡工作，开展危化品应急救援实战培训5期。钟管镇消防综合应急救援队被列入省应急救援专业骨干队伍(全省唯一入选人数少于100人的应急救援队伍)。德清县企业在全市危化品岗位标兵比赛和快速事故处置比武中包揽一等奖，获奖数位居全市第一。

【安监队伍】 加强基层安全管理队伍建设，重新核编安监站人员，实行专职专用，至年底人员到位率92.4%。在矿山、危化、"三场所三企业"、规上企业、近三年发生事故的953家重点企业配足安全员1861名。

(李辉涛)

法治政府建设

【依法全面履行政府职责】 2017年，以简政放权、放管结合、优化服务为核心，推动深化改革和职能转变，推动依法全面履行职能。

深化行政审批制度改革，加快推进"最多跑一次"改革，分批公布县级部门事项732项，乡镇562项，全面推进简政放权。根据国家和省市有关文件规定，先后取消行政审批事项152项，承接下放至县级审批事项201项。及时完成制定办事指南、审批规范，落实审批责任人，制定监管标准，通过政务服务网等方式向社会公示，确保下放审批事项顺利运行。

深化商事制度改革，结合"营改增"工作，全面实行"五证合一、一照一码"登记。成功换领"一照一码"执照9637户，市场主体换照率达80%以上。根据国家工商总局最新公布的《工商登记前置审批事项目录》，明确前置审批项目，其他经营项目均直接予以登记。全年实施"先照后证"登记各类市场主体3302家。

加快投资项目在线审批监管平台建设，依托政务服务网建立德清县投资项目在线审批监管平台，按类别重新梳理投资项目从登记赋码到竣工验收的审批事项，并将重新优化梳理后的审批流程融入在线监管平台。全县全年梳理完善行政许可467项，其中358项开通在线办理；其他8类事项1039项，其中553项开通在线办理。

【依法依规确保政府决策】 建立健全重大决策制度、法律顾问制度和合法性审查制度，确保政府决策依法依规。

完善重大行政决策制度，出台《德清县人民政府向县人大常委会提请审议和报告"三重一大"事项的实施办法》，规定对县政府重大行政决策、重大民生事项、重大项目和大额资金事项向县人大常委会提请审议和报告，进一步规范县政府行政决策程序。修订《德清县人民政府工作规则》，制定出台《德清县人民政府重大行政决策程序规定》，把公众参与、专家论证、风险评估、合法性审查、集体讨论决定作为重大行政决策的必要程序。

全面建立政府法律顾问制度。按照省、市全面推行法律顾问制度的要求，结合德清县实际，进一步完善《德清县人民政府法律顾问工作规则》，组建优化县政府法律顾问团成员，积极培育公职律师，有效发挥法律顾问的参谋作用。2017年，全县实现政府法律顾问制度全覆盖。全县法律顾问共代理县政府行政应诉案件5件，代理镇（街道）及部门行政应诉案件17件，审核规范性文件48件、各类政府合同16件。

加强行政规范性文件管理，严格合法性审查、集体讨论决定制度，落实规范性文件清理备案等程序制度。2017年，共向县人大和市政府报备县政府规范性文件48件。结合"放管服"改革工作，清理县政府本级规范性文件246件，涉及放管服项目43件，废止1件，涉及生态文明建设和环境保护的废止2件。

【规范文明执法】 加强行政执法规范化、信息化建设，加强行政执法监督，提升行政执法水平。

健全完善行政执法体制。出台《德清县综合行政执法工作实施方案》，提升县政府行政执法统筹协调指挥能力。建立行政执法统筹协调指挥机制和综合行政执法配合协作机制，建立权责统一、权威高效的行政执法体制。

加强行政执法信息化建设和信息共享。落实处罚结果信息网上公开、行政执法全过程记录和重大行政执法决定法制审核工作，完善工作机制，规范行政执法程序。审批事项、服务事项统一纳入浙江省政务服务网，行政处罚案件的办理实现网上运行并公示。2017年共有156件一般程序行政处罚案件在案件管理系统进行案件办理推送。

不断推进行政执法规范化建设。建立行政执法监督员制度，组织开展行政执法专项监督检查。全面清理全县行政执法主体资格以及取得行政执法证据的执法人员，清理保留行政执法单位127个和持证执法人员972人。

完善重大行政执法决定备案管理制度、重大行政执法决定法制审查制度、执法全过程记录制度和行政执法公示制度，规范执法自由裁量，优化执法手段，继续推行行政执法说理式文书。

【依法规范行政权力运行】 完善各方面权力监督体系，依法严格规范行政权力运行的各个方面和环节。

健全完善权力约束机制。推进"四张清单一张网"改革，推进"最多跑一次"改革。2017年，全县梳理公布"最多跑一次"事项共719项（含"零上门"事项362项）。继续落实行政规范性文件"三统一"制度，全面公开政府行政管理依据。完成监察体制改革，组建县监察委员会，严格执行执法责任制和错案责任追究制，切实加强行政执法机关的内部监督。完善"12345"县长热线等社会监督机制。

自觉接受上级政府和同级党委、人大的监督。县政府每年专题召开法治政府建设会议，研究部署全县法治政府建设工作。建立全县"三重一大"事项向人大报告制度。每年定期向人大常委会和市政府汇报法治政府建设情况，接受质询和询问，主动接受县人大和市政府的监督。自觉接受政协的民主监督。

主动接受公众监督、司法监督和审计监督。严格履行政府信息公开职责，利用县大数据中心，扩大政府信息主动公开范围，加大重大建设项目、公共资源配置、"放管服"改革、财政资金使用和重点民生领域的信息公开力度。畅通群众申请政府信息公开渠道，加强政策解读和公告。2017年，在"中国·德清"信息网公布信息7543条。加强审计监督力度。加强行政应诉职能，坚持行政机关负责人出庭应诉制度，支持法院、检察院依法独立公正行使职权，主动接受司法监督。

【依法化解社会矛盾纠纷】 建立健全多元化矛盾纠纷解决机制，充分发挥行政机关依法化解各类矛盾纠纷的作用。

加强行政复议应诉工作。加强行政复议规范化建设，增强复议案件审理人员力量配备，增强行政复议文书的说理性，切实提高县政府行政复议案件办理质量。加快行政复议体制改革，实现行政复议资源的整合，提升行政复议专业化水平和能力，逐步发挥行政复议在依法化解行政争议中的主渠道作用。2017年，共有效办理行政复议案件46件。依法履行应诉职责，配合法院做好行政诉讼案件的审理工作，共应对行政诉讼22件，行政负责人出庭应诉率达100%。

加强多元化矛盾纠纷化解力度。建立府院预防化解行政争议工作暨行政复议与行政审判联席会议制度，充分发挥行政复议和行政审判在化解行政争议中的重要作用。筹建矛盾纠纷多元化解中心，联合人民调解、行政调解、仲裁机构、信访和复议诉讼等人力资源，化解矛盾纠纷。2017年全县通过行政调解化解矛盾纠纷293件，通过人民调解化解矛盾8189件。

实施信访分类处理改革。依托全省统一政务咨询投诉举报平台，整合"信、访、网、电"信访渠道。探索访诉分离工作，全县31个单位完成制定法定途径分类处理清单并在各自的政务网站上公布。建立法制办、法院、信访局三家单位联席会议制度，建立仲裁、复议、诉讼与信访有机衔接的互联互通机制，引导群众在法治框架内解决矛盾纠纷。

【加强法治政府建设组织保障】 落实《党政主要负责人履行推进法治建设第一责任人职责规定》，将建设法治政府摆在全县工作的重要位置，明确规定建立县政府对本行政区域内的依法行政负总责、政府法制工作部门牵头、各职能部门为主体，权责统一、权威高效的推进依法行政体制。

落实领导班子集体学法制度。健全县政府党组（扩大）会议集体学法等制度，按照"问题导向"总要求，围绕工作中遇到的难点、热点问题，开展相关法律法规的学习。2017年，共组织县政府党组（扩大）会议集体学法4次。

加强法治理论研究和学习教育。组织召开"行政程序和依法行政专题研讨会"，开展《浙江省行政程序办法》专题讲座，研讨违法建筑拆除程序，加强各行政执法部门和镇（街道）执法人员行政程序意识。建立法律知识培训长效机制，定期组织执法人员法律知识培训考试，2017年共对全县197名行政执法人员进行法律知识培训。启动全县公务员"学法用法三年轮训行动"计划。

加强法治建设职责分工和考核评价。制定全县法治建设分工方案和评价指标体系，分年度制定考核标准。强化对部门和镇（街道）的量化考核力度，确保法治政府工作落实到人。加大普法工作考核力度，把普法责任制落实情况作为全县法治建设的重要内容，纳入工作目标考核和领导干部政绩考核，推动普法责任制的各项要求落到实处。

（陈国栋）

新居民管理

2017年6月，撤销县新居民事务局，其管理职能移交县公安局人口管理大队。（详见第160页"公安·新居民管理"）

（单无畏）

电子政务

【信息工作】 德清县大数据发展管理中心前身是德清县党政信息中心，成立于2017年9月14日，是县政府办公室下属的副科级事业单位。中心共设办公室、数据标准规划科、数据资源管理科、数据应用推广科和电子政务科5个科室。中心主要贯彻执行上级有关法律法规，协调组织实施规划建设，统筹建设全县政府投资信息化项目，拟定并组织实施大数据行业规范标准，统筹管理全县数据共享。

完成政务网络提升改造，协调推进电子政务内网建设，加强电子政务视联网建设运维工作。

2017年公共数据共享交换平台已经汇集人力社保、国土、市场监管、民政等50个部门2000多万条基础数据。同时通过省大数据中心，与省公安厅、省民政厅、省财政厅等49个省级部门开展数据接口对接工作，完成人口、婚姻、户籍等241项数据接口赋权工作。

9月底,完成德清县证照信息验证共享平台建设工作,作为部门之间证照信息中转站,可提供公安、人社、财政、国土等9个部门的23个证照信息(如个人身份信息、个人户籍信息、不动产权证信息、社会保险参保信息、契税完税信息等)的验证共享。

【电子政务工作】 加强门户网站运维,做好"中国·德清"门户网站管理工作,保障网站安全、稳定运行。2017年"中国·德清"政府门户网站月均发布信息1200多条,信息公开平台全县主动公开920条。同时完成门户网站改造提升工作,新版网站根据省、市有关要求,将部署在市政务云平台,并根据市网站集约化平台的推进,逐步融入。

做好德清县政府网站群组织管理工作,做好季度网站抽查工作,并对网站存在的问题进行指导,根据上级有关文件精神,目前已永久下线13家,整合县级门户网站18家。

完成党政办公自动化升级改造工作,重构OA各模块,解决老OA存在的顽固性问题,变更部署模式,方便业务扩展,同时结合钉钉,完成移动办公部署,目前钉钉激活率已达到85%。

对涉及数据工作的全体人员包括大数据中心以及第三方公司人员都签订数据保密协议;启用CA认证,严格控制权限,同时上线OTL数据流全程加密,严防嗅探、抓包等行为,确保不出现拖库等现象。

(姚朔舟)

应急管理

【概况】 2017年,围绕"平安德清"建设目标,认真履行应急处置综合协调职能,会同相关职能部门加强应急管理,有效预防和妥善处置各类突发公共事件,最大限度地减少和消除突发公共事件造成的社会危害和影响。在10月份省委党校举办的应急管理专题培训班上,德清县作为湖州市代表进行应急管理工作经验交流。

【应急联动机制建设】 健全完善覆盖各乡镇、职能部门、各行政村及相关企业、社会组织的三级应急响应联动机制。全年共发送社会应急联动信息6050条(公安除外),同比下降4.27%,第一时间抢救伤员2541名。进一步强化"1+7+X"应急联动先期处置作用,全年协调公安(消防)、安监、卫计、环保等7个常规处置部门先期妥善处置突发公共事件15起,应急联动处置水平大幅提升。

【应急救援队伍建设】 加强以消防力量为主的消防综合应急救援队建设,新建禹越镇综合应急救援队,专职消防队员147人。全县配备执勤消防车17辆,消防员基本防护装备620件(套),特种防护装备720件(套),抢险救援器材272件(套),灭火器材395件(套),消防艇2艘,冲锋舟2艘。调整充实防汛抗旱、地质灾害、危化品等7支县级专业应急救援队伍和省、市、县专家队伍,人数分别达到750人和140人。强化镇(街道)、村(社区)、企事业单位抢险救援队伍建设,人数已达5348人。发挥山鹰救援队应急救援补充力量作用(该支队伍共有50名骨干队员,200余名补充队员),共参与应急救援、赛事保障、应急宣传等工作共计58次,受益群众达1万余人。

【应急预案编制演练】 新修订大面积停电应急预案,完成43个县级专项预案操作手册的修订工作。各镇(街道)、相关部门根据县级专

11月30日,全县开展银行流动性风险应急桌面推演

(县应急办 提供)

项应急预案目录,结合实际情况,及时制(修)订相关应急预案,全县各镇(街道)、相关部门预案达601个,村(社区)、基层企事业单位预案达256个。全年联合消防、安监、教育、环保、卫计等单位重点组织开展火灾、安全生产、校园安全、防汛防台等县级专项应急预案演练12次,督促指导镇(街道)、部门演练100余次,进一步提高应急预案的适用性和可操作性,检验并提高应急救援队伍的处置水平。

【应急知识宣传教育】 结合安全教育日、防灾减灾日等活动,通过放置展板、发放资料、现场演示等多种方式介绍防灾减灾常识,印发《应急手册》、应急宣传折页等宣传资料1万余份。结合重要的安全工作节点,在《德清新闻》刊登"应急专刊"4期,同时督促各有关职能部门和镇(街道)积极开展应急知识宣传教育,提升公众的安全意识和处置能力。完善县突发公共事件预警信息发布系统,全年通过该系统发布包括自然灾害、公共安全等信息4次200余万条,发布各类气象灾害预警信号14个,发送气象预警短信600余次,向社会公众发布各类气象预报预警信息50余万条次。

(皮勇华)

外事工作

【概况】 2017年,以服务县经济社会发展为中心工作,加强交流合作,助推德清新崛起。组织好重要外事活动,年内接待印度、越南两国来宾到德清县考察。助推选商引资和招才引智,服务经济建设。5月,协助高新区管委会就白俄罗斯国立大学谢尔盖校长入驻德清县千人计划产业园达成一致。此外,还参与德洽会、游子文化节、绿色制药莫干山国际峰会等多个活动。为企业"走出去、引进来"服务,优化服务举措,新增3家企业为湖州市邀请外国人来华直报企业。全年共审核外国人来华短期商务签证21家企业74人次。

做好因公出国(境)审核管理,派遣因公出国(境)共20批55人次,促成多个项目与外方达成一致,如以色列尤丁公司帕金森二代新型药物、印度PVC异型材生产基地、杭华油墨二期投资、韩国进阳油封生产基地、意大利集成电器智能制造产业园等重大项目,推动经济社会全方位发展。

利用和拓展友城平台,深化交流合作。积极参与重大涉外活动,加强外国人来华管理。提升涉外事务管理与服务水平。

【越共高级干部考察团考察德清】 9月9日,由中联部、省外侨办安排的越共高级干部考察团共20余人到德清县进行美丽乡村建设和基层党建工作考察活动的组织协调工作。考察团在德清期间,就新农村建设、基层党建、农村农民增收等相关方面的问题与德清县进行深入的沟通交流。

【中共德清县委代表团访问印度】 应印度Reddy Structures Pvt. Ltd.公司邀请,以湖州市人大常委会副主任、中共德清县委书记项乐民为团长的代表团一行6人,于6月4~8日对印度进行为期5天的访问并洽谈相关经贸项目。代表团先后拜访印度Reddy Structures Pvt. Ltd.公司、H. S. A SILKS集团、GREENPLY实业有限公司及Spangle国际公司,就经贸合作、项目开发、生产线引进等进行深入的交流学习和合作洽谈。

【印度驻沪总领事古光明考察德清】 5月,印度驻沪总领事古光明参加湖州市第三届国际瑜伽日庆典暨第二届南太湖瑜伽节启动仪式,期间考察了德清县。

9月,越共高级干部考察团到德清考察,左四为越共中央委员、越通社党委书记、社长阮德利　　　　　(县外事办　提供)

【德清县政府代表团友好访问以色列、西班牙】 应以色列尤其尼姆市政府和西班牙瓦尔斯市政府的邀请，以中共德清县委副书记、县长王琴英为团长的代表团一行6人，于5月12～18日对以色列、西班牙进行为期8天的友好访问和经贸考察，出访期间，代表团就经贸合作、项目引进以及友好城市间经贸文化往来进行深入的交流学习和合作洽谈。

【德清县委代表团访问加拿大、美国】 应加拿大英特莱克斯林产品有限公司、美国加州生物医药研究所的邀请，以德清县委常委、统战部长陆卫良为团长的代表团一行5人，于6月8～11日赴加拿大和美国执行项目交流洽谈任务。代表团先后拜访加拿大英特莱克斯林产品有限公司、美国加州生物医药研究所、旅美科技协会，就项目合作及相关企业到德清发展情况进行深入的交流学习和合作洽谈。

【德清县人大代表团访问西班牙、意大利】 应西班牙瓦尔斯市政府和意大利L'APROCHIMIDE SRL公司的邀请，以德清县人大常委会党组副书记、副主任杨明连为团长的代表团一行5人，于9月23～29日对西班牙、意大利进行为期8天的友好访问和经贸考察。代表团就经贸合作、项目引进以及友好城市间经贸文化往来进行深入的交流学习和合作洽谈。

【德清县政府代表团访问日本】 应日本T&K TOKA株式会社的邀请，以德清县人民政府副县长姚夏林为团长的代表团一行3人，于5月1～5日赴日本执行项目交流洽谈任务。代表团先后拜访T&K TOKA株式会社总部工厂、京都支店、大阪支店，并就一期项目深度合作及二期投资扩建项目进行深入的交流研判和洽谈，并签约。

【王琴英县长出访美国、墨西哥】 王琴英县长等3人随孙景淼副省长赴美国、墨西哥，对接首届联合国世界地理信息大会筹备工作。

重要活动

【"锦绣德清"系列活动】 2016年，"锦绣德清·琴系香江"活动在香港举办，开启洛舍钢琴奏响全球的第一站。2017年8月，洛舍钢琴又在澳门举办"锦绣德清·琴系濠江"活动，活动期间邀请国内外领导、嘉宾100余人出席，通过洛舍钢琴产业介绍、钢琴展示、名家演奏等方式，展示德清洛舍钢琴，展示德清地域文化，进一步提高德清洛舍钢琴在海外的知名度和美誉度。

【人才项目洽谈会】 6月10～11日，在2017湖州德清海外高层次人才项目对接洽谈会召开期间，德清县就人才引进政策及相关情况进行介绍，协助50余名外国专家学者到会并就与德清县开展人才引进、交流、培训等事宜进行专题洽谈。

（张　敏）

会展工作

2017年，县会展中心共计保障各类会议、活动100余场次，约18540人。千秋广场组织举办各类活动约20场次，约10000余人参加。

（姚孝芬）

政治协商会议德清县委员会

综　述

2017年,县政协全面贯彻落实党的十九大精神,按照县第十四次党代会的战略部署,牢牢把握团结和民主两大主题,履行政治协商、民主监督、参政议政三大职能,发挥协商民主的重要渠道作用,推进协商民主广泛多层制度化发展,为率先建成全面小康标杆县工作大局作出贡献。九届德清政协换届后,工作交接过渡迅速平稳顺利,在八届政协及往届政协工作的良好基础上,一年的工作呈现出创新发展的良好态势。

创新专题议政建言协商方式。深化八届政协创立的与党政主要领导对话机制,发挥政协界别的深度广度优势,以专题议政协商民主取得良好效果为着力点,集中围绕一个主题开展协商活动,从大处着眼、小处入手,选择更小更精准的切入点,作更深更透彻的问题研究,出台更实更可行的有效对策。

创建跨届提案跟踪追办机制。在提案办理协商过程中,发扬"钉钉子"精神,打破提案的时空界限,不以提案年度办理和委员任期为限,将往届未落实的有价值提案重新梳理交办,一任接着一任干,打破"新官不理旧账、重起炉灶翻烧饼"的传统,促使承办单位由"一答了之"转变为"一办到底",推动提案办理由"答复满意率"向"落实满意率"的深度转变,这一探索实践引起全国和省政协领导的关注鼓励。

首推村级议事菜单服务模式。按照"协商于民、协商为民"的参政议政宗旨与要求,发挥人民政协人才荟萃、智力密集的优势,以现实经济社会实际需求为导向,组建"菜单式"政协委员服务团队,寓服务于议事,寓教育于议事,提升政协团队面向村(社区)议事会工作的实效,使政协委员接地气,委员参政议政工作融到全县的经济社会发展的大协奏之中去。

坚持传承创新完善工作机制。在准确定位传承创新的基础上,紧密结合新时代政协工作实际,修订系列规章制度,"想清楚,干到底"。十余项新的规章得以修订完善,政协内设专委会结构更趋合理健全。政协委员联络服务中心得以创立,撤销政协地方工作组和政协艺术团,政协之友社和政协文化之友社的换届工作顺利进行,为九届政协规范延伸履职打下基础。

重要会议

【政协第九届德清县委员会第一次会议】 2月17~21日在武康会展中心举行。会议听取并审议王顺章主席代表县八届政协常务委员会所作的《中国人民政治协商会议第八届德清县委员会常务委员会工作报告》,听取并审议杨永林副主席代表县八届政协常务委员会所作的《政协第八届德清县委员会常务委员会关于八届五次会议以来提案工作情况的报告》。选举产生政协第九届德清县委员会主席、副主席、秘书长、常务委员。张林华当选县九届政协主席,杨永林、王秀琴、嵇金星、姚欣、沈健当选为县九届政协副主席,傅友根当选为县九届政协秘书长。与会人员列席县人大十六届一次会议,听取和讨论《政府工作报告》及其他报告。会议通过各项决议。

【常委会议】 2017年,全县政协第八届委员会召开常委会议1次,县政协第九届委员会召开常委会议3次。

政协第八届德清县委员会第二十五次常委会议　1月20日在武康召开。会议听取县政府关于提案办理情况的通报;听取县纪委关于纪检监察工作情况的通报(书面形式);协商通过县九届政协委员名单;协商讨论县政协九届一次会议有关事项;协商讨论《县政协八届常委会工作报告(讨论稿)》和《县政协八届常委会提案工作情况报告(讨论稿)》;协商讨论县政协八届五次会议优秀提案;协商讨论有关人事事项。

政协第九届德清县委员会第一次常委会议　4月6日在武康召开。会议传达学习全国"两会"精神;协商讨论《关于加强县政协常委会自身建设的意见》《政协德清县委员会常务委员会工作规则》《关于调整县政协专门委员会设置的决定》《政协德清县委员会2017年工作要点》;协商讨论有关人事事项。县政协主席张林华讲话。县政协副主席杨永林主持会议。

政协第九届德清县委员会第二次常委会议　5月27日在武康召开。会议协商讨论有关人事事项;协商讨论《政协德清县委员会专门委员会通则(草案)》《政协德清县委员会地方工作组通则(草案)》《政协德清县委员会反映社情民意信息工作管理制度(草案)》《政协德清县委员会提案工作细则(草案)》《政协德清县委员会重点提案的确定、办理和督办办法(草案)》《政协德清县委员会委员管理办法(草案)》《政协德清县委员会关于委员履职服务积分制管理实施办法(草案)》等有关工作规则、制度草案。县政协主席张林华讲话。县政协副主席杨永林主持会议。

政协第九届德清县委员会第三次常委会议　10月19日在武康召开。会议由县委副书记、县长王琴英通报2017年以来全县经济社会发展情况;协商讨论《政协德清县委员会跨届重点提案结案办法(草案)》;协商讨论《政协德清县委员会调查研究工作规则(草案)》《政协德清县委员会视察工作规则(草案)》《政协德清县委员会大会发言工作规则(草案)》《德清县政协镇(街道)议政会规则(草案)》《德清县政协村(社区)议事会规则(试行)(草案)》5项规则(草案);政协常委代表作交流发言;县政协主席张林华作重要讲话。县政协副主席杨永林主持会议。

【主席会议】　2017年全年,县政协第九届委员会召开主席会议5次。

政协第九届德清县委员会第一次主席会议暨党组扩大会议　3月24日召开。会上,协商讨论县政协九届一次常委会议程及《关于加强县政协常委会自身建设的意见》《政协德清县常务委员会工作规则》《关于2017年县政协协商民主重点议题安排的意见》《政协德清县委员会2017年工作计划》《2017年落实党风廉政建设主体责任实施方案》,县政协党组书记、主席张林华与县政协党组成员签订党风廉政建设责任书。

政协第九届德清县委员会第二次主席会议　4月5日召开。会上,协商讨论有关人事事项、九届一次常委会议程、九届政协领导班子成员分工;协商讨论《关于九届政协专委会与部门对口联系的意见》《关于调整县政协专门委员会的设置》《县政协专委会和地方工作组委员分组名单》。

政协第九届德清县委员会第三次主席会议　5月22日召开。会上,协商讨论县政协九届二次常委会日程;协商讨论有关人事事项;协商讨论有关规则、制度。

政协第九届德清县委员会第四次主席会议　10月13日召开。会上,传达县委全面落实从严治党实施方案;协商讨论九届三次常委会议程;协商讨论专委会机构调整;协商讨论《关于深入推进我县科技成果转移转化工作的对策和思考》调研报告。

政协第九届德清县委员会第五次主席会议　12月28日召开。会上,学习党的十九大精神以及《习近平谈治国理政》第二卷有关内容;协商讨论《关于尽快将下渚湖打造成一流城市型湿地风景区的建议》;审议2018年县政协工作思路、县政协九届二次会议初步安排。

提案工作

县政协九届一次会议期间,共收到提案190件,经审查,立案190件,同类提案合并26件,实际交办164件,其中委员提案148件,集体提案16件。办理结果:已解决或基本解决115件,当年解决率为70.1%;正在解决或已列入解决计划42件,占25.6%;因受条件限制需待以后解决7件,占4.3%。反馈情况:满意159件,满意率为97%;基本满意5件,基本满意率为3%。

视察监督

【主席视察】　围绕全县经济社会发展的各个方面、重点工程,进行巡视查看,让委员们知情明政,推动相关工程加快建设,先后开展"五水共治"、高新区发展、"项目双进"、美丽城镇建设、科技创新、接沪融杭工作、"最多跑一次"改革、"多规合一"改革措施落地、"关注森林"等9项主席视察。

【专项民主监督】 2017年，县政协各地方工作组就"深化水污染治理""发展城市公共交通""推行垃圾分类处理""加强住房安全保障""提升就医便利化""强化食品安全保障"6项县政府为民办实事项目开展专项民主监督，形成民主监督建议6份，提出针对性的民主监督反馈意见。

【省市县三级政协联动】 围绕"全面剿灭劣Ⅴ类水"主题，配合省市政协开展"五水共治""干、查、督"大行动，形成民主监督建议书，助推"五水共治"工作的深入开展。

民主协商

【全会协商】 在全体会议期间，组织政协委员，围绕政府工作报告、"两院"工作报告等，发表意见，建言献策，提出有针对性与可操作性的意见建议。

【对口协商】 5月，召开"县长倾听委员之声"座谈会，县委副书记、县长王琴英与政协委员们围绕德清县中心城区水系水质改善工作开展座谈，委员们提出逐步完善老城区地下管网建设，严格实施新建城区雨污分流建设工程等意见建议。县领导张林华、周志方、王秀琴、姚欣参加会议。11月，举办"县委书记倾听委员之声"活动，县委书记项乐民与政协委员们围绕农业供给侧结构性改革中加快农业转型发展这一主题进行"零距离"的互动交流，委员们从农文旅融合、做优做强特种水产、花卉园艺产业与民宿产业创新融合发展等方面积极建言献策，提出具体意见建议。

【专题协商】 紧扣县委、县政府工作大局，由县委、县政府主要领导出题，精心选择德清县"农业供给侧结构性改革""科技成果转化""将下渚湖打造成城市内湖"等课题，分别由县政协领导牵头，相关专委会负责开展课题调研并形成调研报告，反复推敲，形成成果，报送县委、县政府参考。为助推首届联合国世界地理信息大会的筹备工作，组织调研力量，撰写《高起点谋划高质量推进，助推国际化山水田园城市打造——关于当好世界地理信息大会东道主的建议》，提出4个方面10条意见建议，报送县委、县政府。

【界别协商】 9月20~26日，县政协举办2017年"界别活动周"。活动期间，七个专委会，18个界别以"关注民生、服务大众"为主题，围绕"科技下乡、医疗服务、法律咨询、文化走亲、扶贫帮困"系列行动，开展论坛、义诊、结对帮扶等25项活动，服务基层、服务企业、服务群众，200多名县政协委员在活动中既"动口建言"又"动手办事"，既"坐而论道"又"起身践行"。

【基层协商】 县政协在原有村（社区）议事会的基础上，推进村级"议事会"探索。完善并出台《德清县政协村（社区）议事会规则（试行）》，新的规则以政协委员"菜单式"服务为主，注重发挥政协界别组和委员的优势特长，组建政协委员服务队，制定面向村（社区）的对照服务项目"菜单"。

新闻宣传及文史研究工作

2017年，全年累计在《联谊

5月，县政府召开"县长倾听委员之声"座谈会。会上，县委副书记、县长王琴英（右一）与县政协委员商讨德清县中心城区水系水质改善工作　　　　　　　　　　　　（县政协办　提供）

报》等省级新闻媒体供稿并刊登报道10余篇,在《中国政协》杂志、《人民政协报》等国家级新闻媒体刊登报道5篇,创历史新高。开通"德清政协"微信公众号,编发信息百余篇,提升工作信息的时效性。改版《德清政协》杂志,突出杂志的文化品位。做好文史工作,组织编辑专辑文史资料《品味孟郊》,扩大德清政协的知名度和德清的美誉度。

社情民意信息工作

2017年,向全国、省、市政协报送社情民意73篇,被市政协录用22篇,省政协录用6篇。舆情《关于进一步完善浙江政务服务网的建议》和《着力推动技术层面创新,让数据"跑"代替群众"跑"》,得到省委书记车俊的批示。这些舆情的调研撰写录用,一方面助推德清县相关工作的开展,另一方面也将基层的意见建议反映给省委、省政府乃至国家有关部委,提供决策参考。同时,还编发社情民意专报23期,专门报送县相关领导,其中《关于发挥莫干山资源,争创"国家级海峡两岸交流基地"的建议》等7件社情民意专报,得到县委书记、县长等县领导的批示肯定。

(史 良)

德清港 (马升六/摄)

中国共产党德清县纪律检查委员会

综 述

2017年，全县各级纪检监察组织认真学习贯彻党的十九大和省、市、县党代会精神，深入落实全面从严治党的各项要求，履行党章赋予的职责，开展各项工作。

开展主体责任试点工作，夯实管党治党政治责任 制定出台《2017年党风廉政建设和反腐败工作组织领导与责任分工》和《2017年度落实全面从严治党主体责任情况量化考核办法》。召开全县深化全面从严治党主体责任推进会，通报党风廉政建设情况，进一步压实主体责任。开展年度主体责任落实情况专项检查，县委、县政府领导带领18个检查组，对12个镇（街道）和部分县直单位开展重点检查，推动责任落实。深化主体责任落实情况报告制度，各镇（街道）、部门均向县委、县纪委书面报告主体责任落实情况。在全市创新开展主体责任项目领办工作，全县乡科级领导干部共领办项目549个。探索开展廉情函告工作，进一步强化履责意识。深化主体责任全程纪实机制，做到履职有痕。制定《德清县落实全面从严治党主体责任约谈"一把手"实施办法（试行）》，开展"一案双查"5起，追究主体责任6人。

实施作风建设提升工程 加强对党的十九大精神贯彻落实和党章党规执行情况的监督检查，督促各级党组织和党员干部在思想上政治上行动上同党中央保持高度一致。加强对中央和省、市、县委重大决策部署贯彻落实情况的监督检查，以项目双进、剿灭劣V类水、"最多跑一次"改革、"无违建县"创建、城中村改造攻坚和建设项目遗留问题清零专项行动、环保督查为重点，严肃查处不作为、慢作为、乱作为问题，40人受到问责。把顶风违纪行为作为执纪审查重点，查处违反中央八项规定精神问题11起，处理党员干部15人，其中党纪政务处分7人。加大通报曝光力度，对8起违反中央八项规定精神的典型问题进行点名道姓通报曝光，形成有效震慑。紧盯节假日等重要节点，常态化开展明察暗访，发现、纠正、查处一批问题。制定《关于规范领导干部操办婚丧喜庆事宜的若干规定》，开展违规公款购买烟酒问题集中排查整治、"两证一照"专项检查和领导干部乘坐交通工具情况报告工作。建立作风建设监督检查联席会议制度，形成各司其职、协同推进的工作格局。

围绕"三个全覆盖"，推进纪检监察体制改革 按照上级部署积极推进监察体制改革，制定下发试点工作实施方案，选举产生监委领导班子，做好人员转隶工作。在不增加机构和编制总数的前提下，按照全融合的要求，完成内设机构设置和人员整合。全面履行监察职责，用足用好12项监察措施，开具各类文书178份，用留置取代"两规"，实现监察留置案件"零突破"。全面启动县委巡察工作，制定《中共德清县委2017~2021年巡察工作规划》，建立县委巡察办，组建3个巡察组，对12个部门和3个镇的党委（党组）开展集中巡察，发现问题293个，批评教育与提醒谈话102人，建立健全规章制度106项，立案查处4人，其中涉及乡科级干部2人。进一步深化派驻监督工作，将派驻纪检组更名为派驻纪检监察组，授予部分监察职能，下发派驻机构履职清单，开展巡回执纪监督，完善工作报告和问题线索当面听取机制，发挥政治生态"护林员"作用,各派驻纪检监察组全年共开展廉政谈话2016人次,督促建立完善相关制度190项,立案4件。

坚持抓早抓小,深化监督执纪"四种形态"运用 畅通信访举报渠道,开展问题线索专项清理,按照谈话函询、初步核实、暂存待查、予以了结等方式进行处置。全年共处置问题线索198件,同比上升14.5%。立案107件109人,结案96件98人,涉及科级干部6人,立案人数创新高。加强对党员干部的日常监督管理,建立完善廉政档案3154份。出台《关于规范谈话函询工作暂行办法》,推动抓早抓小工作规范化、制度化。全县纪检监察组织运用监督执纪"四种形态"处理157人次,其中第一种形态和第二种形态占比78.3%,"红脸出汗"成为常态,党纪处分和组织处理成为重要手段。加强案件审理工作,开展纪律处分决定执行情况专项检查。加强纪律教育,深化"党纪教育一刻钟"活动,全县2.7万余人次党员干部接受教育。对新任科级领导干部、正科级领导干部家属、村"两委"主职干部等开展廉政培训,打好"预防针"。

着力解决群众反映强烈的问题,加强基层党风廉政建设 加强对村级组织换届工作的监督,开展村干部问题线索处置情况回头看,严把人选政治关和廉洁关,对8人提出不宜使用意见,及时查处一起干扰换届秩序违纪案件。创新开展农村基层作风异地交叉巡查,全年共巡查54个行政村,发现问题416个,移交问题线索42件,14人受到问责处理。开展扶贫民生领域专项监督检查,发现问题39个,督促落实整改措施40条,问责处理18人,该项工作得到市领导批示肯定。认真梳理损害群众利益的问题线索,对截留私分生态公墓考核奖励问题和违规参加失地农民保险问题进行严肃查处。全年共16名村(居)干部被立案审查。

开展"双争"主题活动,强化纪检监察干部队伍建设 围绕"四新"主题实践,在全县纪检监察系统开展"争创过硬执纪铁军、争创一流工作业绩"主题活动。县纪委常委会带头示范,制定常委会议事规则,严格执行民主集中制,带头落实廉洁自律各项规定。充分运用理论学习中心组、学习讲坛等载体,深入学习党的十九大精神和党章党规党纪,推动"两学一做"学习教育常态化制度化。举办全县纪检监察干部集中学习培训班,开设"德纪大讲堂"学习平台,组织上挂锻炼,不断提升纪检监察干部履职能力。开展纪检监察工作创新项目评选,建立季度例会、业绩通报、集中评议等工作机制,营造争先激励机制。严明政治纪律、办案纪律、保密纪律,执行监督执纪工作规则,严格执行纪检监察干部作风建设引领标准和"九条禁令",分级开展纪检监察干部家访,全面落实个人重大事项报告制度,坚决防止"灯下黑"。

政治生态建设

【概况】 深化全面从严治党主体责任,夯实管党治党政治责任。围绕加强党风廉政建设和队伍建设,狠抓检查督促,强化落细落实。在全市创新开展全面从严治党主体责任项目领办工作,探索廉情函告工作和全程纪实机制。制定《德清县落实全面从严治党主体责任约谈"一把手"实施办法(试行)》,着力解决落实主体责任层层递减问题。

【检查督促】 县委书记、纪委书记、组织部长利用双休日时间,一起逐个走访镇(街道)开展"一对一"谈心谈话,县委书记约谈镇(街道)正职,县纪委书记和组织部长约谈其他班子成员,通过谈心谈话、检查台账等方式,进一步压实主体责任和"一岗双责"。开展全面从严治党主体责任量化考核工作,由县党政领导班子成员带队进行检查,对落实主体责任情况开展全面"体检",对考核排名靠后的进行约谈。开展党风廉政建设"一岗双责"专项抽查,随机抽查党政班子成员履行"一岗双责"情况。探索开展廉情函告工作,进一步强化履责意识。建立主体责任全程纪实机制,下发落实主体责任记录本,做到履职有痕。

【项目领办】 在全市创新开展全面从严治党主体责任项目领办工作,通过召开项目领办工作动员部署会、问题清单梳理、项目领办申报和实施、配套制度建设等,着力解决主体责任落实层层递减问题。2017年,全县镇(街道)、部门领导班子成员共梳理落实主体责任有关问题1647个,领办项目549个。

【出台约谈"一把手"实施办法】 制定《德清县落实全面从严治党

主体责任约谈"一把手"实施办法（试行）》，以约谈的形式推动主体责任层层落实。把问责作为落实"两个责任"的关键环节，2017年，全县纪检监察组织共开展"一案双查"5起，追究主体责任6人，涉及科级干部1人。

作风建设

【概况】 深入实施作风建设提升工程，着力强化纪律保障。加强对中央和省、市、县委重大决策部署贯彻落实情况的监督检查；对"最多跑一次"改革工作开展严格督查；开展对公款消费、公务接待、公车使用管理、节假日期间纪律执行等专项检查，严纠"四风"。制定《关于规范领导干部操办婚丧喜庆事宜的若干规定》，建立领导干部操办婚丧喜庆事宜"双报告"制度。

【加强政令执行检查力度】 围绕上级和县委县政府重大决策部署，加强监督检查，对发现的执行纪律不严、贯彻决策不实、落实工作不力等问题，坚持动真碰硬，严肃问责通报曝光，着力强化警示教育作用。先后围绕"最多跑一次改革"开展专项检查，对督查中发现的问题进行专题通报，督促抓好整改；下发《关于严明纪律确保剿灭劣Ⅴ类水工作顺利进行的通知》，明确六项纪律要求；开展对全国文明城市创建工作的督查，对个别单位在创建中的慢作为不作为问题进行全县通报批评；积极做好德清县中央环保督察组督察期间的工作督办和问责工作，共诫勉谈话2人，约谈3人；建立"慢作为不作为乱作为"

问责月报机制，要求镇（街道）纪（工）委、派驻纪检组定期报告监督问责情况。截至年底，对40名因工作推进不力的干部进行批评教育、调离岗位处理，下发通报3期、专报2期。切实做好党的十九大期间纪检监察信访维稳工作，实现赴省进京零上访。

【严督"最多跑一次"】 3月底，会同督查办连续3天对各有关单位"最多跑一次"改革推进情况进行实地督查；5月下旬，下发《关于对"最多跑一次"改革开展专项督查的工作方案》，继续就"最多跑一次"改革开展督查，通过督查发现个别单位宣传力度有待提高，公开信息不够准确、全面，窗口办事人员业务不够熟练，服务质效有待进一步加强，"一把手"体验"最多跑一次"落实不够到位等问题，均以通报的形式予以公开，对存在问题督促抓好整改。

【正风肃纪】 紧盯重要时间节点，采取专项检查、明察暗访、定点抽查等方式，对公款消费、公务接待、公车使用管理、节假日期间纪律执行等开展专项检查，锲而不舍严纠"四风"。全年共组织正风肃纪检查34批次，下发督办单9份，查处违反中央八项规定精神问题11起，处理党员干部15人，其中党纪政务处分7人。加大通报曝光力度，对8起违反中央八项规定精神的典型问题进行点名通报。

【健全制度源头防控】 制定《关于规范领导干部操办婚丧喜庆事宜的若干规定》，建立领导干部操办婚丧喜庆事宜"双报告"制度，督促领导干部带头倡导新风正气，自觉抵制大操大办和奢侈浪费歪风，共有20名县管领导干部按照要求，事前、事后上报操办婚丧喜庆事宜。开展领导干部乘坐交通工具情况报告工作，对报告情况在全县进行通报，并建立公务出差因特殊情况未按规定等级乘坐交通工具事前报批和事后报告制度。

纪检监察体制改革

【概况】 推进纪检监察体制改革，实现"三个全覆盖"。完成县监察委员会的组建，实现对行使公权力的公职人员监察全覆盖。全面启动县委巡察工作，确保"五年全覆盖"。发挥派驻监督"探头"作用，实现派驻监督全覆盖。

【监察体制改革】 有序推进改革各项工作 按照上级部署积极推进监察体制改革，及时成立县深化监察体制改革试点工作小组，制定试点工作实施方案，明确改革具体任务和时间节点。

顺利完成转隶组建 严格按照相关工作程序，选举产生监委领导班子，设主任1名，由纪委书记兼任；副主任2名，由纪委副书记兼任；委员4名，其中3名由纪委常委兼任，1名由检察院转隶的反贪局局长担任。严格把好转隶人员审核关，共划转行政编制16个、转隶15人。2月21日，召开转隶大会并举行监委挂牌仪式。

优化架构设置 在不增加机构和编制总数的前提下，整合县检察院转隶机构，增设第四、五纪检监察室。坚持干部交叉配备、人员混合编成，县检察院转隶15

人中，除1人任县监委员外，13人安排在监督一线部门，1人安排在综合部门，纪委干部同步调整7人。

履行监察职责　探索建立与执法机关、司法机关的协调衔接机制，进一步落实对行使公权力的公职人员监察全覆盖要求。整合监督力量，及时将派驻纪检组更名为纪检监察组，赋予部分监察职能，实施一体化监督模式。按照能试尽试原则，用足用好12项监察措施，全年累计开具各类措施文书178份，用留置取代"两规"，实现监察留置案件"零突破"。

【县委巡察】　紧紧围绕"发现问题，形成震慑"的总体思路，坚持聚焦重点，紧盯"三大问题"，推动巡察工作有序开展。先后制定出台《中共德清县委巡察工作实施办法》和《中共德清县委2017~2021年巡察工作规划》，对全县57个部门和12个镇（街道）进行全面巡察，确保"五年全覆盖"。出台《2017年度巡察工作计划》，对12个部门和3个镇的党委（党组）开展集中巡察，发现问题293个，批评教育与提醒谈话102人，建立健全规章制度106项，立案查处4人，其中涉及乡科级干部2人。

【派驻机构监督工作】　制定《派驻机构与驻在单位党委（党组）互通情况制度》，继续深化"一组一品"工作机制。积极探索派驻监督方式，采取驻点办公、个性化监督、实地走访、约谈督办等形式，常态化开展有针对性的监督。共开展廉政谈话2016人次，发放廉情函告书63份，督促建立完善相关制度190项，批评教育77人次，对被监督单位提出意见建议374条，党政纪立案4件6人。

纪律建设

【概况】　深化纪律建设，抓早抓小、挺纪在前。制定《问题线索管理处置流程图》，规范线索处置。加强执纪审查，加强监督执纪"四种形态"特别是第一、第二种形态的运用。多载体、多形式开展廉政教育，加强纪律教育。

【规范线索处置】　严格按照《监督执纪工作规则》制定《问题线索管理处置流程图》，进一步规范问题线索移送（备案）、编号登记、集中管理、批转、结果汇总、归档等各个流程，严格按照工作流程图进行监管，全程跟踪问题线索的处置进度，发现问题及时纠正，确保问题线索规范管理、处置到位。建立健全内控机制，制定《问题线索移送（备案）表》《问题线索登记表》《问题线索处置表》等四张表格，严格规范问题线索登记、签字、审批、报告制度，确保问题线索管理处置环节"处处留痕"、有迹可循。开展问题线索专项清理，对排查出的15件问题线索分别提出处置意见，确保问题线索全部得到有效处置。全年共处置问题线索198件，同比上升14.5%。

【加强执纪审查】　将"四种形态"贯穿于监督执纪问责全过程，注重发挥第一、第二种形态作用，对党员干部存在的苗头性、倾向性问题，早发现、早提醒、早处理。出台《关于规范谈话函询工作暂行办法》，坚持小过即问、小错既纠，推动各级党组织和纪检监察组织经常性开展谈话。全县纪检监察组织运用监督执纪"四种形态"处理157人次，其中第一种形态和第二种形态占比78.3%，红脸出汗成为常态，党纪处分和组织处理成为重要手段。

【加强纪律教育】　充分利用"党纪教育一刻钟"载体，定期学习典型案例、纪律规定，教育引导党员干部懂规矩、守纪律。2017年，全县各级党组织共开展活动627批次，参加人数27075人次，其中县处级221人次、乡科级5533人次、科级以下21321人次。开展新任科级领导干部廉政培训，通过观看警示教育片、签订廉政承诺书、开展集体廉政谈话等形式，切实增强新提任干部的廉政意识。举办正科级领导干部家属助廉培训班，宣讲好家规、培育好家风。联合县委组织部举办新任村"两委"主职干部主题培训班，为300多名村主职干部上好"任前廉政第一课"，为新一届"村官"打好"预防针"。开展"传家训、立家规、扬家风"活动，汇编《我的家训故事》，打造乾元金火村、钟管沈家墩村等一批各具特色的"清廉乡村"示范村。

基层党风廉政建设

【概况】　加强基层党风廉政建设，着力解决群众反映强烈的问题。严明村级换届纪律，严把人选政治关和廉洁关。开展农村基层作风异地交叉巡查和扶贫民生领域专项监督检查，推动全面从严治党向基层延伸。

【严明村级换届纪律】 开展村干部问题线索处置情况回头看，对涉及村干部信访举报问题，专门登记建档，实行立项专办，杜绝村干部"带病"使用。换届期间共梳理出问题线索34件，涉及村干部9件9人，查结7件。把监督检查作为落实严肃换届纪律各项措施的重要手段，严明纪律红线，确保换届工作有序推进。扎实做好党风廉政回复关，从源头上把好村干部入口关，对8人提出不宜使用意见。建立快速查核机制，及时查处一起干扰村级组织换届秩序违纪案件，确保全县换届环境风清气正。

【农村基层作风交叉巡查】 制定全县农村基层作风巡查工作实施方案和巡查组工作规则、工作流程图，在上年县、镇（街道）联动巡查基础上，按照"全县统筹、独立授权、关系回避"的原则，2017年又创新开展异地交叉巡查，组建12个农村作风巡查组，实行每组每轮单独授权，各巡查组不承办被巡查村具体问题，有效化解同体监督局限性，实现"体外监督"新模式，推动全面从严治党向基层延伸。全年共对54个行政村开展集中巡查，发现问题416个，移交问题线索42条，14人受到问责处理。

【扶贫领域专项督查】 认真落实《关于进一步加强扶贫领域监督执纪问责工作的意见》，结合德清实际，围绕扶贫领域资金使用情况，组成5个专项执纪监督组，对6个镇（街道）和4个县级部门进行重点督查。通过督查，共发现问题39个，督促落实整改措施40条，问责处理18人，该项工作得到市领导批示肯定。认真梳理损害群众利益的问题线索，对截留私分生态公墓考核奖励问题和违规参加失地农民保险问题进行严肃查处，全年共16名村（居）干部被立案审查。

干部队伍建设

【概况】 围绕"四新"主题实践，在全县纪检监察系统开展"争创过硬执纪铁军、争创一流工作业绩"主题活动。通过开展教育培训、加强日常监督等举措，抓好干部队伍建设。

【"双争"主题活动】 在全县纪检监察系统开展以"争创过硬执纪铁军、争创一流工作业绩"为主要内容的"双争"主题活动。

党性锤炼 进一步牢固树立党章意识、纪律意识，加强党性锻炼，增强宗旨意识，强化责任担当。

能力素质提升 把学思践悟摆在更加重要的位置，全面提高政治素质和业务能力。

争先创优 发扬钉钉子精神，聚焦主业、敢于亮剑，锲而不舍、破解难题。

规范建设 坚持严管就是厚爱，始终围绕解决"灯下黑"的问题狠下功夫，及时发现和解决问题。

强化激励关爱 建立健全激励关爱机制，提高队伍凝聚力和向心力，努力营造干事创业氛围。

【教育培训】 新建县纪委、县监委机关党总支，划分成立4个机关支部，积极落实"两学一做"学习教育常态化制度化要求，深入学习党的十九大精神和党章党规党纪，强化党性锻炼。举办全县纪检监察干部集中学习培训班，开设"德纪大讲堂"学习平台，开展"我讲我的业务"活动，不断提高纪检监察干部业务技能和履职能力。深化实践锻炼，轮流安排58名纪检监察干部参与县委巡察、农村基层作风巡查和扶贫领域专项督查等重点工作，以实践感悟推动能力提升。

【日常监督】 加强新一届县纪委常委会自身建设，制定县纪委常委会议事规则，严格执行民主集中制。重新组织全县纪检监察干部填报个人有关事项报告，重点对房产、出入境等情况进行梳理，在报告个人有关事项的基础上，进一步明确7个方面需报告的具体内容和程序，从严从紧管好干部队伍。深入做好干部思想政治工作，按照分级负责的原则，实现谈心谈话和干部家访全覆盖，有针对性地疏导解压。

重要会议

【县纪委十四届二次全体会议】 2月9日，召开中国共产党德清县第十四届纪律检查委员会第二次全体会议。县委书记项乐民讲话，强调要深入学习贯彻十八届中央纪委七次全会、省纪委十三届六次全会、市纪委七届六次全会精神，坚定不移推动全面从严治党向纵深发展，坚定不移把党风廉政建设和反腐败斗争引向深入，努力营造风清气正的政治生态，为率先建成全面小康标杆县提供坚强的纪律保证。县委副书记、县长王琴英主持会议。

县委纪委书记谈斌作工作报告，报告总结回顾2016年工作，

2月9日,中国共产党德清县第十四届纪律检查委员会第二次全体会议召开　　（县纪委　提供）

全面部署2017年工作任务。

会上,项乐民、王琴英分别与各镇街党(工)委、政府签订党风廉政建设责任书。对2016年度纪检工作先进单位的进行表彰。会议还审议通过十四届二次全会工作报告。

【2017年县委巡察工作动员部署会】 6月14日,召开2017年县委第一轮巡察工作动员部署会。

县委第一轮巡察单位为县民政局、县水利局、县农业局、县委党校、县科协和县残联。

9月28日,召开2017年县委第二轮巡察工作动员部署会。

会议回顾总结第一轮巡察工作的成果和不足,并对第二轮巡察工作进行巡察授权、任务分配、业务辅导和保密要求。

县委第二轮巡察单位为县安监局、县交通局、县商务局、县旅委、县综合执法局、县总工会、乾元镇、禹越镇和新安镇。

【深化落实全面从严治党主体责任推进会】 10月27日下午,县委召开深化落实全面从严治党主体责任推进会,对贯彻落实全面从严治党主体责任进行再动员、再部署和再督促。县委书记项乐民讲话,县委副书记、县长王琴英主持,县人大常委会主席罗国建、县政协主席张林华等县四套班子领导出席会议,县委常委、纪委书记谈斌通报全县党风廉政建设有关情况。

（姚婉婉）

10月27日,县委召开深化落实全面从严治党主体责任推进会

（县纪委　提供）

各民主党派及工商联

中国国民党革命委员会德清基层委员会

【组织建设】 根据民革省、市委会和县委统战部的工作要求,基层委组织开展形式多样的学习实践活动。基层委集中学习和支部传达学习全国"两会"、民革第十四次全省代表大会和省、市、县"剿劣提标"等会议精神,通读学习省第十四届党代会和湖州市第八次党代会报告。组织12名党员参加民革省委会全省新任市委员、全省民革骨干党员培训班和市委会骨干党员培训。

【参政议政】 在2017年市、县"两会"前夕,基层委组织党员代表、政协委员围绕全县经济社会的热点难点问题开展调研,撰写提案议案。分别向市"两会"提交建议提案4篇,向县"两会"提交建议提案18篇。其中《关于加强再生资源行业长效管理的建议与对策》作为党派提案提交"两会"。

【社会活动】 设立春晖社区"民革之家"和民革法律工作站春晖社区服务点,办理法律援助案件36件,接待咨询解答40件,举办法律讲座3次。组织党员与春晖社区干部一起开展"清明送青团""迎端午、裹粽子""婚姻家庭法律知识进社区"等活动。组织看望慰问抗战老兵,组织党员到县革命烈士纪念碑前开展"清明祭英烈"主题教育活动。组织女党员走进"田园综合体"活动,参观新田农庄,庆祝三八国际妇女节。

中国民主同盟德清支部委员会

【思想建设】 通过会议集中学习、盟员自学等方式,开展多次学习活动,积极学习十八届六中全会精神、省十四次党代会精神以及市委会、县委统战部有关会议、文件精神。积极参加民盟省委会举办的为期一周的基层主委培训班,提升政治素养和业务能力。

【参政议政】 县"两会"期间,民盟德清支部向大会提交集体提案1件,个人提案3件,其中集体提案《关于进一步推行分诊医疗模式的建议》,被列为重点提案。积极参与县委统战部组织的治水剿劣提标行动、"最多跑一次"督查活动、全国文明城市创建民主党派划片包干巡查活动。

【服务社会】 关爱支部盟员,在三八妇女节开展节日庆祝活动。组织盟员在六一节前夕前往三合幼儿园、乾元幼儿园、三桥幼儿园开展烛光行动。

中国民主建国会德清支部委员会

【思想建设】 深入开展"不忘合作初心,继续携手前进"专题教育活动和省第十四次党代会、市"两会"、县第十四次党代会的有关精神的学习,通过参加辅导报告会、学习座谈会等形式提高会员的思想理论素质,增强对中国特色社会主义的道路自信、理论自信、制度自信,在思想上保持与时俱进。认真学习贯彻新一届市委会各项规章制度,规范德清民建规章制度,鼓励会员增强围绕中心、服务大局的意识,创新创业,履职尽责。

【组织建设】 组织会员代表参加市委会、民建企业家协会主办的学习培训活动。德清支部主委孙占民当选为市八届政协委员、县十六届人大常委,支部委员董新民当选为县九届政协常委,徐春英当选为政协委员。稳步推进会员发展工作,发展入会积极分子3名。

【参政议政】 在2017年"两会"期间,民建德清支部共向大会提交集体提案2件、个人提案2件，均被政协提案委正式立案。完成市委会调研课题，形成《推进供给侧结构改革，降低实体经济成本》调研报告。执笔市政协八届一次会议提案《关于提升我市工业智能制造水平的几点建议》，被列为大会发言选题。

【服务社会】 打造民建"思源"社会服务品牌，承办市委会社会服务专委会2017年第一次社会服务——"思源·暖心德清行"活动。会员沈均在湖州民建"威谷杯"摄影比赛中获银奖。会员杨芳参与2017年首期助厨活动，在浙江信息工程学校设立"思源·味无味助厨基金"。开展"关爱弱势群体"活动：会员企业为武康莫干山老年乐园80多位老人免费提供爱心年夜饭；企业家会员徐春英建立红十字"兴怡泰"博爱基金。

中国民主促进会
德清基层委员会

【思想建设】 基层委班子及各支部定期开好组织生活会。在省第十四次党代会召开之后，专题传达学习省第十四次党代会精神。会员方明获得德清"最美红十字使者"荣誉称号，会员周武忠第一部作品《乡间文脉》出版，会员雷伟被评为德清县医坛新秀，在网络投票中得票数名列第一。

【参政议政】 在省、市、县"两会"期间，共提交集体提案2件、个人提案21件，获评优秀提案4件。1月，在民进浙江省委会参政议政工作会上，民进德清基层委获

4月21日，县六个民主党派联合启动"最多跑一次"专题民主监督活动 （县委统战部 提供）

2016年民进全省参政议政工作先进集体。沈娟群、方明等20多名会员参加县委统战部组织的"最多跑一次"改革、全国文明城市创建、治水剿劣三项民主监督活动，参与监督的意见建议两次获得王琴英县长批示肯定。提交12篇金点子、社情民意，其中《关于清理小区网线的建议》《关于乾元镇老县城人文历史保护的建议》被县委统战部金点子专刊录用，小区网线清理得到县创建办反馈，纳入创城整治工作。

【社会服务】 组织会内骨干、专家组成督查小组赴结对的小微水体点——乾元镇卫星村塗田圩沟渠开展督查活动；组织文化支部会员走进阜溪街道龙山村，开展"春联万家"公益活动；携手爱德儿童安全基金、清禾公益，将儿童安全"五防"课程送进乾元镇中心小学（曲园分部）、舞阳学校；举办爱满民进"三八"丽人节活动；5月6日、6月27日分别在德清一中、木叶夏举行周武忠新书《乡间文脉》首发研讨会。

中国农工党
德清基层委员会

【思想建设】 组织召开支部委员及党员骨干会议，传达学习浙江省第十四次党代会精神。围绕"不忘合作初心 继续携手前进"主题，在党内开展"讲政治、守规矩，建设高素质参政党"的学习教育实践活动。

【参政议政】 在市、县"两会"期间，共提交集体提案3件，个人提案11件。其中《关于实施生态补水系列工程全面提升县城区水环境质量的建议》被列为重点提案。党员董晓莲撰写的《关于我县中东部湿地保护与利用的建议》获优秀提案。结合"最多跑一次"改革、"全国文明城市创建"和"治水剿劣"攻坚行动，组织党员认真开展调研活动，撰写意见建议。党

员李霞撰写的《对我县全国文明城市创建工作督促情况反馈建议》被县委统战部金点子专刊采纳并得到县长王琴英批示肯定。

【社会服务】 积极响应农工党湖州市委会"治水剿劣攻坚战,农工党在行动"号召,农工党德清基层委在雷甸镇杨墩村南横港河道开展治水剿劣攻坚活动。在群安小区、实验学校等地开展外科、内科、五官科等义诊服务。

九三学社德清基层委员会

【思想建设】 组织全员认真学习党的十八届六中全会精神,学习社章社史,传达学习上级社组织工作会议和市县"两会"精神,通报全县重点工程和重大项目进展情况。省党代会召开后,基层委立即召开扩大会议对会议精神加以传达和学习。发起以"修史明初心 传承携手行"为主题的续写社史活动,通过走访老社员、撰写访谈录以及记录九三情缘的形式,收集汇总基层委近八年来在组织发展、参政议政、民主监督、社会服务等方面取得的成果,激发年轻社员对社组织的认同感和归属感。

【参政议政】 在市县"两会"期间,共提交政协集体提案 3 件,代表、委员个人建议、提案 14 件,内容涉及社会热点、生态建设、城市管理等。其中,2 个集体提案《关于借力洋家乐品牌优势 全力打造全域旅游示范区的建议》《关于统筹谋划 综合施策 纵深推进美丽田园建设的建议》,以及社员沈海鹰的个人提案《关于有序推进德清县垃圾分类 实现绿色发展的建议》被确定为重点提案。参加县人大、政府、政协及统战部召开的各类民主协商会、座谈会、视察、考察活动 50 余人次。组织社员参与"最多跑一次"改革、文明城市创建、治水剿劣三项民主监督活动,提出针对性建议和意见,《关于全国文明城市创建的建议》被县委统战部金点子专刊采纳,"关于背街小巷整治"等部分建议被吸收到党派综合建议中,得到王琴英县长的批示肯定。

【服务社会】 春节期间,组织社内书法爱好者到莫干山镇紫岭村、洛舍镇砂村村开展"迎新春送春联"活动,为当地群众送去春节的祝福。连续第九年在六一儿童节开展送教下乡活动。组织社员到有关镇(街道)参与水体整治,认真管好"同心河"——下渚湖街道塘家琪村的周家池塘。

(章 俊)

德清县工商业联合会

【建言献策 参政议政】 2017 年,市县"两会"期间,非公经济人士人大代表提交集体议案 5 件,工商联界别政协委员提交提案 8 件,其中《关于加强选商引资的几点建议》《关于德清旅游小镇建设的相关建议》《关于加强非公企业信用体系建设的几点建议》等事关社会发展和公共事业的提案得到有关部门的积极落实。工商联孙占民主席代表工商联界在市政协第五次代表大会书面汇报《关于提升我市工业智能制造水平的对策建议》,参与市长与政协委员面对面活动,并就助推"最多跑一次"议题进行交流发言。邀请北京、上海、深圳等 6 名异地商会代表列席政协活动,畅通政企沟通渠道。

【完成换届工作】 按照省、市委关于工商联(商会)换届文件精神以及市、县委统战部关于工商联(商会)换届工作专题会议部署,统一思想,明确任务,1 月 13 日顺利召开第八次会员代表大会,选举产生县工商联第八届执委 157 名(主席 1 名、副主席 19 名、常委 30 名、秘书长 1 名)。

【引领与宣传】 举办"法律服务非公有制企业"法务大讲堂活动,引导非公有制经济人士遵守法律、恪守诚信,构建新型"亲""清"政商关系。会同检察院举办非公有制企业法律维权座谈会。

组织 10 家企业参加市"一带一路"背景下中国民企如何走出去——海外资本与市场机遇研讨会。做好全联科技创新推荐工作,2017 年,浙江世佳科技有限公司和浙江浦森新材料科技有限公司获得"全国工商联科学技术奖"。

利用"品质德商""中介大讲堂"两个平台,会同泰隆银行举办"政银合作,携手共赢"系列活动,会同中国银行举办助推"一带一路"暨外汇储备知识讲座等,举办各类培训 10 期,培训 1020 人次。特邀上海数聚连广宇博士为德清县企业家作《企业数字化转型及应用》讲座,邀请环球律师事务所合伙人、德清县在京企业商会副会长杭国良律师,为广大非公企业代表作题为《中小企业常见法律问题及解决之道》的法律培训。

在全国及省市工商联网站、省工商联微信企业号、《中华工商时报》、《德清新闻》等报刊媒体上宣传县工商联工作的新举措、新进展、新成果。在《湖州日报》德清版开辟"财富德清""新生代企业家"。编辑工作信息近50篇，企业信息30余篇，推出"财富德清"微信公众号宣传41期，《德清新闻》等报刊宣传20余篇，宣传推介德清县投资优势和创业环境。

【引导企业参与各类活动】 广泛宣传，激发会员企业参与光彩事业的责任感，主动参与帮扶经济薄弱村、关心困难群众，参与"五水共治"等活动，会同武康街道组织开展"520为爱而行——爱水源 爱家园 爱生活"2017环对河口水库徒步活动，认领树苗牌、与河长制牌子合影、慈善捐款。其中非公企业代表捐资5万元用于对河口村小微水体整治。抽调机关退二线领导干部参与剿灭劣Ⅴ类水工作等活动。

【助推引商引智】 邀请在外德商回乡参观考察和座谈交流。邀请异地商会企业家来德考察14批300余人次。4月，在北京成立德清县人才联络站，县工商联党组书记出席成立仪式。组织德清县在京企业商会会员及乡贤赴天士力集团参观学习。游子文化节期间，会同县委统战部邀请北斗星通导航技术股份有限公司、

4月23日，德清县人才联络服务站在北京授牌成立

（县委统战部　提供）

上海飞机制造有限公司、中国商飞科技委有关负责人实地考察地理信息小镇、通航智造小镇及千人计划产业园，助力全县引商引智。

【与异地商会联络联谊】 组织召开"北京商会家乡行"座谈会，走访慰问在外德商及家属30余人。会同县委统战部举办"观古镇蚕花庙会，看家乡赶超发展"在外德清籍人士看家乡活动，为浙（德）商回归牵线搭桥。会同县委统战部举办德清县在沪企业商会年会活动，宣传推介德清，激发德商服务家乡的积极性和主动性。完成首届湖商发展大会、第八届游子文化节客商邀请工作。

【"最多跑一次"改革】 围绕企业投资项目前置审批达到"最多跑一次"的目标，会同县行政服务中心，开展中介组织助力"最多跑一次"改革活动，以"前置培训""网上申办""上门辅办""全程代办"四种模式，使企业投资项目前置审批中介服务向网上办事大厅拓展，推动中介服务前移，提升服务效能。

【提高干部队伍能力水平】 实行领导班子和领导干部实绩公示制度，采取"一个项目、一名领导、一抓到底"的办法，每季度开展评星定级，管理工作项目化，健全工作督查机制。

重视加强对干部的工作指导和业务培训，开展学习交流活动和各类业务培训。通过推荐年轻干部参与重要拆迁活动等形式，增强年轻干部的服务本领。

（金　凌）

群众团体

德清县总工会

【概况】 至2017年,全县共有1个高新区总工会、12个镇(街道)总工会、15个产业(系统)工会,涵盖单建工会969个、联合工会147个,共覆盖基层单位3441家、工会会员11.70万人,入会率98.7%。扩大工会领导班子中基层一线优秀代表比例,优化县总工会领导班子结构,4名兼挂职副主席人选全部到位,高新区和镇街工会组织体系改革全面完成,9名职业化工会工作者招聘基本完成。

【劳动竞赛】 在项目推进"1555"工程中精选15个重大项目开展"五比五赛",选树联合国全球地理信息管理德清论坛会址和浙江工业大学德清校区为市立功竞赛示范项目,引导职工在经济发展中比效率、比业绩、比创新。广泛动员组织职工开展"五小"劳动竞赛、"工人先锋号"创建活动,获评国家级"工人先锋号"1家、省级1家、市级2家,促进企业增产增效。深入开展职工技能大比武,举办"第十二届职工技能运动会民宿服务业技能大赛暨高端民宿创业创新论坛",组织各类技能比武12场次,725名职工参赛,23名职工技术晋级,推选职工代表参加市数控职业技能大赛获一等奖1名、三等奖4名,为企业转型升级提供有力人才支撑。

【技术培训】 继续深入开展职工素质培训,开展职工技能培训和班组管理培训258期19542人次,技能晋升3215人次。

【技术服务】 挖掘各行各业技术专家,升级组建"德清工匠"智囊团,开展安全生产、特种设备维护等技术巡查215人次,巡查企业124家,解决技术难题76件次。

【维权调处】 健全劳动关系预警调处机制,落实"月排查、季分析、五必报、五必访"制度,实施欠薪"黄橙红"三色预警,开展"护航十九大"欠薪大排查,排查和源头化解劳资纠纷39起,成功处置36起,为职工落实各类补偿资金199.66万元。

【帮扶互助】 加大在职职工医疗互助保障力度,实施职工疗休养本地行奖励,深入开展"爱心透析""金秋助学""送温暖"等活动,累计提供各类补助资金116.20万元,惠及职工2395人次。

【职工文化】 召开庆"五一"先进表彰会,举办职工才艺选拔赛、书画摄影展和主题征文、演讲比赛,引导职工展示自身风采、传递正能量。组织下基层送演出15场次,送图书6000余册,继续开展"十佳职工体育俱乐部""职工书屋""文化车间·员工家园""最干净企业"创建,打响德清职工文化建设品牌。

【基层基础】 狠抓基层工会规范化建设,开展"双争"活动,实施非公企业工会"达标、规范、示范"五年创建,建成366家达标、245家规范和101家示范企业工会,重点培育县级示范企业20家,市级先进职工之家2家、市级示范乡镇工会3家,实现企业工会"建成一批、提升一批、带动一批"目标。推行"开放融合、多元互动"区域共建,目前已建区域化工建服务中心13个,完善"全区域谋划、分小组活动"运作方式,形成区域内企业与工会抱团互助、共建共享的良好格局。

联合发改委、财政局等六部门制定《关于加强全县工会阵地建设的意见》,经县政府和县总工会第十一次联席会议讨论通过,以县政府办公室名义转发实施,推动工会阵地"建在职工身边"。精心绘建"阵地图",目前已拥有职工服务阵地13个、活动阵地15

个、培训阵地 30 个。扎实推进实名制数据采集工作，目前采集条数超 7 万人。加快建设网上工会，德清县数字工会平台（UDP）业务工作管理、会员服务模块建成启用，基层工会操作实务培训分批有序开展。

（沈燕红）

共青团德清县委员会

【概况】 截至2017年底，德清共有直属团委 36 个（其中镇团委 8 个，街道团委 4 个），团总支 17 个，团支部 721 个。全县 14～28 周岁青年共 68061 人，其中德清籍 55128 人。全县团员 18842 名，团青比为 27.7%。2017年，德清团县委获"浙江省五四红旗团委"荣誉称号；"青春生态小屋"、返乡大学生创业助推乡村振兴等多项工作获《新闻联播》、中青报报道。

【学习宣传十九大精神】 在全县各级团组织中统一开展"收看十九大·话使命担当·共筑中国梦"主题团日活动，组织团员青年学习十九大报告原文，围绕十九大报告、《习近平的七年知青岁月》、《习近平关于青少年和共青团工作论述摘编》等交流心得，撰写感悟。开展"青·听"、青春故事会、十九大报告宣讲会等各类活动 125 场次，确保十九大精神入脑入心，引导青少年听党话跟党走。以"学习总书记讲话、做合格共青团员，锻造德清共青铁军"教育实践为主抓手，引导全县团员牢固树立"四种意识"，增强"四个自信"。围绕"青春喜迎十九大 不忘初心跟党走"，在团组织中举行入团仪式集中示范、"学团章、举团旗、唱团歌、戴团徽、过团日"等主题活动 230 余次；在少先队组织中，开展"红领巾相约中国梦 做人立志学创造"等主题教育活动 35 次。上线"智慧团建"系统，以"青年之声·德清"为主阵地，推动团的工作"网上＋网下"双网互动。依托新媒体平台，开展"为青创明星打 call"创业青年典型评选、"向上向善好青年"、"美德少年"评选等活动，树立先进典型 35 名。

【服务中心大局】 发动团员青年助力中心，紧贴"治水剿劣""最多跑一次"及垃圾分类等工作，成立"青字号"队伍一线攻坚。"河小青"开展"百团万人跟着河长去巡河"等活动 435 场次；"跑小青"助力"最多跑一次"改革，创新推出"青年信鸽""青春帮跑团"等特色做法，累计上门服务 1 万余次；"循小青"开展"垃圾分类青年行"活动，建成"青春生态小屋"，推行垃圾分类积分兑换。

【助推德商回归】 服务青年德商加快成长，联合县委统战部举办"传承德商精神 打造创业铁军"县委书记与青年企业家座谈会，启动"思享荟"系列活动，搭建青年企业家沟通合作平台。与沪杭等地优秀青年德商对接联系，组织开展青创项目实地考察，助推在外青年德商回归创业。

【扶持青年创业创新】 依托青创联盟、青创咖啡吧等青创平台，打造新型众创空间，开展创业孵化论坛、"GIS 创业创新大赛"等活动 35 场次，遴选培育一批本土"青创客"和优质项目。开展"千人实习计划"，加强"银团"合作，推出岗位 373 个，累计发放贷款 8134.60 万元。结合"共青团员先锋示范岗队"等创建工作，在助推企业发展中发挥青年突击队作用。

【关爱青少年健康成长】 常态化开展希望工程圆梦助学活动，全年资助贫困学生 45 名、金额 12 万元。开展"微心愿结对""百心百愿"等活动，做好留守儿童、贫困家庭子女帮扶工作，帮助实现"微心愿"63 个。依托"亲青筹"平台，为 3 名重病困难青少年募集爱心捐款 16 万元。

【维护青少年合法权益】 抓好"青年之家"建设工作，及时回应青少年利益诉求。依托"亲青恋"平台，开展各类联谊交友活动 5 场，全市首个省级"亲青恋"活动基地落户二都小镇。开展"三禁三自""助力中高考""心灵花园"体验等活动，服务青少年身心健康成长。联合综治部门摸清全县重点青少年群体底数，开展"一对一"结对帮教，努力教育转化重点青少年。联合检察院成立全市首个未成年人观护团，打造"星星点灯"未成年人观护基地 3 个，有效维护未成年人合法权益。

【深化共青团改革】 "专兼挂"深化共青团组织建设，完成团县委换届工作，全面落实团的领导班子"专兼挂"改革。推广"团干部＋社工＋志愿者"基层队伍构建方式，不断壮大基层团组织力量。推进特色小镇区域化团建，打造高新区地信小镇创新团建、莫干返乡大学生创业团建、钟管蠡山青春生态团建等区域化团建标杆。组织开展2017年全县团干部培训班，推动团干部参与"智能生态城"筹建、私营城整治、征地拆迁等一线工作，全面提升团干部能力素质。健全"1+100"团干部直接联系青年制度，开展"大脚掌走基层"行动，全面实施"团性体检"，加强团干部作风建设，增强队伍先进性和纯洁性。

【组织志愿服务活动】 创新志愿服务项目化机制，发布十大志愿服务和十大公益创投项目，通过政府购买服务的形式，推动社会组织承接公益项目。落实志愿服务积分管理制度，出台《德清县青年守信联合激励措施的实施意见》。举办"万朵鲜花送雷锋·青春闪耀文明城"、志愿服务公益集市等活动，开展文明城市创建、交通引导、便民服务等活动230余次。常态化开展"急诊陪护365"、"红领巾"小导游、"模拟法庭"普法宣传、"彗星计划"关爱小候鸟等特色志愿服务项目。组织志愿者服务游子文化节、人工智能"莫干山会议"等重大赛会8场次。开展"护航十九大·平安志愿行"行动，围绕治安巡防、纠纷调解、平安宣传、归正帮教等九大类重点工作开展志愿服务活动267场。

【推动少先队建设】 成立全市首家少先队名师工作室，聘请中国少年先锋队工作学会副会长李启民等专家担任顾问，以名师示范、引领、带动作用，推进少先队规范化建设。举办"1224"少先队活动

5月26日，德清县团委在乾元镇清溪小学孔庙广场举行少先队名师工作室揭牌仪式　　　　　　　　（团县委　提供）

课教研7次，提升德清县少先队工作优质资源共享、教育均衡发展和教学质量。

（冯森莲）

德清县妇女联合会

【概况】 2017年，全市双学双比暨美丽庭院创建工作推进会、全省家庭教育指导服务体系建设座谈会和全省乡村旅游业妇女创业就业工作推进会在德清县召开。会上，德清县妇联做经验交流。县妇联的旅游行业女性创业就业、群团改革"德清经验"等获省、县领导批示，相关妇女工作被《新华社内参》《中国妇女报》《浙江日报》及浙江新闻网等报道。

12月11～12日，全省妇女乡村旅游创业就业工作推进会在德清召开　　　　　　　（县妇联　提供）

【深化"德清嫂"主题活动】 策划开展德清嫂"双美双勇"主题活动,紧扣"美丽"主旋律,组织引领广大妇女和家庭在践行社会主义核心价值观,加快实现全域美丽进程。

庭院建设提档升级。创新创建模式,分类实施,分层考核,分批验收。2017年,成功创建美丽庭院示范村18个,美丽庭院达标村19个。总结推广"庭院七法",印发《创建指导手册》《庭院设计手册》《庭院速递》画报56000余份。坚持以点带面,串点成线,成功打造下渚湖环防风湿地庭院风景线、莫干山环民宿风情庭院景观线。探索建立"美丽庭院+功能型妇女小组""美丽庭院+民宿"等"美丽庭院+"创建模式,将美丽庭院延伸至美丽菜园、美丽花海、美丽街坊,进一步做实做深"大庭院"文章,创建工作在《新华社内参》上报道。

剿劣创文巾帼同行。深入实施"剿劣提标再夺鼎"巾帼行动,组织基层妇女群众建立"美丽河嫂""巾帼剿劣帮帮团""河保姆"等治水队伍156支,引导家庭认领小沟、小渠、小浜等小微水体630个,累计开展"家庭清洁日五个一""巾帼治水有为""剿劣治水我参与"等各类治水护水活动800余次,确保剿劣治水"月月有活动,周周有安排"。围绕文明城市创建,发动全县妇女干部、巾帼岗、巾帼志愿者以及妇女群众结合"五一""七一"以及每月的固定活动日开展大清扫大整治、文明宣传劝导等创建活动近百次。

"双美双勇"提振能量。全面深化"德清嫂"主题活动,确定2017年活动主题,即做精美丽庭院,弘扬美好家风,争当"勇立潮头、勇于担当"巾帼铁军——德清嫂"双美双勇"主题活动。聚焦"全域美丽",引导主妇担主角,做足、做精、做实美丽庭院;聚力"三个注重",挖掘、展示、传播美好家风;落实"铁一般干部队伍"要求,开展"贯彻十九大""巾帼心向党"等主题教育活动。开辟"巾帼风采""点赞最美女性""美丽德清嫂"等专栏专题,以"刷屏式"报道营造争当巾帼铁军的浓厚氛围,《中国妇女报》《浙江日报》《湖州日报》"今日头条客户端"等主流媒体刊登各类报道30余篇。

【引领妇女转型升级】 围绕"大众创业、万众创新"时代发展,引领广大妇女立业建功、创新创优。

上好"一堂课"。整合人社、教育等多部门资源,开设巾帼创业"第一课堂",举办电子商务、来料加工、面点家政等主题培训12期,品酒师、女管家、摄影师等特色培训15期,以及育婴师(月嫂)等各类农村实用技能培训232期,参训妇女13000余人次。与上海、杭州等高校建立创业创新战略合作关系,邀请浙江大学老师举办"汇聚她力量 创响新时代"女性创业主题沙龙,组织参加浙江大学百名女性创业能力开发项目培训,全力提升女性创业内力。

唱好"一台戏"。精准发力推动女性创业项目化,开展全国、省、市优秀创业项目征集,其中"味无味·万厨好菜平台项目"在省女性创新创业大赛中获得优胜奖。联合县农商行实施新一轮巾帼创业创新贷款工作项目,2017年县农商行共发放各类女性创业贷款8158万元,受益妇女达496人次。发挥县妇女创业科技服务联盟的优势,组织开展各类服务活动29次,服务妇女225人次;举办"妇字号"品牌日活动,为妇女创业展示搭建平台。推送优秀创业妇女,双丰茶业张晓英等3位女性的创业故事在《中国妇女报》刊登。

3月4日,德清县妇联举办纪念"三八"国际妇女节107周年暨德清嫂"双美双勇"主题活动启动仪式 (县妇联 提供)

建好"一个岗"。深化巾帼建功活动,联合县旅委印发《关于进一步推进全县旅游行业巾帼文明岗创建工作的实施意见》,发展民宿创岗工作,新建民宿巾帼文明岗4家,旅游行业巾帼文明岗9家。举办2017年全县新创岗创建工作培训班,开展"巾帼文明岗牵手社区文明行""岗村结对助力美丽庭院""剿劣护水岗员在行动"等主题活动。2017年,评选表彰县级巾帼文明岗21家,商品交易市场巾帼岗4家,成功创建省级岗2家,市级岗7家。

【优化妇儿发展环境】 以妇女儿童发展"十三五"规划编制和开展省家庭教育指导服务体系试点工作为契机,推动妇女儿童事业协调发展。

精心编制两项规划。全面完成妇女儿童发展"十二五"规划终期监测评估工作,量化指标达标率分别达98.72%、98.84%,编印《终期监测评估报告》和《实施情况展示册》,《终期监测评估报告》被省政府妇儿工委评选为二等奖。牵头起草编制妇女儿童发展"十三五"规划,经过广泛调研、反复衔接、多方吸纳意见,完成妇女儿童发展"十三五"规划编制工作,并以县政府文件发文实施。

扎实推进家教服务省级试点。落实《德清县家庭教育指导服务体系试点工作实施方案》28项举措。建立健全县指导中心、镇(街道)指导服务站、学校和村(社区)家长学校的家庭教育指导服务体系。通过制播家教宣传片、开办《智慧爸妈》专栏、组织"孟母讲堂"家教讲座、举办心理沙龙活动等,传播科学家教理念和方法。组织本土讲师团和利用全国省市讲师团资源开展"科学家教城乡行"活动70余场次。组织征集到教育专家、教师、社会工作者、家长等撰写的理论文章112篇,评选出33篇优秀文章汇编成《德清县优秀家庭教育理论文章集》。省妇联副主席方颖带队到德清县考察指导家庭教育指导服务体系省级试点工作,对德清县妇联工作给予充分肯定。县妇联在全省家庭教育指导服务体系试点工作总结推广会暨全省家庭教育工作骨干培训班上作交流发言,市家庭教育学会年会暨家庭教育指导专题讲座在德清县举行,县妇联作交流发言。

大力开展妇儿关爱活动。凝聚社会力量关心关爱特殊困境妇女儿童家庭,连续第三年开展"心连妇儿 情暖冬日"关爱百名贫困母亲活动,携手女企业家连续第九年母亲节慰问贫困母亲22人、"两癌"妇女专项补助36人,开展第十届"同一片蓝天下"儿童慈善救助100人,发动社会爱心人士结对帮扶贫困、留守、流动、残疾等儿童。策划开展"我爱我家·同悦书香"亲子阅读、暑期"小候鸟"专场等儿童关爱活动。

【保障妇女合法权益】 围绕"和谐美好生活",找准着力点,依法维权,为妇女儿童发展营造良好环境。

强化维权宣传,在"德清女性"微信公众号开辟"'律言不讳'姐妹维权加油站"等专栏,推送普法维权知识28期,印制宣传资料2万余份。实施"德清嫂"婚姻家庭矛盾调解计划,设立"德清嫂"婚姻家庭调解服务室,共接待来信、来访、来电案件受理60件。联合县法院共同推进女人民陪审员"倍增计划",推荐6名热心妇女工作的女性加入陪审员队伍,真正成为妇女维权的得力"臂膀"。

持续开展寻找"最美家庭"活动,王华州、沈丽文、黄海腾等3户家庭被评为省级最美家庭。联合县纪委、县委组织部共同举办全县正科级领导干部家属"助廉"教育培训班。开展"书写家风 传承文明"女书法家现场赠送家风墨宝、"幸福一家亲"全家福免费拍摄等活动10余场次,朗诵《之江新语》活动在央视新闻播出。深化"孟母讲堂"等"科学家教进万家"活动,各基层妇联开展家教宣讲宣传活动30余场次。

举办巾帼广场公益行、"做美丽女性 迎美丽人生"等讲座、活动20余场次,丰富妇女生活。开展各类关爱特殊妇儿活动,累计受益400余人,发放慰问款15.20万元。县女企业家联谊会主动加入各慰问行列,在全县范围开展"微心愿"认领、助老拥军、关爱春蕾女童等活动10余次,爱心捐款达10余万元。

【推进妇联改革创新】 围绕群团改革"四缺"难题,逐步构建"上面千条线、下面一张网、身边一个家"的妇联组织新格局。

完成基层妇联组织改革。共选举产生村妇联主席148人,副主席241人,执委1362人;镇(街道)妇联产生主席12名,专兼职副主席49名,执委240名;完成县妇联换届改革工作,产生挂职副主席1人,兼职副主席2人,常委11人,执委25人。建立各类功能型妇女小组548个,新发展团体会员12个,新建女性"群"组织635个,大规模吸纳基层妇女群众进群进社团参与妇女工作,彻底改变"倒金字塔"结构,有效织密妇联干部"一张网"。

扶持女性社会组织发展。以妇女儿童和家庭需求为导向,整合社会服务资源,通过招募晨曦、彩虹桥等社工组织承接婚姻家庭矛盾调解、美丽庭院第三方测评等项目,成功申报并实施省妇联"康乃馨妈妈加油站"困境母亲关爱行动项目,有效缓解妇联工作"缺人"的问题,初步形成"社会工作社会办"的格局。优化女性社会组织发展环境,在新建妇女儿童活动中心建立女性社会组织孵化基地。

向下延伸妇联服务触角。因地制宜发展特色妇联组织,成立首个新居民妇联,壮大区域性两新妇联组织网格,推进微妇女之家等妇女服务站进村民小组、进安置小区、进工业区。借助新媒体的传播优势,建设"德清妇联e家",鼓励各类女性"微"社团的建立,通过"线上+线下"组织引导妇女参与各类活动,进一步活跃妇联"一家人"的氛围。强化基层"妇女儿童之家"建设,2017年,全县各级"妇女儿童之家"开展亲子教育、素质提升、文化娱乐等各类活动600余场,服务妇儿30余万人次,巾帼志愿者夏日送清凉、妇联创意市集、下渚湖"嫂子龙舟"等活动被《中国妇女报》、人民网等中央媒体报道。

(姚旭丽)

德清县科学技术协会

【概况】 2017年,全县共有所属县级学(协)会23个,镇(街道)科

11月26日,中俄论坛与会嘉宾考察德清通航产业园(县科协 提供)

协12个,企业科协6家,园区科协1家;省级科普示范基地2个,市级科普示范基地9个,县、镇级科普示范基地76个,农民专家80人,美丽乡村领军人才10名;市级院士专家工作站15家,其中省级3家,全国示范1家。德清县科协2017年度综合考评分别被省、市科协评定为优秀等次、一等奖并受到通报表彰。

【建立与高端智力合论的平台】
9月,中国科协海智计划领导小组批准成立湖州莫干山高新区海智工作基地,德清县成为全国首个县域海智工作基地。

在中国科协和省市科协的牵线搭桥下,由国家、省、市三级各3家学会与德清县3家地信企业(协会)共同组建全国首家县域创新助力学会企业联合体,突出产

4月13日,地理信息产业(德清)创新助力学会企业联合体举行签约仪式 (县科协 提供)

业链牵引、学会参与、"四级四方"新模式,加强协同创新合作,打造、升级"跨界融合、协同开放"创新驱动助力平台版。以庆祝"5·30"首个"全国科技工作者日"为契机,在地信小镇倡立全省首个产业园区科技工作者学会,发动科技工作者建言献策,发挥其凝聚人心、激发活力、服务发展作用,助推产业转型升级和创新驱动发展。

邀请中科院赵忠贤院士团队和中国海创联专家为德清特色小镇、新兴产业、智慧城市等建设会诊把脉。协办第四届中俄航空航天工程技术论坛,促成省级学会及浙江理工大学等4所高校的首批7名专家人才到德清县镇(街道)、园区挂职。依托省测绘与地理信息协同创新德清服务站,推动省级学会下派专家人才挂职县科协副主席,邀请30多位省级学会和高校科研院所的专家,为地信企业不定期开展咨询服务活动,全年成功举办专家企业对接会2次,落实学会帮扶项目2个,促成3家地信企业与3名高校院所专家结对帮扶。

【"农民专家"评选活动】 根据不断规范提升和充分发挥"农民专家"示范引领作用的要求,会同人才办、农办等有关部门拟定美丽乡村领军人才"十三五"培育规划和评选办法,开展2017首届10名美丽乡村领军人才评选活动。组织编写《德清农民专家风采录》,并分期分批在报纸、电视、网络上广泛宣传"农民专家"创新创业的先进事迹。开展专题研讨、组织"农民专家"到杭州海勤疗养院健康体检、赴余杭等地学习考察。

【2017年科技(科普)活动周系列活动】 5月16日,县科协、县科技局在新市镇开展2017年科技(科普)活动周"助力四新·创新圆梦"学会专家基层服务团大型科普咨询活动,组织科技专家和科技人员开展为基层现场科普咨询服务,发放科普资料,展出科普系列展板,走访"农民专家"和科技示范户代表。活动周期间,全县各镇(街道)、县级学(协)会上下联动,发放资料17000册(本),参与群众38000人次。

9月18日,主题为"创新驱动发展 科学破除愚昧"的2017年湖州市暨德清县"全国科普日"活动主场启动仪式在千秋广场举行,市县近500人参加启动仪式。市人大副主任、市科协主席、中科院老科学家演讲团研究员潘习哲出席开幕式,活动围绕大力弘扬科学精神、大力普及传播发展理念、大力倡导创新创造创业、大力促进公众理解高新科技等内容,在全县广泛开展现场咨询、无人机表演、机器人展示等科普活动。

【特色科普场馆建设】 2017年紧扣地理信息、通用航空等新兴产业发展需求,找准科普切入口,建设测绘地理信息展示馆,以"德清科普"微信公众号增设"地理信息"栏目,采购科普机器人进展馆等方式推介地信先进技术和高端装备,提升地信科技知名度和影响力。同时,大力鼓励社会力量兴办(或提升)中草药博物馆、蛇文化馆、珍珠文化馆等系列特色示范基地(项目),打造具有德清特色的科普场馆群。

【科普宣传活动】 整合各类资源,突出五大重点人群,指导各镇(街道)、学(协)会联动开展形式多样的科普咨询活动,县药学会、医学会、交通学会、护理学会、健康养生协会等学(协)会,结合自身举办科技培训、科普讲座、报告会等共125场(次),参与人数达15186人。

【第九届"星级学会"评选活动】 2017年,县科协在所属学(协)会中,组织开展德清县第八届"星级学会"评选活动,共有23个县级学(协)会参加。经初评、互评、公评及县"星级学(协)会"评定工作小组的最后审定,共评出五星级学(协)会6个,四星级学(协)会10个,三星级学(协)会7个。

【县科协第八次代表大会换届选举】 2017年,德清县科协召开第八次代表大会。全县223名代表,结构合理、分布广泛,具有较强的代表性和群众性,平均年龄44.80岁,女性代表68名(占30.5%),45周岁以下128名(占57%),其中县级学会代表100名(占44.8%),镇(街道)科协70名(占31.4%),高新区、企业科协、院士专家工作站32名(占14.3%);具有高级职称的代表59名(占26.4%),中级职称的代表72名(占32.3%)。换届后,17名常委平均年龄44.50岁,其中7名副主席体现了专职(2名)、兼职(4名)和挂职(1名)的有机结合,整体年龄、结构与上届相比有明显的改善。

(沈雪东)

德清残疾人联合会

【概况】 全县有残疾人2.80万人,占总人口的5.66%,涉及五分之一家庭,其中持证残疾人10605人(一、二级重度残疾人2187人)。按残疾类别划分,视力残疾1752人,占15%;听力残疾1025人,占10%;言语残疾102人,占1%;肢体残疾5319人,占50%;智力残疾913人,占9%;精神残疾1430人,占13%;多重残疾244人,占2%。2017年,根据《中国残疾人联合会章程》规定和省残联印发《关于全省市、县(市、区)、乡镇(街道)残疾人联合会换届工作的实施意见》(浙残联发〔2017〕25号)精神要求,2017年12月,德清县完成残疾人联合会的换届以及镇(街道)残联的换届工作。

【残疾人生活保障】 根据省市困难残疾人生活补贴和重度残疾人护理补贴的要求,与民政、财政部门联合出台《关于完善重度残疾人护理补贴制度的补充通知》,在全省先实行听力言语残疾人信息交流补贴和视力二级残疾人生活补贴,做到应补尽补。

2017年,残工委成员单位重点工作任务分解,明确残工委成员单位职责。实现困难残疾人生活补贴和重度残疾人护理补贴发放全覆盖。新增二项补贴1267人次。完成重度听力、言语残疾人特定信息消费补贴制度文件出台并于6月1日起实施,全县符合条件的440名听力言语残疾人享受21.10万元的信息交流补贴。全县各镇(街道)、社会各界共走访慰问残疾人家庭2086户,慰问金150.25万元,物资25.50万元,临时救助13.40万元。

【残疾人就业工作】 按照稳定集中就业、扩大按比例就业、鼓励自主创业的原则,服务好残疾人就业。配合县人力社保局开展人力资源交流大会3次,推出130多个残疾人用工岗位,2017年德清县应届毕业中的8名残疾大学生全部就业。全县福利企业共安置残疾人集中就业1424人(其中新增13人);一般用人单位安置残疾人按比例就业累计1632人(其中新增38人),2017年单招单考录用在编事业单位残疾人1人;从事农村种养殖业、个体工商户等灵活就业1137人,落实超比例安置残疾人就业奖励政策,共发放企业超比例安置奖励47.48万元。对有电商就业意愿的残疾人进行调查摸底,依托德清县电商创客基地和青禾公益逐一进行走访评估。对2家新建立残疾人日间照料型庇护机构进行评估。开展残疾人技能培训13次323人次(其中完成残疾人电商培训135人次),参加省、市残联组织的工匠大赛。

【残疾人康复服务工作】 发挥村、社区残疾人专管员作用,对重度肢体残疾人进行"网格化"管理,利用县康复中心的资源优势,由专业康复医师提供"量体裁衣"式精准康复服务,完成精准康复系统录入5000余人次,康复服务率达96.4%,辅助器具适配率达100%。

探索居家康复服务。对20名重度肢体残疾人进行居家康复服务试点,康复"直通车"每星期上门服务一次,提供推拿、肢体按摩、针灸治疗、肢体综合训练等服务;为17名送教上门学生进行健康体检,全面了解送教上门学生的身体状况,作出康复评估,有针对性地制订康复计划。

推进无障碍建设。在全县建成辅助器具共享租赁站(点)25个,开展无障碍设施进家庭项目

8月25日,县残联举行辅具共享租赁站启动仪式 (县残联 提供)

活动,实行"一户一策"的个性化方案,完成 84 户残疾人无障碍设施改造。做好为残疾人康复服务的实事项目,2017 年,为白内障复明手术人员有 21 例;假肢安装 16 具,验配助听器 14 例,脑瘫康复训练 7 名,孤独症康复训练 3 名,智力康复训练 4 名,免费发放辅助器具 100 余件。下发《德清县 0～6 周岁新发疑似残疾儿童信息监测方案(试行)通知》,落实《关于做好精神残疾人服用基本抗精神病药物费用全额保障工作的通知》以及《德清县大病保险残疾人再保险办法》和《重度残疾人医疗康复补助办法》等政策,减轻残疾人家庭经济负担 80 余万元。

【文化助残工作】 开展文化助残"五个一"活动,做到内容细化,工作量化,任务具体化。2017 年,县残疾人生命阳光艺术团分别在全县各镇(街道)开展以《文化助残暖心灵 携手同行美丽德清》为主题的特殊艺术走进农村文化礼堂巡演活动。全县各镇(街道)有 6600 多名残疾人走出家门,参与文体活动。参加市第五届残疾人艺术汇演,获得团体总分第二名。举办县第三届残疾人艺术汇演,德清县 2 名选手参加省第八届残疾人艺术汇演,鲍森龙的乐器节目《情系草原》获得铜奖。6 月,沈丹选拔到省残疾人体育训练中心参加射箭项目集训,蒋继剑选拔到国家队参加备战 2022 年冬奥项目的集训。沈丹参加全国残疾人射箭锦标赛上获得女子反曲工 W1/W2 级第二名和团体公开级第二名;陈清梵获得全国残疾人飞镖锦标赛第二名。

【为残疾人服务、维权工作】 为更好发挥其"代表、服务、管理"作用,出台《德清县残疾人专管员选聘、管理办法》,规范残疾人专管员的选聘、职责范围、考核奖励。做好助残政策(项目)"最多跑一次"的梳理工作,力争做到助残服务项目不出村,实现"跑一次"的目标。推选市最美残疾人家庭 4 户,有 2 户家庭被评为市最美残疾人家庭荣誉称号。高度关注残疾人群体,与镇(街道)建立信息互通渠道,做好残疾人的信访维权稳定工作,特别是二补政策的落地及党的十九大会议期间等重要时段的社会稳定工作,确保德清残疾人不到市、不进省、不赴京非访,妥善处理来信来访,全年共受理 12345 县长热线 6 件,来信 1 件,来访 85 人次,答复满意率为 98%。没有发生残疾人越级上访事件。

(杨静芳)

德清县文学艺术界联合会

【概况】 2017 年,县文联贯彻党的十九大精神和习总书记系列重要讲话精神,贯彻落实县委党代会精神,围绕"打造国际化山水田园城市,加快实现更高水平新崛起,率先建成全面小康标杆县"的目标,团结依靠全体文艺工作者,创新实践、真诚服务,努力提高在全县宣传思想文化工作中的影响力。

【组织"剿劣"采风创作活动】 2017 年,县文联挖掘文艺资源,践行基层服务,助推"美丽德清印象"工程建设,承办"剿灭劣 V 类水·浙水千秋"浙江省书协采风团文艺助力活动。省书协副主席白砥带领采风团一行 30 余位书法家,深入钟管镇蠡山村剿劣工作现场进行采风创作,并为来自各书法村的骨干进行书法讲座和作品点评。

开展"德清县剿灭劣 V 类水报告文学创作"活动,组织县作家协会骨干会员赴全县主要镇(街道)的治水现场进行采风,分解落实报告文学创作任务,助推全县治水剿劣工作。

组织县美协、摄协等协会骨干会员赴舞阳街道、莫干山镇、雷甸镇、乾元镇、新市镇等地治水一线开展剿劣采风活动,并为当地村民进行义务创作和相关培训。

【深化品牌 服务基层】 县文联在往年组织摄影家协会"服务电商·争当店小二"活动取得阶段性成果的基础上,进一步丰富活动内容,确保该项品牌活动落到实处。在浙江省文联召开的全省文联组联干部培训暨组联工作现场会上,县文联代表湖州市作了题为《摄影家争当"店小二",文艺家助推农村电商显身手》的工作交流。县文联"服务电商·争当店小二"活动再次受到浙江文艺界的关注,《浙江画报》"文艺风景线"栏目对德清县摄影家服务百姓、服务企业的事迹做了大篇幅的专题图文报道。

配合做好市文联主办的 2017"走在春天里·文艺四进"戏曲专场活动。组织县女书法家协会参加纪念"三八"妇女节"德清嫂双美双勇"暨"书写家风,传承文明"主题活动。

【书画摄影艺术活动】 组织书法

家参加湖州、吉林、乌海、盘锦、黄冈全国书法城五城市联展,扩大德清书法的影响力。承办"笔墨江南·清丽湖州——湖州市书法作品展"。对接杭州西子画院,举办"翰墨雅韵·清丽德清"西子画院书画名家德清写生展。联合县总工会举办"展职工风采·秀两美德清"书画作品展。

组织以"五水共治·人德溪清"为主题的县摄影大展。与中国摄影家协会、《大众摄影》、莫干山镇合作,举办2017《大众摄影》特色小镇之"摄影小镇——莫干山"授牌仪式暨中国莫干山"美丽乡村·最美民宿"全国摄影大展。与省摄影家协会、下渚湖街道联合承办"秀美湿地·让你裸影"四季风光下渚湖全省摄影大赛。

【文学创作精品项目成果】 2017年,张林华小说《杨乃武之死》被《小说选刊》第1期选用,这是德清县作家第一次在《小说选刊》发表作品。张林华、李颖颖著《走读德清》、杨振华著《永远的游子吟》作为"德清文丛"首辑著作由浙江教育出版社重版,"德清文丛"的第三部著作《俞平伯与德清》出版。还出版《旧燕知草:俞平伯人生智慧》《德清民宿样板》《中国校车》《莫干山别墅往事》《八哥垂耳兔历险记》《乡间文脉》等一大批作品。

配合县委宣传部做好2017年"五个一"工程参评作品图书类的整理申报工作,为助推精品项目的创作及顺利立项参评,做好对接交流,采风接待、联络出版等相关工作,其中方格子著《一百年的暗与光》获得省"五个一"工程奖。

【音乐舞蹈戏剧民间文艺】 县音舞协积极参与德清新市蚕花庙会、民国风情莫干山年俗文化节等县内各项文艺活动;排舞《文明德清十八礼》在全县广泛推广;县剧协文艺骨干团队"文化走亲""文艺下乡"演出场次创历史新高,被邀演出量已超百场;县民协组织骨干会员组成文化专家组分赴各乡镇,在助力美丽城镇建设中发挥积极作用,相关事迹在《新华每日电讯》和《中华文化报》作了宣传报道;县民协与下渚湖街道共同策划并参与塘泾清明龙舟庙会活动,为非遗代表性项目"口述塘泾"活动增添丰富内涵。

【乡镇文联活动】 乾元镇文联在配合一年一度的浙北乾龙灯会活动中发挥积极作用,本届浙北乾龙灯会活动在《人民日报》头版图文、央视《新闻联播》等相继报道,乾元镇文联还举办端午诗会、承办杭嘉湖京剧票友会,组织书画进礼堂、非遗进礼堂等活动,其主办的文学期刊《半月泉》也广受好评。

新市镇文联新春期间在文化礼堂开展的送文化活动在央视《朝闻天下》栏目专题播出。镇文联组织文艺家走进农村文化礼堂系列年俗活动在央视《新闻直播间》播出。在新市蚕花庙会期间推出非遗文化节,开展精彩的社戏专场演出。反映新市古镇特色的舞蹈《美人靠》,在浙江卫视的村晚节目中播出。挖掘利用地方文化资源编撰《仙潭杂志》。

【换届工作】 根据《德清县文学艺术界联合会章程》的有关规定,于12月15日在武康召开县文联第五次代表大会,并顺利完成换届的各项工作,大会修改并通过《德清县文学艺术界联合会章程》;选举产生德清县文联第五届主席团委员、第五届主席团主席、副主席和副秘书长。

(杨宇力)

红 十 字 会

【概况】 2017年,县红十字会围绕中心,服务大局,开展宣传动员,着眼问题导向、民生优先、红会所能、补齐短板,汇集人道力量,牢记职责使命,发挥党和政府人道领域的助手作用,圆满完成全年工作任务,顺利通过省级"红十字工作示范县"复评验收,获省级红十字人道促进奖,获市对县红十字工作考核第一名。

【组织建设】 指导各镇(街道)红十字会和已成立红十字会的村(社区),按照"六有标准"查漏补缺、强化基础。引导更多的村(社区)、企业、学校成立红十字会,推动红十字工作向基层延伸。2017年在对河口村、下柏村、砂村村、戈亭村、二都村、栎林村、东港村、西郊社区、中兴社区建立村级(社区)红十字会;天堂实业有限公司建立全县第一家企业红十字会。

【宣传工作】 通过德清新闻、德清电视台、德清时报深入报道筹资、募捐、救援、救护培训等活动中涌现出来的感人事迹。在公交车、广场大屏幕和电视台定时播放红十字公益广告。通过FM106.5德清之声,按每周一期的频率,持续宣传红十字知识。结合"世界红十字日""世界献血者日""世界急救

5月8日，德清县红十字会表彰"最美红十字使者"和"最美红十字讲师"　　　　　　　　　　（县红十字会　提供）

日"等纪念日，开展主题宣传活动。5月8日，组织开展纪念第70个"5·8世界红十字日"系列宣传活动，并举办以"博爱德清 情暖人间"为主题的大型文艺汇演。开展"最美红十字使者""最美红十字讲师"评选活动，评选出"最美红十字使者""最美红十字讲师"各10名，并在5月8日的纪念"世界红十字日"文艺汇演上进行表彰。6月14日，开展纪念第14个"世界献血者日"大型广场宣传活动，并会同卫计局慰问部分献血者。9月5日，为纪念第18个"世界急救日"，与公安局、体育局合作，在县体育中心联合开展"防恐、消防、急救安全"大演练。

【社会救助】 与德华、佐力签订协议，成立定向救助金项目。与县公安局合作，建立"爱警资金"项目，筹资30万元。针对禹越2死3伤重大交通事故中的徐慧家庭，发动社会力量组织募捐活动，共募集4.99万元善款。开展"红十字博爱送万家"慰问活动，发放救助款29.85万元，惠及199户困难家庭；与教育局共同开展"失依儿童"结对帮扶活动，发放救助款21.80万元，惠及218人；完成升华博爱助学金二期助学款5万元发放工作，5名困难大学生受助。县红十字会全年接受捐赠款191.06万元。为全县因病、因灾等原因致贫的困难人员实施救助，共计发放救助款107.70万元。

【救护培训】 全年共开展应急救护普及培训94期，培训15041人，超额完成56.6%；救护员培训20期，培训1099人，超额完成6.7%。

【救灾救护】 开展景区红十字救护站建设，主动跟进两大4A级景区红十字救护站建设项目进度。莫干山景区救护站内部装修设计方案已通过省红会审核，待红基会援建协议签订后即可施工，下渚湖景区救护站内部装修方案正在设计中。县红十字山鹰救援队为灾害天气应对工作及各类文体活动提供应急救护保障，为"新市蚕花庙会""2017凯乐石莫干山越野赛""省青少年足球锦标赛""省青少年羽毛球积分赛"等重要文娱活动和体育赛事提供现场保障。救援队还应邀参加浙江省"5·12防灾减灾日"社会组织应急救援技能比武大会。

【两捐工作】 通过任务分解、专家授课、救护培训、广场设摊，以及献血屋平台利用等措施，扩大造血干细胞捐献和器官（遗体）捐献知识的宣传面。全年完成造血干细胞采样入库49人，超额完成2.1%，配对捐献成功1例（德清县累计成功捐献造血干细胞3例，占全市总量的三分之一）；新增13名志愿者签订器官（遗体）捐献协议，实现器官捐献1例、遗体捐献1例、眼角膜捐献2例。

【志愿服务】 组织红十字志愿者积极参与无偿献血，开展无偿献血、造血干细胞捐献、器官（遗体）捐献的宣传活动。与山鹰救援队、春百合公益服务中心、向日葵公益事业发展中心签订公益服务协议。开展各类公益活动和志愿服务，冬季送姜茶、夏日送清凉以及义务植树、公益义卖、卫生清扫、文明劝导和赛事服务等。湖州市烟草公司德清分公司被中国红十字总会授予"中国红十字人道服务奖章"。德清县人民政府获省级红十字人道促进奖。向日葵公益事业服务中心被市文明办、团市委、市慈善总会评为第三届慈善嘉年华最佳组织奖。器官捐献者余秀跨入选2017年6月"中国好人榜"。向日葵公益事业服务中心负责人沈鑫铭被省委宣传部、省文明办、团省委评为万朵鲜花送雷锋活动"新时期优秀雷锋个人"称号；山鹰救援队队长方明被省委宣传部、省文明办评为"2017年度浙江好人"。

【红十字青少年】 指导学校红十字会开展"人道、博爱、奉献"的传播，继续开展探索人道法项目，新增在德清一中开设《探索人道法》课程，从小培养青少年的人道主义意识，帮助青少年学习自救互救的知识与技能，组织青少年参与志愿服务和公益活动，县职业中专有2位同学入选参加湖州市优秀红十字青少年夏令营活动。参与由市红十字会、市教育局组织的探索人道法微课比赛，县职业中专崔明敏老师的人道法课程获得三等奖。德清县职业中专成功创建浙江省红十字达标学校。

（陈宇俊）

德清县关心下一代工作委员会

【组织工作】 4月，承办全市关工委基层组织建设工作现场会；6~7月，调整完善全县54家民营企业关工委组织，新建图书馆、博物馆、县人民医院等6家事业单位关工委；8月，调整县关心下一代工作委员会成员名单，并召开全体成员会议，讨论通过《德清县关心下一代工作委员会成员单位工作职责》；12月，承办全市乡镇（街道）关工委专职（常务）副主任培训班。

【德育工作】 2017年，县关工委讲师团围绕党史国史、"两山理论"、革命传统等主题开展宣讲41

5月31日，县关工委举办第四届县"道德小明星"表彰暨"六一"儿童节庆祝活动 （县关工委 提供）

场次，受益学生6063人次。依托基层关工委"'五老'关爱团""关心下一代工作室"等，发动"五老"开展非遗传承等德育活动80余次。5月，开展全县"道德小明星"评比活动，并举行第四届全县"道德小明星"表彰暨"六一"儿童节庆祝活动。暑期，组织青少年开展"喜迎十九大"主题教育实践，开展走访老战士、寻访红色遗迹、党史国史知识竞赛等系列爱国主义教育活动。9月，举办浙大·德清求是讲堂暨"开学第一课"活动，邀请浙江大学关工委求是宣讲团邹先定教授作《坚定理想信念，放飞青春梦想》主题报告，受益学生700人。10月，开展中小学生"好家风伴我成长"主题活动。

【帮困助学】 2017年，先后开展为贫困少儿点亮"微心愿"活动、走访慰问活动，结对资助贫困少儿14名；开展"福彩暖万家，助圆大学梦"、"失依儿童"结对帮扶活动，共资助困境少儿233人，发放慰问金、助学金16万元；8月，牵头开展"2017年捐资助学月"活动，各级关工委、各成员单位及社会各界人士为贫困学生献爱心，捐资助学各类资金达150余万元。

【关爱帮教】 2017年，先后到各中小学校开展家庭教育讲座、儿童保健讲座等11场次，受益学生及家长2730人。持续开展社区矫正青少年结对帮扶、合适成年人参与未成年人刑事诉讼工作，累计活动300余次。暑期，深入走访贫困大学生家庭，并开展"百名'五老'关爱行动"，针对农村留守儿童和新居民儿童开展系列文体活动。

（沈丹琳）

德清县慈善总会

【概况】 2017年，全年善款总收入3984.19万元，其中募捐总收入

3001.18万元，同比增长40%。慈善基金理财收入921.80万元。其他收入（含存款账户利息、房租等）63万元。各项救助资金总支出1854.30万元，同比增长25.9%。

【"慈善一日捐"】 8月25日，县慈善事业发展领导小组下发《关于开展第十三个"慈善一日捐"活动的实施方案的通知》。8月30日，召开全县"慈善一日捐"动员大会。全县"一日捐"工作全面展开。社会各界积极参与，其中捐赠10万元及以上的企业有26家，捐赠资金总额达666.02万元。浙江瀚叶股份有限公司和升华集团分别以捐赠额153.50万元和138万元进入全市企业排行榜第10位和11位。个人捐赠2000元以上的共有94名，捐赠总额达239.93万元，占全市个人捐赠排行榜数的39%，其中夏士林以捐赠180万元列全市个人捐赠第一位。

【"慈善村"创建】 2017年，共有30个村和1个社区成功创建为"慈善村（社区）"，共募集善款1787.04万元。其中21个村成立慈善分会。钟管镇新创建6个"慈善村"，洛舍镇新增4个"慈善村"，舞阳街道新增5个"慈善村"，都实现超半数的行政村创建为"慈善村"的目标，达到"慈善镇（街道）"的标准。继续推进其他村（社区）慈善帮扶基金筹集工作，全县村级募集善款达2070.66万元，有效壮大村慈善资金实力，扩大基层慈善组织网络。

【项目化援助】 全年重点开展四个项目：一是继续实施重大疾病慈善关爱行动。继续实施"尿毒症患者血透补助"项目，共有268人，466人（次）获得141万元项目救助。重点实施"困难癌症患者专项救助"项目。609名恶性肿瘤患者受益，支出173.46万元。二是配合县政府开展元旦、春节送温暖活动，慰问贫困户及孤寡老人1079户，发放慰问金164.39万元。三是继续实施常规性生活补助项目和紧急救助行动。73户困难家庭得到生活补助，支出40.46万元。对因突发性问题陷入困境的73户家庭实施紧急救助，支出146.75万元。四是重点实施低保户危房改造项目。全年资助20户低保户进行房屋改造，支出46万元。

【义工培训】 重视义工队伍素质的提高，鼓励义工开展多项针对性的专业培训。在春晖义工分会成立五周年之际，开展"十大杰出义工""十佳优秀义工"和"十项优秀服务项目"的评选表彰活动。办理义工意外人身保险，为义工开展活动提供安全保障。以会代训，对镇（街道）慈善工作人员进行针对性的指导和培训。

【慈善义工服务】 全年义工服务时间累计40000余小时。涌现出不少社会效应明显的特色项目和先进个人。"众益场卖吧计划"，主旨帮助丧失劳动力或劳动力不足的贫困家庭销售自产农副产品，该项目获2017年浙江省志愿服务大赛铜奖。"义剪美"项目组每月定期探访、服务麻风休养员，该项目组成员魏永华入选新华网中国网"十大感动人物"称号。"儿童五防课程"项目在武康各小学全面铺开。12月3日，为庆祝《志愿者服务条例》的实施，300多名义工齐聚武康，在五横五纵交通要道上开展环境整治大行动。春晖义工分会敬老组连续7个月每天在武康主要街道开展"文明劝导"活动，以实际行动助力全国文明城市的创建工作。

（周秀英）

5月20日，县慈善总会召开优秀慈善义工及项目表彰会

（县慈善总会 提供）

法治与人民武装

综　述

2017年，以县委"四大行动"为引领，以维护社会和谐稳定为主线，以深化改革为动力，以平安创建活动为载体，坚持主动有为、夯实根基、严格执法、创新治理、防控风险、服务发展，顺利实现平安德清"十三连冠"目标。落实平安稳定"三亮"（工作亮相、考核亮牌、问责亮剑）考核，督导各镇（街道）推进平安稳定各项工作。围绕平安建设主题，在做好平安常态宣传的基础上，通过"进企入户"走访宣传、依托媒体等形式深入开展平安创建宣传活动。不断提升平安"三率"（平安建设群众安全感满意率、知晓率、参与率），坚持贴近实际、贴近生活、贴近群众，进一步浓厚平安创建氛围。

坚持抓系统化、信息化建设，不断提升社会治理水平。扎实推进"一室四平台"（综合指挥室和综治工作、市场监管、综合执法、便民服务四个平台）建设，实现指挥体系、建设标准、下沉力量、网格管理"四个统一"，8月"一室四平台"全面建成并实体化运作，全年共输录各类事件信息70020条，办结率100%。强化网格优化整合，进一步建立"一网统管"（将全县各条线网格全部整合成一张网，整合人员、资源、资金，实现一网统管）的全科网格体系，截至2017年底，共有网格934个，配备专兼职网格员6204人。落实有效信息"以奖代补"举措，全年核准有效信息14417条，发放奖励金额204170元。扎实推进"雪亮工程"建设，公共区域视频监控联网数、完好率均居全市第一。通过健全完善居住出租房屋"旅馆式"管理、村级治保调解会建设、乡贤参事会等工作，夯实社会治安综合治理基层基础，提升社会治理水平。

围绕"六个坚决防止，三个确保"目标，以最强责任、最实作风、最高标准、最严要求，全力开展"九大专项行动"（反恐防暴、隐蔽战线、利益诉求群体教育疏导稳控、重大不稳定问题攻坚化解、治安隐患整治防控、生产安全隐患整治、网络净化管控、防范金融风险、夯实基层基础9个专项行动），圆满完成党的十九大、第四届世界互联网大会等重大维稳安保任务，全县社会大局持续稳定。在维稳安保期间，强化危险化学品、烟花爆竹、非煤矿山等重点行业敏感安全整治，累计检查企业4538家次，发现和整改隐患2787条。持续深化对"黑拐枪""盗抢骗""黄赌毒"等突出治安问题的打击整治，共破刑事案件569起。严格落实网上负面舆情一分钟处置等应急机制。坚持把握重点，扎实推进对不稳定因素的源头治理。推进重大决策社会稳定风险评估工作，严格落实"应评尽评""真评实评"，全年累计完成93件。不断优化社会稳定"三色预警"机制，增强工作的科学性、全面性，全年累计红色预警27次，黄色预警170次。狠抓重大不稳定问题的领导包案和挂牌督办，省市县共31件（省级4件、市级12件、县级15件），除市级1件在稳控中，其余均已化解。

围绕"五个过硬"（信念过硬、政治过硬、责任过硬、能力过硬、作风过硬）要求，深化"两学一做"学习教育和深入学习贯彻习近平总书记系列重要讲话精神及党的十九大和省市县党代会精神，认真落实"四新"（新标杆、新业绩、新形象、新征程）主题实践，加强政法队伍建设。

抓好中层干部这个"关键层级"，举办全县政法系统中层干部政治轮训班，同时完善组织机构，建设会员人才队伍，组织法学研究活动，开展法治问题调研。

开展全面从严治党主体责任项目领办、"政法干部协管"个性化监督、清香机关创建等工作，全面落实党风廉政建设责任制。

县公安局开展"无限忠诚，走在前列"主题教育实践活动，积极参加省市警务技能大比武活动，全局共有5名个人立二等功，17名个人立三等功，3个集体和7名个人获省级以上表彰。

县法院开设"德法讲坛"，组织青年法官律师沙龙，参加县"朗读者"大舞台等活动，全年在市级以上期刊发表文章8篇，调研工作名列全市前茅。

县检察院强化岗位练兵，创设"莫干论剑"讲坛，定期由员额检察官讲解业务知识。

县司法局开展"党纪教育一刻钟"12次，开展窗口单位效能巡查。共有2名个人、1个集体获国家级表彰，5个集体获省级表彰。

（刘彦丹）

公　　安

【概况】 2017年，德清县公安局在省公安厅、市公安局和县委、县政府的统一领导下，紧紧围绕提升"三感三度"总目标，始终坚持"防为主、防为上"工作方针，坚定爱党、爱民、爱警"三爱"文化，聚力聚焦党的十九大安保、护航"四大"行动、"两学一做"学习教育常态化制度化等中心工作，深入推进立体化社会治安防控体系升级版建设，全面助力平安德清建设十二连冠夺"金鼎"，较好地完成各项工作任务。

始终坚持总体国家安全观，严密防范，严厉打击境内外敌对势力的渗透颠覆破坏活动，坚决打击邪教活动。圆满完成党的十九大等重要会议活动安保，增强忧患意识，树立底线思维，从严从实从细抓好各项维稳管控举措，切实维护社会大局持续平稳可控。

牢固树立打击犯罪主业意识，坚持常态整治和专项行动相结合，始终保持严打高压态势，维护全县社会治安稳定，全县刑事犯罪发案下降，恶性程度降低，严重影响社会治安稳定、有广泛社会影响案件得到有力的控制。

以打牢基层夯实基础为主导，全面深化社会治安防控体系建设。认真贯彻落实全省公安机关"湖州会议"精神和"云上公安、智能防控"第一战略部署，不断提高社会治理社会化、智能化、专业化水平。

牢固树立"多消除一个隐患，少伤亡一个人，少造成一点损失"是公安机关最好政绩的安全理念，坚持常态管理，全力做好各项安全监督和事故防范工作，努力保证国家财产和人民生命财产少受损失。

以护航经济社会发展为己任，全面助推德清更高水平新崛起。坚持围绕中心、服务大局，深入开展"新标杆新业绩新形象新征程"主题实践，全力为德清赶超发展保驾护航，尽心竭力。

以提升队伍整体战斗力为目标，全力打造过硬公安铁军。牢牢把握对党忠诚、服务人民、执法公正、纪律严明的总要求，努力打造一支党和人民满意的忠诚、为民、正义、清廉、先锋铁军。全年共有2名个人立二等功，17名个人立三等功，1个集体立二等功，2个集体立三等功。31名个人被评为"防范之星"。青年女民警周霞被评为"全省优秀人民警察"。县公安局被评为全省基层基础建设示范单位，全市社会治安综合治理先进集体。在省市警务技能大比武中，获2项全省个人第一、4项全市团体第一、8项全市个人第一。

【机构改革】 2017年，德清县公安局实行大部门大警种制改革，成立情指联勤中心，下设指挥中心、办公室；警务保障中心，下设警务保障室、信息通信科；执法监督中心，下设督察大队、法制大队（受立案中心）；基础防控中心，下设治安管理大队（旅游警察大队）、特警大队、人口管理大队、治安机动大队、出入境管理大队；侦查打击中心，下设刑事侦查大队、刑事科学技术室、经济侦查大队、行动侦察大队、网络警察大队、禁毒大队、预审办案大队。另设政治处（警察公共关系办公室）、国内安全保卫大队、交通警察大队、看守所。下设派出所（分局）14个：武康、乾元、新市、阜溪、钟管、雷甸、洛舍、禹越、新安、莫干、下渚湖、舞阳、水上派出所以及莫干山分局。全局实有在编民警499名。

【重要治安整治行动】 1月14日，开展"打黑除恶"集中缉捕行动，行动中抓获以杜某为首的涉恶团伙共13人。

1月25日，开展"护卫平安"2号集中统一整治行动，共出动警力933人次，警车99辆，平安志愿者559人次，检查重点单位、场所868家，排查消防隐患59处，破获案件12起，交警部门查处交通违法行为77起。

3月2日，组织开展"护卫平安"5号集中整治行动，共出动警力982人次，警车128辆，平安志

1月25日，县公安局开展"护卫平安"2号集中统一整治行动

（县公安局　提供）

愿者520人次，检查重点单位、场所1005家，排查消防安全隐患100处，整改85处，破获案件28起，交警部门查处交通违法行为56起。

5月11日，组织开展"查控1号"集中统一行动，共出动警力935人次，警车106辆，设公安检查站2个，临时治安卡点11个，检查车辆850辆，检查人员3648人次，劝返10人，抓获违法犯罪嫌疑人11人，查缴管制刀具4把。

9月27日，组织开展"查控5号"集中统一行动，共出动警力857人次，检查人员1698人次，检查车辆871辆次，抓获犯罪嫌疑人15名，检查涉及危险物品单位39家，发现整改安全隐患46处，排查可能危及重大活动安全的重点人员59名。

11月20日，县公安局经侦大队召开集中退赃大会。经侦大队民警行程4000多公里，远赴内蒙古等地，破获一起针对老年人的集资诈骗案件，追回赃款40余万元，当场把款项退还给24名被骗群众。

12月26日，在"雷霆2018"暨"除黑恶，连根拔"专项行动中摧毁一涉恶团伙，抓获犯罪嫌疑人3人。

【各项维稳管控举措】　开展国保重点人员专案侦查和教育管控工作，在敏感时间节点教育谈话国保重点人员20余名，处置串联滋事活动4起。建立"3+X"舆情导控工作机制，落实24小时网上巡查、网上负面舆情一分钟处置等工作，及时报送政治类有害信息421条，落地查证397人次。保持对"法轮功"等邪教组织的高压严打态势，摧毁邪教"全能神"湖州小区级团伙窝点1个，抓获"全能神"人员11名，打击处理10人，教育转化1人。强化境外人员管理，办理"三非"案件17起。

按照"进不来、藏不住、干不了、跑不掉"的要求，开展涉恐隐患排查整治专项行动，在人员密集场所推进反恐"四联三防"。实行严密管理服务措施，全县涉恐关注人员由上年21人减至8人。并落实"一人一档""一户一册"，登记率、核查率及涉恐关注群体"四见面"核查率均达100%。开展反恐怖应急处置模拟报警拉练12次。

执行实有人口登记率、旅馆业四实登记率等23个100%要求和寄递行业、手机卡登记等系列实名制规定，依据《反恐怖主义法》，对未按规定登记住宿客人信息的通宵足浴店开出全市首张巨额反恐罚单。全面采集全县77名"武疯子"、1806名"瘾君子"、123名"递状子"的基础信息，逐人建立电子档案，落实分级分层稳控措施。专项排解不安定因素200条，清理信访积案8件，积案结案率达75%。护航村级组织换届选举，化解涉选矛盾纠纷48起。

【打击各类刑事犯罪】　2017年，现发命案2起全破，"五类"案件发4破4，"两抢"案件发案创历年新低，破案率100%。

以"扫黄赌毒、打黑恶痞、净化社会风气"专项斗争为契机，整治"黄、赌、毒"等社会丑恶现象，涉黄涉赌案件起诉率、治安拘留完成率分别达到119%、150%。成功侦破省标"2017-102"号特大贩毒案件，抓获犯罪嫌疑人16人。

全年共破获涉黑涉恶刑事案件73起，抓获犯罪嫌疑人151人，打掉1个湖州近十年来首个黑社会性质的组织团伙。

严厉打击通信网络诈骗犯

罪，抓获通讯网络诈骗犯罪嫌疑人99人，破获"2017·1·1"越南（浙江）通讯网络诈骗专案，移诉犯罪嫌疑人24人，串并案件48起，涉案金额257万余元。扎实开展网络侵犯公民个人信息犯罪专项行动，侦破县本级首例特大侵犯公民个人信息案，抓获犯罪嫌疑人14人，查获公民个人信息30余万条。

【缉捕逃犯】 以逃犯"清底"为目标，重新启动清网模式，重新梳理上网逃犯的抓捕情况，重新走访相关当事人及其关系人，采取措施对全县在册逃犯开展督捕工作。刑侦大队利用人像比对技术拓展追逃新途径，比对并抓获漂白身份部网逃犯3名。48名历年在册逃犯已归案31名，归案率为64.58%，其中多名为清网逃犯。2017年度新上网逃犯91名已归案64名，归案率70.33%。

【推进基层社会治理新实践】 在全市率先推行居住出租房屋"旅馆式"管理，整治"违建"租房262家、"不达标"租房2059家。创新建立"5＋N"网格化管理机制，落实新居民协管员188人，向党委政府传递"未批先建""五水共治""三抢"等线索54条，新型居住证发证工作走在全市前列。全县180个村（社区）实现村级治保调解组织建设全覆盖，配备专职调解员1060人，成功化解矛盾纠纷1000余起，发放奖金6.90万余元。围绕"人防、物防、技防、心防"，选取全县2465家重点企事业单位强势推进主体责任落实工作，其中1760家已严格落实主体责任，企事业单位自觉履行主体责任的局面基本形成。开展"党员＋视频"工作，党员安装视频2837个。

【社会治理智能化】 依托县局自主研发的"CRC"情报综合研判平台，多警种高效联动协作，破获刑事案件100余起，抓获犯罪嫌疑人60余人。运用人像比对技术抓获漂白身份潜逃11年的上网逃犯。应用PGIS地图，实现监控点、对讲机、接处警移动APP等现有警务资源实时展现。推广物联网、人脸识别等智能感知技术，全县49家网吧实现人证比对系统全覆盖，在全县3906个公共场所安装WIFI探针，建立"天网Ⅱ号"点位335个，采集MAC地址89亿余条，虚拟身份430余万个。在全县公共区域完成视频监控建设达72.07%，接入视频专网平台监控点位1.10万余路、高清卡口80个、电子警察140个。推动快递行业实现全省首家人证合一系统落地，试点安装全省首个"民爆云"系统。

【新居民管理】 2017年6月，撤销县新居民事务局，其管理职能移交县公安局人口管理大队。至2017年底，全县登记在册新居民总数202185人，约占全县实有人口的1/2，其中，男性125757人，占新居民总数的62.2%；女性76428人，占新居民总数的37.8%。来自省内25515人，占新居民总数的12.62%，省外176670人，占新居民总数87.38%。

在接收新居民管理职能后，以全面推行新型居住证制度作为突破口，为全警配备"流管通""警务通"移动端采集专用手机1018部，巡逻电动车110辆，并先后5次对各派出所领导、社区民警、辅警、新居民协管员进行集中培训和上门培训，主动上门联系辖区内新居民比较集中的企业，开展集中式办理，组织人员开展全日制上门办理，使全县IC卡式居住证发放工作完成率达到223.6%，位列全市第一。全市深化户籍制度改革全面推进新型居住证制度改革工作现场会在德清召开。

引导新居民自我管理，在全市率先成立新居民妇女联合会，组建新居民党支部，在新居民中成立调解组织14个，平安志愿者队伍56支682人。组织开展"喜迎春、夏送凉、度中秋、冬送暖""新居民儿童微公益""新居民悦读德清"等主题关爱活动，设立"正良外来人员风尚奖""高翔助苗奖""小候鸟圆梦奖"等民间奖项，使流动人口服务管理工作变得更有"温度"，增强新居民的归属感。2017年有48名新居民当选新一届县人大代表、政协委员，数十位优秀新居民分别获"德清县劳动规范""德清县十大杰出青年""十佳外来青年德商"等荣誉称号。

【道路交通管理】 开展"创文明交通，治秩序乱象"等系列行动，从源头抓起，开展全县重点道路隐患排查整改工作。9月，交警大队共排查安全隐患148处，由县政府下发各镇（街道）相关部门限期整改，至年底，52处安全隐患完成整改。开展"一创一治"交通违法行为大整治，共查处各类交通违法行为3048起，其中乱行车

75630起,乱停车195056起,乱过路6584起。全年共发生交通事故129起,死亡44人,受伤119人,直接经济损失30.02万元,同比下降7.54%。

【消防管理】 2017年,开展重点单位消防安全标准化创建工作,对全县233家重点单位已全部完成"户籍化"系统建档工作,160家重点单位完成消防安全标准化创建工作。开展居住出租房消防安全整治,共督促整改隐患1.10万余处,办理案件389起,治安拘留41人。和各部门抽调的245名精干力量,全脱产组建整治工作专门工作班子,常委局长坐镇指挥,全力解决武康街道私营城群租房消防安全问题,解决了存在多年的"老大难"问题。完成私营城28家"三合一"经营场所的整治,共检查私营城居住出租房,经营场所3052家次,发现火灾隐患985处,督促整改火灾隐患972处,办理行政处罚案件55起,拘留7人。全力推进"智慧消防"建设,共投入200多万元,安装智慧用电1403套,电气火灾监控系统200套,独立式烟探测器2.60万只,智能预警36只,消防远程监控系统7套,智能充电桩148只。全年发生火灾44起,受伤3人,直接经济损失352.49万元。

【危化物品管理】 全年共排摸危化物品销售企业1家,烟花爆竹销售企业1家,剧毒化学品销售企业1家,爆破作业单位4家,矿山等民爆物品使用单位20家,枪支弹药从业单位4家、剧毒化学品从业单位15家、放射源从业单位10家、易制爆化学品从业单位

70家、狩猎队9支160人、民用枪支160支。检查涉危单位2083家次,发现各类隐患213处,当场整改84处,发放责令限期整改通知书129份,全部落实整改。受理管制刀具鉴定34起,查处非法携带管制器具案件34起,行政拘留26人,警告8人,收缴弩等非法管制器具38把。查处涉枪案件16起,其中刑事案件7起、刑事拘留7人,案件9起,行政处罚9人。查处非法储存、运输危险物质案件15起,行政拘留15人。全面开展易制爆化学品和寄递物流专项整治行动,查处易制爆危险化学品和烟花爆竹案件13起,罚款22300元。查处未按规定报备购买民爆物品案件1起、处罚爆破作业单位1家、罚款50000元。收缴各类伪劣烟花爆竹530余箱,收缴炮弹3枚。

【护航县域经济建设】 出台《德清县公安局护航"四大行动"实施方案》,围绕全县项目引进"双百双六"、项目推进"1555"工程,深入实施"项目警官制",确定"项目警官"34名。推动县政府建立全县打击和防范经济犯罪联席会议制度,扎实推进"猎狐2017"、"云端2017"、打击整治传销等专项行动,共侦破各类经济犯罪案件14起,抓获犯罪嫌疑人26人,挽回经济损失603万元,成功劝返潜逃境外10年的经济重犯1名,抓获湖州地区"五行币"传销活动负责人1名。深入开展打击恶意逃废债专项行动,破获案件5起,抓获犯罪嫌疑人12名,挽回经济损失332万元。

【护航美丽德清建设】 推进小城镇环境综合整治行动,查处乱行车、乱停车、乱过路"三乱"违法行为27万余起,清理"僵尸车"56辆,在全县12个镇(街道)新增停车场107个,增加停车位3385个。组织开展全县灯控路口三项排查治理,完善标线标牌48处,完成分道设置34处,完成信号灯配时60处,增设相位12处,完成率均在90%以上。开展县城区"牛皮癣"整治清理,集中清理"牛皮癣"1万余处,治安处罚2人。护航城中村改造攻坚和建设项目遗留问题清理专项行动,打处违规抢种苗木骗取搬迁补偿款的犯罪团伙3个,刑事拘留8人,挽回经济损失3200余万元。

【护航生态文明建设】 全县环境行政执法与刑事司法联动,推进"守青山、护绿水"专项行动,建立"水巡""陆巡"工作机制,开展"护卫食安"1号行动、打击私屠滥宰"零点行动"等联合整治行动。配置"河道警长"66人、"市场警长"20人,查处涉"食药环"各类案件110起,抓获违法犯罪嫌疑人129人,侦破涉案金额近千万元的假冒县知名品牌化妆品(欧诗漫)注册商标案件。

【深化"最多跑一次"改革】 以"领跑、零跑、短跑"为要求,全面梳理"最多跑一次"和"零上门"公安办事事项125项,其中"零上门"49项,推动出入境、交管、户籍服务功能向镇(街道)、村(社区)延伸,在全市率先推出新市派出所出入境业务窗口,打造县域半小时办证圈。开展出入境窗口"陪跑"贴身服务,窗口被评为全省一类文明窗口。在县内偏远乡

镇(禹越镇、莫干山镇)增设非现场交通违法处理点,车管所窗口设立一站式服务,增设车辆购置税窗口,缴税、上牌一次办结,"车管下乡"服务,办理摩托车年审业务675人次,车管所窗口获湖州"最美窗口"称号。

【出入境管理】 围绕"一切为民服务"的理念,针对申请人的各种办理需求,推出个性化服务举措。开展"陪跑"贴身服务,现场指导申请人填表、签注、取证、讲解办证流程、解答群众咨询,加快群众办证节奏。推出证件"满意拍",专门设置换衣间,准备干净的T恤、外套和彩色围巾,避免申请人因自身着装不符合要求而往返的现象,真正让群众实现"最多拍一次""一次拍最好"。推出节假日无休"预约办",高峰期间"提前办、延时办"等举措,在节假日为群众预约办证共478件,办理群众急件共56件。为外籍高新人才、外商提供便利服务。开展"签证回访",采取预约服务、登门服务、错时服务,切实解决企业境外员工在签证、居留等方面的实际困难,全年共办理外国人签注延期、居留许可95人次。为全县居民、新居民办理各类出国境证件33371件,其中出国护照17559件、港澳11015件、台湾1422件、自动签注3375件。

【基层基础工作】 改革交警勤务机制,交通事故处理点向各交警中队延伸,县主城区交警中队职数同比增加100%。设立人口管理大队,户改工作走在全市前列。以"走透德清、摸透实情、吃透民意"为标准,建立农村警务工作指导员制度,开展全警大走访,走访农户3.30万余户,收集社情民意817条,帮助群众解决问题340个、化解矛盾254起。加快警犬训练基地、警务技能训练基地及雷甸、下渚湖、舞阳等派出所等项目建设,全县派出所营房改造率达100%。落实"平时警务室、战时检查站"的警务运行机制,全县6个公安检查站全部完成改造升级。

【执法规范化建设】 主动适应以审判为中心的诉讼制度改革,推动县公检法联合印发《刑事司法工作联席会议纪要》,建成县局受案管理中心,落实入口、审核、出口的"三统一"工作,全面完成受立案制度改革任务。深化"又好又多又快"执法办案体系建设,委托省研究院开发菜单式执法专用手机APP,迅速推进"视频+菜单"现场处置取证改革试点工作。健全完善新型刑事办案机制和警种刑事案件相对集中办理机制,全面落实刑事案件和行政案件快速办理机制,取得良好成效。完成县级DNA实验室建设,硬件水平领先同类地区实验室,通过国家认证委资质认定及省厅认可考核。

【对外宣传工作】 以平实的角度、群众喜闻乐见的方式展现公安民警的艰辛、智慧和勇气,对全局开展的重点工作保持报刊、电视、网站等传统媒体与微信、微博平台的同步发力。在各级媒体刊登宣传稿件897篇,其中国家级206篇、省级172篇、市级288篇、县级231篇,发布微信、微博相关图文信息500余篇。4名同志入选省厅"千名好民警"名单。深度挖掘先进,以民警归三新为原型创作微电影《使命》,获全省"讲述好民警故事"主题微电影、微视频、微纪录片大赛微电影类二等奖,民警周霞捐资助学事迹先后被人民网、中新网、平安时报等30余家媒体报道。

(单无畏)

检 察

【概况】 德清县人民检察院聚焦法律监督主责主业,忠诚履行职责使命,重视人才队伍建设,各项检察工作在改革中发展,在创新中前行。2017年,共完成省市县调研课题25个,3名干警获全市"最美公务员"、"公诉新秀"等荣誉称号。

【推进平安德清建设】 抓好十九大、世界互联网大会期间检察环节各项维稳安保工作,开展涉检信访案件集中清理排查,化解积案52起,处理举报、控告、申诉63人次,受理行贿犯罪档案查询1518次。关注重大敏感案件及涉众型经济犯罪案件办理,在办理侵犯公民个人信息,组织、领导传销活动等敏感案件时,主动做好矛盾化解和风险评估工作。

【服务非公经济发展】 制定落实服务非公经济发展"12条意见",在全县14家上市公司和重点骨干企业挂牌设立服务非公企业联络处,帮助企业解决法律问题。依法打击侵犯企业及企业家合法权益的犯罪,批捕起诉85人,通过办案为企业挽回经济损失3000余万元。

【依法打击各类刑事犯罪】 受理审查逮捕549人，批准逮捕447人；受理审查起诉1108人，提起公诉912人。保持对严重刑事犯罪的高压态势，批捕起诉故意杀人、抢劫、放火等犯罪嫌疑人24人。参与打黑除恶、反恐防暴等专项行动，依法办理46人涉黑涉恶案、利用"全能神"邪教组织破坏法律实施等案件。

【全面贯彻宽严相济刑事司法政策】 理性把握司法政策，深入践行绿色司法，对犯罪情节轻微、认罪态度较好的犯罪嫌疑人，不批准逮捕106人，不起诉119人。保障当事人诉讼权益，开展释法说理560余次。推行不起诉公开审查模式，制定《关于办理不起诉案件的若干规定》，对7起案件进行拟不起诉公开听证，邀请人大代表、政协委员、人民监督员等共同参与，推动"阳光检务"常态化。

【保障未成年人合法权益】 全面落实"捕诉监防"一体化工作模式，开展未成年人刑事案件办理和观护帮教等工作，审查逮捕38人，审查起诉50人。建立"星星点灯"涉罪未成年人观护帮教基地和法治教育基地，联合社会公益组织对作出附条件不起诉的未成年人开展观护帮扶，引入县心理协会等专业机构对未成年被害人开展危机干预、心理疏导，将经济困难或陷入困境的未成年被害人纳入法律援助范围，发放司法救助金5.50万元。

【推进检察各项改革】 落实国家监察体制改革试点任务。由检察长担负起改革主体责任，完成反贪污贿赂、反渎职侵权、职务犯罪预防等部门的职能和人员转隶工作，共划转政法专项编制16名，转隶15人。落实检察官司法办案责任制，组建以16名员额检察官（员额制是司法改革的重要一环，目的是从现有的检察官中选任一批素质高、能力强的检察官进入员额，从而真正落实司法责任制，进一步提高现有队伍的专业化和职业化水平）为主体的办案组织，基层一线办案力量增加到75%。入额的院领导（入额检察官就是通过测试进入员额内的检察官）带头承办的疑难复杂案件，直接办理各类审查逮捕、审查起诉以及立案监督案件106件，参与办理、审批指导680件。推进内设机构改革，将11个内设机构整合为7个部门，实现扁平化与专业化管理，提升工作质效。

【构建良性互动检律关系】 强化对律师执业权利的保障，召开律师座谈会听取意见建议，在审查逮捕、审查起诉等环节听取律师意见490余次，对律师提出的15次不起诉意见予以采纳。通过提供网上查询、电话查询、窗口查询服务，全面落实"最多跑一次"改革，接待律师预约阅卷申请218次，发布案件程序性信息1082条，重要案件信息23条，公开法律文书676份。

（范灏烨）

法　　院

【概况】 2017年，德清县人民法院受理各类案件12453件，办结11261件，同比分别上升13.51%和13.72%，法官人均结案252.21件，是同期全国法官人均结案的2倍以上。受理刑事案件706件，审结671件，判处罪犯912人。受理民商事案件6698件，审结6133件，结案标的达21.40亿元。审查行政非诉案件550件，准予执行490件。受理各类执行案件4455件，执结3863件，执结标的4.14亿元。田芳同志获全国法院先进个人。

【服务全县工作大局】 出台《关于聚焦"四新"、奋勇争先助力全面小康标杆县建成的十二条意见》等文件，参与事关重大工程、重大项目疑难复杂问题的处置工作。全年共审查行政非诉执行案件550件，同比上升231.33%，裁定准予执行率为89.09%，集中清理涉国土资源历史遗留积案，牵头对省级督办案件进行司法强拆，多次开展行政执法人员培训。支持政府依法行政，建立年度府院联席会议制度，促进府院良性互动。

【促进平安德清建设】 全年共受理刑事案件706件，审结671件，判处罪犯912人。依法严惩聚众斗殴、诈骗、涉毒等危害人民群众生命财产安全犯罪案件376件472人。严厉打击重大责任事故等危害安全生产犯罪案件4件7人。落实宽严相济刑事政策，对403名情节较轻、社会危害相对较小以及未成年被告人依法判处非监禁刑。

【维护社会经济秩序】 全年共受理商事案件3247件，审结3204

件,同比上升20.62%和17.19%。立足振兴实体经济,发挥商事审判职能,审结涉企纠纷案件1266件,涉案金额8.64亿元,持续推进不良资产的司法处置,推行送达地址确认前置等措施,审结涉金融及民间借贷案件1966件,涉案金额5.60亿元,全市首家探索运用破产案件简易审理与跨地市法院联合处置等裁判新机制,进一步助力市场出清"僵尸企业",审结全省首例程序创新的中石房地产破产案以及普通债权清偿率高达70%的奥士玛母子公司联合破产等案件,有效推动企业腾笼换鸟,助力转型升级。

【优化创新创业环境】 发挥司法对知识产权保护的主导作用,激发各类主体创新创业动力。探索知识产权"三合一"审判机制,依法制裁侵犯知识产权和假冒伪劣行为,妥善审结涉"欧诗漫""千里马"等商标侵权案、不正当竞争案42起,维护公平竞争的市场秩序,促进自主品牌发展。会同市中院在德清举行知识产权审判新闻发布会,发布知识产权司法保护白皮书并组织公开庭观摩,多家省市媒体进行跟踪报道,知识产权审判质效在全市名列前茅。

【服务全域旅游发展】 发挥环境资源和旅游审判"三合一"的机制优势,加大对水土气等污染行为的打击力度,护卫德清绿水青山,服务保障旅游经济。全国第九届长三角地区司法协作会议期间,沪苏浙皖四地三级法院院长100余人到德清县考察,全市"1+3"旅游综合执法推进现场会在莫干山旅游巡回审判点召开,时任省高院院长陈国猛批示要求建成全省法院的"样板",相关工作也得到时任市委书记陈伟俊、县委书记项乐民的批示肯定,并在11月份召开的全国第十届女院长工作年会上作交流发言,全国三十多家法院前来考察。

【依法保障涉案民生】 全年共受理民事案件2561件,审结2369件。着力推进"大立案、大服务、大调解"三大机制,诉讼服务中心、执行警务中心在媒体上公开工作承诺,努力实现当事人"最多跑一次"的目标,上线运行浙江法院律师诉讼服务平台,实现网上立案、跨域立案3539件,网上立案率居全市前列。以"和"为本推进家事审判改革,联合县妇联挂牌成立家事审判合议庭,妥善审结婚姻家庭、继承、赡养等案件564件。审结劳动争议类案件206件,发放农民工工资652万元,惩处拒不支付劳动报酬4人。针对社区物业管理需求,编发法治宣传手册发送各镇(街道)。加大司法救助力度,对符合条件、经济确有困难的当事人发放司法救助金74.40万元。

【推进矛盾多元化解】 推动全县矛盾纠纷多元化解格局的建设,与县政府联合成立全县行政调解中心,加强诉调对接,特邀乡贤人士、"德清嫂帮忙热线"、"老娘舅"等民间力量参与调解。县司法局在本院诉讼服务中心和四个人民法庭设立"人民调解工作室""律师调解工作室",探索道路交通纠纷网络一体化处理机制,全市首家挂牌成立湖州市保险行业人民调解委员会德清工作室,打造"三位一体"的道交纠纷处理"德清品牌"。全年通过诉前调解、委托调解等方法,成功调解各类纠纷2290件,办理确认人民调解协议案件313件,有效减轻群众诉累,节省司法资源。

【"执转破"工作】 成立由17家单位参加的解决执行难工作领导小组,28家单位签订构建失信被执行人联合惩戒机制合作备忘录。全市首家与外省法院签订异地执行协助协议,共同解决异地执行难题,与人民保险公司签订执行无忧悬赏保险服务合作协议,跨界合作解决执行难,与兄弟政法部门联合制定协助扣押被执行人机动车辆暂行办法、执行实施案件使用调查令等制度,尝试对失信被执行人采取定制失信彩铃措施,全面引入保险公司出具保函的新担保方式等举措全力破解执行桎梏,在公安机关的支持下建立"警法联动、案件同调"局所联动机制,共执结案件188件,执行到位资金693万元,相关工作经验被省高院以信息简报形式予以全省推广。

全年共受理执行案件4065件,执结3863件,同比分别上升5%和6%,执行标的8亿多元。完善"执转破"工作机制,执转破移送立案率居全市前茅。开展"仲夏执行"联合执法以及涉民生、金融、强制腾房等专项集中执行活动,共强制腾退住宅、商业房屋面积9500多平方米,强制腾退厂房面积近11万平方米,土地近18万平方米。在公安机关协助下抓获布控"老赖"481人次,司法拘留197人次,先后以涉嫌拒执罪移送公安机关立案侦查7件,进一步落实限制招投标、高消费等措施,全力加强失信联合惩戒,有效挤压"老赖"们的活动空间。

【法治宣传工作】 组建"青年法治讲师团"送法进村入企,共开展各类法治宣传活动10余次,受众达2000余人。组织开展"亲子普法"、"公众开放日"、企业座谈会等主题活动,法院干警本色出演拍摄《河口法缘》《上一秒立案下一秒结案》等微电影以案说法,其中《河口法缘》入围全省第二届微电影比赛"最佳编剧奖"及"最佳剪辑奖"。着力打造"两微一网"法治宣传平台建设,共推送法治宣传信息545篇,在19家市级以上媒体刊登,宣传工作名列全市第一。

【深化司法体制改革】 探索内设机构扁平化管理和审判执行团队运行模式,制定出台包括审委会议事规则等在内的33项以司法责任制为龙头的综合配套制度,着力提升审判执行质效。坚持院庭长带头办案,成立专业法官会议,完善审判委员会制度,按分类管理要求制定各类人员职责清单,突出法官办案主体地位,构建全程留痕的监督管理机制,全面落实司法责任。

持续落实法院院长定向分级联络人大代表工作制度,主动向政协通报法院工作情况,认真研究并反馈政协委员提出的关于司法体制改革以及文书送达等问题,以代表委员关心关注的问题为导向,开展"代表委员法院行"活动,通过走访座谈、定向视察、旁听庭审、参与执行、参加员额法官宣誓仪式等方式,不断拓展主动接受监督的渠道。支持配合检察机关依法履行法律监督职责,认真办理检察机关提出的检察建议,审结检察机关抗诉案件3件,部分改判2件,维持1件。

推进四大司法公开平台建设,累计向当事人发送审执节点信息1万余条,在互联网上公开裁判文书8335份。全面推动庭审记录方式改革,庭审改革适用率达到96.63%。具有远程集中执行指挥、跨地区实时互动等功能的现代化执行指挥中心投入使用,努力推进执法办案全业务网上办理、全流程依法公开、全方位智能服务。

【加强廉洁司法建设】 履行党风廉政建设"一岗双责"。围绕开展"两学一做"、"四新"主题实践,以"加强作风建设打造法院铁军"主题教育等活动为抓手,严格落实"八项规定"、"三重一大"事项决策、"重大事项报告"等制度,开展内部巡查、专项督查、节假日正风肃纪等活动,增强廉政意识,规范权力运行,改进司法作风,塑造队伍形象。

2017年,县法院被授予全省"2016～2017年度社会治安综合治理先进集体"称号。

(叶 江)

司法行政

【概况】 县司法局承担着全县法制宣传、人民调解、安置帮教、社区矫正、法律服务等职能,全局共有7个职能科室,即综合科、法制宣传科、基层工作科、律师与公证管理科、法律援助工作管理科(德清县法律援助中心与其合署办公)、社区矫正工作管理科(安置帮教工作管理科、社区矫正执法大队与其合署办公)和法制科。共有公务员编制54个,局机关在职公务员48名、职工1名,其中派驻基层司法所公务员15名。全县设立12个直属司法所,分别是德清县司法局武康司法所、乾元司法所、新市司法所、钟管司法所、洛舍司法所、雷甸司法所、禹越司法所、新安司法所、莫干山司法所、下渚湖司法所、舞阳司法所和阜溪司法所,律师事务所9家,法律服务所8家,自收自支事业单位(县公证处)1家。

2017年,德清县法治文化基地和德清县社区矫正中心先后建成投入运行。全系统共有2名个人,1个集体获国家级表彰,5个集体获省级表彰;《融法于景 融法于乐 打造宣传普及宪法法律新高地》获市局创新项目一等奖。

【法律服务大局】 在推进村级组织换届、"剿灭劣Ⅴ类水"、拆迁清零等中心工作中,司法行政力量主动靠前,精准施策,动员组织广大司法行政干部、律师、公证员等,有针对性地开展法治宣传教育、法律服务与纠纷排查化解。配合全县农业供给侧结构性改革集成示范试点,出台《关于为我县农业供给侧结构性改革集成示范试点提供司法行政保障的若干意见》。县公证处为各镇(街道)在城中村改造、治危拆违中提供现场证据保全公证、拆迁安置选房现场监督公证等服务,保障中心工作顺利推进。

【法律惠企便民】 制定下发《德清县司法行政惠企便民法律服务十二条》，组织司法行政干部、律师、法律服务工作者进村入企，主动提供法律讲座、法律咨询、法律风险评估等服务，累计走访重点企业503家，为企业出具法律意见书、风险提示函，帮助企业解决法律问题50余个。推进公共法律服务体系建设，实现县、镇、村三级公共法律服务实体平台全覆盖，为基层群众提供公益、普惠、便捷的法律服务。2017年，三级公共法律服务体系累计开展下访服务200余次。全面贯彻落实"最多跑一次"改革精神，推出电子版"德清县法律服务地图"，为200余人次提供有关查询导航服务；与县国土局等部门联合出台《关于进一步发挥公证作用促进不动产登记"一次也不跑"的实施方案（试行）》，办理不动产登记委托公证100余件。

【建言献策 当好参谋】 组织法律顾问团律师参与党委政府工作，为县域经济社会发展建言献策、当好参谋。2017年，律师参与县级领导大接访活动29场，参与县联调中心纠纷调解3次，提供法律意见建议89件次。深化人民监督员日常协调和管理工作，协调指派6人次参与检察院对自侦相对不起诉案件的评审评议工作。

【维稳安保工作】 2017年，将服务保障党的十九大胜利召开作为全县司法行政系统的重大政治责任，制定和实施《"平安护航十九大"维稳安保工作实施方案》，层层压实维稳安保责任，每日开展情报信息会商研判、视频连线调度指挥，严格落实24小时值班备勤制度。局领导班子带队对各镇（街道）司法所进行明察暗访、严格督查，及时发现问题、落实整改措施，实现党的十九大、第四届世界互联网大会等重大活动期间"四个零"的目标。

6月29日，县司法局联手工商联开展"法律服务非公有制企业"专项活动。图为活动启动仪式会场　　（县司法局　提供）

依托县社区矫正中心平台，强化社区矫正信息管理平台运用，强化社区服刑人员管控力度，紧盯重点人员，打造"全方位、无死角"监管安全网，确保重要节点不出现脱漏管。全面加强社区服刑人员教育学习，成立专业讲师团，创新"互联网＋"线上教育模式，优化教学效果。

以县联调中心为龙头，聚焦劳资、医疗、民间融资借贷等重点领域，指导开展矛盾纠纷排查调处专项行动。健全专业性行业调解组织，与法院共同推动设立湖州市保险纠纷人民调解委员会驻德清调解室；应安徽商会主动要求，成立全县首个驻商会人民调解委员会。成立德清县人民调解员协会，探索推动机制创新，规范业务管理。钟管司法所所长张林泉获得"全国模范人民调解员"称号。

【普法工作更新】 根据普法工作供给侧改革形势要求，创新普法方式和载体，构建全媒体普法格局。全力打造"德清普法在线"微信公众号，每周一篇原创微文、每天更新普法新闻，以群众喜闻乐见的方式传输法的理念。有21篇微文被《浙江普法》以及《湖州普法——懂点法》刊用。同时，将司法行政宣传与普法教育宣传相融合，先后推出"德清县法律服务地图""公证服务不动产登记'一次也不跑'""小普法宣传员喜迎国庆"等主题宣传策划，形成集聚效应，在《人民日报》、人民网、《浙江法制报》、浙江新闻网等主流媒体进行报道。

【重大平台建设】 2017年，德清县司法行政两大重要阵地投入使

2017年，在春晖公园建成的德清县法治文化基地 （县法制办 提供）

用：一是法治文化教育阵地。投入100余万元，在春晖公园建成德清县法治文化基地，该项目被评为湖州市司法行政创新工作项目一等奖。二是社区矫正工作阵地。投入资金70万元，建成全市首个县级社区矫正中心。

【改革创新公正护航】 立足德清县承接国家和省级层面改革创新试点工作面广量大的特点，推出"改革创新·公证护航"专项行动，发挥公证在证据保全、防范风险、预防减少诉讼等领域的功能，为集体经营性建设用地入市、农村供给侧结构性改革等重点改革创新工作中营造良好的法治环境。

【司法行政能力建设】 始终坚持将人才培育和队伍建设作为司法行政工作的基础和灵魂，补齐能力短板，加大培育力度，净化行业环境。推进司法行政能力建设，抓好基层司法所长、人民调解员、社区矫正专管员、律师、法律服务工作者等业务培训，增强全县司法行政系统队伍履职能力，全年共有350余人次参加省市县组织的各类培训。

强化窗口建设、基层基础和基层依法治理水平，窗口及基层司法所工作人员占36.2％，司法所政法专编人员配备率达100％。强化基层依法治理工作，推进各级民主法治村创建工作，创建国家级民主法治村1个、省级复评14个、市级5个。

全面清理、整顿基层法律服务市场，注销基层法律服务所3家、基层法律服务工作者23名。围绕"构建法官与律师良性互动新型关系"，与法院共同举办法官律师座谈会、青年法官与青年律师学习沙龙，着力打造法官和律师之间和谐共处、价值同向的法律职业共同体。建立"双随机一公开"的法律服务市场监管机制，健全法律服务机构诚信档案、失信惩戒、黑名单和整改回访制度。

（张 璐）

人民武装

【思想政治建设】 2017年，抓实"两学一做"，学习教育常态化、制度化，落实"维护核心、听从指挥"主题教育活动，按照把握维护核心、听从指挥这个根本政治要求，突出维护权威、维护核心、维护和贯彻军委主席负责制，抓好学习教育和实践锤炼，着力坚定干部职工对习主席系列讲话的政治信仰，锤炼对党绝对忠诚的政治品格，推动党中央、中央军委和习主席决策指示贯彻落实，为完成改革任务凝聚正能量，为人武部全面转型发展提供坚强政治保证。十九大召开后，严格落实学习步骤，通过逐步落实八项工作抓好学习宣传贯彻活动。发挥民兵信息员和民兵网评员作用，加强网络负面涉军舆情的管控引导，定期组织形势政策和政治纪律教育，增强干部职工政治敏锐性和政治鉴别力。

【加强实战化准备】 抓好战备工作规范，及时修订各类预案，组织战备拉动演练，确保战备状态良好。完善国防动员基本案以及各类配套保障方案，3月底，完成县应急连物资器材普查和补充更新。4月上旬，组织情报信息员业务培训和工作讲评会议，并组织召开军地情报支援协作会。

抓实军事训练，突出指挥技能和基础训练，扎实抓好实战化训练。3月上旬组织全县151名专武干部、民兵连长开展为期5天的集中训练，提升履职能力；5月27日至6月3日，结合县水利局治理对河口水库水质工作，组织舞阳、武康街道8名冲锋舟操舟手进行强化集训,为汛期抗洪抢险工作做好准备。8~9月份指导新市镇、钟管镇开展化工企业遭袭后的抢险救援科目演练,并参加人防"金盾-17"演练。11月24日组织民兵应急连开展"三实"训练,进一步夯实"四队"兼备能力。

【国防动员建设】 依据《浙江省国防动员建设纲要》,调整国防动员平时办事机构和战时指挥机构设置,整改上年考评中发现的问题。按时召开国动委各项例会,2月,结合武装工作会议召开国动委全会。3月,召开"八办"联络员会议,每月检查"八办"机构运行情况。4月中旬,调整完善国防教育委员会,将国防动员基础性、经常性工作落实到末端。10月,对全县国防动员潜力进行普查与核查,按照"全、准、实"要求,对7个方面44类潜力资源进行数据更新。

【后备力量建设】 着眼"平时服务、急时应急、战时应战"目标要求,对照所担负任务数量和专业,从3月份开始,利用1个月时间编实编强全县3类49支2416人基干民兵队伍。4月下旬利用一周的时间,按整组点验要求对各镇(街道)、企业、局进行点验检查,到点率97%,点到率100%。

深入推进基层规范化建设,按照省军区"大抓基层"的工作部署,以军分区"评星挂牌"活动为契机,大力推进基层规范化建设,将评定星级活动延伸至村民兵连。专门组织新市镇、武康街道等单位到嘉兴参观学习,并展开样板单位建设。

【夏秋季征兵工作】 针对征兵工作特点和规律,提前开展征兵宣传造势,在国防教育主题公园设置征兵海报,在《德清日报》、德清电视台等媒体建立"八一光荣榜"、建立征兵微信公众号等宣传形式扎实开展征兵宣传;5月中旬,联合教育局、国教办,利用一周时间开展征兵宣传进校园活动,组织适龄青年履行义务,依法进行兵役登记。通过上下共同努力,共计完成167名男兵、2名女兵的征集任务,大学生比例达到77.84%。

【双拥和涉军维权工作】 结合元旦、春节等节日,对全县200多名现役官兵进行大走访慰问活动,并指导基层武装部根据各自情况对辖区内现役战士开展慰问活动。德清民间拥军品牌持续亮丽,民间拥军人士持续自发组织走入军营开展慰问活动。

做好涉军维权工作,为德清籍现役干部解决子女入学4人,受理2起维权函调,维护军人军属的合法权益。与县司法局开展"法律进军营"活动,共同推进法律援助站的建设。

【国防教育】 按照省、市国教办的部署,持续开展"军人荣誉墙"建设和"国防教育主题公园"建设,根据时节开展各种教育宣传活动,5月份结合征兵宣传组织国防教育讲师团到职业中专、德清高级中学等学校开展国防教育讲座,并将国防教育纳入县委党校每期的培训课程。10月份专门组织召开退役军人欢迎仪式,并协调民政局开展专场招聘会,做好退役人员安置暖心工作,深化国防教育效果。

【军地共建 服务人民】 组织民兵参与"五水共治"、乡村振兴建设、全国文明城市创建等重点中心工作,先后出动民兵1000余人次参加县境内河流清洁工作。引导民兵当好政策宣传员、化解矛盾调解员、社会秩序维护员、和谐

4月,县人武部在千秋广场对各镇(街道)、企业、局进行民兵整组点验　　　　　　　　　　(县人武部　提供)

稳定的信息员，为"平安德清"建设作出贡献。民兵分队积极参与新市镇"蚕花节"、舞阳街道"舞阳候会·忠勇庆典"、县"游子文化节"等安保巡防任务。在护航十九大期间，组织60人参与武康主城区巡逻，各乡镇民兵队伍出动民兵200多人，在所属地组织巡逻。

（陈黎晖）

消防工作

【概况】 浙江省公安消防总队湖州市支队德清县大队组建于1974年，现辖大队部及武康、乾元两个中队，担负着德清县全域的灭火救援和防火监督的任务，并负责全县乡镇消防综合应急救援队的业务指导。2017年，大队指挥中心共接警1001起，火警460起，抢险救援277起，社会救助264起，出动车辆1254辆次，出动警力6256人次，抢救被困人员155人，疏散17人，抢救财产2165.50万元，3人受伤，无人员死亡。在浙江科峰新材料有限公司生产车间火灾、雷甸唐升海绵经营部事故火灾处置中，出色完成扑救任务。

2017年，通过理论学习、专题教育、官兵讨论、实践锤炼，引导官兵切实强化"四个意识"、坚定"四个自信"，以服从大局、严守纪律、履职尽责的实际行动，推进大队建设和消防工作。

开展条令条例活动月、"五无"创建等活动。强化组织领导，建立和健全各级安全组织，落实安全管理责任，强化官兵的条令意识、法纪观念。

【防消联勤】 以"六熟悉"和"防消联勤"为主要内容，大队与中队定期结合工作实际，共同对辖区重点单位、道路水源进行熟悉。2017年，大队开展熟悉演练26次；中队开展实熟悉演练265次，其中夜间36次；自开展高层建筑隐患排查工作以来，累计对高层建筑"六熟悉"105次，熟悉演练单位66家，灭火救援测试44次，制作数字化预案26份，作战信息卡66份，一般单位（小区）信息采集表43份。按照实战化训练与考核工作要求，开展基础和应用体能、技能（装备操作应用）、安全防护能力、现场急救、心理素质等基础科目训练。利用营区建筑、训练塔等设施，临机设情，开展以初战控火为重点的班组协同和中队合成训练。

【应急联动】 2017年，大队119接处警中心统一将重点单位微型消防站233家、社区微型消防站24家纳入接警系统，实现消防队伍与其他应急联动力量的指挥共享。对全县综合应急救援物资储备情况进行全面调查，以扑救辖区有可能发生的最大火灾为标准，建立健全与之相适应的灭火药剂调集方案。在浙江科峰新材料有限公司生产车间火灾、雷甸唐升海绵经营部事故火灾中，所有应急联动部门全部按要求到场，发挥重要作用。完成支队及县政府开展的多次联合拉动演练。7月初，县政府在钟管镇举行大型化工处置综合演练。全县已建成新市、钟管、雷甸、新安、洛舍、莫干和禹越等7支应急救援队，为切实提升消防综合应急救援队的灭火救援、防火巡查和宣传培训三大职能，大队每月对乡镇应急救援队伍进行指导，同时与乡镇应急救援队定期联合演练，每两个月召开工作例会，讨论、交流在火灾扑救、抢险救援、接处警等方面存在的问题，进一步增强乡镇综合应急救援队的灭火作战能力和协同配合能力。

【廉政建设】 2017年，大队纪委共受理上交礼品67批次，共上交

10月5日，县消防队员在伟铭纸业火灾现场灭火

（县消防大队 提供）

给市消防支队纪委67个批次,折合人民币13.40万元。共对12家行政处罚对象、63家消防审批对象进行执法回访。未接到反映大队不廉不洁的情况。加大消防窗口监督力度,受理资料实行全程录像监控,杜绝黄牛代办、消防工程公司代办等现象。

【监督执法】 2017年,大队共检查单位3925家,发现火灾隐患8369处,督促整改火灾隐患8365处,下发《责令改正通知书》3134份,下发《行政处罚决定书》259份,罚款130.01万元,临时查封43家,责令"三停"59家,拘留89人次,强制执行2家。共办理消防设计审核项目31个,消防验收项目42个,消防设计备案项目205个,竣工消防备案项目128个,开业前消防检查120个,组织火灾事故调查24起,其中一般程序14起,简易程序10起。全县派出所共检查单位12967家,发现火灾隐患10328处,督促整改火灾隐患10331处,下发《责令改正通知书》6698份,下发《行政处罚决定书》661份,《当场处罚决定书》126份,罚款18.68万元,责令"三停"1家,拘留136人次。

2017年,对全县12个镇(街道)、高新区、31个部门进行考核,并签订《消防安全目标管理责任书》,将消防工作纳入社会管理综合治理检查考评、平安创建和政务督查内容和社会稳定"三色预警"考核内容和平安维稳考核内容。每月检查任务,每月宣传培训任务和县消安委消防工作部署完成情况,对镇(街道)、高新区实行每月一考评一亮牌制度,全年共有5个镇(街道)受到黄牌警告,1个镇受到红牌警告。全县共排查出13家重大火灾隐患单位政府挂牌督办(年初挂牌1家市级、2家县级,夏防工作以来挂牌2家县级,隐患大排查期间挂牌3家市级、5家县级),市级区域性火灾隐患单位政府挂牌督办1家(浙北毛竹市场),并全部由县政府挂牌督办。至年底,隐患大排查期间挂牌的五星工业园已关停,其余11家重大火灾隐患单位均已整改完毕。全县233家重点单位已全部完成"户籍化"系统建档工作,160家重点单位完成消防安全标准化创建工作。233家重点单位均建立微型消防站。

抓好居住出租房消防整治行动。全县共排查出居住出租房9348家,其中居住100人以上出租房共5家,居住30人至100人之间出租房共241家,居住10人至30人之间出租房共2170家,3人至9人出租房6932家,已完成排查9348家(以上均为整治后的数据),发现消防隐患41922处,督促整改消防隐患31512处,下发整改通知书7152份,办理案件479起,拘留52人。在整治过程中,结合"智慧消防·智能防控"建设,全面完成9人以上居住出租房智能预警的安装,同时推广居住出租房旅馆式管理和电动车集中停放、充电相结合的管理模式,设置电动车集中停放区和紧急充电桩,设置警务站,每晚开展巡逻,提醒承租户电动车按规定停放和充电。

2007年来,全县消防综合应急救援队共检查单位2650家,督促整改火灾隐患4300处,出警443起,其中火警274起,抢险救援101起,社会救助68起,消防站开放52次,消防宣传85家,培训员工10230人。

推进"智慧消防"建设。在"德清英溪论坛"交流宣传智慧消防工作,提请县财政补助经费200多万元推广智慧消防工作。至年底,已完成安装智慧用电1403套,电气火灾监控系统200套,独立式感烟探测器26000只,智能预警1418套,消防远程监控系统25套,智能充电桩206套。

【消防宣传】 2017年,结合消防宣传"七进"工作,开展内容丰富、形式多样的消防宣传教育活动。

利用消防站、消防教育馆开展宣传教育,组织社会群众和学校师生,到消防站和消防教育馆参观学习,掌握消防知识,学习消防技能。特别是重大活动安保期间,站、馆加大开放频次,方便青少年和社会群众学习消防知识技能。

利用消防宣传车流动进村入企宣传,全年共走进100多个行政村(社区),240多家企业,发放各类宣传资料35000多份,受教育人达60000余人。

开展社会化培训工作,对233家重点单位的责任人、管理人及机关干部、社区居民、企业员工等进行消防安全培训,共举行各类消防安全培训班46期,培训人数8000余人,发放宣传资料19000多份。

按照《关于组织开展"全民消防我代言"大型公益行动的通知》文件精神,邀请德清籍正能量的公众人物和知名企业家加入到消防公益代言的行列,聘请德清籍的中国物流"女状元"、南方物流集团总裁官金仙为德清消防代言。在全县各行各业共聘有122人消防代言人。

在德清电视台、德清新闻、德清新闻网、德清县广播电台等设置专栏，宣传消防知识，曝光火灾隐患。同时，利用"两微媒体"和手机短信向社会群众宣传消防知识，每天更新微信、微博。2017年，共发微博2450条、微信1050条、手机短信40万条。利用户外视频、LED24小时滚动播放公益广告和消防安全知识。

（李　灿）

人民防空

【概况】 2017年，全县民防工作深入贯彻党的十八届六中全会、第七次全国人民防空会议和全省人民防空会议精神，紧扣市民防工作部署和县委、县政府中心工作及重点工作，突出防空防灾民防核心能力建设，提升民防应急应战能力。年内，建有德清县民防应急救援指挥中心，建有无线统控的防空防灾警报网，设立人防重点镇3个、建立民防疏散点、疏散场所和疏散地域，建有民防教育基地和民防展示厅各1个；拥有民防综合应急救援队2支、民防志愿者队伍1支、民防规范化社区5个。德清县"1604"工程在建。

【城市综合防护能力提升】 自建工程1604项目完成地下室底板混凝土浇捣。民防工程质监实行属地负责分级管理。完成德清县中心城区云岫、中心、英溪3个控规单元的人防专篇，结合旧城改造将乾元大家山防空洞建为民防教育体验馆项目完成立项。

【人防核心能力建设】 人防3个重点镇实现指挥平台全覆盖和民防应急指挥车车载系统全配置，重要经济目标某油库在规范化建设的基础上进一步接入信息化系统；疏散场所配置移动式联通设备；完成战备数据工程一期数据采集，完善县、镇两级防空方案。完成国家人防办人防警报系统与预警信息发布平台对接和紧急情况传输系统建设试点工作，每年新增固定警报器，扩大无线统控范围；同时拓展新型警报器，新增地面、地下多媒体警报器。组织参加省市统一部署的"浙江金盾-17"演练，以实战化标准圆满完成德清重点危化企业遭敌空袭应急演练及指挥所开设联通等科目。开展社区居民疏散演练和人民防空临战疏散安置对接演练，参演人数达300多人，学校防空演练人数全年不少于2000人。

【宣传教育】 民防教育初级中学开课率达100%，小学民防教育全面开展，受教育学生达12000多人。完成乾元北郊社区、新市西安社区规范化建设；打造钟管民防综合应急救援人防实训基地为"五进"示范点；党校人防教育按常态化进行。

开通新媒体微信公众号，多形式、多渠道广泛开展"3·1""5·12""9·18""10·31"等重要节点的宣教活动。建立一支10余人的文艺宣传队伍，并编排具有民防内容的3个节目。全年在国家省市县各级各类媒体发表宣传报道共计120篇，并制作人防宣传片、试点工作专题片和宣传广告视频，主题活动腾讯直播当天点击率超36万。

（许晓春）

4月，县人防办参加市人防办组织的准军事化训练　（县建设局　提供）

经济建设

农业·林业·水利

农 业

【种植业】 粮食生产 2017年全县完成粮食播种面积20.19万亩,粮食总产9.47万吨,比上年播种面积减少0.70万亩,减少3.4%;粮食总产减少0.41万吨,减少4.1%。其中,春粮面积3.36万亩,比上年增加0.75万亩,增加28.7%;总产1.34万吨,比上年增产0.59万吨,增加78.7%。早稻面积0.13万亩;总产605吨。秋粮播种面积16.70万亩,总产8.07万吨,面积比上年减少1.41万亩,减少7.8%,总产比上年减少0.97万吨,减少10.7%。晚稻面积8.03万亩,亩产561.60公斤,总产4.81万吨,比上年面积减少2.02万亩,减少20.1%;亩产增加4.90公斤,增加0.9%;总产减少0.78万吨,减少14%。全县新增旱粮面积0.20万亩。

2017年,全县共创建粮食高产示范方18个,面积0.88万亩,在新安镇下舍村、新市镇加元村、谷门村,洛舍镇张陆湾村、禹越镇天皇殿村等省级粮食生产功能区,落实水稻高产创建千亩示范片6个,面积0.72万亩,重点推广水稻浙优18、浙粳99等优高新品种、晚稻两壮两高、测土配方施肥、病虫综合防治、农药减量控害等适用增产节本技术。经市农业局科教处验收:新市镇加元村浙优18百亩高产示范方平均亩产924.80公斤,最高田块亩产944.80公斤;新安镇下舍村浙优18百亩高产示范方平均亩产905公斤。创德清县示范方产量(2016年863公斤)和单产(2016年869.6公斤)历史新高,新市镇加元村、新安镇下舍村百亩高产示范方分别获湖州市农业局水稻优质高产竞赛一、二等奖。

根据省、市政府"两区"建设要求,2017年全县粮食生产功能区建设任务23个圩区、0.73万亩。全县粮食生产功能区建设共投入资金350万元,其中省以上资金195万元,乡镇及其他建设主体投入155万元。新建、修复机耕路12.30公里,排灌渠20.21公里,机埠18座,机坡45个,新置农机具7台(套),土地流转面积0.11万亩。全面完成粮食功能区建设任务,并通过县级粮食生产功能区验收认定。全县已建成粮食生产功能区11.03万亩,实现提前一年超额完成省定11万亩建设任务。

开展化肥农药减量示范方建设,重点抓好新安镇下舍村等3个省级粮食功能区肥药减量增效示范方和钟管新港、下渚湖双桥稻鳖共生、虾稻共生等新型模式示范方以及莫干山镇筏头村、兰树坑村等对河口库区开展肥药减量双控示范区建设。推广应用配方肥、缓释肥等新型肥料,示范生态调控、栽培控害、生物防治、物理诱控、科学化学防治等技术,实现全年化肥减量302吨,农药减量48.10吨。

蔬菜产业 全年蔬菜生产面积52841亩,同比增长0.02%;产量8.04万吨,同比增长2.03%;产值2.24亿元,同比增长0.45%。食用菌353万袋,产量(鲜品)2214吨,产值1785万元,分别同比增长2.92%、13.71%和12.69%。主要品种有香菇、平菇、金针菇、秀珍菇等。果用瓜种植面积9743亩,产量1.80万吨,产值5627万元,其中西瓜7950亩,同比减少1.49%,产量1.61万吨,同比减少6.4%,产值4307万元,同比减少3.69%;甜瓜1080亩,产量1220吨,产值616万元,分别增长19.47%、24.24%和14.07%,其他果用瓜类713亩。

蚕桑生产 2017年,饲养蚕种29189张,平均张产52.50公斤,总产蚕茧1531.20吨。全年茧款收入6672.60万元,中秋蚕中毒补偿235.40万元,蚕茧合计收入6908万元,比上年减少729.20万元,减少9.5%。蚕桑生产继续呈萎缩趋势。2017年桑园统计面积43145亩，养蚕农户14221户。

2017年，推广蚕桑生产新技术新模式，建立农技推广中心农作制度创新示范点1个，开展桑园套养蛋鸡模式示范。桑园养鸡充分发挥桑园的生产潜能，提高桑园的综合经济效益。建立蚕桑工厂化生产技术示范点2个，示范推广小蚕工厂化饲养技术及蚕用新机具、新设备。开展"新品种试验、小蚕规模共育、省力化养蚕、蚕茧收烘返利"模式推广。

根据德清县推进农业供给侧结构性改革的要求，2017年全面实行蚕种经营体制改革，蚕种订购、催青、发种各环节由生产企业独立承担和运行，蚕桑部门负责技术指导服务，做到运作平顺，服务到位，保障优质蚕种供应。

水果生产 2017年，全县水果种植总面积19045亩。全年优化改造提升果园1050亩。水果总产量14492吨，比上年增产20%；水果总产值11846万元，比上年增长39%。2017年，德清县水果产业逐渐转型升级，趋向于与旅游结合，打造精品水果，整体面积有所下降，梨、桃、枇杷、葡萄等种植面积较上年相比有所减少，但水果质量有所提升，产品单价较好，产值有所提升，猕猴桃、樱桃、蓝莓等整体生产和销售相对稳定。

2017年，推进农业供给侧改革，调整水果生产种养殖模式，推广生态循环种养。建立新型种养模式"果园生态养鸡"试验示范点2个，全面推广实施生态养殖，合计推广果园生态种养面积450亩，合理调整果园空间，优化布局，保证果产品质量安全的同时改善果园环境，通过生态养鸡，农户亩增收1100多元，取得良好经济效益。

引进葡萄根域限制栽培新技术，开拓幼龄期葡萄—蔬菜套作新模式，示范面积5亩。通过对葡萄苗进行根域限制，配套水肥一体化喷滴灌设施，集中供给生长所需养分，保证葡萄植株健康生长，水肥管理便捷，省时省力。同时，利用棚架式葡萄幼龄期、攀爬结构不占空间、光热充足的有利条件，地面套作应季绿色蔬菜，提高空间利用率，有效解决设施葡萄园内前几年无收入的问题，为全县果农树立样板。

7月，莫干山镇明德家庭农场"大玉白凤"获得湖州市2017年"城山沟"杯桃王争霸赛优质奖。

在水果生产方面，还开展爱心助农活动，利用微信帮助莫干山镇筏头村贫困果农销售葡萄和黄桃。浙江大学教授贾惠娟及湖州市水果专家还专程前往果园，现场指导桃树和葡萄的管理与修剪，帮助贫困果农实现科技脱贫。

农作物病虫预测预报 2017年，对晚稻、蔬菜、油菜和大小麦病情发布病虫情报，发布各类病虫情报11期。

示范基地建设 提升茭白设施技术示范基地、西瓜网架栽培技术示范基地、西瓜—松花菜高效种植模式示范基地、莫干天泉菇业香菇种植基地、茭白—甲鱼种养模式示范基地、甜瓜—莴笋高效栽培模式示范基地、稻虾共生示范基地、稻鳖共生示范基地的示范模式，增强可看性和示范带动的效果。稻鳖共生、稻虾共生的两个种养结合示范基地成为农业部稻田综合种养现场会现场，小西瓜网架栽培示范基地成为国家级、省级现场会现场。

茶叶生产 2017年，茶园总面积3.05万亩，比上年新增6.5%；茶叶总产量1395吨，与上年基本持平，产值1.79亿元，比上年增加6400万元，增长56.2%。莫干黄芽茶产量491吨，产值1.57亿元，比上年增加5212万元，增长49.5%，其中黄茶产量30吨，产值2230万元。2017年，春茶开采时间3月6日，早上年一天。由于气温长期偏低，全县茶叶良种生产受天气影响较为严重，迎霜、龙井43开采时间明显推迟，高档茶产量略比上年降低，低档茶产量增产明显，整体产量稳中有升。

附：

茶事活动

4月15日，由德清县人民政府、浙江省茶叶协会主办的第九届莫干黄芽茶王赛在莫干山镇庾村集镇举办。赛会共收15只绿茶茶样和13只黄茶茶样，莫干山镇千亩山茶场（黄茶茶样）夺得本届"茶王"赛"茶王"称号。丁孝芳家庭农场有限公司（绿茶茶样）、筏头木竹坞茶场（黄茶茶样）和莫干山东山生态林场有限公司（黄茶茶样）夺得本届茶王赛特等奖。

4月29日，石颐茶场、云鹤合作社、横岭生态园、双丰茶业赴湖州滨河广场，为湖州市全民饮茶日带去传统工艺的莫干黄芽。全县9家企业11个茶样参加湖州第四届"陆羽杯"湖州名优茶评比，获半数金奖名额，共获得5个金奖，5个银奖。

5月18~21日,13家茶企抱团出击,共同参展,参加了杭州首届中国国际茶业博览会,着力打响"莫干黄芽"品牌。

6月6日,莫干黄芽地理标志登记感官品质鉴评会在杭州召开。鉴评会上,在听取莫干黄芽品质特色、场地环境、生产方式、人文历史、产品知名度、产业发展前景6个方面的汇报后,专家们对莫干黄芽的历史定义、品质特征、特色工艺进行深入探讨。

6月14日,双丰茶业、东山林场、石颐茶场、光明茶场等6家企业参加湖州陆羽茶文化博览会展示。传统工艺的莫干黄芽受到来自全国各地参会代表的肯定。

8月15日,制定《莫干黄芽茶》行业标准初稿。此工作由茶叶联盟首席专家浙江大学茶学系教授龚淑英发起。

8月24日,莫干黄芽农产品地理标志登记顺利通过专家评审。10月15日,与全国其他申请地理标志登记保护的87个农产品一起完成公示。浙江省农产品质量安全中心《浙江农产品地理标志汇编》的《莫干黄芽茶》编写工作完成。

【水产业】 2017年,全县水产生产平稳向好,养殖总面积21.44万亩,比上年增加0.23万亩,增长1.1%;渔业总产量13.57万吨,比上年增加1.26万吨,增长10.23%;渔业生产产值32.87亿元,比上年增加3.14亿元,增长10.6%。主导养殖品种为青虾、黄颡鱼、翘嘴红鲌、中华鳖和乌鳢,养殖面积分别为8.90万亩、3.50万亩、1.90万亩、1.50万亩、1万亩,主导养殖品种面积占比进一步增加。主导养殖品种中,中华鳖市场销售价格年底全面上涨、青虾价格稳定、黄颡鱼价格略有下降,翘嘴红鲌价格有所提高,养殖效益总体稳步提升。

以"调控总量、管控环境"为主线,倒逼渔业转型促发展为根本,开展全县域渔业尾水治理工程。至12月底,全县1333个治理点、15.10万亩养殖面积得到治理。

采取集中培训、分户指导、实地考察、观摩交流等方式,开展进村入户加强渔业技术指导服务工作。全年举办各类渔业实用技术培训31期,参加人员2080人,在新品种、新技术、生态健康养殖、安全规范用药、标准化生产等方面加大技术培训力度,提高广大养殖场生态健康养殖、安全生产的技术和水平。组织县、镇、示范基地、科技示范户,参加省、市、县举办的知识更新培训活动,提高渔技人员业务和综合工作能力。推广、应用澳洲淡水龙虾养殖、池塘底增氧技术、配合饲料代替冰鲜鱼技术、渔业养殖尾水治理技术、多品种生态混养模式、跑道式池塘内循环养殖模式、虾菜轮作模式等新品种新技术新模式。建立"省市专家—县级指导员—县镇(街道)渔技员—县科技示范户—县示范基地"工作机制和推广网络,连接渔业生产主体52家,建立渔业科技示范户120户,建立试验示范基地3家,发布5个主推品种和5项主推技术模式,开展国家级特色淡水鱼产业技术体系、虾蟹产业技术体系建设有关工作。

完成中央鱼类产业提升项目3个,完成总投资650万元。建成省级渔业生产发展苗种建设基地1个,完成总投资124万元。获准省级现代渔业转型发展先行区创建。创建农业部生态健康养殖场2家、市级龟鳖标准化示范镇1家,市级龟鳖标准化生产企业1家,通过项目和示范创建,改善养殖区生产条件,提升环境形象,显现生态化、标准化建设成效。

德清县小根水产养殖场的流水槽式跑道养殖模式(县农业局 提供)

浙江凤山奶牛养殖有限公司养殖场　　（县农业局　提供）

【畜牧业】 2017年,因环保整治、生猪双控、四棚整治、H7N9病预防及市场调节等诸多原因,全年畜牧业产值5.60亿元,与上年11亿元相比,减幅接近50%。年底生猪存栏3.69万头,能繁母猪存栏0.45万头,商品猪出栏8.60万头,同比分别减少23.55%、14.37%和73.16%。家禽养殖场由于关停拆除,家禽总存栏也下降明显,年底存栏为118.49万羽,同比减少55%。兔存栏量进一步减少,年底总存栏为6.34万只,同比减少43.62%。羊存栏量为7.27万只,同比减少12.85%。

【农业机械】 2017年,新增农业机械装备2896台套。新建新市镇蔡界村农机农艺融合示范点1个。完成水稻机械化栽植面积3.59万亩。新建德清县朱建国粮食专业合作社农机综合服务中心1个。粮食批次烘干能力达到693吨。

全年共申报各类补贴机具2653台套,农机购置补贴资金总额302.23万元,其中中央补贴资金267.86万元、省级补贴资金18.05万元、县级补贴资金23.32万元,受益农户663户。

全县共完成水稻机栽面积3.59万亩,其中水稻机插3.17万亩,机直播0.42万亩。

2017年,成立农业"机器换人"示范县创建领导小组,出台扶持政策,优化农业机械装备结构。全年推广无人植保机2架、大中型拖拉机14台、履带式旋耕机2台、旋耕机17台、插秧机14台、水稻直播机13台、收割机9台、抓草机1台、开沟机7台、微耕机15台、增氧机2454台、底部增氧设备15套、植保机械37台、茶叶生产机械61台、茶叶生产自动化生产流水线1套等各类农机具2800多台套。新增粮油(农机)专业合作社联合社1家,农机(粮油)专业合作社4家、省级农机示范合作社4家。成功创建全国水稻生产全程机械化示范县。

开展农机安全宣传,共发放宣传资料3000余份,发送安全警示短信3575人次。继续开展"平安农机"示范单位创建活动,成功创建省级"平安农机"示范镇1个、市级"平安农机"示范合作社2个。全年查处各类违章行为190余起,查扣涉嫌套牌拖拉机22辆,收缴假证4本。全县农机安全生产保持良好态势,共发生拖拉机道路交通事故3起,死亡1人,无道路外农机事故发生。

继续采取下乡现场回收待报废拖拉机做法,全年共报废解体拖拉机530余台,落实补偿资金140万元。

【农村产权制度改革】 深化股份权能改革工作,德清县作为全国29个试点县之一,在调研、座谈基础上,确定"三办法、三制度、一章程、一方案"八项制度创新为深化改革的主要方向。4月,以县两办名义发文,在全县村股份经济合作社全面推行。6月,全面顺利完成160个村股份经济合作社换届选举。开展深化股份权能改革业务轮训,统一部署村股份经济合作社社员身份确认及登记备案,统一开展股份继承等相关工作。11月,完成德清县深化农村股份权能改革试点总结报告并上报农业部。12月1日,在安徽天长市召开的全国股权改革试点总结大会上,县委书记上台交流发言。

德清县是全省农村土地承包经营权确权登记颁证12个整县推进的试点县之一,年内率先完成确权成果资料农户签字确认,率先完成测绘成果质量第三方质检,率先颁发土地承包经营权证,试点工作位列全省前列。6月9

日,县农村土地承包经营权颁证仪式在阜溪街道郭肇村村委举行,会上颁发了浙江省自2015年开展土地确权登记颁证工作以来,以新的确权标准颁发的全省农村土地承包经营权"第一证"。全县开展土地确权行政村137个、社区1个。符合条件不需确权的有7个村122个组,涉及农户3770户;暂缓确权的有7个村119个组,涉及农户3880户。实测耕地面积28.40万亩,签订合同71625份,签订率达99.5%;已发放农户权证69386本,颁证率96.4%。本次土地承包经营权确权登记颁证入库数据:确权村(社)138个,村民小组2579个,涉及农户72003户,地块191340块,实测家庭承包耕地面积25.85万亩,原承包合同面积为25.26万亩。

至2017年11月底,全县完成承包地块测绘成果专项质量检查,建成全县较为完整的农村土地承包经营权确权数据库,数据库成果全部有效汇交并由浙江省第二测绘院完成检测,按《浙江省农村土地承包经营权确权登记颁证档案管理办法》完成土地承包经营权确权登记颁证纸质档案收集和数字化扫描工作。12月27日,市综合验收组对德清县承包地确权成果进行综合验收,考核结果为优秀。

全年新增认定省级示范性家庭农场12家、市级10家、县级13家。同时,完成15家省级示范性家庭农场和25家市级示范性家庭农场动态监测工作。完成省、市、县示范性家庭农场相关信息系统录入工作。

(费建琴)

林　业

【概况】 2017年,德清县林业工作围绕"彩、护、富"三大目标,以争创"国家森林城市"为抓手,突出"绿满水乡、试点建设、生态文化、林业安全"四个工作重点,加快现代林业建设步伐,推进"森林德清"建设。德清县获得"全国林业信息化示范县"称号。

【绿化造林工作】 根据《德清县2017年度"人人植树 绿满水乡"绿化专项行动实施方案》,平原绿化工程主要以提升通道和村庄绿化水平、提高林业防灾减灾能力为重点,共完成平原绿化2860亩,累计投入资金6450万元。

根据《德清县彩色健康森林示范县实施方案(2015~2017)》,着重对"一点两区三线"开展项目建设,把珍贵彩色健康森林建设与森林旅游、乡村休闲相结合,把示范点建设成为风景点,共完成珍贵彩色森林建设5048亩,珍贵树种造林1060亩。成功打造下渚湖街道二都村、莫干山镇兰树坑村、四合村等三片局长示范林,面积1000余亩;建立德清县林场、德清好力园林绿化有限公司、湖州加怡热电有限公司等3个示范单位,洛舍砂村村、禹越镇高桥村、钟管镇北代舍村等3个示范村,新增完成21.10万株珍贵树种。洛舍镇成功创建省级森林城镇。德清县实现省级森林城镇全覆盖,并成功创建省级森林村庄3个,市级森林村庄13个,县级森林村庄8个;塔山森林公园被评为市级森林公园。

推进水乡古镇休闲景观线建设和环莫干山异国风情休闲景观线改造提升,完成主干线德桐公路背景林及小苗色块的更新调整工作,开展新市至含山、新市至千金段、新市至善琏段3条支干线的绿化景观建设工作,共计新增绿化面积14万平方米,完成新市二桥景观节点改造提升。

【森林资源保护】 严格实行林木采伐公示和网上办证制度,办理林木采伐许可证76份,审批2957.31立方米,凭证采伐率达100%;加强林地占用管理,依法审核审批项目19项,审核审批林地96.06公顷。

根据《德清县人民政府关于印发德清县综合治理毁林(竹)专项行动实施方案的通知》,加大对毁林种茶重点地段的打击力度,加快生态修复。全县茶叶面积共17930亩,其中拟生态修复1225亩,已经清理和拔除茶叶320亩。

下渚湖朱鹮浙江种群重建与野外放归项目进展顺利,朱鹮总数达到273只。野外种群的自然繁育取得突破性进展,2017年总共孵育小朱鹮51只,其中野外自然孵育小朱鹮21只,2017年朱鹮种群增长率达到23%,其中野外种群增长率达到49%。

【林业产业】 加强食用林产品质量安全监管,加大抽检力度,完成食用林产品及土壤肥料113批次,其中春笋冬笋88批次、板栗10批次、土壤10批次、肥料5批次,抽检合格率为100%。实施"一亩山万元钱"林技推广示范行动项目。完成早园竹早出覆盖示范推广示范面积3000亩,辐射带动9000亩,示范区产值达1.50

万元/亩,辐射带动区亩产值1.20万元/亩,新增产值12188万元。开展"竹+菌"林下经济种植模式推广,县香水岭林业经济示范点内示范种植的竹林巴西菇,亩产量达700余斤,产值可达5000余元/亩。全县早园笋面积10.10万亩,总产量达7.75万吨,总产值4.67亿元,笋农纯收入2.41亿元。

全力打造示范区先行区,在庙前、后坞两村设立香水岭现代林业经济示范点,打造森林休闲养生示范基地、竹海绿色森林食品基地、林产品加工转型发展基地、新型职业林农培训基地、林产品品牌和营销基地,探索林业服务乡村振兴路子。编制完成《毛竹林下种植蘑菇技术推广实施方案》,组织指导庙前村香水岭林业专业合作社和德清栖居林业合作社,开展毛竹林下种植蘑菇示范点建设。

2017年,圆满完成第十届中国义乌国际森林产品博览会参展任务,获金奖2个。莫干山镇森林特色小镇列入创建名单;后坞村、劳岭村被评为森林人家特色村。

【集体林权制度改革】 继续推进林权流转的登记颁证工作,办理林地经营权流转证5本,面积1920亩,办理林权抵押贷款2400万元。开展林业股份制合作社试点县建设,在林业示范区庙前村成立2个林业股份制专业合作社,新建3个股份制家庭林场。

【松材线虫病防治】 根据《德清县2016~2017年度松材线虫病防治工作实施方案》要求,结合德清县实际,清理死松木、衰弱木等,特别是对检查重点的疫点山头及主要交通道路沿线开展高标准的山场清理。到4月底,全面完成清理任务,完成清理病死松木面积7060亩,清理枯死松木3966株,累计清理疫木368吨,其中送定点企业安全处理193吨。对莫干山风景区、塔山森林公园等地开展打孔注射药剂5000瓶。对松褐天牛高密度区域开展噻虫啉地面喷雾1000亩,保障森林生态安全。

【森林消防】 森林消防工作坚持"以人为本、预防为主、积极扑救、有效消灾"的方针,提高应对森林火灾的预警能力和应急扑救能力。利用"3·19"森林消防宣传日等,共发放宣传手册5000份、告知书5000份、森林防火条例500册、涉林法律法规500册、禁火通告1000份,出动防火宣传车350余次。加强火源管理,建立健全野外用火审批制度,严格审批手续,落实防范措施,聘用44名森林资源管护员对全县涉林镇(街道)进行全天候巡查。配备消防车6台、高压水泵32台、风力灭火机140台、消防蓄水池8座等消防设施设备;西部重要林区道路和登山步道点建设监控安防点位194路。

(仲建平)

水 利

【概况】 2017年,德清水利围绕"五水共治""最多跑一次"等中心任务,开展水利"三大攻坚战"专项行动,重点实施"一园一城""两核两翼"水利工程建设,获得省政府水利工作最高奖大禹杯"金杯奖",德清治水经验成为"全国基层治水十大经验"之一。全国水资源管理工作座谈会、全省防汛工作会议在德清举办。德清县率先出台的一系列农田水利设施产权制度改革办法,在全国首个通过试点县国家验收,改革经验在水利部简报刊登,德清县"苦干、实干、加油干"的治水精神在全省推广学习。

【现代水利】 2017年,为更好地践行习近平总书记"绿水青山就是金山银山"重要理论,贯彻落实"节水优先、空间均衡、系统治理、两手发力"的新时期治水方针,德清县开展"浙江省现代水利示范区"建设,探索现代水利发展方向,开创治水兴水管水的新局面。

5月,自省水利厅复函同意建设"浙江省现代水利示范区(德清洛舍)"以来,根据"八个一"的总体要求,按照建设、管理、改革三大类别梳理出涵盖23项实施内容的任务清单,水利总投资约3.80亿元。县水利局、洛舍镇作为项目实施责任主体,以水系综合整治、水土保持示范、高效节水灌溉、圩区防洪排涝提升、水利科技推广作为五大重点项目,按照"成熟内容加紧干、探索事情加快试、空间布局可留白"的原则,有序推进各实施项目。至年底,水系综合整治项目清淤部分完成清淤方量85912立方米,岸线部分完成施工图设计;防洪排涝提升项目开工建设,张家湾闸站进行下部结构施工;水土保持示范园正优化施工图;350亩水利灌溉实验基地正进行土地流转并进行规划方案编制;管理展示中心(房建)已完成施工图设计;水情教育馆在水利部水情教育中心的领导、专家指导下正完善设计方案;

示范区信息化管理平台按"一中心七系统"的原则已基本确定设计方案。

【防汛防台抗旱工作】 2017年，德清县梅雨典型、高温持续时间长、台风影响小，汛情总体平稳。全县累计平均降雨1331.10毫米，为多年平均的95.5%，较常年略偏少。

德清大闸最高水位3.84米（6月25日，超警戒0.68米），最低水位1.05米（3月12日）；东苕溪上游来水9.27亿立方米，其中过导流港入太湖6.29亿立方米，经德清大闸入东部平原3.70亿立方米；太湖水逆流130天，回灌水量0.72亿立方米（德清大桥站）。新市最高水位2.11米（6月25日，超警戒0.25米），最低水位1.02米（3月12日）；对河口水库最高水位47.73米（7月7日，超梅汛限制水位0.73米），最低水位44.77米（6月11日）。

全县6月9日入梅，7月5日出梅，梅雨期26天，与常年相近，入、出梅时间较常年均偏早。梅雨降水较为典型，共有3轮过程，全县平均梅雨量277.0毫米，与常年基本持平（272.0毫米）。受梅雨降雨影响，东苕溪德清段、东部平原河网水位全面超警戒，6月25日出现全年最高水位，德清大闸超警戒0.68米，新市超警戒0.25米。全县梅雨汛情总体平稳，未出现灾情险情。7月5日出梅当日，18时至20时出现全县范围内短历时强降雨，平均降雨30.4毫米；其中西部山区暴雨到大暴雨，平均降雨50.6毫米，最大点碧坞站116.5毫米（其中18时至19时74毫米），县防指及时发布预警，莫干山镇立即启动应急响应，南路片各村迅速组织游客和群众转移，没有出现人员伤亡，暴雨造成4处滑坡、4处河道护岸冲毁。

出梅后，全县以晴热高温天气为主，尤其是7月12日至29日降雨仅4.3毫米，持续出现高温少雨；23日最高气温达40.9度，县气象台连续发布高温红色预警。高温少雨导致旱情显露，莫干山镇上皋坞、四合、燎原和舞阳街道山民、长春、城山等村近4200人生活用水紧张，山区茶园、果园、竹林等部分旱地作物受高温灼烧，旱粮受灾6000多亩，经济作物受灾3000多亩。8月上旬降雨增多，旱情得到有效缓解。

2017年，浙江省仅受到9号台风"纳沙"、10号热带风暴"海棠"、18号超强台风"泰利"以及20号强台风"卡努"外围环流影响，对德清县影响较往年明显偏弱；其中10月14~16日受"卡努"台风倒槽与北方弱冷空气相遇影响雨水稍多，全县累计降雨52.6毫米，有效补充水库山塘和河网蓄水。

主汛前，省、市党委政府领导高度重视德清县防汛工作。6月5日，省委副书记、省长袁家军到德清大闸检查防汛工作并作出重要指示，孙景淼副省长作出批示。梅雨、防台期间，县防指组织召开防汛防台会议，部署各项防御措施。各镇（街道）党政领导，有关部门负责人靠前指挥，深入一线检查部署防汛防台工作。

春节前，县防指立足早研究、早部署，狠抓防汛防台抗旱准备，确保各项措施落实到位。汛前县防指及时组织全县防汛大检查工作，对山洪地质灾害防御、水库山塘管理、在建工程安全度汛、城镇内涝防范等重点环节多次复查督查督办，确保不带隐患入汛。县政府与各镇（街道）、重点水利工程责任单位签订防汛保安责任书，明确水库山塘等防汛责任人4000余名，并全部录入省基层防汛防台体系信息管理系统。县、乡、村三级组建抢险队伍195支4600余人。全县储备编织袋86万只，桩木1300余立方，合金钢网兜80只，电动机和潜水泵750余台/套，挖掘机等机械103余台/套等一批防汛物资。

梅雨期间，县防指多次召集水利、气象、国土、建设等部门进行防汛会商，分析梅雨形势，研究梅雨防御重点，适时启动Ⅳ级应急响应，及时部署工作措施，成功防御3轮强降雨过程。防指、气象、国土等单位加强值守和监测预警预报，累计发布各类预警消息28条20万余人次。高温干旱期间，县防指密切监视天气和旱情发展动态，积极组织会商，分析研判旱情发展趋势，加强水资源统一管理。7月18日开始果断停止对河口水库发电保城乡供水，强化全县260座水库山塘放水秩序调配、优先保障山区群众饮水、农田灌溉用水，停止其他功能用水。7月25日起，指导莫干山镇、舞阳街道连续一周向旱情较重村集中送水，累计送水600吨，受益群众3000余人。台风期间，县防指强化应急值守，加强研究会商和工作部署，及时启动防台应急响应，全县各镇（街道）、有关部门按照最不利影响，团结协作、主动防范、迅速行动，及早开展防台风检查，全面落实好责任、预案、物资、队伍等各项准备,确保全县平稳度过台汛期。

高标准完成编制防汛形势图,全面细化防汛网格,明确危险区域、转移对象、转移责任人、转移路线、避灾安置地点等防汛信息,在全省率先高标准全覆盖完成183个村(社区)村级防汛形势图编制工作,做到防汛"一村一图",挂图作战。6月11日,《人民日报》对此专门作报道。完成基层防汛防台体系信息管理系统责任人数据录入,集中换届完成后,又及时更新补充各类责任人信息,做到动态更新。全面巩固提升镇(街道)"七个有"、村(社区)"八个一",完成防汛防台群测群防项目。

【水利工程建设】 2017年,累计完成水利投资8.12亿元,占年度计划的125%。

德清县第九批小农水项目县建设项目 建设时间为2017～2019年,分3个年度实施,覆盖全县11个镇及街道(除下渚湖街道)。包括山塘整治及农村河塘综合整治共102座,实施高效节水灌溉面积1.20万亩,农村河塘清淤6.49公里,新建排水涵闸5座、新建排涝站3座、圩堤整治7.20公里。建设总投资10679.64万元。

2017年度项目县建设总投资3568.04万元,完成山塘整治33座,实施高效节水灌溉面积3000亩,农村河塘清淤6.49公里,农村河塘综合整治12座。

十字港水系综合治理项目 十字港水系综合治理项目是全省2016年中小流域综合治理试点之一,主要建设内容:一是水系连通

十字港水系之河道　　　　　　　　　　　　　　(县水利局　提供)

106处;二是清淤河道总长度224.20公里;清淤湖漾总面积4262亩,合计清淤272.30万立方米;三是建设生态堤岸542段,总长度544.50公里;四是建立德清县河道数字化管理信息平台。项目总投资4.76亿,用五年时间分五期实施。一期工程于2016年8月开工建设,截至2017年底共完成90%工程量。十字港水系洛舍漾片综合治理一期工程于2017年7月开工建设,截至2017年底完成总工程量的40%;十字港水系苎溪漾片综合治理二期工程完成初步设计报批。

扩大杭嘉湖南排工程(德清部分) 扩大杭嘉湖南排工程是浙江省太湖流域水环境综合治理五大重点水利项目之一,同时也是国务院确定的172项重大水利工程之一,工程涉及杭州、嘉兴、湖州(德清县)三地。工程(德清部分)初步设计于2014年12月11日获省发改委批复(浙发改设计〔2014〕173号),概算总投资10.08亿元,施工总工期3年,涉及河道总长46.40公里,拆建桥梁19座。德清部分工程主要包括长山河延伸拓浚工程(德清段)和盐官下河延伸拓浚工程二个子项,其中长山河延伸拓浚工程德清段西起洛舍大闸,东至桐乡洲泉,途经洛舍、钟管、新市,河道长27.20公里,按河道底宽20米、河底高程－2.8米拓浚,标准断面堤间宽66米。盐官下河延伸拓浚工程西起德清县半潭漾与十字港交界处,东至大东港德清县与余杭区分界处,途经新安、禹越,全长19.20公里,按河道底宽35米、河底高程－2.8米拓浚,标准断面堤间宽78米。2017年完成投资1.53亿元,河道拓浚26.40公里,清淤30万立方米,建成堤防11公里、桥梁11座,2017年12月主体工程完工。

城东圩项目 城东圩整治工程实施城东圩区整治,面积2.71万亩,总投资7114万元。8月底开工,至年底,完成总工程量的50%。

新市圩项目 新市圩整治工

扩大杭嘉湖南排工程(德清部分)之河道　　　(县水利局　提供)

程实施新市镇镇区防洪工程,面积1.34万亩,总投资7882万元。8月底开工,至年底,完成总工程量的50%。

农田高效节水灌溉工程项目　农田高效节水灌溉工程涉及5个镇,18个项目片区,总实施面积8000亩,总投资2375万元。8月底开工,11月全部完工并通过验收。

智慧水利(一期)项目　智慧水利(一期)项目充分利用"物联网、云计算、移动互联网技术、3S技术、大数据分析、无人机"等新兴技术,实现水利信息采集多元化、资源集约化、数据知识化、应用智能化、服务社会化。该项目于2017年8月开工建设。2017年,完善水利自动数据采集站网建设布局,建成11处自动水位站、4处雨量站、29处视频监控点,实现水文、重要水利工程的网格化、立体化监测体系;建设云数据中心,以"水利一张图"方式为平台提供支撑;搭建智慧水利九大业务系统包括综合信息管理、信息监控预警、防汛指挥决策、水利工程建设管理、水利工程标准化运行管理、水资源综合管理、水政监察管理、平台运行维护管理、电子政务办公,涵盖水利局目前业务管理全方向。截至年底,完成全部工程量的50%。

苕溪清水入湖河道整治工程(德清段)　苕溪清水入湖河道整治工程是浙江省太湖流域水环境综合治理五大重点水利项目之一,本项目涉及的德清部分,包括导流西岸整治工程、导流港清淤工程、导流东大堤生态修复工程等内容。2013年2月,该工程获国家发改委可研批复;2014年11月,获省发改委初设批复,总投资6.22亿元。工程建设任务是:导流西岸堤防整治39公里(其中阜溪右岸险工段长8.80公里),改造沿线节制闸8座;导流港清淤13公里,清淤土方228万立方米;导流东大堤(德清大桥—洪东湾)生态修复12.60公里,工程完成后将改善太湖流域和杭嘉湖西部地区水环境,提高区域防洪排涝能力并兼顾航运。至2017年底,该项目基本完工。

水梦苕溪工程　东苕溪(德清段)生态提升工程(水梦苕溪)位于东苕溪导流港两岸堤防,建设内容包括东、西大堤约27.60公里堤防绿化带的整体生态景观的改造提升。工程以"水梦苕溪岸,滨水慢生活"为目标,融合水岸生态、水利文化、县域特色、现代休闲等多种元素,通过"桃园香榭""新湾春晓""湖光山色""渔舟唱晚"四大区块的联结展示,发掘德清水利底蕴,深化"五水共治"工作的实践成果,打造具有生态、人文、休闲于一体的慢生活滨水生活带。工程概算投资约8000万元。2017年该项目全速推进。

【河湖治理】　围绕"大花园""大景区"创建,坚持系统治理,建设魅力健康河湖,强化"水旅"融合,将水利工程全力打造成集安全、生态、文化、旅游于一体的"生命线""风景线""惠民线"。治理重点依托东苕溪湘溪片中小流域、十字港水系综合治理等工程建设,投资近20亿元,实现全县1211条河道全覆盖。同时,按照"决不把污泥浊水带入全面小康"的要求,全力开展清淤工作。2017年9月完成清淤335万立方米,提前三个月完成年度目标任务,并因地制宜将清淤与废弃矿治理、水利工程建设、造地造田和生态河道治理等有机结合,实现淤泥无害化、减量化、资源化处置。另外,与培育水文化、发展水经济相结合,促使总投资5.80亿元的古婚俗文化传承基地项目、总投资6.20亿元的浙江三中粮油科技有限公司成功落地。同时,带动以"洋家乐"为代表的乡村休闲旅游蓬勃发展。

【标准化管理】 按照"高起点谋划、高品位建设、高标准管理"的要求,落实运行工程创建全面推进、在建工程内容全面补进、规划工程设计全面跟进,同时,探索建立经费保障、专业管理、智慧管理等机制,全域推进标准化管理创建工作。德清大闸、城西泵站等一批工程入选2016年度全省"典型工程",成为全省获评典型工程最多的县。2017年,在总结完善的基础上,全县铺开,圆满完成标准化创建任务2031项,建成全省唯一县域标准化管理全覆盖的省级示范县标杆。

【水利改革】 产权制度改革。德清县是国家农田水利设施产权制度改革和创新运行管护机制试点县,以发"两证"、建"一市"、活"两权"、优"三化"为抓手,创新"确权、赋权、活权"新举措,努力构建农田水利设施建、管、养、用一体化新体系。累计颁发农田水利设施所有权证2274本,实现区域、类型、工程全覆盖;全县完成水利资产所有权抵押融资及证券化共3单,金额7.90亿元;开展小型水利工程资产重置估价,形成5.80亿元水利重置资产价值,人均新增股权1786元,实现"双赢"。2017年5月,以优异的成绩在全国首个通过国家验收。

农业水价改革。2016年明确德清县为省级农业水价综合改革试点县以来,农业水价改革扎实推进,2017年在完成大缺郎、新开圩两个试点及8000亩低压管道灌溉区的基础上全县铺开,形成德清南方丰水地区节水减排的新模式。

"最多跑一次"改革。依托"互联网+政务服务",优化办事流程、加快审批速度,19项(主项)全部实现"最多跑一次",其中"零上门"事项14项,提升水利审批效率。

(丁云琴)

对河口村美丽村道 　　　　　　　　　(县农办 提供)

工业经济·信息化

综 述

2017年,德清县工业经济实现持续、稳定发展,呈现"稳中有进,稳中提质"的发展总态势。全省工业强县综合排名进入二十强。全县规模以上工业增加值完成225.80亿元,同比增长8.8%。全县工业投资完成160.10亿元,同比增长13.8%,其中技改投资完成137亿元,同比增长10%。全县规模以上工业企业实现利税113.30亿元,同比增长14.1%;其中规模以上工业企业利润实现76.70亿元,同比增长14.8%。一批项目入选"国字号""省字号"示范项目,获得补助资金1.10亿元。成功入选全省离散型智能制造、两化深度融合、家装材料行业产品升级改造、工业节能和绿色制造等4个省级试点示范和省级深化"三名"培育县,获得补助资金2400万元。泰普森、华莹电子和鼎力机械入围国家级智能制造项目,获得补助资金8620万元。

工业经济

【转型升级】 以装饰建材、纺织产业作为传统产业改造提升重点,推进块状经济向现代产业转变,不断提升主导产业核心竞争力。三大主导产业规上工业产值占比达71%,战略性新兴产业增加值占比39.1%,绝对值全市第一。推进工业企业由要素驱动向创新驱动转变。新增省级工业新产品、新技术备案389项(其中通过鉴定86项)。工业新产品产值达到420.10亿元,同比增幅19.8%,新产品产值率33.7%。欧诗漫被评为国家级设计中心,新认定省级企业技术中心2家,入围省级优秀工业新产品5个,华立涂装等5款智能化新装备获评省装备制造重点领域首(台)套。

【项目双进】 实施"重大项目攻坚促发展"专项行动。全年新认定工业"大好高"项目15项,在建工业"大好高"项目完成投资50.80亿元,增长29.3%。70项投资1亿元以上重点工业项目完成投资88.50亿元。100项投资2000万以上的重点技改项目竣工56项,完成投资43亿元。设备抵扣额21.40亿元,同比增长48.4%。重点在汽车配件、钢琴木业等细分行业中开展"机器换人"工作,全年实施200万元以上"机器换人"项目177项,投资48.40亿元。

【企业培育】 全力培大育强,加大对"双金""双银""小巨人"企业

华莹电子芯片生产车间　　　　　　　　（县经信委　提供）

的梯度培育力度，"一企一策"制定政策，61家工业龙头骨干企业销售额和利税分别达到897.30亿元、67.20亿元，同比增长15.7%和9.2%，销售额达到全县销售总额的77.1%。深推中小企业成长，坚持"小升规"量质并举，完成"小升规（新进规）"50家。落实中小企业"专精特新"发展政策，新增省管理创新示范企业1家、试点企业4家和省创新型示范中小企业2家。持续推动企业降本减负，累计为企业减负30亿元。

【提档升级】 开展工业建成平台"提档升级"专项行动，在摸清6大类工业企业基数上，"一企一策"精准发力，累计提升土地2475.60亩，其中盘活闲置土地773.60亩，提升低效利用土地1252.70亩，处置僵尸企业15家、449.40亩。加快工业平台建设。全县两大平台累计完成平台投入12.90亿元，新拓展平台面积2330亩，新建成平台面积2640亩。

【绿色制造】 推进"重污染高耗能"行业落后产能淘汰、"低小散"块状行业企业整治，淘汰落后产能企业35家，腾出用能空间8万吨标准煤，关停、整合、提升"厂中厂""低小散"企业1014家。探索"区域能评"，确定区域负面清单。深化开展工业企业分类综合评价工作，完成1438家工业企业"亩产效益"综合评价，工业企业产出效益不断提升。

（何 赟）

【上市工作】 2017年，全县完成企业上市3家（三星新材、凯色丽、升华兰德），创全县单年度上市数量新高，占全市的43%，准备申报上市材料3家；完成企业新三板挂牌4家，占全市的40%，准备申报新三板挂牌材料1家；完成浙江股权交易中心挂牌企业24家；完成企业股改8家；全年新增直接融资125.70亿元。完成上市公司直接融资37.70亿元，其中首发上市5.90亿元，再融资31.80亿元，新三板挂牌企业实现再融资0.52亿元；2家上市公司实施并购重组4次，并购金额43.40亿元，上市公司总市值超1200亿元，占全市的60%。

强化"月通报、季点评、年考核"工作，积极对接和争取上级证券监管部门和省、市金融办对德清进行指导，协调解决才府玻璃、华源颜料、东成药业等6家企业上市、挂牌过程中存在的问题，组织开展3次拟挂牌上市企业培训和新三板公司董秘培训，在市、县媒体上开展上市政策和典型案例宣传，并督促中介机构提升对企业"一对一"服务质量。发挥上市公司带动拟上市企业发展的引领作用，形成"以企促企，以企带企"的上市文化机制。2017年，完成三星新材上交所上市、凯色丽韩国上市、升华集团借壳上市；才府玻璃证监会排队审核、杭化科技浙江证监局辅导备案、瀚锶科技准备进入辅导期、兆龙线缆准备股改；中孚环境、金绫家居、凯润药业、松华新材新三板挂牌；辰鸿纺织申报新三板挂牌材料；完成股改企业8家，企业挂牌上市梯度发展态势良好。

坚持"互看互学互比"，赴诸暨、余杭等先进地区专题学习，整合提升原有政策，出台进一步推动企业利用资本市场加快发展的若干意见（20条），重点新增上市公司并购重组、对外投资、设立产业并购基金等政策，引导上市公司抢抓机遇，在"聚焦实业"和"做强主业"的前提下实施再融资和并购重组，提升发展质量、核心竞争力和规模实力。2017年，瀚叶股份非公开发行融资23亿元，以16亿元收购成都炎龙科技100%股权，介入互联网游戏领域；美都

3月6日，三星新材在上海证券交易所上市　　（县金融办　提供）

能源以 6 亿元取得杭州耀顶 25% 股权并获取优先增资权,介入新能源汽车运营领域,以不超 19 亿元收购湖州融汇嘉恒融资租赁 100%股权;美都能源旗下全资子公司与新时代集团浙江新能源材料有限公司、浙江新时代海创锂电科技有限公司等签订《增资入股框架协议书》,以不超过 2.40 亿元人民币增资持有海创锂电 60%股权,上市公司并购重组步伐不断加快。

(陈　超)

信　息　化

【两化融合】 以离散型智造、流程型智造、软硬一体化、两化深度融合、智能化改造为方向,开展"百家智造挖潜力"专项行动。泰普森户外"双创"云平台建设项目列入国家制造业"双创"平台试点示范项目和服务型制造示范项目;天马轴承等 5 个项目入围省级智能制造重点项目。突出协同创新、融合催生、产业培育、基础支撑等四个重点,深化制造业和互联网融合发展,德华兔宝宝、升华云峰入围工信部两化融合管理体系贯标示范试点企业;布劳恩等 7 家企业列入浙江省制造业与互联网融合发展示范试点企业。推动企业上云工作,全年新上云企业预计突破 1000 家。实施企业信息化登高计划,大力培育信息产业发展,德清县在省级软件和信息服务产业创业基地综合评价结果位列全省第三,华莹电子、航天南洋 2 家企业入选省电子信息产业百家重点企业。

【信息经济】 规上信息经济核心产业实现主营业务收入 88.94 亿元,同比增长 31.1%。其中,规上信息制造业实现主营业务收入 77.09 亿元,同比增长 30.7%;规上信息服务业实现主营业务收入 11.85 亿元(含电信业务收入),同比增长 34%。全县已有工信部两化融合管理体系贯标试点企业 5 家;省总部型企业两化融合示范试点培育企业 1 家,省工业企业信息化试点企业 2 家,省两化融合示范试点企业 4 家,省制造业网络营销示范企业 2 家,省个性化定制示范试点培育企业 2 家,省服务型制造示范企业 1 家,省制造业与互联网融合发展示范试点企业 7 家;市总部型企业两化融合示范试点培育企业 2 家,市两化深度融合试点示范企业 95 家。全县共有工信部智能制造综合标准化与新模式应用项目 2 项,国家服务型制造示范项目 1 项,国家制造业"双创"平台试点示范项目 1 项,国家发改委、工信部智能化重点技改项目 1 项;省两化深度融合智能制造示范试点项目 2 项,省级互联网与产业融合应用项目 2 项,省智能制造重点项目 5 项;市级两化融合重点项目 83 项。

【地理信息】 地理信息产业园新引进企业 161 家,其中地理信息企业 45 家。招商产业结构得到优化,从以传统测绘行业和注册型金融企业为主的单一产业结构转变成现在以服务企业为主的多元化服务型企业,已有千寻位置、国内农业植保机龙头企业——极飞地理等企业入驻。招商项目质量显著提高,通过以商引商,举办北京、上海推介会,国际工业级无人机暨北斗卫星应用产业发展高峰论坛等方式招引一批"大好高"项目,成功引进中科院遥感与数字地球研究所德清分所、GIS 龙头企业——超图软件、国内首家集卫星研制、运营管理和遥感信息服务的全产业链商业航天遥感卫星企业——长光卫星技术有限公司、中科微电子、杭州常裕金融控股集团有限公司、雅高诺富特酒店等项目。小镇已集聚地理信息企业 153 家,其中全国百强地信企业 20 余家,成为国内地理信息企业集聚度最高的园区。

(何　赟)

金融业

综　述

2017年,新增全社会融资总量236.36亿元,完成全年目标200亿元的118.18%；各项存款余额666.78亿元,新增79.75亿元,同比增速13.59%；各项贷款余额583.37亿元,新增88.59亿元,同比增速17.9%,其中,绿色贷款余额118.26亿元,新增规模32.16亿元。完成金融业税收11.89亿元,同比增长34.66%,占全县税收收入的15.39%,金融业已成为县域经济支柱产业之一。银行不良贷款余额2.19亿元,比年初下降0.91亿元；不良率为0.38%,比年初下降0.25个百分点,继续低于全市平均水平,资产质量处全省最优行列。

全年新增金融业态35家,德洽会上德清县与工行湖州分行签订5年在德清新增融资投放额不少于100亿元政银合作项目已投放贷款9.35亿元；泰隆银行、浙商银行、国泰君安证券相继营业,兴业银行将在年内开业,稠州银行在德清县设立支行获批复同意,已完成选址；由杭州常裕金控注册成立多家平台公司,总注册资本不少于5亿元,首期固定资产投资3亿元,已成立13家项目公司,现已启动装修；杭州华盛达金融产业迁移项目签订落户协议并陆续迁回德清县,已设立12家项目公司；组建以科技担保公司为主发起人,注册资本1亿元的政策性融资担保公司；特别是阿里千寻浙江公司项目被认定市服务业"大好高"项目,德清县中小企业转贷中心获评2017年浙江省十大服务小微企业优秀项目。

围绕"金融服务实体经济"的宗旨,强化考核和监管推动,引导银行机构积极向上争取政策倾斜和资源支持,优化增量,重组存量,加大对实体经济的有效信贷投入；积极推动企业扩大直接融资规模,拓宽融资渠道；推动小贷、民融、转贷、担保等地方金融组织加快发展,引导社会资本流向实体经济。至12月底,全县新增全社会融资总量236.36亿元。

开展"百名行长进千企"活动,督促全县各银行机构行长主动下沉,深入企业了解生产经营、项目融资需求等情况,解决企业实际难题。全年银行行长走访企业3810家,新增授信20.69亿元,降低收费88.39万元,解决问题507个,活动氛围浓厚,走访成效明显。

制定《德清县金融引领绿色经济发展试验区建设实施方案》,重点推进构建绿色金融组织体

2月14日,杭州常裕金控集团与湖州莫干山高新区管委会举办签约仪式　　　　　　　　　　　　　　　（县金融办　提供）

系、推动绿色企业对接资本市场、构建绿色产品融资体系、构建绿色金融风险防化机制和构建绿色要素保障体系等工作。将金融机构开展绿色金融工作纳入年度金融机构支持地方经济发展考核。

工商银行湖州分行在德清举办全市绿色金融服务推进会，并为工行德清支行等进行绿色金融服务分中心授牌、邮储银行德清支行成立"三农"事业部德清县营业部、德清农商行公司业务部更名为德清农商银行绿色金融部、德清湖商村镇银行以绿色金融为信贷重点组建莫干山支行。

各金融机构积极向上争取政策和规模，加大绿色信贷支持力度。如，中信银行德清支行积极向上争取专项融资规模政策倾斜，绿色信贷规模达到10.09亿元，占新增贷款金额的84.8％。浙商银行德清支行以产业基金为抓手，引入浙银资本成立股权投资基金，出资1.17亿元作为优先LP方，并为项目发放贷款3亿元，共4.17亿元资金以"投贷联动"模式助推佐力集团收购"郡安里"项目。稠州银行德清支行（筹）上报6个绿色金融债券项目，总投资额55.76亿元，其中浙江工业大学德清校区项目和下渚湖宝塔山旅游度假屋项目已开展授信。工商银行德清支行创新推出"融e购·洋家乐"绿色电商项目；德清湖商村镇银行推出"环保贷"排污权抵押贷款；德清农商行推出"绿色光伏贷"业务；德清湖商村镇银行和德清农商行推出商标权质押贷款等，绿色金融在德清呈现良好推进态势。发挥政府产业基金的引导作用和放大效应，撬动社会资本投资绿色企业和重点产业等领域，县政府产业基金有限公司与德华创业投资有限公司创新合作以3∶7的投资比例成立2个子基金，一期投资规模1亿元，二期参照一期的投资比例已经投资3500万元，主要投资县内绿色企业、重点产业等领域。

大力支持地方金融组织在依法合规前提下，通过向上争取资产证券化、产业链金融等产品和业务模式创新，实现持续、加快和特色发展。如佐力小贷、金汇小贷获批开展创新业务，各发行定向产品6000万元；升华小贷、德华小贷获上交所审核通过，联合发行总规模1亿元的"国泰元鑫—财通证券—德华、升华小贷资产支持专项计划"资产支持证券；特别是德清县中小企业转贷中心获评2017年浙江省十大服务小微企业优秀项目，累计为2516家次企业转贷52.30亿元，为企业节省转贷成本1.10亿元。

制定"护航十九大"金融维稳安保专项工作方案和应急预案，强化属地责任，对镇（街道）金融维稳工作考核实行一票否决，落实各牵头部门的主体责任，深入开展传统金融机构风险、新金融业态风险、涉企金融风险排摸、防控和化解。严格落实领导带班值班和信息报告制度，全力以赴做好十九大金融维稳安保工作，确保十九大召开前期及期间全县金融运行稳定。至12月末，全县银行不良实现双降，不良贷款余额2.19亿元，比年初下降0.91亿元；不良率为0.38％，比年初下降0.25个百分点，继续低于全市平均水平，资产质量处全省最优行列。

制定互联网金融风险专项整治工作实施方案和应急预案，根据国家互联网整治办要求，金融办、公安局、市场监管局、人行、银监办重点对德清县2家P2P公司和2家其他交易平台企业进行排查，并监督企业进行整改，对佐力小贷、德华小贷、升华金服等经备案开展互联网金融业务的企业开展专项风险排查；对市金融办下发的有关重点企业名单逐一进行排查整治。印发2万份防范打击非法集资资料，派发到各金融机构、高新区、镇（街道）、村（社区），转发到广大群众手里。公安局查处集资诈骗案1起，涉及受害人16人，涉案金额50万元，抓获犯罪嫌疑人5名，挽回经济损失近40万元。市场监管局开展涉嫌非法集资广告资讯信息排查清理活动，监测投资理财类广告信息260余条次，排查楼宇、街道广告牌50余块。联合金融业协会开展"3·15金融消费者权益日"、举办普惠金融服务活动及通过媒体、户外大屏幕、出租车车载广告、气象短信进行金融消费权益保护、金融诈骗防范宣传。

（陈　超）

金融监管

【中国人民银行德清县支行】　至2017年底，全县金融机构本外币存款余额666.78亿元，比年初新增79.75亿元；本外币各项贷款余额583.37亿元，实际比年初新增88.59亿元。

2017年，认真贯彻人总行精神和县委县政府工作要求，把握德清县经济金融特征，着力提升稳健中性货币政策的贯彻执行水平。强化窗口指导,通过召开货币政策通报会、金融形势分析会议等形式,及时分析经济金融形势,传达贯彻上级行货币政策精神,督促县内金融机构落实国家各项宏观政策。要求辖内银行合理确定利率定价机制,实施差别化信贷利率,对符合产业导向、利于转型升级、县域重点产业和支农支小等降低利率浮动比例,努力降低社会融资成本。提升站位意识,主动加强与各层面的沟通引导,优化政策实施环境。根据形势的变化,通过沟通汇报、走访调研、提供专题材料等途径,做好重大金融政策出台的宣传工作。借助信贷政策执行效果评估、支农再贷款等手段工具,引导金融机构把稳健中性货币政策落到实处。

加强绿色信贷投入,助推湖州莫干山国家高新区、地理信息小镇、浙江生物医药产业集群转型升级示范区建设和09省道以北区块"退二进三"工程等重大产业平台建设。推进绿色金融信用信息体系建设,督促、引导各金融机构利用现有绿色信息、环境违规等绿色系统信息平台作为客户贷前调查和贷后管理重要手段。召开银行业金融机构绿色金融工作推进会,明确部署绿色金融发展目标任务,贯彻落实《绿色金融统计制度》,明确统计口径及指标释义,使绿色金融观念深入人心;配套支持服务不断增强,试行绿色金融专营支行,尝试配备绿色金融产品经理,推进组织机制创新;绿色信贷领域逐渐拓宽,加大对节能环保及新能源项目的信贷投放,创新推出"环保贷""绿色光伏贷""信用＋民宿贷"等绿色金融产品。

引导县农商行扩大"三农"及小微企业信贷投放,切实降低"三农"和小微企业融资成本。德清农商行支农、支小再贷款余额0.75亿元,支农再贷款累计发生额8916.90万元,累计支持农户202户,加权平均利率为5.41%,较其他资金发放的同类贷款低1.97个百分点。支小再贷款累计发放1734万元,累计支持小微企业9户,加权平均利率为4.97%,较其他资金发放的同类贷款低1.31个百分点。

会同县财政局、社保局联合下发《德清县创业担保贷款管理办法》,助推县域大众创业、万众创新,督促、指导金融机构严格落实差别化住房信贷政策,促进房地产市场平稳健康发展。

出台《德清农村承包土地经营权抵押贷款风险补偿管理办法》和《德清农村承包土地经营权公允价值评估办法》,明确风险补偿程序及金融机构对债务人的追偿责任,为推动农村承包土地经营权抵押贷款增量扩面强化政策保障。至年底,累放农村承包土地经营权抵押贷款3.66亿元,累计支持农户676户,农村承包土地经营权抵押贷款余额1.88亿元,比年初新增1.05亿元。

做好金融风险防范工作。通过召集金融机构座谈会、下发指导文件等多种途径,引导辖内金融机构降低企业融资成本,帮扶企业共渡难关。继续实施"三色预警"工作。按月监测全县650余家规模以上工业企业的欠息情况。强化出险企业监测、银行信贷资产重大事项报告等制度,依托日常风险监测,围绕不良贷款情况、担保链风险、不良贷款处置情况以及逃废债现象等开展专项调查。按"一企一策"的原则,在县政府的统一领导下积极参与协调有关乡镇开发区、有关部门、银行、企业进行债务处置,妥善防化信贷风险。

提升现金供应服务能力,继续发挥好县域小面额现金调剂中心的作用,满足县域群众对小面

4月21日,县人行召开全县金融机构负责人会议 (县人行 提供)

额现金的需求。积极适应执行上级行普通纪念币发行方式转变，保证辖内纪念币发行兑换公开、有序。提升反假货币防控能力，继续推进银行业金融机构对外误付假币专项治理和全额清分工作，加强反假货币宣传工作。

做好辖内银行存量个人人民币银行存款账户相关身份信息真实性核实验收工作，组织辖区法人机构进行自查评估。围绕人民银行征信、反洗钱、发行、国库、支付结算、金融统计、外汇管理等业务职能，对金融机构开展各个领域的全面检查，进一步规范金融机构经营行为，夯实维护金融稳定的基础。

全面落实资本项目收入意愿结汇政策，便利企业资本金及外债资金使用。支持辖内中非经贸港等外贸综合服务平台发展，提供政策支持，进一步便利小微企业出口。联合县商务局、县国税等部门，举办涉外企业实务培训班，对现行外汇管理政策和外汇监测系统实务进行讲解演示。构建跨境资金流动本外币一体化管理体系，设立本外币业务办理"单一窗口"，进一步便利企业政策咨询及业务办理。加强事中、事后监测分析，防范跨境资金流动风险。敦促银行在业务办理过程中落实展业三原则，提高外汇业务质量。加强对企业货物贸易项下外汇业务合规性的监管，重点核查企业是否按规定进行贸易信贷报告向贸易背景、贸易信贷真实性等方面转变。

智慧支付创建工作在多个领域实现突破。制定《德清县2017年"智慧支付"工作目标和主要措施》，推动"智慧公交""智慧菜场"等便民服务项目建设。完成对全县第一批9条线路的80多辆公交车支付方式的升级改造，城区内一票制公交实现支持银联云闪付、银联二维码、支付宝等多方式支付。在乾元和新市菜市场开展"智慧菜场"试点，将POS机和电子秤结合，首批布放32台机具，实现"支付快捷便利、食物安全可溯源"。

优化普惠金融服务环境。开展"3·15"金融消费者权益保护日、"两会主题宣传"和"金融知识普及月"等主题宣传活动，积极借助地方新闻媒体、金融知识宣讲团宣传金融知识，在农村地区设立金融消费权益保护服务站，加大金融消费者权益保护力度。联合公安等多部门，开展打击银行卡网上非法买卖专项整治行动。严厉打击恶意逃废金融债务行为，建立健全失信联合惩戒机制。

（陈淑怡）

【中国银监会德清监管办事处】完善农村金融服务组织体系，提升金融供给能力。2017年，德清农商银行新大楼落成营业，泰隆银行德清小微企业专营支行、浙商银行德清小微企业专营支行、德清湖商村镇银行莫干山支行和舞阳支行相继开业。兴业银行、稠州银行分支机构筹建之中。进一步引导金融机构下沉网点、下沉服务，加快金融机具在偏远地区的投放，切实解决金融服务"最后一公里"问题。

坚守风险底线，严控不良贷款大幅反弹。2017年底，全县银行业不良贷款余额2.19亿元，比年初减少0.91亿元，不良贷款率0.38%，比年初下降0.25个百分点。不良贷款实现"双降"，信贷资产质量继续走在全省前列。

引领银行回归本源，加大实体经济支持力度。督促辖内银行业机构始终将支农支小支实作为信贷投放重点，支持德清湖商村镇银行积极对接省农发行支农转贷款业务，组织开展辖内农商银行和村镇银行小微金融服务评价工作。

落实"两山"理念，推进绿色金融试点。德清农商银行公司业务部转型为绿色金融部，德清湖商村镇银行以绿色金融专营支行为目标组建莫干山支行，邮储银行德清支行成立"三农"事业部德清县营业部，工商银行德清支行建立绿色金融服务分中心。德农资金互助社推出水产养殖尾水治理专项贷款，德清农商银行推出"绿币"信用贷款，德清湖商村镇银行发放县域首笔"排污权"抵押贷款。

坚持监管为民，维护良好金融秩序。启动辖内银行业机构消保维权服务站建设。开展辖内银行业机构金融消费者权益保护工作机制建设"双查"工作。严格执行银行安保工作季度例会制度。联合有关部门严厉打击通讯网络诈骗。组织开展元旦、春节等重大节假日期间银行业安保工作大检查。认真做好十九大期间银行业安全维稳督导工作。

担负行业管理职责，抓好银行业文明创建工作。专题部署德清县银行业机构参与全国文明城市创建工作，建立行风监督员工作机制，打造湖州银行业"最美窗口"，以"互比互看"活动促进辖内银行业机构创先争优。

（金晓艳）

银 行 业

【中国农业银行德清县支行】 2017年,各项存款余额68.35亿元,比年初增加2.70亿元。其中,个人存款达34.78亿元,同比增加1.03亿元,四行增量列第二,市场占比提高0.09个百分点。各项贷款余额54.77亿元,比年初增加11.27亿元,创历史最高。实现营业收入22701万元,同比增加2712万;实现中间收入4687万元,同比增加524万元。实现拨备前利润17336万元,同比增加3579万元;实现拨备后利润15340万元,同比增加1515万元。存贷利差3.07%,同比下降0.05%。

2017年,以创新推进推出农村小型水利工程所有权抵押贷款试点,向县水利局十字港水系综合治理项目发放农村小型水利工程所有权抵押贷款7700万元。同时发放"五水共治"等项目贷款4.20亿元,支持和推进全县"五水共治"工作。

开展农村互联网金融平台试点工作。以惠农网贷为抓手,通过建档授信,完成有效村民建档25467户,白(绿)名单客户2622户,农户贷款户数增加539户,农贷增量9750万,发放惠农网贷12899万元,惠农通有效服务点136户、微信绑卡1480户。积极寻找上下游充足的连锁经营户,推动电商业务发展。发挥"保证保险+"农房抵押、三权抵押的产品优势,满足广大农户的需要。

通过ETC卡带动优质新客户的增长。做好小微企业产品推广,重点以入园企业前期贷、厂房贷、银税通、科创贷等具有较强竞争力的特色产品为抓手,有针对性地加大对优质中小企业的支持。

加大投入,切实增强对实体经济支持,加快贷款有效投放,各项贷款增量超11亿元,余额达到54.77亿元,比年初增加11.27亿元,创历史最高,四行增量列第一,四行占比提高1.90个百分点。积极储备营销重点项目,成功营销一批贷款大项目及贷款,加快投放产生效益,发放贷款超10亿元,直接带动年末存款新增3亿元,成功突破投贷联动业务。拓展储备一批大项目,储备项目所需贷款额度达25.20亿元。

做好信贷风险防控,严防新增不良贷款发生,继续通过依法清收、自主清收、债务重组、核销处置等措施,分类施策,实现不良余额、占比持续双下降,不良贷款余额357万元,不良率为0.07%,低于全市平均水平。

(董玉山)

【中国农业发展银行德清县支行】 至2017年底,全行各项贷款余额181064万元,累计发放贷款25810万元,累计收回贷款37451万元;贷款日均余额197771万元,比上年增加13870万元,增长7.54%。各项存款余额99327万元,比年初增加3118万元,增长3.24%;各项存款日均余额101129万元,比年初增加3066万元,增长3.13%,日均存贷比51.13%。不良贷款继续保持零余额。

农发行以支持农业产业化经营、农业农村基础设施建设和生态农业建设为重点,支持新农村建设。至12月底,共发放县级储备粮贷款2310万元,计划轮入储备粮食7700吨;共发放省级储备粮500万元,用于代储省储粮3332吨。做好续贷项目的资金投放工作,发放整体城镇化贷款2亿元(主要是德清县地理信息小镇建设项目)。以湖州创新试验区为契机,开展创新业务,3月发放支农转贷款3000万元(主要用于涉农领域流动资金需求)。

2017年度获"中国农业发展银行省级文明单位""湖州市银行业协会文明规范服务'最美窗口'"。

(王雨涛)

【德清农商银行】 2017年,本行搬入总行新大楼。

至2017年底,各项存款余额240.76亿元,比年初增加27.47亿元;各项贷款余额151.77亿元,比年初增加11.55亿元。在全县金融机构中,存款市场占比37.15%,贷款市场占比27.34%。

强化"以客户为中心"的经营理念,全面推进客户分层管理,培育核心客户群体,到年底,核心客户关键产品关联度建设完成52627户,新增核心客户12813户,达159968户,占全部客户数的24.16%,贡献存款总量与增量的91%以上。

在互联网金融背景下实施新一轮网点改造,启用以营业部为代表的智慧网点、以西门分理处为代表的轻型社区网点和以科技支行为代表的专营网点。构建厅堂维护体系,实现厅堂客户精准识别与维护,从硬件和软件上加快从交易结算型网点向营销服务型网点转型。布局互联网金融,构建消费场景,全年新增丰收互联(手机银行)有效户44753户,总量达到79115户;新增企业网

1月18日,德清农商银行综合大楼正式启用 (县农商银行 提供)

银有效户1216户,总量达到5320户;新增ETC15733户,总量达23680户。新增"丰收一码通"12263户,各类商户总量达到16671户。推出"五元德享"活动,吸引4万多影迷和4000多车主。同时,全年建成丰收驿站128家,交易量85.96万笔;ATM机总数133台,台均交易量42702笔。提升自助机具服务能力,成功创建6个电子支付应用示范村。到年底,实现银行卡交易142.23亿元,新增48.89亿元,电子银行替代率达到89.49%,电子渠道替代率达到46.26%,分别比年初提升5.31和12.80个百分点,自助放贷户数占比达到72.46%。

通过信贷结构调整,实施公私联动,深化精准营销,集约式、批发式地将信贷资源投入到收益更高、风险更低的零售领域。成立绿色金融部,创新推出"绿能光伏贷""厂房按揭贷款""公益林补偿收益权质押贷款""税银贷"等产品,支持绿色产业发展。到年底,个人贷款实际新增16.77亿元,占全部贷款比重55.08%。全行五级不良贷款余额13998.98万元,同比下降3877.38万元,五级不良率0.92%,同比下降0.35个百分点;四级不良贷款余额12747.71万元,同比下降763.39万元,四级不良率0.84%,同比下降0.12个百分点,实现五级、四级不良"额率双降"。在坚持主营业务高质量发展的同时,稳健开展资金业务,成功发行二级资本债,开发"德安盈""日日盈""日日金"等理财产品,持续推进信用卡业务发展,新增各类信用卡24449张,信用卡信贷规模达9.58亿元,实现各类银行卡收入6522.63万元。全行实现各项营业收入15.63亿元,同比增加0.53亿元,实现实际利润7.03亿元,同比增加1.51亿元,增幅27.36%,人均创利120.57万元,同比提升36.50万元,增幅43.45%,创历史新高。

不忘服务"三农"与"小微"的初心,坚持"德清人自己的银行"这一定位,制定普惠金融五年计划,投身于"三位一体"改革,举办农合联会员单位集体授信签约仪式,至年底,为334家农合联单位及个人会员授信4.75亿元,提供贷款资金3.19亿元,有效投放比上年同期增长1.50亿元,增幅达89%。全年发放涉农贷款136.64亿元,发放小微企业贷款106.35亿元,分别占全部贷款的90%和70%以上。参与智慧公交、智慧菜场、智慧医疗、智慧校园等便民工程,加大反洗钱力度,注重消费者权益保护,落实"平安护航十九大"等工作,充分融入社会治理,极力维护地方金融稳定,全年上缴税收1.47亿元,蝉联县功勋企业,获得全国农村合作金融机构支农支小服务示范单位、浙江省文明规范服务示范单位、湖州市服务业优强企业等荣誉。

(吴艳岚)

【中国工商银行德清县支行】 至2017年底,支行本外币全部存款余额96.11亿元,其中对公存款余额60.60亿元,储蓄存款余额35.45亿元;本外币各项贷款余额75.29亿元,其中公司贷款余额58.76亿元,个人贷款余额16.53亿元。支行连续入围工总行、省行重点县支行,被工行浙江分行授予2016年度小微金融业务优秀支行。

2017年,工商银行德清支行加大信贷投放力度,推进结构调整,发挥国有大型银行融资主渠道作用。2017年末,本外币融资企业238户,本外币贷款余额81.95亿元,比年初增加6.14亿元,其中表内贷款余额58.75亿元,比年初增加7.42亿元;表外融资余额12.40亿元,比年初减少1.28亿元;表表外余额10.80亿元,与年初持平。向政府类项目投放资金11.93亿元。成立小微企业金融服务专营团队,专门从事德清县的小微企业金融服务工作,全年与50户小微企业新建信贷关系,期末有贷款余额小微企业165户,本外币贷款余额9亿元,占全部公司贷款的15.32%。

面对企业和客户多元化的金融服务需求,工商银行德清支行从渠道、产品和流程等多方面入手,提升金融服务效率和服务水平。一是拓宽融资渠道,大力开展委托贷款、国际贸易融资代付、银行承兑汇票、国际国内信用证和内保外贷等表外融资业务;二是融资产品首创运用,办理全市首笔客户卖出境内人民币外汇期权业务、办理全省首笔网银询价实时渠道的大宗商品代客交易、办理支行首笔预付款反担保保函、办理全市首笔购汇期权组合业务等;三是推进网点转型,进一步提高网点对公业务、外汇业务和个人贷款等业务的开办率,在所有网点实现全面开办对公业务,加快网点转型,全年完成4个智能化改造网点;四是不断提升服务质量,持续深入整治不规范经营行为活动,切实保护金融消费者合法权益。借力3G终端、理财POS有效发挥新产品、新渠道作用,把服务延伸到企业、农村。

(王 希)

【中国建设银行股份有限公司德清支行】至2017年底,本外币日均核心存款余额48.23亿元,比年初上升5.95亿元;本外币各项贷款余额45.11亿元,比年初上升3.11亿元。2017年度获银行业金融机构综合评价A级;获2017年度"省级治安安全单位"称号,是当地金融系统中唯一获此荣誉的金融企业。

2017年,德清建行以系统应用为抓手,成功中标多家机构客户、项目的专用账户和系统应用;成功签约多家机构客户管理系统、银医系统。推进以"工商注册通"为核心的源头营销,以及从供应链、产业链向核心企业上下游两头延伸,有效促进账户增长。2017年新开账户539户,其中基本户净增381户,计划完成率达128%。

资管业务稳步推进,新增资产入池4.40亿元,理财业务同比增长214%。为企业牵线金交所融资3亿元和牵线华融租赁融资4.50亿元等;地产企业牵线中诚信托、西部信托,达成信托融资和托管意向。

2017年,德清建行通过核销后贷款现金回收和不良贷款处置,不良贷款和逾期额、率均实现双降,特别是公司类不良及逾期贷款均为零。

(许 伟)

【中国银行股份有限公司德清支行】至2017年底,各项存款余额21.01亿元,较年初新增1275万元;各项贷款余额27.48亿元,比年初新增6.50亿元;贷款不良率为0.1%,资产质量总体较好。

积极扩大信贷有效投放和优质项目储备,加大多元化融资创新力度,支持地方重点项目建设,助力产业结构调整。一方面积极对接县委、县政府重点项目,把基础设施建设、民生消费、战略性新兴产业等作为支行重点支持的对象。年末获批的省市县重点项目5个,授信批复金额11.60亿元,同时对已取得批复的项目投放贷款4.10亿元;新增投放表外贷款1.87亿元。

年末,本外币贸易融资发生额达到3.67亿元,票据融资直贴业务完成3.09亿元。

全年为进出口企业提供4.93亿美元的国际贸易结算服务,同比上升5.42%。市场份额20.14%,较年初提升1.22个百分点。累计完成跨境人民币结算量6.42亿元,市场份额31.68%,较年初

12月29日,县委副书记、县长王琴英(左三)到建行进行年终结算慰问 (县建行 提供)

提升11.58个百分点。

将清收抓降、化解不良贷款作为重中之重来抓，成立清收小组，多措并举开展不良资产清收化解行动，"一户一策"实施清单式管理，抓好零售不良贷款的清收工作。截至12月底，现金清收零贷不良270万元。

（蔡永高）

【湖州银行德清支行】 2017年，支行各项存款余额为21.11亿元，比年初上升1.31亿元；各项贷款余额为19.44亿元，比年初上升3.79亿元；按贷款质量五级分类，不良贷款余额273.56万元，不良率0.15％。

以制度管行为，以操作风险防范促合规建设，制定《2017年度营业经理考核办法》《2017年度网点负责人考核办法》《湖州银行德清支行运营管理考核办法》等办法，细化考核制度，规范和提升各级管理人员和操作人员对业务操作风险的防控意识。

着力做好对信贷准入的有效把关，日常管理中以信贷结构调整为风控手段。全年对7户存量客户压缩授信2348万元，主动退出授信客户8户金额1270万元，对3户保证客户共1300万元调整为抵押担保。处置存量不良贷款，强力执行收回不良贷款2笔，金额109万元。

运用个贷新产品拓展平台型市场。针对莫干山区旅游经济的蓬勃发展，运用快捷贷操作方式为山区农家乐经营户定制"民宿贷"。2017年，向环莫干山8个村，90户经营户贷款1800万元。其他还有消费贷款方面的产品"薪乐贷"，以及借助政府推广农村分布式光伏发电的时机所开拓的绿色乡村"光伏贷"等。

2017年，在政府融资受限的情况下，利用"房票贷"间接打开政府融资市场并在武康城西拆迁项目中开展，共发放"房票贷"232户，金额2.28亿元。

（邱雯）

【交通银行德清县支行】 至2017年底，人民币各项存款余额13.63亿元，比年初减少0.76亿元，其中公司存款余额9.39亿元，储蓄存款余额4.24亿元；人民币贷款余额为16.35亿元，比年初新增0.10亿元；其中小微企业贷款余额8.12亿元，外币各项存款3794万美元，比年初新增2479万美元。国际结算量9.01亿美元；不良资产566万元，比年初减少292万元，不良率为0.33％，全年安全无事故、无刑事案件。支行被评为德清县文明示范窗口，在国家外汇管理局德清县支局关于2017年度外汇指定银行执行外汇管理规定情况考核结果的通报中为A类银行。

服务中小微企业，大力支持实体经济，继续保持贷款总量增长的势头，比年初增加1000万元。

制定小微业务专项营销方案，至年底，已新营销实质性的小微客户18户，总授信敞口达9590万元。

2017年，支行对接县政府重大项目，跟踪武康旧城区改造项目（金鹅山区块）建设和苕溪生态提升工程项目建设，获批2个项目贷款，金额合计4.70亿元。截至2017年底已为武康旧城区棚户区改造项目投放7000万元贷款。

2017年，强普惠金融服务，改善和提高对小微企业、普通客户和需要特殊服务人群的金融服务水平，全年共组织企业行活动52次，共发放宣传资料3000余份，受众约4000余人次。

（章小荣）

【中国邮政储蓄银行德清县支行】 邮储银行德清县支行内设综合管

县邮储银行联合团县委开展"5·28"青年创业贷款咨询会

（县邮储银行 提供）

理部、个人金融部、公司业务部3个部门,下辖营业部、乾元支行、新市支行、曲园路支行4个自营网点,以及13个邮政代理网点。

2017年,邮储银行德清县支行抓紧业务发展,多措并举,把弱势业务做强、强势业务做优。至2017年12月底,各项人民币存款25亿元,其中公司业务存款余额3.10亿元,个人储蓄存款余额21.90亿元。各项贷款结余16.28亿元,年度净增3.90亿元。不良贷款余额134.48万元,不良率为0.08%,资产风险控制良好。

客户经理董银霞、余岚获得2017年度邮储银行浙江省分行优秀客户经理,综合部李蕾获得2017年度邮储银行浙江省分行金盾奖。

（施　英）

【杭州银行德清支行】　至2017年底,各项存款余额为21.74亿元,比年初新增1.15亿元,日均存款余额20.20亿元,比年初减少1.35亿元,各项贷款余额45.06亿元,比年初新增12.93亿元,完成年度任务228.95%,日均贷款余额38.22亿元,比年初新增9.22亿元,完成年度任务105.77%。

支行市场份额稳步攀升,在当地存款市场占比3.35%,贷款市场占比7.73%。

2017年,根据银监与总行的布置,开展信用风险专项排查、"三三四十"专项排查工作、授信意见落实检查、票据专项检查资金回流核查、八项禁令排查、员工账户异常资金往来情况排查、理财双录工作执行情况专项检查、城商行专项安全检查等。支行还针对薄弱的环节自行组织开展贷后管理执行情况的自查、额度循环类贷款的贷后资金流向的自查、开展支行违规代保管飞行检查等等,情况总体良好,无重大案件、重大违规行为、重大操作风险事件发生。强化总行制度措施的刚性执行,按照投向清单、负面清单、清收转化清单,严格客户准入,推进存量业务结构调整。根据确定的信贷结构调整客户清单,支行严格落实推进,做好潜在风险客户主动调整,对传统制造业持续进行结构调整,不断优化信贷结构,不良贷款比例0.12%,资产质量总体较好。

（姚　翌）

【浦发银行德清支行】　至2017年底,一般性存款余额14.11亿元,各项贷款26.73亿元。资产质量继续保持良好,贷款不良率为0。全年无重大案件事故、违法违规事件发生。在内外部考核中,获湖州分行2017年度机构综合考核排名第一,获德清县2017年度金融支持地方经济考核二等奖。

2017年,根据浦发银行湖州分行出台的《绿色金融五年规划实施方案》,加快推进绿色信贷,持续加大对科技金融、各类"治水治气"项目和重点产业转型升级支持力度,绿色金融贷款余额占全部对公贷款的17.4%。有针对性地开展绿色信贷业务,加快对生产工艺落后、单位能耗大、环境威胁严重、不符合环保要求的项目和企业的信贷退出步伐,推进信贷结构的绿色调整。加大对非绿色金融企业惩戒力度,通过逐步压缩授信、提高利率、环保不达标一票否决等手段,从源头上围堵高污染企业,以金融之手倒逼企业自主实现转型升级。

支持实体经济,贷款主要投向生产贸易型企业,在全部对公贷款中占比超过80%。加大对中小微企业信贷支持,到2017年底,中小微企业贷款余额16.30亿元,比年初增加4亿元,贷款平均较上年下降0.05个百分点。推出"诺诺银税贷"业务,专为小微企业提供以企业纳税、开票等经营性信息为授信依据的全线上小微企业信用贷款,已为12家小微企业办理融资金额近600万元。

（戴建华）

【德清湖商村镇银行】　至2017年底,德清湖商村镇银行共设立1家营业部、9家支行。作为一家新型农村金融机构,立足地方经济,以支持"三农"经济发展为己任,推出"湖商助业宝"、三权抵押贷款、湖商小贷通、"金伙伴"贷款等产品,助推小微金融服务。

至2017年底,全行各项存款余额167130万元。其中对公存款74438万元;储蓄存款92692万元,其中定期储蓄存款71962万元;日均存款135725万元。各项贷款余额162298万元,贷款户数为4520户,其中30万元（含）以下小额贷款3739户,余额67314万元。全行户均贷款为35.91万元,其中个人贷款4347户、贷款余额126090万元,企业贷款171户、贷款余额36208万元。日均贷款145628万元。累计发卡31315张,比上年新增8047张,年日均1000元以上借记卡7522张;个人网银开户10837户,企业网银开户687户,手机银行开户9762户，安装POS机532台。各项资产达200368.77万元，负债达176044.38万元，所有者权益达24324.39万元，营业收入11744.76万元，较上年增长60%，2017年末利润总额达3885.75万元，较上年增长402%。成本收入比62.12%，资本充足率18.15%，流动性比例36.23%，拨贷比2.65%，拨备覆盖率为1324.56%。

创新产品，首推"排污权"抵押贷款。2月，制定《浙江德清湖商村镇银行股份有限公司"环保贷"排污权抵押贷款管理暂行办法》，并成功发放德清县首笔排污权抵押贷款。试水"光伏贷"节能贷款。4月，制定《浙江德清湖商村镇银行股份有限公司"光伏贷"贷款管理实施细则》，通过创新贷款期限、担保方式、还款方式，解决农户生活消费需求，至年底，光伏贷款客户160户，贷款余额1086万元。探索"民宿贷"绿色贷款。结合莫干山镇当地经济结构及产业特色，将莫干山支行定位为行内绿色金融专营支行，同时配套制定《浙江德清湖商村镇银行股份有限公司"民宿贷"贷款管理办法》，对利用乡村所特有的庭院、果园、花园、茶园、堰塘、农场等田园景观、自然生态、乡村人文和农耕文化等资源吸引旅游者，为旅游者提供观光、休闲、娱乐、住宿、餐饮、购物、农事体验等服务的优质小微企业和农户给予信贷支持。至年底，共计支持民宿57户，贷款金额2121万元。

至2017年底，已在武康街道、新市镇、禹越镇、新安镇、洛舍镇、钟管镇、乾元镇、雷甸镇、莫干山镇、舞阳街道设立10个网点。至此在德清所有乡镇都设立分支机构，实现县域机构全覆盖，区域网络已经成型。

2017年度，被评为支持浙江省银行业协会工作突出贡献单位、浙江省银行业协会新农金机构宣传信息工作先进单位、湖州市平安金融单位、湖州市平安金融创建示范单位。

（薛晓丽）

【中信银行德清支行】 至2017年底，全行一般性存款余额21.54亿元，较年初增加1.57亿元。其中：对公一般性存款新增1.49亿元，个人存款新增0.08亿元。各项贷款余额34.17亿元（不包括2017年转让贷款6.40亿元），较年初增长10.37亿元（不包括2017年转让贷款6.40亿元），其中：对公一般性贷款增加9.20亿元，零售贷款增加1.16亿元。另对公贷款表外余额3.17亿元。全行实现账面营业净收入7504万元，比上年同期增长4%。

2017年，积极支持重点大项目和主流实体经济，投放优质政府背景类大项目，新增对公优质资产项目授信6家，共15.40亿元。与上市公司等大型企业集团及县骨干龙头企业，在支付结算、项目并购、楼盘按揭、国际业务、代发工资等相关业务领域开展广泛的业务合作。同时，稳步帮扶中小企业，发展重点个贷业务。公积金缴存人网络贷款继续在上年的公积金白名单的基础上新增130户，白名单客户合计545家，公积金网络贷余额13100万元。

根据"存款＋理财"的"大负债"理念，推动存款业务与理财业务的协同发展。负债业务主要立足专业渠道、重点产品，从而获取新客户、新资金。积极做好拆迁资金服务工作；利用公积金网贷产品全力服务县域机关、学校、医院、垄断行业企业优质客户；继续以老板通POS、银联商户、信e收、个人经营贷为主产品，服务当地小微客户。

（顾晨阳）

9月21日，德清湖商村镇银行莫干山支行开业

（德清湖商村镇银行 提供）

【招商银行股份有限公司湖州德清小微企业专营支行】 至2017年底,支行各项存款余额2.90亿元,较年初增加0.59亿元。各项贷款余额7.88亿元(含湖州发放的3.26亿元),较年初增加0.44亿元,无不良贷款,全年无案件和责任事故发生。支行在2017年度被中国人民银行德清县支行评为"2017年度综合评价A等行"。

2017年,招商银行湖州分行公司金融事业部下设绿色金融机构部,负责对本行绿色金融工作的专项推动与管理。德清支行坚定绿色金融促发展的定位,积极与企业开展接洽,至2017年底,绿色金融授信余额为1.65亿元。

(沈 鑫)

【华夏银行德清支行】 至2017年底,一般性存款余额15.80亿元,其中对公存款14.27亿元,个人存款1.56亿元。贷款余额27.30亿元,其中公司贷款39户、25亿元,小企业贷款53户、0.87亿元,个人贷款1.42亿元。实现拨备前利润9835.70万元,缴纳税款970万元。

2017年,支行坚持业务转型,始终致力于实体客户开发和小微企业、零售客户拓展工作,业务转型初见成效,客户结构得到优化。完成各条线经营工作,综合经营考核在华夏银行湖州分行所辖经营机构中排名第一。

(张伟良)

【泰隆银行德清支行】 至2017年底,全行各项贷款余额为29662万元,贷款户数达1100户,贷款户均27万元。其中,信用贷款700多户,贷款总额达1.1亿元,贷款户数占比达60%。存款余额2.1亿元,存款户数4140户。随贷通卡发放943张,授信总金额达7300万。无不良贷款和风险贷款。

自2017年2月入驻德清以来,与国税局、县地税局、县市场监督管理局和县工商业联合会等多方开展合作,共同搭建支持德清县小微企业金融服务平台。陆续开展"国地税互动""政银企合作"等多项跨界合作项目,通过整合各方的职能和资源优势,开展联合创新,帮助全县小微企业解决融资难问题,共同辅导、支持和培养有技术、有市场、有产品企业的发展,开创合作多赢的新局面。

随着各项合作的开展,泰隆银行从县到镇,再到村,层层深入,下沉服务群体,将优质的金融服务深入德清各个区域。2017年共举办24场"政银企合作"专场活动,投放贷款达8000万元。

运用"金融+互联网"的理念,全面推广信贷工厂PAD作业,实现"小微业务搬上线、贴心服务送到家"。PAD移动金融服务站以定制的PAD为依托,提供存款开户、贷款申请、贷款办理、放款等一系列上门服务项目,让客户办理业务时"一次都不用跑"。电子化的产品系列组成泰隆银行无纸化、集约化、便利化的线上金融超市。

(缪 颖)

【浙商银行德清支行】 至2017年底,各项存款余额72594.18万元,较年初增加50361.19万元。个人金融资产余额47401万元,较年初增加43767万元,全年目标增量完成率109.42%,其中个人存款余额7677万元,日均4628万元。各项贷款余额64283.81万元,比上年新增贷款金额23955.14万元,贷款不良率为0,正常贷款回收率达到100%,收息率达到100%。支行小企业贷款

6月20日,泰隆银行德清支行与县市场监管局、工商联一起,举行"政银合作,携手共赢"签约仪式 (泰隆银行德清支行 提供)

户数 105 户，贷款余额 11480.25 万元。比上年增加贷款 8108.25 万元，贷款户数增加 74 户。发放个人消费贷款 5 笔，金额 242.78 万元；个人住房按揭贷款 61 笔，金额 3932.93 万元。

（陈玉萍）

保 险 业

【中国人民财产保险股份有限公司德清支公司】 至 2017 年底，公司共开办机动车辆险、企业财产险、家庭财产险、货物运输险、责任险、意外险以及政策性农业保险、政策性农房保险等。

2017 年，德清支公司保费收入 3.14 亿元，完成年度计划 101.62%，同比增长 7.44%，占全县市场份额的 57.28%。其中，车险保费收入 2.24 亿元，非车险 9057 万元。完成利润总额 3739 万元，利润完成率 127.39%，利润完成情况再创年度新高。完成出险结案 2.50 万件，支付赔款 1.57 亿元，全险种案件处理率 101.32%，其中车险为 101.08%，非车险 102.72%。

开展提升理赔服务速度、态度、准确度、满意度"四度"领先专项活动，开展主动关怀客户、逢事故必停、全程人伤事故导航等理赔服务措施，构建提升理赔服务水平长效机制。2017 年，在理赔方面，万元以下赔案结案周期比上年减少 5.50 天，理赔减损共计 1500 万元左右；保监零投诉，基本完成市公司理赔中心年前下达的任务。上缴各类税款 3722.48 万元。签单保费、实收保费和利润三项主要指标均完成上级公司下达的全年任务。

建设"三农"基层服务体系，完成全县所有乡镇的农村保险指导员培训工作，持续扩大业务规模与保险覆盖面。扩大承保险种和保费规模，包括农村住房保险在内，政策性涉农保险达到 18 个险种，向政府部门提供政保合作项目方案，续保全县自然灾害公众责任险，推动惠及民生与公共安全体系建设相关的食品安全责任险、安全生产责任险、诉讼财产保全保险等新兴领域取得突破。2017 年，公司获全国金融先锋号荣誉。

（颜晓玲）

【中国人寿保险股份有限公司德清县支公司】 2017 年，累计完成保费收入 27658.37 万元，同比增长 20.39%，市场份额 43.72%。推出鸿福至尊、盛世尊享、新防癌险、国寿如 E 康悦百万医疗等新产品。深化政保合作，老人险、老人险补充、计生险、残疾人保险、女性安康保险等政保业务合作稳中有进，品牌影响力逐年扩大。全年为新老客户提供各种类型的服务活动达百余场次，宣传普及保险知识，服务客户超过 2 万人次。

2017 年，各项业务全面增长，长期险首年标准保费 3477.33 万元，同比增长 25.62%；新单保费（含短险）8404.72 万元，同比增长 14.6%；首年期交保费 6496.88 万元，同比增长 14.15%；十年期及以上首年期交保费 4490.90 万元，同比增长 20.4%；短期意外险保费 1060.93 万元，同比增长 3.67%。

创新客户服务举措、强化理赔时效、改善服务处理流程。开展国寿 E 宝注册推广工作，推广互联网保险等新业务增长点。

发挥商业人寿保险在社会保障体系中的职能作用，2017 年，共支付各类赔款和满期给付金 8365.25 万元。

（莫丽英）

【中华联合财产保险股份有限公司德清支公司】 公司成立于 2003 年 6 月 18 日，迄今已 15 年，位于德清县武康镇休闲街 178－180 号。设新市保险营销部和武康营销部两个下属机构。2017 年保费业务收入 2171.33 万元，位列县域保险行业前五家。

（车宏伟）

小额贷款

至 2017 年底，县内小额贷款公司共有 5 家，分别是德清升华小额贷款股份有限公司、德清德华小额贷款有限公司、佐力科创小额贷款有限公司、德清金汇小额贷款有限公司、德清美都小额贷款股份有限公司。

5 家小贷公司由县内上市公司发起设立，总注册资本 22.08 亿元，占全市的 56.9%，贷款余额 33.91 亿元，占全市的 61.46%，当年累计支农支小 248 万家次，放款达 133.67 亿元，助力小微企业及"三农"发展。特别是佐力小贷是全省注册资本规模最大的小贷公司（11.80 亿元），2015 年 1 月在香港 H 股上市，成为全国首家纯主营小贷业务的上市公司。2017 年，5 家小贷公司在依法合规前提下，通过开展资产证券化、产业链金融等产品和业务模式创新，实现持续、快速和特色发展。

升华小贷、德华小贷获上交所审核通过,联合发行总规模1亿元的"国泰元鑫—财通证券—德华、升华小贷资产支持专项计划"资产支持证券(ABS)。自2008年开展小额贷款试点工作以来,全县五家小额贷款公司累计发放贷款445.86亿元,占全市的一半以上,服务小微企业和"三农"252.28万家次,占全市的98.55%。

(陈　超)

融资担保

【政策性融资担保】 德清县科技担保有限公司于2017年11月20日注册资本增资到1亿元,为德清县内唯一一家国有参股的政策性担保机构。2017年,德清县科技担保有限公司共为74家企业提供贷款担保,担保总额达1.64亿元,担保责任余额1.22亿元。

(何　赟)

【融资性融资担保】 至2017年底,全县获得经营许可证的融资性担保公司共6家,分别是科技担保、农业担保、民兴担保、万生担保、德清县担保、商务担保,其中国有参股机构4家,注册资金20650万元(含政策性融资担保公司1家注册资金10000万元);纯民营机构2家,注册资金5000万元。至2017年底,全县注册资本5000万元(含)以上的有2家,分别是德清县科技担保有限公司10000万元和德清县商务担保有限公司注册资本5350万元。注册资本3000万元(含)到5000万元的2家,分别是德清县农业发展融资担保有限公司注册资本3300万元和德清县担保有限公司注册资本3000万元。注册资本3000万元以下的2家,分别是德清县民兴融资担保有限公司注册资本金2000万元和德清万生融资担保有限公司注册资本金2000万元。

2017年,全县6家融资性担保公司共为656家企业提供贷款担保,担保总额达4.66亿元,担保责任余额4.77亿元。其中科技担保和商务担保当年担保总额超亿元。6家融资性担保机构规范运营,充分发挥支持小微企业发展的桥梁作用,有效减少企业间互保联保所带来的经营风险。

(陈　超)

服 务 业

综 述

2017年，全年实现服务业增加值204.10亿元，同比增长9.6%。服务业增加值占GDP比重达43.4%，较上年同期提高1个百分点。服务业固定资产项目完成160.85亿元，同比增长13.2%；服务业投资占全县固定资产投资的49.5%，较上年同期提高0.40个百分点。服务业税收实现39.37亿元，同比增长25.8%，较上年同期提高4.50个百分点。

2017年，以"7+1"重点产业精准招商为抓手，聚焦"4+3+2"（四大主导产业：信息服务、健康旅游业、金融产业、现代物流；三大新兴服务业：文化创意、通航服务业、科技服务业；两大传统产业：现代商贸和房地产业）现代服务产业体系，积极推动服务业项目引进、推进工作，推动新旧动能转换，为全县经济平稳健康发展提供动力。全年认定市服务业"大好高"项目11个，其中10亿元以上2个。成功签约超百亿的天士力大健康产业德清基地项目，杭州二绕顺利开工，杭州至德清轨道交通有序谋划。竹隐舍得度假村、联通数据中心、开元森泊度假乐园、下渚湖度假村、金属材料现代物流中心等一批项目加快推进，带动全县服务业投资较快增长。

开展企业"下转上"集中攻坚活动，2017年新增限额以上服务业企业59家，全县在库限额以上服务业企业303家（包括批零住餐、房地产）。开展"双星"企业培育专项活动，2017年评选出服务业"功勋企业"1家，"明星企业"2家，"成长之星"企业27家。欧诗漫美容科技等28家企业列入市优强企业。泰普森和欧诗漫被评为浙江省重点文化企业。

长三角金融业公共后台服务基地、临杭物流园区、浙江省地理信息产业园三个省级服务业集聚示范区提质发展，2017年三大集聚区实现营业收入198.20亿元，完成投资101.29亿元。在省级服务业集聚示范区综合评价中，长三角金融后台基地跃居全省100个集聚区第4，临杭物流园列全省第33，两个集聚区省排名分别提升23名和24名。

2017年，围绕"4+3+2"服务业产业体系构建的目标，结合供给侧结构性改革的新要求，集中力量主攻重点产业，行业发展亮点突出。

信息服务业成效显著。浙江省地理信息产业园入选省级服务业集聚示范区，集聚地信企业达159家，地理信息小镇进入全省最优特色小镇行列，小镇税收连续四年同比翻番。智慧德清时空信息云平台列入国家测绘地理信息局试点项目，是全国首个县级试点；全国首颗以县域冠名的商业遥感卫星"德清一号"成功发射。

健康旅游加快推进。入围省首批全域旅游示范县创建名单，新市古镇、下渚湖街道入选第二批省级旅游风情小镇创建名单。省级莫干山国际旅游度假区正式成立，洋家乐正式成为全国首个服务类生态原产地保护品牌。二都小镇成为省非物质文化遗产旅游景区。全县共接待国内外游客1998万人次，实现旅游总收入215亿元，分别增长21.5%、21.2%。

绿色金融引领发展。新增上市公司3家，全县累计共11家上市公司，新增全社会融资超过230亿元，金融对实体经济发展支持能力持续增强，信贷增速高于GDP增速9%以上，金融业占全县税收收入超10%，不良率继续保持全市最低，全省最优。

现代物流快速发展，以智慧物流、"大企业、大集团"带动战略推进物流业发展，围绕临杭物流园、德清港平台发展，配套设施加快建设。德清临杭物流园区集聚企业100余家，实现营业额178亿元，获2017年"全国优秀物流园区"。德清港国际物流园内河集装箱运输井喷式增长，2017年吞吐量达到7.43万标箱，同比增长641%。

商贸业蓬勃发展。入选省批发零售业改造提升试点,2017年限额以上批零贸易销售额增长53.8%。全面推进电子商务发展,欧诗漫集团入选"国家电子商务示范企业"。全年新增115家规上工业企业应用电商,建成109个农村淘宝服务站点、128家丰收驿站和235个"村邮乐购"站点。

文创产业有新突破。积极谋划文创等新兴产业,提出重点做强"两特色"、提升"两环节",深化文创产业与钢琴产业、旅游产业两个德清特色产业的深度融合;围绕内容产业,重点选择发展内容制作和原创发布两个环节。2017年被评为浙江省文化产业重点县,钢琴产业园获评浙江省重点文化产业园,在澳门岗顶剧院举办"锦绣德清 情系濠江"德清钢琴走进澳门大型公益活动。泰普森和欧诗漫被评为浙江省重点文化企业。

此外,通航服务业、科技服务业等新兴服务业产业有新的突破,房地产等传统产业提质蓬勃发展,德清"4+3+2"服务业产业体系已初见成效。

(姚亮亮)

旅　游　业

【概况】 2017年,全年共接待国内旅游者1978.12万人次,同比增长21.35%;入境旅游者19.80万人次,同比增长42.35%;旅游总收入215亿元,同比增长21.23%;旅游门票收入1.74亿元,同比增长23.55%。全县限上住宿餐饮营业额实现6.10亿元,同比增长27.7%。德清"洋家乐"正式成为全国首个服务类生态原产地保护产品。新市古镇、下渚湖街道被列入第二批省级旅游风情小镇创建单位名单。欧诗漫产品在中国特色旅游商品大赛上获金奖。

【创建全域旅游示范县】 2017年,德清县被列入省旅游局公布的首批"浙江省全域旅游示范县(市、区)"创建名单。围绕全域旅游新理念,为把整个县域打造成为"处处有旅游、时时能旅游、行行加旅游、人人享旅游"的大景区目标。对照创建办法,制定全域旅游示范县创建实施方案,成立以县委书记、县长为双组长,30多个部门为成员单位的创建领导小组;将创建全域旅游示范县的六大必备条件和六大任务,细化成89项具体任务,落实到县各相关部门、镇(街道),并纳入县对各镇(街道)年度目标考核中;8月召开由全县各部门、各镇(街道)"一把手"参加的全域旅游示范县创建推进大会。

全面铺开"万村景区化",出台《德清县3A级乡村旅游景区创建实施办法》,加强业务指导,安排补助资金,推动旅游厕所、停车场、游客服务中心等设施的建设。32个村成功创建A级景区村庄,其中蠡山村、劳岭村等5个村成功创建3A级景区村庄。引导推进庾村景区创建4A级旅游景区,完成景观价值评估。

加快推进风情小镇建设,莫干山镇成功创建首批省级旅游风情小镇,独具江南水乡特色的新市古镇和防风文化悠远历史的下渚湖街道被纳入第二批省级旅游风情小镇创建单位。

融合发展"旅游+"业态,开展产业融合创建工作,指导新田农庄申报果蔬采摘旅游基地;欧诗漫成功创建省工业旅游示范基地;义远生态农庄和大禹农庄获评省休闲农业与乡村旅游示范点;五四村、劳岭村获评省休闲旅游示范村。

【旅游产业项目双进】 2017年,成功引进投资亿元以上的旅游项目6个:下渚湖田园博览园项目、青马部落项目、五四全域文化旅游示范区项目、悦榕庄度假村项目、上杨林溪湾项目、纳帕山谷项目,计划总投资51.90亿元。推进重点旅游项目20个,年度计划完成投资20亿元,累计完成投资23.77亿元。新开工项目5个:百亩漾农业精品园花间堂精品度假酒店项目、沈园户外营地、江南瑶坞度假村、桃源文化聚落、芝麻谷生态度假酒店;竣工营业项目5个:久祺国际骑营(一期)、桃园文化聚落、莫干山缦田生态度假酒店、芝麻谷生态度假酒店、莫干山旅游集散中心。

表6　　　　　　　　　　2017年德清县重点旅游项目推进表

序　号	所　属　单　位	项　目　业　主	项　目　名　称
1	下渚湖街道	开元旅业集团有限公司	德清开元森泊下渚湖旅游度假项目
2	下渚湖街道	德清下渚湖度假村有限公司	下渚湖度假村

续表

序 号	所属单位	项目业主	项目名称
3	下渚湖街道	浙江风升旅游开发有限公司	防风古国景区
4	莫干山镇	德清御隆旅游开发有限公司	莫干山郡安里度假区项目
5	莫干山镇	上海舜地投资管理有限公司	竹隐舍得度假村
6	莫干山镇	久胜车业及乌克兰客商	久祺国际骑营项目
7	莫干山镇	德清县莫干山旅游发展有限公司	莫干山旅游集散中心
8	莫干山镇	德清莫干山醉清风度假酒店有限公司	德清莫干山醉清风度假酒店
9	莫干山镇	上海盘升投资管理有限公司	CASA巴西风情度假区
10	莫干山镇	浙江云兔电子商务有限公司	云兔互联网家居体验中心
11	莫干山镇	上海鹏久国际贸易有限公司	江南瑶坞度假村
12	莫干山镇	上海子美实业公司 台北比富邑酒店管理有限公司	御溪上境
13	莫干山镇	德清县桃园山庄有限公司	桃源文化聚落
14	莫干山镇	德信控股集团有限公司	莫干山国际文创小镇
15	莫干山镇	四川千里走单骑文化旅游有限公司	千里走单骑艺术酒店
16	钟管镇	浙江德清水样年华文化传播有限公司	古婚俗文化街项目
17	钟管镇	浙江美丽健生态农业有限公司	美丽健旅游综合体
18	禹越镇	德清道一农业科技有限公司	百亩漾农业精品园花间堂精品度假酒店
19	武康街道	德清县莫干山大酒店有限公司	莫干山大酒店扩建
20	舞阳街道	杭州途易集团有限公司	德清莫干山沈园户外营地

【建设旅游综合执法体制】 进一步完善由旅委牵头,交通、公安、质监、物价和市场监管等相关部门参与的"1+3"旅游综合执法机制,设立德清县旅游警察大队、市场监管旅游分局、旅游巡回法庭,并在莫干山国际旅游度假区和全县4A级景区建立旅游安全监控中心和"1+3"综合执法网络,织就一张全领域覆盖、各环节紧扣的旅游市场监管网络。10月,湖州市"1+3"旅游综合执法推进现场会在德清县召开。

【打响德清旅游品牌】 季季节庆促游,彰显四季主题活动特色。围绕"春看,夏隐,秋动,冬恋"主题,春季,举办2017莫干山赏花节、蚕花庙会和雷甸枇杷文化节,邀请上海、杭州两地旅行社负责人和相关媒体记者参加,增强沪杭两地的影响力;夏季,配合湖州市举办第二届国际乡村旅游大会,推出莫干山避暑节,以独有的度假避暑方式吸引各地游客;秋季,举办湖州月月红主体活动之新市羊肉黄酒节,舞阳侯会忠勇大典、下渚湖防风文化庙会等节庆活动,突出德清历史文化的内涵;冬季,举办第二届"莫干论剑"——民宿高端论坛。

丰富多彩的活动得到央视《新闻联播》、央视新闻频道、《人民日报》、人民网、浙江卫视、浙江在线、《杭州日报》等众多媒体的广泛宣传,德清县特色节庆活动在全国的知名度获得提升。2017年,拍摄德清旅游宣传片,出版一本德清旅游书籍,绘制一张德清旅游地图,形成全方位、多元化宣传体系。

蚕花庙会 2017第十九届中国·德清新市蚕花庙会以"丝路启未来,古镇展新韵"为主题,于4月2~4日举行。内容分为开幕式及蚕娘巡游、蚕娘祈福礼、选商洽谈会、蚕事才艺赛、科技助蚕桑、非遗文化节、古镇听社戏、主播游古镇、幸运体彩行等9项内容。

2017年的蚕花姑娘花轿巡游队伍一共有16支,除6支蚕花姑娘组成的巡游队伍,其他队伍还包括江南民族舞方队、非遗桑叶龙、秧歌队、喜迎丰收队、腰鼓队、上柏马灯队、木兰扇队、中国传统武术方队、金鹅老龙和骑游队。2017年，巡游路线调整为：镇中操场—文昌路—环城西路—西成路—新北路—新市油厂。

与往年相比，2017年的蚕花庙会增设了非遗文化节，文化内涵更深厚，地方特色更鲜明。非物质文化手工艺人带上蛋壳画、砖刻画、剪纸等绝活齐上阵，新市茶糕、莫干山黄酒、梅花糕等美食则展示地方饮食文化的魅力。通过传统民俗节庆与非遗项目的结合，蚕花庙会不断诠释着"传承不守旧，创新不离根"的艺术真谛。

羊肉黄酒节 2017年第二十一届羊肉黄酒节在新市镇中心广场举行。"酥而不烂，肥而不腻"的新市羊肉也随着食客们的品尝之后，口口相传，并载入中国名菜谱，成为新市古镇的一张美食名片。这不仅是当地百姓秋冬季节的一种传统饮食方式，就连上海、杭州、嘉兴等地的游客，也都会在羊肉黄酒节期间前往新市品尝。作为中国历史文化名镇，新市更是因羊肉黄酒节这一民俗文化活动的传承而散发出更加迷人的文化气息。

（应 霄）

浙北乾龙灯会 第十七届浙北乾龙灯会以"乾龙腾九霄、春晖耀新元"为主题，于2月6日至2月14日开展。灯会共有"乾龙腾九霄 春晖耀新元"开幕式及舞龙巡游、"吴语越韵"越剧大戏展演、夕阳红专场文艺演出、群众及学生自制彩灯展示、书画摄影征文作品展、2017乾元镇小城镇建设论坛文化产业推介会、春季人力资源交流会七大系列活动，展示浙北乾龙灯会非遗民俗文化，彰显乾元书香小镇特有魅力。

（俞裕恺）

【**成立德清县文化旅游发展集团有限公司**】 2017年5月，按照县委、县政府决策部署，在整合县内相关旅游资源和相关企业的基础上，组建成立了德清县文化旅游发展集团有限公司。集团公司现有下属子公司18家，其中一级子公司6家、二级子公司11家、三级子公司1家，在职职工299名。自成立以来，公司围绕"国企做大做强 国资保值增值"的要求，精准发力，实干到底。

9月28日，在2017年第二十一届新市羊肉黄酒节上 （县旅委 提供）

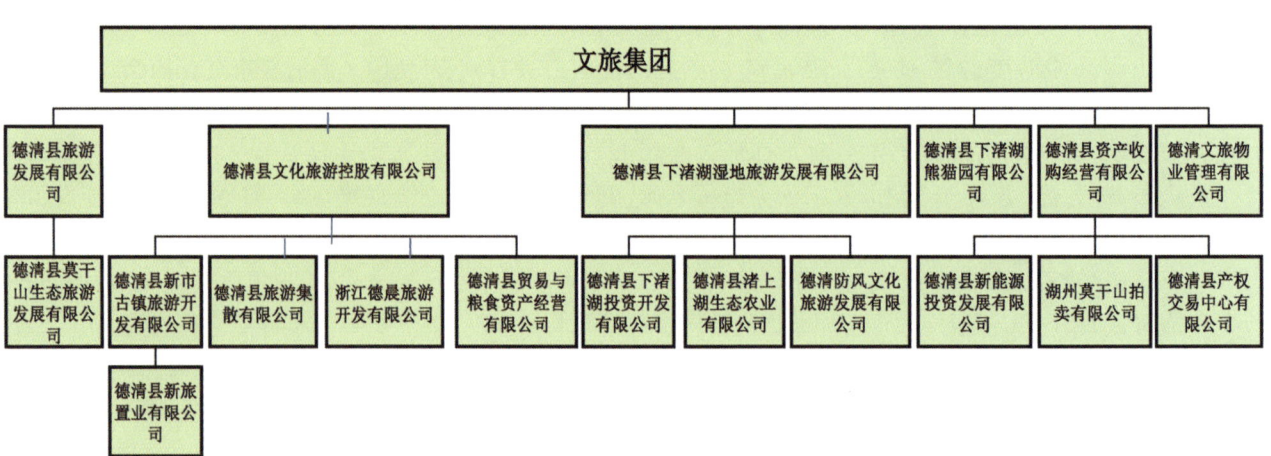

德清县文化旅游发展集团有限公司架构图

表7　　　　　　　　　德清县文化旅游发展集团有限公司之下属公司一览表

序号	企业名称	公司类别	注册资本	经营范围
1	德清县旅游发展有限公司	一级子公司	注册资本1000万元,德清县文化旅游发展集团有限公司出资1000万元,占股权100%	全县旅游项目、旅游景区及配套设施开发、经营、管理及市场营销,旅游产品开发,旅游信息咨询及培训服务
2	德清县文化旅游控股有限公司	一级子公司	注册资本2亿元,德清县文化旅游发展集团有限公司出资2亿元,占股权100%	企业管理,旅游信息咨询、发布(除旅行社业务),旅游项目、旅游景区及配套设施开发、经营、管理及市场营销策划,旅游产品展示、销售、研发,旅游集散的组织,职工休养管理服务
3	德清县下渚湖湿地旅游发展有限公司	一级子公司	注册资本2亿元,德清县文化旅游发展集团有限公司出资2亿元,占股权100%	旅游景区基础建设、公用服务设施建设、管理,下渚湖湿地风景区普通客船运输,户外广告发布、自有房屋租赁,零售预包装食品,旅游产品开发,旅游工艺品销售,淡水鱼养殖(除水产苗种和龟鳖温室养殖),花卉、园艺作物、果树(除苗木)、蔬菜种植,停车服务(除客、货运站场)
4	德清县下渚湖熊猫园有限公司	一级子公司	注册资本1000万元,德清县文化旅游发展集团有限公司出资950万元,占股权95%;德清县林业发展有限公司出资50万元,占股权5%	熊猫园园区基础设施建设,公用服务建设、管理,旅游项目及产品开发,旅游工艺品销售,文化创意产品开发经营
5	德清县资产收购经营有限公司	一级子公司	注册资本2000万元,德清县文化旅游发展集团有限公司出资2000万元,占股权100%	闲置、废旧物品资产收购经营,一般行业中介服务
6	德清文旅物业管理有限公司	一级子公司	公司由德清县文化旅游发展集团和湖州莫干山国家高新区共同出资,于2017年7月投资组建,注册资本1000万元,德清县文化旅游发展集团有限公司出资510万元,占股权51%;德清科创物业管理有限公司出资490万元,占股权49%	物业管理,房地产中介,房屋租赁,房地产营销策划,停车场服务,楼宇智能工程、市政工程、家政服务,绿化养护,城市生活垃圾经营性清扫、收集,道路保洁等
7	德清县莫干山生态旅游发展有限公司	二级子公司	注册资本300万元,德清县旅游发展有限公司出资183万元,占股权61%;德清县林业发展集团有限公司出资60万元,占股权20%;德清县武远达资产经营有限公司出资30万元,占股权10%;德清县武康镇五四村经济合作社出资27万元,占股权9%	德清县西部生态旅游区旅游项目和配套设施的开发经营、管理及市场营销,旅游产品开发,旅游信息咨询及培训服务,职工休养管理服务,餐饮、住宿、会务服务

续表

序号	企业名称	公司类别	注 册 资 本	经 营 范 围
8	德清县新市古镇旅游开发有限公司	二级子公司	注册资本5000万元,德清县文化旅游控股有限公司出资4000万元,占股权80%,新市古镇旅业发展有限公司出资1000万元,占股权20%	对新市镇各类旅游及相关产业投资、开发、建设和管理;景区景点经营管理;房地产、酒店及民宿投资和经营;旅游项目创意、规划、设计、咨询服务;物业管理;营销策划、会议及展览服务;货物及技术的进出口业务;旅游工艺品、日用品的研发、展示及销售
9	德清县旅游集散有限公司	二级子公司	注册资本5000万元,德清县文化旅游控股有限公司出资4000万元,占股权80%,新市古镇旅业发展有限公司出资1000万元,占股权20%	旅游信息发布,旅游产品展示,旅游工艺品销售,游客集散的组织,职工休养管理服务
10	浙江德晨旅游开发有限公司	二级子公司	注册资本1亿元,德清县文化旅游控股有限公司出资5500万元,占股权55%;杭州赛石园林出资4500万元,占股权45%	旅游项目开发,房地产开发经营,住宿、餐饮服务,文化交流活动咨询、策划、推广,体育赛事策划,物业管理,自有设备租赁,企业营销策划,会议及展览服务,商务信息咨询,旅游产品开发、展示、销售,花卉、苗木种植、销售,建筑工程、室内外装饰装修工程、园林绿化工程、园林景观工程设计、施工
11	德清县贸易与粮食资产经营有限公司	二级子公司	注册资本3161.50万元,德清县文化旅游控股有限公司出资3161.50万元,占股权100%	经授权的国有资产经营和管理
12	德清县下渚湖投资开发有限公司	二级子公司	注册资本1亿元,德清县下渚湖湿地旅游发展有限公司出资1亿元,占股权100%	项目投资,景区基础设施、公用服务设施的建设、营运、管理,景区景点投资、开发,旅游产品生产、销售及旅游项目信息咨询服务,水产养殖,花卉、园艺作物、蔬菜、果树种植
13	德清县上渚湖生态农业有限公司	二级子公司	注册资本5000万元,德清县下渚湖湿地旅游发展有限公司出资5000万元,占股权100%	预包装食品的零售,淡水鱼养殖、销售,花卉、果树的种植、销售,园艺作物的种植、销售,蔬菜种植、销售,果蔬采摘,会务,广告设计传媒,销售建筑材料、钢材、木材、水泥、装饰材料、金属制品、不锈钢制品、铝塑门窗、电线电缆、化工产品
14	德清防风文化旅游发展有限公司	二级子公司	注册资本2亿元,德清县下渚湖湿地旅游发展有限公司出资2亿元,占股权100%	项目投资,旅游基础设施建设,公用服务设施建设、营运、管理,自有房屋租赁,景区景点投资、开发、建设,文化旅游工艺品销售及旅游项目信息咨询服务,旅游资源及文化创意产业的规划、设计、建设、管理,文化艺术活动组织策划与推广

续表

序号	企业名称	公司类别	注 册 资 本	经 营 范 围
15	德清县新能源投资发展有限公司	二级子公司	注册资本600万元,德清县资产收购经营有限公司600万元,占股权100%	天然气、电力能源投资开发服务,经销钢材,纺织品及原料,服装,建筑材料
16	湖州莫干山拍卖有限公司	二级子公司	注册资本300万元,德清县资产收购经营有限公司出资300万元,占股权100%	国家法律法规允许拍卖的物品、财产权利
17	德清县产权交易中心有限公司	二级子公司	注册资本500万元,德清县资产收购经营有限公司出资500万元,占股权100%	代办开展股权托管、交易,指导和协调股份制设立和改造服务,按国家有关规定接受委托、代办资产评估、过户手续,代理产权拍卖
18	德清县新旅置业有限公司	三级子公司	注册资本2000万元,德清县新市古镇旅游开发有限公司出资2000万元,占股权100%	房地产开发经营,物业管理,房地产经纪,房产信息咨询,室内外装饰装修工程施工

【公司主要项目】 2017年,德清县文化旅游集团整合德清县内相关旅游资源,开发建设的主要项目介绍详见下表。

表8　　　　　　　　　　　　　2017年德清县开发建设的主要旅游项目

序号	项目名称	项 目 情 况	总投资(亿元)
1	宝塔山旅游度假工程项目	项目占地面积约350亩,建筑面积约6万平方米。项目为开元森泊项目度假屋区块工程,主要建设内容包括在娱乐设施区,建设包括集中式酒店、田园风景度假屋、山居花田度假屋、湿地湖景度假屋、山顶餐厅及其他商业服务、湿地景观等相关配套工程	6
2	下渚湖3号岛改造提升工程项目	3号岛作为下渚湖景区内重要岛屿之一,改造提升后将成为下渚湖休闲旅游的重要景点。项目主要包括湿地鸟类体验馆、蝴蝶馆、观鸟台、湿地休闲吧、游乐设施、服务设施建设及湿地景观提升等	0.80
3	下渚湖二级集散中心改扩建工程(游客中心)项目	项目占地面积约102.74亩,建筑面积约6000平方米。项目主要建设内容包括游客中心改造、景观市政提升、停车场改建、商业配套建设等	0.80
4	下渚湖巡护步道工程项目	项目位于下渚湖湿地公园的中心区,巡护步道全长约6公里,环绕中心湖区,涉及范围约2.70平方公里,涵盖游客服务中心、1号岛、2号岛、3号岛、鸟岛、桃花岛、竹楼岛多个区域,巡护步道沿途设置湿地科普长廊及相关服务设施	3
5	山地皇湿地修复工程项目	项目将利用山地皇区块优越的湿地自然资源,发掘沿路湿地风貌潜质,打造进入下渚湖湿地核心区的形象风光带。同时构造完善的绿色基础设施,为游客及市民游憩提供便捷、舒适的带状绿地。项目景观建设约为10万平方米,配套用房建设约2000平方米	1

续表

序号	项目名称	项目情况	总投资(亿元)
6	下渚湖竹楼岛改造提升工程项目	竹楼岛作为下渚湖景区重要的餐饮休闲观赏基地,改造提升后将全面提升景区品质,吸引更多高收入人群进岛体验消费,进一步增加景区收入,树立景区口碑。项目主要包括竹楼改造、景观提升、服务设施及基础配套建设等内容	0.30
7	下渚湖田园博览园项目	项目位于下渚湖上渚山地块,场地面积约2086亩。项目已确定作为首届中国田园博览会的主会场,并以"开幕为会、闭幕为园、产园融合、循环利用、持续发展、市场运作"的方式打造德清旅游的新品牌、新名片。项目主要包括会展中心、田园体验园、特色花卉园、生态农场、户外运动基地、花彩大道等内容建设	10
8	新市古镇旅游开发项目	项目将古镇三个半岛建设为龙头,大力挖掘新市古镇醇厚历史文化资源,全面开启新市古镇复兴新征程。项目占地面积约110亩,建筑面积约65000平方米,主要建设内容包括新建博物馆及商贸艺术建筑、新建酒店民宿、历史建筑修复、基础设施建设等	6.80
9	新市镇城东停车场项目	项目位于新市镇东升公园以东、新市油脂二分厂以南,占地面积约30亩,主要建设内容包括生态智能停车场建设、生态公共厕所及相关配套工程等。项目的建设将有效解决新市古镇停车难问题,提高景区服务质量,优化古镇区域环境	0.50
10	下渚湖棚户区改造项目	项目为城中村下渚湖街道二都村水产组拆迁改造项目,块内共涉及约109户搬迁,拆迁人口368人,拆迁建筑面积约2.10万平方米,拆迁补偿方式采取货币补偿、房票安置两种形式。项目已列入浙江省2018年度棚户区改造计划开工项目清单(第一批)	2.70
11	新市镇三个半岛拆迁安置小区项目	项目将在新市镇政府西侧俞家里区块建设新市古镇三个半岛拆迁居民的拆迁安置小区,地块面积约32亩,建筑面积约51004平方米。项目的建设将进一步加强新市小城市建设,改善古镇居民居住条件,提高人民生活幸福指数。项目已列入浙江省2018年度棚户区改造计划开工项目清单(第一批)	2.60
12	新市镇木行组拆迁安置小区项目	项目建设地点位于新市木行组地块,地处东侧为环西路,南侧为文昌路,北侧为西兴巷,占地面积约25亩,建筑面积约45482平方米。项目的建设将进一步改善拆迁村民的居住条件,提升新市镇城市整体面貌。项目已列入浙江省2018年度棚户区改造计划开工项目清单(第一批)	2.80
13	环防风山片区棚户区改造项目	项目拟在德清大道南侧、秋北安置小区东侧地块建下渚湖街道二都村水产组、阜溪街道丁暮组两个片区的拆迁安置小区,地块面积约56亩。项目的建设将大大改善拆迁村民的居住条件,提升德清县城城市整体面貌	4.50
14	狮子山环线连接下渚湖通道工程项目	项目作为下渚湖景区未来对外交连接的主要通道,是完善景区交通路网、促进沿线用地开发的重要保障,也是下渚湖大景区发展重要的公共配套工程。项目南起玉屏路,北至环山路,道路全长约2.30公里,共需用地面积约248.70亩	1.50
15	下渚湖环鸭啄山及周边地块整治开发项目	项目拟在下渚湖环鸭啄山及周边地块进行土地平整、基础设施建设等开发内容	16
16	新市古镇开发二期项目(觉海寺区域地块)	项目拟在新市古镇觉海寺区域地块进行商业地产、民宿酒店、文创产业等开发	2
17	新市酒厂及周边地块开发项目	项目拟在新市酒厂及周边地块进行商业地产、民宿酒店、文创产业等开发	2

【旅游开发工作】 2017年，完成融资10.10亿元用于项目建设，推进公司经营运作和旅游开发。加快推进的项目有：下渚湖生态旅游提升工程，即改造下渚湖游客中心、下渚湖3号岛、下渚湖巡护步道工程；开元森泊度假屋项目，完成土地供给、前期设计及EPC招标工作，基本完成玉屏路延伸工程设计、狮子山环线连接工程开工准备、项目政策及土地问题；构建环莫干山旅游集散平台，规划山上山下整体联动。

开展合作开发，引进赛石集团联合打造中国田园博览园项目；与新市镇人民政府签订《新市镇旅游开发的合作框架协议》，合作成立德清县新市古镇旅游开发有限公司，全面整合古镇优质资源，开发"三个半岛"，全力推进古镇复兴。

拓展产业业态，与高新区合资成立文旅物业管理有限公司，开展物业管理业务。同时，为进一步打响"洋家乐"品牌，与全球最大网上住宿预订平台Booking（缤客）达成合作，将德清县"洋家乐"整体打包入住缤客海外市场。至年底，已有10家洋家乐正式入驻并上线。

（高文秀）

【莫干山风景区】 莫干山，位于美丽富饶的沪、宁、杭长江三角洲中心位置，地处浙江省德清县境内，是国家级风景名胜区。

莫干山风景区总面积58平方公里，主峰海拔720米，以修竹、山泉、别墅称秀于江南，有着"江南第一山"的美誉，莫干山的竹、云、泉"三胜"和清、静、凉、绿"四优"驰名中外。

莫干山夏季气温较低，全年平均气温13℃，7、8两月酷暑时节平均温度仅24℃，早晚尤为凉爽，最宜避暑，是我国著名的休闲度假及避暑胜地。

莫干山还具有丰富人文景观。有风格各异的名人别墅，美、英、德、俄等各国风格的别墅遍布各个山头，有"世界近代建筑博物馆"美誉。2006年，莫干山别墅群列为全国重点文物保护单位，2012年《纽约时报》推荐莫干山为全球"最值得一去的地方"之一。

2017年，按照供给侧结构性改革要求，加快景区从旅游观光型向休闲度假型转变，全年共接待游客133万人，同时，圆满完成党和国家领导人视察以及最高人民法院、国家发改委、中国工程院等全国性会议保障工作。

2017年，全年总收入9460万元，同比增长18%；净利润2517万元，同比增长25%，创历史新高。

加强新媒体营销。加强与微信平台等新媒体联动，在今日头条、凤凰网、国家地理等媒体长篇幅宣传莫干山；与德清县抱团营销，先后赴江苏、山东、北京等地推广，扩大客源半径。合作举办山地越野赛，扩大影响力。推出的系列微视频和微短文，取得较好的宣传效果；还在杭州开设门店，拓展营销和业务范围；网络销售平稳增长，网络直接售票和联票达1900多万元，成为经济效益提升的重要引擎。

落实经济责任制。整合饭店资源，将芦花荡饭店和白云饭店、剑池山庄和凤祥山庄进行统一经营管理；继续对经营者实行以年薪制为主要内容的经济责任制，经营者待遇、职位与考核挂钩，调动经营者积极性。

借助疗休养政策放开的契机，积极上门宣传推荐，争取各级工会和旅行社组织的客源，做好相关保障服务工作，全年共接待120多批次10000余人来山疗休养，填补非周末客源。

不断完善公共设施，加快恢复老别墅历史风貌。按照"修旧如旧"原则，完成88号陈毅楼以及89号、老100号楼改造，修复

莫干山云海　　　　　　（莫干山管理局　提供）

"裸心城堡""山顶池吧""天籁之梦"。2017年，能用于经营的老别墅，大部分已完成修缮，打造"名墅"品牌，形成山下民宿和山上名墅联动发展的良好局面，成为莫干山休闲度假的亮点。完善监控系统建设。覆盖景区100多个视频监控点和20多个广播控制点的指挥中心已经建成，实现全覆盖网格化管理。完善供水、通讯、停车场等基础设施，完成自来水主干管网改造和四个片区配电房提升，增配应急发电机组；完成防雷设施、通讯基站和景区户外无线局域网建设，新增停车位200多个；换乘中心完成土建。

不断提升公共管理。增强综合管理力量，组织40人的队伍，加强对售票处、停车场、瓶颈路口以及景点内游客集聚地巡逻执勤管理。大力整治环境，拆除经营性违法建筑，调整完善全部标识标牌，新增两处风景名胜徽志，近百个垃圾分类箱，引入专业保洁公司，提升景区环境和景点品质。落实应急救援，全年紧急救援、车辆故障、游客急救、纠纷调解等事件涉及人员30多人次，处理各类诉求20余起。

制定景区《总体规划》，10月底，《莫干山风景名胜区总体规划（2017～2030年）》，原则通过国家有关部委部际联席会议评审。

这次规划主要有以下特点：体现上下联动，如道路（一个主入口四个次入口）、排污、天然气等基础设施与德清县接轨，天泉山的开发利用（定位户外运动基地）等；体现了适度超前，公共基础设施的前瞻性，如换乘中心、索道、直升机停机坪等，都在本次规划中有所体现；体现了今后发展空间，规划增加现存的101块宅基地的利用，为莫干山今后可持续发展和依法管理打下扎实基础。

（马海华）

【下渚湖湿地风景区】 2017年，下渚湖景区（含熊猫园）在做好生态保护和开发建设，提升景区核心功能及生态保护、配套设施、品牌打造等方面逐一突破。全年共接待游客37万多人次，日均接待游客千余人，全年营业收入1638万元。省林业厅授予下渚湖"浙江最美赏花胜地"称号。

合理布局休闲健康业态。科学布局各类产业形态，完成总规修改报批，启动片区详规编制。5月，景区总规获得省政府批准。随后，根据景区实际，分批启动6个片区详规编制。塔山东片区详规于7月获省建设厅批准，11月底主入口片区详规和塔山西片区，通过由省建设厅召集的专家评审会评审，其余片区详规将逐步启动编制。

加力引推休闲度假和健康医养项目，提升风景区品质和综合竞争力。根据景区自身资源优势和省级风景名胜区有关要求，定位生态休闲、高端养生、文化创意等方向开展精准招商，引进纳帕山谷精品小镇等项目。强化项目跟进服务，多方联动，助推开元森泊、升华度假村等一批重点项目建设。至年底，开元森泊旅游度假项目主题酒店已结顶、转入室内建设，中央设施区块第一部分桩基施工完成、第二部分桩基施工完成65％；下渚湖度假村项目一期1～4号楼已进行内部装修，室外景观及配套附属工程开始施工，二期设计方案即将出炉。

开展景区生态风貌治理，实施景区内湿地保护与修复、湿地生物种群繁育等项目。启动山地皇区块湿地修复工程，治理面积21.20公顷，通过拆迁区域内居民房屋、种植适应湿地生态的绿化、适当构筑景观等方式修复景区生态并改造提升下仁公路通往景区段沿线景观。拆除下渚湖景区沿线低小散农家乐和周边的水产组，对景区2427亩水域内的20000余条虾兜虾笼、350余只网簖和158634平方米的网箱进行全面清理，种上绿化和水生植物，在主湖面实施增殖放流（35吨）和退渔还湖，推进河道清淤，并开展河岸护坡保护湿地地形地貌。依托院士工作站开展景区研究。4月起，依托风景区管委会与中国地质大学（武汉）共同建立的院士专家工作站，投入52万元科研资金，为期2年，开展下渚湖湿地形成演化研究。至年底，完成收集整理相关文献资料、建设基础数据库、表土水体调查、钻孔沉积物取样、样品鉴定及保存等工作。

改造提升景区基础设施，对游客中心实施景观市政提升、改造停车场、改造游客中心立面及扩建配套商业设施，全面提升游客中心功能服务档次。改造3号岛服务设施。通过对3号岛原有基础设施的改造提升及服务设施的新建，满足游客休闲需求，优化游赏体验。做"活"二都小镇、助推大景区建设，二都小镇作为下渚湖2017年的一大亮点，吸引了众多游客。助推下渚湖大景区建设，适当调整下渚湖景区游船线路，在小镇增加一处游船停靠点码头并增设电动车线路，用于二都小镇和景区码头间的游客接送，

二都小镇　　　　　　　　　　　（下渚湖管委会　提供）

使小镇与下渚湖大景区紧密地联系在一起。

围绕打造湿地旅游金名片目标，突出四季特色，综合运用各种宣传营销方式，拓展市场空间，打响"中国醉美湿地"特色品牌。积极开展全媒体营销，提高知名度。有针对性地在南京、上海、杭州等周边大中城市主流媒体投放景区广告，与《华东旅游报》《中国旅游报》《新民晚报》等报合作；参加2017湖州——合肥、济南、郑州、徐州等旅游推介活动；完成杭州云窗景区四季风光片拍摄；和浙江经视共同拍摄《三生三世十里桃花穿越下渚湖》真人秀微电影和《缘来你在下渚湖》活动云直播，并在电视频道、网络媒体等宣传平台同步直播，扩大景区的网络影响力。探索实践多种营销模式，优化游玩体验。开展三节同庆·共聚下渚湖、和广德县震龙小学共同举行下渚湖一日游学活动、和浙大皮划艇俱乐部开展静水皮划艇运动体验及训练、和下渚湖街道合作开展"缘来你在下渚湖"亲青恋等参与性活动，促进景区参与性娱乐活动的发展；聘请专业网络科技公司对下渚湖景区的移动网络和无线网络进行梳理和整合，实现景区移动网络全覆盖，实现微信扫码支付、微信服务号购票支付、支付宝支付等多种支付手段，增加宣传受众面，拓展"互联网＋"功能。

（何晓燕）

【以"洋家乐"为代表的乡村民宿旅游新业态】　自从2007年第一家"洋家乐"在裸心乡诞生，至今全县已有乡村民宿近600家，其中以"洋家乐"为代表的精品民宿150多家，主要集中在环莫干山区域。2017年全县乡村旅游接待游客658.30万人次，同比增长17.9％，实现直接营业收入22.70亿元，同比增长36.7％。以洋家乐为代表的150家高端民宿接待游客49.80万人次，同比增加34.7％，实现直接营业收入5.80亿元，同比增加27.9％。3月，德清洋家乐正式成为全国首个服务类生态原产地保护产品，并在《中国检验检疫》杂志刊登公布。

2017年，根据《德清县乡村民宿服务质量等级划分与评定》（DB330521/T30－2015）地方标准规范的要求，针对已经取得营业执照、卫生许可证、餐饮服务许可证、特种行业许可证的民宿，经乡镇推荐，由县民宿发展协调领导小组办公室审核，组织旅游民宿行业专家组成德清县第四批精品民宿评定专家组现场评审打分，最终评定十八迈、拉费尔花园、青垆、蕨宿、云溪上、西璞金融家、玖舍等7家民宿为德清县第四批精品民宿。全县共评定出精品民宿23家。

按照《德清县民宿管理办法》及《德清县民宿规范提升工作方案》要求，联合县消防、治安、环保、市场监管等部门开展民宿规范提升，至2017年底，累计通过县民宿领导小组办公室验收的民宿共330家，五证齐全的民宿数量不断增加。开展诚信公约系列活动，民宿业主诚信意识不断加强。

积极参加各类营销推荐活动，进一步打响德清"洋家乐"品牌，提高德清县休闲旅游知名度和美誉度。继续借助国内主流媒体、各类旅游时尚类杂志进行宣传，配合完成中央电视台《生财有道》栏目、上海《新闻晨报》对德清县洋家乐的采访报道，通过微信、微博、网站等视频网站和自媒体机构如优酷、几何民宿、一条、二更等新媒体进行宣传。举办天猫莫干山户外嘉年华活动发布会，联合天猫、飞猪、Discovery（探索）等品牌开展主题为"敢想敢战"天猫莫干山户外嘉年华活动发布

· 211 ·

会；5月19日的第七个中国旅游日，在庾村文化市集举行与中国工商银行德清支行——共创"融e购·洋家乐"旅游商城战略合作发布会。此次发布活动让"洋家乐"与互联网、与现代金融紧密结合，让"洋家乐"依托工商银行"融e购"电商平台，实现游客与洋家乐旅游商户之间"点对点"直销服务，让"洋家乐"产业实现更深层次的融合发展、多渠道宣传营销，探索拓宽旅游产品线上推广与销售平台。此外，还参加各种营销推介会，组织参加宁波国际旅游展、长白山之冬推介会、长三角慢生活旅游峰会、云南国际旅交会、湖州台湾村国际旅游节、长三角休闲农业与乡村旅游博览会等系列活动和推介会。

（应　霄）

【新市古镇风景区】　新市古称仙潭，永嘉二年（公元308年）始有新市之名，建镇历史1700余年，为江南古镇之冠。自古以来，新市镇就是浙北地区的工业强镇、商贸重镇、文化名镇。新市镇是全国重点镇，全镇区域总面积92平方公里，总人口8.90万人，辖24个行政村、4个社区、1个居委会。2003年被省政府列入杭州湾城市体系规划，2010年被确定为浙江省首批小城市培育试点镇。

新市镇位于杭嘉湖平原、长三角腹地，距杭州、湖州、嘉兴均50公里，离宣杭铁路、杭宁高速、沪杭甬高速均为30公里，距萧山国际机场80公里、上海浦东机场220公里，申嘉湖（杭）和杭州二绕高速公路在新市均设有互通区。

新市历史悠久，古迹繁多，早在秦汉，就已形成村落，为乌程县之南乡，至三国两晋形成市井。永嘉二年始有新市之名，至北宋太平兴国三年（公元970年），朝廷立名新市镇。古镇号称"三潭九井十八块，三十六条弄，七十二座桥"。镇区现有古桥梁近十四座，唐宋寺庙三座，堂、祠四处，古河道三公里，明清驳岸近千米，明清石砌河埠近百个。新市历史文化底蕴深厚。

出生在新市的历史名人有东晋镇国大将军朱泗，南朝道学家陆修静，陈国皇后章要儿，南宋状元丞相吴潜，参知政事（副丞相）吴渊，明代学者、诗人陈霆，江西布政使胡尔慥，清代大画家沈铨，近代神学家、诗人赵紫寰，科学家钟兆琳等。其饮食文化在周边也有一定知名度。著名特产包括茶糕、新市酱羊肉、酥鸭大面，以及各种糕点。

近年来新市镇牢牢抓住省市县大力发展旅游产业的有利机遇，围绕"吃住行游购娱"六要素，加快推动新市旅游产业跨越发展，促进文化旅游深度融合。自2007年正式对外开游以来，累计已接待游客近150万人，实现旅游总收入约1.60亿元。2013年新市古镇景区被评定为国家3A级景区。央视的《传奇中国节》和电影《拿摩一等》在古镇取景拍摄，像以前的电影《林家铺子》《蚕花姑娘》一样，为新市古镇打响知名度。

为进一步开发古镇的旅游产业，加快古镇的修缮和历史文化景点的保护性开发，精心塑造千年运河古城，继续抓好仙潭食坊后期改造提升、西河口13号古建筑重建、西安路原百货大楼东侧店铺及北侧住房西墙外立面改造、朱家桥南堍新开丝绸博物馆、永灵东庙修缮和沈铨故居修复等工作，并打造完善景区配套设施，深入改造百年市井老城，加快环城东路、新北路、湖墅路等通景公路建设，推进东升公园至南汇街沿线景区改造和西河口沿线景观亮化工程，增设高品位、复古式的景区传统特色餐饮。做精新市民俗文化品牌。进一步挖掘新市历

新市古镇　　　　　　　　（新市镇　提供）

史文化遗产，做好名人名馆民俗文章，用好"名人牌"，打造"百馆镇"，提升古镇历史厚度，借助蚕花庙会、羊肉黄酒节等地方民俗活动，开展丰富多彩的群众性文化传承活动，促进文化与旅游大融合。

2017年，与县文旅集团达成深度合作，共同规划、合作开发古镇三个半岛等核心区域，年内，涉及三个半岛拆迁的415户，除有历史价值的古民居保留外，其余均完成拆除，正在围绕4A级景区目标，着手规划整个中心城区2.30平方公里封闭式大景区概念设计。新市古镇是德清县"名山、湿地、古镇"三张名片中的一张，围绕打造4A级景区目标，坚持保护开发并重，深入实施沈铨故居、南汇街等一批明清古建筑保护修缮工作，完善景区配套设施，游客集散中心、景区东大门停车场及南区游步道建造；挖掘历史文化资源，加快增设高品位、复古式的景区传统特色餐饮、历史茶座、古手艺等"古派"商贸设施，丰富古镇休闲观光内容，形成新市特色古镇旅游体系。

(郭利娟)

商贸流通

2017年，全县社会消费品零售总额完成168.44亿元，同比增长11.3%；限额以上批零销售额完成355亿元，同比增长53.8%；完成电子商务网络零售额50.21亿元，同比增长35.2%。

全县重点商贸企业继续保持快速发展，引领商贸发展争先进位。全年社零、限上批零增幅分列全市第二、第一。

加快推进电商应用，全县累计规上工业企业445家，小微企业应用电商350余家，设立阿里巴巴农村淘宝服务站点109个、丰收驿站128家、"村邮乐购"235个，欧诗漫再次入选"国家电子商务示范企业"。

粮食流通

2017年，全县粮食管理水平不断提升，仓储工作制度化和规范化建设加快推进，"一符四无"粮仓鉴定合格率100%。切实抓好政策性粮食竞价销售与轮换，全年轮换销售政策性粮食11703吨，完成年度计划的100%。保障军粮供应安全。全年为部队送粮11300公斤。抓好"订单粮食"，推广"一站式"粮食收购服务，畅通农民售粮渠道，全年订单合同收购数量8293吨。不折不扣抓好粮食安全责任制工作，切实增强粮食应急管理能力。

(马燕飞)

烟草专卖

【概况】 2017年，全年销量完成21979.84箱，同比增长1%；销售额106344.08万元，同比增长5.34%；单箱结构4.84万元，同比增长4.31%；实现税利31196万元，同比增长6.39%；其中利润25645万元，同比增长6.66%。省外烟的销量占比比2016年同期提升2.03个百分点。

【专卖管理】 立足本地市场，强化互联网售假监管和市场监管数据分析，开拓网络微信、物流快递两个专卖监管新战场，提升打私打假的力度和精准度。全年共查获涉烟违法案件232起，同比下降3.33%；查获非法卷烟22183.40条，同比上升44.06%；案值共计426.65万元，同比上升38.2%；罚没款54.56万元，同比上升30.84%；5万元以上案件27起，同比上升68.75%。破获"2·13"销售假烟国际网络案件，判刑4人。

根据行业"互联网+政务服务"和政府"放管服"改革要求，启动网上受理办证业务，完成行业系统与全省政务服务网的对接，简化办证流程。

联合当地消保委、工商局、质监局等有关部门，在各主要乡镇摆设摊位，开展消费者权益保护日、法制宣传日等系列活动，为当地消费者提供法律法规咨询、真假卷烟鉴别等服务。现场发放宣传资料和烟草法律法规知识手册，接受群众咨询，全面提升消费者的自我保护意识。

(章奇)

现代物流

【概况】 至2017年底，全县拥有物流企业142家，共有2A级企业1家、3A级企业2家。物流企业类型主要包括传统货运物流企业、航运物流企业、危险品运输企业和快递企业等。随着物流企业服务类型的不断丰富，为企业服务的平台型物流园区应运而生。2017年，已建成运营的有临杭物流园区、德清港国际物流园、普洛斯物流产业园及正在建设中的有宝湾电商物流港，以及即将开工的东能仓储有限公司新建华东智慧物流产业园等。临杭物流园区

2017年被评为全国优秀物流园区，码头作业区被评为省五星码头，实现营业收入130亿元，上缴税收2429万元。

【县物流业发展"十三五"规划】 5月，制订的规划依据德清县"4+X"产业需求分布、交通路网规划和现有物流节点布局，在全县范围内重点布局2个综合物流园区、4个专业物流中心以及多个城乡物流站点，布设"两核四心多点"的物流节点体系。充分发挥德清县交通区位优势，紧密对接"接沪融杭"战略规划，实现交通物流降本增效，推动本地经济社会发展。

【物流园区】 临杭物流园区是省交通重点扶持物流基地、省首批现代服务业集聚示范区。规划总面积3750亩，2017年已部分投入运营；主要提供酒类、油品、塑料原材料、钢材贸易、流通加工、电商配送及港航物流等公共服务型综合性物流服务。全年共完成投资9.14亿元，为年度目标任务的182.75%。其中，临杭物流园区Ⅱ区完成3.75亿元。德清港国际物流园二期完成1.70亿元；德清宝湾国际电商物流港完成1.06亿元，三中粮油15万吨/年绿色食品精制加工基地项目完成2.62亿元。园区内占地65亩的金属材料库房和占地74亩的货运配载二期库房完成竣工验收；钢铁物流中心（三期）即将竣工验收。Ⅱ区项目货运配载二期、金属材料加工中心完成竣工验收并投入使用；钢铁物流三期工程已经完工并通过竣工验收。已签约入驻园区Ⅱ区的钢贸企业138家，完成工商注册78家，规模以上7家。码头作业全面铺开，日均提货车辆增至约1300辆。德清港国际物流园是多功能港区，规划占地面积约1050亩。至年底，130亩仓储区主体工程已基本建成；一期项目：泊位、码头、堆场、口岸监管场所及部分配套设施等已投入运营，主营集装箱多式联运和进出口货物通关清关等物流延伸服务。21家物流相关企业和单位入驻港区，与中远海等19家船公司建立合作关系，基本实现浙北杭嘉湖地区物流服务全辐射，还联通上海港、太仓港、舟山港、乍浦港等沿海港口，配套服务于国家"一带一路"倡议。

【单月集装箱吞吐量新纪录】 德清多功能港区集装箱业务呈现快速增长态势，继4月份吞吐量完成5308标箱，单月突破5000标箱后，11月份首次突破1万标箱，其中进口5823标箱，出口4770标箱，为2017年来单月集装箱吞吐量新纪录。

【集装箱吞吐量】 2016年从零起步，到2017年取得飞跃式增长。全年集装箱吞吐量达到74344标箱，同比增长534%，其中进港3.80万标箱，出港3.60万标箱。

【物流业增加值】 全年完成18.09亿元，同比增长11.5%。

【德清升华临杭物流园】 2017年，德清升华临杭物流园充分发挥"互联网+"转型升级，入驻企业共享"一站式"服务，引爆绿色港口经济。至年底，园区拥有商户60余家，全年营收完成40亿元。

（俞永明）

建筑业·房地产业

综　　述

德清县建筑业、房地产业始终坚持提升行业监管和服务水平，坚持扶优扶强、做精做专。至2017年底，全县建筑业企业已达69家，其中施工总承包企业31家（一级9家、二级6家、三级16家）；专业承包企业36家（一级4家，其余级别企业32家）；劳务企业2家。房地产企业共有64家，其中二级资质企业3家、三级资质企业8家、四级资质企业33家、暂定资质20家。

建　筑　业

【概况】　2017年，全县施工总承包资质涵盖建筑工程、市政工程、公路工程、电力工程等8个序列；专业承包资质涵盖地基基础工程、装饰装修工程、钢结构工程、预拌砼工程、建筑幕墙工程等14个序列。为加快推动建筑业转型发展，实施《浙江省绿色建筑条例》，实施绿色建筑共60项、200万平方米，新增节能建筑41.10万平方米；加快推进建筑工业化，新开工装配式建筑面积35.65万平方米，完成市下达任务的198%；推行工程总承包（EPC），累计开工建设EPC项目9个、建筑面积75.80万平方米，有5家企业被湖州市局确定为湖州市工程总承包第二批试点企业，全县有湖州市工程总承包试点企业总共达8家。2017年，全县完成建筑业产值78.39亿元，实现建筑业税收3.33亿元（地税1.18亿元、国税2.15亿元），占总税收的4.12%。

【建筑市场招投标管理】　根据招投标相关法律法规，2017年严格审查全县非国有投资建设项目111个，其中非国有投资邀请招标项目23个，直接发包项目88个，合计总工程造价42.31亿元。共完成建设工程施工合同备案133项，合计金额62.07亿元。县建设工程招投标管理站成立专项检查组对全县在建工程开展建设工程施工合同履约检查，全年共检查21个在建工程，重点检查施工合同备案情况、专业工程分包情况、主要管理人员到岗履职情况、工程进度及工程款支付情况、工程变更和现场签证情况、安全文明施工费支付及使用情况、施工合同管理等内部管理制度情况等。年初建筑市场运营较平稳，下半年受外界因素影响，建筑材料价格不断上涨，水泥价格在12月创历史最高。

【建筑领域信访工作】　工作重点是协调农民工工资投诉问题。通过成立清欠小组，召开清欠专题会议，加大工资支付摸底和排查，定人定岗解决农民工工资清欠等措施，强化长效管理，切实保障建筑工人合法权益。全年共处理各类农民工工资投诉、纠纷35起，涉及农民工人数约550人，涉及农民工工资约1700万元，协调起数、涉及人数和工资金额同比大幅下降，分别下降36.4%、54.2%和59.5%。

【建筑行业审批制度改革】　深化建筑业"放管服"改革，落实"最多跑一次"。利用"互联网＋政务服务"的信息化手段，通过网上办理业务，推进行政审批智能化，推动勘察、设计、建筑业企业等许可事项集中一站式办结。探索开展"承诺在先、动态核查"审批试点。进一步优化完善建设工程施工图审查、施工许可和竣工验收备案等办事流程，加快实现"最多跑一次"。

【质量安全管理和工地创建】　切实把好工程建设质量安全关，全年共办理质量安全监督手续项目137个，建筑面积约318万平方米，工程造价约56.50亿元。积极推进智慧工地建设，完成智慧工地监控指挥中心建设和63个在建工程平台接入工作,实现施工现场实时监控。全县建筑工程共创建县级绿色工地36个,市级绿色工地22个;获得浙江省钱江杯奖和浙江省钱江杯优质工程奖各1项、湖州市飞英杯奖9项;浙江省建筑安全文明施工标准化工地4个、湖州市安全生产优胜标准化工地16个,创优夺杯数量较往年大幅提升。

房产管理

【房屋登记】 2016年1月1日起,房屋登记职能划转至县不动产登记中心。

【房产市场监管】 2017年,为贯彻落实国家"房子是用来住的,不是用来炒的"房地产市场调控精神,稳定全县商品住宅销售价格,出台《德清县商品房备案价格管理机制》。强化物业管理,创建市级物业服务优秀住宅小区1个、县级物业服务示范住宅小区4个。

【房产交易】 全县完成房地产开发投资38.60亿元,同比增加21.3%;在建施工面积127.52万平方米,同比减少17.15%;竣工面积85.22万平方米,同比减少45.16%;完成商品房销售面积119.84万平方米,同比增加1.6%;实现商品房销售额105亿元,同比增加37.8%;商品住房成交均价11200元/平方米,同比增长40%;商品房库存面积29.53万平方米,同比减少28.17%。

【房屋安全管理】 贯彻宣传《浙江省房屋使用安全管理条例》,推进城乡危旧房治理改造,共完成城镇危旧房屋治理改造867幢,提前完成三年治理改造总任务。

住房保障工作

【保障性住房建设】 全县共开工建设城市棚户区改造用房1900套、基本建成保障性住房2088套、竣工保障性住房2569套、交付使用保障性住房5420套,全面完成省市下达的保障性安居工程建设任务。

【公共租赁住房保障和住房补贴】 坚持"公开、公平、公正"原则,抓好保障房分配工作,全年共计新增公租房保障家庭319户(其中租赁补贴106户),经适房保障家庭105户,解决中低收入家庭住房困难。

【农房改造救助】 全力推进农村危房治理改造工作。2017年,全县排查发现存在安全隐患并进行鉴定的农村危房共691户,完成改造656户,其中农村困难群众危房治理改造完成144户。

(许晓春)

住房公积金管理

【概况】 湖州市住房公积金管理中心德清县分中心(以下简称"中心")前身为德清县住房委员会办公室、德清县住房资金管理中心。2003年6月,根据国务院和省政府统一部署,实行住房公积金管理机构调整,重新组建住房公积金管理中心,为直属于湖州市住房公积金管理中心的不以营利为目的的独立的监督管理类事业单位。2011年6月参照公务员法管理。2016年3月升格为正科级。中心内设综合科、业务科、管理科3个科室,11个服务窗口。2015年7月,中心办公场地由武康街道群益街292号搬至武康街道新丰南路58号。

县公积金中心经市公积金中心授权,负责县域内住房公积金的以下管理工作:

一是贯彻执行并组织实施国家和省住房公积金管理的有关法规和政策,负责落实市住房公积金管理委员会和市公积金中心的决策和决定。

二是经市公积金中心授权,负责全县住房公积金的行政执法。对住房公积金的缴存、提取和个人住房贷款的发放、偿还等行为实施监督检查,依法对各种违法行为进行行政处罚。

三是负责编制全县住房公积金的归集、使用计划和计划执行情况报告,编制住房公积金预算、决算报告,编制住房公积金增值收益分配方案。

四是负责记载职工住房公积金的缴存、提取、使用、转移、封存等业务,核准审批职工住房公积金的提取与使用。

五是负责住房公积金的财务核算,并根据上级要求和部署向社会公布住房公积金财务报告。

六是负责住房公积金的安全保值与增值,发放住房公积金个人住房贷款,负责贷款本息按月回收。

七是负责记载职工一次性住房补贴、住房公积金补贴的缴存、提取、使用等情况,核准审批职工一次性住房补贴、住房公积金补贴的提取和使用。

八是承办县人民政府、市公积金中心交办的其他事项。

中心自成立以来,实施了十余项管理服务措施:

2003年下半年,在非公企业和农民工中建立住房公积金制度,努力帮助农民工解决住房困难。

2006年,开展向低收入公积金贷款家庭贴息工作,减轻低收入公积金贷款家庭还贷压力。

同年,实施住房公积金人才优惠政策,帮助新就业大学生和引进人才解决住房问题。

同年,实施租房提取公积金支付房租政策,切实帮助无房的缴存职工通过租房解决居住问题。

2009年下半年,实施"按月冲还贷"政策措施,缓解贷款职工还贷压力。

2009年,实施支持低收入职工购买经济适用房的政策措施,提高低收入职工购房支付能力。

同年,实施缴存托管政策措施,解决个体工商户及从业人员、自由职业者等个人无法参加公积金制度的问题。

2014年,实施公积金支付物业费、公积金支付首付款、商转公顺位抵押三项政策。

2015年,实施放宽租房提取公积金支付房租政策、"商转公"贴息政策、进一步完善"按月冲还贷"等政策。

2016年,实施存量贷款公转商政策。

【住房公积金业务指标】 2017年,全县住房公积金业务保持快速的发展势头,主要业务指标均超额完成全年目标任务,连续20年年末保持贷款零逾期。全县归集住房公积金7.38亿元,提取住房公积金5.38亿元。全县归集总额达51.50亿元,归集余额达20.99亿元。发放住房公积金贷款4.71亿元,贷款总额达42.35亿元,贷款余额达25.68亿元。

【建立基层服务站】 2017年,全县新增缴存职工14496人,净增缴存职工8006人,新增规上企业58家,新增规上企业职工4254人。至2017年底,全县活跃缴存职工近6万人。为使群众在"家门口"即可办理公积金业务,中心创新开展住房公积金服务向镇(街道)延伸工作,在全县各镇(街道)挂牌设立住房公积金服务站,在各镇(街道)便民服务大厅设置公积金服务窗口。至2017年底,各镇(街道)完成公积金服务站机构设置、人员配备、场地落实等工作,在县公积金中心的指导下开展各项授权业务。

【落实惠民便民举措】 2017年,中心按照省市县的部署,以"全部跑一次、就近跑一次、最简跑一次"为目标,不断深化"最多跑一次"改革内涵。由最初梳理的涉民涉企具体事项72项,精简为省住建厅"八统一"要求的四大类30项,2017年底实现"跑零次"53.33%,"跑一次"100%。2017年,中心实施容缺受理、绿色通道、延时服务等8项便民服务举措,在全市住房公积金系统中率先将二手房贷款合同通过邮寄方式寄送给客户。推广"网上办事大厅"业务、市公积金中心微信公众号等,引导办事群众在网上完成部分业务的办理,实现部分办理事项"跑零次"。

(俞 敏)

德清县住房公积金管理中心业务窗口　　(县公积金中心 提供)

国内外贸易

农村商贸服务

【概况】 德清县农村商贸服务由县供销社主管。县供销社现有下属企业18家,其中直属公司7家(2家控股、5家参股),基层供销社11家。系统全年实现总经营收入23.59亿元,同比增长19.8%;直属企业完成销售收入22062.65万元,实现利润1044.10万元,同比分别增长15.2%和30.3%。2017年,"三位一体"农合联改革全面推进,供销社与农合联融合发展取得新进展,供销社(农合联)为农服务能力与水平得到新提升。获得省供销社省农合联执委会2017年综合业绩考评特等奖、全省农合联建设先进单位、全省供销社农合联执委会服务体系建设先进单位、市供销社2017年农合联建设工作和综合业绩考核一等奖等荣誉称号。

【组织体系建设】 2017年,完成农业供给侧结构性改革集成示范试点相关工作方案,县供销社作为责任单位,主动对接,专题向省社、市社进行汇报并取得上级社的指导和支持,推进了试点工作。做好有关职能的转移承接工作,县供销社(农合联)与相关涉农部门对接,落实专门科室和人员,承接涉及三个方面的转移事项。完成县供销社(农合联)内设机构调整和中层干部聘用,内设机构由原来的"三科一室"调整为"四部一室",并调整和选拔任用了中层干部,科学配备各部室工作人员,合理设置工作职能。

【两大平台建设】 在前期组建农合联资产经营公司的基础上,出资组建先锋农机专业合作社,并于11月份正式启动运行。同时,积极争取1000万元农民合作基金(政府原始基金)分期分批到位,年底前500万元合作基金已安排到位,农民合作基金管理暂行办法正式出台。

【生产服务】 启动农民合作经济组织(农民专业合作社)创新实验基地建设。组织青虾养殖技术指导和农村"双创"人才培训,实施2000亩农田无人机农药喷洒,开展晚稻收割及跨区作业。夯实农合联工作基础,推动特色产业农合联建设,完成黑鱼、早园笋、青虾、黄芽等4家特色产业农合联的组建,做好6家农资经营示范店(庄稼医院)改造提升工作。

【项目建设】 新市银河商业广场项目 地面主体工程已全部结顶,项目完成中间结构验收,并启动粉刷工程和消防安装等工程。

梦里水乡生态农业园项目 通过招投标程序顺利拍得该建设用地,并完成项目备案和地质勘查、水保评价等相关工作,同时启动办理用地许可证。

家禽定点屠宰分割配送服务项目 4月底家禽集中屠宰及分割配送正式启动。同时加大对接,深化服务,优化供应,全力做好全县56所学校食堂家禽食品配送服务工作。

基层社振兴项目 围绕县美丽城镇建设,重点推进洛舍供销社(立诚公司)资产评估、回购等相关工作,理顺县级社与基层社的关系,为下一步供销社与农合联融合发展奠定基础。

【电子商务】 优化村淘项目,着力打造村淘3.0版。终止与艾易公司的合作,调整诚信公司股东结构,并如期完成农产品展示展销中心开张营业工作,全年新增村淘点15家,服务村民31.15万人次,服务金额4102万元,为村民节约开支410万元。

【农资供应服务】 推进农资连锁经营服务网络建设,做好春耕生产农资货源的组织、调拨供应和服务,全年全系统组织供应各类农资14973.70吨,其中化肥

14723吨、农药244.10吨、农膜6.60吨；占全县农资市场供应总量的50%以上。各乡镇村农资连锁网点开展为种粮大户预约订货、上门送货，为农户送货到家，提供咨询、介绍农药化肥新品种使用方法等服务活动。

【日用消费品连锁经营网络建设】 新银河配送中心抓住经济复苏的有利时机，调整经营策略，强化为"放心店"业主服务，抓好农村"放心店"商品配送。全年实现配送销售金额3937万元。

【烟花爆竹安全管理与防汛物资储备】 九霄烟花爆竹公司主动适应主城区烟花爆竹"双禁"的新趋势新常态，强化烟花爆竹安全经营的监督检查，加大配送服务，确保公司经营业绩不发生滑坡。立诚防汛经营部增加新的储备点（新市镇），两个储备点实际储备防汛麻（草）袋8万条以上，确保防台抗洪抢险的需要。

【农产品现代流通】 以德清嫂农产品区域公共品牌建设为抓手，推动专项改革试点。优化农超对接，推动阿华茭白、启航冬枣、红枫板栗等专业合作社农产品进入超市。同时，发挥农产品经纪人走南闯北，信息灵、销路广的优势，打通市场，努力提高德清县农产品在实体市场的销售额。

【再生资源回收】 加大环保知识宣传力度，对接落实新一轮开票退税政策，抓好再生资源回收业务网络的延伸和再生资源回收业务量的提升。全年3家再生资源回收公司再生资源回收业务量3364.55万元。做好废弃农药包装物回收工作，全年57个回收点共回收废弃农药瓶（袋）429.83万只，回收率为93.33%。

【信用服务】 举办县供销社（农合联）与县农商银行战略合作签约暨农合联会员授信仪式，现场为第一批35家会员单位授信，授信额度达6410万元；雷甸镇农合联为农合联会员集体授信3000万元。做好德农资金互助合作社社员调查摸底、结构调整，以及扩容扩面、创新服务等相关工作。

（蒋金龙）

招商引资

【概况】 2017年，全县上下紧扣"双百双六"目标，不断深化产业招商，建立"7+1"重点产业精准招商机制，进一步完善项目准入、招引联动机制，招商引资氛围浓厚，实现量质齐升。全年引进"大好高"项目84个，投资百亿元的天士力大健康产业德清基地项目顺利签约。成功举办德洽会、游子文化节，两大主活动共签约项目62个，总投资560亿元，其中总投资20亿元以上项目5个，无论是签约项目数还是投资强度都明显提升。

【引进"大好高"项目】 2017年，全年引进"大好高"项目84个，完成县年度目标任务的140%。市认定"大好高"项目45个，完成市下达年度目标的132.35%。

【浙商回归】 2017年，浙商回归项目到位省外资金133亿元，同比增长141.8%，完成市下达年度目标的245.45%。

【利用外资】 2017年，全县完成实到外资1.77亿美元，同比增长171.7%，完成市下达年度目标的101.14%；完成合同外资4.20亿美元，同比增长236%，完成市下达年度目标的147.36%。

（马燕飞）

3月24日，县农合联、农商银行战略合作签约暨农合联会员授信仪式举行 　　（县供销社 提供）

重大商贸活动

【德洽会】 7月,"德清莫干山·上海后花园"——2017德清投资贸易人才洽谈会暨上海活动周召开。本次活动以"经贸合作洽谈、人才引进"为主题,包括开幕式暨项目签约仪式、重大项目集中开竣工、"活力莫干山·创业高新区"合作推介、莫干山国际旅游度假区揭幕、"德清秀"系列活动、"山与海"主题宣传等系列活动。

开幕式暨项目签约仪式 7月12日,"德清莫干山·上海后花园"——2017德清投资贸易人才洽谈会暨上海活动周召开。本次洽谈会共有天士力大健康产业德清基地、莫干山红树林度假酒店、莫干山智慧旅游、青春宝总部迁移等29个产业项目达成合作协议,总投资约300亿元,另有3个平台项目、8个人才项目签约。浙江安钛实业年产15万吨预应力支撑构件制造项目、德清宝湾国际电商物流港等16个重大项目集中开竣工。

表9　2017年德清县签约平台项目和人才项目基本情况表

序号	项目名称	项目类别	基本情况
1	工商银行政银合作项目	平台项目	工商银行湖州分行未来五年将在德清县新增融资投放额不少于100亿元,重点在服务实体经济发展、支持基础设施建设、扶持小微企业成长、合力帮扶困难企业等方面给予支持,同时通过金融产品创新、渠道优化等方式为德清县提供国际化、全方位、创新型的金融服务
2	上海市生物医药科技产业促进中心战略合作项目	平台项目	上海市生物医药科技产业促进中心确立专设沟通交流机制,开展产业发展方面合作及推进在园区管理、培训方面的合作
3	上海聚科生物园战略合作项目	平台项目	上海聚科生物园确立战略合作伙伴关系,在项目研究成果产业化、园区规划发展方面形成紧密合作,并在高新区设立上海聚科生物园德清分园
4	中科院上海硅酸盐研究所德清县产学研战略合作项目	人才项目	深化"德清模式",推进产学研战略合作,深入开展转化一批科技成果、引育一批人才项目、共建一批创新平台等"五个一"合作,助推德清经济转型发展,打造国家级科技成果转移转化示范县
5	基于云平台的共享型智慧空压装备研发及其产业化项目	人才项目	该项目注册资本1000万元,落户浙江"千人计划"德清产业园。主要生产种类为20尺或40尺的标准集装箱的信息管控式空压装备类型的空气压缩机、吸干机、过滤器及各种压缩空气后处理设备。实施"千站计划",在全国投资建设1000座智慧能源空压站。预计三年内完成100个空压站800个集装箱,销售额达16亿元。目前,该项目已入选2017年第一批"南太湖精英计划"A类
6	上海交通大学南加州大学文化创意产业学院德清县校地人才智力战略合作项目	人才项目	通过与高校建立合作关系,充分发挥各自优势,在人才项目对接、人才输送、人才培养等方面开展多层次合作,推动高校创新要素和人才资源向德清流动集聚
7	上海人才联络服务站项目	人才项目	为进一步拓宽引智视野,创新招才模式,吸引各类高层次人才到德清创新创业。在上海建立人才联络服务站,根据德清县产业发展需求,主动收集各类人才信息,建立在上海德清籍及相关高层次人才信息档案;及时推荐或组织人才开展对接洽谈
8	上海迈科技德清县技术创新服务中心项目	人才项目	引进上海迈坦信息科技有限公司在德清县建立"迈科德清技术创新服务中心",入驻专业团队,深入开展企业技术创新服务、科技成果转移转化、区域产业发展咨询服务、技术创新金融服务,加快科技成果转化助推德清传统产业改造提升,高新技术和战略性新兴产业培育,助力国家科技成果转移转化示范县建设

续表

序号	项目名称	项目类别	基 本 情 况
9	复旦大学城市与区域发展研究中心德清县人才区域发展战略合作项目	人才项目	通过建立战略合作,在高端智库建设、促进成果转化、创新载体共建、提供决策咨询等方面开展深入合作,充分发挥智囊团作用,为德清提供决策参考和信息服务
10	氟膜新材料的研发及其产业化项目	人才项目	该项目注册资本1000万元,落户浙江"千人计划"德清产业园。项目主要致力于研发、生产、销售世界级的最高防护性、高透气性、高功能性的特种纳米纤维微孔氟膜及其复合材料,应用在个人防护、防核生化战剂薄膜面料服装产品、新能源动力、节能环保等产业。三年内预计生产20万平方米的电池隔膜,预计销售额达2亿元
11	新型食品健康保鲜照明的设计和开发项目	人才项目	通过引进国家"千人计划"青年人才,复旦大学季敏标教授,与德清新明辉电光源有限公司就新型食品健康保鲜照明设计和开发项目进行合作及产品开发,采用"人才+企业"模式,加快科技成果转化,推动传统产业升级,助推德清经济转型发展

重大项目集中开竣工活动 7月14日,德洽会重大项目集中开竣工活动在高新区通航产业园、新安、钟管、禹越、新市、高新区城北高新园等六大会场同时举行。当天集中开竣工项目共有16个,总投资达76.73亿元。

表10　　　　　　　　　　2017年德清县部分开工项目基本情况表

序号	项目名称	基 本 情 况	开工地点
1	安钛实业项目	浙江安钛实业有限公司其年产15万吨预应力支撑构件制造项目将与其投资公司东通岩土现有的建筑材料租赁、基坑围护施工等产业形成一体化产业链,为企业发展提供更大的战略平台	高新区(通航局)项目现场
2	杰为凯环保科技项目	浙江杰为凯环保科技有限公司主要向客户提供城市污泥与工业污泥的脱水干化整体解决方案,项目总投资2亿元	高新区(通航局)项目现场
3	德清宝湾国际电商物流港项目	项目总投资6亿元,计划用地200亩,其中130亩盘活存量土地,建成后预计实现年销售收入5亿元,利税8000万元	新安镇
4	巨创不锈钢项目	总投资2.20亿元,建成后主要是年产600万平方米不锈钢高端厨具专用板材,可实现销售收入3亿元,利税8500万元	钟管南舍工业功能区
5	浙江万宏玻璃科技有限公司年产300万张智能智控面板项目	万宏科技项目总投资2.60亿元,产品涉及可视电视、航天领域摄像头等一系列高科技玻璃,投产后预计年产值4亿元,利税6800万元	禹越镇
6	湖州杭华功能材料有限公司项目	项目总投资2.85亿元,占地80亩,建成后将实现年销售额5亿元,利税可望达1亿元	新市镇
7	浙江益弘食品有限公司项目	总投资1.50亿元,占地24.50亩,可实现产值3亿元,利税1.30亿元	高新区城北高新园区

"活力莫干山·创业高新区"合作推介会 7月12日,"活力莫干山·创业高新区"2017长三角高新技术产业发展与区域经济合作推介会在上海中国金融信息中心举行。现场有中科卫星应用德清研究院、武汉大学测绘学院德清培训基地、航天科工大型飞艇研发中心战略合作项目、长光卫星技术有限公司战略合作项目、北京航空航天大学通航产业研究中心战略合作项目等5个项目完成签约。

莫干山国际旅游度假区正式成立 7月12日,莫干山国际旅游度假区成立发布仪式在上海中国金融信息中心上海厅举行。莫干山国际旅游度假区总规划面积58.77平方公里,依托莫干山国家级风景名胜区,涵盖莫干山及周边地区优质旅游资源。目前,度假区已有裸心谷、法国山居、郡安里、西坡等洋家乐度假产业为主导,集Discovery、路虎体验基地、久祺骑行营等休闲运动产业和义远有机农场、阳光生态园等生态体验农业为一体的多元化旅游业态。发布会上还完成"The North Face 100环莫干山越野赛"、莫干山"一带一路"国际公共艺术行动计划、莫干山全域旅游战略合作、"换个高度看莫干山"通航旅游观光等项目的签约。

"德清秀"系列活动 7月12日,"德清秀"系列活动在上海举办。活动围绕"从德清莫干山到上海莫干山路到莫干山高新区"的"三莫"主题,开展德清特色展示推介,包括特色产业产品展示推介、乡村度假旅游体验、诚信农产品展示等三大板块,吸引不少上海市民观看、洽谈、订货。

越剧电影《德清嫂》走进上海 7月12日,越剧电影《德清嫂》在上海市浦东新区兰馨悦立方影城上映。电影改编自曾获浙江省"五个一"工程奖的越剧《德清嫂》,以德清当地的道德模范为故事原型,集中反映了德清的凡人善举,借此演绎"吃苦耐劳、以德报怨、诚实守信"等中华民族传统美德。影片由国家一级导演张峰执导,杭州越剧院国家一级演员、梅花奖得主谢群英、徐铭等担任主演。

【游子文化节】 12月8日,"游子回乡吟德清,乡梓情深话发展"——第八届游子文化节暨投资贸易人才洽谈会开幕。来自各地的乡贤德商参加。同日,举行了开幕式、"桑梓邀友相约德清"座谈会、民宿经济高端论坛、重大项目集中开竣工仪式等活动。

开幕式 在游子文化节暨投资贸易人才洽谈会开幕式上,县四套班子领导,省、市有关部门领导,知名院士、国内外企业界客商代表、文化界人士、德清在外杰出乡贤代表等出席。乡贤代表、中科院院士、南京大学教授都有为,香港德清同乡会会长余立群致辞发言。31个"大好高"项目、浙商回归重大产业项目和人才项目达成合作协议,26个"大好高"项目进行现场签约,总投资260.70亿元。

"桑梓邀友相约德清"座谈会 座谈会上,乡贤们表达了浓厚的爱乡之情和强烈的回乡投资意愿,并就人才引进、高端产业发展、加大对外宣传等方面积极出谋划策。

民宿经济高端论坛 第二届"莫干论剑"——民宿经济高端论坛,有来自两岸的相关专家共同探讨民宿提升发展,持续发展的新思路、新对策,全县3A以上景区负责人及部分洋家乐业主代表近200人参加。世界旅游组织特别代表徐汛、北京第二外国语学院旅游管理学院院长厉新建、台湾乡村旅游协会荣誉理事长郑健雄分别做题为《寻找感动的民宿体验》《返璞归真——好个家》《乡村振兴与民宿再发展》的交流演讲。论坛上,台湾—德清两岸民宿交流中心正式成立。

重大项目集中开竣工仪式 第八届游子文化节暨投资贸易人才洽谈会期间,举行重大项目集中开竣工活动,共有35个项目在当天开竣工,总投资112.68亿元,其中开工项目24个,竣工项目11个。

(陈 郊)

外贸进出口

【概况】 2017年,全县累计完成进出口总额162.30亿元(不含一达通),同比增长16.7%,其中出口138.60亿元,同比增长15.5%。

【注重培育重点企业】 牢牢把握重点产业培育这个着力点,紧盯出口前20强企业,建立定期联系机制,优化服务,落实政策,加强指导,重点出口企业持续发力,2017年前20强重点企业出口平均增长16.9%。

【做优一站式平台】 德清中非经贸港加速发力,为全县中小企业提供金融、物流、通关、保险以及退税等一站式综合服务,该平台

2017年出口额累计达到5.50亿元,同比增长189.9%,成为全县外贸出口新增长点。

【积极争取省级试点】 积极向上争项目,成功获评浙江省海外"营运中心"建设试点,将连续三年获得800万元财政资金,用于支持德清县时尚家居海外"营运中心"试点建设。

外经、服务贸易

【概况】 2017年,全县完成境外投资项目中方投资额6030万美元,完成市下达年度目标的120.6%,继续领跑全市各县区。全县实现服务贸易进出口额20.74亿元,同比增长12.8%;实现离岸执行金额2.23亿元,同比增长10.5%。全县4家企业入选2017~2018年度浙江省文化出口重点企业,位列全市第一。

(马燕飞)

出入境检验检疫

【概况】 2017年,湖州出入境检验检疫局德清办事处共检验检疫出境货物6931批/1.58亿美元,入境货物689批/5682万美元;签发各类原产地证书11251份/4.29亿美元,同比增长10.6%和11.24%。其中一般原产地证3023份/1.26亿美元,普惠制原产地证3240份/1.48亿美元,区域性优惠原产地证4988份/1.55亿美元,可为出口企业减免进口国关税775万美元。严格执行检验检疫减免费政策,免收出境法检费用、原产地证书工本费、签证费及注册费约130万美元。

【检验监管】 把好国门安全关,检出检疫性不合格11批,截获检疫性有害生物6种类/14种次;检出非检疫性不合格29批,截获非检疫性有害生物66种次/43种类,其中全国首次截获1种次。退运不合格美国澳洲废纸各1批,计40标箱/487吨/8.60万美元;退运入境机电产品、化工品各1批。

简政放权,方便企业办事。继续全面深化竹木草制品企业模式改革,并加强监管,不断提升企业自检自控水平。2017年新增6家,总体规模达到26家,累计为试点企业减少现场抽检批次近260批,按平均每批次检验半个工作日计算,共节省企业出口时间1040多个小时。

【服务发展】 推进生态原产地产品保护工作。德清洋家乐成为全国首个生态原产地保护服务产品(国家质检总局2017年第17号公告)。"清溪"德清花(乌)鳖成为生态原产地保护产品(国家质检总局2017年第104号公告)。《乡村民宿生态原产地产品保护评定规范》课题结题报告完成。《乡村民宿生态原产地产品保护评定规范》申报SN标准成功立项。

提升贸易便利化服务水平。码头现场植检实验室通过省局考核验收。向县政府报送的《关于建立口岸协调机制 促进德清港外贸健康发展的几点建议》《我县上半年出口企业自贸协定利用情况分析》《我县上半年签发原产地证金额2.18亿美元创历史新高》均得到县主要领导批示。入境原木、废纸、金属材料等逐步上升。按照"放管服""最多跑一次"改革要求,推行原产地证书信用签证,实现企业办理原产地证"一次也不用跑",2017年,在签企业6家。无纸化报检批次覆盖率大幅提升,至年底,出境报检无纸化率95.1%,入境报检无纸化率90.79%。

(应正平)

海　　关

【概况】 2017年,全年审核进出口报关单5054份,监管进出口货物56.80万吨,监管进出口集装箱2.80万标准箱,税收入库2.77亿元。

【"最多跑一次"改革】 实施证照联办工作,配合"单一窗口"标准版推广应用。主动融入全国通关一体化改革,开展"一次申报、分步处置"通关模式,多措并举压缩通关时间,至12月,办事处进口平均通关时间3.58小时,较2016年全年压缩78.2%,出口平均通关时间0.35小时,较2016年全年压缩70.2%。

【口岸发展】 外部"三联动":与县政府联动,推进优惠措施出台;与重点外贸企业联动,宣传内河水运优势,合理设计外贸物流;与码头经营方联动,完善配套服务,配合打造优质物流储运平台。

内部"三提升":提升通关效率、提升场站管理和提升监管作业规范性。多措并举,加快发展德清内河海河联运业务,助推德清县内河水运转型发展。

2017年,德清港外贸进出口达12957标箱,货物32.40万吨,货运量呈迅猛增长态势。

【服务地方经济】 开展"聚焦'六重'关爱小微 主动跑一次"活动,服务送企及各项调研10余次,受惠企业20余家;对德清县招引的大型项目,落实"主动上门、提前介入、全程跟踪和个性定制"四大服务机制,为项目落地提供政策辅导。开展加工贸易单耗自核试点,推广加工贸易内销集中征税模式,支持德清加工贸易转型升级。深入调研,积极建言献策,加强沟通联系,助推德清保税物流中心(B型)申报。

【维护外贸秩序】 完善"事前宣传引导、事中现场指导、事后核查验证"工作机制,规范企业进出口经营行为。开展安全排查,核查智能卡口、视频监控系统等运行情况,规范德清港外贸业务发展。强化废纸监管,严防洋垃圾入境,全年办事处查处退运夹带物超标废纸2批次40标箱,总重487.30吨。

(王 岩)

苕溪晨韵　　　　　　　　　　　　　　　　(张梁/摄)

园区建设

国家级园区——湖州莫干山高新技术产业开发区

【概况】 湖州莫干山高新技术产业开发区（以下简称高新区）前身为德清经济开发区，园区核准规划面积6.65平方公里，管辖区域总面积74.74平方公里，包括城北高新园、地理信息产业园、通用航空产业园和智能生态城4个园区。至2017年底，高新区已集聚规上工业企业197家，年产值超2亿元以上企业46家，主板上市企业6家，高新技术企业78家。高端装备制造、地理信息、生物医药、通用航空四大产业格局日趋成熟。全年实现财政收入22.69亿元，增长20.2%；规上工业产值521.50亿元，增长20.3%；高新产业产值327.80亿元，增长19.1%；高新产业增加值63.60亿元，增长10.9%；自营进出口86.12亿元，增长16.6%。2017年国家高新区综合排名第89位，成功跻身第二梯队。

【招商引资】 2017年，高新区通过优化配置招商力量、科学调整招商布局，出台项目准入评估办法、"以商引商"招商办法、新兴产业及科技人才配套政策等有力措施，项目引进精准度和产业聚合度得到进一步提升。坚持产业招商、以商引商，聚焦世界和国内500强、央企国企、行业龙头企业，上门考察洽谈200余次，先后在上海、杭州、温州、北京等地举办专场推介会5次，广泛推介高新区良好的产业发展环境和高标准配套政策。全年签约项目112个，总投资约320亿元，其中工业项目36个，总投资205亿元，正大青春宝总部搬迁、中商亚欧通航产业园、中科微、璞翼航空等产业项目成功签约；地信项目51个，中科院遥感所卫星应用研究院、极飞地理、超图软件、中科微、长光卫星等行业龙头企业及研究院所投资项目相继落地。全年认定"大好高"项目30个，完成全年任务的115%；浙商回归到位资金36.44亿元，完成全年任务的101.2%；实到外资1.21亿美元，完成全年任务的100.5%。

【项目推进】 2017年，高新区重点以审批承诺制改革深化"最多跑一次"进程，推动项目早开工、早建成、早投产。正大青春宝、联通云数据、千寻位置、国网通航华东基地、联合国地理信息论坛会址、莫干山通航机场等项目快速推进。2月开工的青春宝项目已进入设备安装调试阶段；联通云数据项目已

2017年7月12日，"活力莫干山·创业高新区"2017长三角高新技术产业发展与区域经济合作推介会在上海召开

（莫干山高新区　提供）

于年底竣工；中科卫星应用德清研究所项目签约3个月即进场装修。2017年德洽会、游子文化节签约的31个项目已有17个项目进入建设实施阶段，总投资20亿元的浙江启聚、总投资10亿元的纳奇科两块"标准地"项目强势推进。全年完成固定资产投资132.80亿元，增长26.1%，其中工业投资86.20亿元，增长21%；服务业投资40亿元，增长43.8%。重大项目百亿工程开竣工17个，完成投资62.50亿元，分别完成全年任务的113%和100%。

【转型升级】 2017年，高新区以"厂中厂""低小散"企业整治和闲置土地处置为主要突破口，加快传统产业结构优化和土地要素高效配置。全年完成"厂中厂""低小散"企业整治150余家，其中关停企业35家；通过协议收回、收购转让、依法流转、技术改造、规范租赁、完善配套"六大措施"，收回弘道机械、德瑞化工、恒业墙体等企业闲置土地7宗共计305.50亩，累计盘活土地1059.40亩。同时，建立完善企业培育库，实行"一企一策"培育辅导，推动凯色丽在韩国上市，金陵家居、凯润制药在新三板挂牌，我武生物、明贺钢管、天堂伞业等8家企业列入"银象""银牛"培育企业名单。地信企业培大育强成效明显，国遥等2家企业进入"亿千"行列，中海达等6家企业进入"双五"行列，园区企业自主创新能力和综合竞争力有效提升。全年实现高新产业增加值63.60亿元，增长10.9%，高新技术产业产值比重达62.8%。

【科技人才】 2017年，高新区科技人才工作取得历史性突破，全市首个国家海外引智基地成功挂牌，全县首个中国科学院院士领军项目、全市首个南太湖A+项目入驻"千人计划"产业园；成功引进"国省千"项目19个，全县占比100%；新入选"国千"人才3名，全县占比60%。总投入3600万元的生物医药公共服务平台——长三角生物医药产业技术研究园正式开园，首批50余人浙工大长三角绿色制药协同创新中心的高层次人才和团队入驻；省级专利导航试点园区申报成功；新认定省级重点企业研究院1家（欧诗漫）、省级企业研究院1家（我武生物），微波目标特性测量与遥感重点实验室获评全市首个省级重点实验室；新增高新技术企业14家、省级科技型企业36家、市级高企研发中心5家；完成技术交易5105万元，完成年度任务目标145%；实施成果转化企业达40家，达成全年目标100%；新增自主拥有知识产权企业50家，达成全年目标100%；新增省级专利示范企业2家；专利申报完成2786件，完成全年目标134%。千人计划产业园入选省级小微企业创业创新示范园，累计实现产值超2亿元，税收近2500万元，并作为全市"四新"主题实践比看活动考察点，取得第一名的优异成绩。创新创业发展、高层次人才汇聚逐渐成为高新区又一张"金名片"。

【制度创新】 2017年，高新区推进制度、机制创新，制定出台《工业项目准入评估办法》《以商引商以企引企招商办法》《科技人才双十条》《瞪羚企业培育认定管理办法》《地理信息企业培大育强三年行动计划》等，通过调优政策、配齐要素、完善服务，将政策驱动力渗透到项目引入、人才集聚、企业培育的各个领域。在项目双进中，引入组团招商、项目双进例会、月度项目签约、季度集中开竣工等工作机制，营造比学赶超良好氛围，激发干部干事创业活力。高新区先后承接国家知识产权试点、企业投资项目审批承诺制改革试点、"标准地"和企业投资"一窗服务"试点等，并取得初步成果，出让全省首块"标准地"，"规划环评+环境标准"清单式改革试点创建成功，相关事项审批时效和服务企业质量显著提升，企业、群众对高新区服务质量表现出极大认可。

【地理信息小镇】 2017年，地信小镇48幢产业大楼已建成启用，6幢正加快推进，160余家地理信息企业集聚于此，营业收入超60亿元，税收已连续四年翻番，达到4.69亿元，成为国内地信企业聚集度最高的园区。小镇累计吸引各类创业团队67个、创业创新人才2000余人，初步形成涵盖数据获取、处理、应用、服务等完整产业链，地理信息产业生态链日趋完善。中科院遥感所设立德清分院；微波目标特性测量与遥感实验室获评全市首个省级重点实验室；与长光卫星联合打造的"德清一号"卫星，成为全国首颗以县域冠名的遥感卫星。地理信息小镇先后被认定为省高技术产业基地、省级高新技术特色产业基地，跻身全省优秀小镇之列，评为省首批高新技术特色小镇，产业承载力和发展影响力不断扩大。8月，经国务院批准，首届联合国世界地信大会确定2018年在德清召开。

12月23日,华东通航演练活动在德清通航智造小镇举行

(高新区 提供)

【通航智造小镇】 通航智造小镇是高新区实现特色发展的又一重要支撑,承载着德清"通航产业梦想"。2017年成功签约总投资50亿以上的银河星际城项目,顺利推动中航通飞研究院、华东智能仓储中心等项目开工建设。园区累计投入超10亿元,小镇基础设施形象已初具轮廓,莫干山通航机场主体工程已基本完工,预计2018年上半年取证验收并顺利通航,园区内道路建设逐步铺开。为扩大通航产业发展影响力,成功举办"2017中国通用航空发展(莫干山)会议",并于12月23日举行华东地区首次通用航空公共服务联动飞行演练活动。

(王开利)

省级园区——德清工业园区

浙江德清工业园区创建于2001年5月,原名新市工业园区,于2006年8月升级为省级开发区(园区),改名浙江德清工业园区。园区原核准面积为4.86平方公里,之后,随着园区不断发展壮大,规划面积调整为6.58平方公里,化工集中区规划面积为1800亩。园区内现有企业182家,其中规上企业62家,形成以高新建材、高端装备、生物医药为主的三大主导产业,占园区总产值60%以上,同时,纺织、电子、食品加工、物流等传统特色产业也得到迅速发展。2017年园区实现工业总产值230亿元,规上产值135亿元。

浙江德清工业园区坚持"绿色发展、循环化发展"理念,破难创新,于2017年8月被省发改委确定为循环化改造试点园区。省内首创污水"一企一管一表"智能化监控设备,实现污水源头有效控制。为加快平台提档升级,2017年完成拓展平台300亩,建成平台300亩,投入超1亿元。建设河东路、大桥路、世佳路、田东路、项东路等道路与给排水管工程,同时对新拓展的区域实施绿化亮化工程,完善园区基础设施建设,彰显省级工业园区的形象,推动招商引资工作。

(郭利娟)

智能生态城

【概况】 为加快落实《国务院关于印发新一代人工智能发展规划的通知》(国发〔2017〕35号)和《浙江省新一代人工智能发展规划》(浙政发〔2017〕47号),在科技部、中国工程院、浙江省委省政府等上级部门的关心支持下,德清县依托莫干山国家级高新区,以人工智能产业为核心,发挥地理信息、通用航空等产业优势,打造全国首个"新一代人工智能应用县",2017年,启动核心区块智能生态城建设。

智能生态城区块以高铁德清站为核心,规划12平方公里,东临德清通航要道东苕溪,南侧为德清母亲河——余英溪,西侧为杭宁高速,北侧为规划的环城北路,可连接杭州二绕,拥有杭宁高速出口、高铁德清站、客运中心等交通枢纽,拥有得天独厚的区位优势。核心区块内即将建成的客运中心有公交车K588直通杭州,高铁到杭州主城区13分钟,距长三角核心城市上海、宁波、南京均在1个小时车程以内。

9月,中国工程院"中国人工智能2.0发展战略研究项目研究成果报告会暨新一代人工智能应用县发展规划咨询会"在德清召开,并成立由中国工程院原常务副院长潘云鹤等9位院士组成的德清新一代人工智能应用县发展规划专家咨询委员会,科技部李萌副部长等为智能生态城揭牌。11月,印发《德清县新一代人工智能应用县发展规划》，并在此基础上出台《德清县新一代人工智能应用县建设三年行动计划》。

2017年12月，浙江省出台《浙江省新一代人工智能发展规划》，明确指出"支持德清加快推进智能生态城建设，争创国家人工智能创新应用试点示范县。"中国工程院院士潘云鹤、国家科技部副部长李萌、省人大常委会副主任毛光烈、省人工智能发展专家委员会均对智能生态城建设给予支持指导。李萌副部长表示支持德清争取国家相关试点示范区工作，并希望德清能够与阿里、腾讯、百度等人工智能领域的知名企业在具体应用领域加强合作，争取走在全国前列。

【总体定位和目标】 智能生态城总体定位和目标：区别于浙江杭州未来科技城大数据、研发、商务定位，依托德清地理信息产业的发展优势，重点关注人工智能和产业结合，推动人工智能在县域范围内应用落地，促进产业转型升级，与杭州未来科技城形成优势互补，促进"研发"与"应用"软硬融合，共同形成对浙江省人工智能产业发展具有辐射带动效应的战略引擎。

【产业发展和规划】 智能生态城位于莫干山国家高新区，是目前德清县区位条件最好、生态环境最佳、发展潜力最大的待开发黄金区块。该区块以杭宁高铁德清站为中心，聚焦"智能、创新、生态、开放、共享"主题，规划面积12平方公里，其中农用地8.33平方公里，约12495亩；建设用地1.71平方公里，约2565亩；未利用地（河流水面）1.55平方公里，约2325亩。先行启动5平方公里，形成"四园六区"的空间发展格局，承载高校教育、科技研发、创业孵化、成果转化、总部经济等主体功能，构建形成完善的人工智能技术创新链和生态链，打造多功能融合的智能生态城。

在产业规划上，该区块以科研与转化功能为主体，突出"人工智能+"新业态，打造智能制造、通航智造、智能健康、智能家居、智能汽车、智能农业等人工智能产业协调创新中心和科研中心。以工业互联网、智能制造关键技术装备、云服务平台及核心支撑软件为主的智能制造服务产业；以农业智能传感与控制系统、农业智能装备、农业数据决策为主的智能农业服务产业；以地理探测、工业化服务、商业服务机器人为主的人工智能机器人产业；以操作系统、图形识别、智能交互、控制决策为主的人工智能软硬件产业；以重点院校、人工智能创新服务平台、人工智能开源企业为主的人工智能服务产业的生态型城市综合体。

【智能生态城初期建设】 至2017年底，已与浙江迪安诊断、虹软（中国）人脸识别等20余个项目达成落户协议。浙江工业大学德清校区已落户该区块，校区占地约1000亩，于2017年开工建设，将于2019年9月正式建成投用。同时，集对外宣传、技术展示、项目招引、企业孵化、产品研发等功能于一体的小镇客厅将于2018年10月正式揭牌投入使用，其中，一至二层为近8000平方米的室内展馆，三至五层为入驻企业办公区域，约12000平方米。小镇客厅外部设计湿地公园、生态广场、无人超市等基础配套设施，建成后，将成为德清县智能生态城重要的对外展示窗口。

（董　宏）

镇工业功能区

【乾元镇工业功能区】 乾元镇现有莫干山高新区新材料园区、乾龙工业功能区和高端装备制造园三大工业功能区。在乾元镇党委政府的正确领导下，功能区研究制定"全镇产业项目提档升级三年行动计划""鼓励企业转型升级办法"等相关政策和实施方案，积极鼓励科技创新、机器换人、建立小微企业孵化园等方式增强经济活力。2017年，园区投入建设资金2560万元，先后完成乾北路二期道路工程、规划支路一道路工程、规划支路四道路工程、规划支路三（一期）道路工程等园区基础设施建设。同时，通过雨污分流专项治理行动和"厂中厂、低小散"专项治理行动，完成雨污管网分流改造146家，完成关停企业（作坊）81家、提升32家。

功能区内的莫干山高新区新材料园区，位于乾元镇明星村三里塘以北、龙溪港以东、德桐公路以西，与钟管镇交界，约4845亩（建成区约2000亩），以现代物流、新型建材、生物医药为核心的产业体系，入驻的知名企业有诺贝尔陶瓷、中天建筑、谊科铝模、德泰港务、东成生物、第一产业集团、优模科技、近江集团、万森科技等。乾龙工业功能区，位于东苕溪以东，09省道乾元恒星村段以南，区域总面积2.50平方公里，区域内有企业78家，员工5120人，其中规模企业34家，以电光源、纺织服装、机械制造、饮料食品、耐火材料、养殖饲料、化工等生产型企业为主。高端装备制造园南临白三线航道，东起09省道西至德桐公路，建成面积约为1000亩，以高端制造业为主。

（俞裕恺）

【钟管镇工业功能区】 钟管镇现有南舍、三墩和凤山3个工业功能区，总面积约5500亩。区内共有规上工业企业64家，初步形成以装备制造、绿色家具、生物医药为主的产业格局，三大主导产业产值占规模工业比重达60%以上。其中南舍工业园区现有企业约60家，主要以汽车配件、电子机械、绿色家居等为主导产业；三墩工业区有企业约70家，主要产业为生物医药、绿色家居等；凤山工业区约有企业30家，主要以生物医药、装备制造行业为主。2017年，全年实现工业总产值306亿元，同比增长12%；实现规上工业产值115亿元，同比增长12%；规上工业增加值18.80亿元，同比增长8.5%。

钟管镇结合各个园区自身特点，取长补短，淘汰三墩、凤山工业园区落后产能，着力打造南舍工业园区新模块。对三墩、凤山工业园区集中开展园区整治提升四大攻坚战，全年盘活存量和低效利用土地300亩，处置僵尸企业5家，完成"厂中厂"整治95家，涉及承租企业27家，雨污分流改造33家，南舍污水处理厂投入使用，科亮污水处理厂提标改造项目已进入进水调试阶段。鼓励传统企业通过技改实现转型升级，实施技改项目14项，完成技改投资12亿元；南舍工业园区以装备制造为主打行业，通过招商引资，已有中特智能、奥加汽车零部件、巨创不锈钢、逸顺五金等一批企业入驻并投产，有嘉宏电力、约拿汽配、宸轩透平机、拉斯贝姆餐饮设备等一批在建企业，预计2019年实现投产。

（张澍杰）

【洛舍镇工业功能区】 洛舍镇现有杨树湾和城南两个工业功能区，总面积4050亩。两个工业功能区在镇党委政府的正确领导下，基础设施建设日益完善，承载力不断增强，经济效益和社会效益初步显现，已经成为推动洛舍镇经济持续快速发展的强劲动力。2017年，园区投入建设资金4460万元，先后完成杨树湾工业区顺达路改造、德埭公路新建东苕溪大桥主体工程、杨树湾工业区立面及围墙改造、工业区道路改造、工业区污水管道改造等功能区基础设施建设，盘活闲置土地28.80亩，提升低效利用土地126.50亩。全年完成工业总产值128亿元，实现固定投资12.40亿元，实现浙商回归资金4亿元。

工业功能区内主要以钢琴、木皮两大产业为主。钢琴产业方面，目前园区现有钢琴制造及配件企业80余家，规上企业9家（其中整琴生产企业8家），钢琴产业总产值突破5亿元，从业人员超过3000人，其中专业技术人员200余人，年产钢琴超过5万架，约占全国总产量的八分之一，已拥有"威腾""瓦格纳""洛德莱斯""波尔顿""拉奥特"等一批省、市著名商标，产品出口欧洲、东南亚等20多个国家和地区。木皮产业方面，园区加工生产的木皮已占有全国木皮70%的市场份额，积累了丰富的木皮加工生产技术，带动了木皮相关产业的充分发展，培育了一批具有行业领先水平的企业，孕育了浓厚的木皮文化氛围。

（俞育桦）

【雷甸镇工业功能区】 在"融杭经济新高地 富美乐活新雷甸"基础上，雷甸镇制订"浙北智造引擎 杭州田园水乡"目标，开拓奋进，争创经济建设新优势、新成效。2017年，功能区总面积7500亩，规模以上企业完成工业产值118.30亿元，增长14.67%；销售收入113.90亿元，增长15.71%；工业性投入11.70亿元；自营进出口12.30亿元，增长43.6%，其中自营出口11.80亿元，增长48%。全年实施固定资产投资项目28个，其中竣工项目16个，实现固定资产投资17.90亿元，完成全年目标任务的124.50%，增长30.5%。新增省级科技型企业5家，高新技术企业2家。到年底，全镇共有工业企业400余家，其中"亿千"企业10家，规模以上企业79家，重点发展高端装备制造、汽车核心零部件、生产性服务业三大产业集群。

2017年，围绕"工业创强"不动摇，开展"厂中厂""低小散"专项整治行动，全年共盘活土地251.38亩，关停"四无"企业（作坊）48家，提升5家，整合5家。加快企业技术改造，实施美诺地毯等"机器换人"项目15个，预计新增年产值5亿元。

雷甸镇作为德清临杭桥头

堡，与华夏幸福合作共建的德清产业新城，推动雷甸镇从单一的生产型园区经济向综合型城市经济转型，为雷甸镇融杭发展、产业升级注入创新活力。工业功能区发挥临杭优势，聚焦杭州都市圈建设，优化"一轴两翼三区"布局，推动镇工业功能区、临杭物流园区、精品农业园区等现有平台的优化提升。

2017年12月，全县首个镇级科技型综合园区开园，为下步建设"装备制造小镇"夯实基础，做好铺垫；东方工贸小微企业创业园升级为"市级小微企业创业创新重点培育基地"。

（朱　伟）

【禹越镇工业功能区】　禹越镇之杭州产业园区位于杭州、嘉兴、湖州三地交界处，距余杭经济开发区仅一河之隔，由211省道（荷禹路）与其相连接。距县城武康32公里，距杭州市区32公里，距上海170公里，距杭州萧山国际机场45公里，交通便利。园区总规划面积3.50平方公里，目前建成区面积为2.50平方公里，已入驻企业175家，其中杭资企业93家，规模企业47家，主导产业以时尚产业与高端制造为主。园区目前建成日处理能力5000吨污水处理厂1家，园区道路、绿化、亮化、雨污管网等基础设施建设较为完善。

2017年，全镇完成工业总产值127亿元，其中规模工业产值达到63.60亿元，同比增长16%，完成工业增加值11.20亿元，同比增长16%；完成固定资产投资16亿元，完成年度计划的118%；完成"大好高"项目4个；财政收入2.16亿元，增长17.7%，其中国税收入1.40亿元，增长16.6%，财政地税收入7715万元，增长19.7%；三星新材成功登陆上交所主板，实现禹越镇企业主板上市零的突破。

（施　超）

【新安镇工业功能区】　新安镇工业功能区由孟家山工业区、太平桥工业区、勾里工业区和红丰工业区4个工业区块组成，总面积约3060亩。工业区内共有规上工业企业53家，目前初步形成以智能制造、绿色健康、现代服务、新型纺织为主的产业格局。其中，孟家山工业区现有企业50家，主要以家具、纺织服装为主导产业；太平桥工业区有企业20家（规划临港产业园入住），主要产业为印染纺织、食用香精、围巾加工、机械制造等；勾里工业区有企业50家，主要以绢纺、五金加工、纸箱包装行业为主；红丰工业区有企业36家，主导产业为铸钢、锻造、电镀、五金陶瓷等。

为破解要素制约，加快新旧动能转换，新安镇围绕"创新经济强镇，打造安居水乡"总目标，依托交通、区位产业优势，高起点、高标准、高水平规划建设新安临港产业园，进一步提升工业平台承载力，主动承接上海、杭州都市圈产业转移需求，谋求新安经济新一轮发展。2017年，新安镇已签约引进德清中南高科·运河智谷项目，加快新建平台开发。该项目总投资50亿元，规划总面积1108亩，由江苏中南集团投资建设。项目主要吸引杭州外溢优质装备制造产业、高新技术产业，打造聚合生产制造、研发设计、中试成果转化、生产企业总部、产品展示和生产配套功能于一体的都市型产业集聚高地，着力提升区域形象和品牌，实现产业升级，加快推动区域协调发展。

表11	新安镇德清中南高科·运河智谷项目首批拟签约入园企业
企　业　名　称	企　业　基　本　情　况
杭州中兵环保股份有限公司	国家高新技术企业，在橡胶废气治理领域拿到国内首张中国环境保护产品认证证书《橡胶废气干式氧化除臭装置》。全国中小企业股份转让系统挂牌，证券代码831847
杭州千和精密机械有限公司	专业从事设计、生产各类全自动绕线机专用配件
杭州弹簧有限公司	参与多项弹簧国际、国家、行业标准的制修订工作。主要产品气门弹簧和液压件弹簧在1985年就被评为原国家机械电子工业部优质产品，以后多次复评均保持部优产品称号
杭州华孚环境工程技术有限公司	专业从事城市供水泵站系统的开发、研制和销售的高科技企业

续表

企 业 名 称	企 业 基 本 情 况
杭州西子船舶液压工程机械有限公司	具有自主进行产品开发、设计、制造的生产技术实力,同时具备完整的销售和服务体系
杭州杰耀电力设备有限公司	主要从事高低压电气设备、终端配电设备的销售和配电设备的现场维护与保养等
杭州尚能有限公司	专业生产和销售各种电表和自动抄表系统
杭州辰腾水务机械有限公司	专业从事水处理设备、楼宇供水设备开发设计、制造及安装调试的科技型企业
杭州焕杰自动化设备有限公司	是一家集技术开发、生产制造、加工、商业技术服务等为一体的有限责任公司
杭州乾锦输送设备有限公司	是国内一家较早从事研发、设计、制造于一体的快递物流自动化输送设备生产的高新型企业
杭州威锐孚源科技有限公司	是一家专业致力于各种电源产品及LED照明行业的自动化测试老化设备的高新技术企业
杭州科莱迪环保技术有限公司	致力于环境保护工程、科技攻关、新工艺研法应用,国内首创先进典型实用的消毒新产品"CL缓释消毒器",已申报国家专利
浙江科穹教学设备有限公司	是一家集科研、生产、销售、服务于一体的高新技术企业
杭州宝铭光学材料有限公司	主要从事高分子光学材料研究和加工成型,拥有先进的光学挤塑生产线15条
杭州杰美星仪机器人科技有限公司	研发:市政管道探测机器人、海洋探测机器人;制造、加工:海洋探测仪器、一类医疗仪器、动平衡设备、激光照排机

(易　宁)

下仁公路夜景　　　　　　　　　　　　　　　　　　　　　　　　　　　(王跃/摄)

科学技术

综 述

2017年,全县高新技术产业增加值113.20亿元,同比增长10.5%,高新技术产业增加值占规上工业增加值的比重50.22%;高新技术产业投资63.10亿元,同比增长15.2%。以排名第一的成绩获批全省首批国家科技成果转移转化示范县,并得到国家科技部、省领导的充分肯定。获批全省首批全面创新改革联系点,连续四年获得省对市县党政领导科技进步目标责任制考核优秀县;县科技局获"全国科技管理系统先进集体"称号,并获县政府记集体三等功荣誉。

自主创新

2017年,继续加大创新服务力度,不断激发企业创新活力。落实"科技新政18条",制定配套政策31项。

开展科技企业服务月、"进百村走千企入万户"大宣讲大走访大调研等活动,加快推进"最多跑一次"改革,"最多跑一次"事项覆盖率达100%。

实施"企业创新服务券"制度,发放创新券2767万元,使用1843万元,位列全省第三。获评2017年度"公众创业创新服务行动"优秀县。实施科技型企业梯队培育行动计划,新增国家高新技术企业29家、省级科技型企业84家,培育"双高"优势企业25家,省级企业研究院3家。泰普森成为首批省创新型领军企业,欧诗漫入选首批省级重点农业企业研究院。

强化科技人才引育,2017年,入选市"南太湖精英计划"领军型创新团队B类项目3个、C类项目1个。参与获评国家技术发明二等奖1项、省技术发明二等奖1项、省科技进步三等奖3项。

科技成果转化

以建设国家科技成果转移转化示范县为抓手,完善工作机制,做好转化文章,构建以技术市场为核心的成果转化体系,打响"德清模式"金名片。德清获评2017年网上技术市场工作先进县和全省十大优秀技术市场,华莹电子的大尺寸黑化铌酸锂单晶片项目获全省十大优秀科技成果奖。全县共有7个项目参加省春秋两季成果拍卖会,一项技术难题参加"张榜招贤"活动,总成交额达到2168万元,位列全省前列。组织10家企业12个项目参加全省首届创新创业挑战赛,2项入围现场挑战赛,均获得金点子奖。

实施科技成果转化"亿千百十"工程,实现技术交易额4.39

11月17日,德清县被授予国家科技成果转移转化示范县,县委副书记、县长王琴英(左)接受授牌 　　(县科技局 提供)

亿元，新增拥有知识产权企业161家，累计拥有知识产权企业1069家，实施科技成果转化企业153家，建成科技园区15万平方米，超额完成年度目标任务。

科技金融

坚持"政府+银行+投资+保险+企业"的科技金融相结合，创新企业初创期、成长期、成熟期等各阶段的扶持方式。发放种子资金22家次、1730万元，被资助企业新增年产值6.20亿元，省科技厅、省财政厅根据德清县种子资金运作情况，奖励1119万元（浙财教〔2017〕28号），奖励资金位列全省各县（市、区）首位。开展专利权质押贷款达8710万元，参加科技保险的高新技术企业12家。

创新园区

莫干山高新区被列为省专利导航产业发展实验区，地理信息小镇获评省首批高新技术特色小镇，地理信息产业创新服务综合体入围全省首批创建名单。中科院遥感所设立德清分院，亚洲最大的微波目标特性测量与遥感实验室获批全市首家省级重点实验室。

制定出台县级科技园区管理办法，在镇（街道）布局建设科技园区，最高给予300万元的资金奖励。全县首个乡镇科技园雷甸镇科技园开园运营，新增国家级"众创空间"、农业"星创天地"备案各1家，省级众创空间备案3家，市级众创空间认定3家，县级众创空间认定3家，县级优秀众创空间认定2家。

抢抓人工智能发展的重大战略机遇，紧盯国家、省级层面的发展布局，积极争取科技部、省科技厅的支持。智能生态城正式揭牌，成功举办新一代人工智能"莫干山会议"，成立由9名中国工程院院士组成的专家咨询委，编制发布《新一代人工智能应用县发展规划》，新一代人工智能应用县启动建设。

知识产权

实施知识产权战略，鼓励企业加大专利创造力度，实现量质齐升。全年申请专利6252件，授权专利2301件，其中发明专利536件，专利申请比上年同期增长43.1％。每万人有效发明专利达到33.72件，列全省县域第一。

建立专利监控系统和专利管理服务平台，加强知识产权优势企业培育，分别新增省级、市级、县专利示范企业4家、18家、25家，国家知识产权示范企业1家、国家知识产权优势企业1家。

加强知识产权保护和运用，知识产权查处假冒案件52件，处理侵权纠纷案件169件。

2017年，通过浙江省知识产权示范县的验收工作，国家知识产权强县工程示范县通过网上验收。

惠民工程

进一步完善省科技惠民示范工程——县域农村生活污水管网系统长效运维信息化平台，建设"五位一体"的长效管理运维模式，为农村生活污水管网系统提供高效的信息化管理服务。充分发挥科技特派员队伍作用，做好科技特派员轮换工作，设立科技特派员智囊团，组织申报特派员项目11个。

开展"五水共治"工作，落实河长制牵头部门工作职责，做好金鹅山港治水工作。参与全县剿灭劣Ⅴ类水工作，派出专人深入结对村开展督导。

加大防震减灾工作力度，修订完善县2017年度地震应急准备工作方案。开展平安中国防灾科普千城大行动、科技活动周和防灾减灾日等地震安全系列宣传活动，提高全社会防震减灾意识和自救互救能力。在德清县乾元镇溪街社区、洛舍镇中心学校、钟管镇干山中心学校开展防震减灾演应急练活动。创建市级防震减灾科普示范学校和地震安全示范社区各1家。

（潘　敏）

经济管理

综 述

2017年，工业经济全面提速，提前迈入全省工业强县20强，规上工业总产值、增加值分别达到1247亿元、225亿元，同比分别增长16.3%、8.8%。装备制造、生物医药和装饰建材三大主导产业实现规模工业产值879亿元，占全县规模工业总产值的比重达70.5%。61家龙头骨干企业利税、利润同比分别增长13.5%和17%。新增上市企业3家，上市企业总市值突破千亿元。

现代服务业做大做强。实施服务业新政18条，服务业增加值同比增长9.6%。入围首批省全域旅游示范县创建名单，省级莫干山国际旅游度假区正式成立，洋家乐成为全国首个服务类生态原产地保护品牌，全县共接待国内外游客1998万人次，实现旅游总收入215亿元，同比分别增长21.5%、21.2%。

加快推进金融引领绿色经济发展试验区建设，金融业税收占全县税收收入超10%，银行不良贷款率继续保持全市最低。

入选省批发零售业改造提升试点，欧诗漫集团获评年度国家级电商示范企业，临杭物流园区成为国家级优秀物流园区。

美丽农业提质增效。精品渔业、蚕乡古镇等示范带和10个重点现代农业园区加快建设，农业生产管理用房整治全部完成。在全国率先开展渔业养殖尾水全域治理，相关做法获省委书记车俊批示肯定。淡水珍珠传统养殖与利用系统入选中国重要农业文化遗产，莫干黄芽获国家农产品地理标志登记保护。农业现代化发展水平综合评价连续三年位居全省第一。三次产业比重由5.1∶52.0∶42.9优化为4.7∶51.9∶43.4。

规模以上战略性新兴产业和高新技术产业增加值占规上工业增加值比重分别达到39%和50%。信息经济、健康产业、旅游产业、高端装备制造等四大重点产业增加值均增长10%以上。

全县上下按照"四新"主题实践要求，围绕"四大行动""十大工程"，以项目推进"1555"工程为统领，以县"重大项目百亿工程"为抓手，开展项目推进大比拼行动，破解资源要素制约，高新区、各镇（街道）进一步发挥项目建设主战场作用，各有关部门紧密配合服务项目，全县扩大有效投资工作取得较好成效。

2017年，受国家统计制度调整影响，全县固定资产投资完成324.79亿元，增长13.5%。其中，工业投资完成160.10亿元，增长13.2%；现代服务业投资完成117.76亿元，增长17.8%；基础设施与民生投资完成43.33亿元；农林业投资完成3.60亿元。重大基础设施项目投资增长28%，重大产业项目投资增长15%，高新技术产业投资增长15%，生态环保投资增长91%，4个领域投资均符合增长15%以上的要求。

全年县"重大项目百亿工程"完成投资152.06亿元，完成年度计划的101.4%，占全部固定资产投资46.8%；开竣工重大项目60个，完成年度开竣工计划的120%。

2017年，全县共安排政府投资项目296个，完成投资91.16亿元，完成年度计划98.4%。其中，续建类项目完成投资50.67亿元，完成年度计划97.9%；新建类项目完成投资40.49亿元，完成年度计划99%。进一步强化政府投资项目工程变更管理，共召开专家评审会2次、联席会议3次，涉及变更项目8个，较上年下降65%。

制定《经济体制改革专项小组2017年工作计划》，重点推进"最多跑一次"、企业投资项目承诺制改革试点、要素市场化自由交易、新型城镇化综合试点等17

项重点改革任务。"最多跑一次"事项覆盖率达96%以上；出台企业投资项目承诺制改革实施方案，制定出台《德清县企业投资项目承诺制改革实施细则（试行）》和《德清县企业投资项目承诺制改革事中事后监管办法（试行）》，7个项目正式进入承诺制改革审批系统；挂牌成立德清县综合要素交易中心，并建设要素交易市场网上统一发布平台，上线要素交易的二级网站；新型城镇化综合试点依托城乡统筹发展的扎实基础和先发优势，进一步完善城乡规划体系、农村产权关系等。

依托投资项目在线审批监管平台，通过"技术+制度"，不断简化企业投资项目审批流程，实现全县企业投资项目"省心、省时、省钱"。

（姚亮亮）

国内经济合作

【接沪融杭】 2017年，全县上下深入实施"改革创新、接沪融杭"战略，结合县委县政府主要工作部署和国家对沪杭重大战略规划，在重点领域和关键环节联动发力，接沪融杭多点发力、创新破难，跑出德清速度。

调整领导小组成员，扩充成员单位至40个，完善日常联系协调和对接交流工作机制，确保工作有人管、有人抓；严格制定《工作方案》和《考核办法》，调整考核指标与分值，实现"一单位一特色"个性化考核。

推出"春看德清，夏隐德清"特色宣传、"星期天艺术节"、接沪融杭Logo征集等活动，与沪杭10多家旅行社签订合作协议，先后6次组织企业参加沪杭优质农产品推介会，组织沪杭宣传推介会20余次，举办2017年杭州都市圈市民（德清—绍兴）体验日活动，创刊《经合观察—接沪融杭月讯》。

创新方式招商，全年引进沪杭地区项目30个，其中县认定"大好高"项目17个；平台合作有突破，高新区与上海聚科生物园区、上海市生物医药科技产业促进中心、上海外商投资企业协会签订合作协议；组织部在上海建立国内人才联络服务站，科技局全力推进高新区隆泰医疗生物医药科技园区等13个科技平台建设。聚焦亚运抢机遇，成功申报承办亚运会男、女排部分赛事，推出"都市圈亚运旅游"。

实施人才政策，以"上挂锻炼、下派指导、校企对接"等形式深化三地干部双向交流机制，优化科技、人才及资金服务，为德清发展注入源源不断的创造力。成功引进人才项目18个，院士1名、"国千"3名、"省千"2名，入选"南太湖精英计划"项目19个，培育国家"千人计划"人才3名。选派13名干部赴上海和省市部门挂职锻炼。与省科协开展全面战略合作，7名高校专家人才赴高新区和相关镇（街道）挂职人才科技副镇长。

谋划交通网络建设，水陆空三头并进，打造"大交通、大物流、大港航"一体化发展；推进跨区域合作办学，与沪杭4所知名学院签订战略合作协议；深入加固县域内医院与沪杭地区高等级医院的合作力度。浙江大学医学院附属邵逸夫医院与德清县人民政府合作共建"健康中国示范县"，德清县人民医院挂牌"浙江大学医学院附属邵逸夫医院德清院区"。

【区域合作交流】 县政府驻外办事机构高标准严要求地做好对接瑞士谷度假酒店、2017北京国际服务贸易交易会等重大项目及活动的服务保障和跟踪对接。举办专场德清推介会12次，协助镇（街道）、部门在京沪举办各类活动15次。积极与驻地相关部门、科研院所、商会团体等组织联系，注重搜集经济社会发展成功的经验做法，全年向上向外报送信息72条次。

按照县德洽会、游子文化节组委会的部署，做好相关会务筹备工作，积累办节办会经验。同时主动承办杭州都市圈节点区、县（市）工作座谈会、联络员会议等活动，参与其他节点区、县（市）举办的展会及活动，通过交流经验，相互借鉴，进一步开放办节办会思维，提升办节办会水平。

2017年，共计对接亚组委、上海合交办、杭州都市圈办公室、节点县（市区）等地达42次，走访成员单位60余次，在德较大规模沪杭企业57家。通过走部门、跑乡镇、进企业、访专家，加强内外互联互通互动，畅通上下联系机制和左右交流渠道，持续优化德清接沪融杭外部发展环境。

【山海协作与对口支援】 对口缙云158万元山海协作专项资金、70万元结对村扶贫资金，对口四川藏区凉山州木里县帮扶资金348万元，重庆涪陵区武陵山乡帮扶资金20万元，均不折不扣足额支付到位。专题研究资金拨付方式、项目质量、资金安全、事后监督等关键环节,建立行之有效的监督管理机制。

6月,县领导带队赴四川省凉山州木里藏族自治县、重庆涪陵进行考察交流,实地走访、共同协商,明确帮扶重点。2017年度缙云山海协作专项资金用于美丽乡村绿道工程项目及绿色营销网络平台建设等群众增收项目5个,产业合作项目2个,全年累计到位资金1502万元;扶贫资金按需分配给两大乡镇的6个项目;对口支援四川帮扶资金用于木里县藏区新农村421户危房户改造、新建乡村旅游驿站建设20个、农村小水利9.30公里渠道改造等项目;重庆涪陵资金参与武陵山乡2000余平方米包含公共服务大厅、文体活动室等公共服务中心建设项目。注重在精准帮扶、有效帮扶上下功夫,精准滴灌,增强"造血"功能。

引导县内企业参加四大展会,浙江华美电器有限公司和浙江腾云制冷科技有限公司作为湖州市企业代表参加第20届渝洽会、第23届兰洽会,初步达成合作意向金额580万元,切实帮助企业大力开拓国内市场,取得丰硕成果。帮助德清县浙江东成药业有限公司成为湖州市唯一一家企业成功申请到2017年度省西部大开发专项补助资金20万元。

(沈妹虹)

财政工作

【概况】 2017年,德清县实现地区生产总值470.19亿元,按可比价计算,比上年(下同)增长8.5%。其中,第一产业增加值21.95亿元,增长2%;第二产业增加值244.13亿元,增长8.3%;第三产业增加值204.11亿元,增长9.6%;一二三产比例为1.1∶52.9∶45.9。全社会固定资产投资324.79亿元,增长13.5%。外贸进出口总额163.25亿元,增长16%。实现社会消费品零售总额168.44亿元,增长11.3%。人均生产总值106839元(户籍人口计算),增长7.9%。全县城镇居民人均可支配收入50450元,增长8.6%;农村居民人均纯收入29842元,增长10%。全县完成财政总收入83.72亿元,增长15%,其中地方一般公共预算收入48.66亿元,增长15.5%,占财政总收入的58.1%。全县一般公共预算支出51.13亿元,增长11%。全年一般公共预算收支平衡。

【组织财政收入】 利用大数据做好经济形势监测和重点行业税源分析,把握组织收入主动权。完善税源税种管理,做好企业所得税预缴和汇算清缴,规范土地增值税清算审核和存量房评估后续管理,完善房地产交易一体化税收征管流程,做到应收尽收。开展民宿和私房出租房产税的清查和梳理,提升税收征管质效。完善税收风险管理,应对上级推送风险10户,入库115万元,自定义风险点10226个,入库税费4129万元。注重日常评估与纳税评估相结合,全年纳税评估952户,入库税费1.33亿元。"营改增"后"两个代征代开"工作有序开展,地税部门累计代开增值税发票数量2297份。2017年全年税收收入42.56亿元,增长13.8%,占地方一般财政预算收入的87.5%。健全政府非税收入管理制度体系,推进非税收入收缴电子化改革,深化土地出让收入等重点非税收入征管,全年实现非税收入6.10亿元,增长28.9%。

【服务经济发展】 认真落实各项稳增长、调结构的政策措施,推动供给侧结构性改革,促进地方经济结构调整和转型升级。向省厅争取到"两山"专项激励资金3亿元,全年落实扶持企业发展政策资金和技术创新奖励3.54亿元,兑现外经外贸政策资金1955万元,不断夯实财源基础。落实各项结构性减税政策和办理出口退税18.34亿元,落实高新技术企业所得税优惠1.48亿元,进一步减轻企业负担。加快推进政府产业基金实质性运作,与社会资本成立3个子基金,到位社会资本1.26亿元;以优先股股权投资形式完成直接投资额875万元。推广应用PPP模式,新增304省道(对河口至矮部里段)、城东邻里中心、雷甸产业新城3个项目进入实质化运作。

【保障民生投入】 落实"小城市"和中心镇建设资金3000万元,拨付城乡供水、公交、垃圾、污水处理一体化建设资金1.59亿元,推进城乡一体化进程。安排美丽田园和美丽乡村建设资金1.45亿元,拨付生猪整治和渔业养殖尾水治理补助资金6563万元,改善农村生活环境。推进农村综合改革,推动村级集体经济发展。支持医疗卫生事业发展,落实基层医疗机构运行发展经费和县级公立医院改革资金1.68亿元。兑现个人购买住房契税财政补贴4274万元,兑现各类保障和救助对象的政策待遇1.48亿元,落实城乡养老、城乡医疗和城乡最低生活保障三项资金县级补助3.21亿元。巩固城乡医保制度并轨成果,城乡居民医疗保险补助标准从650元每人提高到710元每人。加强政法经费保障,支持"平安德清"建设。

【推进财政改革】 加强预算管理改革,推进预决算信息公开,2017年政府部门预算全部上会接受审议,所有使用财政拨款的部门均公开本部门预决算和"三公"经费预决算,政府预决算全部公开,县本级一般公共预算支出细化到项级科目。制定并公开2017年县级财政专项资金管理清单,对纳入清单管理的专项资金使用实施全过程公开。加大存量资金盘活力度,对预算安排连续结转两年的项目进行清理,累计收回盘活各类存量资金4147亿元。深入推进政府购买服务工作,在全省率先制定政府购买社区矫正服务绩效评价指标体系,并委托第三方中介机构对政府购买社区矫正服务开展绩效评价。

【强化财政监管】 强化政府采购监管,完成政府采购预算3.59亿元,节约资金6335万元,综合节约率达到15%。严控"三公"经费支出,2017年全县"三公"经费下降21.4%。加强政府投资项目监管,全年审核政府投资项目467项,核减金额3.15亿元,核减率5.9%。加大财政监督检查和支出绩效评价力度,全年完成财政监督检查和重点绩效评价项目16项。开展全县预算单位公款竞争性存放及社保基金置换政府债务工作,促进财政资金保值增值。规范政府债务管理,科学制定化债计划,加强风险防控,完成地方政府债券置换2.51亿元。继续做好会计培训和财会业务检查工作,全面推广会计从业资格证书"网上申领、在线服务、快递送达"新模式。完成全县行政事业单位资产清查工作,全面摸清资产家底。开展对重点部门国有资产管理工作考核,提升国资监管质效。

【组织专业培训】 创新教育培训工作机制,以"年轻干部学习社""财税讲师团""业务大比武"等形式,调动干部积极性。组织开展土地增值税清算业务培训、委托代征单位培训、金三业务培训等各类培训班12期。

地 税

【概况】 2017年,德清县地税部门共组织各项收入65.70亿元,同口径增长17.3%。其中,税收收入32.10亿元,同口径增长16.3%;三项规费收入2.10亿元,增长19.8%;社会保险费收入31.10亿元,增长18.4%。税收收入占财政总收入的比重达到82.5%。

【税收特点】 2017年,地税税收收入稳健增长。税收收入同口径增长16.3%,增幅保持在两位数。全年应征税收36.10亿元,同口径增加7.50亿元,增长26.1%。

第三产业税收增长较快。第二产业税收入库8.80亿元,同口径减收2412万元,下降2.7%,主要是采矿资源退税影响及建筑业所得税上年同期集中开票基数高;第三产业税收入库23.30亿元,同口径增收4.70亿元,增长25.6%,其中房地产业、公共管理、社会保障和社会组织增收贡献较高。

所得税税收占主导地位。企业所得税、个人所得税共入库18.20亿元,占比56.8%,占比与上年持平,合计增收2.60亿元,占总增收额59.1%。地方税收中契耕两税增收1.60亿元,占总增收额的35.6%。

【税收征管】 利用大数据做好经济形势监测和重点行业税源分析,把握组织收入主动权。完善税源税种管理,做好企业所得税预缴和汇算清缴,规范土地增值税清算审核和存量房评估后续管理,完善房地产交易一体化税收征管流程,做到应收尽收。开展民宿和私房出租房产税的清查和梳理,提升税收征管质效。完善税收风险管理,应对上级推送风险10户,入库115万元,县局自定义风险点10226个,入库税费4129万元。注重日常评估与纳税评估相结合,全年纳税评估952户,入库税费1.33亿元。"营改增"后"两个代征代开"工作有序开展,地税部门累计代开增值税发票2297份。

【支持经济转型发展】 落实国务院六项减税措施、研发费加计扣除、小微企业优惠等各项减税降费政策。2017年,累计享受税收优惠企业(个人)45684户次,减免税费金额17.90亿元。扩大"银税互动"合作范围,用纳税"好信用"为小微企业获得贷款提供帮助。2017年金融机构通过"银税互动"发放信用贷款5.60亿元,惠及347户企业。

【税收法制】 制定"双随机一公开"监督检查工作细则,进一步完善随机抽查事项清单,推动地税"双随机抽查"工作落实。推进税收执法督查工作,规范执法行为。组织开展基本法律和税收法律法规的学习培训,提高干部执法素质。

【税务稽查】 在稽查案源分类分级管理的基础上,全力推行团队化检查、案源疑点分析、规范文书操作、稽查风险防控等工作,深化查账软件的运用,抓好指标比对分析,提高检查的精准性和有效性。加强与国税、公安等部门协作,继续保持打击发票违法活动的高压态势,遏制发票违法犯罪。加强大案要案查处,落实重大税收违法案件"黑名单"制度,维护税收刚性。2017年,立案检查38起,结案36起,查补入库2360万元。

【纳税服务】 梳理并公布"最多跑一次"事项23项,其中,地税涉税事项20主项,"最多跑一次"覆盖率91.4%。联合国税打造电子税务局,建立办税服务厅自助办税区,实现业务窗口"一人一窗一机"办理国地税两个系统业务和数据"一次采集,国地税共享"。大力推广支付宝缴税(费),开通税收大厅支付宝"当面付"和社保费支付宝缴纳等功能。落实"自动享受、以报代备、一备多年、征前减免、留存备查"等措施,加快释放政策红利,更加方便纳税人享受税收优惠政策。

【税法宣传】 围绕"深化税收改革、助力企业发展"主题,开展"我和'护税树'共成长""局领导联系服务企业""税民连心话发展,亲商助企送春风"等一系列宣传活动,通过开展座谈会、"纳税人观察团"体验、"税收直通车"等形式,培养纳税人依法纳税意识。组织拍摄《真心换真情》纳税服务宣传片,制作《税收意识从娃娃抓起》《税收超人》等公益广告。围绕税收热点,以纳税人学堂的形式组织纳税人培训,专题开展国务院系列减税政策地税专场辅导会、环保税专场辅导会等,加强税法宣传。

(沈宇真)

国 税

【概况】 德清县国税局主要负责增值税、消费税、车辆购置税、企业所得税、出口货物退(免)税等中央税和中央地方共享税的征收与管理。下设12个内设机构,分别是:办公室(财务科)、人事教育科、监察室、机关党委办公室、收入核算科、纳税服务科、征收管理科、政策法规科、进出口税收管理科(进出口税收管理分局)、纳税评估科、税源管理一科、税源管理二科(乾元片、新市片);1个直属机构:稽查局;1个事业单位:信息中心。根据德清地理分布,税源管理一科、税源管理二科(乾元片)、税源管理二科(新市片)分别管理武康片、乾元片、新市片纳税人,形成东、中、西三大管理区域。进出口税收管理科(进出口税收管理分局)负责进出口税收业务。2017年底,县国税局在职干部职工149人,平均年龄42周岁。其中大专以上学历143人,占全体干部职工的95.97%,其中本科学历125人,硕士学历6人。在职党员100人。离退休干部职工42人。

2017年,县局办税服务厅等单位先后获得"全国工人先锋号"、各省区市税务系统先进集体、市巾帼文明岗"最多跑一次"改革"十佳窗口"、湖州市第三届"最美窗口"等荣誉。获评省"青年岗位能手"1人。在全市国税系统2017年度组织绩效管理考评中,县局获评全市国税系统绩效管理先进单位,连续两年名列各基层单位第一。

【组织收入】 坚持组织收入原则,做到应收尽收、应退尽退,不断提高税收收入质量。2017年累计组织国税总收入488608万元,同比增长27.53%;累计组织财政收入452208万元,同比增长13.1%,实现组织收入的平稳增长和税收质量的稳步提升。同时,不折不扣落实各项税收优惠政策,做到应免尽免、应抵尽抵、应退尽退。2017年共办理出口退(免)税168700万元,政策性以及汇算清缴等退税38659万元,固定资产抵扣税额(含不动产)44978万元。

【税收征管】 至2017年底,全县国税登记纳税人43300户,其中:内资企业11979户,外商及港澳台商投资企业385户,个体工商户30936户;在有税种登记的纳税人中,增值税一般纳税人6635

户,企业所得税纳税人 6640 户。

2017年,县国税局加强税收征管,挖掘涉税信息,提升数据管理和分析能力,强化稽查和评估力度,开展打骗打虚案件查处和房地产等行业专项整治,对股权转让隐性税源进行跟踪管理,开展民宿和"厂中厂"专项治理,全力推进风险防控工作。全年统筹推送各类风险应对任务 2393 户,风险管理组织入库税款 16563 万元,有效提升风险应对能力。

探索实施"实名办税＋数据管税"管理模式。把控源头数据质量,组织清理异常数据近 3 万条;全面推行实名办税,采集 10605 户纳税人信息,其中企业 7370 户;从严把握实名办税采集工作的事前、事中关口管理,丰富征管数据,前置风险防控。积极参与建设全市"数据管税应用平台",协助上级局提炼建立监控指标 11 个,修改完善监控指标 36 个;加强部门协作与信息共享,先后与市场监管、国土、公安等 14 个部门(单位)签署税收保障协议,定期进行涉税数据交换,不断加强后续管理,全年采集利用数据 3057 条,增收税款 1027 万元。

以深化国地税合作为主要抓手,进一步落实国税、地税征管体制改革任务。与地税部门在体制机制、税收管理、信息共享等领域开展更深层次、更高水平的合作,其中联合开展注销登记,打破国地税"信息孤岛",受到纳税人好评。

【纳税服务】 2017年,联合地税部门推行"一窗一人一机"联合办税模式,实现纳税人"进一个厅、取一个号、临一扇窗、办两家事"的目标,缩短涉税事项办理时间约 1.12 分钟,缩短纳税人排队时长约 21 分钟。

9月1日起,车辆购置税征收窗口入驻车辆管理所,实现纳税人办理车辆购置税和车辆上牌"只需跑一次",累计为 4400 多名纳税人带来便利,该案例获评县"最多跑一次"十佳案例。

扩大"银税互动"受惠面,与建设银行等 7 家银行签订"银税互动"合作协议,累计为 347 户企业发放贷款 5.50 亿元。

在完善原有 24 小时自助办税服务厅基础上,在武康设立国地税联合自助办税服务厅,设置导税咨询、自助办税、网上办税体验、休息等候 4 个功能区;对乾元、新市 2 个联合办税服务厅的自助办税区进行改造升级,进一步改善办税环境,构建起"1＋3"自助办税格局。启用"税务骨干＋志愿者"常驻的自助设备使用引导团队,全程引导纳税人体验网上办税、自助办税;印制电子税务局使用手册、浙江国税 APP 二维码、自助设备操作流程图解等,现场放置,供纳税人取阅学习,自助办税量已超过窗口办税量。

8月起,将全县 670 户出口企业纳入首批"互联网＋便捷退税"系统试点,实现出口退(免)税申报、审核、退库的无纸化管理,纳税人可实时查询退税办理进度、退税办理流程,确保出口退税全流程透明。同时,进一步规范出口退(免)税管理、加快出口退税进度、提高退税审核审批效率,最快可实现"当天申报当天退税"。

发挥协税护税网络的联动作用,探索设立依托村、社区的协税护税网格点,实现办税服务基层全覆盖。2017年,共设立二级税收网格办公室 12 个(镇、街道、平台),三级税收网格点 267 个(村、社区)。

利用莫干山镇税收网格点,调查摸底民宿基础信息 575 户,全面摊开民宿税收征管。

(吴佳奇)

5月8日,国税局职工与志愿者在自助办税服务厅为纳税人辅导业务　　　　　　　　　　　　　(县国税局　提供)

国有资产监督管理

【概况】 至2017年底,全县国有企业(一级企业)共41家,其中国有全资企业37家,国有控股企业4家。国有企业资产总额979.10亿元。此外,还有政府部门、事业单位直接出资参股企业3家,国有出资总额242万元。

全县41家国有企业中,县政府授权县国有资产管理委员会办公室履行出资人职责的企业共2家,资产总额214.30亿元。政府授权其他有关部门履行出资人职责的其他国有企业39家,资产总额764.80亿元。

自2015年全县首次推行国有资本经营预算管理后,国有资本经营收益按利润收缴比例逐年提升,2017年上缴比例为30%。全县国有资本经营预算收入1922万元。调出资金(调入一般公共预算)1922万元。收支相抵,国有资本经营预算收支平衡。

【国有企业改革重组】 2017年4月,县委、县政府研究出台《德清县国资国企改革总体方案》,全面部署德清县国资国企改革工作。通过改革,将原分散于6个部门的近50家国有企业通过整合重组和资产优化配置,组建2家县属国有资本投资运营公司:德清县建设发展集团有限公司(简称"建发集团")、德清县文化旅游发展集团有限公司(简称"文旅集团"),注册资本分别为60亿元和25亿元。两大集团逐步建立现代企业制度,依法建立集团党委和董事会、监事会、经理层,初步形成各司其职、有效制衡、协调运作的治理结构。

【国企运营监管体制】 德清县国有资产管理委员会下设办公室(简称"县国资办"),与财政局合署办公,构建"县国有资产管理委员会及其办公室——集团公司——下属子公司"多层次的国有企业监管体制和运营模式,实现出资人关系理顺和集中统一监管。建立县属国有企业监事会制度,县政府作为国有出资人派出监事会,履行出资人权利,将县属国企集团的监督作为重点,采取常态化的监督检查。推进监管工作,在企业改制重组、产权交易、重大投资等重点环节和关键领域有针对性地强化监督力。

【国资监管制度体系】 完善监管制度。在原有制度基础上,2017年度出台《德清县企业国有资产监督管理暂行办法》《关于建立县属国有企业监事会制度的意见》等8项国资监管制度,构建起系统完备、科学规范、运行有效的企业国有资产监督管理制度体系。

改革薪酬体制。制定出台《德清县国有企业负责人薪酬制度暂行办法》和《德清县县属国有企业负责人业绩考核试行办法》,推进国有企业负责人薪酬制度改革,建立报酬与责任相一致、收益与风险相一致、激励与约束相一致,薪酬与经营业绩挂钩的可升可降的市场化薪酬分配机制。

【国有企业风险防控】 加强监事会建设,以财务监督为核心进一步加强企业国资运行过程监督,及时揭示各类问题和风险、严格督促整改。强化债务风险防控,加强对融资总量的监控,积极筹措资金还本付息,努力拓展市场化的盈利模式,增长偿债能力。加强国有资产统计,完善企业财务数据季报、半年报、年报统计制度,实行全县国有企业月度快报全覆盖,实现国有资本运营情况动态监管。创新监管手段,推进国有企业入驻"政采云"一站式政府采购云服务平台工作,促使国有企业采购过程更高效透明。至2017年底,全县入驻"政采云"的县属国有企业已达32家。

【国有企业党建工作】 强化党建工作责任落实,明确党建工作要求进公司章程的规范性内容,全面推行国有企业党委书记、董事长"一肩挑",切实担负起党建主体责任。推进党的领导与公司治理有机融合,强化党组织在公司法人治理结构中的地位作用,完善"双向进入、交叉任职"的领导体制。把党组织研究讨论作为董事会、经理层决策重大经营管理事项的前置程序,确保党组织作用得到有效发挥。加强基层党组织建设。牢固树立党的一切工作到支部的鲜明导向,适应国企改革发展需要,把党组织建到每个子公司,筑牢基层组织坚强堡垒。推进党风廉政建设和反腐败建设,加强内控机制建设,坚持以制度管人,按流程办事,防范廉政风险。全面落实上级党委政府对国有企业及其领导人员的各项监督管理制度和纪律要求,全方位扎紧制度笼子,督促企业领导人员自我约束、廉洁从业。

(沈宇真)

审 计

【概况】 2017年，全年完成计划内审计项目21个（含上年结转4个），审计查明管理不规范金额4.37亿元，非金额计量问题50个，提出审计建议52条。县环境卫生管理处2014年1月至2015年12月财务收支审计项目被省审计厅评为2017年"表彰项目"。向上报送审计报告、审计专报61篇，获县领导批示55篇次。上报审计信息74篇，《中国审计》杂志、《中国审计报》等省级以上刊物录用30篇，审计信息工作在2017年度县（区）级审计部门中名列全省第一，其中《审计建议推进保障房审批"最多跑一次"改革》审计信息获省委车俊书记、省政府熊建平副省长批示。《德清县探索试行"1＋3"模式 破解领导干部自然资源资产离任审计评价难题》专报获袁家军省长、施根宝副市长批示。

德清县审计局获得2017年度全省、全市审计系统县级审计机关考核优秀，全市审计系统2017年度审计信息宣传工作考核一等奖、县人大常委会专项工作评议票决满意，被中国时代经济出版社、《中国审计》编辑部评为2017年度审计宣传工作先进单位。

【政策跟踪审计】 开展保障性安居工程跟踪审计，在审计中发现保障房申请、分配审批过程手续繁杂等问题，向相关部门提出要求建立"互联网＋政务服务""大数据＋政务数据共享"便民服务政策的审计建议，促使县住房保障办加快县房产综合信息管理系统升级改造及住房子系统建设进程，促进保障房审批信息化、规范化建设。

开展全县基本公共文化服务资金专项审计调查，查出农家书屋管理等5类问题，推动国家基本公共文化服务标准化、均等化等政策措施落实。

实施城乡体制改革试点推进情况专项审计调查，发现关闭矿山生态治理、公交一体化等方面存在的问题，提出审计意见建议，推动城乡体制改革不断深入。

【财政审计】 开展同级预算执行审计和县商务局、卫计局预算执行审计和新市镇、雷甸镇财政决算审计，发现财政资金使用不规范、预算编制和执行不到位等问题，推进提高财政资金使用绩效。完成2016年度预算执行情况审计工作报告反映的32个问题的整改，涉及整改金额1.83亿元，促成县财政局清理未纳入政府非税收入管理、财政监管的部门其他结余资金1.57亿元，促进盘活财政存量资金。

【政府投资项目审计】 以"减量、增效、防风险"为工作重点，逐步推进政府投资审计转型，开展苕溪清水入湖河道整治工程（德清段）预算执行情况审计、德清县政府投资项目建设单位自行委托审计情况专项审计调查，揭示建设项目存在工程监理管理不规范、工程款结算资料不完整、财务管理不规范等问题，向建设单位提出加强建设管理、健全财务管理制度等建议。对1000万元以上项目价款结算实施组织审计，目前完成政府投资项目结算审计41个，其中组织审计竣工决（结）算审计27个，审计核减施工造价1.22亿元，核减率为9.8％。

【经济责任审计】 围绕领导干部经济决策权、经济管理权，继续探索"权力清单式"审计，强化对权力运行的监督制约，完成对新市镇、雷甸镇及县文广新闻局、环保局、金融办、交通运输局等6个单位经济责任审计，审计查明违法违规和管理不规范金额1587万元，提出审计建议18条。

【自然资源资产离任审计试点】 在雷甸镇开展自然资源资产离任审计试点，在全省率先运用无人机航拍等新技术手段，助力审计疑点核实，提高审计实施效率。首次探索实行自然资源资产离任审计"1＋3"量化评价模式，在设定25个基本评价指标及修正指标的基础上，增加主管部门年度考核结果量化值和下属行政村干部、村民代表的满意度测评值，降低人为因素影响，增强审计评价的客观性和精准度，《德清新闻》报头版头条以"我县自然资源审计工作获省长批示肯定"为题予以报道，为德清审计史上首次。

【内部审计工作】 将单位内审工作纳入《2017年党政主要领导干部经济责任审计工作方案》必须评价的重要内容，在进行各项审计时，督促和指导被审计单位建立健全内审制度、规范内审机构设置和内审工作开展，并向县人社局、卫计局、新市镇等9家单位出具《内部审计业务指导和监督意见书》，督促被审计单位整改。

县教育局、升华集团控股有限公司获得2014至2016年全市内部审计先进集体，推荐10篇内审论文、案例和1个内审项目参加上级评比全部获奖，全县内审工作质量和内审人员业务理论水平不断提高。

【审计信息化建设】 继续以大数据审计为核心加强审计信息化建设，完成法律法规数据库建设工作，录入法律法规上百条，为审计定性提供参考。加大计算机审计力度，在保障性安居工程跟踪审计、财政同级审、领导干部自然资源资产离任审计试点等一些重大审计项目中，采用计算机辅助审计。在雷甸镇自然资源资产离任审计试点项目中，积极探索形成SEaTH算法及无人机遥感影像智能识别技术，并在应用上获得成功。

（谢国华）

统计管理

【经济与社会发展态势分析】 在各时间节点，及时分析经济与社会发展态势，内容涵盖月度和专项分析、季度经济分析报告、经济社会重点热点难点问题专题研究等，内容涵盖人工智能行业应用、科技成果转移转化、农业供给侧结构性改革等。编发《德清统计》19期，《通报》4期，各类政务信息和研讨材料55篇，领导批示和引用的频次有明显提高，"数说发展"品牌获得机关优质服务品牌称号，为党委、政府决策提供重要依据和参考。

【各项监测和专项调查】 完成常规调查报表的培训布置、催报指导和审核验收。完成人口抽样调查、劳动力调查、低收入农户调查、粮食监测、扶贫监测等专项调查任务。全面完成"三农普"后续国家、省、市的质量抽查、数据运用和资料研发。

【统计数据"质检"管理】 把牢质检关口。把好一套表差错审核关，做好定报数据的审核验收工作。按照省、市局制定的工业、投资、贸易、服务业等统计数据质量评估办法，做好主要数据的质量评估，加强统计——指标的连续性、协调性和匹配性分析，发现问题及时督促纠正。

【推进"随机抽查"】 2017年4月，首次开展执法检查对象随机抽查。按照《德清县统计局实施随机抽查工作细则》，检查对象随机选定，检查人员执法科室和专业科室随机组合。此过程邀请高新区、镇（街道）统计办主任现场见证并严格实行回避制度。全年执法检查企业41家，立案8件，其中处罚5件。

【落实统计数据监管责任】 落实《关于深化统计管理体制改革提高统计数据真实性的意见》和《统计法实施条例》，开展各分管领导责任项目领办，领导班子从下半年开始按照分管专业分四次查找薄弱和漏洞，重点围绕如何从统计数据生产、报表报送、事后监督、日常教育几个环节全方位强化质量监管，共梳理存在问题和疏漏18条，领办项目6项，将问题、隐患摊到桌面上，落实责任加以整改。

（丁伟良）

价格管理

2017年，价格管理科坚决落实上级价格部门下达的价格改革和价格调整政策，结合本县实际情况，研究制定相应价格改革和调整方案措施，确保改革政策顺利实施。

【企业减负】 以"降成本、减负担"为工作重心，大力推进降费减负政策落实，年减负金额达8700万元。降低企业用能成本，非居民用气价格由3.24元/立方米下调为3.12元/立方米，煤改气优惠气价由2.79元/立方米下调为2.69元/立方米，降低大工业用电和一般工商业及其他用电价格每千瓦时2.22分钱，取消城市公用事业附加。贯彻农产品初加工用电政策，降低农产品初加工企业用电成本。推进涉企收费清理，取消、停征8项涉企行政事业性收费，降低人防工程易地建设费征收标准，清理规范金融领域涉企收费，降低税控系统产品和维护服务价格，税控系统产品购买和技术维护服务费用抵减应纳税额。落实收费清单公示制度和行政事业性收费报告制度。公布实行政府定价的经营服务性收费目录清单，并落实动态调整制度。及时完成2016年度行政事业性收费报告工作，并形成数据分析报告。

【运用价格杠杆促进环境保护】 全面落实《德清县2016年水价改革方案》，确保污水处理费和水资源费征收标准调整到位。制定新一轮初始排污权有偿使用费征收标准，在化学需氧量和二氧化硫的基础上新增氨氮、总磷和氮氧化物3项标准。出台实施分类分档及多因子计收工业污水处理费政策，引导企业加强污水预处理，减少有害污染物排放，提高水环境质量。

【关注民生价格】 取消预防性体检费、义务教育阶段公办学校住宿费、职工伤残医务劳动鉴定费和所有行政事业单位培训费，降低护照费等6项公安证照费收费标准，为社会减负600万元。贯彻落实规范殡仪服务收费和公墓价格的政策。配合县医药卫生体制改革综合试点，做好医疗服务价格改革工作，调整儿童医疗服务价格，并将对诊查费和护理费进行调整。

(姚亮亮)

国土资源管理

【概况】 2017年，抓好耕地保护工作，划定永久基本农田，全面建立落实耕地保护补偿机制，补偿资金1661万元。开展农村土地综合整治，推进矿地综合开发利用，推进"五未"土地处置专项行动，顺利实现国有土地使用权出让网上交易。农村"三块地"改革取得明显成效，德清县被列入全国10个农村土地制度改革三项试点成效突出县之一。推进不动产登记"最多跑一次"改革。"标准地"试点深入推进，德清县成为全省试点县。国土资源部下文明确在德清县开展土地二级市场试点工作，德清县确定"一办法，四规定"的政策体系。全面开展生态环境综合恢复治理工作，推进矿山复绿。

【永久基本农田划定】 全面完成永久基本农田划定工作，划定永久基本农田27.30万亩，永久基本农田示范区12.72万亩，建立永久基本农田储备库4000亩。

【农村土地综合整治】 大力推进农村土地整治工作，立项农村土地综合整治项目9个，到期7个农整项目全面完成，土地开发新增耕地1134亩，完成高标准基本农田建设2.33万亩，完成旱改水808亩。

【建设项目用地预审】 严格实施土地利用总体规划，强化统筹管控，全面落实预审制度，落实预审项目38个。

【保障重大项目建设】 全年获得各类用地指标4216亩，完成全年任务141%，为重大项目建设提供保障支撑。

【土地节约集约利用】 大力推进"五未"土地处置专项行动，消化批而未供土地7251亩，盘活存量土地2414亩，低效用地再开发1180亩，均超额完成年度目标任务。大力推进矿地综合开发利用，全县闭坑矿地已建设利用面积9213亩，完成矿地造水田面积达3786亩。

【土地公开出让】 根据《浙江省国土资源厅关于做好国有建设用地使用权出让网上交易工作的通知》文件精神，11月1日起，以拍卖、挂牌方式出让国有建设用地使用权的，通过浙江省国土资源网上交易系统进行网上交易。全年组织供地137宗，面积7446亩，总地价款达到74.04亿元，其中出让经营性用地47宗，总面积1888亩，出让金额63.64亿元，实现历史性突破。

【农村土地制度改革】 农村"三块地"改革取得明显成效，累计农村集体经营性建设用地入市151宗，面积1035亩，成交额2.21亿元，农民和农民集体获得收益1.80亿元，惠及农民和农民群众10万余人，形成一批"可复制、能推广、利修法"的实践经验，被列入全国10个农村土地制度改革三项试点成效突出县之一。

【"标准地"改革】 8月14日，袁家军省长在省政府第十次全体会议上的讲话中明确要求建立"标准地"出让制度，并首先在德清开展试点。8月31日，县国土资源局公告推出浙江省首块"标准地"。9月29日，全省首块"标准地"在德清县成功出让。9月2日的《浙江日报》头版刊登《德清县推出全省首块"标准地"》，《国土资源报》在9月30日和11月13日分别刊登《浙江首块"标准地"成功出让》《一块"标准地"带来的审批变革》。

【"坡地村镇"工作】 开展2017年度"坡地村镇"建设用地试点项目的申报工作，5个项目列入第三批试点名单，累计争取并获得坡地村镇项目达到13个，总投资额达71.53亿元，总面积6942亩，实际建设用地仅809亩，形成德清样板。

【土地二级市场试点工作】 2月，国土资源部下发文件明确在德清县开展完善建设用地使用权转让、出租、抵押二级市场试点工作后，随即编制《浙江省德清县关于完善建设用地使用权转让、出租、抵押二级市场试点的实施方案》。

确定"一办法,四规定"的政策体系,起草完成《德清县建设用地使用权二级市场交易管理办法》和《德清县建设用地使用权转让管理规定》《德清县建设用地使用权出租管理规定》《德清县建设用地使用权抵押管理规定》《德清县建设用地使用权统一交易管理规定》。

【不动产登记"最多跑一次"改革】 推进不动产登记"最多跑一次"改革,优化审批流程,缩短办理时限,全年办理不动产权证书24092本,发放不动产证明24447份。

【绿色矿山创建和矿山粉尘防治】 列入市政府26项重点工作之一的矿山复绿工作扎实推进,11座重点治理的废弃矿山全部完工并通过交工验收,顺利完成上级下达的年度目标任务。在产矿山边坡治理率达到100%。绿色矿山创建全域推进,市级以上绿色矿山建成率达90%,其中省级占67%。全县矿山粉尘防治全部通过达标验收。严格落实"四控双停"政策,对6家矿山企业实施停产休整,全县建筑石料开采总量缩减到1870万吨。

【打击非法开采矿产资源】 保持矿山"打非治违"高压态势,立案查处矿产资源违法案件11起,暂扣非法采矿机械10台,收缴罚没款273万元,刑拘7人,取保候审9人,拆除取缔无矿山加工机组4套。

【违法用地查处】 开展违法用地"一严查、两整治"亮剑行动,整治历史违法用地800宗,拆除77宗,面积230亩,追缴罚款618万元。并做好国家土地督察上海局土地例行督察整改工作。

【地质灾害防治】 推进地质灾害隐患综合治理"除险安居"行动,搬迁避让3处4户17人,全面完成年度目标任务。严控擅自切坡建房,突击治理消除110处切坡建房隐患点。

【阳光征地】 执行阳光征地,依法征收土地3318亩。

【化解信访矛盾纠纷】 坚持依法做好涉土涉矿信访事项,全年办理各类来信来访信访事项31件,处理"12345"政府阳光热线153件,同比下降26%。

【普法宣传教育】 组织好4月22日"世界地球日"和6月25日"全国土地日"这两个时点的宣传活动,联合环保、卫计部门开展"三项国策"宣传。4月21日,围绕第48个世界地球日"节约集约利用资源,倡导绿色简约生活"主题,在《德清新闻》上设置专栏,宣传绿色矿山创建、矿山生态治理、"空间换地"节约集约用地等方面知识;6月25日,为庆祝第27个"全国土地日",在《德清新闻》上设置专栏,宣传"土地与生态文明建设"方面的知识。

(姚 杰)

市场监督管理

【保障民生安全】 以"平安食品"、"平安药械"创建和特种设备安全整治为载体,圆满完成"平安护航十九大"各项任务,全县未发生食品、药品及特种设备安全事故。

食品药品安全 完成全县12个基层食安办规范化建设,健全镇(街道)食品安全基层责任网络。开展食品安全排雷"百日攻坚"等系列专项行动17次,排查食品生产经营单位3929家,开展定量检测490批次,查处违法行为55起,关停非法单位26家,刑事立案3起。推行食品安全责任险,参保单位220家,保险金额达2.78亿元。完成100家最干净餐

通过"绿色矿山"建设后的康柏矿业一景　　　(县国土局　提供)

饮店和30家美丽食堂创建,顺利完成县政府为民办实事工程。推进小餐饮规范整治,创建小餐饮示范单位100家、小餐饮示范街1条。同时,深化金融征信体系建设,48家食品生产企业列入第二批食品安全金融征信体系建设名单。开展中药饮片质量提升专项整治、城乡接合部与农村地区小药店小诊所药品质量整治等专项行动11次,加强药品医疗器械生产、经营、使用三个环节监管,组织开展各环节安全检查523家次。加强药品质量风险防控,共汇总梳理、处置、关闭药械质量安全风险21个。开展化妆品"百千万"美丽消费示范工程建设,创建2家化妆品示范商场和16家示范店。

特种设备安全 按照《平安护航"十九大"特种设备安全隐患排查治理工作方案》等系列文件要求,做到底数排摸到位、问题整治到位和教育培训到位等"三个到位"。2017年,共清理在库异常数据632条、注销设备275台,清查库外未注册登记特种设备636台。全县累计拥有特种设备使用单位3464户,特种设备总量13185台件。集中开展电梯、锅炉、场内机车等专项整治行动,持续动态排查并消除各类安全隐患165起。深入推进电梯救援中心及电梯物联网建设,全县22家单位电梯已安装电梯黑匣子。以配合中央环保督查为契机,开展锅炉"回头看"大检查,对辖区内锅炉进行无死角排摸,对部分锅炉主要部件予以拆除。

产品质量安全 推进全县工业产品生产企业调查摸底及信息录入工作,健全完善企业质量档案,并根据生产企业信息变化情况,按月进行复核和动态调整,至10月底,已录入县内2806家工业产品生产企业的基本情况和产品信息,工作进度走在全市前列。开展重点行业重点产品的质量专项监督抽查,先后开展电线电缆行业、木皮加工行业、冷柜(冰箱)行业质量等专项监督检查,完成80批次的产品质量抽检,合格率99%。同时,在解决突出问题的基础上,着重加强产品质量安全风险监测,对3家存在质量安全隐患的一次性发泡塑料餐盒生产企业进行约谈,提出并落实风险防范举措。

【维护市场秩序】 围绕维护公平竞争市场环境,加大力度整饬市场秩序,紧扣执法重点,坚定不移维序护航。

加大与公安部门联合,协同作战,剑指经济领域重大违法行为。2017年,重拳出击一举查获宋某等人销售假冒"欧诗漫"化妆品案,先后捣毁制假售假窝点7个,假冒商标设计点1处,抓获犯罪嫌疑人11人,网上追逃1人,累计查获假冒化妆品43000余瓶(支),已售和未售的涉案货值近3000万元,销售网络涉及山东、陕西、辽宁和广东等11个省份。该案先后被列为国家公安部、国家食药总局督办案件。

以"三大领域""六大专项"为重点,有序开展"红盾网剑""汽车领域""亮剑破潜""护秘维权""打假保优"等重点领域维权维稳维序专项整治行动。在"红盾网剑"行动期间共出动检查人员480人次,检查相关网站135家次,立案查处22件。在"汽车领域"专项整治中,对辖区内宝马、奔驰等4S店进行检查,立案查处7家,结案4件。全年全系统共查处各类案件377件,其中大案、要案90件,移送公安涉刑案件9件。其中国家食药总局督办案件1件、省食药监局督办案件3次、市局督办案件3件。全面深化"放心消费在浙江"品牌活动,有效处理和化解各类消费投诉和纠纷1870件。

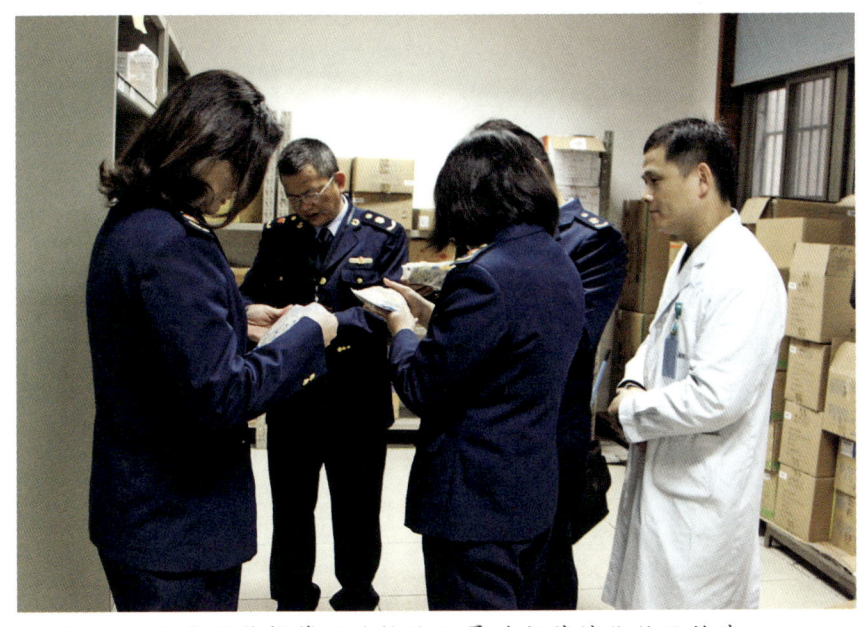

4月8日,县市场监督管理局执法人员进行药械化妆品检查
(县市场监管局 提供)

完善政府统一企业信用平台建设,录入各类数据397万余条。推进"双随机一公开"工作,完成市场监管领域检查对象名录库和执法检查人员名录库的建库工作,5680家市场主体纳入检查对象名录库,建立广告经营单位专项库等分类专项库13个,109名执法干部纳入执法检查人员名录库。开展首次"双随机"抽查,检查企业311家,为全县范围推广"双随机"抽查提供示范和经验。

【服务经济发展】 全力以赴推进"最多跑一次"改革。严格按照上级和县委县政府部署要求,成立县局推进"最多跑一次"改革领导小组,召开会议全面部署"最多跑一次"改革任务,明确"最多跑一次"改革的工作目标,组织推动改革工作,协调解决改革重点难点问题,保障全系统"最多跑一次"改革工作落到实处。改革中,依托"互联网+"技术平台,实现全程电子化登记,完成名称网上申报审批2305件,实现零上门服务。推进"网上申报、网上受理、网上审核"登记模式,792家企业成功获益。推行证照快递免费送达,共寄送证照及各类文书1098件。加强政银合作,在工行、农行等下属网点设立代办网点,帮助企业代理申办营业执照。推进"一窗受理、集成服务"改革,设置商事登记综合服务窗口,将涉及公安、人力社保、住建等7部门11项备案事项列为首批"多证合一"事项并加以实施。同时,深入推进"五证合一、一照一码"登记,至年底共换领"一照一码"执照5621户,累计使用统一信用码市场主体达10506家。关注县重点企业和推进项目,做好县建发、文旅集团筹建并完成两大集团及第一批下属子公司登记,参与完成县预评价项目206项。

实施小微企业三年成长计划工作。抓主体升级,1~10月份新增个转企191家,同比增加53.6%。新认定科技型小微企业84家,位列全市第一。抓要素供给,建成科创园、雷甸东方工贸小微园、洛舍东衡众创园等小微企业集聚平台13个,其中4个获评市级小微企业创业创新重点培育基地,入园小微企业达523家。举办政银企合作系列活动,推动银企对接,1~10月新增小微企业贷款余额18.05亿元。抓精准服务,帮助325家小微企业申报注册商标。举办广告助推小微企业发展创意大赛,发动广告经营单位为小微企业提供品牌创意设计。抓宣传引导,集中开展"当好店小二、服务助成长"小微企业大走访活动,宣传涉企政策,减免小微企业税收达0.87亿元,落实稳岗补贴439万元。开展全县首届小微企业"十佳"系列评选活动,评出小微企业"十佳成长之星""十佳商标品牌"和服务小微企业"十佳优秀项目",以先进典型带动小微企业发展,营造全县浓厚的发展氛围。

加快企业质量标准品牌升级。围绕"中国制造2025"试点示范城市建设"1310"行动重点,全面推进"十大工程"建设,开展规模以上企业提升"四率"专项行动,促进质量标准品牌升级。标准创新方面,深化城乡一体发展标准化试点,发布地方标准6项,完成5个示范点建设。企业为主起草"浙江制造"标准达到3个,推进企业标准自我声明,通过政府购买服务形式委托专业机构对企业进行"一对一"指导,新增自我声明公开企业197家,公开标准527项。质量创强方面,出台《深化质量标准品牌升级行动推动供需结构改革的实施意见(2017~2019年)》,制定《德清县深化质量标准品牌升级行动2017年度推进计划》。新增导入先进质量管理方法企业43家,新增参与制定国家标准6项,新增"浙江制造"品牌培育8家,新增"浙江制造"认证企业1家。品牌创优方面,开展《2017年名牌培育发展计划》调研,指导"浙江制造"认证企业完成"品"字标识包装设计。完成湖州名牌申报工作,新申报浙江名牌11个、湖州名牌14个。

(朱云升)

美丽德清建设

德清年鉴 2018

美丽乡村

综　述

在县委县政府的正确领导下,认真贯彻落实省、市、县农村工作会议精神,以农业供给侧结构性改革为工作主线,统筹推进美丽乡村、农业农村改革和农村经济发展等各项工作,全力拓宽美丽乡村向美丽经济的成果转化通道,为全县工作大局贡献力量。2017年,德清被确定为全省唯一的农业供给侧结构性改革集成示范试点县,并成功承办2017德清敬农节暨农业供给侧结构性改革高峰论坛。

新农村建设

2017年度,德清县在市社会主义新农村建设工作考核中名列第一,被市委、市政府评为"2017年度湖州市社会主义新农村建设工作考核一等奖",被省委、省政府评为"2017年度社会主义新农村建设优秀县"。德清县的美丽乡村实践经验获中央领导批示肯定。

【美丽乡村创建】　钟管镇、下渚湖街道等被评为2017年浙江省美丽乡村示范乡镇;新市镇舍渭村,钟管镇沈家墩村,莫干山镇劳岭村、何村村、紫岭村、兰树坑村,

通过新农村建设后的二都村一景　　　　（县农办　提供）

下渚湖街道二都村等被评为2017年浙江省美丽乡村特色精品村。

【精致小村建设】　按照3A级及以上村庄景区标准,重点建设联合村等10个精致小村,286个建设项目全面推开,目前完成总工程量的65%,完成全年计划任务的108%。其中,三林村围绕万鸟园等五大节点,联合夏东、高桥等村打造水上观光和路上半马两条景观环线,三林村与创客团队全程合作运营（村集体占股40%）,吸引了包括台湾文创在内的6家企业竞相入驻,合力打造美丽乡村综合体;蠡山、二都等村通过3A级村庄景区创建。

【精品示范村建设】　按照A级及以上村庄景区标准,分两批建设幸福村等21个精品示范村,383个建设项目全面推开,至2017年底,完成沈家墩村等12个村的精品示范村创建,完成幸福村等9个村总工程量的60%,超额完成全年计划任务,突出打造沈家墩、蔡界、舍渭、曲溪、洛舍、张陆湾、雷甸、沿河等一批各具特色、平原水乡韵味浓厚的美丽乡村。其中,沈家墩村凭借资源禀赋集聚的优势,通过美丽乡村基础设施作价入股的方式（村集体及村民占股51%）,与大型企业合作开发乡村旅游项目;沿河村凭借地缘优势,延伸下渚湖景区游览线,打

造防风文化带,着力拓展乡旅产业链条。2017年精品示范村创建通过名单:钟管镇沈家墩村、下渚湖街道沿河村、新市镇蔡界村、洛舍镇张陆湾村、莫干山镇仙潭村、新市镇舍渭村、新安镇百富兜村、雷甸镇双溪村、雷甸镇雷甸村、钟管镇曲溪村、禹越镇夏东村、洛舍镇洛舍村。

【提升村建设】 按照"绿道成网、村落整洁、庭院美丽"的要求,全面完成齐星村等30个提升村创建,实现自然村全覆盖、全受益。2017年提升村创建通过名单:评为优秀的村是乾元镇齐星村、雷甸镇解放村、乾元镇金火村、莫干山镇上皋坞村;评为良好的村是阜溪街道民进村、下渚湖街道八字桥村、禹越镇天皇殿村、新市镇谷门村、乾元镇恒星村、钟管镇下塘村、舞阳街道双燕村、禹越镇钱塘村、下渚湖街道宝塔山村、莫干山镇瑶坞村、下渚湖街道康介山村、新市镇东安村、新市镇韶村村、阜溪街道三桥村、新市镇乐安村、洛舍镇三家村、新安镇勾里村、禹越镇杨家坝村、新市镇白彪村、新安镇舍西村、新安镇孙家桥村、乾元镇明星村、新市镇加元村、新安镇下舍村、钟管镇葛山村、钟管镇塍头村。

【历史文化村落保护利用】 历史文化村落保护利用第二批重点村(燎原村)和一般村(张陆湾村、东沈村)顺利通过省级验收,其中燎原村作为全省样本获评优秀;第三批重点村(蠡山村)和一般村(勤劳村、山民村)全面完成创建任务,准备省级验收;第四批重点(二都村)完成省下达形象进度要求,完成总工程量80%,一般村(曲溪村)提前一年完成创建任务;组织东沈村申报第六批重点村创建。目前,全县已成功创建1个重点村和4个一般村。

【农村生活污水治理】 制定《2017年农村生活污水治理实施意见》,按照新的省级排污标准,完成市下达生活污水设施修复补建任务(10个村、1022户)的116%,完成52个村生活污水设施的提标改造项目,完成5吨以上无动力型终端设备改造成微动力型终端设备300套,确保出水全部达到省一级排放标准。德清县在省农村生活污水三年治理(2014~2016年)行动终结验收中获评优秀。

【美丽乡村升级工程】 制定《2017年美丽乡村建设实施意见》,明确任务书、路线图和时间表,统筹推进景观线、美丽庭院和垃圾分类等九大工程,先后组织3次现场推进会。10条景观线均完成整体方案设计,分线、分节点的施工图设计、招投标、政策处理等前期工作以及工程项目建设扎实有序推进;完成劳岭、仙潭、曲溪等3个精品创建村庭院美化改造项目,43个美丽庭院创建村同步推进;农村生活垃圾分类和资源化利用覆盖率达100%,入选全国首批百个农村生活垃圾分类示范县。

农村改革发展

【农业供给侧结构性改革】 《德清县农业供给侧结构性改革集成示范试点方案》获省政府批复,68项具体改革任务敲实到农业、国土等24个牵头部门,建立起涵盖14个省级部门的试点工作联系机制,形成省、市、县三级联动推进体系,已完成其中29项改革任务。

【农村综合产权交易平台】 制定并发布《农村产权交易管理规范县级标准》,实施农村产权交易标准化管理,德清农村产权交易示范平台获评第四届浙江省公共管

农村生活污水治理终端　　　　　　　　(县农办　提供)

理创新案例十佳创新奖。2017年,全县农村"三资"交易全部纳入产权交易系统;累计完成农村产权交易1179笔,交易金额3.94亿元,其中2017年新增交易7096万元。

【其他重点改革】 "三位一体"改革不断深化,有序承接农民专业合作社等3项职能,完成农民专业合作社分类评级工作,成立资产经营公司和农民合作基金,35家县级会员单位、雷甸镇农合联会员集体分别获农商行授信6410万元、3000万元。"三块地"改革统筹推进,常态运行就地入市和推进东衡村异地调整入市,累计入市151宗、1035亩、2.21亿元;探索形成"一评估、二协商、三公告、四协议"征地流程,按新政实施土地征收34批次、7020亩,落实留地安置421.20亩;通过探索"地票、地息"方式建立宅基地"可进可退"机制。农民集体资产股份权能改革试点在全县村股份经济合作社全面推行,完成首次村股份经济合作社换届选举,对社员身份实行动态管理。土地承包经营权确权登记颁证顺利完成,发证率达95%以上。累计发放农村承包土地经营权抵押贷款2.88亿元,其中2017年新增贷款1.12亿元。不动产统一登记开展一站式服务,稳步推进土地、房屋登记数据的整合挂接和农村宅基地、农房统一登记工作。

农村经济发展

【村级集体经济】 2017年,完成第四轮发展壮大村级集体经济工作目标,共实施扶持项目68个,覆盖77个行政村,总投资2.04亿元(其中县财政补助资金5960万元,争取省以上财政支持资金4800万元),待项目投入运营后,预计每年村均增收21.50万元,提前一年完成本轮"转化薄弱村"发展目标。完成《关于发展壮大村级集体经济的政策研究》和《德清县西部山区返乡农民创业实践启示》等2篇调研报告,制定并印发《关于进一步发展壮大村级集体经济的若干意见》(德委发〔2018〕2号),逐村排摸并分类施策85个经营性收入30万元以下行政村。总结的"九种模式"发展壮大村级集体经济经验获市级领导批示肯定。

【低收入农户认定】 据省扶贫信息管理系统数据统计,全县认定低收入农户3104户,其中低保户2554户,低保边缘户362户,支出性贫困户188户;低收入农户群体共6770人,占全县农村人口总数的2.11%,符合发达县区3%以下的控制比例。

【农训农指及市校合作】 扎实做好农村实用人才队伍建设,推进农民素质提升市场化,完成农业"两创"实用人才培训1685人,新增新农村建设领军人才140人。完成第十轮县农村工作指导员选派工作。完成市校合作项目42项。

(沈丰平)

城乡建设·城市管理

综　　述

根据《德清县国资国企改革总体方案》，2017年5月，组建县建设发展集团，按照"工作不断、平稳过渡"的原则，全面抓好资产清算移交、人员重组转换和工作衔接。12月，完成市政体制改革工作。

城市建设

【概况】　至2017年底，中心城市建成区面积31.30平方公里，建成区道路面积633.88万平方米，道路长度228.84公里，绿地面积1208.18公顷，绿地率38.6%，绿化覆盖率43.4%，城市化水平70.2%。

【城乡规划与管理】　完善县域总体规划，将县域总体规划的编制期限调整到2035年，强化总体规划的战略引领和刚性管控作用，完成县域总规完善方案；编制中心城区规划，纵深推进中心城区11项控规、城市设计和专项规划的编制进度，实现中心城区单元控规编制全覆盖；指导镇（街道）规划，助推美丽城镇建设；优化村庄规划，指导村庄规划设计和村居设计工作，钟管镇沈家墩村、禹越镇三林村、乾元镇幸福村、莫干山镇东沈村等4个村被列入省、市级村庄规划和设计试点村；推进风景区规划，开展德清县风景名胜区5项规划的编制工作，截至年底，莫干山风景名胜区总体规划已完成上报，下渚湖风景区总规已获省政府批复。

聚焦"多规合一"成果运用，运用试点成果之一的规划协同平台，对各类建设项目进行"多规合一"合规性审查及预评价，一键生成项目"体检报告"，简化项目前期流程。平台运行以来，已累计审查通过项目811个，否定46个，暂缓19个，实现多规信息大集成，阳光标准速评价。根据"最多跑一次"改革"应减必减、能放则放"的要求，又进一步减少审批前置、精简审批材料、压缩审批时间、创新服务方式。同时，在湖州莫干山高新技术产业开发区内生物医药园区开展企业投资项目承诺制改革试点工作，通过前置事项承诺再造办事流程，将项目管理重心由事前审批向过程监管转移，将"放、管、服"理念融入企业投资项目审批全过程，探索以标准替代审批，形成"先建后验"和"容缺受理"的企业投资项目管理模式，2017年开发完成承诺制改革试点模块，5个项目正在办理。

（许晓春）

【成立德清县建设发展集团有限公司】　2017年5月，根据国资国企改革要求，德清县建设发展集团有限公司（简称"建发集团"）正式挂牌成立，并完成12家下属企业整合重组，形成城市基础设施建设、商业运营、民生保障、投融资多领域发展格局。建发集团注册资金60亿元，有干部职工170余人，是德清县最大的一家国有企业。

建发集团成立后，开展"聚焦四新促赶超，奋勇当先树标杆"项目百日攻坚行动，通过挂图作战、每月督查、定期例会等办法，全力推进53个公建项目建设，实际完成投资超过18亿元。其中：浙工大德清校区项目已基本完成桩基施工，城东棚户区改造项目25幢主体全部结顶，一馆两中心、春晖小学等一批项目竣工，春晖街改造、长虹街东延等一批路网工程和千秋、城西等保障性安居工程项目都在加快推进。

（沈雯雯）

城市管理

【概况】　2017年，县综合行政执法局认真贯彻落实中央、省、市城市工作会议和县委十四届二次全会精神，按照县委、县政府"四大行动"工作要求，创新实干，锐意进取,以综合行政执法体制改革为契机,圆满完成全国文明城市创建、"五水共治"、"无违建"创建、城市交通治堵、治气治霾、小城镇环境综合治理、环境保障等重点、中心工作,全年完成重要会议、来宾和重大活动的环境保障任务共计100余次。农村环境卫生长效管理工作连续5年位列全市第一,实现五连冠;在县级机关部门年度综合考核中获一等奖;获得县级以上集体荣誉21个。市、县主要领导签发重要批示8次,被国家级主流媒体报道8篇(次),刊登工作动态45条(次)。

【综合行政执法体制改革】 抓牢综合行政执法体制改革主线,以执法规范化为总要求,围绕综合执法平台建设,细化举措,狠抓落实,持续推进基层中队规范化建设。

梳理权力清单和责任清单 厘清职责边界,共完成市容环卫、城乡规划、城市绿化、市政公用、环境保护、工商管理、公安交通、建筑业、房地产业、水行政、安全生产、石油天然气管道保护等12个方面238项执法事项的划转,与住建局、水利局等行业主管部门建立执法协作机制。

推进"最多跑一次"改革 城市管理现有8个行政许可事项已全部列入第一批"最多跑一次",其中"跑零次"事项为4个,通过简化流程,真正实现"最多跑一次"办理,方便群众办事。2017年共办理行政许可35件。

综合行政执法规范化建设 按照计划,组织开展"案卷集中评查""经典案例每月一讲"等形式多样的业务培训共计40余次,重点加强新划入执法职能和执法事项的学习;开展城乡规划、餐饮油烟、市政公用等方面的专题法制培训30余次,不断提升执法人员的法律素养和办案技能。在2017年浙江省行政执法证考试中,2014~2016年新进公务员通过率达100%。以重点工作为抓手,强化各项执法工作,在环保执法方面,连续6年,在高考、中考期间开展"禁音"行动,发放温馨告知书6000余份,组织人员及时对商业高音喇叭、施工噪音等进行处置。同时,不断加大执法办案力度,2017年共办理各项案件25412件,其中一般程序案件229件,同比增长68%,并在水行政、建筑业、市政等新划转职能方面实现案件零突破。共受理政府阳光热线、信访、110联动等各类投诉共计2825件,反馈率均达到100%。

推进基层中队规范化建设 按照综合行政执法体制改革相关要求,完成12个镇(街道)综合执法中队的派驻,实现执法重心下移,进一步理顺县、镇(街道)两级行政执法职责关系。加快推进基层中队规范化建设。2017年,乾元、新市、钟管等7个镇(街道)顺利通过市局基层中队规范化建设考核。同时,通过基层执法队员业务轮训活动,提升基层中队执法办案规范化水平,实现基层中队执法案件零突破。

【健全城市精细化管理】 以全国文明城市创建为契机,建立健全城市精细化管理标准体系,涵盖市容、环卫、园林、亮化等城市管理的各个方面和各个环节。3月15日至6月22日,在"创建全国文明城市百日攻坚"行动期间,共开展集中创建整治35次。

市容秩序 2017年,再拓展云岫路、兴康路、群益街、吉祥街等6条示范街巷,打造和提升管理样板。针对装潢垃圾乱堆放、空调外机、破损户外广告、"牛皮癣"等"城市顽疾",定期开展专项整治行动,共计20余次。积极参与"放心早餐"工程实施方案的制定工作中,并完成县城区放心早餐摊位建设。

治违拆违 按照"无违建"创建要求,重点开展"三改一拆"专项行动,以试点小区攻坚和突出问题整治的形式带动违建整治的全域铺开,加大力度攻破存量违建。2017年共立案69起,同比增长76%。在住宅小区控新拆违方面,共下发通知577份,同比增长133.6%;组织拆违106次,同比增长76.67%,拆除违建面积约为22741.10平方米。

停车管理 全年新增施划车位400个;在全市率先引入BOT停车收费管理模式,依托智能停车诱导服务、智能停车收费管理、静态交通监督管理三大平台,全面启动城区智能化停车管理系统;在智能电子抓拍系统一期建设31个点位的基础上,新增抓拍点位40个;采用电子抓拍和人工执法并行举措,不断加大违停执法力度。2017年,查处城区违停车辆共计44350辆次,其中,电子违停抓拍26818辆次,同比增长140.2%。

城区环卫保洁 着力优化环卫作业基础设施,重点实施开发区中转站、粪便处理场改造提升工程;同时,取消环卫站的人力车收运模式,更新各类机械环卫车辆,城区机械化作业覆盖率达

100%。在前期整体排摸的基础上,对城区30座公厕实施提升改造,实现公厕外立面的美化和内部设施的升级,目前改造提升工程已全部完工。

园林绿化 开展第三届元宵主题灯展,郁金香、向日葵等花展,做好春节、五一、国庆、元旦节日期间氛围营造、城市美化工作,不断提升城市园林绿化管养水平。至2017年底,建城区绿地率、绿化覆盖率、人均公园面积分别达到38.6%、43.39%和15.30平方米。

亮化管理 加强亮化巡查管理,全力保障路灯、景观灯的正常运行,确保主城区及主要道路亮灯率及设施完好率98%以上,完成英溪北路、新发地商贸城周边道路等路段的亮化改造提升工程,全面实施主城区路灯智能监控项目,推进主城区路灯监控智能化全覆盖。

【治水治气治霾】 工程车辆管理 重点加强工程车辆"三化"管理,确定11家公司,建立工程运输车辆"公司化、专业化、本地化"管理机制,购置新型标准工程车192辆,完成工程车辆本地化上牌190辆。加大联合执法力度,全年共开展联合整治50次,查处车辆470辆。

道路扬尘治理 根据核定路线,实行巡回喷洒作业,保持每天至少两次清扫、两次洒水的道路保洁频率,在重要路段,实行专人保洁制,每天定时开展洒水控尘作业,减少道路扬尘问题。

餐饮油烟管理 督促餐饮企业做好设备后期维护及清洗工作,加强后期监管,确保油烟净化到位;加大对餐饮店的整治与执法力度,有力开展餐饮油烟投诉督办单办理和餐饮油烟专项整治行动,共约谈存在问题的餐饮店47家,责令停业整顿22家,发放限改389份。至年底,需安装油烟净化装置的505家餐饮店安装率达100%。同时,加强露天烧烤整治,共取缔露天烧烤摊45处。

生活垃圾禁烧 成立专门督导小组,加强日常巡查,对违规焚烧垃圾行为及时通报、严肃处理,制止垃圾焚烧行为共计362起。

雨污混排治理 按照县委、县政府重大决策部署,以改善全县水环境质量为目标,以餐饮、汽修(洗车)行业雨污混排整治为抓手,规范餐饮、汽修(洗车)行业排污行为。2017年,共排摸888家餐饮店和49家洗车店,共发放《告知书》950余份,制发《责令改正违法行为通知书》340余份,其中对未规范排污的719家经营户,加强现场指导,督促落实整改,共完成整改206家。

【城乡生活垃圾分类】 县城区生活垃圾分类 研究制定县城区生活垃圾分类收运处置工作实施方案,确定春溪华庭、回南小区两个试点小区,于2017年2月,全面启动县城区生活垃圾分类工作;7月,结合"全国文明城市"创建,开展机关、企事业单位、学校(幼儿园)等垃圾分类工作;联合街道、社区、物业、学校等组织开展"小手拉大手""开学第一课"等一系列垃圾分类宣教活动;按照"试点先行,逐步推开"的原则,完成其余10个小区的设备采购、人员招聘等工作,实现稳步扩面。

农村生活垃圾分类 2017年6月,德清县成功入选全国首批百个农村生活垃圾分类和资源化利用示范县。为进一步深化农村生活垃圾分类和资源化利用示范工作,制定出台《关于进一步加强农村生活垃圾分类和资源化利用实施方案》,以"三提升、三创新"六项举措为抓手,提升提质农村生活垃圾分类处理,重点加快城乡环境生态综合体示范基地的建设,实现全县行政村生活垃圾分类全覆盖。

餐厨垃圾集中收集处理 联合食安办,通过两次招标,确定德清旺能生态科技有限公司为餐厨垃圾集中收运处置特许经营企业;督促处置企业加快收运体系建设,全面启动餐厨垃圾集中收运处置工作,德清县入选省级餐厨垃圾资源化利用和无害化处置试点城市。

建筑垃圾资源化利用 联合高新区、各镇(街道)对全县建筑垃圾现状进行调查摸底,研究制定实施方案,通过对建筑垃圾资源化利用项目的市场评估及经营主体招投标工作,确定迪飞达建材和陆记建材两家企业为第三方处理企业,分别负责东部5个乡镇、中西部7个镇(街道)的建筑垃圾资源化处理工作,建筑垃圾资源化利用项目于2017年11月底正式启动。

一把扫帚扫到底 加强与镇(街道)的联动,实行精细化长效管理。在钟管市场化试点的基础上,积极探索适合本区域发展的管理模式,切实提升管理效能。

【小城镇环境综合整治】 牵头实施小城镇环境综合整治的"道乱占"治理工作,专门制定实施方案,采取定期走访与不定期暗访相结合的方式,加强对各镇(街道)相关工作的督查指导,并以此为抓手进一步加强城镇管理,建立健全长效管理机制。2017年,各镇(街道)整治"道乱占"问题点位共计4200余个,对各镇(街道)开展"道乱占"治理工作专项监督检查60余次,重点检查102余处,对发现的问题,及时反馈,及时整改,推动小城镇"道乱占"治理高效运行,并成功通过省考核验收。

【"智慧城管"建设】 2017年,县委、县政府将"智慧城管"建设列入2017年政府工作报告,并逐步建立集感知、分析、服务、指挥、监察"五位一体"的服务体系,以智慧化的手段,提升城市精细化管理水平。

"智慧城管"一期项目 1月,组织并通过由省、市、县智慧城管有关专家组成的专业评审。4月,完成项目公开招投标工作,确定项目由浙江网新帮德信息服务有限公司承建。5月5日,召开项目建设启动会,正式启动项目建设。6月4日,召开"智慧城管一期"项目需求讨论会,对"智慧城管一期"的项目需求提出意见,确定今后的项目需求。7月,开展信息普查工作。至年底,"智慧城管"一期软件部分基本开发完成。

电子抓拍二期项目 2017年,以"机器换人、一机多用"为工作思路,以实现城市管理全时段、多领域、智能化监管为目标,进一步满足县城区违停抓拍需求,太阳能无线违停智能抓拍系统二期于9月招标完成,10月正式进入建设阶段。项目新增40个违停摄像头,全部安装完毕,24个基站全面建设完成。

德清城乡垃圾处置监管系统项目 根据项目需求,作了前期的准备工作,制定招投标方案并实施,完成项目招投标,随后进入正式实施建设阶段,年底前基本完成建设。

数字城管信息系统 2017年共采集城市管理事件、部件问题64291条,有效立案63513件,结案率99.99%。

"智慧治水"巡查管理系统 2017年,对全县1211条河道采用人机结合的方式进行巡查,出动无人机534架次,累计飞行1333小时,出动巡查人员776人次,累计巡查4670小时,共发现河道环境问题691件,第一时间报送给县治水办,助力全县"五水共治"工作。

(曹超云)

交通运输

综 述

【交通项目建设】 2017年,德清县交通运输部门按照"项目提速,民生提质"工作要求,推进交通基础设施建设。全年完成交通投资20.13亿元,同比增长84.2%;新增融资授信资金22.60亿元。104国道县境段改建一期、09省道县境段改建二期和新客运中心主体工程基本完工;杭州绕城高速公路西复线湖州段、县域首座104国道城区段高架桥工程等重点大项目开工建设;京杭运河县境段"四改三"整治、104国道县境段改建二期工程稳步推进;杭湖锡线县境段护岸完善三期、四期工程,杭湖锡线县境段疏浚和武太线航道养护工程先后竣工验收。临杭物流园区边建设、边运营,11区项目货运配载二期、金属材科加工中心和钢铁物流三期工程相继竣工并投入使用。全县公路总里程1259.45公里,其中,高速公路2条计44.25公里,国、省道各1条计19.86公里和58.02公里,县道51条计325.66公里,乡道73条计300.38公里,村道340条计511.28公里。其中,美丽公路165公里。

【交通综合服务】 完成城市治堵年度工作目标。全年新增优化公交线路9条,更新新能源公交车22辆,瀚强新能源车首批106辆投放市场,城北公交首末站主体完工,建成港湾式停靠站42个,提前实现"村村通"公交客运目标。公共自行车服务网络覆盖全县7个镇(街道),主城区绿色出行比例达73.5%。试点游运一体公交模式,开通首条武康至庾村民国风情旅游专线。融杭公交K588无缝对接杭州地铁2号线。继续实施农村公路改造,加快美丽乡村公路建设,新建农村公路115.70公里,改造提升农村公路45.40公里,大中修90.60公里,桥梁维修改造15座。全年公路客运量979万人次,公路旅客周转量40860万人/公里。公路货运量1688万吨,公路货运周转量146869万吨/公里。水路客运量33.83万人次,水路旅客周转量270.61万人/公里。水路货运量597万吨,水路货运周转量69793万吨/公里。

【绿色交通建设】 加强交通环境保护,推进绿色交通建设,巩固提升杭宁高速公路县境段、申嘉湖杭高速公路县境段、304省道县境段、三莫线、下仁、杨禹6条公路的美化亮化绿化水平;全县辖区159家港口经营企业码头和7处港航检查站和船舶锚泊区码头都

11月18日,浙江省首条民国风情旅游专线开通

(县交通运输局 提供)

分别设置船舶生活垃圾接收设施（点），9家矿山企业和2家物流企业码头均配套船舶生活垃圾（污水）接收处理设施，14艘400总吨以上的德清籍船舶安装船舶生活污水收集装置，全年接收船舶油污8.46吨。加快实施东、中部区域"鱼米蚕乡"和"防风湿地"两条景观线建设，完成总工程量的60%；编制完成《德清县美丽经济交通走廊总体规划》《德清县西部交通专项规划》和《美丽公路建设标准》，推行美丽公路规范化、标准化建设。

【交通安全生产】 部署开展道路运输、水上安全、工程建设等重点领域、重点环节专项整治和安全隐患集中排查，及时治理山区道路、危险路段、事故多发路段安全隐患，加强道路、水路客运和危险品运输巡查，做好道路日常养护和预防性养护工作。全年组织安全检查455批次，排查出安全隐患92处，整改到位率100%；出动执法人员13613人次，查处交通违法违规案件373起，执行船舶救助7次，完成整治"黑码头"34座，确保春运、十九大、互联网大会等重大安保工作，全县道路、水路运输市场竞争有序，公路、航道安全畅通，安全生产形势平稳。

交通基础设施建设

【公路工程建设】 104国道德清段改建工程（续建） 该工程起点位于三桥的耀武关，终点位于上柏的马头关，路线全长约20公里。拟按一级公路兼顾城市道路功能标准分期、分段建设。其中第一、四合同段正在施工，城区高架路段于2017年底完成招标。2017年完成投资额2.10亿元，2015年10月开工以来，累计完成投资6.58亿元，占总投资25.65亿元26%。第四合同段主体工程全部完工，第一合同段路基工程完成45%，桥梁工程完成45%。

09省道（S304临莫线）德清县乾元至秋山段改建工程（二期）（续建） 该工程起点位于乾元大桥西岸桥头，向西沿09省道老路前进，分别与德桐线、乾元路相交，拆建东苕溪大桥，线路终点位于与乾元南郊路交叉口，与一期工程（已建成）相顺接，路线全长3.90公里。采用一级公路标准进行设计，兼顾城市道路功能。2014年10月开工，至2017年底，该工程路面项目已经基本完成，累计完成合同总价的95%，完成投资5.76亿元，占总投资87%。交安、照明部分基本完成；绿化工程正在加紧施工中。

杭州绕城高速公路西复线湖州段工程 该工程是浙江省高速公路网"两纵两横十八连三绕三通道"中"一纵"的重要组成部分。起于德清东部禹越镇天皇殿附近，路线向西分别经过禹越镇、新市镇、钟管镇、雷甸镇、乾元镇、阜溪街道、莫干山镇、武康街道及舞阳街道，终于德清与余杭交界姜家山附近。路线全长50.80公里，批复概算123.10亿元，建设工期三年。工程按双向六车道高速公路标准建设，设计速度100公里/小时，路基宽度33.50米，全线设枢纽互通2处，一般互通7处，服务区、管理中心、隧道管理站、养护工区各1处，主线桥梁18940米/65座、隧道2160米/2座，同步建设乾元、舞阳互通连接线9.07公里。工程于2017年10月31日正式开工。至12月底，累计完成投资13.04亿元，占批复概算123.09亿元的10.6%。

至莫干山后山道路封道施工 11月15日起，德清县三莫线从山门牌坊开始的后山道路封道，实行全封闭施工，预计2018年4月底前完工。

【水运工程建设】 京杭运河航道整治工程（德清段） 该工程分为两个土建施工标段：TJ03标段和TJ04标段。南起雷甸镇和平村，终于新市镇蔡家村，折算里程23.80公里，计划工期42个月，总概算金额为9.02亿元，实施内容主要包括桥梁、护岸、服务区工程建设及征地拆迁等。至2017年底，完成投资1.31亿元，完成护岸56%，桥涵50%。

德新线丁家桥岔口至漾口段航道养护工程 完成护岸基础4.90公里，护面3000米，压顶2445米，疏浚土方4.50万立米，完成投资1529万元。

杭湖锡线护岸完善三期工程 累计完成围堰6.99公里，基础6.99公里，下墙6.99公里，上墙6.99公里，累计完成总投资2700万元，于2017年4月份竣工验收。

杭湖锡线德清段疏浚工程 累计完成疏浚土方63万方，完成投资1600万元，于2017年4月份竣工验收。

杭湖锡线护岸完善四期工程 累计完成基础7.44公里，下墙7.44公里，上墙7.44公里，累计完成总投资2800万元，于2017年10月份竣工验收。

武太线航道养护工程 按Ⅴ级航道标准设计，工程起自德清经济开发区长安桥上游，经绿瓢寺往北,于南漾桥附近接东苕溪,累计完成投资3614万元,已竣工验收。

德新线丁家桥岔口至漾口段航道养护工程(五级航道标准化养护4.30公里) 2017年完成护岸基础4945米,下墙3245米,护面3000米,压顶2445米,疏浚土方4.50万立方米,累计完成投资1529万元。

骨干航道例行养护 养护航道绿化2.40万平方米,投入养护资金10万元。

支线航道例行养护 完成乾元镇东门城桥段浅滩疏浚1307立方米,投入28270元。乾元镇东门城桥旁商住楼防护护岸维修工程已完成,共投入养护资金18万元。完成德徐线南宫桥等隐患桥梁整改补助19万元。

白山线乾元东门城桥至钟管山水渡航道养护工程 完成投资700万元。

码头建设 德清县陆记建材有限公司提升改造工程完成,湖州三中混凝土有限公司自备码头交(竣工)验收,新增码头泊位3个。

【客运场站建设】 德清县客运中心(汽车总站迁建工程) 位于德清县高铁场站新区,总用地72.23亩,分为综合换乘中心和停保中心两个区块,计划总投资15600万元。2016年9月开工以来,已完成投资9000万元,工程主体已基本完工,换乘中心和停保中心幕墙、附属工程、综合管线、电梯工程、室外照明等均已完成,围墙、水稳、永久性接电等工程已完成80%左右;计划2018年6月建成并投入使用。

城东公交首末站 位于德清县阜溪街道秋山村,总用地约10亩,总投资5000万元。至2017年底,已完成项目选址意见书、项建书批复、节能预审意见书、环评审批、用地规划许可证办理、可行性研究报告批复、设计招标和地质勘察等政策处理和项目开工前期准备工作,计划投资2600万元,2018年底完成建筑主体结构结顶。

城北公交首末站 位于德清经济开发区永平路北端,总用地10.78亩,完成总投资998万元。2017年10月底完成建设,新建1幢2层公交站房、4座钢结构公交候车亭、例检处、配电房及门卫室等。场地内设有公交车停车位32个,公交车发车位8个,小型机动车位6个,配有慢充充电桩12座,快充充电桩2座。

公交配套设施港湾式候车亭2017年10月建成并投入使用,新建港湾式候车亭42座,武康城区24座、104国道12座,09省道6座。完成总投资331万元。

交通行业管理

【公共自行车服务系统项目】 第五期2017年12月建成并投入使用,完成总投资420万元。新增公共自行车服务网点21个,其中:县城区7个、莫干山镇3个、乾元镇5个、新市镇6个,新增锁止器575套,亭棚58座,投放公共自行车350辆。自2014年始至今,历时4年,共建公共自行车服务网点154个(县城区128个,乾元镇15个,莫干山镇3个,新市镇6个),锁止器3783套、停车棚228座,拥有公共自行车3350辆。

【道路运输市场管理】 2017年,全县道路运输行业完成里程9849.54万公里,未发生一起考核指标内的死亡事故;开展道路运输市场各专项整治活动,查处违章案件185件;新增优化公交线路9条,改造纯电动公交线路2条;新增新能源公交车22辆(总数达80辆);全县公交里程突破100公里。在湖州市率先推行寒暑假班等定制式驾培服务,对全县10家驾培机构312名教练员进行再教育;行政许可窗口受理行政许可2298件,综合监管平台处理工单265件,接处"12345政府阳光热线"1502件。

2月4日,德清驾校率先启用清洁能源发电,成为全县第一家节能减排的光伏用电绿色驾校。

在春节长假期间,公路投放客运车辆297辆(不含K588杭德城际公交),发送旅客16.68万人次,周转量452.82万人/公里,同比分别增长0.54%和16.48%。

春运安全隐患排查38批次,出动159人次,查处安全隐患3起;联合公安、交警、城管等集中整治行动,出动368人次,检查车辆16辆,查处1辆,疏散旅客45人次。

在国庆、中秋长假期间,公路投放客运车辆297辆(不含K588杭德城际公交),发送旅客21.23万人次,周转量520.83万人/公里,同比分别增长7.67%和16.95%。

7月6日凌晨,S304省道香水岭宾馆到怪石角,发生10多处塌方,多处路面被泥石掩埋,德清公路管理局组织力量和设备,经过3个多小时抢修,清除挡路泥石20多立方米,确保公路通行。

7月18日,德清县公路管理局联合公路沿线镇(街道),在全县范围内开展公路桥梁桥下空间专项整治工作。

【公交运营】 2月,德清县新城公共交通服务有限责任公司111班线分别被评为2016年度浙江省道路运输行业"最美示范窗口"和湖州交通"最美窗口""百名最美交通集体"。

6月13日,随着城乡公交313线(至新市新塘村)开通运行,德清县行政村"村村通公交"目标提前完成。

11月6日,德清县《城乡一体化公共交通服务与管理规范》地方标准通过评审。

11月18日,开通德清县城武康千秋广场至莫干山镇庾村集镇全省首条民国风情旅游Y1公交专线。

12月18日,德清县城区8条城区公交线的67辆公交车完成移动支付端升级,支持支付宝二维码扫码、银联卡闪付和云闪付方式乘车。

12月28日,德清县K588杭德城际公交增设杭州市郊"杜甫村"站,接驳杭州市地铁2号线。

【水运市场管理】 2017年,全县港口企业100家,生产性泊位242个,其中:公用性43个,危险品38个,旅客5个。新建港口企业1家、300吨级泊位2个;全年港口完成货物吞吐量2412万吨,比2016年增长60%。新增船舶70艘、3.20万/载重吨;注销船舶128艘、4.09万/载重吨,至12月底,本港注册营运船舶494艘(含18艘客船),同比减少10.51%、16.76万/载重吨,同比增加5.1%;平均吨位352/载重吨,同比增加18%。检验船舶543艘/8.95万总吨,其中建造检验108艘/0.15万总吨,营运检验435艘/8.80万总吨;517艘实有船舶换发吨位证书。全年上报水上交通事故5起,沉船2艘,死亡2人,经济损失28.10万元;"12395"接处警272起。加强危险化学品水上运输及装卸作业监管,全年累计危险品货物进出港63万吨,受理危化品船舶动态申报2014艘/次,作业申报796艘/次。全年共查处行政处罚案件99件,罚款总额11.76万余元;办理行政许可1573件,无行政复议和诉讼。全年办理"12345政府阳光热线"58件,回复率和满意率100%。

2017年,全年完成船舶拆解66艘/11250总吨,发放补贴资金船舶25艘、281.52万元。4月1日起,停征船舶登记费、船舶及船用产品设施检验费;7月1日起,取消浙北干线航道通行费;8月1日起,取消货物港务费等两项行政事业性收费,全年累计为企业船户减负约1100万元。

5月9日,德新线乾元市河东门城桥航段,浙钱江货00237船首搁浅,造成上游船舶滞留,德清海事部门及时救助。5月16日凌晨,一艘运泥船在京杭运河搁浅沉没,德清海事部门组织力量营救船员、交通管制、打捞船舶、疏通航道,奋战28个小时,保障了船员的生命财产安全和航道安全畅通。

【洛洋游艇公司获"国家高新技术企业"】 3月7日,浙江洛洋游艇制造有限公司获高新技术企业证书,成为湖州市游艇制造行业首家"国家高新技术企业"。

【电子船名牌安装】 11月1日,浙德清货1077船在乾元站安装电子船名牌,德清辖区电子船名牌安装工作全面启动。

(俞永明)

铁 路

【杭德轨道交通项目】 6月,与余杭区政府确定线路走向——即接驳杭州地铁10号线方案。7月,杭德线作为杭州都市圈9条线路之一,顺利通过《浙江省都市圈城际铁路二期建设规划》咨询评估会专家评估,待省发改委完善其他线路方案一并上报国家发改委审批。

【德清铁路西站站房改造工程】 德清铁路西站是德清县外联出行窗口之一,是德清县的形象窗口。德清铁路西站建于20世纪90年代初期的站房与德清县城市的发展现状极不相符。2017年,德清县与上海铁路局嘉兴车务段对接,得到上海铁路局嘉兴车务段的大力支持,县建发集团对站屋及配套广场改造工程提供资金支持,嘉兴车务段全权负责站屋及配套广场改造工程的实施。在站房改造的同时,上海铁路局出资对德清铁路西站旅客候车风雨走廊进行改造。2017年,铁路西站改造工程进展顺利,票房迁址已完成,正在实施站屋外墙改造,预计在2018年春运前竣工。

【宣杭铁路德清段电气化改造】 6月,湖州市召开宣杭铁路电气化改造工程动员大会,启动征迁方案编制工作,项目计划于2018年底年完工。德清县由县政府办牵头,协同县建设局、县国土局、杭州枢纽指挥部及勘测单位合作。2017年,完成征迁方案初稿,待核实完善、方案确定后实施征地及报批工作。结合宣杭铁路电气化改造契机,与上海铁路局沟通对接,协助高新区与建发集团推进宣杭铁路前溪街涵洞、郭肇村涵洞、千秋街涵洞、长虹西街涵洞四个铁路涵洞改扩建工程。

【铁路发展研究谋划】 针对江浙沪地区高速铁路、轨道交通迅猛发展的现状,以"接沪更深入、融杭更高端"为目标,做好铁路发展相关课题研究工作。2017年,《杭德轨道交通方案研究》已上报省发改委,《德清县莫干山旅游示范线工程专题研究》完成方案初稿,《德清县轻轨站点开发策略研究》已启动相关前期采购程序。就湖州至杭州西杭黄铁路连接线线位问题,与市铁办和铁四院积极联系对接,为该线路在德清县合理设置争取先机。

(姚亮亮)

秀美湿地下渚湖　　　　　　　　　　　　　　　　　　　　　　(下渚湖管委会　提供)

环境保护

综　　述

2017年,德清县践行"绿水青山就是金山银山"重要思想,配合中央环保督察在推进"811"美丽德清、水气土共治、执法监管、服务发展和队伍建设上下功夫,全面推进生态环保领域各项工作,环境质量进一步改善。2017年市对县生态环保考核优秀,其中单项考核"五水共治"、大气污染防治、主要污染物减排列全市第一,美丽湖州建设列全市第二。德清县PM2.5平均浓度41微克/立方米,较上年同期下降4.65%;AQI空气优良率为89.9%,同比提高13.70个百分点,空气优良率上升幅度和臭氧下降幅度两项指标均列全省第一;全县16个县控以上水质断面均在Ⅲ类水以上,市对县交接断面水质考核为优秀。

环境管理执法

【环境保护督查】　8月11日至9月11日,中央环保督察组在浙江督察,德清县迅速建立县镇对接、部门联动、落实责任、立行立改的接办机制;分工办理、整改落实、办理核查、领导签报的审核机制;梳理问题、案情分析、针对弱项、指导办理的反馈联动机制。各镇(街道)、部门坚持问题导向和结果导向,抓好问题整改和信访办理工作。

上下联动,全力化解环保问题。对群众反映比较集中的63个难点、热点问题,会同相关单位进行认真的研究,着力在化解上下功夫,推动一批疑难问题的解决。

强化办理,以督促治。对每一个交办件第一时间赶赴现场调查核实,跟踪办理进度,逐字逐句把关回复意见,共接收中央环保督察组调阅资料30批112项;信访交办件71件(其中重点件4件),完成办理71件。8月31日,中央环保督察组对德清县进行专项督察,先后实地检查旺能垃圾焚烧厂、下渚湖二都小镇、三桥垃圾填埋厂及对河口水库清淤保源工程现场。对河口水库清淤保源工程是多年来群众反映强烈的突出问题,这次的圆满解决得到广大群众的充分肯定。水源地保护区内企业整治工作在《中央环保督察组工作简报》和《中国环境报》进行通报与表扬。与此同时,举一反三彻查隐患,在全县范围内开展"低小散""厂中厂"大整治,共排查出858家,关停472家,整合11家。

落实整改,健全长效机制。根据中央环境保护督察组反馈意见整改工作有关要求,德清县提前谋划,制定下发《德清县中央环保督察反馈问题整改方案》《中央环境保护督察德清县整改工作领导小组工作方案》和《德清县中央环保督察反馈问题举一反三深化整改清单》,对11个整改问题和7个举一反三问题明确牵头领导、责任单位、整改时限、整改目标和整改措施,确保高标准完成整改。

【生态文明创建】　开展生态文明创建活动。召开示范县创建会议,全面启动德清县国家生态文明建设示范县工程。9月,德清县被命名为浙江省第一批生态文明建设示范县,在2017年"两美"浙江高峰论坛暨"两美特色体验地"命名仪式上,德清县和新市镇分别被命名首批"两美浙江特色体验地"(市、县、区)和"两美浙江特色体验地"(镇、乡),德清县生态文化馆获得"省级生态文明教育基地"荣誉称号。

开展对生态补偿范围内工作考核,根据考核结果全年共下发生态保护补偿资金4351.31万元。同时,为确保发挥好资金引导效益,开展生态保护已补偿项目资金"回头看",对莫干山镇的3家笋厂、4家扇子厂和1家白竹厂开展项目资金督查,确保以补偿调动企业生态保护积极性。出台

《对河口饮用水源地保护水质考核办法》《德清县对河口水库水源保护区环境污染有偿举报奖励办法(试行)》,实行生态保护补偿与对河口水库集雨区14个村25个汇集溪流交界断面水质挂钩。

根据国家和省生态保护红线划定指南的要求,7月起启动生态保护红线划定工作,在2016年经省政府批准的原环境功能区划已划定的自然生态红线区基础上,秉承面积不减少、保证完整性和连通性以及科学性和可操作性的原则,剔除不适宜纳入生态保护红线的区域,并进行合理增补,委托浙江省环科院开展生态红线边界勘定和现场调查工作,绘制生态红线分布图,最终形成德清县生态保护红线。

制定《2017年全县环境保护主题活动安排》,及时报道宣传生态环保工作新动态、新成效,全年对外报送信息138条,发布原创微博435条、微信110条。推出"碧水蓝天在德清"首届环保摄影大赛,开展"环保公众开放日"活动,提高群众对环保工作的知晓度、参与度和满意度。

【环境污染治理】 对24个在雨污管网方面存在问题的集中区域开展截污纳管工作,对以高新区、钟管工业区、新市工业园区等重点片区为主的各镇(街道)和工业平台的427家重点企业实施雨污分流整治。同时,围绕"五个一律"开展专项执法,全力推进整治工作,查处涉水违法行为26起。新市镇孟西区块实行"一企一管""明沟明渠"等改造,实现企业排污信息化管理。不断完善污水处理厂自动监控设施,印发《德清县2017年城镇集中式污水处理厂自动监控系统建设计划》,2017年,6家企业中已有5家完成扩项,实现6项指标全覆盖。在全市先行先试,率先完成金属表面处理(非电镀)行业整治提升工作。全面开展印染、造纸、制革重污染行业明管化改造工作,完成6家印染、5家造纸和1家制革企业明管化改造。下发《德清县加油站地下油罐更新和防渗处理改造方案》,开展加油站地下油罐防渗改造工作,已完成13家45个油罐改造,改造完成率在湖州市三县中领先。加大饮用水源保护,开展东苕溪余杭跨界饮用水源保护区调整和长期保护方案编制工作,关停东苕溪饮用水源保护区内涉水企业33家。推进黄婆漾断面水质提升工作,黄婆漾断面水质逐步提升,并达到Ⅲ类水标准。

推进大气污染防治。全面禁止新建20蒸吨/小时以下的高污染燃料(含压缩成型生物质燃料)锅炉。开展重点工业企业清洁化排放改造,印发《德清县10t/h及以上锅炉清洁化改造实施方案》,完成全县4家燃煤热电企业实施锅炉烟气超低排放改造,烟尘、二氧化硫、氮氧化物排放浓度达到燃气机组排放要求;大力推进10蒸吨/小时及以上工业企业锅炉进行清洁化改造,超额完成市下达的年度改造任务。完成全县4家水泥企业粉磨站废气提标改造工作。进一步深化挥发性有机化合物(VOCs)治理工作,在全面完成市下达的年度VOCs治理任务的基础上,新增20家VOCs任务,并已全面完成治理。加大空气监测网络覆盖,高新区及12个镇、街道均安装空气自动监测站。

全面铺开土壤污染防治。在县大气污染防治领导小组的基础上,成立"德清县大气、土壤污染防治领导小组",协同推进土壤污染防治工作。出台《德清县土壤污染防治工作方案(2017～2020年)》和《2017年德清县土壤污染防治工作实施方案》,明确各部门职责,启动治土六大行动,全面推开土壤污染防治工作。

继续推进总量控制工作。印发年度污染减排方案,确定减排项30项,通过推进工程减排、结构减排、管理减排,预计全年削减化学需氧量(COD)、氨氮(NH_3-N)、二氧化硫(SO_2)、氮氧化物(NO_x)较2016年分别下降4%、3.5%、5.6%、5.6%。制定《德清县主要污染物排污权有偿使用和交易管理办法》及《德清县主要污染物排污权有偿使用和交易实施细则》,新增氨氮、总磷(TP)、氮氧化物指标和二级市场交易机制。全面推行排污许可制一证式管理模式,完成造纸、火电行业新版排污许可证换发。启动第二次全国污染源普查工作,编制污普工作方案(初稿)。在全市先行先试,推进环境污染责任险,制定《德清县环境污染责任保险实施方案(2017～2021年)》,47家应投保企业与2家保险公司签订保险。

【环保执法行动】 继续以高压态势严打各类环境违法行为,共出动执法人员17623人次,共检查企业(个体户)7248厂次,处理处罚企业576家,限期改正或治理63家,立案处罚134起环境违法行为。健全环境执法与司法联动体系,建立公检法机关驻环保联络机构,全年向公安部门移送行政拘留案件7件,行政拘留2人;移送刑事拘留案件5件,刑事拘留8人。

加强环境维稳维权,共受理各类投诉2131件,信访总量同比上年同期下降7.1%。"12345政府阳光热线"即时响应率为99.10%,按时反馈率为99.70%,有效办结率为100%,满意率为87.43%,阳光服务指数为92.35分,满意率同比上升7.86%。

开展环境应急演练,对36家风险源企业全面排查,消除环境安全隐患19处。加强饮用水源地对河口和东苕溪的巡查,在二级保护区关闭33家企业。

【环保审查服务】 探索服务企业新模式,把优化办事流程,提升办事效率作为环保工作取信于民的重要途径,开展"最多跑一次"改革,确定改革事项主项11项、子项13项,环保窗口所有事项列入"跑一次"清单,2017年共办理"跑一次"事项269件,"跑零次"占比达67%。加强对企业的环保业务培训,联合县金融办召开上市(拟上市)企业环保业务培训班,强化环保意识。

推进审批领域改革,全速推进高新区"规划环评+环境标准"清单式管理改革试点,降低部分行业建设项目环评文件的类别,简化环评编制程序,加快审批速度,规划环评文本已通过环保部初审,相关初审意见修改工作已基本完成。

从严把关项目准入,全年共审批非辐射建设项目环境影响评价文件175份,其中报告书19份、报告表156份,经审批项目总投资274.69亿元。累计参与县投资项目预评价712项,否定项目环境改变区划不符、产业政策不符及选址不合理等项目6项。

(汤楹霞)

五水共治

【概况】 2017年,德清县以"夺鼎、提标、剿彻底、防反弹"为总目标,以"大治、全面治、彻底治、系统治"为总思路,以河长制为主抓手,全面打响剿灭劣Ⅴ类水攻坚战,持续改善水环境质量。339处挂号问题小微水体均已完成治理;16个县控以上断面均达到Ⅲ类水以上,符合功能区要求;成功承办全国水资源管理工作座谈会,水利部专题调研河长制,相关经验做法受到相关部门和领导的高度肯定。2017年度"五水共治"工作考核位列全市第一,并再获省"五水共治"工作优秀县"大禹鼎",成功实现四连冠,并被授予"大禹鼎银鼎"。

【全域剿灭劣Ⅴ类水】 开展全域剿劣提标攻坚行动,制定小微水体剿劣和"双百提标"具体方案。坚持高标准、地毯式、常态化排查,全面排查小微水体2300余处。实施"一级挂号治、二级提标改、三级长效管"小微水体三级分层治理,切实做到剿劣治水全覆盖、不遗漏,先后于6月底、10月初通过市级、省级剿劣验收。创新"治微九式"小微水体生态治理,落实河道水质星级管理,创建"河畅、水清、岸绿、景美"的生态示范河道景观和小微水体示范点200余处。

【截污纳管扩面推进】 推进截污纳管扩面工程和雨污混排整治工程,不断健全污水管网、合流管网、老旧管网"三张网"。新建污水收集管网32公里,改造雨污分流管网22公里,完成管网提标改造12.10公里;完成薄弱区域管网新建改造86公里。在老城区、商业区和工业区等24个区块53平方公里范围内开展重点片区雨污分流排查整治,通过管网机器

通过治理后的下渚湖二都小镇河道　　　(县五水共治办　提供)

人数字影像检测、外科手术式治理,全部完成雨污分流、管网疏通、管道修复、打通断头管等工作。计划新建扩建的4家污水处理厂已全面启动,其中新安污水处理厂已进入调试阶段,钟管污水处理厂扩建工程土建完成、高新区污水厂建设土建工程完成90％。城市污水集中处理率达到95.05％、镇级污水处理厂平均运行负荷率88％、监督性监测出水达标率保持在100％。开展餐饮汽修行业雨污混排专项整治,全面排摸餐饮及汽修(洗车)店1652家,规范排污行为,并建立"一户一档"动态管理机制。

【河湖库塘治理】 完成河湖清淤335万立方米,京杭运河航道疏浚30万立方米。实施扩大杭嘉湖南排工程,完成河道拓浚16.40公里;实施十字港水系、湘溪治理项目,完成河道(漾)综合治理75公里;全面完成苕溪清水入湖工程,完成堤防建设39公里,种植亲水植物3.90万平方公里。加强水土流失治理,完成水土流失治理面积1.85平方公里,造林更新1160亩,新建和改造提升平原绿化2860亩,修复湿地植被4257亩,治理湿地面积22597亩,完成投资34306万元,为年度总投资额的467％。

【工业污染整治】 开展涉水重点行业整治,提前半年完成44家金属表面处理(非电镀)企业整治提升任务。强势倒逼"低小散"行业转型升级,淘汰提升"低小散"企业365家,腾出8万吨以上标准煤用能空间,超出全年任务220％。投入资金4237万元,完成581家重点企业雨污分流整治,企业废水处理率、内部雨污分流率均达100％;成功创建1家环保领跑示范企业,促进行业污染防治水平整体提升。

【农业农村污染治理】 加强畜牧业养殖污染防治,全面完成8家生猪养殖场智慧畜牧业云平台建设和38家1500羽以下水禽养殖场整治提升工作,拆除30家、退养5家。实施肥药双控减量工程,完成化肥减量48.10吨,农药减量302吨;回收废弃包装物89.50吨,回收率93.32％,处置87.77吨,处置率130.75％。深入推进渔业转型促治水行动,完成养殖塘生态化改造22114亩,实施稻鱼轮作5245亩,淡水增殖放流1856万尾,建成1个现代农业生态循环示范区和4个示范点并通过验收。率先开展全县域渔业养殖尾水治理。已推进水产养殖尾水治理1407处,施工面积达15.82万亩,通过县级验收1333处、面积15.10万亩,得到农业部、全国水产技术推广总站、省海洋与渔业局等部门高度肯定,并在全省予以推广。有序推进10个村农村生活污水治理提标改造,新增受益农户1104户,完成年度任务的108％。加快建设县城区城乡环境生态综合体示范基地建设,推行农村生活垃圾分类收集处置,新增垃圾分类行政村30个,覆盖率100％。

【防洪排涝】 加快推进水利标准化建设,完成水利重点工程投资4.65亿元,完成年度总投资额的123.5％。扎实基础水利建设,完成城东、新市两个圩区整治2.65万亩。开展城市河道综合整治,投资3000万元,完成丰桥港至余英溪水系沟通综合整治工程。整治易淹易涝片区,完成积水点改造5处。新建雨水(排水)管网25公里,完成排水管网清淤360公里,超出年度任务一倍以上。加强应急排涝能力建设,新增应急排涝能力200立方米/小时,推进海绵城市建设。

【城乡供水节水】 加强饮用水水源保护,落实生态补偿资金,清理对河口水库保护区内涉水企业36家;完成1座农村生活污水处理设施提升改造,完成所有民宿污水处理预处理专项整治。完善双水源供水体系建设,东苕溪备用水源已投入使用,6万吨水厂已正常运行,饮用水源和城市给水水质全面达标。新建供水管网12公里,改造供水管网12公里。建成屋顶雨水收集系统58处,改造节水器具550套,完成"一户一表"改造550户。完成清洁生产审核企业23家、水平衡测试企业8家。推广农业节水灌溉,建成高效节水灌溉面积2000亩。

【河长制】 制定进一步深化完善河长制工作方案,健全机构,设立双总河长,将原有三级河长构架扩充为县、镇、村、组四级河长(其中县级河长34名、镇级河长559名、村级河长588名、组级塘长1362名),基本实现水域责任主体全覆盖。深化拓展河长内涵和外延,细化工作机制,创新"一书两单"、巡河指标末位约谈等工作机制,河长APP信息平台考核指标逐月上升。充分利用坐拥浙江省地理信息产业园的优势,特聘武汉大学水文水资源博士为治水科技顾问,开发全县河长制工作信息数据大平台,并利用无人机对全县所有河道水体开展数字化河道巡查分类分级巡查,月均巡查600余小时。此外,管道机器人、电子眼监控、水质监测等科技手段也已广泛运用到全县各项治水工作中,不断构建起"水陆空"一体化智能管护体系。

【全民治水】 倡导"吾水吾治"的治水理念深入人心,实施党员"三覆盖""三带头""三挂钩"治水机制,推行"村规民约""门前三包"等全民护水行动,壮大"河小青""剿劣帮帮团""青年志愿者护水队""舞阳大妈治水队"等队伍,开展"跟着河长去巡河""沿河找茬"等各类活动,评选"最美河道""最美治水人"等。推行"跨界河长""乡贤河长""企业家河长"等多元化河长力量,构建起"行政河长+民间河长"管理新格局。其中,依托洋家乐民宿经济发展起来的"洋河长"受到新华社等主流媒体关注报道;"微河长"更是通过"生态绿币"激励机制,打破河长身份观念和参与门槛,成功吸引更多群众加入治水护水。

(钱 芬)

矿山综合治理

【概况】 2017年,贯彻落实市委、市政府从紧从严依法规范管理矿产资源的决策部署,扎实开展矿山复绿、打非治违、涉矿工程规范管理等专项行动。列入市政府26项重点工作之一的矿山复绿工作全面推进,完成11座市政府下达的重点废弃矿山治理任务,在产矿山边坡治理率达100%;绿色矿山创建全域推进,市级以上绿色矿山建成率达90%;矿山星级码头创建工作顺利完成,全县所有矿山码头均达到三星级以上标准;涉矿领域"打非治违"持续深化,查扣非法采矿设备10台,收缴罚没款273万元,取缔无矿山机组4套;矿山开采总量有效管控,全年开采总量1870万吨,对6家矿山企业实施停产休整。

【矿山生态复绿治理】 根据全市矿山复绿专项行动统一部署,出台《关于深入开展矿山复绿专项行动实施方案》和《矿山复绿治理及绿色矿山建设百日攻坚专项行动方案》。2017年,11座重点治理的废弃矿山全部完工并通过交工验收,完成市下达任务,共完成治理面积649万平方米,其中边坡122万平方米、宕底527万平方米,投入治理资金6950万元。

在产矿山边坡治理全面完成。按照矿山地质环境保护与恢复治理方案的要求,对在产矿山实行边开采边修复,实现资源开采和生态修复同步。卫国、武柏、康柏、巨辉、联盟等5家在产矿山对终了边坡实施挂网喷播复绿治理,边坡治理率达100%,共完成治理面积66735平方米;三家村、兴虎、永磊、康介山、大方等5家在产矿山完成临时边坡伪装网铺设,铺设面积共计71900平方米。

【提升绿色矿山创建工作】 按照"应建必建、全域建设、提升标准"的要求和《绿色矿山建设规范》,全面推进在产矿山的绿色矿山创建工作。2017年,完成市下达的5家绿色矿山创建(康柏、联盟、兴虎、永磊省市联创,大方创市级)和1家提升(武柏由市级提升至省级)。至此,全县应建矿山中除康介山矿外,其余8家矿山已全部完成市级以上绿色矿山创建,其中省级6家,占比67%。此外,按照《湖州市矿山码头创星争优专项行动实施意见》,全县所有在产矿山星级码头创建工作顺利完成,成功创建三星级码头6座,四星级码头3座。

【打非治违】 制定《德清县矿产资源领域"打非治违"专项行动方案》,成立矿山"打非"专项行动小组,坚持内外联动,突出常态长效,始终保持矿山"打非治违"高压态势,严厉打击偷挖盗挖、越界越层开采等非法违法行为,坚决取缔无矿山加工机组。2017年共开展联合巡查行动82次,出动巡查人员985人次,发现并查处违法违规开采11起,扣押非法采矿机械10台,收缴罚没款273万元,刑拘7人,取保候审9人。拆除取缔无矿山加工机组4套。

【粉尘防治】 按照"分工负责,属地管理"和"谁污染、谁治理"的原则,督促矿山企业严格按照《浙江省矿山粉尘防治技术规范(暂行)》要求,进行粉尘防治设施设备建设,落实防治责任人员,建立防治台账、管理制度,实施机组封闭、道路洒水、加工输送喷淋等降尘除尘措施。全县10家在产矿山已全部通过粉尘防治达标验收。

【开采总量管控】 贯彻市委、市政府关于矿山开采减点控量政策,严格落实"四控双停"措施,坚持每两个月一次监测和每半年一次动态实测,切实加强矿山开采动态监管。按照已编制完成的德清县矿产资源"十三五"规划,全县在产建筑石料矿山共9家,市政府核定德清县建筑石料年开采规模为1884万吨。2017年,全县建筑石料开采总量1870.30万吨。根据市委、市政府《关于从紧从严依法规范管理矿产资源十条规定》,分别于8月和10月对达到年核定开采规模的康介山、卫国、武柏、康柏、三家村、大方等6家矿山企业实行停产休整。

【涉矿工程管理】 严格执行《湖州市涉矿工程项目矿产资源管理办法(暂行)》规定,做好涉矿工程项目规范管理工作,切实加强监督管理。2017年,全县涉矿工程共1个,为德清县求是高级中学迁建场平项目,该项目已按照规定完成项目报批、方案编制、采矿权出让、工程施工等工作,即将组织验收。

(倪建红)

莫干山竹海 （县史志办 提供）

文化建设

文化·体育·新闻

文 化

【概况】 2017年,在县委县政府的坚强领导下,德清文体工作认真学习贯彻党的十九大精神,按照"奏响主旋律,唱响好声音,讲好德清故事"的工作基调,完善"政府主导、市场运作、全民受益"工作机制,深化改革创新,激发文化活力,大力促进文化惠民,县图书馆获得"2016全民阅读先进单位"称号,为率先建成全面小康标杆县提供有力支撑。

【文化设施】 德清大剧院和新文化馆建设加快推进,钟管蠡山民俗图书馆、欧诗漫珍珠博物院、潘氏中医外科博物馆、农耕博物馆、国土资源馆、红色记忆馆、江南刺绣馆建成开放,新建10家农村文化礼堂。

【文化惠民】 2017年,德清县图书馆共聘请4位驻馆作家,开展5期名家开讲和7期春晖讲堂,有效扩大了德清影响力。

结合"互联网+"思维模式,继续开展以德清家风节、阅读节、跑步节为载体的"文化修身"行动,打造以免费公益培训为内容的"文化客厅"。全年开展各类艺术、体育、文博培训10期,共计受众2.40万人次。策划开展蚕花庙会、乾龙灯会、舞阳侯会、防风庙会、敬农大典等文化节庆活动,乾元镇以民俗活动"乾元龙灯会"被评为2016年度浙江省民间文化艺术之乡称号;成功承办浙江省第二十八届戏剧小品邀请赛题材讨论会、作品加工会和决赛、浙江音乐学院剿灭劣V类水专场演出,举办首届莫干山国际诗歌节、德清县第二届前溪原创歌舞(戏剧)小品大赛、德清县第六届乡村排舞大赛和"喜迎十九大 永远跟党走"全县村歌大赛,创新推出德清朗读者大舞台、"一城一人一书"新书首发签售等全民阅读品牌,乡土阅读活动获得2017全民阅读优秀案例二等奖。

开展公共文化"菜单式"服务,至10月底,全县共开展送戏下乡170场、文化走亲92场、电影放映2035场,受益观众达到43.89万人次。出台《2017年德清县农村文化礼堂管理使用实施方案》,加强文化礼堂长效管理,评选出13家特色农村文化礼堂,鼓励十佳文艺团队与文化礼堂结对,定期开展活动,提高文化礼堂使用率,全县文化礼堂开展活动610场次。

【精品创作】 越剧电影《德清嫂》成功上映,并在德洽会暨上海活动周期间走进上海兰馨悦立方影城;与浙江越剧院合作打造越剧《游子吟》,11月18日在浙江音乐学院成功首演;话剧《小镇琴声》完成剧本大纲,并召开专家论证会,逐渐形成了精品创作的"德清样本";与国家一级导演娄乃鸣合作,以德清道德模范故事为题材,以德清本土演员参与为主,探索德清小品进央视模式,《捉放鸟》《老马不傻》《租个妈》《排戏》4个小品登上央视舞台。同时,紧密围绕中心工作,创作《最多跑一次》《文明德清十八礼》《裸心》《小镇情亦浓》等一批脍炙人口的音乐作品。歌曲《少年行》《德清老家》《文明德清十八礼》和小品《拍电影》申报"2018年度国家艺术基金项目"。

【文化遗产保护】 推进云岫寺等计划内文物维修,开展东部水乡228座古桥梁摸底调查,对有历史价值的20余座古桥梁分批有序实行修缮保护,同时,全力配合良渚遗址考古工作和大运河(浙江段)文化带建设。

助力美丽城镇建设,通过主动出击,挖掘文化,打造一批有文化的特色小镇,目前已有体现防风文化的二都小镇,有体现民国文化的莫干山镇和体现老底子文化的乾元镇,获得新华每日电讯、

《光明日报》《浙江日报》等媒体报道；与龙泉市双渔瓷庄合作，建立"瓷之源"研发体验基地，共同研发"瓷之源"文创产品；继续开展文物征集，共向社会公开征集文物43件/套，获赠陈香梅女士签名藏书票1枚，接收社会各界热心人士捐赠10件藏品，丰富了博物馆藏品；积极打造学生教育"第二课堂"，以"学堂＋体验"模式，推出"良渚玉器带你飞""戏曲萌娃喊你来拿礼"等7场活动，惠及2000余名学生。

承办第四届中国非物质文化遗产保护（德清）论坛和主题晚会，启动《德清非遗工匠》纪录工程，弘扬匠心精神，加强非遗宣传推广，开展"喜迎十九大文脉颂中华"非物质文化遗产大型网络传播，《德清县非物质文化遗产大观》《火种：德清县非物质文化遗产传承人口述》入选首届浙江省非遗图书"十佳百优"图书名单，国遗名录《扫蚕花地》接受多家央视媒体专题采访。

6月5日，第四届中国非物质文化遗产保护论坛在德清举行
（县文广新闻局　提供）

【市场监管】　以"最多跑一次"改革为导向切实转变文化市场审批服务，按照行政审批"两集中、两到位"制度，全力推进实施"最多跑一次"审改任务，调整、梳理全部行政服务事项（主项62项，子项76项），完成权力事项库、政务服务网、行政中心网的三网事项、数据统一，并完成办事指南、办理范本和数据梳理表的编制及上报。按全省统一部署，同步实现权利事项"最多跑一次"事项公布实施，实现网上预审率100％，"零上门"事项率88％。全年共办理各类行政审批事项408件，其中许可事项47件，其他行政服务事项361件，无一起投诉、行政复议和行政诉讼情况发生。

以政府购买第三方社会公益机构服务的新模式，充分发挥社区基层组织的作用，采取在试点社区打造"三个一"（一支专业志愿者队伍、一个固定宣传点、一个网络宣传平台）的"扫黄打非"工作新模式，将"扫黄打非"进社区、进基层工作落到实处，调动社区居民、社会组织力量参与到"扫黄打非"的队伍中来。

2017年，德清县文化市场行政执法队围绕"全国文明城市创建"和"护航十九大"，通过开展网吧专项整治、党员夜巡网吧、聘请4名职业消防安保人员"安全体检"，部门联合处置等举措，不断深化文化市场综合治理，全年共出动检查1337人次，检查经营单位2583家次，查处违规116起，立案调查44件，排查出安全隐患83起，确保文化市场的繁荣有序和安全稳定，其中，在寿昌桥建设控制地带内进行建设工程案被评为"2016年度全国文物行政处罚案卷评查优秀案卷"。

【文化产业】　2017年上半年，全县文化产业增加值为15.39亿元，比上年同期增长2.1％。德清县入选2016～2017年度省文化产业重点县（市、区），浙江泰普森休闲用品有限公司和浙江欧诗漫集团有限公司获省重点文化企业称号。出台《德清县文化创意领军人才培育计划》，莫干山文旅产业小镇项目发布会暨中外设计师论坛、2017国际公共艺术研究员会议相继在德清举行展。总投资5.80亿元的钟管镇水样年华古婚俗文化街，11幢古建筑已结顶，正在装修和购置部分展品，项目将带动东部地区水乡文化特色的旅游业的发展。包含珍珠工业旅游开发的欧诗漫珍珠文化产业园，基础建设已基本完工，珍珠博物院已对外试营业。

（朱国辉）

【公共图书馆】　德清县图书馆新

馆于2014年1月18日开放,采用全开放、大空间的格局,实施全方位的开放服务,注重技术先进性,文献管理和服务系统采用先进的无线射频识别RFID技术,为每一本书安装智能芯片实现图书的自助借还、精准定位。自开放以来,每年接待读者两百万人次,图书流通200万册次。

2017年,图书馆直接惠民人数110.35万人次(其中莫干山民国图书馆22.94万人次、新市分馆4.72万人次、钟管镇蠡山民俗图书馆3.24万人次),同比增4.8%;图书借还75.80万册次,同比下降10.8%。新办证4468张,累计办证27121张;网站访问量1166115次;电子书阅读访问点击量1213.10万次;微信平台净增关注人数3459,粉丝21113人;新书上架49412册,开展各类阅读推广活动319场,其中讲座44场,展览21场,读书活动28场,阅读推广参与达36880人次。接待专程到县图书馆及分馆指导参观学习的国内外专家、同行和领导52批。

2017年,县图书馆被中国图书馆学会授予"全民阅读先进单位";在"出版界图书馆界全民阅读年会(2017)"中提交的全民阅读案例获二等奖;莫干山民国图书馆获浙江省图书馆学会颁发"读者最喜爱的乡镇(街道)图书馆"称号。

上半年,在上年试评估基础上,开展第六次公共图书馆评估定级,承办中图学会评估定级培训班,在国内的影响力进一步扩大。推出"德清家风节""朗读者大舞台"等新活动项目。"朗读者大舞台"活动在中央电视台《早间新闻》栏目报道。

图书馆创新"五大阅读"方式,一是公共阅读,读者到图书馆借阅参与活动;二是分散阅读,利用大数据加互联网,将每个人的分散阅读数据,定期发布,形成活动声势,推进阅读;三是共同阅读,图书馆指导成立书友会,倡导共读、深读一本好书;四是裸心阅读,把手机等通讯工具交给图书馆工作人员,安静地享受阅读;五是乡土阅读,通过走读的形式,读人阅史,以户外亲身感受来实践阅读。实施当月,进馆公共阅读80533人次,比上月增加1.2万人次;电子阅读点击量517750次,比上月增加155797次;裸心阅读556人次,累计阅读时间2026小时;共同阅读举办1期,63人参加交流读后心得;乡土阅读活动已开展20多期,参与者1000多人次,共收到文学、摄影、书画等各类稿件达500组。

数字图书馆整合各类数字资源,为读者提供统一登录、统一检索的一站式服务,目前拥有65TB的资源量,其中电子图书15万余册,8000多万篇学术论文,人文社科类电子期刊、数字报纸3000余种,年访问下载量达180万次。

构建城乡一体化公共图书馆服务体系,通过在镇(街道)、村(社区)设立流通点、农家书屋,特别是列入浙江省第三批公共文化服务体系建设示范项目"'书香德清'——以'特色分馆'推动图书馆服务均等化"项目的特色分馆建设,带动镇(街道)、村一级的阅读。

新市分馆自2015年6月开放以来,馆藏书籍1.20万册,到馆人数126490人次,借还册次145742册,图书流通10852册,办证1767张。

莫干山民国图书馆自2016年3月19日开馆以来到馆人数近4000人次,周图书借还在200册左右。莫干山民国图书馆读者以游客居多。曾举办图书馆之夜、莫干山公益夏令营、双语小导游、南浔与莫干山展览、旗袍之美讲座等活动,并参与2017年的莫干山历史文化研讨会等。

钟管蠡山民俗图书馆在5月6日开馆。图书馆立足水乡民俗、农耕文化,以"耕读传家"为定位,具有藏书、阅读、学堂、电商、休闲等功能,为当地村民和外来游客的公共阅读、文化休闲提供特色服务。至年底,累计办证95张,合计借还993次,接待读者50406人次,累计开展活动24场,放映电影178场,放映越剧30场。

11月10~11日,在同济大学人文学院云通楼举行"诗歌翻译与游子国际化"论坛。邀请的专家有同济大学人文学院副院长赵千帆、中文系主任张永胜,还有诗人、翻译家乔直、史春波夫妇;尼古拉·马兹洛夫、索菲娅、尤佳、罗伯特·察杜梁、多多、王家新等共14人。

11月11日,德清县首届莫干山国际诗歌节开幕式暨星空朗读晚会在素有竹、云、泉"三胜"和清、静、凉、幽"四优"的莫干山脚下郡安里大草坪举行。本次诗歌大赛上来自陕西的龙少获得金奖,大赛还颁发了银奖、铜奖及优秀(入围)奖。12日晚上,邀请名家与德清本土诗人结对,走访德清莫干山、新市古镇后即兴创作朗诵,举行"我为德清写首诗"晚会。

(朱 音)

【文物保护】 德清县文物保护和管理工作，主要由德清县博物馆承担。德清县博物馆位于武康镇云岫南路7号，为国家三级博物馆。馆藏文物近5000件。建筑面积6000平方米，其中展厅面积2600平方米，于2005年12月建成开放。德清县博物馆陈列展览分为基本陈列、专题陈列和临时展览。基本陈列以"家住吴越山水间"为题，分"史海钩沉吴越撷英""梦里水乡民俗流芳""名人荟萃翰墨飘香"三部分，陈列了德清从新石器时代至明清时期的一、二、三级文物200余件。展览运用声、光、电技术，文物的静态展示和场景的动态模拟，勾勒德清7000年历史发展的脉络，为观众搭建德清悠久历史文化展示长廊，使人们能了解德清灿烂的历史文化，感受德清深厚的文化底蕴。

2017年，德清县新增2处省级文物保护单位，分别是位于乾元镇的文明塔和位于莫干山镇庾村的文治藏书楼。另有德武桥、圣济桥作为合并项目，列入第五批省级文物保护单位"德清古桥群"。至此，德清县省级文物保护单位增加至7处。

3~4月，浙江省文物考古研究所、德清县博物馆联合对位于阜溪街道龙胜村的战国土坑墓进行抢救性考古清理。共清理墓葬9座，出土的随葬物以原始瓷和印纹陶、泥质陶为主，有原始瓷鱼篓尊、鉴、瓿、钵、双系罐等，原始瓷仿生产农具镰刀、斧头、凿子、铲子、锸子等。

9~12月，浙江省文物考古研究所主持良渚遗址——杨墩遗址考古发掘工作，此次发掘是国家文物局"十三五"计划大课题"长江下游区域文明模式研究——从崧泽到良渚"的一部分，通过勘探确认了杨墩遗址的分布范围以及周边遗址的堆积情况。杨墩遗址共发掘面积450平方米，出土石锛、石镞、遂孔珠、玉锥形器等石器、玉器及玉料。其中良渚文化层出土了玉料60余件，部分带有清晰的加工痕迹，此外，还发现了一些玉珠、玉锥形器等半成品和加工工具，可以断定杨墩遗址具备重要的制玉作坊特征，遗址所在的区域可能存在着多处加工和制作玉器的场所。德清县博物馆作为合作单位在发掘项目立项到开展的各个环节，给予全方面配合，并派驻工作人员全程参与。

2017年，德清县新增6家非国有博物馆，分别是欧诗漫珍珠博物院、潘氏中医外科博物馆、农耕博物馆、国土资源馆、红色记忆馆、江南刺绣馆，均实行免费开放。特别是欧诗漫集团建设的珍珠博物院，建筑面积超过6000平方米，收藏展示了与珍珠元素相关的文献、资料、实物等内容。

4月，德清县博物馆启动2017年文物征集工作，重点侧重原始瓷类文物。至7月底成功征集42件（套）器物，多为商周时期原始瓷，另有少许青铜工农具，征集结束后，德清县博物馆对所征集的文物物品进行分类整理、登记入账，扩充至相关展览。

6月10日，由德清县博物馆主办的"归——德清县征集文物展"开幕。展览展出的近百件展品是征集文物中具有代表性的文物，有战国原始瓷瓿、龙首把罐，东汉黑釉五管瓶、三国黑釉四系钱币纹瓮、俞樾隶书联、胡会恩行书苏轼诗轴等，它们中的绝大多数为首次公开亮相。

2017年，由德清县文广新局主办，德清县博物馆和德清县清禾文化创意有限公司联合承办的"传统文化 铸梦空间"文博公益培训正式启动。培训班共举办两期，开设诗歌吟诵、小小讲解员培训、礼节礼仪、茶道、古琴、花艺、陶艺、篆刻、版画共9个项目，招收学员282人，全程免费学习。

德清县政府自2014年开始，每年落实专项文物征集经费，德清县文化广电新闻出版局印发了《德清县文物征集管理办法》，德清县博物馆四年内连续征集文物共计140件（套）。

(沈松琴)

体　育

【概况】 2017年，在县委县政府的正确领导下，德清体育坚持以增强人民体质、提高健康水平为出发点，以强化公共体育服务为抓手，着力扩大体育消费，发展特色体育产业，推动"健康德清"建设。德清县成功创建国家体育产业示范基地，德清县体育局被评为"全国体育系统先进集体"，在天津全运会期间王琴英县长和体育局负责人受到习近平总书记亲切接见，县体育中心被评为全国群众体育(2013~2016年)先进集体，为率先建成全面小康标杆县提供有力支撑。

【群众体育】 德清县作为全国唯一县级单位在全国群众体育工作电视电话会议上交流发言。以"全民健身与省运同行"为主题，开展县首届村落体育节、县第十一届机关运动会、县第十四届男子篮球联赛、美丽乡村欢乐跑、百人瑜伽进体育中心等700余场群体活动,全县经常参加体育锻炼的人数比例达40%以上,基本形成"体育生活化,健身常态化"的浓厚氛围。同时,积极推进各类群众体育组织建设,新成立围棋协会、气排球协会、禹越镇星光青少年体育俱乐部3个社团,实现镇(街道)"1+5"体育社会组织工作站全覆盖,新增二、三级社会体育指导员157人,培训各级社会体育指导员500多人次,为群众科学健身服务提供有力保障。

【竞技体育】 围绕全力备战省运会,一方面,通过聘请知名教练执教带训,组织重点运动员外训,与市体校联训等措施提高训练水平,另一方面,通过抓好重点运动员的转正转试训,安置优秀退役运动员等举措,努力完成省运会金牌任务。围绕积极承办赛事,成功举办全国山地车自行车比赛、香港100越野赛、TNF100越野跑比赛和全县中小学生足球、田径等9个项目的比赛,圆满承办第十三届全运会男子排球成年组预决赛、2017年浙江省中小学生羽毛球积分赛、2017年夏季全国青少年乒乓球训练营暨苗子集训等8场省级以上体育赛事,为承办好省运会比赛累积经验。围绕承办亚运会,多次向省体育局、向亚组委汇报,争取部分赛事落户德清。通过积极对接,11月8日杭州亚组委杭外工作部会同竞赛部和场馆建设部到德清县对接亚运会筹办相关事项,明确德清将承办2022年杭州亚运会男、女排球比赛部分场次比赛,德清体育中心体育馆是湖州地区唯一承办杭州亚运会比赛的场馆。

【学校体育】 做好《国家学生体质健康标准》的训练和测试工作,2016届高校新生(生源地德清)体质健康测试总成绩合格率达到91.06%。举办县第三届小学生游泳比赛、县第九届中小学生体育节、县第四十四届中小学生田径运动会、县第六届中小学生"三棋"比赛、县第八届中小学生足球联赛、县第六届中小学生羽毛球比赛、县第十三届中小学生乒乓球比赛、县第十九届中小学生篮球联赛和县第十六届中小学生定向运动会等赛事,承办湖州市2017年中小学生田径运动会。职业中专、武康中学、钟管中心学校、乾元小学、雷甸小学5所学校被教育部命名为国家级青少年校园足球特色学校,德清三中、舞阳学校、武康英溪小学、上柏小学和干山中心学校被省教育厅命名为省青少年校园足球特色学校。职业中专、德清一中男子足球队分别夺得湖州市校园足球联赛冠亚军。德清高级中学男子篮球队获浙江省第十届中学生篮球联赛(晋级赛)一等奖。

【体育设施】 不断完善提升群众身边体育设施建设,新建7个笼式足球场、2个多功能运动场和10个全民健身示范点,新增莫干山镇、新市镇、舞阳街道、下渚湖街道4个镇(街道)国民体质监测点。

【体育产业】 积极申报国家、省、市体育产业扶持项目,成功创建为国家体育产业示范基地、浙江省运动休闲基地,山浩户外运动基地被认定为浙江省运动休闲旅游示范基地,路虎湖州体验中心被认定为浙江省运动休闲优秀项目,圆满完成2017第四届长三角运动休闲体验季浙江德清站活动。打造莫干山"裸心"体育小镇,完成《莫干山运动休闲特色小镇规划》编制,深入挖掘莫干山运动休闲资源条件,推进德清县体育产业更快更好发展。

(朱国辉)

12月3日,TNF100越野赛在德清莫干山开赛 (县文广新闻局 提供)

新　　闻

【概况】 德清县新闻中心（广播电视台）为县委、县政府直属的正科级事业单位，下设党政办、督察室、财务部、总技室、物业管理部、总编室、采访部、编辑部、政务部、新媒体部、广播部、综合管理部、工程规划部、技术运维部、市场营销部、物资保障部、广告中心、文化活动中心、出版发行中心等19个部室，另有下属10个乡镇广播电视站、8家子公司，在职职工400余人。2017年央视《新闻联播》共播出由中心采制上送的稿件24条，新闻中心上送央视《新闻联播》及中央人民广播电台两大央媒成绩均位列全省县级台第一，分别获由浙江广电集团颁发的"上送中央电视台十强单位"和"上送中央人民广播电台十强单位"。

【新闻宣传】 2017年，新闻中心围绕党的十九大和县委县政府中心工作，精准策划、注重创新，以多元视角和新颖手段打造最优质的新闻产品，以全媒体加微信矩阵打造最广泛的传播效应，为德清建成全面小康标杆县营造最热烈的舆论氛围。

紧扣学习贯彻十九大、"四大行动 十大工程"等重点工作先后在报纸、电视上开设《喜迎十九大 决胜全年红》《贯彻党代会精神 谱写发展新篇章》《聚焦四大行动夺取开门红》《剿劣提标进行时》等专刊专栏49个，在报纸、电视、新媒体及广播上播发主题报道978篇。

围绕县党代会、两会、小城镇环境综合整治现场会、全国特色小镇培训会、德清治水三夺"大禹鼎"、民间设奖20周年、游子文化节等重大节点和活动，推出一系列有吸引力和影响力、有深度和广度的微信推送、版面、特刊、专栏和德视聚焦、英溪论坛专题等。

在喜迎党的十九大宣传中，新闻中心开设"喜迎十九大""学习十九大"等专栏，以重大篇幅、重大版面、重要时段聚焦聚力全县学习贯彻十九大氛围宣传，开设"贯彻十九大 决胜全年红"栏目，寻找形式多样、百姓喜闻乐见的学习和宣讲活动，深挖典型事例和先进人物，及时在报纸、电视、新媒体等平台上进行宣传，高密度刊发镇街学习十九大精神、机关部门掀起学习热潮等综述报道，还策划推出"村民乡音传唱十九大精神""新版《党章》送基层""村里自建十九大精神学习馆""田间地头共话发展"等接地气有特色的宣传报道。

【外宣工作】 新闻中心外宣工作发掘亮点，与中央电视台、新华社、浙江日报、浙江电视台等中央、省市级主流媒体精准对接、紧扣十九大等关键节点精心策划上送，推出一批报道德清在率先建成全面小康标杆县的先进经验、成效做法以及德清风土人情，打造一批外宣新亮点。十九大召开期间，新闻中心上送的新闻10月20日晚在央视《新闻联播》的《百姓盛赞十九大》新闻中播出，在全国观众面前展示德清企业代表"倍受习总书记十九大报告中提到的'企业家精神'所鼓舞，要在创新中求发展"的学习体会。央视多个品牌新闻栏目也先后播出德清县基层百姓收看十九大、盛赞十九大的新闻，在十九大胜利召开这个全球瞩目、万众期待的重要历史时刻，新闻中心全力以赴对外唱响德清"好声音"，实现三天五上央视的好成绩。

新闻中心还抱团发力，在承办浙北乾龙灯会期间，上送的新闻在央视《新闻联播》和《人民日报》头版以及央视《朝闻天下》、浙江卫视《浙江新闻联播》中刊播。新闻中心还创下端午小长假三天外宣报道近20篇，并两度亮相央视《新闻联播》的外宣佳绩。

据统计，2017年度新闻中心在中央、省、市主流媒体共刊播稿件500多篇，其中，央视播出新闻36条，包括央视《新闻联播》24条，单条1条；央广播出14条；《人民日报》1篇、《新华社内参》3篇、新华社《浙江领导参考》4篇、《新华每日电讯》头版头条1篇、《人民日报》海外版头版1篇、《浙江日报》20多篇，其中头条一篇、头版2篇；浙江卫视82条，头条6条；浙江之声97条，湖州电视台《湖州新闻联播》134条。

【民生新闻】 新闻中心纸媒紧扣县里热点、亮点工作，高频率、有计划推出贯彻县第十四次党代会精神的系列言论、"新春三论"等一大批新闻言论报道，及时分析、评述，在推进中心工作的舆论引导中彰显党媒的责任与新闻的深度。

电视新闻改版做活民生新闻，先后策划推出《年的味道》《春晚来了》《情暖回乡路》《劳动最美丽》《百姓连线陪你过端午》《那年我高考》等20多个民生系列报道，用有温度的新闻彰显媒体的民生情怀和平民化本色。

广播创新推出"乡镇发言人"特色栏目，让村民自己宣传自己的美丽乡村。新版《德清方言》之《家乡话话家乡》也以每个乡镇为单位,以乡镇特色为载体,采访当地居民,用当地的方言讲述当地的特色。这样创新、生动又有亲和力的传播受到听众点赞。广播部还先后组织"我为家乡读首诗""德清朗读者大舞台""浙江省第十一届青少年中华经典诗文诵读大赛"德清赛区比赛等,吸引听众热情参与。

【媒体融合】 2017年,新闻中心的媒体融合完成六大重构,建成"中央厨房"工作模式;打造六大特色,形成全新的融媒体传播新格局,探索出一条独具德清特色的融媒体发展之路。

初步实现"记者报题、统一策划、一次采集,多元生成,多平台发布"的融媒体传播新格局。

部门设置重构。根据"中央厨房"的运行要求在编委会下设"五部一室",彻底打通业务边界、打通采编力量,实现真正意义上的相融。

采编队伍重构。新闻中心加强全媒体记者队伍转型培训,一线采编记者基本完成转型,业务骨干实现采摄一体。十位全媒体业务骨干记者分别独立承担联系镇街新闻、微信、网站新闻内容的采写、运维,打造全媒体人才队伍。

采编流程重构。新闻中心根据融合发展的要求,建立"报题、策划、采集、编辑、发布、评估反馈"的采编流程,使"中央厨房"指挥棒移到最前端,在媒体融合报道中发挥更大作用,并突出移动优先战略,产生更大的传播效应。

工作机制重构。建立报题机制、采编例会机制、稿件共享机制、新媒体报料机制等,构建一套用于"中央厨房"运行的全新融媒体联动机制,促进各平台融合传播。

采编内容重构。新闻中心记者在一线采访增强多平台意识,采访的素材要符合多平台传播的需求,在新闻内容的表现上也更趋于融媒体多元灵动的表现形式。

传播渠道重构。除传统媒体,新闻中心新增网站、微信、微博、移动客户端,并代维30个镇(街道)和部门的微信,成为全省最大的县域新媒体矩阵,拥有粉丝40多万。

通过六大重构,新闻中心的媒体融合初见成效,并呈现六大特色。

"中央厨房"前移,以机制保障运行扩大传播效应。从记者报题后的策划阶段,"中央厨房"就积极开始运作,通过每天新闻例会机制进行各种报题的全媒体策划和采编协调,同时编委会还将文化活动中心纳入采编例会,这样既有四大传播平台的采编联动,也有新闻、专题和活动的相互配合,使媒体融合更深入,实现传播效应扩大化。

融合遵循传播规律,避免新闻同质化。新闻中心在融合中为报纸保留资深采编力量,广播保持相对独立的编播体系,电视保留新闻编辑、播音主持和专题采制团队,以保留各传播平台特色,同时各平台采编力量又都统一服从融媒体宣传安排调度,使传统媒体与新媒体的发展齐头并进。

打造良性互动,实现新旧媒体的相融相促。新闻中心采编流程为首尾相接的环形结构,流程最后的新媒体报料机制为传统媒体提供新闻线索,从而构成新媒体与受众以及新媒体与传统媒体间的良好互动。《德清街头放了台冰箱,谁都可以免费拿食物》就是根据新媒体报料进行全媒体策划的案例,移动端推送28小时阅读量达到"10万+",人民日报官微报道后24小时突破1000万,杭州日报官微72小时阅读量突破"1000万+"。

重视移动优先,音视频直播实力圈粉。2017年德清县"两会"除电视直播,还增加微信及手机app移动端的新媒体直播。新闻中心推出的朗读比赛决赛中,新媒体推出的视频直播在线观看人数突破1万人次;德洽会开幕式,新媒体推出的视频直播在线观看人数突破3万人,比同时推出直播的新华社客户端超出10倍。新市蚕花庙会直播中当天吸引15万余人在线观看,创下新媒体直播的新纪录。

新媒体叠加效应显现,传播力持续走强。新闻中心以德清新闻网、"德清关注"、"爱德清"、"德清发布"四大微信公众号为龙头,带动30个镇(街道)和部门微信,同时还有德清新闻网网站、德清新闻网微博、德清传媒集团微博、智慧德清手机客户端等平台助阵,使新媒体矩阵力量不断壮大,传播力也持续走强。2017年"两会"信息新媒体达15万人次的阅读量。德洽会开幕式信息获13万+的阅读量。

发挥全媒体优势,增强四大平台创收力。融媒体传播进一步增强报纸、广播、电视和新媒体四大平台的创收能力,报纸专刊、电视专题片等明显增加,全媒体策划为中心承办各类活动也起到积极的推动作用,莫干赏花节全媒体通力合作完成开幕式承办及宣传和直播,还加大央视卫视对外宣传,对内也赚足口碑和人气,庾村花市2天人流量突破4万。

(姚孝芬)

社会建设

德清年鉴 2018

教 育

综 述

全县共有各级各类学校99所,在校学生63119人(含新居民学生9106人)。其中,普通高中5所,学生7748人;初中(含中心学校)21所,学生10738人;小学17所,学生24923人;幼儿园41所(所属村教学点51个),在园幼儿14595人;职教类学校2所,学生5039人;特殊教育学校1所,学生76人;成校12所。县内还有电大德清学院、县社区教育学院,并依托镇(街道)成校建立4个社区教育分院和8个社区教育中心。

全县上下树立"教育工作再怎么重视也不为过"的理念,坚持以质量建设为中心,深化教育改革,优化教育布局,加强队伍建设,促进内涵发展,德清县成为浙江省首批示范学习型城市,并成为全省首批5个教育现代化发展水平监测工作试点县之一。

教育保障水平不断提升。全年财政性教育支出约11.40亿元,比上年增长10.7%。拟定《德清县城乡教育一体化布局规划》(2018～2035年),优化教育布局调整。以美丽校园、美丽村幼教点建设等民生实事为抓手,推进教育工程项目建设,努力让群众在家门口有学上,上好学。公办普通高中实现创新实验室全覆盖。全县学生享受教育减免经费1945万元。

教育发展能力持续提升。推进学前教育规范普惠发展,全县等级幼儿园比例达97.6%,在等级幼儿园就读的幼儿占比达99%,实现市标准化村教学点全覆盖,学前三年幼儿入园率达到99.35%。均衡发展义务教育,推进省义务教育标准化学校建设,义务教育省标准化学校比例达97.4%。促进普通高中特色发展,4所公办普通高中均为省特色示范高中,其中德清高级中学和德清一中为省一级特色示范普通高中。发展职业教育、成人教育,县内2所职校均为国家级重点中职技工学校、省以上中职教育改革发展示范学校。12所成校均为省标准化成校,其中4所为省现代化成校。

教育事业科学和谐发展。出台《德清县教育质量提升行动计划》等文件,抓牢立德树人根本任务,攻坚克难提高教育质量。实施新一轮校园长换届,改革教育党建管理,开展师德锻造工程和师能"三飞"工程,深化教育领域综合改革。倡导"校长苦抓、教师苦教、学生苦学"的"三苦"精神,狠抓有效教学,启动名校名园集团办学,建立全市首个幼教集团,县职业中专在省中职"三名工程"建设中获得大满贯。学校体育、艺术、科技教育取得新突破,学生"国字号"教育成果丰硕,2名学生被北京大学、清华大学录取。

表12 2017年德清县各级各类学校基本情况一览表

类别	学校数	班级数	毕业生数	招生数	在校生数	毕业班人数
高中	5	190	2765	2062	7748	2811
初中	21	303	3785	3908	10738	3460
小学	17	681	4131	4531	24923	4002

续表

类别	学校数	班级数	毕业生数	招生数	在校生数	毕业班人数
幼儿园	41	509	4433	5032	14595	6011
特殊学校	1	8	16	18	76	16
职业学校	2	—	1466	1613	5039	1452
成 校	12	—	—	—	—	—
总 计	99	1691	16596	17164	63119	17752

基础教育

【学前教育】 扩大学前教育资源，投入建设专项经费5000余万元，新建改扩建公办幼儿园（分园）9所，新增千秋幼儿园和第一实验幼儿园美都分园等2所公办幼儿园（分园），新搬迁钟管中心幼儿园和新安镇中心幼儿园，撤并民办爱心幼儿园，增加学位700余个。有序推进秋山幼儿园兴山分园、雷甸第一幼儿园通航园区等项目。新增一级幼儿园1所（钟管幼儿园）、二级幼儿园8所（三桥幼儿园、高桥幼儿园、科技新城幼儿园、新安幼儿园、乾元第二幼儿园、雷甸第二幼儿园、千秋幼儿园、第一实验幼教集团美都分园）。县镇（街道）二级财政投入1000多万元，以等级幼儿园标准，完成首批12个"幼儿园美丽乡村幼教点"的创建。学前教育专项经费达2000余万元。

全县幼儿园教职工1695人，其中专任教师1074人，专任教师大专以上学历和持证上岗率分别达到99.5%和100%。加大招聘力度，提前签约农硕研究生、提前自主择优签约本科生以及面向社会招聘在编幼儿教师23人。设立人均1200元的培训专项资金，开展针对性的培训，促进教师专业发展。调动非在编教师积极性，非在编幼儿教师平均年收入提高到6.48万元（不含五险一金），达到在编教师的80%以上。

加大与杭州、上海等地高等院校的合作力度，推进区域品牌顶层设计及名园培育等合作事项，深化与浙师大杭幼师院地合作交流，开展园本精品课程建设、名园长培养培训及名园打造，推动幼儿园品牌建设。形成幼儿园课程游戏化项目阶梯式推进策略，提升园本化课程质量。县中心幼儿园、机关幼儿园、秋山幼儿园首批园本精品课程建设取得初步成效。名园长培养班12位园长与专家结对。成立第一实验幼教集团，重新组建德清县"学前教育联合体"，创新结对互助形式，提升薄弱幼儿园办园水平。

大稳定、小调整，推进幼儿园招生改革，学前三年入园率达99.35%。围绕"游戏——点亮快乐童年"主题开展学前教育宣传月活动。完善"幼儿园保教质量考核"体系，设立200万元的考核专项经费，强化日常督导。组建

11月3日，第一实验幼教集团成立暨揭牌仪式举行

（县教育局 提供）

兼职教研员队伍,加强学前教育教研。重点对三级、准办级幼儿园及教学点的办园行为、卫生保健、安全工作等进行专项督导,促进办园水平提升。对13所民办幼儿园进行多次督查和调研指导,通过结对帮扶、经费奖补等引导民办幼儿园调整办园规模,建立合理的师资队伍,促进民办幼儿园的规范与发展。

【义务教育】 稳步推进阳光招生。完善本县户籍学生网上报名登记办法,在审核基础上,按照义务教育法规定的"免试就近"入学原则予以统筹安排。调整积分入学政策,改进新居民积分制入学管理办法,按照"权利义务对等、梯度服务"原则统筹安排新居民学生入学。全县1604名新居民参与积分,95.6%的学生被安排到公办学校。符合条件的新居民学生9106人,在公办学校就读8210人,占比达到90.16%。

深入推进义务教育课程改革,推进科技教育课程建设,确定德清二中、洛舍中心学校、士林中学、雷甸中学等校为湖州市科技教育课改试点学校,德清二中建立创新实验室,洛舍中心学校建立机器人教育室。推进初中必修课分层走班教学,德清二中、德清四中、新市中学、下舍中心学校、干山中心学校初中部、禹越中学6校率先实施分层走班,加入省初中基础性课程分层走班课改试点行列。9月,德清县基础性课程分层走班教学经验在全省分层走班教堂现场会交流,11月在长三角分层走班研讨会上交流。

健全困难学生帮扶机制。各中小学落实网上统计,梳理汇总"八生"信息。根据各类学生特点和困难情况,对所有学生一对一结对,建立有针对性的帮扶措施,实行动态管理。"八生"系统录入困难学生1125人,其中特困生28人,贫困生462人,失依生160人,残疾生123人,问题生47人,失足生0人,留守生173人,学困生132人。9月,县教育局与县政协教体界、红十字会、关工委等部门在武康英溪小学举办"献出你的爱心,放飞我的梦想"为主题的"失依儿童"结对帮扶活动,捐款21万余元,218名困难生得到每人1000元的资助。

进一步规范中小学生电子学籍管理,规范各类招生和转学行为,检查"生籍分离"情况,做到生籍统一。进一步完善学生电子学籍档案,妥善处理问题学籍,数据准确率达100%。全县义务教育巩固率为100%,普通高中巩固率为99.96%,职业高中(中专)巩固率为98.95%。全县普通高中毕业生综合素质测评结果:品德表现A率为24.57%,运动健康A率为24.39%,艺术素养A率为23.34%,创新实践A率为24.64%。

加强教育接沪融杭和对外交流,新增结对学校4对,德清高级中学与杭二中、德清一中与杭州学军中学、实验学校与上海建平实验小学、德清三中与浙江外国语学院。9月,德清县人民政府与杭州市教育局签订全面合作协议,名校联盟、名师结对等深度合作让德清共享杭州优质教育元素。全县中小学校已经与9个国家和地区的17所学校缔结为友好学校,包括日本、法国、美国、英国、澳大利亚、马来西亚、意大利、泰国、台湾。

【普高教育】 出台《德清县人民政府关于进一步加快德清高级中学品牌培育的若干意见》(德政发〔2017〕34号)。围绕高中"两个集聚"和德清县品牌高中建设思路,完善优秀学生保送生选拔机制,给予学校更多的自主权。在学生自愿报名的基础上,由初中毕业学校初审后将优秀学生推荐给德清高级中学,经综合测试,德清高级中学录取89名保送生。全县各普通高中结合新高考,进一步完善行政班与教学班相结合的教学管理模式。认真总结2017届高中三年各学段教学工作,突出各学段教学重点,科学安排新一届三年教学,提高课堂教学效率,不断提升高中教学质量。

【特殊教育】 保障残疾儿童少年接受义务教育,推进特殊教育向学前和高中段延伸工作。全县6~15周岁残疾儿童146人,高中段(16~18周岁)76人。义务段残疾少年儿童中接受随班就读学生50人(其中县内义务段为47人,县外义务段3人),培康学校就读58人,在省市盲聋学校和康复机构就读19人,在家接受"送教上门"的重度残疾学生19人,本县户籍适龄"三残"少儿入学率达100%。3~5周岁残疾幼儿共33人,吸纳轻度残疾幼儿进入户籍地幼儿园就近随班就读,招收部分具备条件的残疾儿童到培康学校学前部,部分在家接受"送教","三类"残疾儿童(共21人)进入幼儿园或康复机构,"三残"入园率(含送教)达到100%。启动特殊教育学生普特融通工作,在职业中专设立卫星班1个。

职业教育

【基础建设】 完善职业院校专业技能实训场所，职业中专2.80万平方米的新实训基地及新增2000余万元配套设施全部投入使用。职业中专建成千兆校园骨干网、1500多个信息点、数字化校园广播系统、符合国家二类标准建设要求的数据中心机房。技师学院建成信息化管理平台及教学资源管理平台，实训大楼及700万元的实训设备通过验收投入使用。

【校企合作】 深化产教融合，实施现代学徒制试点工作，职业中专和技师学院2所院校数控、机械加工、烹饪、酒店服务和汽修5个专业参与实施，与德清新国贸大酒店、浙江明贺钢管有限公司等24家企业开展合作。职业中专与杭州仁和集团、技师学院与浙江精雷电器成立校企合作共同体。

【教学质量】 强化教育教学管理，进一步提升教学质量。学生参加各级各类技能竞赛成绩优异，获国家级奖7个、省级12个、市级84个，其中在全国职业院校技能大赛中获得1金1铜。全县303名学生参加高职考，上线293人，上线率为96.7%；本科上线95人（含天津职业技术师范大学单独招生本科上线24人），本科上线率为31.35%，高出全省平均20.70个百分点。

德清县五大建设项目被省"三名工程"立项，职业中专成为省首批中职名校立项建设学校，湖州市唯一项目大满贯学校，并成为省名校评建协作会副会长单位。湖州市中职教育现代化工程立项项目德清县立项8个，省"中等职业教育质量提升行动计划"9个项目立项公示。技师学院通过省改革发展示范校建设项目评估。在省对"市县职业教育发展考核"中，德清县获2016年度职业教育发展考核优秀单位（发达地区二等奖）。

成人教育

【教育培训】 创新培训平台，加大新居民、老年培训和有关公益培训，全县成校社会培训占常住人口55%；老年教育占老年人口的47.5%（任务是32%），扫盲教育完成任务的194%，全县全年双证制新注册1755名学员，通过培训和考试获毕业证书1423人，预备劳动力培训取证396人。开设市民大讲堂、家庭教育大讲堂、名师大讲堂22场次，受益居民2860人次，以"春晖网校""云课堂"为平台的校外青少年培训达23451人次，暑期"智慧少年"夏令营及"快乐小候鸟"培训650人次。

【农科教项目】 实施农科教项目16个（申报并成功立项市级3个），2个市级项目结题，开展培训87班次。参与项目培训5711人次。委托第三方对农科教项目推进情况进行实地检查。

【创建成果】 新市成校和乾元成校被确认为省现代化成人学校，阜溪街道成校的金牌班组长培训确认为省成教品牌项目。阜溪金牌班组长、洛舍叉车、雷甸家庭园艺被评为国家成人教育（社区教育）特色品牌培训基地，钟管成校老年教育被评为国家首批城乡社区教育特色学校，雷甸成校被评为全国乡土教育先进集体。

社区教育

【主题活动】 举办社区教育主题活动——民间社团成果大展示和德清县第二届社区居民"优秀民间社团"才艺大赛。歌舞《花好月圆》代表浙江省参加首届"美蕴秋歌"全国社区教育文艺成果展演，获全国"十佳优秀节目"奖。组织开展创建镇（街道）社区教育特色项目活动，全县范围内"一镇一品"社区教育特色局面已经形成。

【学习型社会】 德清县成功创建为浙江省示范学习型城市。开展企业职工"学习成就梦想"演讲比赛和征文比赛，开展学习型社区（村）、学习型社团、学习型家庭、学习型企业和学习型职工等五类学习型组织的推荐与评选，成功举办"德清县全民终身学习活动周"。开展"百姓学习之星"和"终身学习品牌项目"评比和推荐，"金牌班组长"获国家和省"终身学习品牌项目"。阜溪街道和雷甸镇被评为全国社区教育示范街道（镇）。德清地理信息小镇展馆被确定为第二批全省市民终身学习体验基地。

民办教育

深化民办教育综合改革，鼓励和引导民间资金进入德清教育领域，促进民办教育健康发展。华盛达控股集团投资新建的华盛达外语学校项目主体建筑完成；求是教育集团投资迁建的求是高中项目已开工建设,莫干山世界外国语中学完成项目前期图纸设计。规范民办学校办学行为,落实民办学校生均培养成本控制在同类公办学校1.5倍以内的收费政策,完善民办学校招生办法,规范民办学校招生管理工作。民办中小学、幼儿园年度考核中,4所学校和4名校长被评为优秀学校和优秀校长。加强对教育培训机构管理,建立培训学校安全管理承诺制度。由县教育局登记的民办中小学校、幼儿园有22所,民办培训学校28所。

学生素质教育

【德育】 围绕社会主义核心价值观,开展以文明"八礼"为主要内容的文明礼仪养成教育活动。《我的家训故事》(中、小学版)由浙江人民出版社出版,收录三年来全县中小学生收集的"寻家训学礼仪"优秀家训故事218篇。开展中国梦主题教育、传统文化教育、节日主题教育(为国旗敬礼、国家公祭日、国家宪法日)、生态文明教育(垃圾分类、剿灭劣V类水)、禁毒防艾(省禁毒知识竞赛)、国防教育等系列教育活动,展现中小学生的精神风貌。围绕全国文明城市创建,开展文明体检、主题班会、志愿服务、文明德清十八礼传唱等形式多样的宣传教育活动。教育局关工委在第十九届全国五好小公民"我的好老师"主题教育活动中被评为先进集体。加强育人队伍建设,采用"赛训一体、以赛促建"的方式,举办全县中小学班主任和德育导师综合能力大赛,优秀选手在市比赛中获3个一等奖。

【体育】 (详见第273页"体育·学校体育")

【科技卫生教育】 举办全县青春健康教师培训班。德清四中被评为市级青春健康教育基地学校,莫干中心学校被授予浙江省健康促进学校银牌学校称号,三合中心学校、上柏小学被授予浙江省健康促进学校铜牌学校称号。职业中专、洛舍中心学校通过浙江省健康促进学校(银牌)复评。举办第九届青少年科技节暨第二十八届青少年科技创新大赛成果展评会。

【艺术教育】 全县中小学校均举办艺术节。举办德清县第九届中小学生艺术节、中小学生现场书画比赛、县第二十届中小学生(幼儿)文艺调演。组织浙江省艺术特长生(小B级)测试德清点测试,111名学生取得省艺术特长生(小B级)测试合格证书。实验学校小青鸟合唱团到香港参加世界青少年合唱比赛获得银奖。德清一中、三合中心学校和实验学校获湖州市中小学生文艺汇演一等奖。全县21个音乐类节目和117件美术类作品参加湖州市中小学生艺术节比赛,128件作品获奖,其中一等奖42个,二等奖86个。德清选送的艺术表演类作品获浙江省中小学生艺术节一等奖1个、二等奖4个、三等奖5个,美术类作品获一等奖2个、二等奖5个、三等奖6个。县教育局被评为浙江省中小学生艺术节优秀组织奖。

各类考试及考点建设

【全国普通高校招生考试】 2017年是浙江省新高考改革后首届考生参加新高考,首次不分文理科。全县共报考考生3408人,其中普通高校报名2772人,比上年减少270人。其中普通类2538人、艺术类167人、体育类72人。考生中应届生2750人,往届生27人。外省籍进城务工人员随迁子女152人。高职教育报名266人,比上年减少105人。共设德清一中、德清高级中学和职业中专3个考点,试场102个。经不完全统计,全县普通高考普通类第一段上线436人,第二段上线1242人,第三段上线866人,上线率超过91%。24名学生被清华大学、北京大学等前7高校录取,61名学生被985高校录取,128名学生被211大学录取。

【普通高中学业水平考试和高考选考科目考试】 全年组织4月和11月2次浙江省普通高中学业水平考试暨普通高校招生选考科目考试。4月共报考5549人,开考20689科次,其中学考12951科次,选考7738科次。学考选考考区共设德清一中、德清高级中学、德清二中3个考点,705个试场。11月共报考5655人,开考20281科次,其中学考(含外语)12025科次,选考8256科次。学考选考考区共设德清一中、德清高级中学2个考点,692个试场。

【高职技能理论考试】 组织1次高职技能理论考试,与普通高中学考选考同时举行。考点设在职业中专。4月共报名301人,按专业不同,共设16个试场。

【自学考试】 全年组织4月、10月全国高等教育自学考试报名工作。4月报名161人,共161课次;10月报名124人,共204课次。组织办理自学考试毕业申报工作,共147人申报,均获得自学考试专科毕业证书。

【非学历考试】 组织上半年剑桥少儿英语考试,考点设在莫干山外国语学校,报考人数176人,等级均为一级。所有学生均获得剑桥少儿英语等级证书。9月为上级考试机构承担来自县外的380名考生(本县无考生)的考试工作,考点设在县职业中专,考生层次不同,其中参加一级考试160人、二级117人、三级103人。设笔试考场12个、面试考场8个。

【中考】 德清高级中学提前招收普通高中保送生89名。全县有应届初中毕业生3792人,实际中考报考3650人(含回德清县参考的学生),其中省外户籍552人。全县安排考点5个。高中段招生录取3447人,其中普通高中1921人(含保送生89人),职业类高中1526人。3691名本县籍毕业生中升入县内外高中段学校的达3674人,升学率达99.54%。

【全国英语等级考试】 组织全国英语等级考试1次,时间为9月,考点设在县职业中专。622名考生报名,安排笔试试场21个、口试试场8个。均经过口试考官资格认证并取得证书。

【考点建设】 全年共投入161.90万元进行高、中考考点建设。投入71.60万元开展全县国家教育考试网上巡查系统三年后期维护,投入1.20万元为各高中考点配置与广播系统兼容的光盘播放设备,投入9.60万元为各高中、初中考点配置外语听力备用手提式光盘播放机,投入58万元为5个中考考点配置第二套广播系统,追加21.50万元为5个中考考点添置标准化体能测试仪。各高中考点配置UPS作为广播设备的电源备用方案。

自2017年起,县级考试机构不再承担成人高校考生报名考务工作,由市统一安排考务工作和设置考点学校。

教育督导

【督政】 启动全国义务教育优质均衡发展县创建工作。制定实施方案,成立工作领导小组,明确相关部门和镇(街道)的职责。完成第一轮对标自查和核查工作,对存在的问题梳理汇总并分类分步整改。完成自查自评报告、申报表,向省教育厅递交申报材料。完善县级教育督导体制机制,12月成立德清县人民政府教育督导委员会及其办公室。

开展政府部门对教育工作目标考核。2017年度湖州市对县(区)综合教育考核工作,德清县位列全市第一。完善镇(街道)教育工作考核机制,调整《德清县镇(街道)2017年教育工作目标考核方案》。经考核,钟管镇、乾元镇、新安镇、武康街道、禹越镇为一等奖,其余镇(街道)为二等奖。

【督学】 完成学校发展性评价学年考核。督促指导学校完成三年发展规划目标,推进实施2016学年学校发展规划。评出2016学年德清县依法办学自主发展先进学校16所、常规管理先进学校16所、特色发展先进学校16所、优秀称职校(园)长21人、称职校(园)长61人。评出2014~2016学年德清县依法办学自主发展示范学校3所。

制定学校新一轮五年发展规划。依据德清县2017~2022学年学校发展性评价实施框架,组织学校制定新一轮学校五年发展规划,对新一轮五年发展规划的时间、内容等作明确要求,分片论证,确立新的发展目标。

加强责任区督学建设。调整督学责任区工作安排,完善督导报告、例会、整改等8项工作机制,建立督导学校联络人制度。组织责任区督学对各级各类学校的师德师风、平安校园等进行专项督导。

【监测评估】 德清县列入浙江省县(市、区)教育现代化发展水平监测工作5个试点地区之一。按照《浙江省教育现代化县(市、区)监测指标》要求开展数据监测,制定相关方案,落实汇总数据。9月,上报全县教育现代化监测指数,配合完成公众满意度调查工作。

师资队伍

【教师管理】 全县教育系统在编教职工3805名,其中管理人员6名、专业技术人员3769名、工勤技能人员30名。幼儿园、小学、初中、高中专任教师合格学历均为100%。中小学高级教师568人、中小学一级教师1864人、中小学二级教师及其他1337人。优化教师招聘办法,将义务段纳入自主择优招聘,新招聘教师、财会人员93

名,其中自主择优招聘教师20名,音乐、体育、美术、信息技术等小学科教师16名,财会人员4名。

规划人才队伍建设。出台《德清县名优教师考核办法(试行)》《德清县中小学幼儿园名校(园)长工作室领衔人和成员产生办法》,加强名优教师、名校(园)长的管理,充分发挥名优教师、名校(园)长的示范引领作用。

推进师德师风建设。组织开展"甘守三尺讲台,书写出彩人生"主题教育活动,通过"我的价值观"主题教育、"爱心义教护春泥"等活动,增强教师岗位幸福感、事业成就感和社会荣誉感。开展"践行德清教师精神,重塑教师新形象"倡议活动,组织"万名教师访家庭""讲师德故事""爱在课堂闪光""补师德短板"等活动,把师德教育摆在教师队伍建设的突出位置,弘扬社会主义核心价值观。

加强干部队伍建设。完成校(园)长换届工作,新提拔校(园)长28人,平级调整31人。组织开展2016年新任校级干部"回头看"、教育系统后备干部年度测评、第六批后备干部选拔、县管副科级后备干部推荐等工作。推荐清溪小学校长吴叶峰参加全国小学骨干校长高级研修班,秋山中心学校校长沈文华参加2017年长三角校长培训,教育局4名干部参加浙江大学学习科学论坛。组织4位新任高中校长到湖州参加新任校长上岗培训,10位校(园)长到县外6所名校学习锻炼。

开展教师校长交流。继续开展义务教育教师校长交流,完成县城所在地义务段学校教师选调、县城所在地外义务段学校校际教师选调和片域联盟教师交流工作,69名校长教师参与交流并随迁人事关系,交流轮岗教师占符合交流轮岗条件教师总数10.3%;交流轮岗骨干教师15名,占交流轮岗骨干教师总数的21.7%。

培育树立先进典型。组织开展县十佳优秀教师、县十大农村奉献奖、县第六届我最喜爱的老师评比。新增省教坛新秀1人、省师德先进个人1人、市第三届红烛奖1人、市春蚕奖2人、市绿叶奖1人、市教学明星7人、市师德先进个人3人。加强名师名校长队伍建设,推荐湖州市第三期第一层次名师培养对象5名。

【教师培训】 组织14人参加国家级指令性培训,36人参加省级指令性培训,其中5名教师参加省"名师名校长"项目培训,2名教师参加省中小学校党组织书记高级研修班培训,1名教师参加长三角中小学名校长项目培训,28名教师参加中职学校骨干教师相关培训。全县所有参训教师在周期内按时完成360学时学习任务,教师自主选课后实际参训率99.86%,"教评学"完成率99.14%,"学评教"满意率98.17%。做好90学时集中培训、各学段短期培训,开展以名师工作室团队带领的"名师引领式"培训、"任务驱动式"培训和学科"问题式"等多模式培训。通过"体能训练(军训)、专家引领、分学科培训、课堂练兵、展示考核"五个模块扎实做好新教师培训,组织中小学新教师钢笔字、粉笔字比赛、课堂教学展示和教学新苗评比等活动。"'互联网+'模式下任务驱动型层级培训模式的实践与研究"获省教师发展规划"十三五"首轮立项课题。

【职称评审】 完善评聘结合的职称评审和岗位聘任制度,实现中小学教师职务聘任和岗位聘用的统一。组织全县1134名教师参加职称评审文化考试,330名教师取得高一级教师职务任职资格,其中初级186人、中级114人、高级29人、正高级1人,实现正高级教师零的突破。

教研科研

【教学研究】 深化义务教育课程改革。深入开展以课程改革为重点的基于问题解决的一日调研,培植深化义务教育课程改革典型学校,促进课程改革研究。指导学校制定有特色的学校课程规划,分层开发开设丰富多样的拓展性课程。推荐禹越中学、实验学校参加湖州市义务教育课程改革典型的评审,实验学校在省深化课改会议上做"德育课程整合与有效实施"的交流。德清高级中学等5所学校的7个微课程入选省、市二级微课程开发课题。

改进课堂教学教研。开展第七届"有效教学课堂节"活动,稳妥推进教与学的方法变革。加强对三合中心学校等9所小班化试点学校为主的小班化教育模式的指导,多形式实施协同教学、个别化教学、小组合作教学。引进学乐网授课系统、微课制作软件等,探索春晖网校、空中智慧云课堂、微课程建设等信息化教育方式。开展区域抱团教研,加强青年研修班指导、课程拓展与整合研究等活动。邀请高考命题组长或阅卷组长级别的专家、教授为德清教师开展命题能力提升专题培训。全县教师市级以上优质课获奖102人次以上，其中市一等奖及以上31人次，在省市教学业务比赛中获奖310人次以上，其中市一等奖及以上70人次。

变革教学评价。组织小学生科学实验素养抽测，组织全县4~6年级学生学习情况调研。通过随机抽取抽测学科、侧重各学科基本素养命题、现场抽签确定调研学生样本、网络阅卷等确保抽测活动的公正、公平，充分发挥质量调研的导向、激励、教育功能，推进德清教育"轻负担高质量"实施。承担的教育质量综合评价改革省级试点项目——"促进学生学会学习的学习常规评价机制研究"完成项目初步总结，项目成果在2017年浙江省中小学教育质量综合评价改革研讨会上作现场汇报与交流。

【教育科研】 加强课题申报质量管理。全县共立项省市县各级课题163项，其中9项课题为省级规划课题，1项课题为省重点课题，71项课题为市规划课题，课题立项数量、质量均较上年度有提升。加强课题研究的过程管理和指导服务，加强对课题负责人和教科研骨干的培训。完成25项省市课题的开题检查和78项省市教研、教科课题的中期检查评估。强化对省市教科研成果评奖指导，完成浙江省第七届教研成果奖、湖州市第十三届教研成果奖、2016年度省市教科优秀成果奖等评比科研成果材料的修改指导和组织参评工作。

科研成果与先进评比。158篇论文在湖州市教科研中心组织的教学论文评比中获奖，56篇论文在浙江省优秀教育教学论文评选中获奖，39项课题成果获市优秀教研、科研成果奖，3项科研成果获省级教科研成果奖。德清县教育研训中心和逸夫小学被评为浙江省教科研先进集体。4个师训精品项目获湖州市展评一、二等奖各2个，教育研训中心臧文或老师的《初中科学教学实验技能培训》和钟管中心学校王世倬老师的《科学疑难问题"任务驱动式"》获浙江省首届中小学教师培训"双百"精品项目。

办学条件

【教育经费】 县委、县政府坚持教育优先发展战略，教育经费优先考虑，优先安排，极大改善办学条件。全县教育经费总投入181442万元，比上年增长38.05%，其中公共财政预算安排教育经费117636万元，比上年增长10.73%。全县教育经费总支出183321万元，比上年增长35.61%。教育经费较好实现"三个增长、两个提高"，全县公共财政预算教育拨款(含教育费附加)114050万元，比上年103012万元增加11038万元，增长10.72%，比县财政经常性收入增长比例高0.74个百分点。全县普通初中生均公共财政预算教育事业费支出20772.37元，比上年20218.05元增长2.74%；普通小学生均公共财政预算教育事业费支出14293.73元，比上年14233.59元增长0.41%。全县普通初中生均公共财政预算公用经费支出4065.11元，比上年增7.09%；普通小学生均公共财政预算公用经费支出3873.98元，比上年增长10.98%。全县财政性教育经费投入占县内生产总值2.62%，公共财政预算教育经费投入占财政支出的比例为22.32%。

【布局调整】 启动《德清县城乡教育一体化布局规划(2018~2035)》修编。增加学前教育资源，建成启用新安幼儿园和雷甸第一幼儿园通航园区。完善义务段学校住宿条件，建成启用德清四中学生宿舍。引入上海优质教育资源，启动莫干山世界外国语

8月30日，德清县春晖小学正式启用　　　　　　　（县教育局　提供）

中学建设。春晖小学竣工并于秋季投入使用。推进民办学校发展,莫干山外国语学校与高新区签订合作办学协议,启动莫干山外国语学校迁建工作,求是高中迁建项目开工建设。

教育保障

【校舍改造】 全县教育工程项目共 29 个,其中续建项目 14 个,新建项目 15 个,完成年度投资 3.97 亿元。新建、续建项目中,春晖小学、勾里中心幼儿园、职业中专南片校区整体改造、德清一中改造工程、美丽校园提升工程、暑期学校改造工程、徐家庄小学 3 号楼、德清四中学生宿舍楼、武康街道成校改造、雷甸小学附属工程等 9 个项目完成竣工并投入使用。美丽校园提升工程总投入 11420 万元,完善 13 所学校(幼儿园)的教育设施,建成 10 个美丽村幼教点,是县政府 2017 年十大为民办实事项目中唯一获全部满意票项目。

【教育装备】 提高学校信息化装备水平,全年投入 1600 多万元,优化学校信息化运行环境。推广新型交互式多媒体在教学中的应用,对超过使用年限的 92 套班级多媒体改建为电子白板式多媒体。对 13 个传统计算机教室进行改造,推广云桌面模式在学校计算机教室中的应用。对 2011 年以前配置的 355 台教师笔记本电脑进行更新。建设创新实验室 7 个,实现公办高中段学校创新实验室全覆盖。义务段学校年生均增长图书 2 册,高中段学校年生均增长图书 1 册。深化网络学习空间应用,所有学生开通人人通网络学习空间。依托县级录播平台,开展网上评课、网络教研和专题研讨等活动,继续开展"一师一优课、一课一名师"活动。新建下舍中心学校和勾里中心学校 2 所有特色的智慧校园。

【招标采购】 完善教育系统招投标管理方案,出台《德清县教育系统公共资源交易管理办法(修订)》和《德清县中小学(幼儿园)工程建设管理办法(修订)》。完成暑期维修工程、校园提升工程和学校临时小额工程等各类工程建设招标项目 42 个,中标金额 956.20 万元,节约资金达 158.10 万元。学校计划外装备后勤等公用经费采购 590 万元。

【后勤管理】 共配发学生空白作业本 9 万多套,配送纸张 4500 令。配送大米 230 万斤,鲜猪肉 45 万斤。加强校园直饮水工程和住校生热水工程的常态管理,开展春秋两季开学前直饮水设备的维修保养、滤芯更换以及水质检测工作。完成学校食堂大宗物品、高中托管食堂、学校超市等新一轮招投标工作。

安全工作

【校园安保】 出台《德清县教育系统"基础大排查、隐患大整治、立足不出事、护航十九大"行动方案》,落实学校主体责任和教育行政部门监管责任,确保十九大期间全县教育系统安全稳定。组织 313 人次参与校园安全隐患大排查、大整治和建长效行动,111 处风险隐患点 100% 有效处置。十九大期间,未发生涉校涉生维稳事件。实施"雪亮工程",2017 年起 5 年投入 3000 万元,对全县校园视频监控系统的 7500 个探头全部升级改造,逐步使用云储存。投入 56 万元对全县校园警务站 167 个 110 一键报警系统升级为既可通过电信传输又能使用移动无线信号启动报警。以镇(街道)为单位,设保安片区长,对全县 346 名校园专职保安实行网格化管理。

【食品安全】 将食品安全管理工作纳入学校等级平安校园考核和校长目标管理责任制考核,实行县教育局与县市场监管局"双轨评分"制,推进学校食品安全管理工作科学化、规范化、长效化。投入近 1000 万元,用于学校食堂量化分级等级提升,全县 A 级学校食堂占比 21.3%,B 级及以上食堂占比达到 96.6%。全面推行综合统一配送为主,定点采购为辅的配送形式,在"六配送"基础上,新增水产品、蔬菜等配送项目,全县学校食堂大宗食品配送及定点采购率达 100%。将食品生产经营单位参保食品安全责任险作为校园大宗食品、校园商店准入的重要依据,提升校园食品安全管理水平。投入 73.60 万元安装油水分离装置,70.1% 的学校食堂实现油水分离。

【交通安全】 全县共有校车 96 辆,接送线路 199 条,为 12 个镇(街道)22 所学校的 6206 名小学生提供校车接送服务。加强对校车日常运行的检查和管理,对 8 所学校的 15 个有变动的校车站点进行勘察,与每一位乘车学生家长签订《协议书》,增强双方安全意识,确保学生接送安全。加强学生路队管理,在学生上学、放学高峰时段强化保安和行政、教师人员值班管理。

【安全教育】 重视安全教育平台课程体系建设,学校分层管理,各级管理员各司其职,开展"平安暑期专项活动""2017年第一课""国家安全教育""119消防安全月"等专题与日常安全教育。组织全县校园安全管理人员参加安全应急预案演练实操培训,规范学校各类安全应急预案演练,提高校园安全教育实效。搭建"菜单式"应急预案演练平台,加强部门联动,拟定反恐防暴等8个应急演练主题活动,开展主题演练,完善校园各类应急预案1400余个。开展"防溺水百日安全宣传教育活动"、防溺水"六个一"活动,向全县6万多名师生家长发放《致全国中小学生家长的一封信》。

【安全检查】 开展暑期消防安全专项排查、暑期教育系统安全工作大检查、秋季校园安全隐患排查与整治、重点领域安全隐患排查、校园安保工作检查等校园安全隐患排查与整改工作。制定12大项87小项的校园安全标准清单,学校根据清单进行滚动排查,自查自纠。县教育局成立12个工作组到全县131所中小学、幼儿园、培训机构开展督查,将隐患整改任务逐条落实到人,将整改情况在系统内通报并纳入年度平安校园考核。

廉政建设

【宣传教育与组织建设】 深入学习宣传党的十九大精神,班子成员带头上党课,并举办校园宣讲会。加强教职工思想政治建设,建立教师政治理论每月学习情况报送制度,举办第六届教师"读书月"等活动,全县4000余名教职工参加时事政治知识测试。围绕全国文明城市创建、"五水共治"等全县中心工作,开展教师与城管、交警等多岗位"换位体验"活动,开展"践行'四新'服务发展"实践教育活动。加强基层组织建设,将镇(街道)中小学校、幼儿园、成校党建工作纳入县教育局党委统一管理。建立党组织负责人党建述职制度,79位学校党组织书记首次现场集中述职。加强民办学校党建工作,建立民办学校党费返还项目化管理机制,落实全额返还制度。

【廉政建设与监督管理】 全面压实从严治党主体责任,梳理党风廉政建设和反腐败工作任务51项,层层签订党风廉政建设责任书,落实党风廉政建设责任制和班子成员包干学校制。加强党纪党规学习教育,重视作风建设明察暗访,进一步强化"四种意识",严明政治纪律和规矩,从严追责问责,在全系统通报批评违纪违规现象7起,问责教师、追责校长书记共16人次。

【信访与县长热线电话交办工作】 落实信访接待及局长信箱受理工作,抓好校长信箱、校长接待日等机制建设,畅通信访渠道。县教育局全年办结各类信访件236件次,办结率100%。建立12345政府阳光热线办理周通报制度。

(胡建良)

人力资源和社会保障

综　述

2017年,"国千"外国专家、省"海外工程师"、省"万人计划"等重点人才工作均取得历史性零突破,"国千"外国专家入选数量居全省第一。"最多跑一次"改革,在人力社保系统市对县考核中名列第一。老农保遗留问题处置工作成绩突出,得到省人力社保厅的书面表扬。

人才工作

德清县新入选"国千""省千"各3人,列入国家外国专家"千人计划"重点推荐人选3名,数量位列全市第一,省"海外工程师"入选3名,实现历史性的零突破,1人入选省"万人计划",是全市的唯一。37个项目入选"南太湖精英计划",入选项目数量和质量均创历史新高,由中科院院士杨学明领衔的创业团队首次问鼎A+全市最高类别。引进高层次人才302名,全年组织4批次近百名外国专家来德清开展项目洽谈活动。开展高技能人才培训班96个,培训人员5800人,鉴定人数4416人,发证3746人,共组织7个工种645人参加全国、全省统考,成功入选"浙江工匠"2名。开展首届德清县民宿技能比武、数控车床比武等职工技能比武大赛。发挥湖州市技师学院技能人才培养主阵地作用,参加各级技能大赛,获国家级三等奖1项;省级一等奖2项,二等奖4项,三等奖5项。在天津职业技术师范大学单招单考中本科上线率13年蝉联全省第一。

就业服务

完善就业创业政策,加大创业资金扶持力度,推动创业就业政策落地见效,扶持创业近2000人,带动就业7051人,发放创业担保贷款5439.05万元。重点群体就业创业工作力度进一步加大,开发大学生见习岗位736个,高校毕业生就业总体稳定。举办各类招聘会96余场,其中组织本地招聘64场,赴省内高职院校招7场,外省高校25场。全年新增城镇就业人员20877人,城镇登记失业率控制在2.46%的较低水平。搭建创业平台,成功创建省级创业孵化园1家,成功创建市级高校毕业生(青年)创业示范园2家,湖州市特色小镇创业就业指导站1家,开展"互联网+筑梦孵化赢未来"2017德清县创业孵化论坛等活动。湖州市技师学院参加人力资源和社会保障部职业培训教材工作委员会办公室组织的全国技工院校教材实验工作,5个子课题获优秀奖(教材),学院也因此获得教材实验工作二等奖的好成绩。

社会保障

2017年,户籍法定人员基本养老保险和基本医疗保险参保率分别达到92.01%和99.37%,名列全市前茅。社会保障卡持卡人数达54.55万,基本实现应保尽保。实现职工医保跨省异地就医住院刷卡结算,开通医保个人账户家庭共济,在全省率先实现特殊病种门诊异地刷卡结算。开展城乡居民医保普通门诊按人头付费省试点工作,推进机关事业单位养老保险制度改革,稳步提高企业职工基本养老保险待遇水平,完成86979名退休人员养老金的调整和发放。社保、就业、人才等各类窗口共办理业务77.74万件。

人事改革

2017年,出台《德清县公立医院薪酬制度改革试点方案》,研究制订县属国有企业负责人薪酬制度。启动公务员"学法用法三年轮训行动"计划,全力配合做好综合医改、司法体制改革、县农业供给侧综合改革试点等工作。招录事业编制人员312人，招录公务员65人。及时办理行政事业单位各类人员工资调整等事项。

劳动关系

2017年，培育劳动关系和谐企业11家。举办基层劳动保障法律法规巡回培训11场，培训各类企业人事干部678余名。处理各类劳动保障监察案件284起，结案率100%，办结劳动人事争议案件439件，结案率98.4%，调解率81.02%。受理参保职工工伤认定申请2061起，完成认定工伤1790起，工伤事故发生率有效控制在1%以内。参加县信访局接访48次，办结信访件84件，办结率100%。办理县长热线546件。做好重要会议（重大活动）期间维稳安保工作，建立维稳信息会商研判机制，落实领导带班、到岗值班和信息报送制度。开展矛盾纠纷排查化解工作，对重点群体（人员）密切关注，实行滚动式、拉网式、地毯式排查化解，确保在重要会议（重大活动）期间无一起越级上访事件发生。

公共服务

"最多跑一次"改革成效显著。以"八统一"规范办事标准，梳理办事事项35主项，其中34主项104子项可以实现"最多跑一次"，"零上门"事项达14主项23子项。在省政府专题会议上，德清县代表全省人社系统展示"最多跑一次"改革成果。

自身建设

完善内部制度。建立局领导联系基层人力社保服务中心制度、局系统和干部个人重大事项报告制度、局领导班子月度工作交流制度。

强化依法行政。组织开展全系统案卷评查和执法检查，研究出台县人力社保系统推进依法行政若干意见。定期开展政策法规知识竞赛。成立五个政策研究小组。建立社保政策会商联席会议制度。从源头上防范廉政风险。

改进作风，组织开展"三查三看三提升"活动。一查工作，看成效，提升工作标准；二查能力，看履职，提升业务素质；三查作风，看自律，提升责任意识。对中层干部进行适当调整。

加强廉政建设。开展党风廉政建设专题辅导，抓好主体责任和"一岗双责"责任落实，开展廉政风险点排查，领导班子带头做好落实从严治党主体责任项目领办工作。开展全员进行不投资入股、不从事经商办企业、不从事微商等公开承诺。

（胡 兴）

民政事务

社会救助

【低保工作】 2017年,残疾人单独施保171人,边缘重残施保340人,60%重残施保164人,共计675人。全县低保对象3009户5327人,全年共发放低保补助金3014.90万元,人均月补助473.55元。全面开展支出型贫困救助工作,支出型贫困救助对象226户849人,共发放救助金额554.80万元,人均月补助515元。全县低保占比保持1.41%。

【低保边缘对象认定】 根据市考核要求,2017年全县低保边缘人数需占常住户籍人口的0.7%,即3058人。通过民政工作人员走村入户、摸底调查,至2017年底,低保边缘户951户,3160人,占比达0.72%,已按考核要求完成任务。

【社会救助工作】 加快推进镇(街道)社会救助经办机构建设工作,确保困难群众"求助有门,受助及时",各镇(街道)全面建立社会救助服务窗口,并且落实专人负责社会救助工作,引导社会力量参与社会救助。

进一步加大医疗救助、临时救助资金保障和救助力度。全年县级临时救助支出272.65万元,救助对象915户2678人,户均救助2980元。医疗救助支出共计1297.85万元,其中:即时结报住院救助562.95万元,即时结报门诊救助134.31万元,医疗参保资助185.89万元,一次性住院医疗救助414.70万元。

以县政府办公室名义出台《关于加强城市流浪乞讨人员救助管理工作的通知》,加强街头主动救助力度,帮助流浪乞讨人员顺利回归家庭,完成受助人员296人,其中救治流浪病人19人次、未成年人2人次,护送返乡12人,流入地送回4人,无造成负面影响及责任事故。

【防灾减灾救灾】 加强防灾减灾宣传工作,"5·12"防灾减灾宣传周在县城区沃尔玛广场开展防灾减灾宣传咨询活动。在全县中小学开展防灾减灾主题教育活动,德清县山鹰救援队现场参与指导演练。10月13日国际减灾日,联合德清县山鹰救援队在群安社区开展主题为"建设安全家园,远离灾害,减少损失"的宣传活动。规范避灾安置场所建设,加强救灾物资储备建设,根据年初市定目标任务,2017年改(扩)建避灾安置场所15所,在完成规定任务的基础上,再增加4所避灾安置点建设。完善社会力量参与防灾减灾救灾工作机制,以政府购买服务方式,委托社会组织进社区、进企业、进农村、进学校,开展防灾减灾宣传,进一步提高灾害救助应急能力。

福利慈善事业

【儿童福利制度建设】 2017年,全县机构孤儿和社会散居孤儿共23人,发放补助金33.14万元。建立困境儿童基本生活保障制度,符合不同类型条件的,按照就高原则发放,同时实行动态管理机制。2017年,适普儿童和困境儿童182人,共发放补助金107.92万元。鼓励社会力量参与儿童服务和关爱活动,委托4家社会组织机构,通过社会购买服务,对全县120名困境儿童开展"阳光陪伴计划"困境儿童关爱项目。

【构建现代慈善事业发展格局】 贯彻落实《慈善法》和国务院、省政府文件精神,印发《德清县人民政府关于加快推进慈善事业发展的实施意见》。积极开展"邮善邮乐"网上慈善超市建设。全年福利彩票累积销售1亿多元。6月,配合市福彩中心在德清县安泰服饰有限公司开展"公益福彩·与你同行"大型公益活动,对公司20名困难员工进行每人2000元的帮扶。完善福利企业资格管理台账和日常工作,下拨残疾职工社保缴费补贴481.77万元。2017年对2016年度福利企业超比例安置残疾人工作,进行专项检查。

双拥优抚安置

【双拥工作】 春节、"八一"期间,县四套班子领导分组走访慰问湖州军分区和驻德各个部队,落实慰问经费46万元,驻德部队伙食补助45万元。落实为部队办实事资金20万元,各镇(街道)组织看望重点优抚对象、慰问现役军人家属、召开双拥座谈会以及开展丰富多彩的军民联欢等活动。镇(街道)累计发放慰问品、慰问金合计15万元。

提升双拥示范点建设,洛舍镇砂村村突出国防教育建立新四军纪念馆、雷甸镇中兴社区围绕社会化优抚服务开展"贤系优抚"行动,新安镇舍东村突出拥军优属开展"你为国尽忠,我替你尽孝"的"双尽"服务。

全力推进"德清特色"社会化拥军工作,民间拥军协会积极开展建军90周年系列庆祝活动,为各驻德部队送去节日的祝福和饮料、水果等慰问品。7月26日,《中国社会报》报道德清县2名全国拥军模范先进事迹。11月15日,《中国社会报·军民融合周刊》报道德清县妇女拥军模范群体。

【优抚政策】 及时调整和发放抚恤补助,全年共发放优抚对象定期抚恤补助1652万元。全面落实优抚对象门诊、住院医疗补助、有线电视减免等政策。通过完善烈属服务保障机制、加大烈士纪念设施基础建设投入力度、加强烈士精神专题宣传等,落实烈士褒扬工作。成功筹办第四个烈士纪念日公祭活动。依托社会组织、社区乡贤、志愿者队伍"三社组织",开展情系功臣、贤系优抚、爱系老兵三项服务,实现优抚对象政治荣誉感、社会责任感、当兵自豪感三个提升的目标。全县12个镇(街道)均已全面开展社会化优抚工作。5月份,全省社会化优抚交流会,德清县作为唯一县级代表作典型发言,课题研究获省厅三等奖。11月10日,召开全县社会化优抚推进会,社会化优抚工作全县推进。

【安置工作】 接收2017年度秋季退役士兵163名,组织102名退役士兵参加职业技能教育培训。组织召开退役士兵专场招聘会,共15家单位参加,推出47个工种的217个就业岗位,共有60名退役士兵与招聘企业达成求职意向,签订就业意向协议。完成17名转业士官接收安置任务。掌握底数,排查到位,对重点人员建立"一人一档"和相互帮扶结对机制,有针对性地做好工作。及时处理各类优抚对象来信来访,全县没有因政策未落实到位而引发的涉军群体群访和越级上访事项。

社会公共事务

【地名工作】 完成《中华人民共和国标准地名词典》德清篇编撰。启动编制《德清县地图册》,内容涵盖县、乡、村三级。以县政府的名义出台《德清县地名文化遗产保护实施方案》。针对县城区门牌丢失、损坏、涂改、倾斜、擅自拆除等现象,开展门(路)牌整治工作,清理更换500余块不同路牌,1000余块门牌。进一步推进地名标准化,提升地名法制化、科学化水平,清理整治不规范地名103条,居民区72条,道路2条,桥梁29条。全面推进德清县各镇(街道)道路街巷、小区的命名,提升县城文化品位,展现历史文化底蕴。筹建地名文化博物馆,开展平安边界建设工作,完成德南线、德桐线联合检查工作。

【殡葬工作】 完善生态安葬奖补政策,探讨建改"逝后奖补"为"生前享有"的激励机制的可行性。加强殡葬基本服务设施建设,完善殡葬事业发展规划,县殡仪馆进行火化炉尾气改造和进馆道路拓宽,武康公墓二期主体工程基础建设基本完成,县东山陵园管理处开辟节地生态安葬区1.50亩(树葬区),新建680平方米停车场。

开展清明、冬至期间安全文明祭扫服务保障工作,公开透明服务收费,倡导移风易俗,文明低碳祭扫。4月1~8日,群众祭扫58000多人次,开通免费公交120班次,运送祭扫人员7000多人次。

加强公益性公墓建设和长效管理,规划一批老旧纪念堂改扩建工程,完成一个纪念堂工程任务(洛舍东衡村)。

认真开展市级生态示范墓地创建活动,申报示范墓地4个(乾元联星村、新市宋市村、钟管北代舍村、下渚湖下杨村)。巩固殡葬管理专项整治活动成果，完成市下达的"三沿五区"坟墓治理数1000穴任务。深化殡葬行风建设，规范和引导行业健康发展。

【婚姻收养工作】 开展婚姻家庭辅导、个性化颁证、预约登记赠礼活动，提升标准化建设，提供优质服务。办理结婚登记2895对，离婚登记1348对。执行《收养法》，加大弃婴收养登记工作力度，规范收养登记，全年受理收养登记36件，办结收养登记41件，解除收养登记1件，收养登记合格率100%。

【老龄工作】 全面铺开公建民营养老模式，一期改造工程已经完成，全年公建民营养老机构共入住特困供养老人135人。加强消防安全基础设施建设，全县养老机构除莫干山老年乐园面临搬迁没有安装喷淋外，其他均已安装消防喷淋系统。

加大检查力度，每个月对全县所有养老机构进行消防安全和食品安全普查，发现问题，当场督促整改，做到"一院一档"，规范管理，确保各养老机构生产安全。

完成2所乡镇卫生院闲置床位转型任务，改建提升5家照料中心。以"医养结合"为契机，在县人民医院开设乾元医养中心，内设23张床位。民办"医养结合"型养老院德清县爱暮佳颐养中心已正常运行，入住老人120多人。2017年共完成养老床位数511张。全面推进养老服务补贴扩面工作，新增孤寡、空巢、高龄、困难和残疾5类老人共5500人左右。

各镇（街道）招募并培训助老员262名，使老人们能不出家门就享受舒心的养老服务。继续委托社会组织开展"暖巢行动"，保障居家困难老人的安全。重阳节前夕，县领导带队慰问全县31名百岁老人，给老人送上暖心的节日祝福。

【移民工作】 开展2016年度大中型水库移民后期扶持人口年度复核工作，共核减直补移民42人。按时发放移民直补资金303.54万元，直接补助移民5059人。做好大中型水库移民后期扶持项目的实施工作。2017年，共实施大中型水库移民后扶项目36个，安排补助资金1062.14万元。新建立百万元以上移民产业基地1个，50万元以上生产开发性项目9个。开展2017年度小型水库移民解困工作，实施小型水库解困项目5个，安排补助资金56万元。合理安排移民结存资金项目，加快资金使用进度，消化历年移民结存资金400万元。做好水库移民项目库建设，本年度的后扶项目全部入库，并上报省移民办备案。密切关注移民群体动向，做好稳定工作。

基层政权工作

【村（社区）组织换届选举】 根据省、市统一部署，组织开展村（社区）换届选举工作。本次全县共有148个村和26个城市社区统一进行换届。全县于4月10日完成村（社区）党组织换届选举工作，5月15日完成村（居）委会换届选举工作。本次村委会换届大力提倡无候选人的自荐直选方式，全县共计146个村采用无候选人的自荐直选方式（只有阜溪街道龙胜村和秋山村2个村采用有候选人的差额直选方式），自荐直选率98.6%。社区居委会换届选举实行有候选人的差额选举。本次共选举产生新一届村（社区）"两委"班子成员1099人，其中村（居）委会班子成员670人。5月下旬，开展新一届村（社区）主职干部培训班。

【社区布局】 出台《德清县中心城区社区布局规划（2016～2030年）》，明确社区办公用房布点。对于城中村、拆迁村和人均耕地0.20亩以下的村，指导各镇（街道）加快推进"撤村建居"事宜。武康街道于3月中旬完成"撤村建居"工作，并且新组建社区也一并开展了社区换届（撤销丰桥村行政村建制组建丰桥社区；撤销五龙村行政村建制组建五龙社区；新组建新丰社区）。

【幸福邻里中心建设】 贯彻落实《德清县"幸福邻里"中心建设实施方案（试行）》要求，起草并出台《德清县幸福邻里中心建设和运营资金补助办法（试行）》，重点督促镇（街道）落实幸福邻里中心建设经费和运营经费。积极推进"幸福邻里"中心标准化建设，出台德清县地方标准《"幸福邻里"中心建设与运营管理规范》。推进镇（街道）、村（社区）、小区三级"幸福邻里"中心建设，全年共完成20家幸福邻里中心建设。

【发挥社区发展基金会】 充分发挥基金会在吸纳政府部门、镇（街道）、企业等社会力量的积极作用，自2016年9月成立以来，共接受捐赠资金共计236万元。依托社区发展基金会开展的德清县第六届公益创投，面向社会大众征集有效公益创想金点子107个，29个社会组织的50余个公益项目进入评审优化、推介认领阶段，预计资助金额200万元。邀请专家开展公益创投中期评估。开展2017年"乐益德清·众悦社区"公益创想金点子大赛。

【双社人才队伍建设】 统筹落实城乡社区专职工作者工资福利待遇，会同组织部、财政局出台《关于调整城市社区工作者工资待遇的通知》。7月中下旬在宁波开展社区治理和服务创新主体班次培训，学习考察先进地区的经验，进一步调动和整合全县创建全国社区治理和服务创新实验区的资源和动力。完成2017年社区专职工作者招聘工作，并开展入职培训。积极动员社会各界人士参加全国社会工作者职业水平考试，新增持证社会工作者56名。启动实施"青蓝计划"，选拔培养一批全县社区、社会工作骨干人才，推荐一批市级社区、社工领军人才，切实增强双社人才的社区治理和服务创新能力。完成10期"社区营造"工作坊培训会，面向社区干部及社会组织专职人员，提升社区工作实务能力。出台《德清县关于加强社会工作专业人才队伍建设的实施办法（试行）》。完成2017年社会工作论坛，对优秀社工案例进行评选表彰。

社会组织工作

【登记管理体制改革】 严格依法登记，缩短办理时限。通过实施四类社会组织直接登记，严格规范双重管理体制，依法加强登记审查和管理监督，有效推进登记管理制度改革。新成立社团9家，民非18家，注销社团和民非各2家。新登记5家社工机构。纳入备案管理的社区社会组织共有1317个，实现每个城市社区有12个以上、农村社区有5个社区社会组织。

【社会组织综合监管】 完成统一代码的转换和换证工作。实施社会组织年度检查工作，规范社会组织的运作，参检率100%。与执法大队共同开展社会组织抽查工作，对社会组织内部治理，按照《章程》活动开展情况进行检查，共抽查29家，活动开展正常、效应良好。开展社会团体清理整顿和行业协会商会与行政机关脱钩工作。本次清查未发现社会团体强制收费情况。制定脱钩方案，完成第一、第二批脱钩工作，并统一组织对第一批脱钩成效进行评估。配合上级社会组织法人库项目建设，统一业务数据报表，及时上报各类社会组织相关信息。

【社会组织培育】 围绕"激发社会组织活力"，完善社会组织三级服务网络，加强镇（街道）社会组织服务中心建设，26个社区、4个街道、8个镇成立枢纽型社会组织24家。完成2017年公益创投项目中期评估，确保项目按计划实施。开展2018年公益创投。开展社会组织党建工作，发挥党委作用，全面协调、统筹全县社会组织党建工作，加强对社会组织党建工作的领导和指导力度。2017年，社会组织基层党组织组建率和党的工作均实现全覆盖，培育县社会组织服务中心、晨曦社工、清禾公益3个党建工作示范点。

【社会组织服务】 提升社会组织及其工作人员的能力水平，组织开展专题培训20余场，推动全县社会组织工作有序开展。举办6次主题沙龙，全县公益类社会组织的负责人进行交流对话，对存在的困难及时提出解决办法。引进县外专业机构合作，提供顾问督导服务，完善和优化"三社联动"工作的机制，为群众提供更加精准有效的服务。开展政府职能转移和购买服务推荐性指导目录工作，指导社会组织填写资质申请表，全年收到20份申请表，经过审核、公示、通过审定等环节予以公布。

（章丽芬）

卫生与计划生育

综　述

至2017年底,全县拥有医疗卫生计生机构256家,其中省级医疗机构1家,县级医疗卫生机构6家(二甲综合性医院1家、二甲中医医院1家、二乙综合性医院1家),德清县第三人民医院在2015年4月与佐力药业合作办医后,改名为德清医院。镇(街道)卫生院12家,社区卫生服务站141家,民营医院(含民营门诊部)13家,个体诊所69家,其他各类医疗机构14家。全县共有医疗床位1939张,卫生技术人员3307人,其中执业(助理)医师1209人、注册护士1187人。全县总诊疗576.61万人次,住院6.35万人次。人均期望寿命达到81.51岁。

医药卫生体制改革

【县域医共体建设】　2017年,整合全县医疗资源,组建武康和新市两大健康保健集团。县政府成立理事会,实行理事会领导下的集团院长负责制,采取唯一法人代表的紧密型集团架构。组建集团班子,明确班子成员分工,建立集中办公机制。重组整合和优化配置集团资源,组建人力资源、财务管理、信息管理、基层管理、质量控制、后勤保障等管理中心。德清县的县域医共体建设得到成岳冲副省长和国家卫计委、省卫计委等领导的肯定。

【医联体建设】　2017年,德清县积极推动医联体建设,德清县政府与邵逸夫医院签订合作共建"健康中国示范县"协议书,县人民医院揭牌成为邵逸夫医院德清院区,落实管理合作和专家劳务费1000万元,邵逸夫医院选派管理人员担任县人民医院常务副院长,援建10个学科。成立胸痛中心和卒中中心,启用远程医疗平台、专家工作室和名医馆,实行二次叫号。县中医院签约成为省新华医院重点合作医院,省肿瘤医院"王晓稼工作站"在县中医院设立。

【三医联动改革】　2017年,德清县实行三医联动改革,医疗、医保、医药由一名县领导分管。整合发改(医疗服务价格)、民政(医疗救助)、人力社保(医保)、卫生计生(药品耗材采购)等部门有关医改的职能,组建全国县域首个医疗保障办公室。调整医疗、医保、医药价格结构,以全县公立医疗机构为整体开展联合限价采购谈判,腾出降价空间2418万元。

9月14日,浙江省副省长成岳冲(右三)在德清县人民医院调研德清县综合医改工作　　　　　(县卫计局　提供)

完成儿童医疗服务项目价格调整,在药品流通领域实行"两票制"。制定医共体医保住院病人"总额预算、结余留用、合理超支分担"方案,在2家卫生院开展签约人群门诊按人头付费改革。

【社会办医和医养结合】 支持混合所有制医院德清医院参与新市健保集团管理,为社会办医留足发展空间。100张床位的"德清张氏中医骨伤医院"通过设置审批并完成建设。2017年底,全县民营医疗机构79家,民营医疗机构床位数390张,占比达26.23%。出台《德清县推进医疗卫生与养老服务相结合的实施方案》,鼓励和支持中高端养老机构发展。德清爱暮佳颐养中心正式营业,设养老和康复床位500张,已入住老人100余名。县人民医院医养中心规范运行,莫干山镇筏头卫生院开展医养结合服务。

医疗设施和人才队伍建设

【基础设施】 至2017年底,县人民医院二期项目主体工程西片区桩基完成,地上浇筑四层,东片区土方开挖。德清医院异地迁建项目主体工程桩基及地下室工程完工,1号楼浇筑九层,2号楼浇筑四层,6号、7号楼主体工程完工。县中医院完成行政楼搬迁,开展综合楼病房改造和中医传统诊疗中心建设。钟管镇中心卫生院整体迁建工程基本竣工,新安镇卫生院下舍分院改扩建工程主体工程完工。完成阜溪街道郭肇社区、莫干山镇紫岭社区等6家服务站的新改扩建工程。

【智慧医疗】 启用"健康德清"APP,提供预约挂号、导诊、检验检查报告查询等网络业务应用。启用分级诊疗信息系统,县乡医疗机构通过该系统双向转诊病人3620例。影像诊断、心电诊断、临床检验等资源中心规范运行,县域内检查检验结果互认共享,已为基层医疗机构诊断影像检查15159例、心电检查1762例、临床检验316178项。完善区域卫生数据中心硬件设施,实施全县区域体检信息和区域超声信息系统项目,完成信息数据实时灾备。

【医疗队伍建设】 加强卫计队伍建设,评选表彰名院长4名、名医生13名,医坛新秀36名、最美天使20名。择优签约普通高校优秀毕业生72名,其中研究生11名。公开招聘卫技人员45名。招录定向培养生40名(本科22名、专科18名),25名定向培养生毕业到岗,累计到岗131名。县级医院选送业务骨干到上级医院进修学习42人,免费接收乡镇卫生院进修卫技人员14人。

【医疗科研和教育培训】 加强重点专科建设,创建全国农村医疗机构针灸理疗康复特色专科1个、浙江省县级医学龙头学科2个、市级中医药重点专科2个。完成市厅级科技计划项目立项10项。柔性引进省市医院医技项目和专科合作5项。成功开展"德清县第三届现代医学英溪论坛暨2017年医学学术月活动",举办省级以上继续医学教育项目培训班11期(国家级3期、省级8期)、省生育关怀能力提升培训班、南太湖中医全科论坛、卫计系统管理人员能力提升专题培训班、基层卫技人员培训班等活动。

医疗卫生

【医疗质量】 修订公立医院综合目标管理和绩效考核办法,出台德清县医疗质量提升行动工作方案,开展医疗质量安全大排查大整治活动4次,调整完善医疗质量控制中心架构,完成14项质量控制与评价工作。委托第三方对医疗机构开展满意度调查,满意度总平均分9.8分。深化抗菌药物临床合理应用管理,完成各级医院抗菌药物供应目录、分级管理目录报备。开展优质护理服务病房数达19个,完成第五周期医师定期考核、高校招生体检、征兵体检等工作。加强无偿献血工作,全年无偿献血4583人次,献血总量1404250毫升(其中献血屋献血量416350毫升),300毫升以上率达68.19%。

【中医中药】 曲溪湾潘氏中医外科博物馆开馆,正本堂开设名中医工作室,陆有仁中草药博物馆、佐力药业申报创建国家中医药文化养生旅游示范基地。开展中医中药中国行活动,积极推广基层中医药适宜技术,成立县中医药质控中心,加强中药饮片处方质量管理,开展中医处方点评活动。举办中医健康大讲堂、端午节送中药香囊等活动。

【医疗纠纷调处】 加强第三方医疗纠纷调处力度,全年县医调会协调处理医疗纠纷25起,调解成功15起,医疗机构赔付总额44.46万元,纠纷数与赔款额同比分别下降34.21%和27.16%。

基层卫生和妇幼健康

【基层卫生】 家庭医生规范签约服务纳入政府为民办实事项目,全年签约15.60万人,规范签约率35.56%,重点人群签约覆盖率78.02%,并在全国率先推行家庭医生签约入企服务。4家卫生院成功创建国家级"群众满意的乡镇卫生院"。申报创建甲等卫生院2家、乙等卫生院1家,通过市级检查。开展城乡居民健康体检工作,全年体检65岁以上老年人47137人,老年人体检率达到65.01%。

【妇幼健康】 2017年,全县孕产妇死亡率0,婴儿死亡率2.00‰,孕产妇系统管理率97.51%,3岁以下儿童系统管理率96.95%,婚检率90.43%,出生缺陷发生率为6.76‰,剖宫产率47.16%,两癌筛查完成率100%,叶酸服用率100%,孕产期艾滋病、梅毒、乙肝检测率100%。设立县级危重孕产妇救治中心和危重新生儿救治中心。

公共卫生

【基本公共卫生】 通过人员培训、季度督导、半年度考核等措施,扎实推进基本公共卫生服务项目,执行情况较2016年有明显提升。2017年,全县高血压患者规范管理率65.98%,血压控制率56.9%;糖尿病患者规范管理率65.91%,血糖控制率51.4%。

【疾病预防控制】 全年成功处置1例人感染H7N9禽流感散发病例,无二代病例;法定甲乙类传染病报告发病率145.83/10万,低于全省水平,传染病报告率100%。加强结核病、艾滋病等重大传染病防控,完成诺如病毒、水痘、手足口病、群体性发热感冒等20余起聚集性疫情现场处置工作,开展呼吸道传染病等应急演练。全面实现二类疫苗"政采云"采购模式,适龄儿童一类疫苗接种率持续保持在90%以上。与复旦大学公共卫生学院联合开展"中国德清农村社区成人慢性病队列"国家自然科学基金项目,进入验证研究阶段。承办全省食品安全风险科研论坛会,对497份食品样品进行安全风险监测并通报监测结果。

【卫生监督执法】 加大公共场所卫生、学校卫生、饮用水卫生、集中餐饮具消毒等卫生监管力度,启动"双随机一公开"执法检查,开展打击非法行医和非法采供血联合执法7次,全年行政处罚案件立案111起,结案103起。启动医疗废物"小箱进大箱"试点。实施"互联网+"民宿卫生监管省级试点项目,479家民宿列入管理对象。深入推进行政审批"两集中、两到位"改革,依法规范办理卫生计生各类许可、审批类事项1298件,网上申报率达66%,推出前期指导、一次性告知、代办服务、快递送达等行政审批服务。50项涉及群众和企业到政府办事事项全部实现"最多跑一次"。

爱国卫生和宣传教育

【爱国卫生】 莫干山镇创国家卫生镇接受省爱卫办暗访,完成下渚湖街道省级卫生镇创建,创建省市级卫生先进单位、卫生村13家、健康细胞131家、市级健康促进医院2家,申报创建健康促进学校金银铜奖各1所并完成市级检查,4家省级卫生镇、64家省市级卫生村、21家省市级卫生先进单位通过复评验收。开展爱国卫生月暨文明城市创建奉献日活动,开展夏季防蚊灭蚊、春秋季灭鼠、"清洁保家园 防控登革热"等环境卫生整治行动。新增农村无害化卫生厕所6986座,普及率达97.88%。

【宣传教育】 组织开展纪念第106个国际护士节系列活动。充分利用电视、报纸、网站、微信、立柱式广告、公交视频、出租车车顶广告、人口文化长廊等媒介,结合各类卫生计生宣传日,全方位开展卫生计生宣传,发行卫计半月刊18期,推送"健康德清"微信736篇,市级以上主流媒体录用信息86篇。建设健康知识长廊34条,开展健康知识巡讲"五进"活动188场。多维度开展综合医改培训与宣传,凝聚改革共识,形成改革合力。常态化开展义诊送健康、水质检测进山村、春联送祝福、鲜花赠献血英雄、银医通"四亮一争"等白衣天使志愿服务行动,各单位开展职工之家、书法班、篮球队、联欢会、歌唱比赛、美食节等文体娱乐活动,丰富职工文化生活。

计划生育

【计划生育管理】 召开全省青春健康教育工作经验交流会和全县

人口和计划生育领导小组会议。严格执行计划生育"一票否决",审核先进集体393个,先进个人663人,村(社区)换届2772人,否决1人。完善全员户籍人口信息平台,全年出生人口4550人,计划生育符合率99.12%。完善生育登记服务制度,3828对夫妇领取生育登记服务卡。加强流动人口计生管理服务,开展"流动人口计划生育关怀关爱"活动,流动人口育龄妇女登记管理率91.45%,积分入学卫计审核1053人次。建立完善计划生育特殊家庭信息档案,对505户计生特殊家庭进行关怀慰问。新增奖扶人员1743人、特扶人员70人,共发放奖特扶金1079万元。完成优生优育协会换届,新市镇"三优"指导中心成功创建省级示范点。

【计生协】 结合全县村"两委"班子换届,指导全县村级计生协组织同步换届。全面完成镇计生协的换届工作。深化宣传教育、生殖健康服务、计生家庭帮扶、青春健康等计生协服务,开展生育关怀大讲堂10场、青春健康大讲堂33场、少儿健康大讲堂20场,计生协五种保险保费达250万元。举办萌爸挑战赛、两孩家庭才艺比拼等"5·29"计生协会员日活动。

(朱元甲)

余英坊廊桥 (县史志办 提供)

公共服务

供 电

【概况】 2017年，县供电公司全面落实省、市公司和县委县政府决策部署，以"对标进位，绩效争先"为工作目标，凝心聚力拉高标杆，精准发力补齐短板，完成固定资产投资1.58亿元，其中配网投资1.47亿元；实现连续安全生产6520天；售电量35.47亿千瓦时，增长8.68%；综合线损率2.9%；获省公司"业绩标杆"，年度绩效考核位列市公司所属单位第二位。

【安全生产】 强化本质安全，明确重点任务，突出严格管控，确保落实落地。梳理各级机构和人员两项安全职责清单，启动安全生产问题清单专项梳理。修订完善德清电网大面积停电应急预案，持续推行无脚本应急演练，提升应急处置能力。开展安全管理标准化班组示范点建设和外协队伍安全资质准入审核，持续推进隐患排查和月度公示曝光，整改安全隐患318条。深化电网运行安全风险预警管控机制，发布风险预警单20张，462条10千伏线路作业纳入全过程风险管控流程。分支线检修作业全过程纳入"五个零时差"，实现管理全覆盖。开展稽查4181次，查纠违章897起，圆满完成党的十九大、迎峰度夏等重大保电工作。有序完成220千伏莫梁变、110千伏新市变改造的负荷改接配套工作。落实安全防范工作主体责任，有效维护治安稳定，获浙江省治安安全单位称号。

【电网建设】 滚动修编"十三五"配电网规划和新一轮农网改造升级规划，编制完成华夏幸福产业新城、通航智造小镇区域配网专项规划。220千伏英溪—吉安第二回输电线路工程有序推进，220千伏临杭变电站工程获浙江省"钱江杯"优质工程。临杭—天马、临杭—洋北110千伏线路建成投产。德清西牵引站110千伏外部供电工程取得项目核准批复，110千伏跨塘输变电工程启动可研前期工作。

推进配网建设标准化，推广配网综合检修作业，全面完成新一轮农网改造升级"两年攻坚战"，累计新建改造配电线路233公里。完成莫干山供电能力提升工程第一阶段任务。一个配网工程获国网公司"百佳工程"称号。配网自动化改造工作正式启动。

配合小城镇环境综合整治，高质量完成钟管、禹越等10个乡镇整治任务，莫干山镇被评为电力整治样板镇，会同政府探索形成"线乱拉"治理四种典型改造模式标准。

推进精品台区带建设，新建精品台区带1条，精品台区30个，新建美丽乡村示范区1个。

配合市公司全面完成国网通航华东中心基地项目建设里程碑计划。持续开展配网劳动竞赛，95598故障工单同比下降15.7%。全年共开展不停电作业213次，减少27467个停电时户数。

【优质服务】 以市场为导向，组建高新区供电服务部，主动服务"一区四园"招商引资，完成县"百亿工程"重大项目业扩工程10个。整合多方资源，建成省内首家国网线上商城，全年电器销售总额突破260万元，新型线上线下联动推广电气化的商业模式初步形成，大力推进电能替代，在全省率先尝试集体企业作为电器分销商的模式推进新上房产项目电采暖，全年完成各类替代电量6459万千瓦时，助力莫干山民宿产业绿色发展获得县委书记的批示肯定。深化"互联网＋营销服务"，全年推广"掌上电力"APP 28757户，高、低压线上受理渗透率均超过99%，低压居民智能交费占比达到35.11%，全年预收9014万元。承担市公司"全能型"乡镇供电所创建试点，莫干山供电所创建成效显著,被授予省公司五星级供电所,公司成为省内首个五星级供电所全覆盖的县公司。推进电力"最多跑一次",在全市率先实现居民电水气联动过户。主动服务光伏并网,新增光伏并网2239户,新增并网容量81.6兆伏安。

【经营管理】 按照省公司统一部署,规范稳妥完成公司制改革。深化"创新提效能、履责勇担当"行动,亮牌169张,亮旗25面,评选创新成果(举措)35项。认真开展问题清单梳理全覆盖和依法合规专项检查工作,及时完成省公司党组巡察、"三公"经费督查,发现问题的立行立改。发挥审计功能,促进企业增收节支279万元。推进10千伏分线线损示范区创建,分线线损系统达标率提升至90%以上。全年项目预算完成率92.39%,转资率84.46%。《农维费核定机制研究与应用》成果获省物价局充分肯定,入选省公司典型经验。

推进科技创新,全年共获发明专利授权10件,实用新型专利授权8件,获省公司及以上科技创新成果奖5项和县科学技术进步三等奖1项,4个集体企业科技项目首次获得省、市公司立项批复。

构建物资"统购统配"新模式,基本实现周进周出。完善集体企业内控机制,推进集体企业集约化、专业化管理,全年实现收入34061万元,利润3540万元。

(宋贤良)

供　水

【概况】 2017年,供水总量6316万吨,实现自来水销售收入11750万元;新装管道24.05公里,改造旧管网123公里,全年新装水表4895户,改造一户一表3803户。

【供水一体化建设】 2017年,进一步推进城市供水基础设施向农村延伸,横向到边,纵向到底,建成布局合理、功能齐全、适度超前、城乡一体的现代化供水基础设施网络体系,全面实现"同源、同质、同网、同价"的供水一体化目标。年内完成104国道至莫干山集镇DN400-600供水管线工程建设。

【供水项目建设】 大力实施"保源、备源、提升"工程。完成武康环中制水二期6万吨/日扩建工程建设,7月1日正式实现并网供水,全县供水能力达到24.50万吨/日;全面完成东苕溪30万吨/日备用水源工程建设,确保全县供水安全。

【降漏节水】 继续深入推进降漏专项行动,按照"管理是基础、管网是重点、表务是关键"的思路,从制度、管理、技术等角度入手,创新管理模式,多措并举,有的放矢,有效降低漏损率,2017年,城市管网漏损率9.47%。

【安全生产管理】 贯彻落实"安全第一,预防为主,综合治理"的安全生产方针,建立多层次安全生产综合目标管理责任制度。做好日常安全巡查,完善安全生产制度,杜绝事故的发生。各水厂定期组织开展供水管网抢修应急预案和消防救援实战演练,提高应对突发事故的处置能力。

供　气

【概况】 德清县供应天然气燃料的公司共3家,分别为:浙江振能天然气有限公司、德清县天然气有限公司、德清滨海燃气有限公司。

【供气管道】 至2017年底,浙江振能天然气有限公司供气管道长

武康环中制水二期6万吨/日扩建工程　　(县建设局　提供)

度59公里,其中管径小于150毫米的为7.80公里,管径大于150毫米小于300毫米的为51.20公里。2017年度更新改造供气管道长度12.20公里。

德清县天然气有限公司供气管道长度15.90公里,其中管径小于150毫米的为1.10公里,管径大于150毫米小于300毫米的为14.80公里。2017年度更新改造供气管道长度5.30公里。

德清滨海燃气有限公司供气管道长度412.70公里,其中管径小于150毫米的为297.90公里,管径大于150毫米小于300毫米的为114.80公里。2016年度新建、更新改造供气管道长度40公里,2017年度新建、更新改造供气管道长度73公里(含东部)。

【供应及储气能力】 浙江振能天然气有限公司2017年度供气总量为7707.40万立方米,销售气量7707.40万立方米(其中居民家庭为37.22万立方米),无燃气损失。用气户数达到2438户(其中居民家庭2382户)。

德清县天然气有限公司2017年度供气总量为3144.01万立方米,销售气量3144.01万立方米(其中居民家庭为1.41万立方米),无燃气损失。用气户数达到233户(其中居民家庭207户)。

德清滨海燃气有限公司2017年度供气总量为2500万立方米,销售气量2300万立方米(其中居民家庭为600万立方米),燃气损失量200万立方米。用气户数达到51300户(其中居民家庭51000户)。

(许晓春)

邮　管

【概况】 德清邮政管理局于2017年3月调整内设机构为办公室、市场监管科和普遍服务(机要通信)科3个科室。到2017年底,德清县共有邮政、快递企业15家(其中9家品牌主体企业,6家品牌分支),分支机构67家,末端投递点1249个,村邮站133个,快递服务汽车407辆,服务协议客户1329家,吸收直接从业人员772人。

2017年,全县快递业务量2061.80万件,同比增长30.4%;快递业务收入1.95亿元,同比增长44.6%;快递业务投递量1507.66万件,同比增长19.87%。

【规范快递产业管理】 8月30日,下发实施《德清县人民政府办公室关于推进快递行业健康发展的实施意见》(德政办发〔2017〕152号)文件,从税收优惠、资金扶持、企业发展、网络完善、末端规范、队伍建设等各个方面进行具体规定。同时成立由分管副县长任组长的县推进快递行业发展工作协调小组,从县级层面明确成员单位和工作职责,落实乡镇(街道)分管领导和联络员,将邮管工作触角延伸到基层、到属地。

【成立行业协会】 1月17日,德清县快递行业协会成立,并选举产生第一届会长、副会长和理事会成员。协会定期召开理事会成员会议,发挥行业协会在价格稳定、车辆通行、安全生产、素质提升等方面自律作用,补齐政府监管短板。在重大安保时期,快递协会牵头组织快递企业开展交叉检查55家次,发现并消除隐患12处,为安保任务的完成做出较大贡献。

【升级"智慧邮政"】 进一步完善覆盖全县的快递企业视频监控平台,到年底,全县视频监控平台共计接入企业14家、网点58个,监控探头340路,视频上线率始终保持90%以上,安装拾音器17家。全年共计通过视频巡查快递网点1962家次,发现并消除隐患202处,整改快递网点289家次。在武康街道的舞阳申通、营盘小区韵达2个网点创新试点人脸识

1月17日,德清县快递行业协会成立　　(县邮管局　提供)

别系统,通过身份证与现场人脸扫描比对,验证消费者的身份,确保快递实名制环节人证一致。同时按照"每三周全覆盖一次"的原则,滚动开展现场抽查检查,全年共实地检查1010处快递企业经营网点,出动检查人员2027人次,发现并消除隐患607处。依托政企办公自动化系统(OA),实现企业安全管理、日常执法检查、数据报表统计等全流程数字化管理,建立起涵盖全县寄递行业分支机构、末端投递点、协议客户、从业人员、车辆、末端网点、业务量等信息的大数据库,并保持实时更新,实现全行业动态监测。

【保障寄递渠道安全】 严格做好全国"两会"、"一带一路"高峰论坛、金砖会晤、党的十九大、互联网大会等安保工作。先后开展寄递清理、安全生产、禁毒、"扫黄打非"等专项行动,共出动检查人员512人次。按照《邮政业安全生产设备配置规范》标准,协助市局现场审核通过新办理经营许可企业1家、新备案分支机构6家、分支机构地点变更审核5家。全面推行行政约谈制度,对日常检查、平安暗访中发现问题的企业、分支机构进行两级责任连带约谈,全年共计行政约谈快递企业及下属经营网点66家次。

【宣传 教育 培训】 全年组织全县邮政、快递企业负责人、安全员开展安全生产、行业自律、寄递安保、企业管理、X光机等培训7场次,共计培训421人次。组织县局和企业代表参加"诚信快递、你我同行"主题演讲比赛、湖州市第二届快递业务员职业技能竞赛等,县企业代表在省市两级演讲比赛中均获得企业组第一名,德清圆通代表在技能比赛中获得一等奖。联合市局、县公安局、市场监管局、邮政公司等部门先后开展"3·15"消费维权、国际禁毒日、世界邮政日、"迎八一,拥军慰问"等宣传活动,印发《寄递温馨提示》《寄递安全知识宣传手册》(2017版),以及《快递市场管理办法》《快递业务经营许可管理办法》等1300余份。十九大期间组织开展"快递小哥讲党性"主题党日活动,成立快递流动党员之家,为快递党员提供组织保障。

(余 帅)

邮 政

【概况】 2017年,中国邮政集团公司浙江省德清县分公司根据省、市公司要求,对各部门组织架构及职责调整如下:市场经营部门,设置市场营销部、机要室;经营支撑部门,设置金融业务部(中邮保险局)、集邮与文化传媒部、包裹快递部、渠道平台部;综合职能部门,设置综合办公室(安全保卫部、党委办公室)。

全县共有18个邮政服务网点,其中邮政支局11个、邮政所5个、代办所2个,主要办理代理金融业务、函件业务、集邮业务、报刊业务、车务代办等。至2017年年底,有正式员工131人、劳务派遣制员工126人。

2017年,累计完成业务收入5182.08万元,同比上年增长8.13%,其中:代理储蓄业务完成业务收入2613.23万元、包裹快递业务完成业务收入1586.85万元、电子商务业务收入156.86万元、函件业务完成业务收入55.21万元、集邮业务收入完成271.59万元、报刊业务收入完成263.13万元。

【电商批销业务】 对接县政府、农业局、商务局等机关单位,联合启动"邮乐网万斤项目","德清嫂"系列农产品成功入驻邮乐德清馆,共销售农产品近百万元,帮

5月25日,德清邮政万斤农产品进城暨"德清嫂"品牌入驻邮乐购项目启动仪式举行

(邮政公司 提供)

助德清县农民解决农产品"销售难"问题。推进批销业务的发展,对本地热销品经销商进行走访营销,先后引进"红牛""光明""溪东大米""农夫山泉""美丽健"等一线品牌入驻批销平台,召开年货节、邮乐购夏季订购会、中秋订货会,得到经销商们的支持,让广大老百姓在家门口就能买到心仪的产品。

【代理金融业务】 加强窗口和厅堂服务,履行"以客户为中心"的服务理念,营造节日氛围,开展包饺子活动、邮爱宝宝亲子活动、端午邮情等。加大服务辐射范围,利用邮政大篷车流动宣传、在人流集中地摆设宣传摊点、发放宣传单页和礼品等方式,宣传邮政储蓄,走村访户送祝福,扩大宣传的覆盖面和影响力。

【快递包裹业务】 对大客户采取收寄、封发前置并直发邮区中心局,提高邮件时效,减轻包裹中心场地处理压力。建立专业队伍,组成"1+1"小组开发区域客户,坚持晨会制度,及时处理问题,通过"建档—蓄客—提升",实现客户数和客户质量迅速提升。借力技术提升,协助客户测量其内件产品重量、体积等基础信息,实现客户系统自动识别轻小件,便于优质邮件直发邮政。

【拓展传统邮政业务】 函件业务方面,尝试朋友圈广告业务,成功开发"禁毒日"朋友圈新媒体广告;做好水乡邮局明信片,把"美丽德清"寄出去。报刊业务方面,拓展线上订阅市场,开展各种线上促销优惠,培育线上消费习惯。根据全年时政热点抓好政务图书销售和图书巡展,促使群众养成良好的阅读习惯。集邮业务方面,利用微信、短信等多渠道开展营销活动,配合"丁酉年"邮票发行;加强定制邮品开发,做好"陆放纪念馆"成立纪念邮品、做好"青少年宫"纪念邮品。

【提升网络投递服务能力】 新政策"以车换人"初见成效,七成的投递道段使用汽车、电动三轮车投递,提高投递时效,提升投递服务能力。

对县内网运邮路进行合理调整,基本达到在上午12点前完成进出口邮件交接,确保当天乡镇支局所进口快递包裹实现当天安排投递。

根据德清县政府"建设智慧德清"要求,建设智能投递网建设,落实县政府为民办实事内容。"E邮柜"安装,全面实现三年规划,得到当地政府部门、快递企业和广大用户的认可。

加强党报党刊发行,保障及时将党和政府的声音传达到千家万户;加强机要通信安全,保障党政军部门内部信息畅通;加强义务兵通信和盲人读物免费服务,保障用户合法权利。

【邮政安全】 开展常规检查与明察暗访,加强对重点环节、重点部位的实时监控;加大视察检查力度,严格执行封闭作业管理规定,对邮件进行全程有效监管,提高安全防范水平;严格执行收寄验视制度,严把邮件收寄关,进出邮件全部通过安检机检查,从源头杜绝邮件安全隐患,确保安全无事故。

与县支行联合成立第五轮金融安全评估工作领导小组,进行自查自纠,对自查中存在的问题进行整改。做好"心防工程"活动,加强电信诈骗的现场防范工作,洛舍支局成功堵截一起电信诈骗案件,挽回客户损失3000元。

开展安全教育培训和演练工作,参加网络学院消防安全培训,参培率和考试合格率均100%,举办消防安全知识培训会议,组织职工观看7个邮政安全管理与操作规范系列电教片。

(朱丽娜)

电　信

【概况】 德清电信分公司坐落于德清县武康街道中兴北路567号,通信主机房设在武康街道英溪南路160号。企业机构设置有:综合管理部、销售部、政企客户部、网络运营部、武康城西支局、武康城东支局、乾元支局、新市支局、新安支局、莫干山支局、钟管支局等。公司共有正式员工131人,派遣、外包员工142人。

2017年底,分公司拥有固话计费用户84129户,宽带计费用户88352户。移动用户71610户,其中智能机用户47464户。ITV用户51502户。EPON(GPON)容量92909门,实占82583门,FTTB-LAN端口容量25406,占用数11137;FTTB语音端口容量26726,占用数11519;FTTNADSL退网;FTTN语音端口容量79872,占用数21207。

2017年,中国电信德清分公司累计完成税后收入12936万元,完成税后年度预算指标的96.4%;

累计同比增长1.59%,全市排名第一。其中ICT收入完成930万元;号百收入完成177万元;流量经营收入完成2626万元。

【提升市场运营能力】 在推进2017年国务院提速降费总体要求工作中,成立工作小组承接,在资费平均降幅37%,最高资费降幅达到93%的不利情况下,宽带开展提速不提价,企业客户根据客户需求实施针对性、专业化服务,提供"宽带卫士"、4G会易通服务、网站安全监测、阳光维保、桌面云、云主机、企业云盘等一揽子应对的保存量转型业务的方法,家庭及个人客户,降低宽带入网门槛,提高光宽带接入能力与网络质量;推出全家共享不限流量套餐使存量尽量的保有。开展宽带保卫战,坚持融合、单产品并重:做好市场细分,以网格为单元,开展电商村园区攻坚、红区深耕、白区攻坚、红包村建设、千兆小区试点建设等活动,共计组织安排44场次,达标网格在本地网内处于领先,并获得较多的抢盘资源。组织落实"'王者荣耀'德清赛区海选pk赛",电信联通协同"真全网通手机"普及骑行活动,"舞比快乐"广场舞大赛等活动。

【金融理财、电子支付为一体的"翼支付"业务】 2月16日,为拓展翼支付二维码线下商户,德清分公司员工在全县范围的当地特产美食、小吃、快餐、水果店、宾馆、洗车店,多行业推进,进行商户业务辅导、宣传进店,并进行支付流程演示的活动。至年底,商户累计发展702户,累计商户完成率70.2%;商户活跃数累计691,活跃商户完成率43.53%。

【4G建设和800M重耕】 L网站点4期建设安装站点204个,开通199个。共补充建C网基站14个,RRU设备安装25套。800M重耕项目是2017年最重要建设项目,建设开通800M频段LTE基站215个,为NB-IOT的商用提供基础。

【网络优化提供竞争优势】 每月对城区及省道等例行测试继续严格按照要求进行。按要求对重要公共场所展开专项测试和分析。通过自动路测,每天通过网优平台的各项数据等手段找出不足,明确优化的方向,提出优化方案,解决现有问题40个;城域网对现有汇聚层进行优化,调测上线BAS设备两台,接入层重点对乾龙接入网原华为7803交换机替换为中兴8908,解决原设备电源单模块工作存在的安全隐患。对部分中继电路进行优化,原南路OLT上联至武康华为9306-2的2个万兆,由于物理路由节点多,故障率高,所以将其割接至于村华为9306。

【拓展"丰收驿站"网点】 10月9日,德清成功合作泛渠道"丰收驿站"网点44家:新市5家、钟管12家、新安3家、雷甸2家、武康开发区6家、上柏2家、洛舍4家、三合3家、禹越5家、乾元1家、莫干1家。

【打造德清第一家千兆示范小区】 11月1日,中利达花园融合占比达到51.66%,百兆占比70.83%,超百兆占比10.33%,宽带渗透率55.97%,智慧家庭应用渗透率85.16%,成功打造德清第一家千兆示范小区。

【强基础平台建设提升"应急保障"能力】 做好重点维护项目的支撑、再开发与运行保障。数字城管、工商信用系统、水利预警、环保改造、运管平台、德清公共自行车等信息化项目,为德清"互联网+"推进起到示范作用,同时加强与企业合作,以个性化解决方案服务于企业的信息化升级,提升实际使用水平。"应急保障"预案与多次的演练相结合,确实做到关键时候拉得出打得响。

【质量服务工作】 根据市公司服务质量考核办法和细则,每月对各部、区域服务质量进行考评。协调处理县消协、12345县长热线办、信访办、10000号电信服务热线及各服务网点转来的用户投诉、咨询、报障、申告。

(许全华)

移 动

【概况】 至12月底,通信服务收入完成3.40亿元。集团信息化产品完成累计收入2400万元,ICT项目收入700万元。

各项业务健康发展。德清日均通话份额达到86.8%,与上年同期相比日均通话份额提升0.15%;年累计新增市场占有率77.14%,年累计净增市场占有率90.86%;4G活跃用户达到约34万户;手机上网流量增长率达到108%。物联网连接活跃数到达15万户。

全年共完成LTE新建基站70个，开通LTE基站共计118个，开通小微站25个，解决弱覆盖栅格17处；完成6期预规划站点200个。

【营销业务拓展】 全面推进第二卡槽营销，执行市公司相关赠卡政策，精细化划分购机赠卡、触点赠卡和非本网购机赠卡等各类触点，强化放号考核与综合激励酬金挂钩的考核要求提升办理量。

开展集团2/3G客户专项迁移，小乡镇集中规模营销等方式进一步开展存量迁移。

提升集团的4G业务渗透。对每位客户经理负责的集团进行相应的考核。每月更新集团内非4G终端数据下发针对换机。

【流量精细化运营】 在流量包升档方面，利用"加量不加价"和"流量满就送"营销政策结合用户流量及消费习惯推荐相应档次流量包，激发用户使用流量。在飞享套餐迁转方面，结合"飞享套餐流量保底送话费"活动提升飞享用户占比。在咪咕推广方面，针对触点用户积极推荐，全量触点用户咪咕会员活跃率为30.27%，咪咕活跃用户到达8万余户。

【网络安全运行】 基站隐患整改100余站次，整改及时率100%；无线、传输、动力三类故障工单累计处理5500张，工单处理及时率100%，工单质检规范率99.3%，同比提升1个百分点；无线弱覆盖NPR连续10个月达到市公司考核挑战值，居全市前列；完成179段跨路、跨河净高不符合规范要求的整治，进一步提升网络的安全稳定性，传输跳纤累计完成80000余跳，较好的保障驻地网开通和故障处理。专项工作方面，从2月份开展基站纤芯整治，至年底完成基站摸排250个，基站修改153个，现场整治完成132个；继续开展ODN裂化专项工作，新增完成64个ODN区块劣化。

（方国超）

联　通

【概况】 2017年，公司下属1个部门、3个公众区域营销中心、3个集团区域营销中心、2个市直属中心，共有从业人员60人。销售与服务网点建设有营业厅4家、合作商销售与服务门店150处。

移动网络建设德清联通GSM/WCDMA/FDD-LTE基站332个，其中2G基站230个、3G基站318个、4G基站278个、室内分布系统85个。全县建成杆路760多公里、光缆3580多皮长公里、管道250多公里。2G、3G移动信号覆盖全县所有乡村，4G信号覆盖所有乡镇。

根据《德清县小城镇综合整治行动实施方案》开展"线乱拉"治理专项行动。固定网络建设公司有ADSL机房端口总数37395个，FTTH机房端口总数32969户，覆盖全县90多个小区。与德清广电全面合作，开展网络资源共享，在德清区域范围内成为唯一家能够实现固定网络全覆盖的通信运营商。

【公众基础业务】 注重渠道的发展和维系，2017年共新建核心渠道7家，其中本级核心商圈新建3家；有效核心渠道共26家。各区域与渠道积极沟通紧密配合，全年共开展外拓活动375场次，合计发展用户6125户，参与外拓渠道12家。与108社区平台进一步做好深化合作，组成联通、渠道、社交平台三者融合的业务推广团队，在"五一"、国庆等节点促销上充分发挥各自优势，拉动渠道的节日产能。加快2I业务的发展。2I业务是德清拉动产能增长的主要来源。2017年共发展2I订单用户12176户，激活9285户，充值7239户，综合转化率59.45%，全市排名第三。

【公众固网业务】 逐步提升固网渠道的销售能力。从基础抓起，切实帮助渠道完成宽带业务的推广，同时集中精力营销FTTH小区，尤其是双低小区，采取物业合作、房产公司团购等手段营销。与广电合作，扩大合作范围，拓展新的增长点。工作目标共同制订，经营政策共同出台、重点项目共同谈判、碰到困难共同解决，全年实现续费率达到68.8%、ARPU值不降、宽带规模净增保持2%的增长。

【重点项目中标成功】 2月，中标德清智慧消防基础信息平台项目。5月，中标德清县社会保险管理服务中心"两定单位"摄像监控系统租赁项目。8月，中标德清县"浙江省基层治理信息系统"（4个平台）项目。并完成项目的上线运行、全县12个镇（街道）的培训和实名认证工作。9月，求是高中洽谈成功插卡电话套餐，秋开成功入网1680户；12月，中标德清县教育考试中心国家教育考试网上巡查系统维保项目。德清县公安交通警察大队的违停项目,"德清智慧工地"项目,至年底,共计接入45条。

【主题沙龙活动】 6月,圆满完成"云上德清、两化融合"主题沙龙活动。沙龙由多个政府部门领导,40余家中大型本地、新星企业参加。联通云平台专家、阿里钉钉培训师做了深入的介绍与答疑,与参会人员进行了交流,让政府领导与企业更加深入了解联通业务的特色。

【德清云数据平台建设】 德清云数据中心,是联通十大数据基地之一,是南方规模最大的,也是联通全国数据骨干网重要节点。占地105亩,建筑面积6.54万平方米,设计规模达7500个机柜(可扩展),总投资19.80亿元,预计2018年5月可投入使用。

【签订战略合作协议】 2017年,与德清县人民政府地理信息产业园建立紧密的合作关系,签订战略合作协议。签订战略合作协议后实现当年新增收入百万元,在"大物移云"上取得先机,为2018年新兴业务的发展奠定基础。

(严正伟)

气象事业

【气象灾害监测预报预警】 德清县2017年全年天气总体平稳,平均气温略高,雨量稍多,日照略少于常年。至11月8日,全县平均气温18.7℃,较常年同期偏高0.9℃,高温天数共31天。降水量1364.1毫米,较常年偏多81毫米(常年雨量1283.1毫米),雨日137天,偏多2天。梅汛期雨量316.9毫米,较常年(常年雨量267.5毫米)偏多18%。

充分发挥部门职能,做好监测预报预警服务工作,重点强化对各类灾害性天气、汛期梅汛期等关键时段的气象服务保障。全年共发布各类决策服务材料120期,各类气象灾害预警信号28个,向有关部门、镇(街道)、气象灾害防御重点单位负责人、气象协理员及网格点、农业大户等发送气象预警短信437次,向社会公众发布各类气象预报预警信息112万余条次。

【气象现代化和基础设施建设】 2017年,完成德清气象综合观测基地建设和业务搬迁工作,启用新业务服务值班室。改造启用气象灾害预警中心预报业务平台,完成MICAPS(气象信息综合分析处理系统)4.0系统更新。完成塔山观测场及周边环境改造工程。安装天气现象仪1套,区域自动气象站升级改造3套,并对全县气象监测和服务设施维护保养150余次。完成气象灾害风险区划和普查年度任务,浙江省中小河流洪水、山洪地质灾害气象风险预警系统本地化应用顺利推进,气象与国土联合发布地质灾害气象预警预报短信3次。完善突发公共事件预警信息发布平台建设,与民防开展人防警报系统与预警信息发布平台对接和紧急情况传输系统建设试点工作,通过该平台发布包括自然灾害、公共安全等信息120余万条。

【农业供给侧结构性改革气象服务保障】 强化智慧气象农业服务,健全气象协理(信息)员考核、例会、培训等制度,完成"钉钉"培训安装使用工作,同时积极推广"智慧气象",新安装用户720个。完善农业气象服务客户端功能,上线鱼嚎预警气象指标试应用。德清农网发布各类农业信息1300余条。

强化面向新型经营主体的直通式气象服务,通过网络、电视、广播、微博、微信等渠道发布农用天气预报、农业气象灾害预报及茶叶、蚕桑、夏收夏种等专项预报服务材料46期,气候评价及农业气象监测报告24期,发送服务短信6万余条次。气象直通式服务覆盖全县80%的新型农业经营主体。

完善农业气象试验服务站建设,开展早园笋、蚕桑、水稻、水产养殖等特色生态农业气象观测试验,启动农业实验大棚建设。发挥社会化气象服务优势,完善县农业气象专家联盟工作机制,联合保险公司开展茶叶气象指数保险,减少经济损失40余万元。

联合县农业局经作站深入田间地头开展农情调查19次,与供销社签订《推进为农服务工作合作协议》,提升农业气象服务能力纳入《德清县"三位一体"农合联现代农业服务体系建设三年行动计划》;与省气候中心对接开展高山葡萄气候品质认证工作,"高圣兰莹"被评为葡萄类全省唯一特优级。

【美丽乡村生态气象服务】 县政府办公室下发《德清县应对极端天气停课安排和误工处理办法的通知》和《进一步加强基层气象防灾减灾组织体系建设工作的通知》。以突发事件预警信息发布向基层延伸,提高农村气象综合防灾减灾能力,组织开展进村入户调研走访,对接9个气象防灾减灾标准化村(社区)以及1个气象灾害防御精品村(莫干山燎原村、民国风情街)创建工作,修订《乡镇(街道)气象灾害应急预案》和《村(社区)气象灾害应急行动计划》。完成禹越镇国家级标准化乡镇申报,12家气象灾害防御重点单位通过认证。发布2016年度《主要气象事件与气候评价》《雷电监测公报》。助力"五水共治",为改善水体环境,缓解土壤墒情,进行人工增雨作业4次,联合演练工作3次,实现与省市局的物联网可视化对接。强化与旅游部门的合作,对全县3A以上景区进行防雷安全排查,对550家洋家乐进行普查,将安全负责人纳入预警信息通讯库,完成预警信息接收传播网格点信息库更新工作。推进"洋家乐"气象服务规范编制工作,成立编制工作小组,制定工作计划,并与质监局对接,确保纳入标准出台计划。

【优化气象行政许可 加强防雷安全监管】 推进4个审批事项1个便民服务事项的"最多跑一次"改革,将气象审批相关内容纳入综合窗口,提高审批效率。4月,县人民政府办公室印发《关于优化建设工程防雷许可有关事项的通知》,由政府层面明确各部门在防雷行政审批以及防雷安全监管和防雷减灾方面的权责,继续将防雷减灾工作纳入政府平安建设和安全生产监管体系。建成基于二维码的防雷安全社会化共享管理平台,建立全省首家县级防雷安全检测数据库。强化考核,将易燃易爆场所、旅游景点等防雷安全监管纳入县政府对乡镇(街道)的平安考核。加强联动,制定防雷安全综合治理实施方案,对县内80余家易燃易爆场所开展防雷安全专项大检查工作,并委托嘉兴防雷检测公司完成县内4家A级以上景区的排查,做到检查有计划、有记录;与县安监局联合发文,督促相关企事业单位建立安全风险管控和自查、自改、自报的隐患排查自理体系。强化保障,6月19日经县编委会讨论通过,县气象灾害防御技术中心转为公益一类事业单位,财政全额保障。

【气象科普宣传与公共气象服务】 联合团县委、县青少年宫开展"观云识天"主题绘画暨"3·23世界气象日"纪念活动,在防灾减灾日、安全生产日广泛开展气象科普宣传活动,开展2016年"十大天气事件"评选活动。整合网络、短信、电子屏、视频、声音多种渠道并创建融媒体品牌"嗨天气",完成《天气预报》《气象半月谈》节目改版,德清气象官方微博关注度稳居全县前五位。电视《气象半月谈》共拍摄制作"农业气象""平安创建""防灾减灾"等专题节目22期。积极组织参加全省气象影视服务业务竞赛。

(路 明)

镇·街道

镇

乾 元 镇

【概况】 全镇区域面积66.88平方公里,至2017年底,全镇常住人口60940人,户籍人口45489人,辖10个行政村、5个社区。2009年列入市级中心镇培育,2010年列入第二批省级中心镇培育。先后获全国小城镇综合发展千强镇,浙江省文明镇、卫生镇、教育强镇、体育强镇、文化强镇、森林城镇、小城镇环境综合整治样板镇,东海文化明珠乡镇,湖州市小康镇、十强镇、示范教育强镇,以及旧城有机更新项目获国家住建部中国人居环境范例奖等称号。

表13 2017年乾元镇经济发展概况

项　目	单位	金　额
工业总产值	亿元	215.60
其中规上工业产值	亿元	125
销售收入	亿元	117.70
税利	亿元	8.74
财政收入	亿元	5.28

【工业经济】 2017年,全镇实现工业总产值215.60亿元;其中规模产值125亿元,规模工业增加值20亿元,规模税利8.74亿元。全镇共有工业企业320家,其中"亿仟"企业2家,"双伍"企业1家,规模企业73家,产业结构不断优化。全年完成全社会固定资产投资24.50亿元,其中工业投资完成16.80亿元,服务业完成7亿元,1000万元以上技改投资完成17.62亿元,当年经认定的"大好高"项目完成投资4.59亿元。产业转型步伐稳健,全年"小升规"企业6家、机器换人项目18个,成功申报省级科技型企业7家、高新技术企业3家、省级研发(技术)中心3家、各类专利460件。

【项目双进】 坚持选商引资"一号工程"不动摇,引进三次产业"大好高"项目4个,其中10亿元以上1个,5亿元以上1个,外资"大好高"项目1个。在游子文化节上,签约杭州万森科技年产3万只X射线管及配套设备项目、浙江近江集团德清智能制造产业园项目等。坚定"项目为王"理念,强化对项目的协调联系和跟踪服务,全年新批千万元以上项目36项,其中2000万元以上工业新开项目24个,竣工12个。县重大百亿工程完成投资9亿元,开工2个,竣工2个。浙商回归实际到位资金7.05亿元,实到外资1052万美元。湖州市两化融合重点项目认定2个。

【平台建设】 做优做强平台,提升承载能力,完成园区基础设施建设总投资约4301万元,勤俭桥和乾北路二期、规划支路一、规划支路三顺利通车,工业平台路网进一步完善。成立乾元人才工作上海联络站,新入选"国千""省千""南太湖精英"人才各2名,超历年总和,为企业发展提供智力保障。对落后产能动真碰硬,全年完成雨污分流改造企业146家,关停"厂中厂""低小散"及"四无"企业81家、提升32家,顺利收购华光电光源等重点闲置低效地块,累计盘活存量用地99亩。

【现代农业】 以"美丽环境"促进"美丽经济",完成联星村1000亩高标准基本农田提升建设;恒星村蔬菜批发市场列入省级发展壮大村集体经济项目;齐星村整村推进屋顶光伏发电,完成安装并网200户,总容量达1.6兆瓦。全年新申报"一事一议"项目8个,实施土地综合整治项目2个,村集体经营性土地入市2例,农村土地确权登记颁证工作率先完成。城东圩整治、十字港流域整治、苕溪清水入湖、小农水等水利工程建设及水利标准化创建有序推进。开展无公害农产品和基地的申报及检测,新认证无公害农产品基地5家12个产品,完成农产品质量安全检测720批次,成功创建农产品质量安全示范镇,新增农产品质量安全示范村2个。新培育县级、市级、省级示范性家庭农场各1家,县级农业龙头企业1家。完善水利基础体系,开展农村水利基础设施提升暨水利标准化创建,继续开展城东圩整治工程建设,配合做好苕溪清水入湖河道整治工程、小农水城东灌区、雷甸灌区等水利局重点水利工程在全镇范围的政策处理工作,确保工程顺利进行。注重林政管理,确保森林消防安全。

【城乡建设】 深入实施"美丽城镇"建设三年行动计划,绕"一加强三整治"目标,编制《乾元镇小城镇环境综合整治规划》,成为47个"省小城镇环境综合整治优秀规划"之一。实行项目联系人每天"最少跑一次"在建工地机制,高标准大力度推进美丽城镇建设,基本完成总投资2.80亿元的20个镇级重点项目和37个社区级项目,改造立面22万平方米、道路1.90万平方米,新增车位400余个、绿化3万平方米,清理"空中蜘蛛网"16.50公里,提升公园和菜场9个。

继续做好城乡环卫"一把扫帚扫到底",启动生活垃圾分类试点工作,重点整治"两路两侧""房前屋后"乱搭建、乱堆放问题,同步推进"城镇管理再加强、文明创建再提升"两大行动,增强居民群众道德素质,有效减少城镇环境"脏乱差"现象发生。

继续开展美丽乡村建设工作,全面完成精致小村、精品示范村、提升村等103个建设项目,新建文化礼堂4个,实施农村再造公路10公里、大中修30余公里,新增平原绿化350余亩,美化"田间地头"农业生产管理用房180幢,明星村、金火村、恒星村、齐星村均高分通过验收,基本实现美丽乡村全域覆盖。积极开展平原绿化工作,新申报并实施珍贵彩色健康森林建设300亩。

【五水共治】 深化"河长制"工作,创新巡河"五步法",调整河长4名,设立镇、村两级小微水体长50名。开展"剿劣提标"大会战,完成40个问题小微水体整治并通过验收,且将其中14个点位打造成示范水体。打通金湾坝港、渔船埭港等断头河4条,河湖库塘累计清淤26.50万立方米,完成总任务的139%。新建工业、城镇雨污管网10公里,清理维护8公里,金火村、恒星村等6个行政村农村污水管网修复补建工程启动施工。强势推进农业面源污染治理,拆除养殖"四棚"121户,治理渔业养殖尾水1.57万亩。

【三改一拆】 按照"严控新增、清理存量"的思路,继续巩固"三改一拆"成果,全面深化无违建镇创建,全年"三改"442万平方米,累计拆违25.80万平方米,拆后利用率达98.1%,整治"两路两侧""房前屋后"问题点位220余处,"三改一拆"连续三年获全县考核第一,"无违建镇"创建通过市级验收。直面危旧房治理难题,腾空、治理、改造城镇88幢347户C级危房和138幢580户D级危房,完成治理农村危旧房158幢。

同时,深入开展城中村改造,顺利完成康乾新区金鹅山村、杭州二绕、长虹街东延、大闸周边区块等近1000户房屋搬迁攻坚任务。

【社会各项事业】 深入挖掘文化底蕴,举办第十七届浙北乾龙灯会,策划小城镇建设发展论坛。完成国学图书馆建设和文史馆修缮,加快施工非遗馆,全力打造余不弄文化核心区。全面提升教育教学环境和质量,一幼、二幼(船闸路园区)成功创建省一级、省二级幼儿园;清溪小学、中心小学分获2016学年县依法办学自主发展先进学校和示范学校;中心小学曲园分部扩建项目全面开工;第三幼儿园新建项目谋划启动。深入推进最干净餐饮店及美丽食堂创建工作,小餐饮单位规范整治工作,保障食品安全。人口计生各项指标执行良好,"全面二孩"政策稳妥实施。深入实施城乡居民养老保险工作,社会保险覆盖面不断扩大。农村医疗环境得到改善,城乡居民基本医疗保险覆盖率达100%。稳步推进家庭责任医生签约服务工作,完成省级卫生镇复评工作。依托场地优势,成功承办浙江省第七届老年人运动会(地掷球)比赛。切实做好社会救助工作,新型社会救助体系建设扎实推进,城乡最低生活保障率和农村"五保"、城镇"三无"人员集中供养率均达到100%,累计发放各类救助和补助金380余万元。

【浙北乾龙灯会】 (详见第204页"旅游业·打响德清旅游品牌·浙北乾龙灯会")

(俞裕恺)

新 市 镇

【概况】 新市镇镇域面积93平方公里,辖24个行政村、4个社区、1个居委会。2017年,全镇常住人口84109人,户籍人口65010人。至2017年,先后被确定为全国重点镇、全国小城镇综合发展千强镇、国家级生态乡镇、中国历史文化名镇、中国民间文化艺术之乡、全国社区教育示范镇,成功入选浙江省旅游风情小镇培育创建名单、浙江省地名文化遗产千年古镇、浙江省首批"书香城镇"。2003年被省政府列入杭州湾城市体系规划,2010年被确定为浙江省首批小城市培育试点镇。新市镇为国家3A级景区,2017年,全年共吸引游客42万人次,实现旅游综合性收入6300万元。

表14 2017年新市镇经济发展概况

项 目	单位	金 额
规上工业产值	亿元	176
规上税利	亿元	14.90
财政收入	亿元	6.80
固定资产投资	亿元	33
农民人均纯收入	元	30190
城镇居民人均可支配收入	元	56350

【小城市培育】 借力全省新一轮小城市培育试点战略机遇,着重完善小城市基础设施建设,提升城市品位。新建、改造停车场4个,在镇区范围内,设立公共自行车站点5个,游泳池和德清医院项目加快建设。城区路网结构更加优化,完成文昌大桥和德桐公路至菱新公路连接线漾溪港桥、高桥港桥主体建设,积极推进文昌路延伸段工程。积极配合杭州二绕征地拆迁,完成9个村红线内共148户人家征迁工作,约占全县征迁任务的三分之一。

【工业经济】 以工业发展为核心,坚持项目带动战略,做优存量、做好增量、做大总量,为新市发展提供强大的经济支撑。

选商引资。贯彻县委、县政府"改革创新、接沪融杭"战略,全年签约引进内外资重点项目9个,协议总投资33.60亿元;完成浙商回归10亿元,同比增长42.8%;申报"大好高"项目6个,其中:10亿以上"大"项目1个,5亿以上1个;"好"项目3个;高新技术项目1个。从项目引进来看,质量明显提升。

重点项目。全年实施限额以上重点项目42个,完成固定资产投资33亿元,其中列入县重大项目"百亿"工程8个,完成投入12.70亿元,完成年度目标181.4%。重大项目开竣工5个。

园区平台提质扩容。发挥德清工业园在项目双进中的主阵地作用,完成蔡界钟港组遗留22户农户拆迁,新拓展平台面积240亩,建成200亩。投入1.90亿元完善基础设施,河东路、大桥路完成建设,田东路、项东路、世佳路即将竣工,"一企一管一表"实时监控系统孟溪区块投入运行,乐安区块稳步推进。

【"三城"建设】 探索"三生融合"发展,打好"改、建、管"组合拳,以"三城"建设为抓手打造高品位小城市,《浙江日报》作专版报道。

集镇改造全面推进。按照小城镇环境综合整治要求,年初全面启动旧城改造,由镇主要领导带班子,班子成员分片包干,机关和村(社区)干部夜以继日督促推进,全年累计投入3亿元,完成中心广场以及仙潭路、健康路、新北路等9条镇区街道外立面、人行道、线管和污水管网改造,德桐公路沿线改造,以及原士林集镇整治提升。

古镇开发加快起步。与县文旅集团达成深度合作,共同规划、合作开发古镇三个半岛等核心区域,涉及三个半岛拆迁的415户,除有历史价值的古民居保留外,其余均完成拆除,围绕4A级景区目标,着手规划整个中心城区2.30平方公里封闭式大景区概念设计,形成新市旅游特色。

城西新区聚势成型。"六横六纵"路网建设的最后一块短板——文昌大桥和新千公路2座桥梁全面合拢;文体中心正在室内装修,德清医院主体结构建至8层,加元垃圾焚烧厂周边农户搬迁稳步推进,一期72户农户房屋主体基本结顶,二期157户全部签约、正在腾空。

【生态文明】 以农业供给侧结构性改革为抓手,加大"三农"投入,打造全域美丽。

"美丽乡村"建设。围绕村庄集聚、环境美化、产业提升3个重点,加快精致小村宋市村,蔡界、舍渭2个精品村和白彪、加元、韶村、谷门、乐安、东安6个提升村的建设,9个村全年启动项目102个,完成投资1.21亿元,全县排名均靠前,特别是精品示范村舍渭排名全县第二,入选省级精品示范村,提升村韶村、谷门排名,分列全县第一、二。

治水拆违。开展"剿劣提标"专项行动,排查整治问题小微水体160处,顺利通过省市县验收;完成农业设施用房改造1066个、渔业养殖尾水治理2.55万亩,关停拆除内塘水禽养殖场128个;试行"治水曝光台",首创"跨界河长制",全县镇(街道)中第一个实现"河长制"系统终端使用率、巡河达标率、日志完成率和河道事件结案率四个100%。拆旧控新和拆后利用齐头并进,全年完成旧住宅区改造4161户、城中村改造2754户、旧厂区改造4个,拆除违建211户,面积39.20万平方米,拆后利用率达到100%。"一路两侧"整治深入实施。全年新增绿化面积23万平方米,德桐公路18.60公里沿线完成绿化提升,新联片7个村实现"一路两侧"绿化全覆盖,高林片新五线、韶高线,梅林片菱新线填土接近尾声,覆盖全镇的绿化网初步形成。

【社会事业】 以"共享改革成果、增加百姓获得感"作为发展的根本出发点,推动"最多跑一次"改革落地生根。

民生福祉不断增进。积极实施就业帮扶,全年新增就业岗位1556个,解决失业人员再就业883人;发放低保及各类救助金853万元,受益对象2286人。

社会事业协调进步。优化教育布局,完成新市第二幼儿园选址及方案设计;深化综合医改,以新市健保集团为依托布局大健康产业;繁荣文化体育事业,成功举办新市镇第四届运动会、第十九届蚕花庙会和第二十一届羊肉黄酒节,在央视《新闻联播》《朝闻天下》栏目和浙江卫视播出,《传奇中国节·中秋节》走进新市在央视1套和4套并机直播,电影《拿磨一等》在古镇开机,新市文化走向国际。

平安创建持续深化。坚持把"平安护航十九大"、乌镇互联网大会作为头等大事,深化"一室四平台"建设,筑牢"平安新市网",全年强化21个行业268家企事业单位内部安全管理,完成1887家出租房旅馆式管理和消防治安风险隐患排查整治,破获刑事案件112起,查结各类治安案件329起,调处各类矛盾纠纷1397起,成功率达到100%,百姓幸福感和满意度全面提升。

【蚕花庙会】 (详见第203页"旅游·打响德清旅游品牌·蚕花庙会")

【羊肉黄酒节】 (详见第204页"旅游·打响德清旅游品牌·羊肉黄酒节")

(郭利娟)

钟 管 镇

【概况】 全镇区域面积78平方公里,至2017年底,全镇总户数12926户,常住人口51020人,户籍人口40925人,其中社区人口6708人。钟管镇是浙江省第二批省级中心镇。至2017年,相继获得全国文明镇、国家卫生镇、浙江省教育强镇、浙江省文化强镇、浙江省体育强镇、浙江省森林城镇、浙江省美丽乡村示范乡镇等荣誉。

表15 2017年钟管镇经济发展概况

项　　目	单位	金　额
地区生产产值	亿元	38.90
工业总产值	亿元	306
工业销售收入	亿元	226.80
工业税利	亿元	11.56
财政收入	亿元	7.04

【工业经济】 全年实现规上工业产值115亿元,规上工业增加值18.80亿元,规上企业69家,装备制造、生物医药、绿色家居三大主导产业产值占规模工业比重达65.6%,高新技术产业增加值占规模工业比重达66.6%,列全县第一。全年引进5000万元以上项目15个(其中高新技术企业7个),10亿元以上工业项目1个,5亿元以上项目1个,"大好高"项目5个,超额完成全年任务;浙商回归项目到位资金6亿元,完成全年任务的150%;实到外资1000万美元,全面完成了全年任务,位列全县前列。在建重大项目23项,固定资产投资18.70亿元,完成全年任务的112.5%,工业性投资13.80亿元,完成全年任务的109%;县"重大百亿工程"月度竞赛八夺红旗,列全县第一。升华集团收购兰德科技,实现境外上市公司零突破,升华云峰入围省首批企业标准领跑者名单,为湖州市仅有的两家之一。

【科技创新】 实施科技成果转化"亿千百十"工程,实现技术交易额1550万元,拥有自主知识产权(新增企业)19家,实施科技成果转化企业13家,分别完成全年任务的 130%、127%、108%；新认定高新技术企业 3 家、省级科技型企业 10 家、省级企业研究院 1 家、省级专利示范企业 1 家，省博士后工作站 1 个，累计已有高新技术企业 19 家、省级科技型企业 42 家；专利申请 482 件，其中，发明专利 158 件，位列全县前列；深入实施"5151"人才工程，入选"南太湖精英计划"B 类项目 1 个、短期项目 1 个、"十三五"国家重点科研项目 1 个。

【现代农业】 全年完成农业固定资产投资 3000 万元，渔业总产值超 11 亿元。新增延炜生态循环和绿康年产 1.50 万吨农产品深加工"大好高"项目 2 个，完成美丽健综合体、小根水产生态循环等 2 个"大好高"项目的续建；现代精品渔业示范带建设快，完成恒南水产交易市场"大好高"项目工程量的 70% 以上；新申报无公害农产品 5 个，二维码企业 1 家；新申报市级示范性家庭农场 1 家，县级示范性家庭农场 2 家。

【美丽乡镇建设】 以德清中东部全域美丽标杆镇为目标，做精美丽城镇、美丽乡村、美丽庭院、美丽景观线、美丽田园等美丽细胞，全域美丽形象初步显现。全面完成干山集镇和钟管集镇小城镇环境综合整治，均高标准通过验收。美丽乡村持续提升，启动 15 个美丽乡村工程，开工建设项目 158 个，完成投资约 1 亿元，曲溪、沈家墩通过美丽乡村精品示范村验收，下塘、葛山、塍头通过美丽乡村提升村验收，蠡山村顺利完成省级历史文化村落保护利用重点村建设，成功创建 3A 级村庄景区

干山集镇街景　　　　　　（钟管镇　提供）

1 个、A 级 2 个。基础设施不断完善，建成乡村游步道近 8 公里，停车场 8 个，新增停车位 826 个，完成农村公路大中修 5 公里，改造提升农村电网线路 12 余公里；完成南片高标准农田建设项目 60% 以上，完成十字港水利综合治理一期项目，完成扩大杭嘉湖南排工程 90% 以上、城东圩整治工程 75% 以上；创建水利标准化，完成省级创建点 2 个、县级 167 个。

【五水共治】 实行河长制管理，建成生态河道 25 条，完成小微水体整治 181 处并通过验收，治理面积达 271 亩，河湖清淤 20 万立方米；开展渔业养殖尾水整治，治理面积 3.60 万亩，养殖尾水直排乱排现象明显减少，水质明显好转；新建改造雨污管网 10.60 公里。

【三改一拆】 开展"两路两侧"专项整治行动，完成主要道路沿线问题整治 200 个，乡村道路沿线问题整治 145 个，农村危改建 24 户，城镇危旧房改造 34 户，拆除干山原政府宿舍楼等危房 3 栋，住宅区改造 91.10 万立方米，城中村改造 45.30 万立方米，拆违面积约 11.20 万立方米，超额完成全年任务，拆后利用率达 100%；抓好一房四棚整治，改建 810 个农业生产用房，拆除 93 个畜禽养殖棚，已全部完成复垦，超额完成目标任务。

【社会事业】 全面推进"最多跑一次"改革，设立全市首个"最多跑一次"民间助力奖。

新增就业 1553 人，失业人员再就业 436 人，新增养老保险、医疗保险参保人数 2063 人。加强低保动态管理，发放低保金 343 万元，临时救济困难户 129 户，发放金额 32.10 万元，新增村级红十字会 1 个，新增村级慈善分会 6 个，被县慈善工作领导小组授予慈善镇荣誉称号。

教育工作持续向好，中考成绩在全县公立学校中名列前茅，钟管中心幼儿园建成投入使用并创建为省一级幼儿园，3 所村幼儿

教学点创建为县"美丽村点",干山中心学校综合教学楼工程初步完工,承办全县"全民终身学习活动周"开幕仪式。

通过全国文明镇三年一复评,曲溪村创建为省文明村,新建村文化礼堂2个,企业文化车间2个,企业职工文化阵地1个,开展各类文化活动300多场,镇全民健身广场创建为县级全民健身示范点,新建市级中心村全民健身广场1个、多功能运动场1个、笼式足球场2个。

卫生服务不断健全,钟管镇中心卫生院新建工程已投入1788万元,完成总工程量的89%,完成责任医生签约13324人,完成农民健康体检9119人,女性两癌筛查1917人。

【平安建设】 全面完成"一室四平台"建设,运行以来,累计收集网格上报信息6194条,办结率100%,发放"一室四平台"宣传册2000余份,解决热线投诉29件,满意率96%。全年累计开展矛盾隐患排查53起,开展重大项目风险评估7起,处理信访33件,共接待县长热线379起,化解矛盾纠纷267起,调处成功率100%。全面打造治安防控体系升级版建设,推进零案发村(社区)创建,共发刑事案件69起,同比下降26.6%,其中入室盗窃案件同比下降46.8%,刑事打击处理19人,治安拘留88人,较上年有提升,黄赌毒等热点警情明显下降,保证全镇社会面平稳有序。扎实做好安全生产工作,全年检查企业430家次,排查隐患960处,完成三级标准化创建6家。加强食品安全监管,积极开展"美丽食堂""最干净餐饮店"等示范创建活动。

(张澍杰)

洛 舍 镇

【概况】 洛舍镇镇域面积47.32平方公里,辖6个行政村,1个居委会、158个村民小组。至2017年底,全镇户籍人口18569人,总户数5056户,外来从业人数7888人。洛舍镇是全国千强乡镇、全国环境优美乡镇、浙江省文明镇、浙江省卫生镇、浙江省教育强镇、浙江省生态镇、湖州市平安乡镇、湖州市文明镇。拥有"中国钢琴之乡""中国木皮之都"两张国字号金名片。

5月12日,洛舍镇完成村(居)换届选举工作。选举产生7名村(居)委会主任、7名副主任、18名委员。还对村股份经济社董事会、村(居)务监督委员会进行换届选举。

2017年,圆满完成全国统筹推进农村土地制度改革三项试点工作现场会、全省村土地利用规划工作现场会、全县基层社会治理工作现场会等重大会议现场考察点的各项任务,成功举办"琴系濠江——洛舍钢琴走进澳门"系列活动。

表16 2017年洛舍镇经济发展概况

项目	单位	金额
工业总产值	亿元	95
规模工业产值	亿元	43
规模工业税利	亿元	7.20
财政收入	亿元	3.20
农民人均纯收入	元	30844

【工业经济】 聚焦项目双进、科技创新、工业平台提档升级等高质量发展的系列组合拳,着力提高发展的质量和水平。成功引进"大好高"项目6个,总投资12.50亿元。坚持"项目为王"的理念不动摇,采用集中开工的形式推动中国木材文化产业园、省级现代水利示范园等10个重点项目启动建设,全年在建项目17个,其中,新开工3个,竣工3个,中国木材文化产业园等5个项目列入县"重大项目百亿工程"。1月20日,中国木皮市场二期A区盛大开业。中国木皮市场二期是省重点建设项目之一,由德华集团投资兴建,征地300亩,总投资5.90亿元,建设木皮特色专业市场、加工基地以及配套设施。

坚持"科技是发展第一动力",以创新人才引进为抓手,增添企业发展后劲。实施机器换人项目14个,技改项目8个,投入技改资金2.80亿元。实施科技成果转化"亿千百十"工程,实现技术交易额1270万元,新增自主知识产权5家,实施科技成果转化企业12家。创建省级科技型企业3家、新列入省级新产品20项,新增省级研发中心1家,专利申请358件,德华兔宝宝获得全县首个国家科技进步二等奖。

【现代农业】 坚持以项目为引领,加快推进农业发展,完成农业固定资产投资1.30亿元。新增农业"大好高"项目1个,续建2个。总投资3500万元的九星天农业综合体项目通过市级验收。总投资2300余万元的十字港流域综合整治项目顺利启动。东衡村成功入选首批国家农业产业融合示范园创建单位。德清县首个国家级田园综合体项目成功落户洛舍。5月26日,浙江省现代水利示范区(德清洛舍)项目初步设计评审会召开。计划投资约3.67亿元(其中水利项目投资3.22亿元),通过洛舍漾及周边水系综合整治、高效节水灌溉、浙江省水土保护示范园、标准化圩区及管理展示建设,打造浙江省现代水利示范区,实施年限2017～2019年。

筱山漾淡水珍珠续养与利用系统被列入中国重要农业文化遗产并同时申报联合国世界农业文化遗产。

完成培育绿色产品1个,无公害产品1个,农业现代化水平不断提高。改造农业生产管理用房317幢,完成任务量的154.6%。全年完成土地整治项目4个,新增1个,新增耕地512.90亩。

全面推进砂村村股份经济合作社公司化经营全国试点,启动全县首个集体经营性建设用地异地置换发展壮大集体经济项目——东衡众创园八合物业工程,完成众创园B、C区块挂牌出让入市20宗,砂村村异地入市一宗,共计120.50亩。

【城乡建设】 坚持镇域大景区理念,以"水镇琴乡、秀丽洛舍"为建设主题,以"一街、一路、一廊、一漾"为建设重点,以镇容镇貌整治、设施功能提升、景观节点打造"三大工程"为具体着力点,投入改造资金5600余万元,实施背街小巷改造、集镇灯光亮化等美丽工程,提升美丽城镇建设品质。尊重民意并满足百姓实际需求,对照省验收标准,结合城中村改造和建设项目遗留问题清零专项行动,开展"一加强三整治"活动,完成省级美丽城镇验收工作。

绕镇公路、市民广场、文体中心十里琴廊连通工程等重点项目加快推进,打造城市客厅,城镇基建不断完善。突出对集镇公共设施、背街小巷整治力度,对湾里、弄里、堂前等里弄进行整治,完成立面改造2万多平方米,增设节点和小品13处,整治路面6200多平方米,改造路灯400盏,改造公共厕所6座。加强"三乱"整治,制定完善镇区道路和交通秩序整治方案,在全县率先建成首个立体停车库,新建停车场2个,新增停车位150多个,安装启动33个电子违停抓拍系统,规范车辆停放秩序。

优化城区电线、网线铺设安装,全面开展里弄线乱拉、摊乱设整治,确保街面整洁。加强城镇长效管理。建立"路长制",利用"一室四平台"综合指挥系统对城镇环境和各类场所进行无死角监控整治,对沿街店铺等进行分段管理,对占道经营情况进行每日巡查,取缔各类占道经营摊点313个。

进一步明确"现代砂村、文化东衡、水乡张陆湾、产业雁塘、精致洛舍"的定位,启动83个建设项目,涉及自然村(组)57个,累计投入8000余万元。同步推进美丽公路、美丽庭院、美丽菜园等工程,加快打造钢琴音画景观线。

深化"一把扫帚扫到底""一根管子接到底",农村生活垃圾资源化利用覆盖率达100%。成功创建省级森林城镇,乡村绿化覆盖率进一步提升。

【治水拆违】 紧抓"截、清、治、修"4个环节,打响劣Ⅴ类小微水体歼灭战,在全县率先建立"塘长制""渠长制",23个进入省市名录劣Ⅴ类小微水体全部完成治理并通过省市验收。整治废水排放木皮企业136家,新建政和桥泵站等6座污水泵站,增加污水厂日处理量约300吨。完成清淤18.30万立方米,完成全年任务数151%。完成农业渔业养殖尾水治理8159亩,完成全年任务数102%。加大"无违建镇"创建力度,完成拆违面积23万平方米,完成全年任务数177%。完成"三改"面积100万平方米,完成全年任务数733%。开展"两路两侧"专项整治行动,完成道路沿线问题整治69个。城中村改造和建设项目遗留问题清零行动深入开展,高度重视城乡危旧房治理,改建农村危房33户,改造城镇危旧房33户,完成城中村改造27.90万平方米,旧住宅区改造72.30万平方米,旧厂房改造9.70万平方米。

【社会各项事业】 高度重视文卫发展,积极推进校园文化工程、中心幼儿园本部园区改造工程等教育提升工程,办学环境有效改善、办学条件全面提升。实施计生"三优"促进项目,基本医疗服务考核及满意度测评均位居全县第二。提升中心卫生院医疗服务质量,顺利通过"省级卫生镇"复评,医疗服务质量稳步提升,就医环境明显改善。高度重视全国文明城市创建工作,弘扬社会主义核心价值观,顺利通过省级文明镇、省级卫生镇复评,指导东衡村成功创建省级文明村,市级文明村实现全覆盖。开展全民健身运动,成功举办洛舍镇第五届全民运动会,新增市级全民健身广场1个。举办洛舍会市、全民竞舟迎端午等系列活动,弘扬极具特色的传统文化。成功举办琴系濠江——洛舍钢琴走进澳门岗顶剧院系列文化活动,进一步提升"中国钢琴之乡"整体知名度和影响力。

【社会管理】 依托"一室四平台"建设,整合强化基层维稳力量,社会管理迈上新台阶。制定重大问题领导包案制等多项责任机制,强化"一室四平台"运行,化解多件历史积案。创新建立出租房旅馆式管理、治保调解组织升级、内保安全"四防"以及交通科学化管理"四项"管理模式。开展环保检查及企业安全生产、消防隐患排查,同时,深化基层"三治"模式,东衡村成功创建国家级民主法治村。完善新居民积分制度,确保新居民子女入托、入学等相关工作顺利开展。关注青少年成长,有效预防青少年违法犯罪。重视食品药品安全,切实保障人民群众的饮食安全,完成无证照小餐饮单位的集中整治4家,顺利完成市级食安办规范化创建。

【钢琴文化节】 为进一步促进德清钢琴文化产业发展,打响"洛舍钢琴"品牌,8月15日在世界文化遗产澳门岗顶剧院举办"锦绣德清 琴系濠江"——德清钢琴走进澳门大型公益活动,大陆、台湾、澳门三地著名钢琴演奏家齐聚。市人大常委会副主任、县委书记项乐民出席活动并致辞。中央人民政府驻澳门特别行政区联络办公室、澳门文化局、香港凤凰周刊、澳门青年交响乐团协会、澳门中华总商会等单位代表出席。活动中,分别向澳门青年交响乐团协会、澳门归侨总会、澳门青洲小学捐赠德清钢琴。来自国内外优秀的钢琴演奏家分别使用德清钢琴演奏并发表感言。

(俞育桦)

5月27日,洛舍举办"全民竞舟迎端午"活动　　　　(洛舍镇　提供)

雷甸镇

【概况】 雷甸镇区域面积54平方公里,下辖11个行政村,1个社区,常住人口5.46万人。雷甸镇多次进入全国千强乡镇行列,先后获得省级教育强镇、省级体育强镇、省级卫生镇、省级生态镇和市级工业强镇、卫生强乡镇、平安乡镇。

表17　2017年雷甸镇经济发展概况

项　目	单位	金　额
工业总产值	亿元	208.50
规上工业增加值	亿元	17.70
销售收入	亿元	190.40
税利	亿元	13.40
财政收入	亿元	4.77
农村常住居民人均可支配收入	元	30265

【工业经济】 围绕"融杭经济新高地 富美乐活新雷甸",创新定制"浙北智造引擎 杭州田园水乡"建设目标,开拓奋进、埋头苦干,不断争创新优势、取得新成效,顺利完成经济工作各项年度目标任务。到2017年底,全镇共有工业企业400余家,其中"亿千"企业10家,规模以上企业79家,重点发展高端装备制造、汽车核心零部件、生产性服务业三大产业集群。

2017年,全镇规模以上企业完成工业产值118.30亿元,增长14.67%;销售收入113.90亿元,增长15.71%;工业性投入11.70亿元,完成县下达年度计划;自营进出口12.30亿元,增长43.6%,其中自营出口11.80亿元,增长48%。

实施选商引资"一把手"工程,集聚力量开展精准招商,全年共引进"大好高"项目4个,其中5亿元以上项目1个,10亿元以上项目2个,顺利完成项目引进年度目标任务。

强化目标管理责任制,加快项目开工建设。全年实施固定资产投资项目28个,其中竣工项目16个,实现固定资产投资17.90亿元,完成全年目标任务的124.50%,增长30.5%。新增省级科技型企业5家,高新技术企业2家。引导企业开展工业新产品开发与申报,完成申报专利发明505项,完成新产品鉴定7项,完成年度目标任务的175%。入选"国千"1名、"南太湖精英计划"1名,建立市级院士专家工作站1个。

【现代农业】 加强水利基础设施建设,实施雷甸镇东大港左岸张家斗段堤防应急加固、雷甸中型灌区节水配套工程,全面完成水利工程标准化管理创建任务。建设和提升双溪村、解放村、和平村粮食功能区。现代农业加快发展,流转土地1.48万亩,发展市级示范性家庭农场1家,省级示范性家庭农场2家,市级示范性农民专业合作社1家。

【现代服务业】 服务业实现增加值13.20亿元,增长15%;加快发展现代物流业,临杭物流园区入驻企业141家,预计实现营业收入165亿元。该园区获2017年度全国优秀物流园区称号。

【城乡建设】 扎实开展"四边三化""两路两侧"整治,基础设施建设不断完善,全面超额完成县"三改一拆"工作,共拆除违章建筑83.80万平方米,"城中村"改造共179.50万平方米,拆迁改造1515户,完成77.10万平方米,综合整治94.10万平方米,旧住宅区改造8.30万平方米,拆出土地面积45.20万平方米,其中利用面积44.60万平方米,总利用率98.7%。

小城镇环境综合整治稳步推进,新大街等主要街道地面、立面基本完工,背街小巷、城中村人居环境全面改善,渔民广场、运河广场、丝厂步道等休闲场所全面铺开建设。

实施农村困难群众危房改造工程,完成旧房改造14户,为农村困难群众争取各级补助资金20.40万元;安置小区二期完成交付。

持续深化"五水共治",巩固提升"清三河"8条,全部通过市级验收;完成小微水体整治、清淤治污、源头防控等重点治理任务,66个问题小微水体整治工程顺利通过市、县两级验收并销号;各类河道、沟渠等清淤方量近56.50万立方米;完成养殖尾水治理面积1.19万亩;完成农业生产管理用房整治189户及整治"四棚"157户。完成解放村的农村生活污水改造提升工程,新增受益农户110户。全年共盘活土地251.38余亩。

【社会事业】 全力保障和改善民生,财政用于民生支出9021万元,增长10%。教学基础设施不断完善,完成小学体育馆和通航幼儿园建设,第二幼儿园加固和杨墩幼教点改造。公共卫生服务逐步提升,完成农民健康体检11663人,建立家庭电子健康档案9006户;镇卫生院成功创建省级规范化乡镇卫生院。人口计生工作不断加强,"全面两孩"政策平稳实施。文化阵地扩面提质,建成文化礼堂10座,成功举办各类文化活动41场。就业和社会保障进一步加强,全年新增就业2033人,引导高校毕业生创业就业136人;新增养老保险2453人,新增医疗保险3227人。完善社会救助体系,完成危房改造14户,发放低保金232万元、临时救助24.70万元,建成村级居家养老服务照料中心12个。加强基层社会治理,排查化解矛盾纠纷,成功调处各类矛盾纠纷549件;进一步加强安全生产、食品药品、消防等公共安全管理,同时,人民武装、宗教、慈善、残疾人、关心下一代、广播电视、档案等各项工作扎实推进。

(朱 伟)

禹越镇

【概况】 禹越镇位于德清县东南部平原地区,东与桐乡市洲泉镇接壤,南与余杭区运河镇交界。申嘉湖(杭)高速公路、京杭大运河穿镇而过,交通便利。全镇总面积39平方公里,耕地面积25314亩,水域面积5455亩。下辖10个行政村和1个居委会,210个村民小组,7296户农户,总人口30857人。全镇现有各类工业企业2612家(含个体工商户2025家),其中一般纳税企业587家(公司、个人独资企业),规模企业54家。

表18　2017年禹越镇经济发展概况

项　　　目	单位	金　额
工农业总产值	亿元	133.30
工业总产值	亿元	127
销售收入	亿元	127
税利	亿元	4.50
财政收入	亿元	2.16
农村常住居民人均可支配收入	元	30060

【工业经济】　2017年,坚持"选商引资"一号工程不动摇,抓住"后峰会前亚运"杭州产业梯度转移的时机,创新以商引商、驻点招商、特聘员招商等举措,镇主要领导亲自带队外出招商、洽谈项目,项目信息呈现井喷现象,全年签约项目21个,总投资40.50亿元,其中县认定"大好高"项目4个,首期固投5亿元以上项目2个。以项目推进"1555"工程为引领,实行领导联系、月度例会、双向捆绑考核机制,全年开工项目12个,竣工项目7个,百联无纺布科技、万宏电子等一批项目顺利推进,"重大百亿工程"月度竞赛位居全县前列。

全力推进小微企业三年成长计划,实现"个转企"19家,"小升规"6家。加大企业赴多层次资本市场融资培育力度,三星新材成功登陆上交所主板,实现企业主板上市零的突破。实施"零土地"技改和"四换三名"工程,累计盘活土地存量190亩,新增"机器换人"项目16个,技改项目7个,完成技改投资3.20亿元。对"低小散""厂中厂"企业进行整治,取缔涉水排污企业16家,提升33家。

【现代农业】　高标准推进农业"两区"建设,新增粮食功能区1323亩,完成高标准农田建设1.86万亩。加大农业经营主体培育力度,创建省级精品园1个,新增农产品电子商务经营主体2家,申报省级现代农业发展专项资金储备项目4家。全面提升农产品供给质量,新增县级诚信农产品1只,国家无公害农产品1只,国家无公害面积216亩。全面完成630幢农业生产管理用房整治及米世圩区、标化管理创建等工作,稳步推进南排工程、大东港左岸堤防修复、高效节能管道灌溉等建设,不断夯实现代农业基础。

【美丽乡镇建设】　城镇建设　以有个性、有文化、有产业为导向,纵深推进小城镇环境综合整治,徐家庄集镇建成2.50公里的沿河景观带,实现景城相融;高桥集镇全面打造以"三沿街一公园"为主的美丽城镇建设,城镇面貌焕然一新。两个集镇累计完成5.80万平方米立面改造和4.20公里市政配套设施提升,完成7条主要道路近11公里的强弱电"上改下"工程和6.42公里的雨污水管网建设工程;拆除违建347户15.80万平方米,完成旧住宅区改造96万平方米,城中村改造49万平方米,获评市级"无违建镇",两个集镇顺利通过省小城镇环境综合整治考核验收。

乡村建设　以农业供给侧结构性改革为牵引,三林村精致小村完成尚书广场、万鸟园一二期等工程,争创3A级景区,获评第五届全国文明村;夏东村示范村和钱塘、天皇殿、杨家坝等3个提升村通过县级验收,高桥村示范村加快推进。

【改革创新】　大力实施"最多跑一次"改革,细化99项便民服务清单,创新"0+X"服务模式,提升服务效能。推进农村"三块地"改革,农村土地承包经营权确权登记颁证率达97.4%,农村集体经营性建设用地入市累计交易5宗14亩;村股份经济合作社股份权能确认工作全面完成。

【五水共治】　落实河长制河道60条,整治挂号问题小微水体109个,成功创建和提升示范河道8条。全面完成1.89万亩农业养殖尾水治理,实现两年任务一年完成,率先建立长效监管机制的措施,在央视七套《科技苑》栏目专题作了报道。全面完成杨家坝、三林等村农村生活污水提标改造、修复补建工程。25条河道累计清淤21.67万立方米,超额完成年度任务。办结有关环保督察问题整改的信访交办件4件。

【为民办实事】　6个为民办实事项目,与小城镇环境综合整治、美丽城镇和美丽乡村建设一起推进;推进"大中修"、危桥改造、农村再造公路等工程,改善群众出行条件;启动污水处理厂二期工程,完成雨污管网清淤3公里,新建污水管网6.22公里;加大文化基础设施投入,完成三林村文化礼堂建设,栖湖、夏东、天皇殿、高桥等村文化礼堂有序推进。

【社会各项事业】　推进精神文明建设,开展典型人物评选、传统美德传承等文明创建活动及"送戏下乡""匠心传承"等系列文体活动,满足群众精神文化需求。完善"一二二"教育布局调整,高桥幼儿园和徐家庄小学3号楼投入使用,禹越中学获德清县教学质量一等奖。实施城乡居民基本医疗保险制度,提高统筹水平,参保率达99%以上。加快基层医疗卫生事业发展,家庭医生健康签约服务及分级诊疗工作全面推进,国家级群众满意乡镇卫生院成果持续巩固。低保实现应保尽保。深化计生优质服务,全面实施二孩政策。

(施 超)

新 安 镇

【概况】 新安镇全镇总面积57平方公里,下辖11个行政村和1个居委会,309个村民小组,总人口3.10万。2017年,全年实现财政总收入2.19亿元,同比增长23.93%;农民人均纯收入30107元,同比增长12.7%。

表19 2017年新安镇经济发展概况

项 目	单位	金 额
规上工业产值	亿元	69.45
固定资产投资	亿元	12.42
工业投资	亿元	7.70
财政收入	亿元	2.19
农民人均纯收入	元	30107

【工业经济】 2017年,实现规上工业产值69.45亿元,增长13.72%;规上工业增加值10.12亿元,增长7.55%;固定资产投资12.42亿元,增长13.84%;工业投资7.70亿元,增长16.67%。以中央环保督察为契机,开展"厂中厂""低小散"行业专项整治,关停企业40家、整治36家。提升改造传统产业,完成机器换人企业18家,技改项目23个、投资5.52亿元。实施小微企业三年成长计划,新增"个转企"企业18家。清理闲置和低效用地,完成盘活存量163亩。

【项目双进】 完成凯爱瑞食品等一批优质项目落户新安,全年完成浙商回归到位资金4.55亿元,实到外资1040万美元。完成重大项目"百亿"工程投资6.08亿元、增长52.2%。全镇实现开工、在建项目6个,竣工项目2个,其中市5亿元以上"大好高"项目高盛交通科技实现当年开竣工,再次体现项目建设的"新安速度"。

表20 2017年新安镇新开工项目

项 目 名 称	项 目 概 况
德清高盛交通科技有限公司交通建筑材料产业园基地项目	总投资5.60亿元,占地150亩,项目完全投产后预计销售收入66000万元,利税14160万元
浙江杭曼食品科技有限公司凯爱瑞食品加工德清基地项目	总投资11.20亿元,占地250亩,项目建成后预计可实现年销售收入30亿元,利税3.76亿元
浙江三和线业有限公司年产2500吨涤纶、黏胶(人造丝)绣花线项目	总投资1.45亿元,用地35亩,项目完全投产后预计销售收入18000万元,利税2913.50万元

表21 2017年新安镇新竣工项目

项 目 名 称	项 目 概 况
德清高盛交通科技有限公司交通建筑材料产业园基地一期项目	占地50亩
浙江杭曼食品科技有限公司凯爱瑞食品加工德清基地一期项目	占地18亩
浙江盛德炉料有限公司年产30000吨环保型高炉无水炮泥项目	总投资1.20亿元,占地40.87亩,目前项目土建已竣工,正在安装设备,项目建成后预计销售收入16800万元,利税4188万元

续表

项 目 名 称	项 目 概 况
浙江三和线业有限公司年产 2500 吨涤纶、黏胶（人造丝）绣花线项目	总投资 1.45 亿元,用地 35 亩(目前项目土地未落实,暂时租用湖州唯甫电器器材有限公司 7000 平方米厂房进行生产)。项目完全投产后预计销售收入 18000 万元,利税 2913.50 万元

表 22　　2017 年新安镇新引进项目

项 目 名 称	项 目 概 况
浙江三和线业有限公司年产 2500 吨涤纶、黏胶（人造丝）绣花线项目	总投资 1.45 亿元,用地 35 亩,项目完全投产后预计销售收入 18000 万元,利税 2913.50 万元
德清宝湾国际物流有限公司德清宝湾国际电商物流港项目	总投资 6 亿元,占地 200 亩,项目完全投产后预计可实现仓储物流收入 5 亿元,利税 8000 万元
浙江万贤工程设备有限公司新型工程设备仓储租赁基地项目	总投资 3.45 亿元,占地 40 亩,项目完全投产后预计可实现租赁收入 6000 万元,利税 1100 万元,税金 600 万元
德清中南高科开发有限公司中南高科·运河智谷项目	总投资 50 亿元,用地 1108 亩,项目完全投产后预计销售收入 60 亿元,利税 83320 万元

【平台建设】　编制完成平台发展规划和空间布局规划,成功签约投资 50 亿元的中南高科·运河智谷项目,首批 12 家入园企业意向签约。推进已建成平台提档升级,分类开展闲置用地、低效用地、僵尸企业处置工作。完善平台基础设施建设,全面实施工业企业雨污分流工程,完成 125 家企业的雨污分流管网建设。

【美丽城镇】　投入 1.50 亿元,全面完成"温情下舍·鱼米小镇"的下舍集镇建设,完成新汇北路、复兴北路、沿河街等集镇道路沿线 190 余幢、440 余间建筑的立面改造。通过实施路面、管线等改造项目,完成道路整治 4.20 万平方米,线路上改下 2.72 公里,铺设污水管网 4 公里,新增停车场 2 个、停车位 120 余个,规划设置路边停车位 300 余个。同时,启动"吴越勾垒·时尚新安"的新安集镇建设。

【美丽乡村】　推进 7 个村美丽乡村建设。完成百富兜村精品示范村和下舍、勾里、舍西、孙家桥 4 个村美丽乡村提升村建设。舍北村精致小村完成工程量的 65%,新桥村精品示范村完成工程量的 60%。成功创建舍北和百富兜两个 A 级景区村庄,"全域美丽、城乡一体、乡风文明、生活美好"的美丽乡村格局正在成型。

【美丽交通】　完成新安镇交通规划蓝图设计。推进美丽交通道路建设,完成鱼米蚕乡景观带工程,完成 6 公里农村公路大中修和 6.90 公里农村公路再造。推进路桥改造,完成九元桥加宽、南宫桥改造,全镇现代交通综合网络进一步构建。

【治水拆违】　全面完成 149 个问题小微水体专项整治。深化河长制,定时定人定点开展河长巡河。加强河道治理,完成河道清淤 15.30 万立方米,护岸砌石 5.80 公里。镇污水处理厂完成项目建设并试运行,完成污水管网建设 12.60 公里。同时,纵深推进"三改一拆"、两路两侧整治,完成拆违 14.72 万平方米,"三改"总面积 96.98 万平方米,《今日聚焦》栏目曝光的沙家湾 8 家企业等一批典型违建被彻底拆除。

【现代农业】　完成下舍粮食生产功能区和冬枣精品园两个省级现代农业园区改造提升。完成德清三羊牧业有限公司、德清新旺家庭农场的美丽牧场建设改造提升。德清鑫苗家庭农场成功入选市农业推广基金会项目。完成农业养殖尾水治理 2.27 万亩。完成拆建、改造、拆除农业生产管理用房877幢,拆除畜禽"四棚"117家、11.70万平方米。完成东部灌区改造工程和水稻区管道灌溉二期工程下舍粮食功能区项目建设。全面开展水利设施标准化创建,完成232座机埠、水闸标准化建设,完成舍北、舍西、城头、新桥、西庙桥五个村防汛隐患地段整治。启动总投入3000多万元的"十字港流域"一期工程项目建设。

【土地"双保"】 完成农村集体经营性建设用地入市3宗、12070平方米。完成新桥村北舍圩垦造新增耕地面积117亩,完成舍东村等5村高标准基本农田建设1244亩。加快"五未"土地处置,完成"转而未供"100亩,梳理出"用而未尽""建而未投""投而不达标"土地111.40亩。

【社会事业】 举办各类文化走亲、送戏下乡活动67场次。完成新安中心幼儿园新建工程,成功创建省二级幼儿园。完成舍南村教学点改造提升工程和成校新校址搬迁。扎实推进公共卫生均等化服务,做好责任医生签约服务,完成有效签约9801人,规范签约10556人,完成新安卫生院下舍分院主体工程建设。夯实体育基础,新建笼式足球场2个,健身步道4000米,举办各类体育运动会、活动30余场次。

12月22~23日,新安镇举办首届新安吴越文化节(新安镇 提供)

【吴越文化节】 12月22~23日,成功举办首届新安吴越文化节,本次活动以"励精图治 振兴新安"为主题,共包含开幕式"励精"和"图治"2个篇章、"观大戏 逛市集"、"百米围巾 百名儿童 活态展示"、"品新安之美 悦丰收之喜"等4个板块、16个子项目。

【为民实事项目】

表23　　　　　　　　　　2017年新安镇为民办实事项目

实事项目名称	项 目 完 成 情 况
启动小城镇环境综合整治	该项目按照年初的工作计划已全部完成,共投入资金1.50亿元。其中,完成立面改造面积3.16万平方米、道路整治面积4.20万平方米,建设生活污水管网4公里,线路管道地埋2.72公里。现项目已完成省市验收
整治农业生产管理用房	该项目完成整治农业生产管理用房877幢,占年度计划的129.9%,其中拆建489幢、改造288幢、拆除100幢;拆除畜禽"四棚"112家(拆除面积10.20万平方米),占年度计划的183.6%,全面超额完成年初计划
改造提升自来水管网	该项目共涉及4个路段,总长度5.27公里,其中全长0.57公里长的孙家桥村刘皇桥至冬枣场段改造工程及全长1.62公里长的舍东村新港段改造工程已实现竣工;全长2.36公里的舍东村新农村聚居区至舍南村委段改造工程已完成施工1.50公里,全长0.72公里的华姿桥至小生桥段改造工程已完成招投标工作并等待施工,为统筹村庄规划,目前这两段的剩余工程将于2018年的美丽乡村建设同步进行

续表

实事项目名称	项目完成情况
推进公共卫生服务均等化	该项目中,新安卫生院下舍分院建设项目已完成主体工程建设,启动室内装修及室外铺装、绿化工程建设,预计2018年5月底前投入使用。责任医生签约服务,已完成有效签约9801人,占全镇户籍人口的30.97%,在全县率先完成县定任务
实施生态公墓建设工程	该项目中,下舍生态公墓已完成停车场建设、自来水供水系统安装和园区道路修补平整,新增墓穴386个,并投入使用。勾里生态公墓项目已完成30亩土地租用,场地平整测绘及规划设计,目前正在进行招投标前期准备,预计2018年2月中旬前完成招投标,清明节前投入使用

（易　宁）

莫干山镇

【概况】 莫干山镇位于德清县西部,毗邻国家级风景名胜区——莫干山,区域面积185.77平方公里,东接武康街道,南邻杭州市余杭区百丈镇、黄湖镇,西连安吉递铺镇,北靠吴兴区埭溪镇。管辖18个行政村（高峰村、燎原村、劳岭村、何村村、紫岭村、筏头村、东沈村、勤劳村、上皋坞村、兰树坑村、佛堂村、仙潭村、南路村、四合村、瑶坞村、后坞村、庙前村、大造坞村）和3个居民区（莫干集镇居委会、筏头集镇居委会、莫干山居委会）,户籍人口3.10万。2017年,莫干山镇获评全省唯一乡村双创优秀实践地、浙江省首批旅游风情小镇等称号,成为全国小城镇建设培训会、统筹推进农村土地制度改革三项试点工作等一批国家级、省级现场会考察点。全年共接待参观考察团963批次,上央视《新闻联播》9次。

表24 2017年莫干山镇经济发展概况

项　目	单位	金　额
固定资产投入	亿元	16.10
服务业投资	亿元	15.60
财政收入	亿元	1.16
农村居民可支配收入	元	29100

【绿色发展】 2017年,莫干山镇牢固树立和践行"绿水青山就是金山银山"发展理念,坚持"生态立镇、旅游强镇"发展战略,继续拓展绿色经济项目。莫干山上海世界外国语学校征地基本完成,江南瑶坞开工建设,裸心堡顺利开业,久祺雷迪森国际骑行营正式营业,郡安里提升工程基本完工,竹隐舍得、影视文创小镇、CASA巴西风情小镇、兔宝宝互联网智能家居体验小镇、"非常莫干山"等项目顺利推进。国际顶级度假产品瑞士谷正式落户,高端度假品牌悦榕庄正式入驻,国际艺术领先者杨丽萍艺术酒店携千里走单骑文创小镇设计方案通过评审。

以裸心堡、郡安里为代表的民宿主导产业优势进一步凸显,带动本地旅游总收入24.50亿元。至2017年底,莫干山镇共有登记在册民宿690家,床位11300余个,餐位23000余席。推动农旅、茶旅结合,生态观光农业吸引游客超100万人。以"一竹一世界"国际工作营、"一带一路"公共艺术行动计划等为代表的文化创意产业蓬勃发展,完成省级莫干山国际休闲文化创意街区建设,莫干山——国家级海峡两岸交流基地建设稳步推进。推动省级运动休闲特色小镇建设,中国山地自行车公开赛、第三届德清国际竹海马拉松赛、凯乐石莫干山越野赛和TNF100莫干山国际越野挑战赛等重大赛事相继落户。

全年实现财政总收入1.16亿元,完成目标任务的120%,同比增长30%。全年完成固定资产投资16.10亿元,完成目标任务的115%,同比增长42%;其中服务业投入15.60亿元,完成目标任务的115%,同比增长51%;引进"大好高"项目6个,其中5亿元以上服务业项目3个,完成目标任务的150%。农民人均可支配收入达到29100元,同比增长12%。"松华新材"实现新三板挂牌上市。

【治水拆违】 2017年,莫干山镇

启动"剿劣提标"大会战,对沟渠、池塘、零星湿地等小微水体进行全面治理,完成清淤5000余立方米。维护污水处理设施,修复农村生活污水终端50余座,维修污水管网6公里。狠抓民宿污水处理,规定在7个房间以上及二级水源地范围内民宿安装生活污水处理系统。

深入持续推进无违建创建工作,完成违章建筑拆除100余处,存量拆违4万多平方米,完成县下达任务的130%,拆后利用率达100%。完成旧住宅区改造1个,改造面积6万多平方米,完成城中村改造8个,改造面积36万多平方米,完成县下达任务的260%。

【城乡建设】 美丽乡村建设 推进东沈、勤劳、高峰、仙潭等精品示范村及瑶坞、南路、上皋坞等提升村建设,劳岭村、后坞村成功创建3A级景区,环莫干山异国风情观光线获评全省十大最美绿道之一。

美丽城镇建设 庾村4A级景区创建完成资源评估,完成莫干集镇景观亮化工程,完成庾信北街、筏头新街的整体改造提升,完成农贸市场改造、筏头自来水厂扩容改建,庾村集镇小城镇环境综合整治顺利通过省级验收。

【社会事业】 改善民生,落实"一室四平台"建设,将"智慧莫干"微信公众号纳入综合信息指挥室管理,提升民宿申办效率,助力"最多跑一次"。

救助困难群众500余户,为全镇7900余名60周岁以上的老人购买意外伤害保险,开展居家养老、银龄互助等工作;新增养老保险、医疗保险、就业2000余名。

完成省级名录水利工程标准化建设7座,治理地质灾害点4处,修复堰坝10余座,硬化林区道路38公里,完成道路工程3处,打通农村联网道路4条,晓庾线提升三级公路工程进入施工,推进新304省道、杭州二绕西复线莫干段、绕镇公路、上山道路的政策处理工作。

组织年俗文化节、赏花节、盘溪放籟节等大型文化活动,开展群众性文化活动47场、公益展览51场、文化培训25次、电影放映160场。众多群众文化节目登录央视、人民日报、光明日报、农民日报等媒体平台。

【平安稳定】 推进平安综治维稳各项工作,完成各重点时段的安保工作,落实民情恳谈、领导包案和"一岗双责"等工作机制。开展重大事项社会稳定风险评估,完成简易评估10起;累计开展矛盾隐患排查272起,化解矛盾纠纷265起;受理政府阳光热线466件,办结466件;受理信访件77件,办结77件;同时化解信访积案4件。

【设立莫干山国际旅游度假区】 2017年4月,经德清县委、县政府研究决定,正式设立莫干山国际旅游度假区管委会。7月12日,莫干山国际旅游度假区在上海举行成立发布仪式。莫干山国际旅游度假区总规划面积58.77平方公里,涉及10个行政村,分东南区块和西北区块。度假区以创建"国际一流乡村度假旅游目的地"为目标,以莫干山人文、自然资源特色为依据,以生态环境保护为前提,以省级农家乐精品示范区为基础,以"洋家乐"集聚区为特色,坚持高起点、高标准、高品位的精品化、国际化度假区建设品质和特色,着力打响"原生态养生、国际化休闲"的乡村度假旅游品牌。

(常 飞)

街 道

武康街道

【概况】 武康街道区域面积59平方公里，东接阜溪街道，南邻舞阳街道，西连莫干山镇，北靠阜溪街道。下辖居仁、吉祥、永兴、振兴、祥和、群安、春晖、英溪、丰桥、五龙、新丰11个社区，对河口、城西、千秋3个行政村，户籍人口6.10万人，常住人口9.10万。街道办事处驻永安街332号。2017年，完成村社区党组织换届工作，新一届两委班子中新任书记5名、主任6名，新进两委班子31人。发挥纪工委监督职能，对街道各项工作开展监督检查，全年督查拆迁房分配、剿灭劣Ⅴ类水、征地拆迁、私营城排查整治等工作20余次，印发督查通报10期。

【经济发展】 2017年，街道完成财政收入4.69亿元，实现年度目标105%，增幅13.3%；完成全部固定资产投资18.43亿元，实现年度目标118.24%，增幅20.46%，其中现代服务业固定资产投资18.31亿元，实现年度目标118.11%，增幅21.23%；"重大项目百亿工程"开工项目1个，实现年度目标100%，投资额1.59亿元，实现年度目标106.2%；外资增资项目1个，协议合同外资6139万美元；完成三产服务业"大好高"项目1个，实现年度目标100%；浙商回归到位省外资金1.53亿元，实现年度目标102%，增幅19.6%。

【项目双进】 坚持"项目为王"的宗旨，项目引进势头良好。全年新引进项目4个，其中县认定三产服务业"大好高"项目1个。项目推进全力以赴。为企业精准服务，全面推进投资项目审批"一窗受理、集成服务"办理制度，及时协调解决项目发展难题。全年在建项目17个，其中新开工4个、续建项目12个，前期储备项目1个。佐力控股集团总部大楼、德清爱暮佳颐养中心、德清洲际酒店改建等8个项目已竣工，其他项目均稳步推进。

【农业工作】 深化农业供给侧结构性改革，全面完成农村土地承包经营权确权颁证工作，确权1788亩，发放权证971本，发放率98%。推进股份权能改革工作，开展宋石、回南股份经济合作社政经分离试点工作。投入资金300余万元，开展水利设施标准化建设创建工作，实施7座山塘水库的标志牌建设和对河口水库拦网工程，完成湘溪中型灌区项目及湘溪流域综合治理二期工程政策处理工作。完成彩色健康森林建设面积300亩、湿地治理615亩、湿地植被恢复200亩，继续做好秸秆禁烧与综合利用工作。

【旧城改造】 强势推进城西四期征迁工作，共涉及集体土地580户2300余人，40余万平方米，国有土地81户4.50万平方米，拟征用土地4000余亩，以集中签约期93.1%的签约率成为城西一至四期征迁中最高的一期。全力开展城西三期再攻坚和建设项目遗留问题清零行动，涉及武康街道20项建设项目历史遗留问题全部解决，城西三期72户、81证遗留户已完成攻坚80%，签约房屋应拆尽拆。开展城乡危旧房治理，提升吉祥一区、营盘小区二期及泰源农贸市场环境。

【治水拆违】 推进"五水共治""四边三化""三改一拆""两路两侧"，以及农民建房"清前控后"、住宅小区违建、卫片执法等各项整治工作，配合做好省"无违建"考核验收和中央环保督察问题整改，获得市级"无违建"街道称号。全年共完成"三改"286万平方米、拆违178处9.40万平方米（其中小区违建2.80万平方米），分别完成县下达任务的1589%和

235%。整治"四边三化"任务点92处,拆除104国道、宣杭铁路、304省道及重要街区两侧违建26户3865平方米,拆除非法广告牌32块,清理垃圾95万余吨。突出"剿劣提标"目标,完成22个问题小微水体整治,并通过省、市、县验收。实施丰桥港清淤、生态美化及丰桥小区截污纳管等工程,投入资金近200万元。设立全国第一个街道级水源保护公益基金。

【文明创建】 坚持以氛围大众化、整改常态化、问题导向化,推进全国文明城市创建工作。新增文明创建宣传栏、公益广告等2000余处,开展创建知识进小区活动500余次,发放宣传资料近80000份;突出老旧小区和拆迁安置小区为重点,开展"六乱"整治,加大违建拆除、垃圾清运、僵尸车整治、牛皮癣清除等工作力度,建立7个安置小区业委会,巩固整治成果;开展老旧小区白化、亮化工程,覆盖1800余个楼道,完成老旧小区体育健身路径更换及维修,提升群众满意率。

【平安建设】 全面落实全科网格管理模式,推进"一室四平台"建设和实体化运作,全年共流转处置各类事件、信息7541件,平安检查48件,平安浙江APP事件392件,办结率均为100%。创新调解方式,成立街道调委会、村(社区)调委会、片警以及法律顾问调解小组,共处理人民调解689件。强化"一岗双责"、领导包案,加强矛盾纠纷排查,注重信息掌控,做好重点群体和重点人员的化解稳控。全年承办"12345政府阳光热线"1478件,满意指数90%以上,调处信访件90件,化解信访积案4件。全年开展安全生产排查528家次,督促整改658条。开展私营城、夜宵城、美都大厦、丰桥小区、泰源商贸城等5个市县挂牌督办消防隐患整治区域的整改,夜宵城等4个重点区域已成功摘牌销案,确保全国"两会"、"一带一路峰会"、十九大和其他重要时间节点期间社会大局和谐稳定。

(徐 磊)

舞阳街道

【概况】 舞阳街道成立于2016年1月,区域面积96平方公里,四至范围:东接下渚湖街道,南邻杭州市余杭区瓶窑镇,西连武康街道,北靠武康街道。管辖舞阳、塔山、上柏3个社区,宋村、塔山、上柏、山民、城山、双燕、长春、龙凤、下柏、太平、灯塔11个行政村,户籍人口3.40万,常住人口5.50万。街道共有企业110家,其中规上企业共有11家;辖区范围内有学校4所,分别是武康中学、上柏小学、上柏幼儿园和舞阳成校;相关站所有上柏交警中队、舞阳派出所、舞阳国土所等。

2017年,圆满完成"一带一路"高峰论坛、省十四次党代会和十九大的维稳任务,获"党的十九大维稳安保工作市级先进集体"称号。深化平安建设,基层社会治理有所创新,完成"一室四平台"建设。深入实施"多网合一、四化管理"新型社会治理模式,并获得"社会治安综合治理工作市级先进集体"称号。美丽乡镇建设因地制宜。借力山居养生景观线建设,城山村、山民村获"浙江省A级景区村庄"称号。"三改一拆"工作有序推进,获"城中村改造攻坚和建设项目遗留问题清零专项行动获得工作先进"称号。助力企业做大做强,企业连获"国家知识产权优势企业"和"国家重点扶持高新技术企业"称号。深化热线信访接待工作,城山村获"全市先进人民调解委员会"称号,个人获国家"最美信访干部"提名奖。"剿劣提标"工作成效显著,得到领导肯定。提前完成小微水体整治并顺利通过省、市、县级验收。

【经济运行】 全年实现财政创收9815万元,同比增长53.2%,实现两年翻一番的目标;全年规模以上企业产值同比增长12.88%;实现规模以上税利同比增长38.69%;规上工业增加值增幅达8.9%。浙商回归到位省外资金完成20044万元,完成年目标任务的100.22%;固定资产投资6.55亿元,完成全年目标的114.96%;重大项目百亿工程完成3.45亿元,完成全年目标的172.8%。

【项目引进】 全年引进"大好高"项目2个(投资5.50亿元的德治会签约智能家居项目和投资3190万元的美庐生态农业综合体项目),在谈项目有总投资12亿元的供应链金融小镇、总投资65亿元的德清游子文化特色小镇项目等18个。

【项目推进】 2017年,新开工项目7个,其中工业项目5个,服务业项目2个,竣工项目15个;在建项目6个,沈园、上柏集镇小城镇改造等项目均有序推进。

【产业升级】 新增知识产权企业5家,省级新产品鉴定2个,国家级高新技术企业1家,实施技改项目7个,完成技改投入1.87亿元,完成"小升规"企业2家,申请专利82件。整治小微企业,关闭10家、整治提升27家。农业"两区"建设稳步推进,完成农业"大好高"项目1个,完成布布熊、山民家庭农场、农博家庭农场等3个项目建设,申报国家级无公害农产品2个、新增农产品生产企业二维码溯源3家,省、市、县级示范性家庭农场各1家;重点谋划服务业的发展,探索"互联网+休闲旅游"模式,有云梦谷温泉度假村、美庐生态农业综合体等在手在谈项目6个,完成现代服务业投资4.44亿元,完成年度目标任务的148%。

【美丽乡村】 按照县域大景区理念,以山居养生景观线建设为契机,推进上柏集镇"樊哙故里·悠然山居"小镇、山民"精致小村"以及城山"精品示范村"美丽工程建设。上柏集镇改造14个项目全面推进,基本完成正兴路、菜场路等主要路段施工,投资1.88亿元,完成总工程量的80%,西部水乡风情小镇呼之欲出。山民、城山2个村完成投资6000万元,完成总工程量的90%,获得"浙江省A级景区村庄"称号;双燕村顺利通过"美丽乡村"县级验收。

【剿劣提标】 全面提升街道水环境,落实网格"河长制",开展"剿劣提标"工作。提前完成51个小微水体整治,通过省、市、县级验收,完成清淤10.50万立方米,砌石护岸1000立方米,清除周边垃圾120吨,完成投资150余万元;结合"上柏集镇"改造,落实截污纳管扩面工程,已铺设雨污管网5米,排查排污(水)口61处。

【三改一拆】 坚持绿色发展,推进"三改一拆",落实"拆旧控新"长效机制,开展城中村改造和建设项目遗留问题清零行动。完成"三改"317.68万平方米,旧住宅区改造79.09万平方米。城中村改造236.91万平方米,其中拆迁改造类136.29万平方米,综合整治类100.62万平方米。旧厂房改造1.68万平方米,完成全年度2647.33%。拆除违章12.08万平方米,拆除411处,完成拆违率241.6%,拆后利用率达99.86%。

以木桥小区等5个拆迁安置小区为重点,"一区一策"推进小区环境卫生整治,拆除违章搭建63处,拆违面积3000多平方米,清理僵尸机动车69辆,非机动车150辆。

【社会事业】 2017年确定的5件惠民实事,除上柏中心小学改建工程方案由改建调整为新建,需2018年实施外,其他农村公路再造和改造提升工程、小农水重点县项目工程等4件实事均按年度计划有序推进,完成投资1.29亿元。

加大教育投入,完善《舞阳街道教学质量考核奖励办法》,发放教师节慰问金32.20万元;顺利举办第二届舞阳侯会,舞阳文化知名度和影响力不断提升。进一步完善社会保障制度,共发放低保资金246.40万元,临时救助12.80万元。继续完善就业和社会保障体系,新增就业岗位300个,失业人员再就业140人。梳理"最多跑一次"法定事项46项,并已全部在浙江政务网上对外公布。率先全面完成"一室四平台"建设,强化基层社会治理创新。加速推进农业供给侧结构性改革,让美丽乡村的建设成果真正转化为美丽经济。

【拆迁征地】 由班子成员带队的14个房屋搬迁工作组和8个专业组连续作战,攻坚克难,至年底,共签约425户,完成98%,实现依法征迁、文明征迁、阳光征迁、和谐征迁。杭州绕城高速公路西复线的前期拆迁征地工作,2017年共签约61户,未签5户,完成92.42%。

【平安建设】 进一步完善三色预警机制,不断健全"护村巡逻队"。强化基层社会治理创新,在5月底,率先全面完成"一室四平台"建设。深入实施"多网合一、四化管理"新型社会治理模式,配备78名全科网格长并健全考核奖惩机制。完善社会治安防控体系,圆满完成"一带一路"高峰论坛、省十四次党代会和十九大的维稳任务,不断增强人民群众的安全感。全年共化解矛盾纠纷437起,办结政府阳光热线850起、信访72件。

(宣云洁)

阜溪街道

【概况】 阜溪街道下辖11个行

政村和1个社区（三桥社区）。至2017年底，街道常住人口73701人，户籍人口26001人。街道总户数9348户，其中农业户8128户，农村农业劳动力18389人，外来从业者47700人。2017年，工业经济剥离后，街道围绕服务社会、助力平台拓展的职能定位，强势推进项目攻坚，城乡面貌显著改善，社会治理体系进一步健全，民生领域亮点频现，群众获得感和幸福感进一步提升。成功打造"一室四平台"的基层样板。2017年，农村土地承包经营权"全省第一证"在阜溪街道颁发。郭肇村成为浦东干部学院实践基地、第七批浙江省生态文化基地，五四村成为浙江省生态文明干部学院首批现场教学基地。成功举办德清县首届敬农节暨农业供给侧结构性改革高峰论坛；启动幸福阜溪工程并成立全国县域范围首个街道级公益基金会。孙国文当选十三届全国人大代表。

【项目双进】 项目推进 以建设遗留问题清零及"1555"大比拼行动为主抓手，以征地拆迁政策处理和攻坚项目为重点下功夫、求突破，为全县大交通、大平台、大项目的落地和加快发展扫清道路。完成64户遗留户的签约工作。杭州二绕建设工程已完成50户农户的签约工作；完成土地政策处理5000余亩。完成7个重大项目的攻坚任务，其中秋山集镇拆迁项目全面完成，延期多年的舞阳街东延项目顺利实施，高新区污水处理厂项目征地拆迁政策处理已全面完成。104国道改建工程二期、生物医药区块、浙江工业大学德清校区建设工程征地拆迁政策处理均有序推进。

项目引进 适应街道新的职能定位要求，围绕休闲旅游、健康养身等领域开展精准招商，重点招引三产项目。浙商回归产业项目到位资金1.50亿元。德洽会上与总投资10.60亿元的青马部落儿童旅游项目达成意向，并作为浙商投资重大项目代表在世界浙商大会上签约；游子文化节上与总投资10.50亿元的五四文化旅游示范区项目签约；浙江华元控股投资1.02亿元的德清养生综合体项目已过预评价，并申报集体土地入市；垚淼生态旅游项目进展顺利。同时，积极拓宽招商渠道，主动出击，总投资2亿元的龙之谷休闲养生一期项目和总投资1亿元的青春宝中草药基地意向落户阜溪街道。

【环境整治】 采用"监管、巡查、治理"三位一体方式推进"水气土"共治。治水方面，在三级河长制基础上，创新电子河长制，建立水质环境综合预警报警系统，利用科技手段助力"剿劣提标"，实现重点难点河段水质实时预警。狠抓老大难清水港水质提升项目，狠抓渔业养殖尾水治理，多措并举有效提升水系水质。推进"无违建"创建工作，拆违面积超20万平方米，拆后土地利用率达到95%，完成"三改"222万平方米。完成农业生产管理用房整治68处，其中拆除39处，改造25处，拆建4处。坚决制止各类破坏森林的违法行为，生态修复400亩。开展文明创建工作，狮山、兴山、秋山、美立方等重点区域小区环境卫生得到明显改善。

【城乡建设】 结合三桥集镇铁、公、水多元交通发达的历史背景，确定"一心一带两轴两片区"空间结构，以复兴交通中转集散链接中心为目标，突出交通枢纽的"埠"文化，打造一个古新融合的人文小镇。三桥集镇小城镇环境综合整治项目由浙建集团实施，涉及总项目43个，总投入约1.20亿元。环境综合整治项目全面启动，各项工程全面推开，道乱占、车乱开、线乱拉等一大批专项整治行动扎实开展，综合整治工作初见成效。

【改革发展】 全速推进农业供给侧结构性改革，在郭肇村率先颁发农村土地承包经营权"全省第一证"，至2017年底已完成7个村16725亩土地确权工作，涉及农户3566户，土地承包权证颁证率达到98.7%。

实施最多跑一次改革，探索"标准化、便民化、集成化"等"八个化"模式，推动清单管理、一站服务、抱团服务等8个方面"最多跑一次"举措。已公布法定和公共服务事项184项，编制标准化办事指南和本地版最多跑一次"服务宝典"，成立红管家服务队，提供便捷服务，全面加快群众到政府办事"一窗受理""一次办结"速度，为加快发展提供良好政务服务环境。

为适应街道职能转变，进一步提升街道百姓幸福感，积极筹备并顺利启动"幸福阜溪"工程，配套成立全国首家街道层面的公益基金会——幸福阜溪公益基金会，通过现场拍卖的形式募得公益金565万元。整合社会力量成立幸福阜溪服务中心，创新引入公益创投模式,实施敬老爱老、奖优助学、同心同行等十大公益类项目,成为街道社会治理创新的一项重要举措。此项工作得到中央、省、市多家媒体宣传报道,也得到市、县领导的充分肯定,社会效应良好。

【社会事业】 认真办好民生实事,着力解决群众居住、出行、就学、文化等方面需求问题。落实农村生活污水治理,龙山村和王母山村污水管网工程已完成验收,三桥村、民进村、五四村完成提标改造。危旧房改造强势推进,农村环境明显改善。农村公路提质扩面,完成农村公路再造工程5.50公里、提升改造工程5.20公里、大中修工程3.80公里。实施民生水利工程、小农水重点县建设等项目,全年共完成10座山塘除险加固、12条河道水利工程建设。秋山幼儿园兴山分园完成主体建设,阜溪成校和阜溪文体中心启动室内设计。民进村农村文化礼堂完工验收,五四村成功创建全民健身示范点,郭肇村成功创建市级中心村全民健身广场,乡村才艺大赛、美丽乡村欢乐跑等惠民活动在街道举办,落实文化惠民,送戏下乡12场,文化走亲8场,电影下乡110场。高水准建设综合指挥室,通过建章立制、技术支持、人员保障、资源整合,健全收纳、交办、处置、督查和考核的"五位一体"闭环运行机制,融入森林防火实时监控、24小时水质在线监测系统,实现"4+X"功能集成,成功打造"一室四平台"的基层样板,社会治理各项工作有效推进。

(郑丽伟)

下渚湖街道

【概况】 下渚湖街道区域面积67平方公里,下辖14个行政村,1个居委会,总人口2.60万。

【经济发展】 2017年,完成财政收入1.10亿元,固定资产投资12亿元,浙商回归资金2亿元,完成全年目标任务。现代服务业投资9.70亿元,完成全年目标任务的122%;"重大项目百亿工程"6.90亿元,完成全年任务的121%;农业固定资产投资1580万元,完成全年任务的105%。

坚持绿色生态发展之路,聚焦产业转型升级。一是推进旅游产业集聚,以"打造大景区"为根本发展定位,在积极服务原有产业和现有企业的基础上,发展休闲旅游产业,聚焦生态休闲、高端养生、文化创意等方向开展精准招商,推进"环下渚湖板块"旅游产业集聚。制定《申办民宿初审办法》,推动民宿产业兴起,规范湿地民宿发展。二是推进农业产业转型升级。结合农业供给侧结构性改革试点工作,狠抓农产品质量安全,提升传统农业发展后劲。积极推广稻虾共生模式等生态高效种养模式,下渚湖街道高效种养模式成为全国稻田综合种养模式观摩会的参观点。

【项目双进】 在持续提升项目引进实效基础上,通过落实重点项目领办机制、"最多跑一次"改革等,进一步创优项目推进环境,赶超项目进度。全年成功引进互联网栖游湿地部落、纳帕山谷度假村等服务业"大好高"项目。升华度假村、开元森泊、湿地部落、玉屏路、狮山环线等建设项目稳步推进。2017年,升华度假村项目一期1~4号楼已进行内部装修,室外景观及配套附属工程开始施工。开元项目主题酒店全部结顶、转入室内建设,中央设施区块第二部分桩基施工完成65%,度假屋区块用地已完成规划调整。

【五水共治】 以东苕溪饮用水源保护为己任,强势推进"清淤治污"和"剿劣提标"两大重点工作。通过"示范河道"集中整治,全面推进"清淤治污",全年完成示范河道提星3条,"百水竞秀"打造13个,清淤河道、池塘26个,清淤共计16.80万立方米。通过河道"双百提标"、生态池塘打造,全面推进"剿劣提标",圆满完成45个问题小微水体整治。开展农村生活污水提标改造和修复补建工程,加强南片二级供水日常维护工作,推进"治污水""保供水"。

【三改一拆】 街道重要路段、区域已全面消除各类违章建筑。全年共拆除违章建筑累计53户,拆违建筑面积57428平方米。为进一步加大控新治旧力度,大规模拆除存量违建,营造比学赶超工作氛围,创新开展"存量违建清零"行动,存量违建清零完成90%以上。推进违建拆后土地综合利用工作,通过拆绿结合、拆改结合、拆建结合、拆创结合,做到拆除一片,创建一片,美化一片,拆违、利用两手硬。

【美丽建设】 大力推进美丽城镇建设,二都小镇小城镇环境综合整治工作高分通过省考核,二期琳琅水街、缸瓦窑公园、汪氏宗祠等工程正在加快赶进。同步推进八字桥集镇和杨坟小城镇整治,提升街道城镇整体化美丽水平。全面提升美丽乡村建设,朱家村、四都村顺利通过第二批美丽乡村提升村验收,整体考核达到优秀;宝塔山村、八字桥村、康介山村美丽乡村建设已进入尾声,乡村面貌得到显著提升。加速打造沿河精品示范村,湿地水乡面貌彰显特色。统筹推进建设美丽田园,探索建立美丽田园"田长制"长效管理机制,全面拆除街道内所有畜禽棚,整治农业生产管理房,打造美丽田园新形象。同时推进二都水产组拆迁、水面清理、国有水域收回等工作,不断优化景区面貌。

【惠民实事】 推进三合中心学校艺体馆建设、二都小学迁建和宝塔山、二都村幼儿园美丽教学点提升等工程,夯实教育设施基础。依托湿地美景、防风文化,推进下仁公路省级精品示范道路创建,实施防风湿地观光带、山地皇湿地生态修复等重大景观提升工程。投资2000余万元用于10条农村公路再造、4条公路大中修,进一步便民利民。以"苕溪清水入湖""湘溪港流域综合治理"等工程为重点,推进街道、村级水利工程建设。开展危房治理工作,实施危房排摸、检测,分门别类进行治危,落实困难群众补助政策,检测排查危旧房159处,其中D级危房96处;C级危房63处,目前危旧房改造率在90%以上。

【社会事业】 强化村级文化阵地建设,上杨村农村文化礼堂主体工程已完工,朱家村成功创建全民健身示范点,二都村被评为浙江省非物质文化遗产旅游景区民俗文化村。全面强化卫生工作,成功创建省级卫生街道。加强流动人口计生管理,不断提高计生服务质量。贯彻落实农村部分家庭奖扶制度,做好关爱特殊家庭工作。丰富文体活动,积极推进乡村文化发展,结合湿地风情,开展"湿地捻泥王挑战赛"、塘泾龙舟赛、"亲青恋·缘来你在下渚湖"、"全民健身与省运同行"等大型群众互动活动。提升礼堂使用率,开展送戏下乡4场,文化走亲10场,电影下乡144场。

【社会管理】 践行共享发展理念,以"法治、德治、自治"三治建设为抓手,继续发挥乡贤参事会、村规民约等在基层治理中的作用,加强基层民主管理。全面落实公共安全责任,抓好安全生产、消防安全、森林防火、道路交通安全、景区安全和食品安全等责任制落实,加大安全检查和隐患整改力度。深入推进"平安建设",完成"一室四平台"建设任务,在街道设立统一指挥室,配备专业人员;集中化解历史积案等重大矛盾纠纷,落实信访维稳工作。创新开展"零发案"村(居)创建工作,实行月度评比、季度考核,充分发挥群防群治成效,维护平安稳定。全年共调解矛盾纠纷237起,成功237起,成功率100%。县交办来信来访16起,答复16起;县长热线272起,办理272起,办结率100%。

【改革创新】 以创新为引领,探索创新发展新模式。在巩固深化2016年村级财务网上支付和水利设施抵押贷款等创新成果基础上,推进农业供给侧、农地入市、农村集体资产股份权能、"最多跑一次"、废弃矿山生态复绿等改革。全面完成农村土地承包经营权确权登记颁证,下杨村禹溪畔居项目作为发展壮大集体经济项目已立项。发展现代农业、循环农业,率先在全县试点渔业养殖尾水整治工作,35个治理点共涉及面积1.20万亩。

(范逸凡)

专记

成立建发、文旅集团

德清县建设发展集团有限公司（简称"建发集团"），主要由县建设系统所属12家企业组建而成，为县属国有独资有限责任公司，注册资本为人民币60亿元。公司住所为德清县武康街道舞阳街228号，主要负责城市建设投融资、区域开发建设、城建资产经营和管理，县域内城市建设领域优质资源性资产的储备和利用，以及城市基础设施、水利基础设施和社会公益设施的投资、建设、开发、经营和管理等。

德清县文化旅游发展集团有限公司（简称"文旅集团"），主要由县旅委、下渚湖风景区、发改委、商务局所属12家企业组建而成，为县属国有独资有限责任公司，注册资本为人民币25亿元。公司住所为德清县武康街道沈长圩街50号（县农商银行综合大楼23层），主要负责县级旅游、文化、商贸国有资产的经营和管理，县域内文化旅游优质资源性资产的储备和利用，旅游基础设施建设和休闲旅游、健康养身、文化创意、住宿餐饮、商贸物流、信息科技等相关领域的投资、开发、建设、运营等。

（一）

党的十八届三中全会后，国家和省相继出台多个文件，部署国有企业改革工作。2014年，省委、省政府下发《关于进一步深化国有企业改革的意见》（浙委发〔2014〕24号）。2015年，中共中央、国务院下发《关于深化国有企业改革的指导意见》（中发〔2015〕22号），对国有企业改革作出重大战略部署，明确分类推进国有企业改革，完善现代企业制度和国有资产监管体制，做强做优做大国有企业，不断增强国有经济活力、控制力、影响力、抗风险能力。2015年底，国务院再次印发文件，出台《关于改革和完善国有资产管理体制的若干意见》（国发〔2015〕63号），明确以管资本为主加强国有资产监管，改革国有资本授权经营体制，真正确立国有企业的市场主体地位，推进国有资产监管机构职能转变。

近年来，在县委、县政府的领导下，德清县在理顺国有资产管理工作关系，夯实监管基础，促进企业发展方面取得了一定成效。截至2016年底，德清县78家一级国有企业（包含高新区所属企业）资产总额近800亿元，净资产总额超430亿元，国有出资总额85.80亿元。但是，国有企业的可持续发展依旧存在着不少困难，提升质量服务县域经济的任务依然艰巨。推进国资国企改革、组建若干国企集团是国有企业发展壮大、提升效益的迫切需要，也是贯彻落实中央和省、市决策部署的重要举措，更是领跑领先加快建成全面小康标杆县的战略抉择。

（二）

2016年8月至2017年3月期间，县府多次召集有关部门研究德清县国资国企改革思路，县人大财经委、财政局先后赴湖州、长兴、余杭、富阳、龙游、乐清六个县市进行专题调研，学习借鉴外地国企改革、资产整合重组和统一监管方面的做法和经验，为县级层面国资国企改革进行有益的探索。在此基础上，结合全县国有企业现状，起草《德清县国资国企改革总体方案》。2017年3月20日，县政府常务会议和县委常委会议审议通过《德清县国资国企改革总体方案》。4月10日，县委县政府正式下发《中共德清县委、德清县人民政府关于印发〈德清县国资国企改革总体方案〉的通知》（德委发〔2017〕10号），作出进一步深化德清县国资国企改革的决策部署，明确对县属国有资产进行整合重组，组建德建发、文旅两大县国资国企集团，并成立由县委书记项乐民、县长王琴英任组长的县国资国企改革领导小组。4月27日，县国资国企改革领导小组第一次会议召开，审议通过建发集团、文旅集团组建方案。同日，全县国资国企改革动员大会召开,全县国资国企改革工作正式启动。县财政局(县国资办)会同建发集团、文旅集团筹建指导组、各相关部门和企事业单位,按照《德清县国资国企改革总体方案》明确的路线图和时间表,紧锣密鼓开展各项改革重组工作。

（三）

县国资国企改革全面正式启动后,涉改企业清产核资审计等一系列改革工作任务全面铺开。4月28日,《德清县国有企业公司章程制订管理办法》(德财国资〔2017〕52号)印发。5月2日,县编委办颁发县国有资产管理委员会办公室统一社会信用代码证书。5月8日,县国资国企改革领导小组办公室向21个单位发出改革任务分解单。5月9日,县财政局向县政府提交设立建发集团和文旅集团的请示。5月19日,县政府正式下文批复设立建发集团和文旅集团,印发《德清县人民政府关于同意设立德清县建设发展集团有限公司的批复》(德政函〔2017〕53号)和《德清县人民政府关于同意设立德清县文化旅游发展集团有限公司的批复》(德政函〔2017〕54号),明确委托德清县国有资产管理委员会办公室履行出资人职责。5月23日,建发集团和文旅集团完成工商注册登记。5月25日,召开县国资国企改革领导小组第二次会议,审议通过建发、文旅总体股权架构方案。根据《中共德清县委 德清县人民政府关于印发〈德清县国资国企改革总体方案〉的通知》精神,将原分散于6个部门的近50家国有企业通过整合重组和资产优化配置。5月26日,建发集团和文旅集团成立大会举行,县委书记项乐民、县长王琴英为两大集团揭牌。两大集团的成立,是德清县在调整国有企业布局、实现国有资产保值增值上迈出的重要一步,标志着德清县本轮国资国企改革取得阶段性成果。

（四）

德清县在构建"县国有资产管理委员会及其办公室——集团公司——下属子公司"的国企监管体制的情况下,建发集团、文旅集团成立后及时理顺股权结构,按照政企分开原则,实现与原主管部门的完全脱钩,确立了市场主体地位,并逐步建立健全现代企业制度。依法建立董事会、监事会、经理层、党组织。县委、县政府印发《中共德清县委办公室 德清县人民政府办公室关于建立县属国有企业监事会制度的意见》,明确建立县属国有企业监事会,县政府作为国有出资人向两大集团派出监事会。建立权责对等、运转协调、有效制衡的决策执行监督机制,逐步实现规范的公司治理。同时,《德清县企业国有资产监督管理办法》《关于加强县属国有企业董事会建设的意见》《关于扶持建发集团和文旅集团改革发展的若干意见》等国资监管制度和改革配套制度陆续出台,使两大集团的规范运行、加快发展有章可循。2017年12月,经县委、县政府决策,将县域内国有企业优质资产,党政机关事业单位可市场化利用的资产、出租出借的经营性资产和闲置资产注入两大集团,交由两大集团经营管理,进一步提升国企集团综合实力。

（五）

建发集团和文旅集团成立以来,管理有序、发展平稳。建发集团已成功培育一家新的AA信用等级公司。8月31日,建发集团浙工大德清校区项目举行开工仪式;9月1日,建发集团春晖小学项目正式交付使用,项目总投资1.20亿元;9月4日,县委书记项乐民调研两大集团经营运作情况;9月6日,由文旅集团和杭州赛石园林集团共同合作开发的中国田园博览园项目签约仪式成功举行;9月23日,由文旅集团、新市镇政府、艾肯上海项目组共同举办的"新市古镇文旅耕新研讨会"成功举行;9月26日,建发集团德清县职能生态城项目签约仪式成功举行;10月13日,县委书记项乐民调研浙工大德清校区项目建设情况;10月25~27日,由文旅集团组织的20余家德清洋家乐以"如何诗意的浪费时间"为主题首次亮相第四届中国(上海)国际酒店投资加盟与特许经营加盟展;11月11日,县委常委、常务副县长陈健一行到集团总部调研项目建设情况;11月,文旅集团与全球最大的网上住宿预订平台Booking达成合作,将德清县"洋家乐"整体打包入Booking海外市场。下一步,德清县将建立县属国有企业出资人监管信息化平台,创新监管方式和手段,充分共享各类资源数据,加强监管业务协同,提高监管效率。

(沈宇真)

德清县美丽乡村建设

近年来，德清县在习近平总书记"绿水青山就是金山银山"重要思想指引下，把惠民利民作为根本出发点，加快推动建设成果向经营成果转化，全力打造"全域美丽、城乡一体、乡风文明、生活美好"的美丽乡村升级版，真正走出了一条"两山"化"两美"的发展新路。2014年全省美丽乡村建设现场会在德清召开，标志着全省美丽乡村建设升级版从德清出发。2015年全国首次农村人居环境普查评价德清县位居第一。2016年成功创建全省首批美丽乡村示范县。

政府主导，完善工作体制机制

通过政府主导、政策驱动、科学规划、分步实施、强化整合、统筹协调，德清县不断完善美丽乡村建设的体制机制，为各项工作的顺利推进提供了坚强保障。

为了加强组织领导，德清县成立了由县委副书记任组长的"美丽德清"建设工作领导小组，下设县美丽乡村建设工作推进组，县委副书记牵头亲自动员部署、亲自督查推进、亲自协调决定重大事项，统筹兼顾、系统推进美丽乡村建设工作。将美丽乡村建设纳入对镇（街道）综合考核、三农考核指标，建立"主要领导亲自抓、分管领导具体抓"的镇（街道）工作机制，落实具体责任到事、到人、到时、到位。在美丽乡村建设中，深入开展县领导联系、部门结对、村企结对、群众投工投劳等活动，汇聚"全县总动员、上下齐行动、人人都参与、共树新形象"的强大合力。

制定《关于德清县美丽乡村升级版建设的实施意见》，每年出台具体的实施意见、考核办法、涉农资金整合方案、领导联系制度等政策文件，整合美丽公路、美丽田园、美丽庭院、乡村旅游景区创建等部门项目资源，推进整体化实施、品牌化经营、项目化管理，加快美丽乡村升级版建设。县财政每年安排专项资金进行以奖代补，到2017年底累计投入约10亿元。

2009年编制完成《德清县"中国和美家园"建设总体规划》，以规划为统领，统领第一轮美丽乡村建设，至2015年底，实现第一轮精品村创建全覆盖。在总结前期建设经验的基础上，按照高起点谋划、高标准建设要求，编制完成《德清县美丽乡村升级版战略规划（2016～2020）》，引领新一轮美丽乡村升级版建设。战略规划以"共富乡村、绿美乡村、人文乡村、智慧乡村、活力乡村、善治乡村"六村行动为目标，重点展开"个十百千万"工程。其中，"个"是打造一个中国乡村振兴标杆县；"十"是建"十条景观线，十个精致小村，十个乡村振兴示范镇（街道）"；"百"是创百个精品示范村和提升村；"千"是培育千家乡村民宿和千家新型农业主体；"万"是创建万户美丽庭院。

建管并重，提升农村人居环境

坚持县域大景区理念，按照"点上出彩、线上成景、面上美丽"的总体要求，"点线面"结合全面提升县域美丽度。

"十三五"期间，规划在全县域建设10条美丽乡村风景线，全长352公里，覆盖137个行政村，切实将"名山、湿地、古镇"和美丽乡村"盆景"串成"风景"。高标准建设环莫干山异国风情、历史人文、水乡古镇、防风湿地、水梦苕溪等5条风情景观线，其中，环莫干山异国风情景观线入选首届"浙江美丽乡村十条最美精品线路"。

坚持美丽乡村和美丽城镇建设协同推进，按照"有产业、有文化、有个性"的标准，率先开展美丽城镇建设，着力破解农村美丽、城镇滞后的短板，使之成为城乡居民创业就业的基地，国内外游客休闲旅游的胜地，展示新农村建设成就的窗口。小城镇环境综合整治领跑全国，全省小城镇环境综合整治工作现场会在德清召

环莫干山异国风情景观线　　　　　　　　　　（县农办　提供）

开。突出全域成片美丽乡村建设成果，莫干山镇、洛舍镇分别成功创建省级、市级美丽乡村示范乡镇。

在完成118个行政村的和美家园精品村创建、成功创建107个市级美丽乡村、14个省级以上美丽宜居示范村的基础上，深度打造美丽乡村升级版。"十三五"期间，计划在全县建设10个精致小村、35个精品示范村和91个美丽乡村提升村，实现示范引领、村域全覆盖、农户全受益。精致小村建设的目标是"生态环境优美、个性特色明显、文化内涵丰富、产业高度融合、乡风文明和谐、辐射带动能力强"；精品示范村的建设目标是"依托优美山水风光、利用传统人文资源、融会生态观光农业、依附休闲度假项目，对村庄进行景区化改造，对产业进行景观化提升，对设施进行旅游化配置，对人文进行体验式发掘"；提升村建设的目标是"绿道成网、村落整洁、庭院美丽"。2017年，精致小村燎原村基本完成建设，建设完成五四村、后坞村等20个精品示范村，建设完成城头村、水北村等46个提升村。燎原村建成民国风情一条街，成功打造省历史文化重点村；五四村、劳岭村、二都村、后坞村、蠡山村等5个村成为3A级村庄景区，A级村庄景区累计达32个，美丽乡村逐步转化为美丽经济。

开展历史文化村落保护利用，挖掘人文传统故事，大力开展民国风情——燎原村、爱情小镇——蠡山村、防风古国——二都村等3个省历史文化重点村和曲溪等7个一般村建设，打造地域风貌特色与历史文化相融合的现代美丽乡村。

深刻践行"两山"理念，改善农村生态环境，打出"五水共治""四边三化""三改一拆""治气治霾"等系列环境整治组合拳，通过治水治气拆违、绿化美化洁化等举措，全面打响美丽乡村环境整治提升攻坚战，成功创建全国生态县。2005年，在全省率先建立并实施生态补偿机制，先后三次深化完善实施意见，累计投入3.70亿元。针对垃圾处理管理体制不顺、标准不明、权责交叉、条块分割、管理缺失等问题，创新实施"一把扫帚扫到底"城乡环境管理一体化模式，由城乡环卫发展公司对全县域内集镇、村庄、河道、道路及绿化，实行保洁、收集、清运、处理、养护"五统一"，城乡垃圾收集覆盖率和生活垃圾无害处理率均达到100%。大力推进小垃圾的大革命，相继建成9座农村垃圾资源化利用站、2个日处理量各10吨垃圾资源化处理中心和城乡环卫生态综合体示范基地，全县农村生活垃圾分类处理行政村实现全覆盖。针对农村生活污水处理问题，2014年率先制定三年行动计划，因地制宜采取城郊型、平原水乡型和山区型三种治理模式，在全省首创县、镇（街道）、村、农户及第三方"五位一体"长效运维管理模式，实现"一根管子接到底"，全县农户受益率达90%以上。美丽田园全面铺开，全力推进美丽农业精品渔业示范带、蚕乡古镇示范带、防风湿地示范带延伸段节点和10个重点现代农业园区的建设，农业生产管理用房已全部完成整治，基本实现"三覆盖一机制"。大力开展渔业养殖尾水治理行动，初步建成1203个场（点）、14.07万亩养殖面积尾水处理系统。

**民富村强，
大力发展美丽经济**

以"增效、增收、增能"为目标，通过农村产业发展、技术创新、政策引导和体制改革，促进村级集体经济发展壮大，实现农民增收致富。

德清大力实施农业"两区"建

设,推动都市型高效生态农业发展。积极推动产业集聚发展、产业全链发展、功能融合发展,2014年、2015年和2016年连续三年农业现代化发展水平综合评价位居全省第一。目前已培育新港省级现代农业综合区等三大农业综合区,36个省级园区和41个市级园区,建好管好粮食生产功能区11万亩。充分培育壮大现代农业经营主体,积极引导经营主体拓展功能,现有县级以上农业龙头企业129家、农民专业合作社259家、农民专业合作社联合社4家、家庭农场346家。树立农产品诚信品牌,成为国家农产品质量安全县创建试点。

启动美丽乡村＋互联网项目,以农村电子商务发展带动"大众创业、万众创新",建成淘宝"德清馆"农产品销售平台,大力培育电子商务特色村,提升新型业态发展水平。建成农村电商服务站332家,实现全县行政村全覆盖。坚持农旅融合发展,乡村民宿业蓬勃发展,以"经营乡村"的理念促进农民创业,培育了以裸心谷、法国山居等为代表的500余家特色精品民宿,带动了159个休闲观光农业园区发展。2017年实现农(洋)家乐接待658.30万人次,实现直接营业收入22.70亿元,同比增长36.7%,成功发布全国首个乡村民宿地方标准,获评全国休闲农业与乡村旅游示范县。三是实施"富民强村"工程。自2013年开展第四轮发展壮大村级集体经济工作以来,全县共实施扶持项目68个,覆盖77个行政村,总投资2.04亿元(其中县财政补助资金5960万元,争取省以上财政支持资金4800万元),待项目投入运营后预计每年村均增收21.50万元,提前一年完成本轮"转化薄弱村"发展目标,初步形成改革赋权、异地联建、股份合作、村庄经营、物业管理、电商带动、品牌牵引、乡贤引领、返乡创业等9种产村融合发展模式。实施低收入农户收入倍增计划,按照"一户一策"的要求,整体提升工资性收入、经营性收入、财产性收入、转移性收入等四大收入水平,让农民增收更给力更持久。2017年,农村常住居民人均可支配收入29842元,城乡收入比缩小至1.69∶1。

人文挖掘,
弘扬农村文明乡风

深挖德清特色文化,充分发挥历史文物、文化风俗的文化价值、景观价值和经济价值,积极培育历史文化与现代文明有机结合的美丽乡村。

在美丽乡村建设过程中,深入挖掘传承历史文化。德清县在全国首创建立农村"和美乡风馆",并大力推进农村文化礼堂建设,全县建成文化礼堂101家,不断激活农村"文化＋"基因,实现乡村文化从"送"到"种"、到文化人的跨越。同时,编撰完成德清县历史文化村落故事集,完成"千村档案"相关工作任务。

积极培育乡风文明,开展"立家规、传家训、树家风"活动,推进公民道德建设,设立民间草根奖58项。"百姓设奖、奖励百姓"蔚然成风,"草根文化"氛围浓厚,"最美现象"由风景变成风尚,形成温和醇厚的民风。

巩固社会和谐成果,继续深入开展"十线百村"党建提升工程,对软弱落后村实施"一村一策"整改转化到位,县镇村党组织书记抓基层党建责任清单全面落实。持续深入推进"平安德清"建设,全力构建法治、德治、自治"三位一体"社会治理模式,持续深化"驻村连心""返乡走亲"等行之有效的活动载体,创新推行"乡贤参事会""便民36条"等基层自治的好做法,进一步提高社会治理能力,实现了平安建设"十二连冠"。

农村改革,
激发美丽乡村活力

作为全省唯一的城乡体制改革和农业供给侧结构性改革集成示范试点县,德清承担61项国家和省级改革试点,其中30项为农村集体经营性建设用地入市、赋予农民对集体资产股份权能改革等"农字号"改革试点,取得明显成效。

实行新土改,变死产为活权。"三权到人(户)、权跟人(户)走"的农村综合产权制度改革,基本实现农村产权确权全覆盖。以赋权活权为关键,建立"四位一体"农村综合产权流转交易平台体系,全县76%的土地实现了高效流转。积极稳妥推进农村集体经营性建设用地入市国家试点,敲响"农地入市"全国第一槌。

实行新金改,让活权生活钱。以省级金融创新示范县建设为契机,不断完善农村产业融合投融资机制,为农民致富、农村发展提供有力信贷保障和金融服务。推出19项农村产权抵押贷款金融产品,农村产权抵押贷款余额达3.49亿元,实现"死产变活权,活权生活钱"。将农村集体经营性建设用地使用权纳入抵押贷款范畴,全县已有36宗入市地块获得抵押贷款9000余万元,有效激发了农村金融活力。

实行新户政,让二元变一体。在全省率先启动户籍制度改革,附着在户籍背后的33项城乡待遇差异全面并轨,有效破除了城乡"二元"结构。实施土地承包经营权长期流转农村居民参加职工社会保险,被征地农民基本生活保障与企业职工基本养老保险有效接续等制度。全面提升城乡交通、住房保障、供水供气、污水处理、垃圾处置"六个一体化"水平,构建起统筹城乡的水利、交通、能源、信息"四张网",做到了城乡覆盖、一体均等。

下一步,德清县将一以贯之,坚持"创新、协调、绿色、开放、共享"五大发展理念,按照十九大提出的乡村振兴战略要求,进一步放大山水生态优势,完善县域生态文明建设,把绿水青山护的更美、把金山银山做得更大,全力打造中国乡村振兴标杆县。

把德清县建设成为国际化山水田园城市。

(沈丰平)

莫干山风光　　　　　　　　　　　　　　　　　　　　　　　　　　(县农办　提供)

德清县农村产权制度改革

2014～2017年,德清县农村产权制度改革以建立"三权到人(户)、权随人(户)走"为重点,全面完成农村产权确权颁证,初步实现有序流转交易,建立金融服务机制。《人民日报》在头版刊登长篇《浙江德清试点城乡体制改革、叫醒沉睡的农村资产》宣传报道。2017年全省唯一的农业供给侧结构性改革集成示范试点落户德清。

全面推进农村产权确权工作,围绕确权工作,按照"宜粗不宜细、宜松不宜紧"的原则,坚持将历史问题用现实角度考虑解决,打破条条框框、树立大局意识,分门别类、依法推进,摸清底子、全员发动,设立不动产登记中心,在宅基地用益物权确权、农房确权、农村土地(林地)承包经营权、集体经营性资产股权等精准确权的基础上,全面完成农田水利设施所有权确权。切实把历史的资产变为现实的资本,使农民真正成为市场主体。

深化农村产权赋权与活权,成立德清县农村综合产权流转交易管理委员会,建立县级中心、镇(街道)分中心、村(社区)服务站、农户"四位一体"的农村综合产权流转交易体系。出台《农村综合产权流转交易管理办法》等配套政策30项,实行"六统一"的管理模式,将农村土地(林地)承包经营权等十类权种进入流转交易平台,共完成农村产权交易1179笔,交易3.94亿元。全县12家银行创新推出19项"三权"抵押贷款产品,累计发放"三权"抵押贷款(组合)1449户,金额7.68亿元。

在此同时,从七个方面积极稳妥推进各项改革试点。

第一,积极推进生产、供销、信用"三位一体"改革。出台《德清县关于深化供销合作社和农业生产经营管理体制改革 构建"三位一体"农民合作经济组织体系的实施方案》,2016年5月全县12个镇(街道)依托镇(街道)农业公共服务中心为基础组建的镇级农合联组织全部组建完毕,2016年6月,召开全县农民合作经济组织联合会成立大会,全市第一家县级农合联——德清县农民合作经济组织联合会成立。2017年,"三位一体"改革试点完成内部职能科室调整,有序承接农民专业合作社等3项职能,完成农民专业合作社分类评级工作,成立注册资金各1000万元的资产经营公司和农民合作基金,35家县级会员单位、雷甸镇农合联会员集体分别获农商行授信6410万元、3000万元,组建并实体化运行水精灵青虾、莫干黄芽、山芽儿早园笋、黑里俏黑鱼、德清鱼等5个特色产业农合联。

第二,推进农村综合产权流转交易提质扩面。2016年,完成新安镇、禹越镇规范化平台创建试点工作,全市农村改革现场式教学点在新安镇、禹越镇进行,平台规范化建设得到与会领导、专家的认可。2017年,德清县制定完成全省首个《农村产权交易管理规范县级标准》,实施农村产权交易标准化管理,德清农村产权交易示范平台获评"第四届浙江省公共管理创新案例十佳创新奖",德清县以"标准化"建设农村产权交易平台经验获施根宝副市长批示肯定。

第三,农村土地制度改革三项试点统筹推进。农村集体经营性建设用地入市改革方面,至2017年底,已实现入市151宗,面积1035亩,成交金额2.21亿元,集体收益1.80亿元,惠及农民群众10余万人。土地征收制度改革方面,制定《德清县土地征收管理实施办法》《德清县土地征收留用地安置管理规定》等政策文件,按新政策实施34批次土地征收,共7020亩,落实留地安置421.20亩。创新宅基地管理方面,通过"厘清一户一宅、保障户户有宅、管好宅宅法定、创新显化物权"等做法,把创新宅基地管理当作惠民工程来办,切实维护群众合法权益。2017年国土资源部统筹推进农村土地制度改革三项试点工作现场交流会在德清召开。

第四,加快推动国家级农田水

利设施产权制度改革。坚持试点先行,完成全县农田水利设施确权颁证工作,设施产权移交,召开全县农田水利设施建设与管理体制改革推进会,落实农田水利设施建设与管理体制改革工作。与县农行签订战略合作协议,取得农田水利设施"两权"抵押融资授信额度5亿元,下渚湖街道和睦村通过8座机埠所有权证抵押,成功获得德清农商银行抵押贷款20万元,《中国水利报》《浙江日报》等媒体争相关注报道。制定《德清县农田水利设施所有权和经营权抵押贷款实施办法(试行)》等办法。《德清小型水利工程产权制度改革实践》被省水利厅作为全省水利系统七项改革典型经验全省推广,形成可复制可推广的改革经验。

第五,深化国家级集体经营性资产股份权能改革。在全面完成村级集体经营性资产股份量化的基础上,根据国家三部委批复要求,结合农村居民的意愿,建立并完善农村居民对集体资产股份占有、收益、有偿退出及抵押、担保、继承等相关制度。对确定"一章程、三办法、四制度"为主要内容的八项制度创新充分进行论证,在调研、座谈基础上,结合实际,制定出台《德清县村股份经济合作社成员身份资格认定办法》等八项制度。确定禹越镇、舞阳街道为股权有偿转让试点镇(街道),武康街道、洛舍镇为股权抵押担保试点镇(街道),乾元镇城北村、洛舍镇砂村村为公司化经营试点村,雷甸镇中兴社区、武康街道永兴社区为政经分离试点村(社区),对村股份经济合作社示范章程、选举办法、成员资格认定办法及备案制度在全县村股份经济合作社全面推行。农村集体资产股份权能改革在全国总结大会做经验交流,并被不断复制推广。

第六,推进国家农村土地承包经营权抵押贷款试点。县推进农村土地承包经营抵押贷款工作领导小组召开专题会议,稳步推进2017年抵押贷款试点收官冲刺工作。组织金融宣讲团进村入户宣传,提升知晓度。制定《德清县农村土地承包经营权抵押贷款试点工作方案》,修订完善《金融支持地方经济发展考核办法》,出台《农村承包土地经营权抵押贷款风险补偿金使用管理暂行办法》,按季度对农村承包土地经营权抵押贷款工作完成情况进行通报。至2017年底,历年累放农村承包土地经营权抵押贷款2.88亿元,其中2017年新增贷款1.12亿元。

第七,完善承包经营权登记颁证确权工作。德清县共有8个镇、4个街道,共需确权登记颁证的村共138个,组2601个,农户75011户,合同面积26.39万亩。至2017年,农村土地承包经营权确权签订合同71625份,完成比例99.5%;权证发放69386本,完成比例96.4%。土地确权工作在全省名列前茅,率先完成确权成果资料农户签字确认,率先完成测绘成果质量第三方质检,率先颁发土地承包经营权证,在省市综合验收中评级为优。

实施农村产权制度改革后,尤其通过"精准确权"后,实现社员经济身份和社会身份分离,有效解决农村权属纠纷,化解农村社会矛盾,有助于促进劳动力转移,推进城镇化,也为保障农民权益、促进农业生产发展、农业规模经营创造良好条件。2017年,德清县土地流转平均价格为每年1000元/亩左右,最高达1600元/亩,有效保障农民切身利益。如筏头乡勤劳村将村校的40年使用权租赁,获得16万元的年租金收益,上海栗拉酒店投资2000万元将其改建成环保型休闲度假酒店。

通过推进农村综合产权流转平台建设,发挥信息传递、价格发现、交易中介的基本功能,确保农村综合产权阳光流转,让农村居民真正成为拥有完整产权的市场主体,使农村居民财产和村集体资产"交易得起、交易得了、交易得好",促进村级集体经济发展壮大和农民增收。如新市镇士林一鱼塘通过交易中心公开发包,租金从原来5.60万元提高到30万元,如2015年8月19日德清县以协议出让的方式出让莫干山镇仙潭村第一块集体经营性建设用地首批入市,同年9月8日启拍洛舍镇砂村村一宗面积13295.35平方米的土地使用权,以1150万元人民币成功入市交易。

通过全面开展农村综合产权抵(质)押贷款,激活农村金融市场,解决农村融资难问题,有助于农村居民创业,促进农业农村发展。如钟管镇沈家墩村种粮大户房春华用"农村土地流转经营权证"贷款100万元,新购置了2台烘干机、1台碾米机等设备,彻底解决了扩产增收的后顾之忧。三合乡吴越水产养殖公司法人代表归毛头,用自家的农房、土地经营权以及在三合集体经济合作社的股权向县农商行申请抵押贷款,获得200万元的贷款额度,解决了改造鱼塘、购买鱼苗和饲料的流动资金难题。

(沈丰平)

人物·荣誉·成就

2017年度党政机关群众团体负责人名单

中国共产党德清县委员会
县委书记:项乐民
副 书 记:王琴英(女)
　　　　　敖煜新
常　　委:项乐民
　　　　　王琴英(女)
　　　　　敖煜新
　　　　　谈　斌
　　　　　罗　芳(女)
　　　　　陆卫良
　　　　　陈亦平
　　　　　蔡惠江
　　　　　陈　健
　　　　　沈志伟
　　　　　宋明亮(2017年12月任)
　　　　　齐　宁(挂职)(2017年7月任)
委　　员:项乐民
　　　　　王琴英(女)
　　　　　罗国建
　　　　　张林华
　　　　　敖煜新
　　　　　谈　斌
　　　　　罗　芳(女)
　　　　　陆卫良
　　　　　陈亦平
　　　　　蔡惠江
　　　　　陈　健
　　　　　沈志伟
　　　　　宋明亮(2017年12月任)
　　　　　齐　宁(挂职)(2017年7月任)
　　　　　王少华
　　　　　周志方
　　　　　姚夏林
　　　　　陈永明
　　　　　何晓红(女)
　　　　　吴志新
　　　　　沈亦红(女)
　　　　　毕长征
　　　　　曹根荣
　　　　　沈　炯
　　　　　郭志伟
　　　　　金明龙
　　　　　施震海
　　　　　姚　宏
　　　　　夏永明
　　　　　姜庆华
　　　　　陈旭明
　　　　　丁燕英(女)
　　　　　沈生章
　　　　　郎阳升(2017年10月免)
　　　　　沈保梁
　　　　　许建驰
　　　　　章洪春
　　　　　方　凯
　　　　　孙宏明
　　　　　杨剑炜
　　　　　曹汉祥
　　　　　郭坤华
候补委员:马建根
　　　　　姚国丽(女)

施剑锋
宣坚锋
沈钧晶(女)
居晓华
李贤富
胡金璋
章伟忠

中国共产党德清县纪律检查委员会
书　　记:谈　斌
副 书 记:沈保梁
　　　　　许　炜
常　　委:沈保梁
　　　　　许　炜
　　　　　纪良忠(2017年3月免)
　　　　　朱伯荣
　　　　　赵志明
　　　　　沈雅萍(女)
　　　　　涂爱意(挂职)
　　　　　金爱农(2017年3月任)

县监察委员会
主　　任:谈　斌(2017年2月任)
副 主 任:沈保梁(2017年2月任)
　　　　　许　炜(2017年2月任)
委　　员:朱伯荣(2017年2月任)
　　　　　赵志明(2017年2月任)
　　　　　沈雅萍(女)(2017年2月任)
　　　　　孙椒清(女)(2017年2月任)
办公室主任:孙朋飞(2017年4月免)
　　　　　吴为民(2017年4月任)
干部室主任:沈旭明
党风政风监督室主任:廖邓锋
信访室主任:姚欣平(2017年4月免)
案件监督管理室主任:沈建国
第一纪检监察室主任:金爱农(2017年4月免)
　　　　　孙朋飞(2017年4月任)
第二纪检监察室主任:沈雅萍(女)(2017年4月免)
　　　　　刘雪英(女)(2017年4月任)
第三纪检监察室主任:徐　敏

第四纪检监察室主任:黄　勇(2017年4月任)
第五纪检监察室主任:陆　锋(2017年4月任)
案件审理室主任:沈国平

县监察局(与纪委合署办公)
局　　长:沈　炯(2017年2月免)
副 局 长:赵志明(2017年2月免)

县纪委派驻第一纪检组
组　　长:吕秋月(女)(2017年4月免)
　　　　　孔宝庆(2017年4月任)
副 组 长:姚文良
　　　　　盛荣良

县纪委派驻第二纪检组
组　　长:姚新乔(2017年3月免)
　　　　　纪良忠(2017年3月任)
副 组 长:俞金松
　　　　　计建春(2017年7月免)
　　　　　姚松华(2017年7月任)

县纪委派驻第三纪检组
组　　长:丁建明
副 组 长:钱文荣
　　　　　高宝兰(女)

县纪委派驻第四纪检组
组　　长:沈春晖
副 组 长:姚益英(女)
　　　　　沈海章

县纪委派驻第五纪检组
组　　长:卢凤珍(女)
副 组 长:徐香庚
　　　　　徐柏忠

县纪委派驻第六纪检组
组　　长:潘志平

县纪委派驻第八纪检组
组　　长:王树初(2017年4月免)
　　　　　杨晓浏(2017年4月任)

县纪委派驻第九纪检组

组　　长：陈抑非

县纪委派驻第十纪检组

组　　长：吴　林

县纪委派驻第十一纪检组

组　　长：盛云标

县纪委驻县直属机关纪工委

书　　记：姚连坤（2017年7月免）

　　　　　陈永明（2017年7月任）

县纪委驻县公安局纪检组

组　　长：潘国良（2017年3月免）

　　　　　方文华（2017年3月任）

副 组 长：谢雪平

　　　　　周　骏（2017年7月免）

县纪委驻县人民法院纪检组

组　　长：姚荣根

副 组 长：陈云峰

县纪委驻县人民检察院纪检组

组　　长：葛　岭

副 组 长：陈晓珺（女）

县委办公室

主　　任：沈志伟（2017年3月免）

　　　　　沈生章（2017年3月任）

副 主 任：唐　炜（2017年4月免）

　　　　　吕秋月（女）（2017年4月任）

　　　　　宣坚锋（2017年3月免）

　　　　　姚建强（2017年3月任）

　　　　　焦宝义（2017年4月免）

　　　　　李朝辉（2017年3月免）

　　　　　章卓玮

　　　　　陈海松（2017年4月任）

　　　　　董芸芸（女）（2017年4月任）

　　　　　郑　滔（2017年4月任）

　　　　　王国树（兼职）

　　　　　沈云峰（兼职）

机要局局长：沈永泉

保密局局长：陈海松（2017年7月免）

　　　　　马　军（2017年7月任）

县委报道组组长：王云峰

县委政策研究室

主　　任：沈志伟（2017年3月免）

　　　　　沈生章（2017年3月任）

副 主 任：高　芸（女）

　　　　　刘海波

县委、县政府信访局

局　　长：宣坚锋（2017年3月免）

　　　　　姚建强（2017年3月任）

副 局 长：曹才良

　　　　　周文国

　　　　　曾海华

督察专员：杨再良

县委、县政府督查办公室

主　　任：唐　炜（2017年3月免）

　　　　　吕秋月（女）（2017年4月任）

副 主 任：潘利荣

　　　　　沈昕荣

县委组织部

部　　长：罗　芳（女）

常务副部长：曹根荣（2017年3月免）

　　　　　郎阳升（2017年3~10月）

副 部 长：费根法（2017年3月免）

　　　　　朱海平（2017年4月免）

　　　　　杨腾伟

　　　　　白　桦（2017年7月任）

　　　　　杨杏山（兼职）

　　　　　蒋　斌（兼职）（2017年5月任）

　　　　　黄晓丹（兼职）

县委新经济与新社会组织工作委员会

书　　记：朱海平（2017年4月免）

　　　　　杨腾伟（2017年7月任）

副 书 记：王国良（2017年4月免）
　　　　　严　峰（2017年4月任）
　　　　　傅友根（兼职）（2017年3月免）
　　　　　任桂荣（兼职）（2017年3月任）
　　　　　沈云龙（兼职）（2017年4月免）
　　　　　施敏娴（兼职）（2017年4月任）
　　　　　马惠忠（兼职）

县委人才工作领导小组办公室
　主　　任：杨腾伟（2017年4月免）
　　　　　　吴　尧（2017年4月任）

县机构编制委员会办公室
　主　　任：杨杏山
　副 主 任：沈福康（2017年7月免）
　　　　　　李志刚
　　　　　　沈　华（女）（2017年7月任）

县委宣传部
　部　　长：张林华（2017年1月免）
　　　　　　陈亦平（2017年1月任）
　常务副部长：郎阳升（2017年3月免）
　副 部 长：孔宝庆（2017年4月免）
　　　　　　吴敏瑾（女）（2017年5～9月）
　　　　　　朱晓华（2017年4月任）
　　　　　　吴建勇（2017年4月任）

县文学艺术界联合会
　主　　席：孔宝庆（2017年5月免）
　　　　　　吴敏瑾（女）（2017年5～9月）
　　　　　　朱晓华（2017年9月任）
　副 主 席：高　飞（女）

县社会科学界联合会
　主　　席：孔宝庆（2017年5月免）
　　　　　　朱晓华（2017年9月任）
　副 主 席：章卫华（女）

县精神文明建设委员会办公室
　主　　任：陈　磊

县委统战部
　部　　长：杨明连（2017年1月免）
　　　　　　陆卫良（2017年1月任）
　常务副部长：傅友根（2017年3月免）
　　　　　　任桂荣（2017年3月任）
　副 部 长：仲伯华
　　　　　　沈海明
　　　　　　陈　杭（兼职）

县委台湾工作办公室、县政府台湾事务办公室
　主　　任：仲伯华
　副 主 任：高建良

县民族宗教事务局
　局　　长：沈海明
　副 局 长：黄向阳

县政府侨务办公室（县归国华侨联合会）
　主　　任：仲伯华
　副 主 任：高建良

县委政法委员会
　书　　记：敖煜新
　常务副书记：胡起炎
　副 书 记：蔡惠江（兼职）
　　　　　　陈　健（兼职）
　　　　　　汪才荣（2017年3月免）
　　　　　　许冬生
　　　　　　杨顺安
　　　　　　钟加平
　　　　　　柴鸿斌（2017年3月任）
　政治处主任：潘学永

县社会管理综合治理委员会办公室
　主　　任：杨顺安
　副 主 任：徐红学（女）

县委防范和处理邪教问题领导小组办公室（610办）
　主　　任：汪才荣（2017年3月免）
　　　　　　柴鸿斌（2017年3月任）
　副 主 任：姚小平（2017年4月免）
　　　　　　李永根（2017年4月任）

2017年度党政机关群众团体负责人名单

县委维护稳定工作办公室
主　任:钟加平(2017年3月任)
副 主 任:李永根(2017年4月免)
　　　　　潘新林(2017年4月任)

县委农业和农村工作办公室(新农办)
主　任:王国树
副 主 任:郑伟雄
　　　　　姚建强(2017年3月免)
　　　　　杨　珍(女)(2017年4月任)

县委老干部局
局　长:黄晓丹
副 局 长:许正驰
　　　　　姚伟红(女)

县委党史研究室、县地方志编纂委员会办公室
主　任:焦宝义(2017年4月免)
　　　　高　芸(女)(2017年4月任)
副 主 任:史建新
　　　　　董芸芸(女)(2017年4月免)
　　　　　潘宗敏(2017年4月任)

县直属机关工作委员会
书　记:沈云峰
副 书 记:陈勇(2017年7月免)
　　　　　王勤华(女)
　　　　　宋建根(2017年7月任)
纪工委书记:姚连坤(2017年7月免)
　　　　　　陈永明(2017年7月任)

县委党校、县行政学校
校　长:罗芳(女)
行政学校校长:陈健(兼职)
常务副校长:蔡水华
副 校 长:姚文荣
　　　　　王卉(女)

县档案局
党组书记、局长:孙金火
副 局 长:方康顺
　　　　　张玉良

县总工会
党组书记、主席:李贤富
副 主 席:周云水
　　　　　杨　琦(女)(2017年7月免)
　　　　　金　慧(女)
　　　　　占建平(2017年7月任)
　　　　　丁　洁(挂职)(2017年7月任)
　　　　　吴政军(兼职)(2017年7月任)
　　　　　闻学勤(兼职)(2017年7月任)
　　　　　张明强(兼职)(2017年7月任)
经费审查委员会主任:姚国兴

共青团德清县委
党组书记、书记:沈钧晶(女)
副 书 记:朱超
　　　　　曹晓萍(女)(2017年11月免)
　　　　　吴伟昊(挂职)(2017年5月任)
　　　　　夏洁人(兼职)(2017年5月任)
　　　　　沈国华(兼职)(2017年5月任)

县妇女联合会
党组书记、主席:姚国丽(女)(2017年3月免)
　　　　　　　　吴敏瑾(女)(2017年9月任)
副 主 席:杨　珍(女)(2017年4月免)
　　　　　徐燕燕(女)
　　　　　马佳佳(女)(2017年4月任)
　　　　　蔡珊珊(女)(挂职)(2017年12月任)
　　　　　张哲萍(女)(兼职)(2017年12月任)
　　　　　鲍红女(女)(兼职)(2017年12月任)

县科学技术协会
党组书记、主席:汪孔祥
副 主 席:陈永明(2017年7月免)
　　　　　陈　勇(2017年7月任)
　　　　　何卫国
　　　　　袁于平(女)(挂职)(2017年7月任)
　　　　　姚桂昌(兼职)(2017年12月免)
　　　　　宋云昌(兼职)(2017年12月免)
　　　　　沈　杭(兼职)(2017年12月免)
　　　　　陈海建(兼职)(2017年12月任)
　　　　　费　征(兼职)(2017年12月任)
　　　　　盛　伟(兼职)(2017年12月任)

张明强(兼职)(2017 年 12 月任)

县工商业联合会

党组书记:陈　杭

主　　席:孙占民

副 主 席:章金泉

　　　　　杨哲宇

　　　　　孔文伟(兼职)

　　　　　丁鸿敏(兼职)(2017 年 1 月免)

　　　　　马惠忠(兼职)

　　　　　王爱明(兼职)

　　　　　许树根(兼职)(2017 年 1 月免)

　　　　　杨阿永(兼职)(2017 年 1 月免)

　　　　　沈伟新(兼职)

　　　　　宋云昌(兼职)

　　　　　张甲亮(兼职)

　　　　　郑　毓(兼职)(2017 年 1 月免)

　　　　　胡一平(兼职)(2017 年 1 月免)

　　　　　俞有强(兼职)

　　　　　袁世杰(兼职)

　　　　　夏森权(兼职)

　　　　　钱安华(兼职)(2017 年 1 月免)

　　　　　朱伯明(兼职)(2017 年 1 月任)

　　　　　李林生(兼职)(2017 年 1 月任)

　　　　　吴振华(兼职)(2017 年 1 月任)

　　　　　陈根财(兼职)(2017 年 1 月任)

　　　　　施贤军(兼职)(2017 年 1 月任)

　　　　　姚建华(兼职)(2017 年 1 月任)

　　　　　顾水祥(兼职)(2017 年 1 月任)

　　　　　黄永伟(兼职)(2017 年 1 月任)

县残疾人联合会

党组书记、理事长:杨会荣

副理事长:葛国松

　　　　　林　立(女)

　　　　　于　宏(挂职)(2017 年 12 月任)

　　　　　黄慧芳(女)(挂职)(2017 年 12 月任)

　　　　　吴志强(兼职)(2017 年 12 月任)

县红十字会

党组书记:宣伟强

会　　长:陈佐平(2017 年 3 月免)

　　　　　洪延艳(2017 年 3 月任)

常务副会长:宣伟强

副 会 长:沈亦红(女)(兼职)(2017 年 3 月免)

　　　　　谢晓兰(女)

　　　　　陈伟东(兼职)(2017 年 4 月任)

县人大常委会

主　　任:罗国建

副 主 任:王仲义(2017 年 2 月免)

　　　　　杨明连(2017 年 2 月任)

　　　　　方　芳(女)

　　　　　杨文华

　　　　　潘月山(2017 年 2 月免)

　　　　　陈佐平(2017 年 2 月任)

　　　　　孙政文

　　　　　宋文金

　　　　　姚夏林(2017 年 2 月免)

常务委员:朱法根(2017 年 2 月免)

　　　　　王仲义(2017 年 2 月免)

　　　　　方　芳(2017 年 2 月免)

　　　　　杨文华(2017 年 2 月免)

　　　　　潘月山(2017 年 2 月免)

　　　　　孙政文(2017 年 2 月免)

　　　　　宋文金(2017 年 2 月免)

　　　　　姚夏林(2017 年 2 月免)

　　　　　姚国丽(2017 年 2 月免)

　　　　　倪忠法(2017 年 2 月免)

　　　　　姚桂昌(2017 年 2 月免)

　　　　　褚林根(2017 年 2 月免)

　　　　　房国良(2017 年 2 月免)

　　　　　赵　震(2017 年 2 月任)

　　　　　陈金初

　　　　　章永田

　　　　　周金松

　　　　　林炳才

　　　　　赵叙坤

　　　　　倪爱国(2017 年 2 月任)

　　　　　潘剑民

　　　　　曹根荣

　　　　　杨会荣

　　　　　孙占民(2017 年 2 月任)

　　　　　项祖宏(2017 年 2 月任)

施小强(2017年2月任)
吕　政(2017年2月任)
姚建林(2017年2月任)
朱　伟(2017年2月任)
潘向荣(2017年2月任)
俞有强
盛　伟(2017年2月任)
潘云祥(2017年2月任)
叶振伟(2017年2月任)
虞儒雷(2017年2月任)
沈炳奎(2017年2月任)
党组书记:罗国建
副 书 记:王仲义(2017年1月免)
　　　　 杨明连(2017年1月任)

县人大机关党组
书　　记:陈金初

县人大常委会办公室
主　　任:陈金初
副 主 任:潘剑民(2017年3月任)
　　　　 曹利月(女)
　　　　 沈王英(女)(2017年5月免)
　　　　 王笑山

县人大常委会研究室
副 主 任:沈琛杰(2017年5月任)

县人大法制(内务司法)专门委员会
主任委员:倪爱国
副主任委员:周　云
　　　　　章兴魁

县人大财政经济专门委员会
主任委员:周金松
副主任委员:章海燕(女)
　　　　　倪忠法
　　　　　徐松法

县人大常委会教科文卫工作委员会
主　　任:赵叙坤(2017年3月免)
　　　　 俞长松(2017年3月任)

副 主 任:刘根良

县人大常委会城建交通环境资源工作委员会
主　　任:章永田
副 主 任:蔡霖琳(女)

县人大常委会农业农村工作委员会
主　　任:林炳才
副 主 任:缪晓林(2017年5月免)
　　　　 沈王英(2017年5月任)

县人大常委会代表与选举任免工作委员会
主　　任:潘剑民(2017年3月免)
　　　　 赵叙坤(2017年3月任)
副 主 任:周根跃

中国人民政治协商会议德清县委员会
主　　席:王顺章(2017年2月免)
　　　　 张林华(2017年2月任)
副 主 席:杨永林
　　　　 王法弟(2017年2月免)
　　　　 王秀琴(女)(2017年2月任)
　　　　 王克林(2017年2月任)
　　　　 嵇金星
　　　　 姚　欣(2017年2月任)
　　　　 沈　健(2017年5月任)
秘 书 长:杨振华(2017年2月免)
　　　　 傅友根(2017年2月任)
常务委员:杨振华(2017年2月免)
　　　　 丁敏鸿(2017年2月免)
　　　　 佘　琳(2017年2月免)
　　　　 沈永轩(2017年2月免)
　　　　 沈法初(2017年2月免)
　　　　 沈神武(2017年2月免)
　　　　 张志鸣(2017年2月免)
　　　　 陈学璋(2017年2月免)
　　　　 陈燕霓(2017年2月免)
　　　　 林文虎(2017年2月免)
　　　　 郑　毓(2017年2月免)
　　　　 胡一平(2017年2月免)
　　　　 顾雪根(2017年2月免)
　　　　 虞儒雷(2017年2月免)

徐黎娟(2017年2月免)
万春霞(女)
王永新(2017年2月任)
邓善泳(2017年2月任)
朱　超(2017年2月任)
杨　珍(女)
杨　琦(女)(2017年2月任)
杨文忠
应圣俊(2017年2月任)
汪孔祥(2017年2月任)
沈建忠(2017年2月任)
陈国良(2017年2月任)
陈新年
林　立(2017年2月任)
周　晖
宓晓明(2017年2月任)
胡海峰(2017年2月任)
姚惠忠(2017年2月任)
袁世杰
莫剑青
徐　羚(女)
戚芳丽(女)(2017年2月任)
屠春生(2017年2月任)
董新民(2017年2月任)
蒋慧健(女)(2017年2月任)
嵇开颜(2017年2月任)
戴晓毅
党组书记:王顺章(2017年1月免)
　　　　　张林华(2017年1月任)
副 书 记:杨永林

县政协机关党组
书　　记:杨振华(2017年3月免)
　　　　　傅友根(2017年3月任)
副 书 记:陈震豪

县政协办公室
主　　任:陈震豪
副 主 任:陶卫虎(2017年4月免)
　　　　　佘　琳(女)
　　　　　史　良(2017年5月任)

县政协提案委员会
主　　任:朱卫强
副 主 任:蒋剑青

县政协文史与宗教委员会
主　　任:杨振华(2017年4月任)
副 主 任:周　兵

县政协经济与人资环委员会(2017年4月撤销)
主　　任:嵇开颜(2017年4月免)
副 主 任:周　晖(兼职)(2017年4月免)
　　　　　杨　珍(女)(兼职)(2017年4月免)
　　　　　殷　藻(2017年4月免)
　　　　　杨玉仙(2017年4月免)

县政协经济科技委员会
主　　任:嵇开颜(2017年4月任)
　　　　　杨玉仙(女)(2017年4月任)
　　　　　殷　藻(2017年4月任)

县政协科教卫生与体育委员会
主　　任:宓晓明
副 主 任:杨国新

县政协社会法制与港澳台侨委员会
主　　任:费惠金
副 主 任:史　良(2017年5月免)
　　　　　时继方
　　　　　胡明方(2017年5月任)

县政协委员工作委员会
主　　任:林文虎
副 主 任:杨生荣

县政协资源环境与农业委员会
主　　任:陶卫虎(2017年4月任)
副 主 任:姚伟红(女)(2017年5月任)

县人民武装部
部　　长:陈根三(2017年6月免)
　　　　　宋明亮(2017年6月任)
政　　委:卢安学(2017年12月任)

副部长:王　良

县人民政府
　县　　长:王琴英(女)
　常务副县长:陈　健
　副 县 长:陈佐平(2017年2月免)
　　　　　　王少华
　　　　　　闻洪泉(2017年2月免)
　　　　　　周志方
　　　　　　姚夏林(2017年2月任)
　　　　　　洪延艳(女)
　　　　　　陈永明(2017年2月任)
　　　　　　齐　宁(挂职)(2017年7月任)
　　　　　　康忠立(挂职)(2017年2月免)
　　　　　　高敬东(挂职)(2017年2月免)
　　　　　　沈忠平(挂职)
　党组书记:王琴英(女)
　副 书 记:陈　健

县政府办公室
　党组书记:姚　欣(2017年3月免)
　　　　　　成兴军(2017年3月任)
　主　　任:姚　欣(2017年3月免)
　　　　　　成兴军(2017年3月任)
　副 主 任:沈松泉(2017年5月免)
　　　　　　宋生来
　　　　　　徐国荣(2017年7月任)
　　　　　　朱　明
　　　　　　何　毅
　　　　　　周立峰(2017年5月任)
　　　　　　蔡　明
　　　　　　应聿央
　　　　　　陈　奇
　　　　　　许定福
　　　　　　张敏杰(兼职)(2017年5月免)
　　　　　　陈国松(兼职)(2017年7月任)
　　　　　　邢贺满(挂职)(2017年9月免)
　应急办主任:陈　奇

县法制办公室
　主　　任:姚　欣(2017年3月免)
　　　　　　成兴军(2017年3月任)

　副 主 任:沈　莉(女)(2017年5月任)
　　　　　　黄　宇(女)

县新居民事务局(2017年3月撤销)
　局　　长:姚　欣(2017年3月免)
　副 局 长:金　斌(2017年3月免)
　　　　　　邱连荣(兼职)(2017年3月免)
　　　　　　沈　莉(女)(2017年3月免)

县机关事务管理局
　党组书记、局长:沈建民
　副 局 长:王耀宣
　　　　　　孙　红(女)(2017年5月免)
　　　　　　沈华娣(女)
　　　　　　车晓平
　　　　　　蔡继表(2017年5月任)

县外事办公室
　主　　任:姚　欣(2017年3月免)
　　　　　　成兴军(2017年3月任)
　副 主 任:戴永庆

县发展和改革委员会
　党委书记:章洪春
　主　　任:章洪春
　副 主 任:王国强
　　　　　　徐　畅(2017年5月任)
　　　　　　潘　皓
　　　　　　黄菊芬(女)(2017年5月免)
　　　　　　盛丹华(女)
　　　　　　胡　俊(2017年5月任)
　重点项目建设办公室主任:
　　　　　　胡　俊(2017年5月免)
　　　　　　徐丽娟(2017年5月任)
　县物价局局长:章洪春
　县物价局副局长:王国强

县经济和信息化委员会(县中小企业局)
　党委书记、主任(局长):
　　　　　　陈永明(2017年3月免)
　　　　　　郭坤华(2017年3月任)
　副主任(副局长):孔文伟

陆莉芳(女)

沈　忠

尤晓春

县政府经济合作交流办公室

　　党组书记、主任:刘　椿

　　副　主　任:许震宇(2017年5月免)

　　　　　　　曹才良

　　　　　　　袁陈云(女)

县金融工作办公室

　　党组书记、主任:张芳根

　　副　主　任:章正洪(2017年7月免)

　　　　　　　林　蓉(女)

　　　　　　　许苏明(2017年7月任)

县安全生产监督管理局

　　党组书记、局长:方文华(2017年3月免)

　　　　　　　　姚新乔(2017年3月任)

　　副　局　长:胡华明

　　　　　　　倪建国

　　　　　　　岳　奎

县教育局

　　党委书记、局长:任桂荣(2017年3月免)

　　　　　　　　姚文忠(2017年3月任)

　　副　书　记:沈红宇

　　副　局　长:沈红宇

　　　　　　　朱晓华(2017年5月免)

　　　　　　　徐国荣(2017年7月免)

　　　　　　　沈爱平(女)

　　　　　　　潘云祥(2017年5月任)

　　　　　　　周　骏(2017年7月任)

县科学技术局

　　党组书记、局长:徐　羚(女)(2017年3月免)

　　　　　　　　姚国丽(女)(2017年3月任)

　　副　书　记:步农建

　　副　局　长:步农建

　　　　　　　沈　杭

　　　　　　　徐　畅(2017年5月免)

　　　　　　　陈海建

马俊松(2017年5月任)

李　鹏(挂职)(2017年7月任)

县文化广电新闻出版局(体育局)

　　党委书记、局长:姚明星

　　副　局　长:屈联国

　　　　　　　吴金梅(女)

　　　　　　　沈国松

　　　　　　　梁建红(女)

县旅游委员会

　　党组书记、主任:杨力平

　　副　主　任:杨国亮(2017年5月免)

　　　　　　　孙　红(女)(2017年5月任)

　　　　　　　戚芳丽

县下渚湖湿地风景区管理委员会

　　党组书记、主任:居晓华(2017年3月免)

　　　　　　　　丁本荣(2017年3月任)

　　副　书　记:简芳佳(女)

　　副　主　任:简芳佳(女)

　　　　　　　沈建忠

　　　　　　　姚　晔(2017年7月免)

　　　　　　　许晓杰(2017年5月免)

　　　　　　　郭宁宁(女)(2017年7月任)

　　　　　　　陈　远(2017年7月任)

县供销合作社联合社

　　党委书记、主任:俞长松(2017年3月免)

　　　　　　　　厉谷炎(2017年3月任)

　　副　主　任:张宏武

　　　　　　　姚黎明

　　　　　　　施景杰

县公安局

　　党委书记、局长、督查长:蔡惠江

　　政　　委:高奇凡

　　副　书　记:高奇凡

　　　　　　　邱连荣

　　常务副局长:邱连荣

　　副　局　长:余小堂

　　　　　　　沈翀炜

汤建鑫
　　陈建峰(2017年5月任)
纪检组组长:潘国良(2017年3月免)
　　　　方文华(2017年3月任)
政治处主任:余　松
交警大队大队长:余小堂(2017年7月免)
　　　　张新波(2017年7月任)
交警大队教导员:沈忠明
国保大队大队长:虞红亮
看守所所长:陈月忠
特警大队大队长:张新波(2017年7月免)
　　　　王洪亮(2017年7月任)
经济侦查大队大队长:张小强
治安管理大队大队长:柳　鸣
莫干山分局局长:吴建明
刑事侦查大队大队长:陆小明(2017年4月任)
网络警察大队大队长:汤慧笙
禁毒大队大队长:张松苗

县人民法院
党组书记、院长:何晓红(女)
副　书　记:汪庆新(2017年5月任)
副　院　长:沈　健(2017年5月免)
　　　　陈文华
　　　　汪庆新(2017年5月任)
　　　　吴玉峰(2017年5月任)
纪检组长:姚荣根
纪检副组长:陈云峰
政治处主任:姚爱斌(2017年12月免)
　　　　蔡　娟(2017年12月任)
专职委员:叶剑荣(2017年4月任)
　　　　冯晓芳(女)
　　　　姚舟德(2017年12月任)
执行局局长:吴玉峰(2017年5月免)
　　　　叶剑荣(2017年5月任)
武康法庭庭长:姚舟德
乾元法庭庭长:杨　军(2017年5月免)
　　　　姚　俭(2017年5月任)
新市法庭庭长:贝海滨
莫干山法庭庭长:蔡　娟(女)

县人民检察院
党组书记、检察长:吴志新
副　书　记:陈文军
副检察长:陈文军
　　　　汪庆新(2017年5月免)
　　　　沈　健(2017年5月任)
　　　　余志云
政治处主任:翁学照
专职委员:陈　杨(2017年9月任)
　　　　孙椒清(女)(2017年5月免)
　　　　喻雪华(女)(2017年9月免)
新市检察室主任:张红莉(女)

县司法局
党委书记:许冬生
局　　　长:许冬生(2017年3月免)
　　　　沈鑫钰(2017年3月任)
副　局　长:叶调胜
　　　　柴鸿斌(2017年3月免)
　　　　姚欣平(2017年5月任)

县审计局
党组书记:蒋　斌(2017年5月免)
　　　　沈松泉(2017年5月任)
副　书　记:朱丽萍(女)(2017年9月任)
局　　　长:蒋　斌(2017年5月免)
　　　　沈松泉(2017年5月任)
副　局　长:朱丽萍(女)
　　　　曹国华
总审计师:汤笑忠

县交通运输局
党委书记、局长:杨剑炜
副　书　记:陈建华
副　局　长:吕建强
　　　　陈建华
　　　　蒋慧健(女)
　　　　姜德虎
总工程师:叶树兵(2017年10月免)

县道路运输管理局
局　　　长:朱　良

党支部书记：李茂成

县公路管理局
　　局　　长：丁建强
　　党支部书记：沈建峰

县港航管理局
　　局　　长：沈生荣
　　党支部书记：姚荣泉

县住房和城乡建设局
　　党委书记、局长：方　凯
　　副　书　记：沈国财
　　副　局　长：沈国财
　　　　　　　　张玉明
　　　　　　　　孙建民
　　　　　　　　钱晓辉（2017年7月免）
　　　　　　　　汪春春（2017年7月任）
　　总规划师：沈海峰

县规划局（测绘与地理信息局）
　　局　　长：方　凯
　　副　局　长：王赛翔

县人民防空办公室（民防局）
　　主任（局长）：方　凯
　　副　主　任：章　飙

县环境保护局
　　党组书记、局长：郭坤华（2017年3月免）
　　　　　　　　　　张　铧（2017年3月任）
　　副　书　记：陈国松（2017年4月任）
　　副　局　长：林伟华
　　　　　　　　陈　珏（女）
　　　　　　　　蔡继表（2017年5月免）
　　　　　　　　胡　飞（挂职）
　　　　　　　　吕永强
　　　　　　　　陈国松（2017年5月任）
　　监察大队大队长：瞿　健
　　总工程师：陈福星

2017年1月，县城市管理行政执法局更名为县综合行政执法局，同时建立县综合行政执法局党组，撤销县城市管理行政执法局党组。

县城市管理行政执法局
　　党组书记、局长：许建驰（2017年1月免）
　　副　局　长：叶东平（2017年1月免）
　　　　　　　　沈立强（2017年1月免）
　　　　　　　　陈　浩（2017年1月免）
　　　　　　　　陈晓勇（2017年1月免）

县综合行政执法局
　　党组书记、局长：许建驰（2017年1月任）
　　副　局　长：陈　浩（2017年1月任）
　　　　　　　　陈晓勇（2017年1月任）
　　　　　　　　叶东平（2017年1～5月）
　　　　　　　　沈立强（2017年1月任）
　　　　　　　　李　峰（2017年5月任）
　　　　　　　　王树初（2017年5月任）
　　　　　　　　娄海强（2017年5月任）

德清工业园区管理委员会
　　主　　任：姚夏林（兼职）
　　副　主　任：蔡伟国（2017年7月免）
　　　　　　　　徐晓飞（2017年7月免）
　　　　　　　　张水明（2017年7月任）
　　　　　　　　丁俊君（2017年7月任）

县人力资源和社会保障局
　　党组书记、局长：费根法（2017年3月免）
　　　　　　　　　　蒋　斌（2017年5月任）
　　副　书　记：黄菊芬（女）（2017年4月任）
　　副　局　长：黄菊芬（女）（2017年5月任）
　　　　　　　　余　虹（女）
　　　　　　　　沈连庆
　　　　　　　　蔡永昌
　　　　　　　　傅小亮（2017年5月免）
　　　　　　　　吴政军

县民政局
　　书　　记：姚海根（2017年3月免）
　　　　　　　吕海清（2017年3月任）
　　委　　员：沈云龙
　　　　　　　施敏娴（女）

　　　　于　宏

　　　　徐旭安

县农业局

　　党委书记、局长：吴　胜（2017年3月免）

　　　　　　　　　唐　炜（2017年3月任）

　　副 局 长：姚泉根

　　　　　　　郑青青（女）

　　　　　　　马继荣

　　总农艺师：赵建宁

　　县畜牧兽医局局长：陆建良

县水利局

　　党委书记、局长：曹汉祥

　　副 书 记：沈　燕（女）（2017年4月任）

　　副 局 长：刘树鹤（2017年5月免）

　　　　　　　沈　燕（女）

　　　　　　　车金根

　　　　　　　丁忠良（2017年5月任）

　　总工程师：蔡兴敏

县对河口水库管理局

　　党支部书记：俞炳轩

　　局　　　长：徐虹斌

县林业局

　　党组书记、局长：俞新明（2017年3月免）

　　　　　　　　　林立群（2017年3月任）

　　副 书 记：蒋仕云

　　副 局 长：蒋仕云

　　　　　　　潘建方

　　　　　　　陈国松（2017年5月免）

　　　　　　　刘树鹤（2017年5月任）

　　总工程师：白洪青

县国土资源局

　　党委书记、局长：郭志伟

　　副 书 记：丁本荣（2017年4月免）

　　　　　　　邱芳荣（2017年5月任）

　　副 局 长：丁本荣（2017年4月免）

　　　　　　　邱芳荣

　　　　　　　王海强

　　　　　　　吕中文

　　　　　　　章正洪（2017年7月任）

　　总规划师：沈　莹（女）

　　县不动产登记中心主任：李　起

　　国土资源监察大队大队长：章　俊

　　纪委书记：姚松华（2017年7月免）

县统计局

　　党组书记、局长：章　仁

　　副 局 长：吴　川

　　　　　　　王会萍（女）

　　总统计师：陈　磊

　　县农村社会经济调查队队长：张兰章

县财政局、地方税务局

　　党组书记、局长：嵇金星

　　副 书 记：陈兴炎

　　财政局副局长：陈兴炎

　　　　　　　　陈　强

　　　　　　　　沈漪萍（女）

　　　　　　　　嵇月红（女）

　　地税局副局长：俞笑梅（女）（2017年12月任）

　　　　　　　　沈新惠

　　　　　　　　丁红明

　　总会计师：俞明耀（2017年7月任）

　　　　　　　钱伟国（2017年7月免）

　　总经济师：汪朝晖（2017年9月任）

　　稽查局局长：何延平（2017年8月免）

　　预算局局长：陈丽红（女）

　　预算执行局局长：俞雅萍（女）

　　财政监督局局长：胡小吉

　　武康分局局长：潘华良（2017年8月免）

　　　　　　　　何延平（2017年8月任）

　　新市分局局长：俞笑梅

县国有企业监事会

　　监 事 长：钱伟国（2017年7月任）

　　副监事长：姚连坤（2017年7月任）

县新闻中心（县广播电视台）

　　书　　记：叶国强

　　副 书 记：王永新

台　　　长：王永新
总 编 辑：陆琴芳
副 台 长：夏建根
　　　　　樊立勇
　　　　　吴　炜
　　　　　康娌娜（女）（2017年7月任）
总工程师：章石强

县行政服务中心
党组书记、主任：沈保梁（2017年3月免）
　　　　　　　　俞新明（2017年3～9月）
　　　　　　　　陈　健（2017年9月任）
党组副书记：俞新明（2017年9月任）
　　　　　　马信飞
常务副主任：俞新明（2017年9月任）
副 主 任：王建军
　　　　　钟鸿飞
　　　　　马信飞
党组成员：王建国（2017年7月任）

县商务局
党委书记、局长：吕海清（2017年3月免）
　　　　　　　　宣坚锋（2017年3月任）
副 局 长：邵丽霞（女）
　　　　　沈战明
　　　　　许伟峰（2017年5月免）
　　　　　王舒舒（女）
　　　　　金伟明（2017年5月任）
　　　　　朱弘良
粮食局局长：吕海清（2017年3月免）
　　　　　　宣坚锋（2017年3月任）
粮食局副局长：王舒舒（女）（兼职）
招商局局长：吕海清（2017年3月免）
　　　　　　宣坚锋（2017年3月任）
招商局副局长：许伟峰（兼职）（2017年5月免）

县贸促会
会　　　长：钟　伟

县卫生和计划生育局
党委书记、局长：沈亦红（女）（2017年3月免）
　　　　　　　　马建根（2017年3月任）
副 书 记：陈伟东（2017年4月任）
县委组织员：陈景芳（副县级）
副 局 长：陈伟东
　　　　　宣建妹（女）
　　　　　陈明初
　　　　　朱建福
　　　　　陆国强
　　　　　盛慧强（挂职）（2017年7月任）
　　　　　董晓明（挂职）（2017年4月免）

县计生协会
副 会 长：黄美佳

县矿山综合治理办公室
主　　　任：丁本荣（2017年3月免）
　　　　　　邱芳荣（2017年3月任）
副 主 任：王国强（兼职）
　　　　　邱连荣（兼职）
　　　　　黄　建（兼职）
　　　　　倪建国（兼职）
　　　　　归建勇（2017年7月任）
　　　　　陈　杰（挂职）（2017年9月任）

县国家税务局
党组书记、局长：潘春晖
副 局 长：赵雪方
　　　　　平光华
　　　　　吴建创（挂职）
纪检组组长：潘锦荣
稽查局局长：冯　勇

县市场监督管理局（工商局、质监局、食药局）
党委书记、局长：钟　伟（2017年3月免）
　　　　　　　　吴　胜（2017年3月任）
副 局 长：张华强
　　　　　沈新华（女）（2017年5月免）
　　　　　马惠忠
　　　　　黄　建
　　　　　朱　勤
　　　　　朱　倩（女）
　　　　　邵坤泉（2017年5月免）

傅小亮(2017年5月任)

新市分局局长:杨国荣

武康分局局长:章开阳

县建设发展集团有限公司

2017年5月建立,同月成立公司党委。

书　　记:居晓华(2017年5月任)

副 书 记:朱海平(2017年5月任)

董 事 长:居晓华(2017年5月任)

总 经 理:朱海平(2017年5月任)

副总经理:许晓杰(2017年5月任)

戴红翔(2017年7月任)

钱晓辉(2017年7月任)

县文化旅游发展集团有限公司

2017年5月建立,同月成立公司党委。

书　　记:姚海根(2017年5月任)

副 书 记:杨国亮(2017年5月任)

董 事 长:姚海根(2017年5月任)

总 经 理:杨国亮(2017年5月任)

副总经理:邵坤泉(2017年5月任)

姚　晔(2017年7月任)

县食品安全委员会办公室

主　　任:钟　伟(2017年3月免)

吴　胜(2017年3月任)

副 主 任:朱　倩

湖州住房公积金中心德清分中心

主　　任:管继好

王　芳

副 主 任:张如峰

德清邮政管理局

局　　长:闵　宏(兼)(2017年5月免)

李朝辉(2017年5月任)

副 局 长:姚小平(2017年5月~9月)

华　郑

胡明方(2017年5月免)

人民银行德清支行

党组书记、行长:陈　航

副 行 长:吴鸿权

姜文红(女)

纪检组组长:吴鸿权

农业银行德清支行

党委书记、行长:杨宏伟

副 行 长:莫连伟

王　勇

纪委书记:祁　冰

农发银行德清支行

党支部书记、行长:万　雄

副 行 长:姚英姿(女)

农村商业银行德清支行

党委书记:施贤军

董 事 长:施贤军

行　　长:虞承杰

副 行 长:谢学民

王　芳(女)

张昌信

监 事 长:曹治中

纪委书记:谢学民(2017年1月任)

工商银行德清支行

党总支书记、行长:钱海燕(女)

副 行 长:王　铮

沈留良

何瑛瑛(女)

朱立军

建设银行德清支行

党总支书记、行长:赵振华

副 行 长:董　敏

李　莹(女)

汪　英(女)

中国银行德清支行

行　　长:史　彬

副 行 长:王建才

刘　倩

湖州银行德清支行
  行　　长：娄　韧（2017年8月免）
  　　　　　潘任斌（2017年8月任）
  副 行 长：朱　秉
  　　　　　钱　昳（女）（2017年8月免）

交通银行股份有限公司湖州德清支行
  行　　长：沈小红（女）（2017年8月任）
  副 行 长：朱红伟

浦发银行德清支行
  行　　长：钱卫华
  副 行 长：鲁一峰
  　　　　　沈新奎

中国邮政储蓄银行浙江省德清县支行
  行　　长：张建峰
  副 行 长：程碧波

杭州银行德清支行
  行　　长：王中益
  副 行 长：张琦明

湖商村镇银行德清支行
  行　　长：周　敏
  副 行 长：钱　晋
  　　　　　沈新奎

中信银行德清支行
  行　　长：王善平
  副 行 长：林　燕（女）
  　　　　　刘建强
  党组成员：叶　青

招商银行德清支行
  行　　长：闻　敏（女）

华夏银行德清支行
  行　　长：吴晓铭
  副 行 长：沈泉明
  　　　　　张　皙

县人民保险公司
  党组书记、经理：沈　炜（2017年6月免）
  　　　　　　　　施再明（2017年9月任）
  副 经 理：施再明
  　　　　　边国飞
  　　　　　方　伟
  　　　　　乔　磊

县人寿保险公司
  党支部书记、经理：陈至列
  副 经 理：姚建平

县太平洋保险公司
  总 经 理：黄　俊
  副 经 理：房有根
  　　　　　朱世英（女）

县太平洋人寿公司
  经　　理：陈荣曙

县中华保险公司
  经　　理：车宏伟
  副 经 理：张芳芳（女）

县电信公司
  党委书记、局长：沈馨山
  副 局 长：沈美华
  　　　　　陈　渊
  　　　　　徐永康

县移动公司
  总 经 理：范　勇
  副 经 理：邱文学
  　　　　　张春明

县联通公司
  总 经 理：李旭晨
  副总经理：董　骏
  　　　　　严建强

县供电公司
  总 经 理：周敬嵩
  副总经理：胡勇明

　　　　　孔　鸣
　　　　　徐长响
　　纪委书记:姚建华

县烟草专卖局(烟草公司)
　　党组书记、局长、经理:蔡佰根
　　副　局　长:杨高荣
　　副　经　理:金卫民
　　纪检组组长:杨高荣

县气象局
　　党组书记、局长:雷　俊
　　副　局　长:蔡云泉
　　　　　　　徐亚芬(女)

湖州出入境检验检疫局德清办事处
　　主　　任:许全华

邮政公司
　　总　经　理:宣　东
　　副总经理:魏晓艳
　　　　　　　胡海峰
　　　　　　　樊　林
　　　　　　　姚冬萍
　　纪委书记:魏晓艳

县银监办
　　主　　任:夏勤良

2017年度湖州莫干山高新技术产业开发区党政机关负责人名单

湖州莫干山高新技术产业开发区党工委、管理委员会

党工委书记：项乐民
副　书　记：王琴英（女）
主　　　任：王琴英（女）
副　主　任：沈志伟
　　　　　　毕长征
　　　　　　沈亦红（女）
　　　　　　曹根荣
　　　　　　康忠立（挂职）（2017年1月免）
纪检组长：沈　炯
办公室主任：林立群（2017年3月免）
　　　　　　焦宝义（2017年4月任）
副　主　任：王更亮（2017年4月免）
　　　　　　姚如宏
　　　　　　王海荣（2017年4月任）

科学技术局（人力资源局）
　　局　　长：许哲锋
　　副 局 长：费　征
　　　　　　　吴　刚（挂职）（2017年7月任）

经济发展局
　　局　　长：沈志刚
　　副 局 长：戴晓毅
　　　　　　　朱国忠
　　　　　　　沈卫国（2017年4月任）

投资促进局
　　局　　长：陈建伟
　　副 局 长：何建勋
　　　　　　　陈小强（2017年4月任）

国土与规划建设局
　　局　　长：潘建宏
　　副 局 长：胡红根
　　　　　　　祝建荣
　　　　　　　沈卫国（2017年4月免）
　　　　　　　姚欢亮（2017年4月任）

财政局
　　局　　长：陈肖武（2017年9月免）
　　　　　　　沈新惠（2017年9月任）
　　副 局 长：吴新章（2017年7月免）

地理信息产业园建设发展局
　　局　　长：章伟忠
　　副 局 长：沈法根
　　　　　　　丁金伟
　　　　　　　王更亮（2017年4月任）

通用航空产业园建设发展局
　　局　　长：张　铧（2017年3月免）
　　　　　　　朱　琦（2017年3月任）
　　副 局 长：师为清
　　　　　　　陈永良
　　　　　　　徐　海（2017年7月任）

投资服务中心
　　主　　任：汪素琴（女）
　　副 主 任：周　敏（2017年4月免）
　　　　　　　沈丽飞（女）

2017年度镇(街道)领导人名单

乾元镇
党委书记:金明龙
副 书 记:陈兴江
　　　　　沈根华
　　　　　应璐祺
　　　　　熊卓越(挂职)
委　　员:朱利农
　　　　　王晶军
　　　　　费莉萍(女)
　　　　　施　强
　　　　　盛国权
　　　　　戴吉强
纪委书记:费莉萍(女)
人大主席:项祖宏
副 主 席:王忠德
　　　　　沈兴华
镇　　长:陈兴江
副 镇 长:施敏丽(女)
　　　　　王晶军
　　　　　姚伟峰
　　　　　蔡瑛瑛(女)
　　　　　刘铁桥(挂职)(2017年7月任)
副科级组织员:施丽彬

新市镇
党委书记:姚夏林
副 书 记:成兴军(2017年3月免)
　　　　　高　群
　　　　　蔡国强(2017年4月任)
　　　　　侯海明
　　　　　王　彤(挂职)(2017年3月任)
委　　员:杨晓浏(2017年4月免)
　　　　　蔡伟国
　　　　　刘雯雅(女)
　　　　　谭中河
　　　　　刘海忠
　　　　　宋建根(2017年7月免)
　　　　　陈玉峰(2017年4月任)
　　　　　张水明(2017年7月任)
纪委书记:杨晓浏(2017年4月免)
　　　　　陈玉峰(2017年4月任)
人大主席:施小强
副 主 席:施坤松
　　　　　冯天荣
镇　　长:成兴军(2017年3月免)
　　　　　高群(2017年6月任)
副 镇 长:徐建良
　　　　　张水明(2017年7月免)
　　　　　宋建根(2017年7月免)
　　　　　张水红
　　　　　蔡伟国(2017年1月任)
　　　　　徐晓飞(2017年1月任)
副科级组织员:王先进

钟管镇
党委书记:施震海
副 书 记:谈国明(2017年3月任)
　　　　　史育峰
　　　　　白　桦(2017年7月免)
　　　　　沈福康(2017年7月任)

姚文忠(2017年3月免)
委　　员:戴吉强
　　　　　华　金
　　　　　孙　冰(女)
　　　　　费力波
　　　　　邱文辉
　　　　　李冶磊
　　　　　沈　瑜(女)
　　　　　费力波
纪委书记:费力波
人大主席:吕　政
副 主 席:沈生祥
　　　　　孙连根
镇　　长:姚文忠(2017年3月免)
　　　　　谈国明(2017年6月任)
副 镇 长:仲建伟
　　　　　邱文辉
　　　　　高建林
　　　　　许遗欧
　　　　　马永敏(挂职)(2017年7月任)
副科级组织员:沈　雨
　　　　　　　卫　俊(2017年7月任)

洛舍镇
党委书记:姚　宏
副 书 记:谈国明(2017年3月免)
　　　　　唐　捷
　　　　　金　斌(2017年4月任)
委　　员:王华奇
　　　　　陈灵杰
　　　　　章顺龙
　　　　　陈巧华
　　　　　吴　伟
纪委书记:陈巧华
人大主席:姚建林
副 主 席:茅根良
镇　　长:唐　捷
副 镇 长:王华奇
　　　　　王　永
　　　　　周帮川
　　　　　李治国
副科级组织员:范慧杰

雷甸镇
党委书记:夏永明
副 书 记:何爱芬(女)
　　　　　朱　琦(2017年3月免)
　　　　　王　玮(2017年4月任)
委　　员:张宇彦
　　　　　康娌娜(女)(2017年7月免)
　　　　　敖丽丽(女)
　　　　　潘正华
　　　　　陈金华
　　　　　徐　航
　　　　　沈建昌(2017年7月任)
　　　　　吴玉丽(2017年7月任)
　　　　　蔡加星(挂职)(2017年3月任)
纪委书记:陈金华
人大主席:沈兴泉
副 主 席:王铭明
镇　　长:何爱芬(女)
副 镇 长:梅国民
　　　　　周　晖
　　　　　王　玮(2017年4月免)
　　　　　吴玉丽(2017年7月免)
　　　　　沈建昌(2017年8月免)
　　　　　祝　庆(2017年8月任)
　　　　　裴克梅(挂职)(2017年7月任)
副科级组织员:祝　庆(2017年7月免)
　　　　　　　姬　涛(2017年7月任)

禹越镇
党委书记:姜庆华
副 书 记:胡国忠
　　　　　泉江东
委　　员:闻卫强(2017年4月免)
　　　　　沈　华(女)(2017年7月免)
　　　　　徐荣华
　　　　　蔡勤锋
　　　　　方　炜
　　　　　王明江
　　　　　钟　凯(2017年7月任)
　　　　　沈　霞(2017年7月任)
纪委书记:蔡勤锋
人大主席:白永法

副 主 席:宋建华
镇 长:胡国忠
副 镇 长:费贵洪
　　　　王明江
　　　　沈国兴
　　　　张建伟
副科级组织员:施国华

新安镇
　党委书记:陈旭明
　副 书 记:陈杨名
　　　　　吴建勇(2017年4月免)
　　　　　闻卫强(2017年4月任)
　委　　员:李　俊
　　　　　应雨生(2017年7月免)
　　　　　吕正洪
　　　　　顾建明
　　　　　张　帆
　　　　　王建国(2017年7月免)
　　　　　巫一波(2017年7月任)
　　　　　朱国荣(2017年7月任)
　纪委书记:顾建明
　人大主席:沈群涛
　副 主 席:潘正福
　镇 　 长:陈杨名
　副 镇 长:吕正洪
　　　　　崔连勇
　　　　　沈耀腾(2017年4月免)
　　　　　姚敏亚
　　　　　姜晨莺(女)(2017年8月任)
　副科级组织员:姜晨莺(女)(2017年7月免)
　　　　　　　高文英(女)(2017年7月任)

莫干山镇
　党委书记:沈生章(2017年3月免)
　　　　　陈金侃(2017年3月任)
　副 书 记:曹娅芬
　　　　　蔡晓荣(2017年4月任)
　委　　员:蔡晓荣(2017年4月免)
　　　　　王晓东
　　　　　潘　侠(女)
　　　　　余利锋

　　　　　高　钺
　　　　　嵇会斌
　　　　　任国良(2017年7月任)
　　　　　李宏吉(挂职)(2017年3月任)
　纪委书记:王晓东
　人大主席:朱　伟
　副 主 席:徐正火
　　　　　陈国英(女)
　镇 　 长:陈金侃(2017年3月免)
　　　　　曹娅芬(2017年7月任)
　副 镇 长:潘　侠(女)
　　　　　任国良
　　　　　蔡晓荣(2017年4月免)
　　　　　沈建昌(2017年4月免)
　　　　　田苏青(女)
　　　　　蔡志伟(2017年7月免)
　　　　　施　杰(2017年7月任)
　　　　　章晶晶(挂职)(2017年7月任)
　副科级组织员:蔡志伟(2017年4月免)
　　　　　　　杨　振(2017年4月任)

莫干山国际旅游度假区
　2017年3月,建立莫干山国际旅游度假区党工委。
　书记、主任:陈金侃(2017年3月任)
　副书记、副主任:曹娅芬(2017年3月任)
　副 主 任:沈耀腾(2017年5月任)
　　　　　喻万里(2017年7月任)

武康街道
　党工委书记:丁燕英(女)
　副 书 记:潘建良
　　　　　厉谷炎(2017年3月免)
　　　　　王国良(2017年4月任)
　委　　员:贾雪根
　　　　　张　健
　　　　　康杭青(女)
　　　　　房红良
　　　　　陈建峰
　　　　　王小平(2017年11月任)
　人大常委会主任:潘向荣
　人大常委会副主任:陈炳华
　纪工委书记:贾雪根

副科级组织员：周秋香
主　　　任：厉谷炎（2017年3月免）
　　　　　　潘建良（2017年3月任）
副 主 任：康杭青（女）
　　　　　　周立峰（2017年5月免）
　　　　　　沈掌华
　　　　　　傅明亮
　　　　　　陈会峰（2017年7月任）

舞阳街道
党工委书记：施剑锋
副 书 记：潘国良（2017年3月任）
　　　　　　金伟明（2017年4月免）
　　　　　　俞忠贤（2017年4月任）
委　　员：鲍　锋
　　　　　　赵哲含（女）
　　　　　　沈旭彬
　　　　　　郑　滔（2017年4月免）
　　　　　　吴丽娟（女）
　　　　　　应雨生（2017年7月任）
人大常委会主任：张敏杰
人大常委会副主任：沈学章
纪工委书记：鲍　锋
副科级组织员：陈小荣
主　　　任：沈鑫钰（2017年3月免）
　　　　　　潘国良（2017年3月任）
副 主 任：俞忠贤（2017年5月免）
　　　　　　赵哲含（女）
　　　　　　吴雁飞
　　　　　　陈海平
　　　　　　曹淼鑫（2017年7月任）

阜溪街道
党工委书记：孙宏明
副 书 记：肖新芳
　　　　　　蔡国强（2017年4月免）
　　　　　　丁　鹍（挂职）
　　　　　　周　敏（2017年4月任）
委　　员：朱菊华
　　　　　　李　峰（2017年4月免）
　　　　　　杨伟英（女）（2017年4月免）
　　　　　　黄芳宴
　　　　　　孙国文
　　　　　　嵇志浩
　　　　　　茅青青（2017年4月任）
　　　　　　杨　琦（女）（2017年7月任）
　　　　　　冯建超（2017年7月任）
人大常委会主任：孙福泉
人大常委会副主任：王宝兴
纪工委书记：李　峰（2017年4月免）
　　　　　　茅青青（2017年4月任）
副科级组织员：吕　杰
主　　　任：肖新芳
副 主 任：朱菊华
　　　　　　杨伟英（女）
　　　　　　周云娥（女）
　　　　　　戴红翔（2017年7月免）
　　　　　　杨　琦（女）（2017年7月任）
　　　　　　李　涛（2017年7月任）

下渚湖街道
党工委书记：马建根（2017年3月免）
　　　　　　丁本荣（2017年3月任）
副 书 记：应　敏
　　　　　　沈神武
委　　员：殷　洪
　　　　　　沈　清
　　　　　　屠伟曙
　　　　　　郭宁宁（女）（挂职）（2017年7月免）
　　　　　　连　毅
　　　　　　蔡　蓉（女）
　　　　　　沈金妹（2017年7月任）
人大常委会主任：顾雪根
人大常委会副主任：何成法
纪工委书记：殷　洪
副科级组织员：樊宇敏
主　　　任：应　敏
副 主 任：沈金妹（女）
　　　　　　王建青
　　　　　　姚利华（女）
　　　　　　蔡　蓉（女）

（县组织部）

2017年德清县先进个人和先进集体名单

先进个人

表25　　　　　　　　　　　2017年获市以上劳模荣誉名单

序号	姓名	性别	荣誉称号	获奖时间	工作单位
1	徐金松	男	省五一劳动奖章	2017年	德清县钟管镇总工会
2	吴英	女	市级劳模	2017年	浙江佐力药业股份有限公司
3	王敏亚	女	市级劳模	2017年	浙江天堂实业有限公司
4	孙国文	男	市级劳模	2017年	德清县阜溪街道五四村
5	沈志瑞	男	市级劳模	2017年	德清县乾元镇总工会
6	邱荣泉	男	市级劳模	2017年	浙江泰达微电机有限公司
7	屠春生	男	市级劳模	2017年	浙江美生橱柜有限公司
8	金建新	男	市级劳模	2017年	德清县雷甸镇双溪村
9	龙铁文	男	市级劳模	2017年	浙江辰鸿纺织品科技有限公司
10	宣宝强	男	市级劳模	2017年	筏头乡东沈村
11	傅学武	男	市级劳模	2017年	湖州市技师学院
12	吴宇红	男	市级劳模	2017年	国肉浙江德清县供电公司
13	许亚萍	女	市级劳模	2017年	德清县妇幼保健院

先进集体

2017年市级模范集体：德清县乾元镇孝顺果枇杷专业合作社；浙江明贺钢管有限公司热轧作业区；德清县恒丰污水处理有限公司。

（王　波）

附录

2017年调研、督查纪事

1月

2日 上海大学同向同行教授团队到德清县考察，并与德清县签订"德清研究院"共建合作协议。

3日 县委副书记、县长王琴英和县委常委、常务副县长陈健一起，到德清汽车总站迁建工程现场、通航机场项目现场就全县综合交通工作进行专题调研。

5日 省政府办公厅副主任、省治水办副主任傅晓风率省对市"五水共治"考核组，到德清县现场考察中小河流治理、农村生活污水治理、"清三河"提升、智慧治水、水环境综合治理等工作。

△ 中央编办副主任李晓全一行组成的调研组到德清县调研金融监管体制等相关工作。

9日 市委常委、常务副市长杨建新率市考评组到德清县考评平安综治及党管意识形态工作后，对德清县工作给予充分肯定。

11日 副市长李上葵率市考评组到德清县，就2016年度党管武装工作落实情况进行检查考核。市考评组听取汇报后对德清县2016年德清县党管武装工作表示肯定。

16日 县委副书记、县长王琴英和副县长周志方一起，调研以丰桥港水环境综合治理为主要内容的"五水共治"工作。

△ 副市长董立新到德清县，就工业经济一季度"开门红"情况进行调研。

17日 县委书记项乐民、县委副书记、县长王琴英分别赴新市镇、乾元镇参加该镇领导班子民主生活会。

18日 县委副书记、县长王琴英到304省道秋山段南侧、舞阳街东延工程高速交警办公场所区块、城西莫干山商城、城西片旧城改造征迁指挥部调研百日再攻坚行动。

25日 县委副书记、县长、高新区管委会主任王琴英到湖州莫干山国家高新区进行调研，并就高新区成立国土收储高新区分中心等相关问题与有关部门进行对接沟通。

2月

3日 省政协副主席姚克到德清县调研"开门红"工作，考察乾元镇小城镇环境综合整治、浙江泰普森休闲用品有限公司、地理信息小镇。

6日 县委副书记、县长王琴英赴新市镇走访、调研企业，进行新春慰问，了解企业新一年工作打算。

7日 市委书记裘东耀以市级"河长"身份到德清县东苕溪沿线，检查"五水共治"和河长制落实情况。

10日 市委副书记金建新到京杭运河（德清段），检查"五水共治"和河长制落实情况。

13日 副省长孙景淼到乾元镇新田农业、下渚湖街道农业生产用房、垚森生态园等地调研现代农业工作。

13~14日 国土资源部副部长、国家土地副总督察张德霖率调研组到德清县调研农村土地制度改革工作，了解农村集体经营性建设用地入市、废弃矿地综合开发利用、宅基地管理创新等情况。

14日 省司法厅党委委员、副厅长劳泓到德清县调研法治宣传工作。

16日 省人大常委会副主任程渭山到德清县，就东苕溪水环境治理工作进行调研。

21日 市委副书记钱三雄到德清县德华集团、地理信息小镇、佐力药业和莫干山镇燎原村走访调研，了解转型升级、科技创新、产业培育、美丽乡村建设等工作。

3月

1日 水利部党组成员、中央

纪委驻水利部纪检组组长田野到德清县调研水利工作。

8日 县委副书记、县长王琴英就德清县"五水共治"工作情况进行调研，并对京杭运河水环境治理工作进行巡查。

9日 项乐民、王琴英、张林华、敖煜新等县级领导，到钟管镇蠡山村西施斗，带头参与"人人植树、绿满水乡"绿化专项行动。

31日 县委书记项乐民到新市镇调研"双勇"铁军建设工程。

4月

5日 副省长冯飞到德清县调研地理信息小镇建设发展情况。

6日 县委书记项乐民赴舞阳街道调研小城镇环境综合整治工作。

7日 省委组织部副部长邹晓东率省剿灭劣V类水督导组到德清县开展督导。

9日 县委书记项乐民就国土资源工作进行调研。

10日 农业部部长韩长赋到德清县就现代农业工作进行调研，重点到五四村就农村产权制度改革、美丽乡村建设推进、农村生活污水治理等工作进行调研；到石颐茶场就企业升级改造过程及"三产"融合发展模式进行调研；实地考察阳野、森山居、西坡29等民宿，了解德清县民宿经济发展现状。

△ 省人大常委会党组书记、副主任王辉忠到德清县，专项督查剿灭劣V类水工作。

17日 县委副书记、县长王琴英在调研武康中心城区时强调，中心城区是经济社会发展的主平台，要切实发挥引领带动作用。

5月

3日 县委书记项乐民到县行政服务中心，就"最多跑一次"改革工作推进情况进行调研；又在莫干山镇何村村、筏头村和紫岭村，就村社组织换届工作进行调研。

△ 县委副书记、县长王琴英到开元森泊项目施工现场，实地了解工程设计规划、项目推进进度、政策处理等情况，并就项目推进中存在的重点、难点问题进行沟通交流。

4日 全国政协副主席、九三学社中央主席韩启德率调研组到德清县，就"促进科技型中小微企业创新发展"课题进行调研。

5日 全国政协常委、经济委员会副主任陈锡文率调研组到德清县调研农村农业发展工作，了解民宿经济发展和农村集体经营性建设用地入市等情况。

7日 全国政协副主席王家瑞率调研组到德清县下渚湖街道、地信小镇调研小城镇环境综合整治工作，考察各入驻企业，了解北斗导航、航空摄影、水域测量等新技术应用情况。

8日 县委副书记、县长王琴英到舞阳街道征地拆迁点、上柏集镇美丽城镇建设项目现场等，调研美丽城镇建设等工作。

9日 县委副书记、县长王琴英调研康乾新区规划建设工作，实地察看康乾新区项目现场，了解规划建设等相关情况。此外，还到康泰管业、水墨江南新材、申达机器、我武生物等企业实地察看，调研工业平台提档升级工作。

9~11日 县委书记项乐民带队赴上海、广东招引项目，先后拜访上海华测导航技术有限公司、PVCP集团、瑞盟集团、广州极飞科技有限公司和第一产业集团有限公司，与企业负责人进行对接座谈。

16日 县委书记项乐民走访高新区三星机电、云峰莫干山家居、精雷电器和布劳恩电梯等部分工业企业，就传统产业转型升级工作进行调研。

20日 县委书记项乐民赴乾元镇、雷甸镇开展"三看三问三谈"一线考实干部一线推动落实活动。

23日 县委书记项乐民赴武康街道开展"三看三问三谈"一线考实干部一线推动落实活动。

△ 县委副书记、县长王琴英就全国文明城市创建工作进行调研。

23~24日 市"四新"主题实践专项督查组到德清县就全面剿灭劣V类水工作开展集中督查。

27日 县委书记项乐民分别赴舞阳街道、阜溪街道开展"三看三问三谈"一线考实干部一线推动落实活动。

△ 县委副书记敖煜新赴新市镇，督导美丽乡村升级工程。

6月

1日 国家发展改革委员会社会司副司长彭福伟到德清县调研乡村旅游工作。

3日 县委书记项乐民赴下渚湖街道开展"三看三问三谈"一线考实干部一线推动落实活动。

7日 国家测绘地理信息局

副局长李朋德到德清县调研，实地察看联合国地理信息国际论坛会址项目现场、地理信息企业等，了解项目推进、小镇配套设施建设、地理信息产业发展等情况。

8日 江苏省副省长蓝绍敏率考察团到德清县考察美丽乡村建设。

10日 县委书记项乐民赴莫干山镇开展"三看三问三谈"一线考实干部一线推动落实活动。

13日 县委副书记、县长王琴英检查指导防汛工作。

15日 县委副书记、县长王琴英在调研"一窗受理""四个平台"建设时强调，要进一步解放思想、创新方法、加快速度，将两项改革向纵深推进。

17日 县委书记项乐民分别赴新安镇、禹越镇开展"三看三问三谈"一线考实干部一线推动落实活动。

21日 县委书记项乐民赴钟管镇开展"推进'四大行动'确保'半年红'"集中督导活动，并开展"三看三问三谈"一线考实干部一线推动落实活动。县委副书记、县长王琴英在乾元镇、洛舍镇开展"推进'四大行动'确保'半年红'"集中督导活动。

△ 县委副书记敖煜新对乾元镇、下渚湖街道部分行政村（社区），根据市委书记陈伟俊就"四新"主题实践活动推进所作的关于加强村社干部队伍建设"十个一"要求，开展贯彻情况专项督查，了解行政村规划发展、村集体经济收入、社区建设、"最多跑一次"改革等内容。

23日 县委副书记、县长王琴英到中兴路、曲园路、云岫路、舞阳街、千秋街等，调研中心城区城市提升工程。

24日 县委书记项乐民赴新市镇开展"推进'四大行动'确保'半年红'"集中督导活动，并就一线考实干部一线推动落实开展"三看三问三谈"。

26日 县委书记项乐民赴高新区开展"推进'四大行动'确保'半年红'"集中督导活动，并就一线考实干部一线推动落实开展"三看三问三谈"。

27日 县委副书记、县长王琴英在开展集中督导及研究"半年红"工作会议时强调，要进一步坚定信心、拉高标杆、找准提升空间，全力加快赶超，确保夺取"半年红"。

29日 县委书记项乐民就法院、检察院工作进行调研。

△ 县委副书记、县长王琴英在调研"六重"工作时强调，务必做到认识再提高、举措再务实、保障再强化，把"六重"工作抓得实而又实，奋力推动德清赶超发展。

△ 县委副书记敖煜新履行阜溪河长职责，带队赴莫干山镇巡河，并就"河长制"落实情况展开督查。

7月

2日 县委书记项乐民赴洛舍镇开展"三看三问三谈"一线考实干部一线推动落实活动；到交通运输局调研全县交通运输工作并听取相关情况汇报。

4日 县委书记项乐民到环狮子山道路、舞阳街东延、莫舞路和长虹街东延等工程现场，就城市建设项目推进情况进行调研。

△ 县委副书记、县长王琴英到国、地税武康联合办税服务厅和24小时自助服务厅调研县国、地税部门联合推进的"最多跑一次"改革工作。

△ 江苏省泰州市委书记曲福田率考察团到德清县考察民宿经济发展，了解民宿污水处理、托管模式和行业标准实施等情况。

5日 全国妇联书记处书记杨柳到德清县，通过实地走访莫干山镇巾帼民宿成长营、萱草书屋妇女儿童之家和云起琚巾帼文明岗等，就县妇联基层组织改革以及妇女创业就业工作进行调研。

△ 县委书记项乐民走访县部分工业企业，就传统产业转型升级、企业上市以及安全生产等工作进行调研。

△ 省政协常委、提案委主任刘希平率省政协民主监督组到德清县，就"最多跑一次"改革工作进行专项民主监督。

6日 市人大常委会副主任胡国荣率常委会部分组成人员及部门到德清县，对《中华人民共和国动物防疫条例》和《浙江省动物防疫条例》贯彻落实情况进行执法检查。市人大常委会副主任张兰新到德清县看望市人大代表，走访代表联络站。

△ 副市长施根宝到德清县，就农业供给侧结构性改革开展调研。

7日 广东省翁源县县委书记颜亮率党政代表团到德清县考察美丽乡村建设、乡村生态旅游发展等工作。

10日 县委副书记、县长王琴英到康乾新区征拆指挥部、104国道等调研城中村改造和建设项目遗留问题清零工作。

11日 副省长孙景森到德清县就下渚湖美丽乡村田园综合体建设工作情况进行调研。

△ 县委副书记、县长王琴英就"最多跑一次"改革进行调研。

△ 省食品药品监督管理局局长朱志泉到德清县市场监管局直属分局、佐力药业和部分餐饮企业调研食药安全监管工作和生物医药产业发展等情况。

△ 中国工程院常务副院长潘云鹤到高新区地信小镇考察。

13日 全省特色小镇党建工作现场推进会考察团到德清县实地考察地理信息小镇和莫干小镇,详细了解德清县特色小镇党建工作的好经验、好做法。

△ 厦门市人大常委会主任陈家东率考察团到德清县,实地考察民宿经济发展。

△ 淳安县委书记黄海峰率考察团到德清县考察发展精品民宿、特色小镇等方面的先进理念、管理经验。

14日 县委副书记、县长王琴英到新安镇调研剿灭劣Ⅴ类水、"最多跑一次"改革、平台提档升级、安全生产、社会稳定等工作。此外,还到武康街道中心卫生院、县人民医院等,就德清县医药卫生体制改革工作进行调研。

18~19日 县委书记项乐民率德清县部分行业龙头骨干企业负责人赴武汉市考察,学习借鉴武汉市标杆企业在发展壮大中的好经验、好做法。

19日 省水利厅党组副书记、副厅长徐国平到德清县,就基层防汛防台工作进行走访调研。

20日 县委副书记、县长王琴英和县委常委、宣传部长陈亦平到五里牌路、塔山街、营盘小区、贵和街等,暗访全国文明城市创建工作。

22日 市委副书记、市长钱三雄到德清县欧诗漫生物股份有限公司、浙江东睦科达磁电有限公司年产2万吨高性能软磁金属磁粉芯项目等,检查安全生产工作、调研工业项目建设。

24日 县委副书记、县长王琴英到中科卫星应用德清研究院、浙江德立涂装机械有限公司、浙江高领新能源科技有限公司调研科技创新工作。

27~28日 项乐民、王琴英、罗国建、张林华、敖煜新等县四套班子领导先后到县人武部、县消防大队等走访慰问驻德部队官兵,表达节日问候。

28日 县委书记项乐民赴舞阳街道上柏集镇,就小城镇环境综合整治推进情况进行调研。

△ 贵州省铜仁市委书记陈昌旭率党政代表团到德清县,考察学习德清县文化旅游、精品民宿规划建设等方面的做法。

8月

1日 县委副书记、政法委书记敖煜新,县委常委、常务副县长陈健到县社区矫正中心、县法律服务中心、武康司法所、苏杭律师事务所等地调研县司法行政工作。

3日 水利部发展研究中心主任杨得瑞到德清县下渚湖二都防风小镇、南塘港、周家池塘、东苕溪清水入湖项目等地调研全面深化落实河长制工作,了解河长制信息化平台建设、河长领衔"三河"治理等工作。

△ 省政协副主席孙文友到德清县调研小城镇环境综合整治情况及县政协相关工作。

4日 宁波市政协副主席、民建浙江省副主委、民建宁波市主委张明华到德清县莫干山镇民国风情街、莫干山交通历史馆、自行车主题生活馆、精品民宿等,考察民宿经济。

7日 德中卫生组织主席迪特、副主席菲木到德清县,就生物医药产业发展合作进行交流。

9日 县委副书记、县长王琴英到阜溪街道综合文化中心、英溪北路和春晖街交叉口、春晖街和104国道交叉口、佳得利商贸城西侧等地实地察看,检查全国文明城市创建工作。

△ 中国残联党组成员相自成到德清县就残疾人信息化建设工作进行调研。

12日 县委书记项乐民到新市镇舍渭村、钟管镇干山集镇、雷甸镇通航智造小镇,就美丽建设工作进行调研。

15日 县委副书记、县长王琴英到高新区地理信息产业园征迁工作指挥部、武康街道等,调研征地拆迁工作。

16日 市委常委、政法委副书记、市公安局局长夏文星率市政法维稳系统领导干部读书会考察团到德清县考察。

17日 县委书记项乐民到新安镇等,就环保工作进行检查。

18日 县委书记项乐民到高新区,实地调研联合国全球地理信息管理德清论坛会址推进及世界地理信息大会筹备情况。

△ 县委副书记、县长王琴英就"最多跑一次改革"进行调研。她强调,德清县作为全省"标

准地"以及"企业投资项目发改委一窗受理"的试点,要抢抓机遇,聚焦推进企业投资项目承诺制改革和打通"信息孤岛"这些难点和堵点,抓好改革攻坚,形成可复制可推广的经验做法,让企业有实打实的获得感。

20日 县委书记项乐民到武康街道城西三期拆迁现场,就城中村改造和建设项目遗留问题清零工作进行调研。

21日 县委副书记、县长王琴英到乾元生态资源化处理中心等,调研为民办实事项目推进情况。

22日 江西省宜丰县县委书记张俊率宜丰县考察团到德清县实地考察阜溪街道五四村村民服务中心、文化礼堂和垃圾资源化利用站,莫干山庾村集镇和劳岭村"洋家乐"。

△ 市政协主席杨建新、副主席高东率调研组到德清县就生态文明建设工作开展专题调研。

△ 市委常委、宣传部部长范庆瑜到县新闻中心,就媒体融合发展情况进行调研。

30日 县委书记项乐民赴高新区就项目引进工作进行调研。

9月

1日 国土资源部副部长王广华到德清县就土地二级市场改革试点工作进行调研。

4日 县委书记项乐民前往建发集团和文旅集团,就两大集团经营运作情况进行调研。

5日 县委书记项乐民到莫干山镇、武康街道人大代表工作联络站等,就县人大工作进行调研。

△ 县委书记项乐民到104国道改建项目上柏段、农村公路再造工程下仁公路至石山圩、新客运中心、09省道改建工程(二期)等,调研交通运输工作。

△ 国家林业局副局长李春良到德清县调研湿地保护工作。省林业厅厅长林云举参加。

6日 市委常委、统战部长崔凤军率市高端装备产业专项调研组到德清县调研浙江恒立数控科技股份有限公司、浙江鼎力机械股份有限公司和通航智造小镇展馆等,了解德清县高端装备产业的发展现状。

8日 市人大常委会党组副书记、副主任董立新到德清县就预算监督工作开展调研。

9日 联合国统计司司长、联合国全球信息管理专家委员会秘书处负责人斯特芬·施万斯特(Stefan Schweinfest),国家测绘地理信息局副局长李朋德一行到德清县,就首届世界地理信息大会筹备工作进行考察调研。

△ 越共中央委员、越通社党委书记、社长阮德利率领越南共产党高级干部考察团一行到德清县考察,了解德清经济发展、美丽乡村建设、基层党建等情况。

12日 十九大代表、省委原副书记、九届省政协主席李金明到德清县调研。

△ 省国土资源厅等9部门带领中国国土资源报、新华社浙江分社等媒体和浙江大学的专家到德清县,就"坡地村镇"建设用地试点工作开展调研。

13日 县委书记项乐民就县政协工作进行调研。

△ 县委副书记、县长王琴英就"7+1"产业招商工作进行调研。

△ 省发改委副主任周华富到德清县调研"标准地"及"企业投资项目发改委一窗受理"试点工作开展情况。

14日 市人大常委会副主任、龙溪港市级"河长"胡国荣到德清县视察龙溪港综合治理情况。

16日 国土资源部副部长、国家测绘地理信息局局长库热西·买合苏提到德清县,就首届世界地理信息大会筹备工作进行调研。

19日 县委副书记、县长王琴英到新市镇梅林村、新市集镇、县行政服务中心新市分中心等调研,了解跨村安置、美丽城镇建设、"最多跑一次"改革推进等工作。

20日 国家体育产业示范基地现场评估考察组到德清县检查指导体育产业示范基地工作。

△ 省卫计委副主任马伟杭率督查组到德清县,对德清县"三医联动"综合医改试点工作进展情况进行督查。

22日 省财政厅厅长徐宇宁到德清县调研。

25日 省工商联研究室副主任景柏春与浙江大学专家到德清县,就企业投资审批"最多跑一次"改革开展专项调研。

26日 全国政协常委、外事委员会主任,中国工程院原常务副院长、院士潘云鹤和中国工程院院士孙九林到德清县考察。

28日 县委书记项乐民赴新市镇开展护航十九大环境安全大督查。

29日 中国农业发展银行董事长、党委书记解学智到德清县调研地理信息产业发展情况。

△ 湖州市政府党组成员、副市长施根宝到德清县调研渔业养殖工作。

30日 县委副书记、县长王琴英分别就消防安全工作、国资国企改革和剿劣提标工作进行检查和调研。

10月

9日 省复核验收组到德清县就剿灭劣Ⅴ类水工作完成情况进行复核验收。

△ 省住建厅厅长项永丹到德清县调研城乡建设工作，实地考察浙江中天建设产业化基地、城西城中村改造、德化小区危旧房改造、莫干山镇小城镇环境综合整治等项目。

11日 县委副书记、县长王琴英到阜溪街道、洛舍镇等督查"无违建县"创建工作。

△ 全国水产技术推广总站站长肖放到德清县调研养殖尾水排放综合治理情况。

△ 浙江日报、中新社浙江分社、浙江在线、浙江之声等五家省级媒体到莫干山镇，对该地民宿进行以"标准浙江行"为主题的集体采风活动。

12日 县委书记项乐民到中科卫星应用德清研究院、"千人计划"产业园等专题调研科技人才工作。

△ 国土资源部利用司副司长郭唐勇率队到德清县督导土地二级市场试点，实地考察土地租让结合、司法处置及出租、宅基地出租创新管理等情况，并详细了解二级市场交易流程、规章制度、办事指南等。

13日 县委书记项乐民就浙工大德清校区工程项目建设情况进行调研。

16日 县委副书记、县长王琴英先后赴舞阳街道、武康街道，调研征地拆迁工作。

17日 市人大常委会主任胡菁菁到德清县就人大工作进行调研。

△ 县委副书记、县长王琴英就"标准地"试点、企业投资项目发改委"一窗受理"试点等工作进行调研。

19日 县委书记项乐民赴乾元镇就美丽城镇建设和全县交通运输工作进行调研。

20日 省政协副主席郑继伟到德清县调研体育产业发展。

△ 县委副书记、县长王琴英到上皋坞村朱腾庙桥、筏头老街、英红堰桥、天泉山道路等调研西部交通规划工作。

23日 县委副书记、县长王琴英赴乾元镇督导09省道二期改建、危旧房治理等工作。

24日 市"互看互学互比"活动到德清县实地考察项目，钱三雄、胡菁菁、杨建新等市领导，各县（区）党委政府、市直机关主要部门负责人参加。

26日 省发改委副主任周华富到德清县调研企业投资项目发改委"一窗受理"及"标准地＋承诺制"试点工作推进情况。

29日 县委书记项乐民赴高新区就项目引进工作进行调研。

30日 县委书记项乐民就联系的项目、企业进行调研。

11月

1日 县委书记项乐民赴联系镇新市镇宣讲党的十九大精神。

△ 市政协主席杨建新、副主席魏明到德清县调研新市镇小城镇环境综合整治、县政协工作等。

2日 县委书记项乐民到金鹅山城中村改造项目区块、武康街道城西改造四期花石开区块等，就项目再攻坚再推进工作进行调研。

3日 县委书记项乐民就小城镇环境综合整治工作进行调研。

4日 县委副书记、县长王琴英就武康私营城排查整治工作调研。

6日 副省长孙景淼到德清县宣讲党的十九大精神。

△ 县委副书记、县长王琴英赴联系镇乾元镇宣讲党的十九大精神。

7日 市委"四新"主题实践专项督查组到德清县，就"四新"主题实践推进及"最多跑一次"、基层党建、平安建设、浙商回归等工作进行集中督查。

△ 杭州市余杭区考察团到德清县调研小城镇环境综合整治。

8日 国家人防办、国家预警信息发布中心一行到德清县开展调研。

10日 农业部副部长于康震到德清县调研现代农业工作。

11日 陕西省副省长冯新柱到德清县考察现代农业发展情况。

13日 县委书记项乐民到湘溪港流域整治项目、引水入城项目施工现场等，就冬修水利工作进行调研。

△ 县委副书记、县长王琴英就"标准地"试点和企业投资项

目发改委"一窗受理"试点工作进行调研。

15日 县委书记项乐民到华夏幸福产业新城北部区块、雷甸科技园、南舍工业功能区等，就项目再攻坚再推进工作进行调研。

△ 县委书记项乐民赴新市镇宋市村宣讲党的十九大精神。

17日 省委宣讲团到德清县宣讲党的十九大精神，省委宣讲团成员、省委宣传部常务副部长来颖杰在县委理论学习中心组（扩大）报告会上作宣讲报告。

△ 举行国家测绘地理信息局科技委院士专家走进地理信息小镇活动。国家测绘地信局副局长李朋德，武汉大学副校长、中国工程院院士李建成分别作专题报告。

△ 上海市浦东新区区委常委、常务副区长姬兆亮率考察组到德清县调研美丽乡村建设。

19日 县委书记项乐民就武康私营城排查整治工作进行调研。

21~22日 县委书记项乐民率党政代表团一行赴江苏省常熟市、苏州高新区、吴江区学习考察，学习当地经济社会发展的先进经验和做法。

22日 市委副书记、市长钱三雄到德清县调研新开工和技改工业项目建设情况。

23日 县委书记项乐民到华盛达外语学校新校区、广播电视大学德清学院迁建项目等，就教育基础设施建设推进情况进行调研。

△ 省民政厅厅长王剑侯到雷甸镇中兴社区幸福邻里中心、新建县老年活动中心、舞阳老年公寓和爱暮佳颐养中心，就德清县养老服务工作进行实地调研。

24日 国家档案局领导到德清县调研档案工作。

28日 国土资源部党组成员、国家土地副总督察严之尧到德清县调研。

12月

1日 国家卫计委调研组到德清县调研综合医改工作。

3日 吉林省白山市委书记张志军率考察团到德清县，实地考察二都小镇、地理信息小镇和莫干民国风情小镇，详细了解德清县特色小镇建设情况。

4日 县委书记项乐民就企业投资项目发改委"一窗服务"和"标准地"改革试点推进情况进行专题调研。

5日 省卫生计生委党组书记、主任张平到德清县调研三医联动和县域医共体建设工作。

△ 云南省副省长张祖林率考察团到德清县考察生态文明建设工作。

△ 天安中国投资有限公司董事局主席、联合集团行政总裁李成辉到德清县考察智能生态城项目。

12~13日 县委副书记、县长、高新区管委会主任王琴英带队赴杭州、绍兴、宁波等地，围绕深入贯彻十九大精神，学习借鉴兄弟县市好经验好做法。

12~13日 武义县委副书记、县长章旭升率党政代表团到德清县考察学习现代农业、美丽乡村建设、产业园建设、特色小镇建设等优秀案例和成功经验。

13日 县委书记项乐民赴新市镇检查考核全面从严治党主体责任落实情况。

△ 安吉县考察团到德清县考察"三农"发展及农业供给侧结构性改革工作。

15日 市委常委、组织部长干武东到德清县专项调研人才及两新党建工作。

△ 县委副书记、县长、高新区管委会主任王琴英到中国·力聚热力设备科技有限公司调研。

19日 县委副书记敖煜新赴莫干山镇检查考核全面从严治党主体责任落实情况。

20日 上海市副市长彭沉雷到德清县莫干山镇考察美丽乡村建设工作。

21日 省人大常委会副主任刘力伟到德清县，就德清莫干山机场建设情况进行走访调研。

△ 县委副书记、县长王琴英赴乾元镇检查考核全面从严治党主体责任落实情况。

△ 省人大常委会委员、环资委副主任谈月明等组成省人大调研组到德清县调研环境状况和环境保护目标任务完成情况报告工作。

22日 温州市苍南县委书记黄荣定率党政代表团到德清县阜溪街道五四村、莫干山镇燎原村和劳岭村实地考察美丽乡村建设情况。

△ 市委常委、宣传部长范庆瑜到德清县开展"进千村入万企大宣讲促赶超"专项调研活动。

25日 国土资源部部长、国家土地总督察姜大明到德清县，就农村土地制度改革推进和地理信息产业发展情况进行调研。副省长高兴夫、省国土资源厅厅长陈铁雄参加调研。

26日 省食品安全考核组到德清县,就2017年度食品安全工作进行现场考评和综合评价。

26~27日 国家行政学院法律顾问、法学教研部教授刘锐到德清县调研城乡统筹及生态文明建设工作。

27日 市考核组到德清县,就"五水共治"和美丽湖州建设工作进行考评。

29日 市委常委、常务副市长高屹带领市检查考核组到德清县,就落实全面从严治党主体责任制工作进行检查考核。

△ 县委副书记、县长王琴英到德华集团控股股份有限公司走访调研。

(县史志办)

文件辑录

2017年县政府重要文件目录

1.《德清县人民政府关于印发德清县人民政府工作规则的通知》(德政发〔2017〕4号)

2.《德清县人民政府关于印发加快推进"最多跑一次"改革工作实施方案的通知》(德政发〔2017〕18号)

3.《德清县人民政府关于印发德清县新一代人工智能应用县发展规划的通知》(德政发〔2017〕57号)

2017年县政府办公室重要文件目录

1.《德清县人民政府办公室关于印发德清县企业投资项目承诺制改革实施细则(试行)的通知》(德政办发〔2017〕10号)

2.《德清县人民政府办公室关于印发德清县进一步推进渔业生态养殖加快尾水治理实施方案的通知》(德政办发〔2017〕40号)

3.《德清县人民政府办公室关于印发2017年服务业强县工作推进计划的通知》(德政办发〔2017〕45号)

4.《德清县人民政府办公室关于进一步减轻企业负担降低企业成本的若干意见》(德政办发〔2017〕119号)

5.《德清县人民政府办公室关于印发德清县健康共同体建设实施方案的通知》(德政办发〔2017〕188号)

(县政府办)

2017年县委重要文件目录

1.《中国共产党德清县委员会工作规则》(德委发〔2017〕1号)

2.《中共德清县委关于进一步加强自身建设的意见》(德委发〔2017〕2号)

3.《中共德清县委关于从严加强干部队伍建设打造勇于担当勇立潮头德清铁军的实施意见》(德委发〔2017〕3号)

4.《中共德清县委关于认真学习宣传贯彻党的十九大精神的通知》(德委发〔2017〕15号)

5.《中共德清县委关于加强党内法规制度建设的实施意见》(德委发〔2017〕16号)

2017年县委办重要文件目录

1.《中共德清县委办公室 德清县人民政府办公室关于深入开展项目双进 创新引领 美丽德清担当作为"四大行动"的实施意见》(德委办〔2017〕8号)

2.《中共德清县委办公室关于落实"四新"主题实践全力推进"四大行动"的实施意见》(德委办〔2017〕13号)

3.《中共德清县委办公室关于加强社会组织统战工作的实施意见》(德委办〔2017〕18号)

4.中共德清县委办公室 德清县人民政府办公室关于印发《"聚焦'四新'再出发 抓实'六重'促赶超"大实践大比拼活动实施方案》的通知(德委办〔2017〕23号)

5.中共德清县委办公室印发《关于推进"两学一做"学习教育常态化制度化的实施方案》的通知(德委办〔2017〕29号)

6.中共德清县委办公室 德清县人民政府办公室关于印发《"811"美丽德清建设行动方案》的通知(德委办〔2017〕35号)

7.中共德清县委办公室关于认真学习贯彻省第十四次党代会精神的通知(德委办〔2017〕36号)

8.中共德清县委办公室 德清县人民政府办公室关于印发《德清县创建省全域旅游示范县暨推进湖州市国家级旅游业改革创新先行区试点实施方案》的通知(德委办〔2017〕48号)

9.中共德清县委办公室 德

清县人民政府办公室关于印发《"喜迎十九大 决胜全年红""十大工程"再攻坚再推进活动实施方案》的通知(德委办〔2017〕53号)

10.中共德清县委办公室 德清县人民政府办公室印发《关于进一步发挥干部正向激励作用的实施办法》的通知(德委办〔2017〕54号)

11.中共德清县委办公室 德清县人民政府办公室关于印发《深入践行"两山"重要思想加快推进德清绿色发展的实施方案》的通知(德委办〔2017〕60号)

12.《中共德清县委办公室 德清县人民政府办公室关于德清县开展生活方式绿色化行动的实施意见》(德委办〔2017〕61号)

13.《中共德清县委办公室 德清县人民政府办公室关于深入推进农业供给侧结构性改革促进绿色美丽农业发展的若干政策意见》(德委办〔2017〕66号)

(县委办)

索 引

说 明

1. 本索引采用主题分析方法，按主题词首字拼音字母顺序和音序排列，首字相同，则按第二字的音序排列，以此类推。
2. 阿拉伯数字、外文字母开头的词单独排列。
3. 本年鉴的"文献特载""大事记""附录"的内容及插图不做索引。

A

爱国卫生 297
爱国卫生和宣传教育 297
安监队伍 124
安全工作 287
安全检查 288
安全教育 288
安全生产 123 299
安全生产管理 300
安全宣传教育 124
安置工作 292

B

办公室工作 83 117
办学条件 286
帮扶互助 144
帮困助学 155
保密工作 88
保险业 49 199
保障妇女合法权益 148
保障寄递渠道安全 302
保障民生安全 244
保障民生投入 236
保障未成年人合法权益 163
保障性住房建设 216
保障重大项目建设 243

标准化管理 184
殡葬工作 292
不动产登记"最多跑一次"改革 244
布局调整 286
"标准地"改革 243

C

财政工作 236
财政审计 241
财政收支 49
参政议政 140 141 142
餐饮保障 122
残疾人就业工作 151
残疾人康复服务工作 151
残疾人生活保障 151
蚕花庙会 314
拆迁征地 328
产业发展和规划 228
产业升级 328
常委会议 104 130
常住人口 38
成立德清县建设发展集团有限公司 252
成立德清县文化旅游发展集团有限公司 204
成立建发、文旅集团 335
成立行业协会 301
成人教育 282
城市管理 252
城市建设 252
城市综合防护能力提升 171

城乡供水节水　264
城乡规划与管理　252
城乡建设　312　317　319　325　329
城乡生活垃圾分类　254
出入境管理　162
出入境检验检疫　223
出台约谈"一把手"实施办法　135
创建成果　282
创建全国文明城市人大代表巡查活动　107
创建全域旅游示范县　202
创新监管　124
创新园区　233
慈善义工服务　156
"慈善村"创建　156
"慈善一日捐"　156
促进平安德清建设　163
村(社区)组织换届选举　293
村级集体经济　251

D

打非治违　265
打击非法开采矿产资源　244
打击各类刑事犯罪　159
打响德清旅游品牌　203
打造德清第一家千兆示范小区　304
大数据工作　118
代表会议　104
代理金融业务　303
单月集装箱吞吐量新纪录　214
党校工作　101
党员情况　90
党组织建设　99
档案工作　102
档案公共服务能力　102
档案文化建设　103
道路交通管理　160
道路运输市场管理　258
德洽会　220
德清残疾人联合会　151
德清湖商村镇银行　196
德清农商银行　192
德清升华临杭物流园　214
德清铁路西站站房改造工程　259
德清县慈善总会　155
德清县妇女联合会　146
德清县工商业联合会　142
德清县关心下一代工作委员会　155
德清县科学技术协会　149
德清县美丽乡村建设　337
德清县农村产权制度改革　341
德清县人大代表团访问西班牙、意大利　129
德清县人民代表大会　104

德清县人民政府　112
德清县委代表团访问加拿大、美国　129
德清县文学艺术界联合会　152
德清县政府代表团访问日本　129
德清县政府代表团访问以色列、西班牙　128
德清县总工会　144
德清云数据平台建设　306
德育　283
德育工作　155
登记管理体制改革　294
低保边缘对象认定　291
低保工作　291
低收入农户认定　251
地理信息　187
地理信息小镇　226
地名工作　292
地税　237
地质灾害防治　244
第九届"星级学会"评选活动　150
电商批销业务　302
电网建设　299
电信　303
电子船名牌安装　259
电子商务　218
电子政务　126
电子政务工作　127
调查研究工作　117
调整新居民管理体制　119
督查考核　86
督学　284
督政　284
对口协商　132
对外交流工作　118
对外经济　48
对外宣传工作　162
多党合作　95

E

儿童福利制度建设　291

F

发挥社区发展基金会　293
法律服务大局　165
法律惠企便民　166
法律监督　106
法院　163
法治工作　87
法治宣传工作　165
法治与人民武装　157
法治政府建设　124

防洪排涝　264
防消联勤　169
防汛防台抗旱工作　181
防灾减灾救灾　291
房产管理　216
房产交易　216
房产市场监管　216
房地产　48
房屋安全管理　216
房屋登记　216
非公经济统战　97
非学历考试　284
粉尘防治　265
扶持青年创业创新　145
扶贫领域专项督查　138
服务地方经济　224
服务发展　223
服务非公经济发展　162
服务管理　100
服务经济发展　236　246
服务全县工作大局　163
服务全域旅游发展　164
服务社会　140　141　142
服务业　201
服务中心大局　145
福利慈善事业　291
妇幼健康　297
阜溪街道　328

G

改革创新　320　331
改革创新工作　117
改革创新公正护航　167
改革发展　329
干部队伍建设　90　138
干部教育　101
干部信访、信息调研工作　92
钢琴文化节　318
港、澳、台侨及海外工作　97
高职技能理论考试　283
各类考试及考点建设　283
各类视察调研督查检查活动　106
各民主党派及工商联　140
各项监测和专项调查　242
各项维稳管控举措　159
跟踪监督　106
工业　47
工业经济　185　311　313　314　316　318　320　321
工业污染整治　264
公安　158
公共服务　290
公共机构节能　123

公共图书馆　270
公共卫生　297
公共自行车服务系统项目　258
公共租赁住房保障和住房补贴　216
公交运营　259
公路工程建设　257
公司主要项目　207
公文处理工作　117
公务用车保障　123
公众固网业务　305
公众基础业务　305
供电　299
供气　300
供气管道　300
供水　300
供水项目建设　300
供水一体化建设　300
供应及储气能力　301
共青团德清县委员会　145
构建良性互动检律关系　163
构建现代慈善事业发展格局　291
固定资产投资　48
关爱帮教　155
关爱青少年健康成长　145
关注民生价格　243
规范快递产业管理　301
规范文明执法　125
规范线索处置　137
规范资源交易平台　121
国防动员建设　168
国防教育　168
国家级园区——湖州莫干山高新技术产业开发区　225
国民经济　47
国内经济合作　235
国内贸易　48
国企运营监管体制　240
国税　238
国土资源管理　243
国有企业党建工作　240
国有企业风险防控　240
国有企业改革重组　240
国有资产监督管理　240
国资监管制度体系　240

H

海关　223
杭德轨道交通项目　259
杭州银行德清支行　196
河长制　264
河湖库塘治理　264
河湖治理　183
红色教育十分钟　99

红十字会　153
红十字青少年　155
后备力量建设　168
后勤服务　102
后勤管理　287
湖州银行德清支行　195
户籍人口　38
护航美丽德清建设　161
护航生态文明建设　161
护航县域经济建设　161
华夏银行德清支行　198
化解信访矛盾纠纷　244
环保审查服务　263
环保执法行动　262
环境保护　47
环境保护督查　261
环境管理执法　261
环境污染治理　262
环境整治　329
换届工作　153
会议管理工作　118
会议及活动后勤保障　122
会展工作　129
惠民工程　233
惠民实事　331
婚姻收养工作　293

J

机构编制　118
机构改革　158
机关党建示范点培育　98
机关事务管理工作　122
机关文化建设　99
积极争取省级试点　223
基本地情　36
基本公共卫生　297
基层党风廉政建设　137
基层档案工作　102
基层基础　144
基层基础工作　162
基层卫生　297
基层卫生和妇幼健康　297
基层协商　132
基层政权工作　293
基层治理规范化建设　103
基层组织建设　91
基础建设　282
基础教育　280
基础设施　296
缉捕逃犯　160
疾病预防控制　297
集体林权制度改革　180

集装箱吞吐量　214
计划生育　297
计划生育管理　297
计生协　298
纪检监察体制改革　136
纪律建设　137
技术服务　144
技术培训　144
加强法治政府建设组织保障　126
加强纪律教育　137
加强廉洁司法建设　165
加强实战化准备　167
加强政令执行检查力度　136
加强执纪审查　137
价格管理　242
监测评估　284
监察体制改革　119　136
监督工作　106
监督执法　170
检查督促　135
检察　162
检验监管　223
建立基层服务站　217
建立与高端智力合论的平台　149
建设旅游综合执法体制　203
建设项目用地预审　243
建言献策　参政议政　142
建言献策　当好参谋　166
建议提案办理工作　118
建置沿革　36
建筑领域信访工作　215
建筑市场招投标管理　215
建筑行业审批制度改革　215
建筑业　48　215
健全城市精细化管理　253
健全制度源头防控　136
降漏节水　300
交通安全　287
交通安全生产　257
交通基础设施建设　257
交通项目建设　256
交通行业管理　258
交通银行德清县支行　195
交通运输业　49
交通综合服务　256
剿劣提标　328
教师管理　284
教师培训　285
教学研究　285
教学质量　282
教研科研　285
教育　49
教育保障　287
教育督导　284

推进"最多跑一次"改革　120
推进财政改革　237
推进妇联改革创新　148
推进基层社会治理新实践　160
推进检察各项改革　163
推进矛盾多元化解　164
推进平安德清建设　162
推行"双随机"监管　119
拓展"丰收驿站"网点　304
拓展传统邮政业务　303

W

外经、服务贸易　223
外贸进出口　222
外事工作　128
外宣工作　274
完成换届工作　142
完善文化服务体系　94
王琴英县长出访美国、墨西哥　129
网络安全运行　305
网络优化提供竞争优势　304
危化物品管理　161
为残疾人服务、维权工作　152
为民办实事　320
为民办实事项目实施情况　114
为民实事项目　323
违法用地查处　244
维护青少年合法权益　145
维护社会经济秩序　163
维护市场秩序　245
维护外贸秩序　224
维权调处　144
维稳安保工作　166
卫生　50
卫生监督执法　297
文化(体育)　50
文化　269
文化产业　270
文化惠民　269
文化设施　269
文化遗产保护　269
文化助残工作　152
文明创建　327
文体活动　100
文物保护　272
文学创作精品项目成果　153
吴越文化节　323
五水共治　263　312　315　320　330
"五好一争"活动　107
武康街道　326
舞阳街道　327
物流业增加值　214

物流园区　214

X

下渚湖街道　330
下渚湖湿地风景区　210
夏秋季征兵工作　168
县纪委十四届二次全体会议　138
县科协第八次代表大会换届选举　150
县委常委会议　53
县委十四届二次全体(扩大)会议　53
县委巡察　137
县物流业发展"十三五"规划　214
县域医共体建设　295
县政府常务会议　112
县政府全体会议　112
县直机关党建工作　97
现代服务业　319
现代农业　311　315　316　319　320　322
现代水利　180
现代物流　213
乡镇文联活动　153
项目化援助　156
项目建设　218
项目领办　135
项目双进　185　311　321　326　329　330
项目推进　225　327
项目引进　327
消防工作　169
消防管理　161
消防宣传　170
小城市培育　313
小城镇环境综合整治　254
小额贷款　199
校企合作　282
校舍改造　287
校园安保　287
新安镇　321
新安镇工业功能区　230
新居民管理　126　160
新农村建设　249
新市古镇风景区　212
新市镇　313
新闻　274
新闻宣传　274
新闻宣传及文史研究工作　132
信访工作　85
信访与县长热线电话交办工作　288
信息工作　126
信息化　187
信息经济　187
信息与新闻报道工作　84
信用服务　219

三医联动改革 295
"三城"建设 313
"双争"主题活动 138
森林消防 180
森林资源保护 179
山海协作与对口支援 235
商贸流通 213
上市工作 186
设立德清莫干山国际旅游度假区 119
设立莫干山国际旅游度假区 325
社会安全 50
社会办医和医养结合 296
社会保障 289
社会服务 141 142
社会福利 50
社会各项事业 312 317 320
社会公共事务 292
社会管理 318 331
社会化服务 124
社会活动 140
社会教育 101
社会救助 154 291
社会救助工作 291
社会事业 314 315 319 323 325 328 330 331
社会治理智能化 160
社会组织服务 294
社会组织工作 294
社会组织培育 294
社会组织综合监管 294
社情民意信息工作 133
社区布局 293
社区教育 282
涉矿工程管理 266
深化"德清嫂"主题活动 147
深化"最多跑一次"改革 161
深化共青团改革 145
深化落实全面从严治党主体责任推进会 139
深化品牌 服务基层 152
深化司法体制改革 165
审查监督 106
审计 241
审计信息化建设 242
审议监督 106
升级"智慧邮政" 301
生产服务 218
生态建设 50
生态文明 313
生态文明创建 261
省、市、县、镇人大代表换届选举 107
省级园区——德清工业园区 227
省市县三级政协联动 132
师资队伍 284
食品安全 287
史志工作 84

市场监督管理 244
市场监管 270
事业单位机构编制管理 119
视察监督 131
书画摄影艺术活动 152
双社人才队伍建设 294
双拥工作 292
双拥和涉军维权工作 168
双拥优抚安置 292
水产业 177
水利 180
水利改革 184
水利工程建设 182
水运工程建设 257
水运市场管理 259
税法宣传 238
税收法制 238
税收特点 237
税收征管 237 238
税务稽查 238
司法行政 165
司法行政能力建设 167
思想建设 98 140 141 142
思想政治建设 99 167
松材线虫病防治 180

T

泰隆银行德清支行 198
特色科普场馆建设 150
特殊教育 281
提案工作 131
提档升级 186
提高干部队伍能力水平 143
提升村建设 250
提升绿色矿山创建工作 265
提升市场运营能力 304
提升网络投递服务能力 303
体育 272 283
体育产业 273
体育设施 273
铁路 259
铁路发展研究谋划 260
通航智造小镇 227
统计管理 242
统计数据"质检"管理 242
统战工作 95
土地"双保" 323
土地二级市场试点工作 243
土地公开出让 243
土地节约集约利用 243
推动少先队建设 146
推进"随机抽查" 242

美丽乡村生态气象服务 306
美丽乡镇建设 315 320
秘书工作 83
民办教育 282
民生新闻 274
民生质量 50
民主协商 132
民族宗教 96
莫干山风景区 209
莫干山镇 324

N

内部审计工作 241
纳税服务 238 239
农产品现代流通 219
农村产权制度改革 178
农村改革发展 250
农村基层作风交叉巡查 138
农村经济发展 251
农村商贸服务 218
农村生活污水治理 250
农村土地制度改革 243
农村土地综合整治 243
农村综合产权交易平台 250
农房改造救助 216
农科教项目 282
农训农指及市校合作 251
农业 47 175
农业工作 326
农业供给侧结构性改革 250
农业供给侧结构性改革气象服务保障 306
农业机械 178
农业农村污染治理 264
农资供应服务 218
"农民专家"评选活动 150

P

派驻机构监督工作 137
平安建设 316 327 328
平安稳定 325
平台建设 311 322
评议监督 106
浦发银行德清支行 196
普法工作更新 166
普法宣传教育 244
普高教育 281
普通高中学业水平考试和高考选考科目考试 283
"坡地村镇"工作 243

Q

其他重点改革 251
其他重要会议 82
企业减负 242
企业培育 185
气候评价 39
气候特点 39
气候影响评价 44
气象科普宣传与公共气象服务 307
气象事业 306
气象现代化和基础设施建设 306
气象要素分析 39
气象灾害监测预报预警 306
千村档案工作 103
签订战略合作协议 306
乾元镇 311
乾元镇工业功能区 228
强化财政监管 237
强基础平台建设提升"应急保障"能力 304
区域合作交流 235
全国普通高校招生考试 283
全国英语等级考试 284
全会协商 132
全面贯彻宽严相济刑事司法政策 163
全民治水 265
全域剿灭劣Ⅴ类水 263
权责清单工作 119
群众体育 272
群众团体 144

R

人才队伍建设 95
人才工作 91 289
人才项目洽谈会 129
人大代表活动 106
人防核心能力建设 171
人口 50
人民防空 171
人民武装 167
人事改革 289
人事任免 107
日常监督 138
日用消费品连锁经营网络建设 219
融资担保 200
融资性融资担保 200

S

三改一拆 312 315 328 330

教育经费　286
教育科研　286
教育培训　138　282
教育装备　287
接待服务工作　118
接待工作　89
接沪融杭　235
节能减排　47
截污纳管扩面推进　263
解决重难点工作　117
界别协商　132
金融监管　189
金融理财、电子支付为一体的"翼支付"业务　304
金融业　49
经济发展　326　330
经济管理　234
经济与社会发展态势分析　242
经济运行　327
经济责任审计　241
经营管理　300
精品创作　269
精品示范村建设　249
精神文明建设　94
精致小村建设　249
竞技体育　273
九三学社德清基层委员会　142
旧城改造　326
救护培训　154
救灾救护　154
就业服务　289
军地共建　服务人民　168
"锦绣德清"系列活动　129

K

开采总量管控　265
开展"剿灭劣Ⅴ类水　人大代表在行动"主题活动　107
考点建设　284
科技成果转化　232
科技创新　314
科技金融　233
科技人才　226
科技卫生教育　283
科普宣传活动　150
科学技术　49　232
科研工作　101
客运场站建设　258
口岸发展　223
快递包裹业务　303
矿山生态复绿治理　265
矿山综合治理　265

L

劳动关系　290
劳动竞赛　144
老干部工作　99
老龄工作　293
老年大学25周年校庆活动　100
雷甸镇　318
雷甸镇工业功能区　229
理论学习与研究　93
历史文化　37
历史文化村落保护利用　250
利用外资　219
联通　305
廉政建设　169　288
廉政建设与监督管理　288
粮食流通　213
两大平台建设　218
两化融合　187
两捐工作　154
"两新"组织建设　91
"两学一做"学习教育　90
林业　179
林业产业　179
领导会商工作　117
流动人口　38
流量精细化运营　305
旅游产业项目双进　202
旅游开发工作　209
旅游业　48　202
绿化造林工作　179
绿色发展　324
绿色交通建设　256
绿色矿山创建和矿山粉尘防治　244
绿色制造　186
洛舍镇　316
洛舍镇工业功能区　229
洛洋游艇公司获"国家高新技术企业"　259
落实惠民便民举措　217
落实统计数据监管责任　242
落实重要决策工作　117

M

媒体融合　275
美丽城镇　322
美丽建设　330
美丽交通　322
美丽乡村　249　322　328
美丽乡村创建　249
美丽乡村升级工程　250

索引

行政服务　120
行政区划　37
行政执法　124
行政中心安保　123
行政中心运行管理　123
幸福邻里中心建设　293
畜牧业　178
宣传工作　92　153
宣传教育　171　297
宣传　教育　培训　302
宣传教育与组织建设　288
宣传与报道　93
宣杭铁路德清段电气化改造　259
学前教育　280
学生素质教育　283
学习型社会　282
学习宣传十九大精神　145
学校体育　273

Y

烟草专卖　213
烟花爆竹安全管理与防汛物资储备　219
严督"最多跑一次"　136
严明村级换届纪律　138
羊肉黄酒节　314
阳光征地　244
医联体建设　295
医疗队伍建设　296
医疗纠纷调处　296
医疗科研和教育培训　296
医疗设施和人才队伍建设　296
医疗卫生　296
医疗质量　296
医药卫生体制改革　295
依法保障涉案民生　164
依法打击各类刑事犯罪　163
依法规范行政权力运行　125
依法化解社会矛盾纠纷　126
依法全面履行政府职责　124
依法依规确保政府决策　125
移动　304
移民工作　293
以"洋家乐"为代表的乡村民宿旅游新业态　211
义工培训　156
义务教育　281
艺术教育　283
音乐舞蹈戏剧民间文艺　153
银行业　192
引导企业参与各类活动　143
引进"大好高"项目　219
引领妇女转型升级　147
引领与宣传　142

隐患治理　124
印度驻沪总领事古光明考察德清　128
应急处置工作　118
应急管理　127
应急救援　124
应急救援队伍建设　127
应急联动　169
应急联动机制建设　127
应急预案编制演练　127
应急知识宣传教育　128
营销业务拓展　305
永久基本农田划定　243
优抚政策　292
优化创新创业环境　164
优化妇儿发展环境　148
优化气象行政许可　加强防雷安全监管　307
优质服务　299
邮管　301
邮政　302
邮政安全　303
邮政电信业　49
游子文化节　222
与异地商会联络联谊　143
禹越镇　319
禹越镇工业功能区　230
越共高级干部考察团考察德清　128
运用价格杠杆促进环境保护　242

Z

再生资源回收　219
责任体系　123
招标采购　287
招商银行股份有限公司湖州德清小微企业专营支行　198
招商引资　219
招商引资　225
浙北乾龙灯会　312
浙商回归　219
浙商银行德清支行　198
镇(街道)"四个平台"建设　118
镇工业功能区　228
正风肃纪　136
正能量活动　100
政策跟踪审计　241
政策性融资担保　200
政策研究　83
政府法制工作　118
政府机构编制管理　120
政府投资项目审计　241
政务督查工作　117
政务信息工作　117
政协第九届德清县委员会第一次会议　130
政治生态建设　135

政治协商会议德清县委员会　130
支持经济转型发展　237
知识产权　233
执法规范化建设　162
职称评审　285
职工文化　144
职业教育　282
志愿服务　154
制定政策文件工作　117
制度创新　226
治水拆违　317　322　324　326
治水治气治霾　254
质量安全管理和工地创建　215
质量服务工作　304
智慧医疗　296
智能生态城　227
智能生态城初期建设　228
"智慧城管"建设　255
中共德清县委代表团访问印度　128
中国工商银行德清县支行　193
中国共产党德清县纪律检查委员会　134
中国共产党德清县委员会　53
中国国民党革命委员会德清基层委员会　140
中国建设银行股份有限公司德清支行　194
中国民主促进会德清基层委员会　141
中国民主建国会德清支部委员会　140
中国民主同盟德清支部委员会　140
中国农工党德清基层委员会　141
中国农业发展银行德清县支行　192
中国农业银行德清县支行　192
中国人民财产保险股份有限公司德清支公司　199
中国人民银行德清县支行　189
中国人寿保险股份有限公司德清县支公司　199
中国银监会德清监管办事处　191
中国银行股份有限公司德清支行　194
中国邮政储蓄银行德清县支行　195
中华联合财产保险股份有限公司德清支公司　199
中考　284
中信银行德清支行　197
中医中药　296
钟管镇　314
钟管镇工业功能区　229
种植业　175
重大平台建设　166
重大商贸活动　220
重点项目中标成功　305
重要会议　53　100　104　112　129　130　138
重要施政　114
重要天气分析　40
重要治安整治行动　158

主题活动　282
主题沙龙活动　306
主席会议　131
主席视察　131
住房保障工作　216
住房公积金管理　216
住房公积金业务指标　217
助推德商回归　145
助推引商引智　143
注重培育重点企业　222
专卖管理　213
专题协商　132
专项民主监督　132
转型升级　185　226
资产管理　123
自然资源资产离任审计试点　241
自身建设　100　290
自学考试　283
自主创新　232
综合文稿工作　117
综合行政执法体制改革　253
总体定位和目标　228
组织"剿劣"采风创作活动　152
组织财政收入　236
组织工作　90　155
组织建设　98　140　153
组织收入　238
组织体系建设　218
组织志愿服务活动　146
组织专业培训　237
作风建设　98　136
做优一站式平台　222
"执转破"工作　164
"最多跑一次"改革　118　142　223

数字

"4＋N"主题党日　98
2017年德清县国民经济和社会发展统计公报　47
2017年德清县先进个人和先进集体名单　367
2017年度党政机关群众团体负责人名单　345
2017年度湖州莫干山高新技术产业开发区党政机关负责人名单　362
2017年度镇（街道）领导人名单　363
2017年科技（科普）活动周系列活动　150
2017年天气气候事件　43
2017年县委巡察工作动员部署会　139
4G建设和800M重耕　304